Geistiges Eigentum und Wettbewerbsrecht

herausgegeben von
Peter Heermann, Diethelm Klippel †,
Ansgar Ohly und Olaf Sosnitza

183

Tobias Endrich-Laimböck

# Technisch-funktionelle Marken nach PVÜ und TRIPS

Ist ein kategorischer Schutzausschluss zulässig?

Mohr Siebeck

*Tobias Endrich-Laimböck*, geboren 1989; Studium der Rechtswissenschaft in Passau, Prag und Oxford (EJP 2015, MJur 2016); Referendariat in München (ZJS 2022); Wissenschaftlicher Referent am Max-Planck-Institut für Innovation und Wettbewerb, München.
orcid.org/0000-0002-8374-7788

ISBN 978-3-16-161801-7 / eISBN 978-3-16-161802-4
DOI 10.1628/978-3-16-161802-4

ISSN 1860-7306 / eISSN 2569-3956 (Geistiges Eigentum und Wettbewerbsrecht)

Die Deutsche Nationalbibliothek verzeichnet diese Publikation in der Deutschen Nationalbibliographie; detaillierte bibliographische Daten sind im Internet über *http://dnb.dnb.de* abrufbar. Zugl.: Diss., Ludwig-Maximilians-Universität München, 2022.

© 2023 Mohr Siebeck Tübingen. www.mohrsiebeck.com

Das Werk einschließlich aller seiner Teile ist urheberrechtlich geschützt. Jede Verwertung außerhalb der engen Grenzen des Urheberrechtsgesetzes ist ohne Zustimmung des Verlags unzulässig und strafbar. Das gilt insbesondere für die Verbreitung, Vervielfältigung, Übersetzung und die Einspeicherung und Verarbeitung in elektronischen Systemen.

Das Buch wurde von Gulde Druck in Tübingen auf alterungsbeständiges Werkdruckpapier gedruckt und gebunden.

Printed in Germany.

# Vorwort

Die vorliegende Arbeit habe ich im Herbst 2021 mit dem Titel „Technisch-Funktionelle Marken im Internationalen Immaterialgüterrecht" als Dissertation eingereicht und für die Veröffentlichung nur unwesentlich überarbeitet.

Die Studienstiftung ius vivum, die Deutsche Vereinigung für gewerblichen Rechtsschutz und Urheberrecht (GRUR) und die Oskar-Karl-Forster-Stiftung unterstützten den Druck dieses Buches dankenswerterweise finanziell.

Von ganzem Herzen danke ich Herrn Prof. Dr. Ansgar Ohly, LL.M. (Cambridge) für die Ausfüllung seiner Rolle als Doktorvater, sowie Frau Prof. Dr. Dr. h.c. Annette Kur für die engagierte Betreuung am Max-Planck-Institut für Innovation und Wettbewerb.

Januar 2023 Tobias Endrich-Laimböck

# Inhaltsübersicht

Vorwort ..................................................................................................... V
Inhaltsverzeichnis ................................................................................... XI

*Einleitung* ................................................................................................. 1

A. Der kategorische Ausschluss technisch-funktioneller Marken ............ 1
B. Zweifel an der Vereinbarkeit mit PVÜ und TRIPS ............................. 1
C. Ausgangsfrage ..................................................................................... 2
D. Forschungsstand .................................................................................. 3
E. Untersuchungsgegenstand ................................................................... 4
F. Gang der Darstellung .......................................................................... 5

## Teil 1: Vereinbarkeit mit Art. 6quinquies PVÜ .............................. 7

*Kapitel 1: Beschränkung des Anwendungsbereichs durch Vorgaben des Ziellandes* ........................................................................................... 9

A. Überblick über die beschränkenden Ansätze ....................................10
B. Zweck von Art. 6quinquies PVÜ ......................................................19
C. Kontext von Art. 6quinquies PVÜ ....................................................22
D. Staatenpraxis zu Art. 6quinquies PVÜ .............................................34
E. Geschichte(n) zu Art. 6quinquies PVÜ und ihre Schwachstellen .....47
F. Gesamtergebnis: Validierungsklausel erfasst alle Eigenschaften der Marke ..........................................................................................84

*Kapitel 2: Beschränkung des Anwendungsbereichs durch verbandseigenen Markenbegriff* ............................................................85

A. Verbandseigener Markenbegriff nicht notwendig .............................86
B. Bestimmung eines verbandseigenen Begriffs ...................................87
C. Gesamtergebnis: Kein beschränkter Markenbegriff der PVÜ ..........98

*Kapitel 3: Ordre public-Ausnahme zur Validierungsklausel* .................99

A. Überblick über die vertretenen Ansätze ..........................................100

VIII  *Inhaltsübersicht*

B. Kein Verweis auf Internationales Privatrecht .................................104
C. Verbandsautonomes Konzept des ordre public ................................107
D. Interessenbezogener Ansatz führt zu bloßer Missbrauchsgrenze ...........122
E. Ausschluss betrifft grundlegende Allgemeininteressen......................124
F. Ergebnis: Zulässigkeit unter ordre public-Ausnahme ........................131

*Kapitel 4: Art. 10bis-Vorbehalt der Validierungsklausel* .......................133

A. Art. 10bis PVÜ als Schutzstandard...............................................133
B. Konventionsautonome Bestimmung von Art. 10bis (2) PVÜ
    erforderlich ............................................................................140
C. Die Rolle von Art. 6quinquies B Satz 2 PVÜ..................................150
D. Konventionsautonome Bestimmung von Art. 10bis (2) PVÜ ............. 156
E. Externer Maßstab durch Adaptierung im WTO-Rahmen....................192
F. Gesamtergebnis: Art. 10bis PVÜ greift nur im WTO-Kontext ............197

## Teil 2: Vereinbarkeit mit Art. 15.1 TRIPS ....................199

*Kapitel 5: Anwendungsbereich von Art. 15.1 TRIPS*............................201

A. Zu den Begriffen der Markenfähigkeit und Eintragungsfähigkeit...........202
B. Aufzählung in Art. 15.1 Satz 2 TRIPS ..........................................202
C. Umkehrschluss aus Art. 15.1 Satz 4 TRIPS....................................204
D. Unterscheidungseignung nach Art. 15.1 S. 1, 3 TRIPS ......................204
E. Supplementär: Entstehungsgeschichte ...........................................216
F. Ergebnis: Tatsächliche Unterscheidungseignung führt zu
    Eintragungsfähigkeit ...............................................................217

*Kapitel 6: Ausnahmen zu Art. 15.1 TRIPS* ........................................219

A. Art. 6 (1) und 6quinquies B PVÜ über Art. 2.1 TRIPS .......................219
B. Anderer Grund nach Art. 15.2 TRIPS ...........................................223
C. Ausnahme wegen Modifikation durch Staatenpraxis..........................229

*Kapitel 7: Art. 10bis PVÜ und TRIPS*..............................................245

A. Überblick über den Meinungsstand ..............................................246
B. Wortlaut................................................................................250
C. Kontext .................................................................................252
D. Staatenpraxis..........................................................................268
E. Entstehungsgeschichte ..............................................................268
F. Ergebnis: Adaptierter Art. 10bis PVÜ verdrängt Pflicht
    aus Art. 15.1 TRIPS .................................................................272

**Schluss** ..........................................................................................................275

*Kapitel 8: Ergebnis und Zusammenfassung* ............................................277

A. Vereinbarkeit mit PVÜ.......................................................................277
B. Vereinbarkeit mit TRIPS....................................................................277
C. Zusammenfassung der wesentlichen Argumentationsschritte ...............278

*Kapitel 9: Zu den konventionsrechtlichen Vorgaben*............................... 287

A. Markenschutz zwischen Wettbewerb und ordre public.........................287
B. Bedeutung für das Design- und Urheberrecht......................................290
C. Keine Bedeutung für lauterkeitsrechtlichen Nachahmungsschutz ..........295
D. Diskriminierungsverbot und Sonderschutzrechte nach Art. 10bis PVÜ  296

*Kapitel 10: Zur Auslegung von PVÜ und TRIPS* ........................................297

A. Allgemeine Bemerkungen ..................................................................297
B. Methodischer Auslegungsgleichlauf von PVÜ und TRIPS ....................300
C. Kritik an historischer Argumentation und der Expertenrolle der WIPO..301

Literaturverzeichnis....................................................................................303
Sachregister................................................................................................325

# Inhaltsverzeichnis

Vorwort ................................................................................. V
Inhaltsübersicht ..................................................................... VII

*Einleitung* ............................................................................. 1
A. Der kategorische Ausschluss technisch-funktioneller Marken ............ 1
B. Zweifel an der Vereinbarkeit mit PVÜ und TRIPS ............................. 1
C. Ausgangsfrage .................................................................. 2
D. Forschungsstand ................................................................ 3
E. Untersuchungsgegenstand ..................................................... 4
F. Gang der Darstellung ........................................................... 5

## Teil 1: Vereinbarkeit mit Art. 6quinquies PVÜ ............... 7

*Kapitel 1: Beschränkung des Anwendungsbereichs durch Vorgaben des Ziellandes* ................................................................. 9

A. Überblick über die beschränkenden Ansätze ................................ 10
   I. Markenbegriff des Ziellandes ............................................. 10
   II. „Form" der Marke .......................................................... 14
   III. Begriffliche Vielfalt der Diskussion ..................................... 15
      1. Platzhalterfunktion vermeintlicher Schlüsselbegriffe ............... 15
      2. Beispiel für Platzhalterfunktion – „Havana Club" ................... 17
      3. Gang der Untersuchung ................................................ 19
B. Zweck von Art. 6quinquies PVÜ .............................................. 19
   I. Validierungsklausel ......................................................... 19
   II. Leerlauf ..................................................................... 22
C. Kontext von Art. 6quinquies PVÜ ............................................. 22
   I. Art. 6 (1) PVÜ ............................................................... 23
      1. Leerlauf von Art. 6 (1) oder 6quinquies PVÜ ........................ 23
      2. Restriktive Auslegung als Ausnahme ................................. 24
         a) In dubio mitius-Regel nicht anwendbar/einschlägig ............ 24
         b) Kein Regel-Ausnahme-Verhältnis ................................ 27
         c) Regel-Ausnahme-Ansatz ohne Lösung .......................... 29

```
        d) Kein inhaltlicher Konflikt mit Art. 6 (1) PVÜ ..................30
     3. Ergebnis: Keine Einschränkung wegen Art. 6 (1) PVÜ ..........30
  II. Art. 2 (1) PVÜ .......................................................................31
     1. Leerlauf von Art. 2 (1) PVÜ ...............................................31
     2. Konflikt mit Art. 2 (1) PVÜ ................................................31
        a) Ergänzung statt Konflikt ................................................31
        b) Kein Verbot der Besserstellung von Ausländerinnen ...... 31
        c) Keine rechtliche Besserstellung ......................................33
        d) Kein Konflikt mit Art. 2 (1) PVÜ ...................................34
     3. Regel-Ausnahme-Ansatz ohne Lösung ..............................34
     4. Klarer Wortlaut von Art. 2 (1) PVÜ ...................................34
     5. Ergebnis: Keine Einschränkung wegen Art. 2 (1) PVÜ .....35
  III. Art. 6 (2) und (3) PVÜ .............................................................35
     1. Ausschließlichkeitsverhältnis zu Art. 6quinquies PVÜ .....36
     2. Ergänzung von Art. 6quinquies PVÜ .................................36
     3. Supplementär: Entstehungsgeschichte ...............................36
     4. Ergebnis: Keine Einschränkung wegen Art. 6 (2) und (3) PVÜ ... 38
  IV. Art. 6quinquies B PVÜ ............................................................38
     1. Leerlauf ............................................................................... 39
     2. Beschränkung auf Eigenschaften der Marke ...................... 39
        a) Alle Versagungsgründe beziehen sich auf Marke selbst ..........41
        b) Technische Funktionalität ist Eigenschaft der Marke .....42
     3. Ergebnis: Art. 6quinquies PVÜ erfasst technisch-funktionelle
        Marken .................................................................................42
  V. Ergebnis: Keine Einschränkung wegen Systematik der PVÜ ......42
D. Staatenpraxis zu Art. 6quinquies PVÜ .............................................43
  I. Gegenbeispiele zu beschränkter Lesart .....................................43
  II. Ergebnis: Keine Einschränkung mangels Konsenses ................46
E. Geschichte(n) zu Art. 6quinquies PVÜ und ihre Schwachstellen......47
  I. Methodische Kritik der historischen Argumentation .................48
     1. Methodische Ansätze ...........................................................48
     2. Subsidiarität historischer Argumente ..................................50
        a) Wiener Vertragsrechtskonvention ...................................50
        b) Keine unmittelbare Anwendbarkeit der WVK ................51
        c) Gewohnheitsrecht und zeitliche Anwendbarkeit .............52
        d) Ergebnis: Historische Argumente nur supplementär .....54
     3. Methodischer Gleichlauf bei Auslegung der PVÜ im WTO-
        Kontext .................................................................................54
     4. Keine Einbeziehung gemäß Art. 31 (2) (a) WVK ...............58
  II. Inhaltliche Kritik der historischen Argumentation ....................58
     1. Anwendungsbereich von Art. 6 PVÜ (1883) ......................59
        a) Wortlaut der Fassung von 1883 .......................................59
        b) Zweck und Systematik ....................................................60
```

c) Entstehungs- und Vorgeschichte ........................................................60
   aa) Pariser Konferenz 1880 ..............................................................62
   bb) Pariser Konferenz 1883 (Schlussprotokoll) .......................65
   cc) Vorbild „Leipziger" Validierungsklausel ..........................65
   dd) Zum „russischen" Buchstabenproblem ............................69
   ee) Ergebnis: Keine Einschränkung wegen Vor- und
       Entstehungsgeschichte...............................................................71
d) Ergebnis zum Anwendungsbereich von Art. 6 PVÜ (1883).......71
2. Hilfsweise: Wirkung der Revision in Washington 1911 ...............71
   a) Actes der Washingtoner Konferenz 1911 ...............................73
      aa) Kein expliziter Einwand gegen den Vorschlag des Büros ...73
      bb) Keine ausdrückliche Zustimmung zu materieller Änderung 74
      cc) Vorbehalte einzelner Parteien ...............................................77
      dd) Keine Fortgeltung des Schlussprotokolls ..........................79
   b) Actes der Lissabonner Konferenz............................................80
   c) Bericht der britischen Delegation.............................................81
   d) Einführung von Art. 6 (1) PVÜ ............................................... 82
   e) Ergebnis: jedenfalls nach Revision in Washington 1911 keine
      Beschränkung mehr.....................................................................83
3. Geschichte der Unabhängigkeit der Telle Quelle-Marke ...............83
4. Ergebnis: Keine Beschränkung wegen historischer Umstände ......84
III. Ergebnis: Historische Argumente für beschränkte Lesart
    überzeugen nicht ........................................................................84
F. Gesamtergebnis: Validierungsklausel erfasst alle Eigenschaften
   der Marke.............................................................................................84

**Kapitel 2: Beschränkung des Anwendungsbereichs durch
verbandseigenen Markenbegriff** ....................................................85

A. Verbandseigener Markenbegriff nicht notwendig............................86
B. Bestimmung eines verbandseigenen Begriffs ....................................87
   I. Staatenpraxis ........................................................................87
   II. Eintragung im Ursprungsland .............................................87
   III. Art. 6 (1) PVÜ ......................................................................88
   IV. Art. 7 und 9 PVÜ ................................................................88
       1. Körperliche Verbindung.................................................88
       2. Trennbarkeit....................................................................89
       3. Ergebnis: Lediglich sprachliches Indiz .........................90
   V. TRIPS ....................................................................................90
       1. Art. 31 (3) WVK greift nicht .........................................90
       2. Inter se-Bindung ohne Wirkung.....................................91
       3. Adaption über Art. 2.1 TRIPS .......................................94
       4. Ergebnis: Keine Beschränkung durch TRIPS ...............94

VI. Entstehungsgeschichte ................................................................94
C. Gesamtergebnis: Kein beschränkter Markenbegriff der PVÜ ............98

*Kapitel 3: Ordre public-Ausnahme zur Validierungsklausel* ...................99
A. Überblick über die vertretenen Ansätze...........................................100
B. Kein Verweis auf Internationales Privatrecht...................................104
C. Verbandsautonomes Konzept des ordre public ................................107
    I. Wortlaut ....................................................................................107
    II. Kontext ......................................................................................09
        1. Ausnahme ...........................................................................109
        2. Art. 6quinquies B Nummer 3 Satz 2 PVÜ ..........................109
        3. Art. 6quinquies C (1) PVÜ ................................................113
        4. Fallgruppe Täuschung .........................................................116
    III. Zweckgefährdung......................................................................117
    IV. Aus der Geschichte ...................................................................118
    V. Art. 27 TRIPS und Art. XIV (a) GATS ....................................121
    VI. Keine Pflicht zur Einzelfallentscheidung .................................121
D. Interessenbezogener Ansatz führt zu bloßer Missbrauchsgrenze ............122
E. Ausschluss betrifft grundlegende Allgemeininteressen ....................124
    I. Zweckdiskussion .......................................................................125
    II. Herleitung aus positivem Recht ................................................129
    III. Volkswirtschaftlich-utilitaristische Thesen ..............................131
F. Ergebnis: Zulässigkeit unter ordre public-Ausnahme .......................131

*Kapitel 4: Art. 10bis-Vorbehalt der Validierungsklausel* ......................133
A. Art. 10bis PVÜ als Schutzstandard....................................................133
    I. Wortlaut von Art. 10bis (1) PVÜ ..............................................135
    II. Leerlauf von Art. 10bis PVÜ ....................................................135
    III. PVÜ kein reines Gleichbehandlungsabkommen .......................136
    IV. Art. 10ter PVÜ ..........................................................................137
    V. Leerlauf von Art. 6quinquies PVÜ ...........................................137
    VI. Entstehungsgeschichte ..............................................................138
    VII. Auslegungsgeschichte („proximity"-Ansatz) ............................139
B. Konventionsautonome Bestimmung von Art. 10bis (2) PVÜ
   erforderlich ........................................................................................140
    I. Wirksamer Standard erfordert konventionsautonome Bestimmung..140
    II. Gleichbehandlungsgebot erfordert konventionsautonome
       Bestimmung ...............................................................................143
    III. Regelungstechnisch kein Verweis auf nationales Recht ..................144
    IV. Art. 10bis (2) PVÜ führt immer zur Pflicht aus Art. 10bis (1) PVÜ 147
    V. Ergebnis: Konventionsautonomer Tatbestand verpflichtet .............150
C. Die Rolle von Art. 6quinquies B Satz 2 PVÜ ...................................150

|       |                                                                                           |
|-------|-------------------------------------------------------------------------------------------|
| I.    | Kein Unterfall von Art. 6quinquies B Nummer 3 PVÜ ................... 151                 |
| II.   | Kein Versagungsgrund „Nummer4" ............................................... 153        |
| III.  | Pflichtenvorrang ............................................................................. 155 |
| IV.   | Ergebnis: Art. 10bis geht 6quinquies PVÜ vor ................................ 156         |
| D. Konventionsautonome Bestimmung von Art. 10bis (2) PVÜ ............... 156                      |
| I.    | Notwendigkeit einer tatbestandlichen Obergrenze in Art. 10bis (2) PVÜ ...................................................................... 156 |
| II.   | Anmeldung einer Marke kann unter Art. 10bis (2) PVÜ fallen ........ 157                   |
| III.  | Konkretes Wettbewerbsverhältnis keine tatbestandliche Grenze ..... 158                    |

1. Wortlaut .................................................................................. 161
2. Systematik ............................................................................... 161
   a) Art. 10ter (2) PVÜ unbeachtlich............................................ 161
   b) Kein Zirkelschluss aus Art. 1 (2) PVÜ.................................. 163
   c) Art. 10bis (3) PVÜ nicht auf Schutz von Konkurrentinnen beschränkt................................................................................. 164
   d) Kein Leerlauf von Art. 6quinquies B Nr. 1 PVÜ .................. 165
   e) Kein Leerlauf von Art. 6bis und Art. 10bis (3) PVÜ ............. 166
   f) Keine Begrenzung im WTO-Kontext.................................... 167
      aa) Keine inter partes-Begrenzung........................................ 167
      bb) Adaptierung.................................................................... 168
3. Supplementär: Entstehungsgeschichte .................................... 169
   a) Nebenthema ........................................................................... 170
   b) Konkurrentenschutz im Vordergrund? ................................. 170
   c) Transferthese(n) .................................................................... 170
   d) Bedeutung der Fallgruppen in Art. 10bis (3) PVÜ................ 173
   e) Vom Konkurrentenschutz zum Allgemeininteresse ............... 174
4. Ergebnis: Konkretes Wettbewerbsverhältnis nicht erforderlich ..176

IV. Subjektives Tatbestandsmerkmal keine tatbestandliche Grenze ...... 177
V. Keine (bestimmbare) Grenze aus Verhältnismäßigkeits-erwägungen ..................................................................................... 179
VI. Tatbestandliche Grenze durch Verweis auf externen Maßstab ........ 180
   1. Einheitlicher externer Maßstab ............................................... 180
      a) Einheitlicher Maßstab als tatbestandliche Grenze ................. 180
      b) Bestimmung eines einheitlichen Maßstabs ........................... 181
         aa) Kein Rückschluss aus Fallgruppen in Art. 10bis (3) PVÜ ........................................................ 181
         bb) Deckungsgleichheit ....................................................... 182
         cc) Keine Deckungsgleichheit feststellbar ........................... 182
         dd) Kein Leerlauf bei fehlender Deckungsgleichheit ............. 182
   2. Unzulässiger Schwenk auf regionalen Maßstab ..................... 183
      a) Methodische Verortung......................................................... 184
      b) Nur vermeintliche Wirksamkeit eines regionalen Maßstabs ...185
      c) Keine Parallelität zum ordre public ....................................... 189

         d) Keine Vorteile, alle Nachteile .................................................191
     3. Ergebnis: Einheitlicher Maßstab..................................................191
  VII. Anwendung auf den Ausschluss technisch-funktioneller Marken ...191
E. Externer Maßstab durch Adaptierung im WTO-Rahmen.......................192
  I. Adaption statt unveränderter Inkorporation....................................192
  II. Wettbewerbsfunktionaler Maßstab .................................................193
  III. Anwendung auf den Ausschluss technisch-funktioneller Marken ...194
  IV. Umsetzungsspielraum......................................................................195
  V. Ergebnis: Ausschluss technisch-funktioneller Marken
     fällt unter Art. 10bis PVÜ................................................................197
F. Gesamtergebnis: Art. 10bis PVÜ greift nur im WTO-Kontext ...............197

## Teil 2: Vereinbarkeit mit Art. 15.1 TRIPS ...........................................199

### Kapitel 5: Anwendungsbereich von Art. 15.1 TRIPS .............................201

A. Zu den Begriffen der Markenfähigkeit und Eintragungsfähigkeit...........202
B. Aufzählung in Art. 15.1 Satz 2 TRIPS ....................................................202
C. Umkehrschluss aus Art. 15.1 Satz 4 TRIPS............................................204
D. Unterscheidungseignung nach Art. 15.1 S. 1, 3 TRIPS..........................204
  I. Unterscheidungseignung als Kern der Marken- und
     Eintragungsfähigkeit........................................................................204
  II. Keine rein normative Bestimmung der Unterscheidungseignung ....207
     1. Kein Verweis auf normativen Begriff der Unterscheidungskraft
        des Mitglieds ..............................................................................208
     2. Kein normativer Begriff der Unterscheidungskraft in der PVÜ ..210
     3. Inzident: Keine Zulässigkeit nach Art. 6quinquies B
        Nr. 2 PVÜ ...................................................................................215
     4. Unterscheidungseignung nach TRIPS........................................215
E. Supplementär: Entstehungsgeschichte ....................................................216
F. Ergebnis: Tatsächliche Unterscheidungseignung führt zu
  Eintragungsfähigkeit ...............................................................................217

### Kapitel 6: Ausnahmen zu Art. 15.1 TRIPS ............................................219

A. Art. 6 (1) und 6quinquies B PVÜ über Art. 2.1 TRIPS..........................219
  I. Voraussetzung: Pflicht.....................................................................219
  II. Nicht-Pflichten sind keine Rechte ...................................................220
  III. Art. 6quinquies B PVÜ als (allgemeine) Pflicht..............................221
  IV. Art. 6 (1) PVÜ .................................................................................222
  V. Ergebnis: Keine Ausnahme aus Art. 6 (1) und 6quinquies B PVÜ ..222
B. Anderer Grund nach Art. 15.2 TRIPS .....................................................223
  I. Art. 15.1 TRIPS regelt Eintragungsfähigkeit ..................................223

II. Art. 15.2 betrifft nicht die Eintragungsfähigkeit .................224
    1. Art. 15.1 TRIPS regelt Eintragungsfähigkeit abschließend .........224
    2. Bedeutung des zweiten Halbsatzes ..................225
    3. Erst-Recht-Schluss aus dem Patent- und Designrecht ................226
    4. Supplementär: (Entstehungs-)Geschichte ....................227
III. Ergebnis: Ausschluss nicht unter Art. 15.2 zulässig .......................228
C. Ausnahme wegen Modifikation durch Staatenpraxis............................229
    I. Methodisches...........................230
        1. Auslegung oder Modifikation? ....................230
        2. Möglichkeit der Modifikation von TRIPS durch Staatenpraxis ...231
        3. Relevante Staatenpraxis...........................232
        4. Art der Modifikation .........................233
        5. Probleme bei der inhaltlichen Erfassung nationalen Rechts ........234
    II. Zulässigkeit des Ausschlusses technisch-funktioneller Marken ......237
        1. Ausschluss technische-funktioneller Marken nicht universell .....237
           a) Beispiele .........................238
           b) Gegenbeispiele.........................239
        2. Art. 6quinquies B Nr. 3 PVÜ....................241
    III. Ergebnis: Ausschluss wegen Modifikation von Art. 15.1 TRIPS
        zulässig..........................243

*Kapitel 7: Art. 10bis PVÜ und TRIPS*........................245

A. Überblick über den Meinungsstand ........................246
B. Wortlaut........................250
C. Kontext ........................252
    I. Präambel........................252
    II. Standort........................255
    III. Art. 22.2 TRIPS........................255
    IV. Art. 39.1 TRIPS ........................259
    V. Nichtanwendbarkeit auf Art. 9 bis 14 und Teil IV TRIPS ............261
    VI. Intellectual Property (Art. 1.2 TRIPS) ........................263
        1. Art. 1.2 TRIPS irrelevant ........................264
        2. Art. 10bis PVÜ und Art. 1.2 TRIPS ........................264
        3. Kein Leerlauf von Art. 1.2 TRIPS ........................266
    VII. Leerlauf der Aufzählung in Art. 2.1 TRIPS („Havana Club") .........266
D. Staatenpraxis ........................268
E. Entstehungsgeschichte ........................268
    I. Inländerinnenschutz........................269
    II. Keine Diskussion ........................270
F. Ergebnis: Adaptierter Art. 10bis PVÜ verdrängt Pflicht
    aus Art. 15.1 TRIPS ........................ 272

**Schluss**................................................................................................................275

*Kapitel 8: Ergebnis und Zusammenfassung*..............................................277

A. Vereinbarkeit mit PVÜ...................................................................277
B. Vereinbarkeit mit TRIPS................................................................277
C. Zusammenfassung der wesentlichen Argumentationsschritte...............278
    I. Teil 1 – Vereinbarkeit mit Art. 6quinquies PVÜ .............................278
        1. Kapitel 1 – Beschränkung durch Vorgaben des Ziellandes ...............278
        2. Kapitel 2 – Beschränkung durch Markenbegriff der PVÜ ...............280
        3. Kapitel 3 – Ordre public-Ausnahme....................................................281
        4. Kapitel 4 – Art. 10bis-Vorbehalt der Validierungsklausel ................282
    II. Teil 2 – Vereinbarkeit mit Art. 15.1 TRIPS ................................284
        1. Kapitel 5 – Eintragungsfähigkeit nach Art. 15.1 TRIPS ...................284
        2. Kapitel 6 – Ausnahmen zu Art. 15.1 TRIPS .....................................285
        3. Kapitel 7 – Art. 10bis PVÜ vs. Art. 15.1 TRIPS...............................286

*Kapitel 9: Zu den konventionsrechtlichen Vorgaben* ...............................287

A. Markenschutz zwischen Wettbewerb und ordre public .........................287
B. Bedeutung für das Design- und Urheberrecht.......................................290
C. Keine Bedeutung für lauterkeitsrechtlichen Nachahmungsschutz ..........295
D. Diskriminierungsverbot und Sonderschutzrechte nach
    Art. 10bis PVÜ .................................................................................296

*Kapitel 10: Zur Auslegung von PVÜ und TRIPS* .....................................297

A. Allgemeine Bemerkungen..................................................................297
B. Methodischer Auslegungsgleichlauf von PVÜ und TRIPS....................300
C. Kritik an historischer Argumentation und der Expertenrolle
    der WIPO ........................................................................................301

Literaturverzeichnis..................................................................................303
Sachregister.............................................................................................325

# Einleitung

## A. Der kategorische Ausschluss technisch-funktioneller Marken

Art. 7 (1) (e) (ii) UMV schließt Zeichen von der Eintragung als Unionsmarke aus, die ausschließlich aus der Form oder einem anderen charakteristischen Merkmal der Ware bestehen, die bzw. das zur Erreichung einer technischen Wirkung erforderlich ist. Eine Überwindung des Eintragungshindernisses durch eine infolge der Benutzung des Zeichens erlangte Unterscheidungskraft gemäß Art. 7 (3) UMV ist nicht möglich, denn Art. 7 (3) UMV gilt nur für die Buchstaben b), c), und d) in Art. 7 (1) UMV. Art. 7 (1) (e) (ii) UMV ist somit ein Beispiel für einen *kategorischen* Ausschluss technisch-funktioneller Marken, bei dem es auf die tatsächliche Unterscheidungskraft des Zeichens nicht ankommt.[1] Einen kategorischen Ausschluss kennt auch das deutsche MarkenG. Dort legt § 3 (2) MarkenG in Umsetzung der MarkenRL fest, dass Zeichen, die ausschließlich aus Formen oder anderen charakteristischen Merkmalen[2] bestehen, die zur Erreichung einer technischen Wirkung erforderlich sind, dem Markenschutz nicht zugänglich sind.

## B. Zweifel an der Vereinbarkeit mit PVÜ und TRIPS

Zweifel an der Vereinbarkeit eines solchen kategorischen Ausschlusses mit den Vorgaben des völkervertraglichen Immaterialgüterrechts ergeben sich mit Blick auf Art. 6quinquies PVÜ und Art. 15.1 TRIPS.

Erstens soll nach Art. 6quinquies A (1) S. 1 PVÜ jede im Ursprungsland eingetragene Fabrik- oder Handelsmarke so, wie sie ist, zur Hinterlegung zugelassen und geschützt werden. Die Eintragung darf nach Art. 6quinquies B PVÜ nur in den dort aufgelisteten Fällen verweigert werden. Der Ausschluss technisch-funktioneller Marken wird dort nicht aufgeführt, was die Frage aufwirft, ob der Ausschluss technisch-funktioneller Marken gegen Art. 6quinquies PVÜ verstößt.[3] Nach Art. 2.1 TRIPS muss Art. 6quinquies PVÜ in Bezug auf die Teile II,

---

[1] Vgl. *Tritton*, TRIPS and Trade Marks, in: Heath/Kamperman Sanders (Hrsg.), 25 Years of the TRIPS Agreement 2021, S. 87.

[2] Art. (1) (e) (ii) MarkenRL spricht wie die UMV von Form bzw. Merkmal „der Ware".

[3] Vgl. Kur/Bomhard/Albrecht/*Kur*, BeckOK Markenrecht, 30. Aufl. 2022, MarkenG § 3,

III und IV von TRIPS befolgt werden. Deswegen stellt sich zudem die Frage, ob der Ausschluss technisch-funktioneller Marken gegen Art. 6quinquies PVÜ verstößt, wie er über Art. 2.1 TRIPS einbezogen ist,[4] und damit ein Verstoß gegen TRIPS vorliegt.

Zweitens bestimmt Art. 15.1 S. 1 TRIPS, dass alle Zeichen, die geeignet sind, Waren eines Unternehmens von denen eines anderen Unternehmens zu unterscheiden, eine Marke darstellen können. Solche Zeichen sind nach Satz 2 eintragungsfähig. Satz 3 bestimmt, dass die Eintragungsfähigkeit von Zeichen, die ihrer Natur nach nicht unterscheidungsgeeignet sind, von ihrer durch Benutzung erworbenen Unterscheidungskraft abhängig gemacht werden kann. Hier stellt sich die Frage, ob der kategorische Ausschluss technisch-funktioneller Marken trotz ihrer (durch Benutzung erlangten) Unterscheidungskraft mit der Maßgabe des Art. 15.1 TRIPS vereinbar ist.[5]

Aus diesen Zweifeln ergibt sich die Ausgangsfrage der folgenden Untersuchung:

## C. Ausgangsfrage

Verstößt der kategorische Ausschluss technisch-funktioneller Marken gegen Art. 6quinquies PVÜ (in Verbindung mit Art. 2.1 TRIPS) oder Art. 15.1 TRIPS?[6]

---

Rn. 57.1; *Ohly*, „Buy me because I'm cool": the „marketing approach" and the overlap between design, trade mark and unfair competition law, in: Kur/Levin/Schovsbo (Hrsg.), The EU Design Approach 2018, S. 120; *Tritton*, TRIPS and Trade Marks, in: Heath/Kamperman Sanders (Hrsg.), 25 Years of the TRIPS Agreement 2021, S. 87.

[4] Vgl. WTO Untersuchungsausschuss (Panel), Reports v. 28.6.2018, WT/DS435/R, WT/DS441/R – *Australia – Certain Measures Concerning Trademarks, Geographical Indications and Other Plain Packaging Requirements Applicable to Tobacco Products and Packaging*, Rn. 7.1759.

[5] Vgl. *Zhan*, The International Registration of Non-traditional Trademarks: Compliance with the TRIPS Agreement and the Paris Convention, (2017) 16 World Trade Review 111, S. 135: „Failure to protect distinctive trademarks is a TRIPS violation."; *Tritton*, TRIPS and Trade Marks, in: Heath/Kamperman Sanders (Hrsg.), 25 Years of the TRIPS Agreement 2021, S. 90.

[6] Nicht mehr Gegenstand der Untersuchung sind die – jeweils von nationalen Besonderheiten abhängenden – Folgen einer möglichen Unvereinbarkeit eines konkreten Ausschlusses technisch-funktioneller Marken im innerstaatlichen Recht mit den Vorgaben aus PVÜ und/oder TRIPS, vgl. aus deutscher bzw. EU-Perspektive z.B. *Schmidt-Pfitzner*, Das TRIPS-Übereinkommen und seine Auswirkungen auf den deutschen Markenschutz 2005, S. 201 ff., insbesondere zur Frage der unmittelbaren Anwendbarkeit auf S. 221 ff.; vgl. auch *Moncayo von Hase*, The Application and Interpretation of the Agreement on Trade-Related Aspects of Intellectual Property Rights, in: Correa/Yusuf (Hrsg.), Intellectual Property and International Trade – The TRIPS Agreement, 3. Aufl. 2016, 83, S. 113 ff.

## D. Forschungsstand

Die vorliegende Arbeit ist nicht die erste, die sich mit der Vereinbarkeit eines Ausschlusses technisch-funktioneller Marken mit den Vorgaben aus Art. 15.1 TRIPS und Art. 6quinquies PVÜ auseinandersetzt.[7] Mit Blick auf diese Vorgaben erörtert wurden bereits der Ausschluss technisch-funktioneller Zeichen in der UMV[8] bzw. im harmonisierten MarkenG[9], im Intellectual Property Act von Sri Lanka[10] sowie im Trade Mark Act von Singapur[11]. Daneben treten allgemeinere Erörterungen der Frage, wann ein Schutzausschluss des innerstaatlichen Markenrechts mit TRIPS und PVÜ vereinbar ist.[12] Eine übergreifende Auseinandersetzung mit den einzelnen Ansätzen und Thesen hat bisher nicht stattgefunden, und auch eine methodische Einordung der dabei vorgebrachten Argumente fehlt. Dieses Forschungsdesiderat soll die vorliegende Untersuchung befriedigen, indem sie die zentralen Thesen, mit denen die Vereinbarkeit des Ausschlusses technisch-funktioneller Marken mit PVÜ und TRIPS begründet wird, zusammenträgt und auf ihre Überzeugungskraft hin überprüft. Diese Thesen aus der Literatur bilden den eigentlichen Untersuchungsgegenstand der vorliegenden Arbeit:

---

[7] Siehe zuletzt *Dinwoodie/Kur*, Non-conventional marks and the obstacle of functionality – WIPO's role in fleshing out the telle quelle rule, in: Ricketson (Hrsg.), Research Handbook on the World Intellectual Property Organization – The First 50 Years and Beyond 2020, 131.
[8] Vgl. Kur/Bomhard/Albrecht/*Kur*, BeckOK Markenrecht, 30. Aufl. 2022, MarkenG § 8, Rn. 11.1.
[9] Zu § 3 (2) Nr. 2 MarkenG a.F. (1998) vgl. *Schmidt-Pfitzner*, Das TRIPS-Übereinkommen und seine Auswirkungen auf den deutschen Markenschutz 2005, S. 67 ff.; *Kur*, Alles oder Nichts im Formmarkenschutz?, GRUR Int 2004, 755, S. 756 ff.; zum aktuellen § 3 (2) Nr. 2 MarkenG (2019) vgl. Kur/Bomhard/Albrecht/*Kur*, BeckOK Markenrecht, 30. Aufl. 2022, MarkenG § 3, Rn. 57.1.
[10] Vgl. *Marsoof*, TRIPS Compatibility of Sri Lankan Trademark Law, (2012) 15 Journal of World Intellectual Property 51, S. 56.
[11] Vgl. *Ng-Loy*, Absolute Bans on the Registration of Product Shape Marks – A Breach of International Law?, in: Calboli/Senftleben (Hrsg.), The Protection of Non-Traditional Trademarks – Critical Perspectives 2018, 147.
[12] Vgl. z.B. *Zhan*, The International Registration of Non-traditional Trademarks, (2017) 16 World Trade Review 111; *Pires de Carvalho*, The TRIPS Regime of Trademarks and Designs, 4. Aufl. 2019, S. 218 ff., Rn. 15.33 ff.; Kur/Bomhard/Albrecht/*Kur*, BeckOK Markenrecht, 30. Aufl. 2022, MarkenG Einleitung Markenrecht, Rn. 240 ff; *Ohly*, „Buy me because I'm cool": the „marketing approach" and the overlap between design, trade mark and unfair competition law, in: Kur/Levin/Schovsbo (Hrsg.), The EU Design Approach 2018, S. 120.

## E. Untersuchungsgegenstand

Zunächst geht es darum, ob Art. 6quinquies PVÜ und Art. 15.1 TRIPS überhaupt auf technisch-funktionelle Zeichen anwendbar sind. Hierzu wird vertreten, dass bestimmte Zeichenarten von vornherein nicht von Art. 6quinquies PVÜ bzw. Art. 15.1 TRIPS erfasst werden.[13] Nach einer Ansicht müssen bestimmte Eintragungsvoraussetzungen des innerstaatlichen Rechts erfüllt sein, damit Art. 6quinquies PVÜ überhaupt greift.[14] Zu diesen könnte auch der Ausschluss technisch-funktioneller Marken gehören. Außerdem wird vertreten, dass unter bestimmten Voraussetzungen auch tatsächlich unterscheidungskräftige Zeichen als nicht unterscheidungsgeeignet und damit als nicht eintragungsfähig im Sinne von Art. 15.1 TRIPS behandelt werden können,[15] was den Ausschluss technisch-funktioneller Marken vom Anwendungsbereich des Art. 15.1 TRIPS ausnehmen könnte.

Nachgelagert geht es um die Frage, ob ein Ausschluss technisch-funktioneller Marken trotz der grundsätzlichen Anwendbarkeit von Art. 6quinquies PVÜ bzw. Art. 15.1 TRIPS zulässig ist. Im Rahmen der PVÜ geht es dabei vor allem um Art. 6quinquies B Nr. 3 PVÜ, der einen Verstoß gegen den *ordre public* zum zulässigen Verweigerungsgrund erklärt.[16] Ebenfalls erörtert wird der Ausschluss technisch-funktioneller Marken unter Art. 6quinquies B Nr. 2 PVÜ, wonach der Mangel an Unterscheidungskraft einen zulässigen Zurückweisungsgrund darstellt.[17] Schließlich wird die Zulässigkeit des Ausschlusses technisch-funktioneller Zeichen mit Blick auf den letzten Satz in Art. 6quinquies B PVÜ erörtert, der die Anwendung von Art. 10bis PVÜ vorbehält.[18] Art. 10bis PVÜ hält die Mitgliedsstaaten an, effektiven Schutz gegen unlauteren Wettbewerb zu gewähren. Bezogen auf Art. 15.1 TRIPS wird die Zulässigkeit von Eintragungshindernissen oder

---

[13] Vgl. *Ng-Loy*, Absolute Bans on the Registration of Product Shape Marks – A Breach of International Law?, in: Calboli/Senftleben (Hrsg.), The Protection of Non-Traditional Trademarks 2018, 147, S. 164.

[14] Vgl. *Munzinger*, Rückwirkungen des „telle quelle"-Prinzips auf das nationale Markenrecht, GRUR Ausl 1958, 464, S. 465 (linke Spalte); *Bereskin/Sawchuk*, Crocker Revisited: The Protection of Trademarks of Foreign Nationals in the United States, (2003) 93 Trademark Reporter 1199, S. 1210.

[15] Vgl. *Pires de Carvalho*, The TRIPS Regime of Trademarks and Designs, 4. Aufl. 2019, S. 243, Rn. 15.69; *Ramsey*, Protectable Trademark Subject Matter in Common Law Countries and the Problem with Flexibility, in: Calboli/Ginsburg (Hrsg.), The Cambridge Handbook of International and Comparative Trademark Law 2020, 193, S. 208.

[16] Vgl. *Kur*, Alles oder Nichts im Formmarkenschutz?, GRUR Int 2004, 755, S. 758; *Kur/Senftleben*, International Protection, in: Kur/Senftleben (Hrsg.), European Trade Mark Law 2017, 27, S. 159, Rn. 4.172.

[17] Vgl. Kur/Bomhard/Albrecht/*Kur*, BeckOK Markenrecht, 30. Aufl. 2022, MarkenG § 3, Rn. 57.1.

[18] Vgl. *Marsoof*, TRIPS Compatibility of Sri Lankan Trademark Law, (2012) 15 Journal of World Intellectual Property 51, S. 56 f.

Schutzausschlüssen auf eine aus Art. 6quinquies B PVÜ folgende und in TRIPS einbezogene Befugnis zur Zurückweisung gestützt,[19] oder alternativ auf Art. 15.2 TRIPS.[20]

Die Überprüfung dieser Thesen bedeutet in der Sache, den Inhalt von Art. 6quinquies PVÜ, Art. 10bis PVÜ und Art. 15 TRIPS sowie das Zusammenspiel dieser Bestimmungen zu diskutieren. Die Erörterung der Ausgangsfrage wird so zur exemplarischen Fallstudie. Sie greift bestehende Debatten zu PVÜ und TRIPS auf, führt sie aus dem spezifischen Blickwinkel der ihr eigenen Fragestellung fort und greift damit über eine bloße Bestimmung markenrechtlicher Vorgaben hinaus. So bildet gerade die langanhaltende und international geführte Kontroverse zu Inhalt und Reichweite von Art. 6quinquies PVÜ wegen der dort anzutreffenden Methodenvielfalt einen geeigneten Ausgangspunkt, um grundlegende Auslegungsfragen zu erörtern. Die Verzahnung markenrechtlicher Vorgaben mit Art. 10bis PVÜ wirft die Frage nach Verbindlichkeit und Regelungsgehalt dieser wettbewerbsrechtlichen Bestimmung aus einer spezifisch systematischen Perspektive neu auf. Und auch der Streit darüber, welche Bestimmungen der PVÜ auf welche Weise Bestandteil von TRIPS geworden sind, ist in den zu überprüfenden Thesen an mehreren Stellen angelegt.

## F. Gang der Darstellung

Die soeben dargestellten Thesen aus der Literatur geben im Wesentlich die Reihenfolge der Darstellung vor.

Der erste Teil der Untersuchung widmet sich der PVÜ. Kapitel 1 untersucht, inwieweit die Anwendbarkeit von Art. 6quinquies PVÜ von den Vorgaben des Ziellandes abhängt. Dabei liegt ein Schwerpunkt auf der methodischen und inhaltlichen Kritik an einer historischen Auslegung von Art. 6quinquies PVÜ. Kapitel 2 erörtert, ob der Anwendungsbereich des Art. 6quinquies PVÜ von einem PVÜ-eigenem Markenbegriff beschränkt ist. Weil Art. 6quinquies PVÜ im Ergebnis auch auf technisch-funktionelle Marken anwendbar ist, schließt sich in Kapitel 3 die Frage an, ob hier die *ordre public*-Ausnahme greift. Zentral wird dabei das Bemühen sein, den Begriff des *ordre public* so zu bestimmen, dass Art. 6quinquies PVÜ noch eine Bindungswirkung entfalten kann. Parallel dazu geht Kapitel 4 der Frage nach, ob der Ausschluss technisch-funktioneller Marken unter den Art. 10bis-Vorbehalt in Art. 6quinquies PVÜ fällt. Dazu sind ei-

---

[19] Vgl. *Pires de Carvalho*, The TRIPS Regime of Trademarks and Designs, 4. Aufl. 2019, S. 227, Rn. 15.43.
[20] Vgl. *Ng-Loy*, Absolute Bans on the Registration of Product Shape Marks – A Breach of International Law?, in: Calboli/Senftleben (Hrsg.), The Protection of Non-Traditional Trademarks 2018, 147, S. 163. Ebenfalls für die Zulässigkeit eines Ausschlusses technisch-funktioneller Zeichen, aber ohne konkrete Verortung, *Correa*, Trade Related Aspects of Intellectual Property Rights 2007, S. 177.

nige Vorfragen zu klären. Das betrifft zunächst die regelungstechnische Beziehung zwischen Art. 10bis PVÜ und Art. 6quinquies PVÜ. Außerdem ist eine vertiefte Beschäftigung mit Art. 10bis PVÜ dahingehend erforderlich, ob und welche tatbestandlichen Grenzen dem Art. 10bis (2) PVÜ zu entnehmen sind. Hier ist zudem eine getrennte Erörterung des Tatbestands im WTO-Kontext erforderlich, weil diese zu einem anderen Ergebnis führt.

Der zweite Teil beleuchtet Art. 15 TRIPS. Auch hier geht es in Kapitel 5 zunächst um die Frage der Anwendbarkeit auf technisch-funktionelle Marken. In diesem Zusammenhang wird inzident festgestellt, dass ein kategorischer Ausschluss nicht unter Berufung auf Art. 6quinquies B Nr. 2 PVÜ zulässig ist. Weil im Ergebnis auch technisch-funktionelle Marken nach Art. 15.1 TRIPS grundsätzlich als eintragungsfähig behandelt werden müssen, geht es in Kapitel 6 wieder um mögliche Ausnahmen. Hier wird letztlich nur die Annahme einer stillschweigenden Modifikation zur Bejahung einer für den Ausschluss technisch-funktioneller Marken relevanten Ausnahme führen. Das abschließende Kapitel 7 entwickelt die These, dass die Pflicht aus Art. 15.1 TRIPS ebenfalls unter dem Vorbehalt einer entgegenstehenden Pflicht aus Art. 10bis PVÜ steht – und der Ausschluss technisch-funktioneller Marken eine Pflicht aus Art. 10bis PVÜ umsetzt.

Das Ergebnis und die wesentlichen Schritte der Untersuchung werden in Kapitel 8 zusammengefasst. In Kapitel 9 folgen Bemerkungen zu den herausgearbeiteten konventionsrechtlichen Vorgaben, die auch über das Markenrecht hinaus reichen. Hier wird insbesondere der horizontalen, schutzrechtsübergreifenden Diskussion um den Schutz von Produktgestaltungen[21] eine internationale Perspektive hinzugefügt sowie die weitreichende Bedeutung eines marktfunktional adaptierten Art. 10bis PVÜ im System des internationalen Immaterialgüterrechts angedeutet. Den Abschluss bilden Beobachtungen zur Auslegung von PVÜ und TRIPS in Kapitel 10.

---

[21] Vgl. z.B. *Mroß*, Technische Funktionalität im Recht des geistigen Eigentums sowie im Wettbewerbsrecht 2015; *Starcke*, Der Schutz der Gestaltung von Gebrauchsgegenständen 2019; *Dissmann*, Der Schutz von Produktgestaltungen im Design-, Urheber-, Lauterkeits- und Markenrecht 2019; *Suthersanen/Mimler*, An Autonomous EU Functionality Doctrine for Shape Exclusions, GRUR Int 2020, 567; *Tischner*, Comment on CJEU decision of 11 June 2020 in C-833/18 Brompton Bicycle, GRUR Int 2020, 971.

*Teil 1*

# Vereinbarkeit mit Art. 6quinquies PVÜ

*Kapitel 1*

# Beschränkung des Anwendungsbereichs durch Vorgaben des Ziellandes

Nach Art. 6quinquies A (1) S. 1 PVÜ soll jede im Ursprungsland vorschriftsmäßig eingetragene Fabrik- oder Handelsmarke so, wie sie ist, in den anderen Verbandsländern zur Hinterlegung zugelassen und geschützt werden. Ursprünglich als Art. 6 war diese Bestimmung bereits in der ersten Fassung der PVÜ von 1883 enthalten. Eine neutrale, weil nur an den französischen Wortlaut anknüpfende, Bezeichnung der Bestimmung lautet „Telle Quelle-Klausel".[1] Alternativbezeichnungen drücken bereits eine inhaltliche Aussage über die Auslegung der Bestimmung aus. Dazu gehören die Begriffe Reziprozitäts- bzw. Gegenseitigkeitsklausel,[2] die wie der Begriff der Validierung[3] auf die Schutzerstreckung der im Ursprungsland eingetragenen Marke auf das Zielland durch validierende Eintragung abstellen. Über Art. 2.1 TRIPS ist die Bestimmung auch Bestandteil des Pflichtenkatalogs aus TRIPS.[4] Der Anwendungsbereich von Art. 6quinquies PVÜ bzw. seiner Vorgängerbestimmungen war und ist umstritten.[5] Möglicherweise fallen technisch-funktionelle Marken schon nicht unter die Bestimmung.

Es wird vertreten, dass die Eintragung eines Zeichens als Marke im Ursprungsland nicht automatisch eine Pflicht nach Art. 6quinquies PVÜ zur Eintragung im Zielland auslöst. Das Zeichen müsse bestimmte Eintragungsvoraussetzungen des Ziellandes erfüllen, damit diese Pflicht zur Eintragung besteht. Erfüllt das Zeichen diese Voraussetzungen des Ziellandes nicht, so gelange Art. 6quinquies PVÜ nicht zur Anwendung. Der Ausschluss technisch-funkti-

---

[1] Vgl. *Kur*, What is „AS IS"? Das telle quelle-Prinzip nach „Havana Club", in: Bomhard/Pagenberg/Schennen (Hrsg.), Harmonisierung des Markenrechts 2005, 361, S. 362, wörtlich „So, wie sie ist"-Klausel.
[2] Vgl. *Kohler*, Das Recht des Markenschutzes 1884, S. 438. Nicht gemeint ist damit eine „reciprocal rights provision" im Sinne einer Regel, die Ausländerinnen rechtlich den Inländerinnen gleichstellen, vgl. *Norton*, The Effect of Article 10bis of the Paris Convention on American Unfair Competition Law, (1999) 68 Fordham Law Review 225, S. 251.
[3] Bzw. „validation", *Ladas*, Trade-Marks and Foreign Trade, (1948) 38 Trademark Reporter 278, S. 281.
[4] Vgl. WTO Untersuchungsausschuss (Panel), Reports v. 28.6.2018, WT/DS435/R, WT/DS441/R – *Australia – Certain Measures Concerning Trademarks, Geographical Indications and Other Plain Packaging Requirements Applicable to Tobacco Products and Packaging*, Rn. 7.1759.
[5] Vgl. *Zhan*, The International Registration of Non-traditional Trademarks, (2017) 16 World Trade Review 111, S. 129.

oneller Zeichen verstößt nach diesem Ansatz nicht gegen Art. 6quinquies PVÜ, wenn und soweit er zu den Voraussetzungen des Rechts des Ziellandes gehört, die den Anwendungsbereich von Art. 6quinquies PVÜ bestimmen. Auf die Zulässigkeit der Zurückweisung nach Art. 6quinquies B PVÜ käme es dann nicht mehr an.

Im Folgenden wird daher geprüft, inwieweit die Anwendbarkeit von Art. 6quinquies PVÜ von den markenrechtlichen Vorgaben des Ziellandes abhängt, und was dies für die Zulässigkeit des Ausschlusses technisch-funktioneller Marken bedeutet. Dabei wird nach einem Überblick über die entsprechend beschränkenden Ansätze und die begriffliche Vielfalt der Diskussion (A.) eine zweckorientierte Auslegung vorgenommen (B.), bevor der systematische Kontext (C.) von und die Staatenpraxis (D.) zu Art. 6quinquies PVÜ hinsichtlich dieser Beschränkung untersucht werden. Abschließend wird auf die historische Argumentation für eine entsprechend beschränkte Lesart eingegangen (E.).

## A. Überblick über die beschränkenden Ansätze

Im Wesentlich lassen sich zwei Ansätze ausmachen, nach denen ein Ausschluss technisch-funktioneller Zeichen im Recht des Ziellandes von Art. 6quinquies PVÜ unberührt bleiben. Diese können, müssen sich aber nicht überschneiden. Der erste Ansatz stellt auf den Markenbegriff des Ziellandes ab (I.). Der zweite Ansatz arbeitet mit dem Konzept der „Form" der Marke (II.). Innerhalb dieser Ansätze lassen sich erhebliche begriffliche und damit auch inhaltliche Unterschiede feststellen, weswegen sie sich als Ausgangspunkt für die hiesige Untersuchung nur bedingt eigenen (III.).

### I. Markenbegriff des Ziellandes

Nach dem ersten Ansatz unterfallen Art. 6quinquies PVÜ nur solche Zeichen, die dem „Markenbegriff" des Ziellandes entsprechen.[6] Das wird bisweilen als Mehrheitsmeinung beschrieben,[7] die sich insbesondere auch in WIPO-Publikationen

---

[6] *Ivan Stepanov* spricht in diesem Zusammenhang von einem „ontological match" der Markenbegriffe von Ursprungs- und Zielland. Für diese Ansicht vgl. z.B. Wirtschaftsministerium Königreich Ungarn, 17.10.1932 = Revue internationale de la propriété industrielle et artistique 1932, 126 – *Flacon*, S. 127; *Seiler*, Die Entstehung des Rechts an ausländischen Marken in der Schweiz unter besonderer Berücksichtigung der Pariser Verbandsübereinkunft zum Schutze des gewerblichen Eigentums 1943, S. 59; *Troller*, Das internationale Privat- und Zivilprozeßrecht im gewerblichen Rechtsschutz und Urheberrecht 1952, S. 110 f.; *Bereskin/Sawchuk*, Crocker Revisited: The Protection of Trademarks of Foreign Nationals in the United States, (2003) 93 Trademark Reporter 1199, S. 1210.

[7] Vgl. *Zhan*, The International Registration of Non-traditional Trademarks, (2017) 16 World Trade Review 111, S. 129.

spiegelt.⁸ Dass der Markenbegriff des Ziellandes die Anwendbarkeit von Art. 6quinquies PVÜ hingegen nicht beschränkt, vertritt z.b. das BPatG,⁹ was der deutschen Entscheidungspraxis entspricht.¹⁰ Dass allein der Markenbegriff des Ursprungslandes entscheidet, ist nach einer Ansicht herrschende Ansicht in Deutschland¹¹ und wurde und wird auch außerhalb Deutschlands vertreten.¹² Eine Mehrheitsmeinung ist damit nicht so recht feststellbar, und auch die Wirkkraft von *Bodenhausens* „Guide to the Application of the Paris Convention" sollte nicht überschätzt werden.¹³

---

⁸ Siehe *Bodenhausen*, Guide to the Application of the Paris Convention for the Protection of Industrial Property 1968, S. 111, Rn. e), und WIPO Intellectual Property Handbook, 2. Aufl. 2004, S. 254, Rn. 5.103.

⁹ Vgl. BpatG, Beschluss v. 29.4.1965, 4 W (pat) 632/64, BPatGE 7, 215 = GRUR Ausl 1965, 508 = GRUR 1966, 441 – *Farbbezeichnung und Farbbezeichnung*, Leitsatz 1.

¹⁰ Vgl. Kur/Bomhard/Albrecht/*Kur*, BeckOK Markenrecht, 30. Aufl. 2022, MarkenG Einleitung Markenrecht, Rn. 245.

¹¹ Vgl. *Sack*, Der Telle-quelle-Schutz von Marken nach Art. 6quinquies PVÜ, in: Hacker/Thiering (Hrsg.), Festschrift für Paul Ströbele 2019, 371, S. 372, mit Nachweisen in Fn. 9.

¹² Vgl. aus der Literatur z.B. *Greeley*, Foreign patent and trademark laws 1899, S. 210, Fn. 1, und S. 157 f., mit der Feststellung, dass dies bis auf Britannien (mit Kolonien) und den USA auch dem damaligen status quo der Mitgliedstaaten entspricht; weiters *Lallier*, Artikel 6 des Pariser Unionsvertrages (Schutz der Marke „telle quelle"), Jahrbuch der Internationalen Vereinigung für Gewerblichen Rechtsschutz 1906, 46, S. 48: „Die Tendenz [...] geht dahin, in den Einfuhrländern die Annahme von Marken zu erzwingen, die nicht der theoretischen Auffassung entsprechen, welche das Gesetz dieser Länder sich von der Marke bildet."; *Marquis de Maillard de Lafaye*, Artikel 6 des Pariser Unionsvertrages (Schutz der Marke „telle quelle"), Jahrbuch der Internationalen Vereinigung für Gewerblichen Rechtsschutz 1906, 64, S. 64 f.; *Osterrieth*, Lehrbuch des gewerblichen Rechtsschutzes 1908, S. 470; *Finger*, Beurteilung der Unterscheidungskraft von Warenzeichen, besonders von Buchstabenzeichen; Bedeutung langjährigen Gebrauchs, Markenschutz und Wettbewerb 1913/14, 10, S. 11 (rechte Spalte); *J. Seligsohn*, Artikel 6 der Pariser Uebereinkunft, GRUR 1923, 68, S. 68; *A. Seligsohn*, Gesetz zum Schutz der Warenbezeichnungen 1925, S. 324, Rn. 3; *Aron*, Die Formen der Warenzeichen und ihre Gestaltung 1929, S. 63; *Solórzano*, Registrations of Foreign Trade-Marks in Mexico, (1952) 42 Trademark Reporter 615, S. 615 f.; *Ladas*, Trade-Marks and Foreign Trade, (1948) 38 Trademark Reporter 278, S. 282 f.; Hefermehl/*Hefermehl*, Wettbewerbs- und Warenzeichenrecht Band II, 10. Aufl. 1969, Art. 6quinquies ParÜb, Rn. 4; *Gamm*, Die Telle-quelle Marke, WRP 1977, 230, S. 231; Starck/*Starck*, Warenzeichengesetz, 6. Aufl. 1989, PVÜ Art. 6quinquies, Rn. 3; mit Verweis auf Art. 15 TRIPS *Schmidt-Pfitzner*, Das TRIPS-Übereinkommen und seine Auswirkungen auf den deutschen Markenschutz 2005, S. 39 und 81; *Jaconiah*, The Requirements for Registration and Protection of Non-Traditional Marks in the European Union and in Tanzania, (2009) 40 IIC 756, S. 779; und nicht zuletzt *Zhan*, The International Registration of Non-traditional Trademarks, (2017) 16 World Trade Review 111, S. 137.

¹³ Als „führendes" Werk zur PVÜ beschrieben von *Dinwoodie/Dreyfuss*, Designing a Global Intellectual Property System Responsive to Change, (2009) 46 Houston Law Review 1187, S. 1198, Fn. 58). Wie noch zu zeigen sein wird, übernimmt das Berufungsorgan im Fall *Havana Club* (WTO Berufungsorgan (Appellate Body), Report v. 2.1.2002, WT/DS176/AB/R – *United States – Section 211 Omnibus Appropriations Act of 1998*) nicht das Ergebnis der Ausführungen *Bodenhausens*, sondern setzt sich differenziert und methodisch selbstständig mit der dortigen Argumentation auseinander.

Ob nun Mehrheitsmeinung oder nicht, der Ansatz geht davon aus, dass die „Markenfähigkeit"[14] des im Ausland eingetragenen Zeichens am Recht des Ziellandes zu prüfen ist. Demnach wäre der Ausschluss technisch-funktioneller Zeichen mit Art. 6quinquies PVÜ vereinbar, wenn er die „Markenfähigkeit" regelt. Genau das wird beispielsweise für Art. 7 (1) (e) UMV und § 3 (2) MarkenG vertreten. Diese Bestimmungen schließen Zeichen von der Eintragung bzw. dem Markenschutz aus, die ausschließlich aus charakteristischen Merkmalen bestehen, die durch die Art der Ware selbst bedingt oder zur Erreichung einer technischen Wirkung erforderlich sind, oder die der Ware einen wesentlichen Wert verleihen. Diese Bestimmungen seien „negative Konkretisierungen des allgemeinen Kriteriums der Markenfähigkeit"[15]. Hier werde der „Grundsatz der Selbständigkeit der Marke" konkretisiert,[16] wonach das Zeichen von der Ware unterscheidbar sein muss bzw. kein funktionell notwendiger Bestandteil der Ware sein darf.[17] Auch ohne Rückgriff auf diese dogmatischen Überlegungen scheint es mit Wortlaut und Systematik der UMV vereinbar, dass Art. 7 (1) (e) UMV die „Markenfähigkeit" regelt, und nicht (bloß) die „Eintragungsfähigkeit". Art. 7 (1) (e) UMV knüpft als einzige Bestimmung neben Art. 7 (1) (a) UMV an den Begriff *Zeichen* an, und nicht an die *Marke*. Art. 7 (1) (a) UMV wiederum betrifft Zeichen, die gemäß Art. 4 UMV keine Marke sein können. Damit könnte man auch Art. 7 (1) (e) UMV so verstehen, dass er – wie Art. 4 UMV – die „Markenfähigkeit" regelt.[18] Das klingt auch in einer Entscheidung des EuGH an, wo es heißt, dass dieser Ausschluss Zeichen betrifft, „die keine Marken sein können", und damit der Eintragung „von vornherein" entgegensteht.[19]

---

[14] Vgl. zu einer konzeptionellen Unterscheidung von *Markenfähigkeit* eines Zeichens und der ihr nachgelagerten *Eintragungsfähigkeit* Fezer/*Fezer*, Markenrecht, 4. Aufl. 2009, MarkenG § 3, Rn. 309 und 311.

[15] *Koschtial*, Die Freihaltebedürftigkeit wegen besonderer Form im europäischen und deutschen Markenrecht, GRUR Int 2004, 106, S. 107; vgl. Fezer/*Fezer*, Markenrecht, 4. Aufl. 2009, MarkenG § 3, Rn. 639. Daraus folgt dann auch, dass technisch-funktionale Zeichen nach deutschem Recht keine Benutzungsmarken sein können, vgl. *Koschtial*, ebd.; Fezer/*Fezer*, Markenrecht, 4. Aufl. 2009, MarkenG § 3, Rn. 319. Anders BGH, Beschluss v. 17.11.2005, I ZB 12/04 = GRUR 2006, 589 – *Rasierer mit drei Scherköpfen*, Rn. 15, wonach „der deutsche Gesetzestext […] den irrtümlichen Eindruck erweckt, als handele es sich um eine Frage der Markenfähigkeit".

[16] Fezer/*Fezer*, Markenrecht, 4. Aufl. 2009, MarkenG § 3, Rn. 335.

[17] Vgl. Fezer/*Fezer*, Markenrecht, 4. Aufl. 2009, MarkenG § 3, Rn. 336. Dabei komme es nicht auf eine formale oder gegenständliche, sondern auf eine funktionale Unterscheidbarkeit an, vgl. Fezer/*Fezer*, Markenrecht, 4. Aufl. 2009, MarkenG § 3, Rn. 337. Ob das dieser Ansicht zugrunde gelegte „allgemeine Kriterium der Markenfähigkeit" im Sinne der Selbständigkeit der Marke allerdings als Bestandteil des status quo des deutschen Markenrechts bezeichnet werden kann, ist fraglich, vgl. Fezer/*Fezer*, Markenrecht, 4. Aufl. 2009, MarkenG § 3, Rn. 320.

[18] Vgl. *Kur*, Alles oder Nichts im Formmarkenschutz?, GRUR Int 2004, 755, S. 757; Kur/Bomhard/Albrecht/*Kur*, BeckOK Markenrecht, 30. Aufl. 2022, MarkenG § 3, Rn. 3.1.

[19] EuGH, Urt. v. 18.6.2002, C-299/99 – *Philips/Remington*, Rn. 76.

## A. Überblick über die beschränkenden Ansätze

Auch das MarkenG könnte so gelesen werden, dass der Ausschluss technisch-funktioneller Zeichen eine Frage des Markenbegriffs beziehungsweise der Markenfähigkeit ist. Zusätzlich zur sprachlichen Anknüpfung an den Begriff *Zeichen* wie in der UMV spricht hier auch die systematische Stellung für eine solche Lesart. § 3 (2) MarkenG teilt sich die Paragraphenüberschrift „Als Marke schutzfähige Zeichen" mit § 3 (1) MarkenG, der Art. 4 UMV entspricht. Er steht gerade nicht in § 8 MarkenG, der die absoluten Schutzhindernisse für an sich markenfähige Zeichen regelt.[20] Andererseits ist Art. 4 MarkenRL überschrieben mit „Eintragungshindernisse" und der dort vorgegebene Ausschluss technisch-funktioneller Zeichen, den § 3 (2) MarkenG umsetzt, gerade nicht in Art. 3 MarkenRL („Markenformen") geregelt.[21] Gegen die Bedeutung der Überschrift in Art. 4 MarkenRL spricht allerdings wieder das Wortlautargument: auch Art. 4 (1) e) MarkenRL spricht wie die UMV von Zeichen, und könnte deshalb nicht nur die (bloße) Eintragungsfähigkeit einer Marke, sondern vorgelagert die Markenfähigkeit eines Zeichens regeln. Dazu kommt, dass diese Einteilung im deutschen MarkenG – anders als in der MarkenRL und UMV – nicht nur theoretische Bedeutung haben könnte, weil die Markenfähigkeit als allgemeine Voraussetzung auch für die Benutzungsmarke gilt, bei der es nicht auf eine Eintragungsfähigkeit ankommt.[22]

Es ist jedenfalls nicht ausgeschlossen, dass der Ausschluss technisch-funktioneller Zeichen im System des nationalen Rechts mehr als ein „bloßes" Eintragungshindernis darstellt und den Begriff der Marke selbst betrifft. Wenn Art. 6quinquies PVÜ nur in den Grenzen des Markenbegriffs des Ziellandes zur Anwendung gelangt, dann wäre der Ausschluss technisch-funktionaler Zeichen möglicherweise deswegen mit Art. 6quinquies PVÜ vereinbar.

---

[20] Laut *Hacker*, Technisch funktionale Marken, in: Ahrens et al. (Hrsg.), Festschrift für Wolfgang Büscher 2018, S. 15, S. 16, geht es bei § 3 (2) MarkenG allerdings „nach nahezu einhelliger Meinung" (Nachweis in Fn. 7) „entgegen der systematischen Einordnung im deutschen Recht" um absolute Schutzhindernisse. So auch BPatG, Beschluss v. 4.5.2004, 28 W (pat) 149/02 = BeckRS 2004, 17312 – *Rasoirs électriques*, Rn. 13 und 17; BGH, Beschluss v. 17.11.2005, I ZB 12/04 = GRUR 2006, 589 – *Rasierer mit drei Scherköpfen*, Rn. 15.

[21] Vgl. BPatG, Beschluss v. 4.5.2004, 28 W (pat) 149/02 = BeckRS 2004, 17312 – *Rasoirs électriques*, Rn. 17.

[22] Vgl. Fezer/*Fezer*, Markenrecht, 4. Aufl. 2009, MarkenG § 3, Rn. 312. Gleichzeitig folgt offenbar nicht, dass jedes für Eintragungs- und Benutzungsmarke gleichermaßen geltende Hindernis auch die „Markenfähigkeit" betrifft: Fezer/*Fezer*, Markenrecht, 4. Aufl. 2009, MarkenG § 4, Rn. 101, bezeichnet die „analog" auf Benutzungsmarken anzuwendenden Eintragungsvoraussetzungen in § 8 MarkenG bei der Benutzungsmarke als „Verkehrsgeltungshindernisse" und grenzt sie damit begrifflich von der „Markenfähigkeit" ab. Worin der inhaltliche Unterschied bestehen soll, ist nicht auf den ersten Blick ersichtlich, denn die sog. Verkehrsgeltungshindernisse sind ebenso wie die fehlende „Markenfähigkeit" nicht durch Verkehrsdurchsetzung überwindbar, vgl. Fezer/*Fezer*, Markenrecht, 4. Aufl. 2009, MarkenG § 8, Rn. 9; außerdem gelten sie sowohl für die Benutzungsmarke als auch (analog) für die Eintragungsmarke, was ebenfalls auf die „allgemeine Markenfähigkeit" zutrifft.

Interessanterweise wird auch das genaue Gegenteil vertreten. Die Markenfähigkeit könne *nicht* am Recht des Ziellandes geprüft werden, sonstige Vorgaben der Eintragungsfähigkeit hingegen schon.[23] Dementsprechend käme es darauf an, dass der Ausschluss technisch-funktioneller Zeichen *nicht* die Markenfähigkeit betrifft. Auch das ist nicht ausgeschlossen. Beispielsweise wurde § 3 (2) MarkenG vom BPatG ausdrücklich *nicht* als Regelung der „Markenfähigkeit"[24] verstanden.[25]

## II. „Form" der Marke

Nach dem zweiten Ansatz bezieht sich Art. 6quinquies PVÜ nur auf die „Form" der Marke.[26] Alle sonstigen Voraussetzungen der Eintragung könnten am Recht des Ziellandes geprüft werden, weil Art. 6quinquies PVÜ insoweit nicht anwendbar sei. Nach diesem Ansatz können im Ursprungsland als Marke eingetragene Zeichen stets zurückgewiesen werden, solange dies nicht aufgrund ihrer „Form" geschieht. Folglich wäre der Ausschluss technisch-funktioneller Zeichen mit

---

[23] Vgl. BPatG, Beschluss v. 4.5.2004, 28 W (pat) 149/02 = BeckRS 2004, 17312 – *Rasoirs électriques*, Rn. 16 f. Diese Ansicht ist nicht nur überraschend, weil sie im Gegensatz zur Rechtsprechung des BGH steht, der Art. 6quinquies PVÜ auch auf die „normalen" Eintragungsvoraussetzungen anwendet (vgl. *Kur*, Alles oder Nichts im Formmarkenschutz?, GRUR Int 2004, 755, S. 757; vgl. *Ströbele*, Probleme bei der Eintragung dreidimensionaler Marken, in: Bomhard/Pagenberg/Schennen (Hrsg.), Harmonisierung des Markenrechts 2005, 235, S. 238; siehe BGH, Beschluss v. 4.12.2003, I ZB 38/00 = GRUR 2004, 329 – *Käse in Blütenform*; Beschluss v. 21.6.1990, I ZB 11/89 = GRUR 1991, 136 – *NEW MAN*), sondern auch, weil die Ausschaltung der *Markenfähigkeit* aus Perspektive des Ziellandes den größeren Eingriff zu bedeuten scheint, als der Ausschluss eines bloßen Eintragungshindernisses, vgl. *Kur*, Alles oder Nichts im Formmarkenschutz?, GRUR Int 2004, 755, S. 757 („Im übrigen erschiene es als wenig folgerichtig, das Privileg des Art. 6quinquies PVÜ denjenigen Zeichenformen zukommen zu lassen, deren Markenfähigkeit ausdrücklich ausgeschlossen ist – gegen deren markenrechtlichen Schutz im nationalen Recht somit sehr grundlegende Bedenken bestehen – während es Zeichen versagt wird, die „nur" einem Eintragungshindernis unterliegen.")
[24] So tut es die von *Hacker*, Technisch funktionale Marken, in: Ahrens et al. (Hrsg.), Festschrift für Wolfgang Büscher 2018, 15, S. 16, festgestellte Mehrheitsmeinung.
[25] Vgl. BPatG, Beschluss v. 4.5.2004, 28 W (pat) 149/02 = BeckRS 2004, 17312 – *Rasoirs électriques*, Rn. 17.
[26] Vgl. zu dieser Ansicht z.B. Bundesgericht (CH), Urteil v. 4.7.1972 = GRUR Int 1972, 489 – *Nitraban*, S. 489 f.; *Medcalf*, Vergleichende Studie des Begriffs der Marke in den einzelnen Ländern, GRUR Ausl 1961, 461, S. 462. Für die Bedeutungslosigkeit einer Unterscheidung von Form und Inhalt vgl. z.B. *Edrich*, Die Klausel „telle-quelle" und ihre Ausgestaltung in der Rechtsprechung der Vertragsländer der Pariser Union 1962, S. 46, mit Überblick über den damaligen Diskussionsstand der deutschen und französischen Rechtslehre, S. 42. Dazu, dass seit der Washingtoner Revision von 1911 Form *und* Inhalt erfasst seien, vgl. *Beier*, Unterscheidungskraft und Freihaltebedürfnis – Zur Markenschutzfähigkeit individueller Herkunftsangaben nach § 4 WZG und Art. 6 quinquies PVÜ, GRUR Int 1992, 243, S. 244.

Art. 6quinquies PVÜ vereinbar, wenn er sich *nicht* auf die „Form" der Marke bezieht.

Dieser Ansatz kann, muss aber nicht mit einer konzeptionellen Unterscheidung von Eintragungsfähigkeit und Markenfähigkeit gleichlaufen, je nachdem, was unter dem Begriff der „Form" verstanden wird. Es wird insbesondere vorgeschlagen, den kategorischen Ausschluss bestimmter Zeichenarten nicht als Frage der „Form" der Marke zu verstehen.[27]

### III. Begriffliche Vielfalt der Diskussion

Bevor die Überzeugungskraft dieser Ansätze untersucht wird, ist vorab ein gesonderter Hinweis auf die begriffliche Vielfalt angezeigt, mit der unterschiedliche Auffassungen zum Anwendungsbereich von Art. 6quinquies PVÜ vertreten werden.

#### 1. Platzhalterfunktion vermeintlicher Schlüsselbegriffe

Viele der in dieser Diskussion verwendeten Schlüsselbegriffe sind in der PVÜ selbst nicht beziehungsweise nicht mehr enthalten. Das gilt insbesondere für „Form" und „Inhalt" der Marke,[28] aber auch für das „Wesen" der Marke[29] oder die „Markenfähigkeit"[30]. Lediglich das Schlussprotokoll zur Ursprungsfassung der PVÜ von 1883 legte in Absatz 4 fest, dass (die Vorläuferbestimmung von) Art. 6quinquies PVÜ „nur die Form der Marke betrifft".[31]

Gerade der Begriff der „Form" der Marke wird so uneinheitlich verwendet, dass mit der bloßen Feststellung, Art. 6quinquies PVÜ sei auf die „Form" der Marke beschränkt, die eigentliche Frage noch nicht beantwortet ist. Diese wird nur auf die nächste Ebene verlagert: was ist die „Form" der Marke? Der Begriff ist in der Diskussion am Ende nur ein Platzhalter für das jeweilige Ergebnis der Auslegung von Art. 6quinquies PVÜ. Darüber hinaus bergen die Begrifflichkeiten auch erhebliches Potenzial für Fehlschlüsse in Form von falschen Dichotomien, beziehungsweise nehmen sie das Ergebnis der Auslegung bereits auf be-

---

[27] Vgl. zum Ausschluss von Zeichenarten *Kunz/Ringl/Vilímská*, Mezinárodní smlouvy z oblasti průmyslového vlastnictví 1985, S. 135; vgl. auch *Ng-Loy*, Absolute Bans on the Registration of Product Shape Marks, in: Calboli/Senftleben (Hrsg.), The Protection of Non-Traditional Trademarks 2018, 147, S. 162, die hier eine Frage des „Inhalts" („substance") sieht.
[28] Vgl. z.B. *Edrich*, Die Klausel „telle-quelle" und ihre Ausgestaltung in der Rechtsprechung der Vertragsländer der Pariser Union 1962, S. 37.
[29] Vgl. *Troller*, Die mehrseitigen völkerrechtlichen Verträge im internationalen Gewerblichen Rechtsschutz und Urheberrecht 1965, S. 50.
[30] Vgl. BPatG, Beschluss v. 4.5.2004, 28 W (pat) 149/02 = BeckRS 2004, 17312 – *Rasoirs électriques*, Rn. 16.
[31] Siehe Actes de la Conférence internationale pour la protection de la propriété industrielle, réunie à Paris du 6 au 28 mars 1883 (deuxième édition), S. 59 f.

griefflicher Ebene vorweg, weil die bloße Platzhalterfunktion nicht auf den ersten Blick erkennbar ist und so Begründungsdefizite unerkannt bleiben können.

So meint nach einer Ansicht „la forme de la marque" die „formellen Erfordernisse des Warenzeichens". Nur diese würden durch die Eintragung im Ursprungsland ersetzt. Die „Gültigkeit" der Marke hingegen richte sich nach dem Recht des Ziellandes.[32] Eine Ansicht grenzt die „Form" der Marke von ihrem „Wesen und ihrer Bestimmung" ab,[33] während nach einer anderen Ansicht auch „die von den nationalen Rechten der Verbandsländer vorgeschriebenen Begriffsmerkmale, die das Wesen der Marke ausmachen", umfasst sind, und nicht nur „die äußere Gestaltung der Marke".[34] Nach einer anderen Auffassung betrifft Art. 6quinquies PVÜ „nur die äußere Gestaltung der Form der Marke".[35] Auch wird begrifflich zwischen einem „weiten" und einem „engen" Begriff von Form unterschieden, wobei letzterer sich nur auf die Art der Darstellung des Zeichens bezieht.[36]

Zudem führt eine Bestimmung des Anwendungsbereichs von Art. 6quinquies PVÜ anhand des Kriteriums der „Form" nicht immer zu einer Einschränkung der Anwendbarkeit. Beispielsweise wird einer vergleichsweise engen Auslegung, nach der es auf die Markenfähigkeit im Zielland ankommt, entgegengehalten, dass die „äußere Erscheinungsform" des Zeichens nicht am Recht des Ziellandes geprüft werden kann. Im Ursprungsland als Marke eingetragene Zeichen dürften nicht deswegen zurückgewiesen werden, „weil sie hinsichtlich ihrer äußeren Gestalt nicht dem entsprechen, was das heimische Recht unter einer Marke versteht."[37] Hier wird die Anknüpfung an die „Form" der Marke also zum Argument für einen relativ weiten Anwendungsbereich von Art. 6quinquies PVÜ.[38]

Andere beschreiben den Anwendungsbereich von Art. 6quinquies PVÜ mit dem Begriffspaar „Form und Inhalt" der Marke in Abgrenzung zu außerhalb des Zeichens liegenden Umständen wie der Inhaberschaft.[39] Eine alternative Bezeichnung hierfür ist wohl die „Struktur" der Marke.[40]

---

[32] Siehe Corte di Cassazione (I), Urt. v. 18.3.1958 = GRUR Ausl 1957, 580 – *La Voce del Padrone*, S. 581 (linke Spalte).

[33] *Troller*, Die mehrseitigen völkerrechtlichen Verträge im internationalen Gewerblichen Rechtsschutz und Urheberrecht 1965, S. 50.

[34] Vgl. Hefermehl/*Hefermehl*, Wettbewerbs- und Warenzeichenrecht Band II, 10. Aufl. 1969, Art. 6quinquies ParÜb, Rn. 4.

[35] Busse/*Busse*, Warenzeichengesetz, 3. Aufl. 1960, PVÜ Art. 6, Anmerkung 3, S. 499.

[36] Vgl. *Dinwoodie/Kur*, Non-conventional marks and the obstacle of functionality, in: Ricketson (Hrsg.), Research Handbook on the World Intellectual Property Organization 2020, 131, S. 134.

[37] Vgl. *Munzinger*, Rückwirkungen des „telle quelle"-Prinzips auf das nationale Markenrecht, GRUR Ausl 1958, 464, S. 466 (linke Spalte).

[38] Vgl. *Munzinger*, ebd.: „Auch hier wieder kann sich die weitere Auslegung auf den Wortlaut des Abs. 4 des Schlußprotokolls berufen."

[39] Vgl. *Dinwoodie/Dreyfuss*, Designing a Global Intellectual Property System Responsive to Change: The WTO, WIPO, and Beyond, Houston Law Review 46 (2009), 1187, S. 1200.

[40] Vgl. *Edrich*, Die Klausel „telle-quelle" und ihre Ausgestaltung in der Rechtsprechung

## 2. Beispiel für Platzhalterfunktion – „Havana Club"

Eine Trennlinie zwischen den sich auf das Zeichen selbst beziehenden Voraussetzungen einerseits und außerhalb des Zeichens liegenden Voraussetzungen andererseits lässt sich auch der Entscheidung des WTO-Berufungsorgans im *Havana Club*-Fall entnehmen. Dort wird der Anwendungsbereich von Art. 6quinquies PVÜ mit dem Begriff der „Form" der Marke beschrieben.[41] Inhaltlich ist damit aber genau diese Trennlinie gemeint, in Abgrenzung zu Fragen der Benutzung[42] oder Inhaberschaft[43]. Insoweit kann man den dort verwendeten Begriff der „Form" der Marke wohl mit „Eigenschaften" („characteristics") der Marke gleichsetzen[44] und damit von Inhaberschaft und Benutzungszwang abgrenzen.[45]

Die so verstandene „Form" der Marke kann im Sinne von Art. 6quinquies B PVÜ fremde Rechte verletzen, der Unterscheidungskraft entbehren, gegen die guten Sitten oder den ordre public verstoßen oder irreführend sein.[46] Auf Grundlage einer konzeptionellen Unterscheidung zwischen „Form" und „Inhalt" der Marke wurde wiederholt festgestellt, dass sich die Zurückweisungsgründe in Art. 6quinquies B PVÜ auf den „Inhalt" der Marke,[47] beziehungsweise – um die begriffliche Vielfalt noch einmal zu erweitern – auf die „innere Form"[48] beziehen. Daraus wurde das Argument gewonnen, dass sich Art. 6quinquies PVÜ neben der („äußeren") Form auch auf den „Inhalt"[49] erstrecken muss. Ansonsten bräuchte es Art. 6quinquies B PVÜ nicht.[50] Dieses Leerlauf-Argument wurde in der *Havana Club*-Entscheidung nicht entkräftet, sondern über ein weites Verständnis vom Begriff der „Form" voll inkorporiert: Art. 6quinquies B PVÜ ist

---

der Vertragsländer der Pariser Union 1962, S. 67, zum Zitat von *Claude Masson*, der die „Struktur" vom Benutzungszwang abgrenzt.

[41] Siehe WTO Berufungsorgan (Appellate Body), Report v. 2.1.2002, WT/DS176/AB/R – *United States – Section 211 Omnibus Appropriations Act of 1998*, Rn. 144.

[42] Vgl. WTO Berufungsorgan (Appellate Body), Report v. 2.1.2002, WT/DS176/AB/R – *United States – Section 211 Omnibus Appropriations Act of 1998*, Rn. 140.

[43] Vgl. WTO Berufungsorgan (Appellate Body), Report v. 2.1.2002, WT/DS176/AB/R – *United States – Section 211 Omnibus Appropriations Act of 1998*, Rn. 147.

[44] Vgl. *Marsoof*, TRIPS Compatibility of Sri Lankan Trademark Law, (2012) 15 Journal of World Intellectual Property 51, S. 68.

[45] Vgl. *Zhan*, The International Registration of Non-traditional Trademarks, (2017) 16 World Trade Review 111, S. 128 f.

[46] Vgl. WTO Berufungsorgan (Appellate Body), Report v. 2.1.2002, WT/DS176/AB/R – *United States – Section 211 Omnibus Appropriations Act of 1998*, Rn. 144.

[47] Vgl. *Schmidt-Pfitzner*, Das TRIPS-Übereinkommen und seine Auswirkungen auf den deutschen Markenschutz 2005, S. 81.

[48] Vgl. Kur/Bomhard/Albrecht/*Kur*, BeckOK Markenrecht, 30. Aufl. 2022, MarkenG Einleitung Markenrecht, Rn. 243; Dinwoodie/*Kur*, Non-conventional marks and the obstacle of functionality, in: Ricketson (Hrsg.), Research Handbook on the World Intellectual Property Organization 2020, 131, S. 134.

[49] Das RG, Entscheidung v. 18.1.1935, II 266/34 (Kammergericht) = RGZ 146, 325 = GRUR 1935, 244 – *Fratelli Branca*, S. 246, spricht hier von der „sachliche[n] Beschaffenheit".

[50] Vgl. *Edrich*, Die Klausel „telle-quelle" 1962, S. 44.

auf diese weit verstandene „Form" der Marke anwendbar und läuft damit nicht leer, wenn man den Anwendungsbereich von Art. 6quinquies PVÜ auf die „Form" beschränkt. Damit verbirgt sich hinter dem Begriff „Form", wie ihn das WTO-Berufungsorgan verwendete, also genau das, was andere als „Form *und* Inhalt" bezeichnen, um die Trennlinie zwischen das Zeichen betreffenden und außerhalb des Zeichens liegenden Umständen zu beschreiben.[51] Ein solches Verständnis des Begriffs der „Form" ist somit immun gegen die seit über hundert Jahren vorgebrachte Kritik, es handle sich bei der Unterscheidung von Form und Inhalt um eine „reine Spitzfindigkeit"[52], beziehungsweise eine solche sei höchstens bei Bildzeichen möglich.[53] Diese vermeintliche Dichotomie wird irrelevant, weil der „Inhalt" der Marke unter dem Begriff ihrer „Form" mitverhandelt wird. Die Trennlinie, die dieser Begriff der „Form" für die Frage des Anwendungsbereichs von Art. 6quinquies PVÜ erzeugt, liegt damit nicht in der Abgrenzung zum „Inhalt".

Das zeigt, wo der eigentliche Argumentationsaufwand liegt. Selbst wenn man Art. 6quinquies PVÜ als auf die „Form" beschränkt ansieht,[54] liegt er in der inhaltlichen Ausfüllung dieses Begriffs, dessen Unschärfe bereits in den Anfangsjahren der PVÜ festgestellt wurde, als er noch im Schlussprotokoll enthalten war.[55]

---

[51] Vgl. *Beier*, Unterscheidungskraft und Freihaltebedürfnis, GRUR Int 1992, 243, S. 244, Fn. 14, der „Form und Inhalt" von anderen Zurückweisungsgründen abgrenzt. Zu letzteren gehörten „insbesondere mangelnde Benutzung und fehlender Geschäftsbetrieb." Vgl. auch explizit *Dinwoodie/Kur*, Non-conventional marks and the obstacle of functionality in: Ricketson (Hrsg.), Research Handbook on the World Intellectual Property Organization 2020, 131, S. 134 und 148.

[52] *Lallier*, Zulassung der Marke „telle quelle«, Jahrbuch der Internationalen Vereinigung für Gewerblichen Rechtsschutz 1905, 143, S. 145: „Die Form der Marke ist nie an sich anfechtbar, sondern immer nur aus einer Beziehung zu ihrem Vorstellungsgehalt."

[53] Vgl. *Edrich*, Die Klausel „telle-quelle" 1962, S. 46 und 40; *Kur*, What is „AS IS"? Das telle quelle-Prinzip nach „Havana Club", in: Bomhard/Pagenberg/Schennen (Hrsg.), Harmonisierung des Markenrechts 2005, 361, S. 363, Fn. 6, zur Unmöglichkeit einer sauberen Trennung, insbesondere bei Buchstaben- und Zahlenzeichen; Kur/Bomhard/Albrecht/*Kur*, BeckOK Markenrecht, 30. Aufl. 2022, MarkenG Einleitung Markenrecht, Rn. 243, spricht von „Untrennbarkeit".

[54] Diese Prämisse kann für sich genommen angegriffen werden, insbesondere, weil sie sich regelmäßig auf eine historische Interpretation unter Einbeziehung des alten Schlussprotokolls stützt, vgl. *Edrich*, Die Klausel „telle-quelle" 1962, S. 43, dazu ausführlich unten *Kapitel 1 E*.

[55] Vgl. *Marquis de Maillard de Lafaye*, Artikel 6 des Pariser Unionsvertrags (Schutz der Marke „telle quelle"), Jahrbuch der Internationalen Vereinigung für Gewerblichen Rechtsschutz 1906, 64, S. 65.

## 3. Gang der Untersuchung

Aus diesen Gründen versucht die folgende Untersuchung, so weit wie möglich auf solche und ähnliche Begrifflichkeiten zu verzichten, und stellt stattdessen die eigentliche Frage in den Vordergrund: In welchem Umfang hängt die Eintragungspflicht aus Art. 6quinquies PVÜ vom Recht des Ziellandes ab?

Dieser Frage wird unter 4 Gesichtspunkten nachgegangen: dem *Zweck* der Bestimmung (B.), dem systematischen *Kontext* der Bestimmung innerhalb der PVÜ (C.), dem insbesondere durch Entscheidungs*praxis* von Ämtern und Gerichten der PVÜ Mitglieder zu Tage tretenden Verständnis von der Bestimmung (D.) und abschließend unter *historischen* Gesichtspunkten (E.).

# B. Zweck von Art. 6quinquies PVÜ

## I. Validierungsklausel

Als Zweck von Art. 6quinquies PVÜ wird ausschließlich die durch die Bestimmung erzeugte Schutzerstreckung bzw. Validierung[56] beschrieben. Dass die Validierung selbst den Zweck der Regelung darstellt, hat politisch nachvollziehbare Gründe auf seiner Seite. Diese ergeben sich insbesondere aus der faktischen Internationalität der Marke,[57] der von Land zu Land unterschiedliche Schutzvoraussetzungen gegenüber stehen.[58] Wenn sich auch die Spannung zwischen der auf rechtlicher Ebene bestehenden Territorialität und der faktischen Universalität der Marke durch technologische Neuerungen und Lizenzbau verschärft haben,[59] so sind diese doch nicht erst seit dem Aufkommen des Internets und der Etablierung von globalem Badge-Engineering Gegenstand des internationalen markenrechtlichen Diskurses. Im Gegenteil führten gerade die Umstände des 19. Jahrhunderts zu einem besonders starken Bedürfnis, international *einheitlichen* Schutz durch Validierung *telle quelle* zu erhalten, weil die Waren nicht für jeden regionalen Markt angepasst wurden bzw. werden konnten. Die Validierungs-

---

[56] Vgl. z.B. *Kunz-Hallstein*, Art. 6quinquies PVÜ – Grundlage einer einheitlichen Eintragungspraxis von Marken in der Gemeinschaft?, MarkenR 2006, 487, S. 491 (linke Spalte).
[57] Vgl. *Ladas*, Trade-Marks and Foreign Trade,(1948) 38 Trademark Reporter, 278, S. 283.
[58] Vgl. *Kunz/Ringl/Vilímská*, Mezinárodní smlouvy z oblasti průmyslového vlastnictví 1985, S. 134; *Kunz-Hallstein*, Anmerkung zu BGH 5.4.1990 I ZB 7/89 „IR-Marke FE", GRUR Int 1991, 48, S. 49, mit Verweis auf *Plaisant*, Traité de droit conventionnel international concernant la propriété industrielle 1949, S. 207; *Jaconiah*, The Requirements for Registration and Protection of Non-Traditional Marks in the European Union and in Tanzania, (2009) 40 IIC 756, S. 781; BPatG, Beschluss v. 25.11.2003, 33 W (pat) 214/02 = BeckRS 2008, 26080 – CD.
[59] Vgl. *Cottier*, The Prospects for Intellectual Property in GATT, (1991) 28 Common Market Law Review 383, S. 384; *Leaffer*, The New World of International Trademark Law, (1998) 2 Marquette Intellectual Property Law Review 1, S. 28

klausel war nach dementsprechend gerade auf den Import von Waren zugeschnitten.[60] Nicht nur die damit verbundenen Interessen der Inhaberinnen einer Auslandsmarke (Importeure) sprechen für eine Validierung,[61] sondern auch die der Abnehmerinnen im Zielland, die das Zeichen bereits als Marke wahrnehmen, und die vor Konfusion zu schützen sind.[62] Auch werde durch eine Validierung der internationale Handel an sich gefördert.[63] Aus der faktischen Internationalität folgt das Bedürfnis einer rechtlichen Universalität, welche die PVÜ nicht durch ein harmonisiertes oder gar einheitliches Markenrecht, sondern im Wege der Validierung zu erreichen sucht.[64] Als Validierungsklausel soll Art. 6quinquies PVÜ also dafür sorgen, dass in möglichst allen Ländern dasselbe Zeichen auf denselben Waren auf dieselbe Inhaberin hinweist. Immer, wenn das Recht des Ziellandes zur Anwendung kommt, und deshalb eine im Ursprungsland eingetragene Marke im Zielland nicht eingetragen wird, entfaltet Art. 6quinquies PVÜ „keine Wirkung" als Validierungsklausel.[65] Es kommt nicht zu der faktischen

---

[60] Vgl. *Pires de Carvalho*, The TRIPS Regime of Trademarks and Designs, 4. Aufl. 2019, S. 92, Rn. 2.34 und 2.36; *Dinwoodie/Kur*, Non-conventional marks and the obstacle of functionality, in: Ricketson (Hrsg.), Research Handbook on the World Intellectual Property Organization 2020, 131, S. 133.

[61] Vgl. *Schmidt-Szalewski*, The International Protection of Trademarks after the TRIPs Agreement, (1998) 9 Duke Journal of Comparative & International Law 189, S. 195; zur strategischen Komponente der Anmeldung über Art. 6quinquies PVÜ vgl. z.B. *Daniel*, Can the shape of products be trade marks? A Brazilian and international perspective, (1995) 17 European Intellectual Property Review 589, S. 593.

[62] Vgl. *Zhan*, The International Registration of Non-traditional Trademarks, (2017) 16 World Trade Review 111, S. 132; *Pflüger*, Paris Convention, art. 6quinquies, in: Cottier/Véron (Hrsg.), Concise International and European IP Law, 3. Aufl. 2015, 274, Rn. 1 a).

[63] Vgl. *Ricketson*, The Trademark Provisions in the Paris Convention for the Protection of Industrial Property, in: Calboli/Ginsburg (Hrsg.), The Cambridge Handbook of International and Comparative Trademark Law 2020, 3, S. 11.

[64] Vgl. *Kunz-Hallstein*, Anmerkung zu BGH 5.4.1990 I ZB 7/89 „IR-Marke FE", GRUR Int 1991, 48, S. 49; *Kunz-Hallstein*, Art. 6quinquies PVÜ – Grundlage einer einheitlichen Eintragungspraxis von Marken in der Gemeinschaft?, MarkenR 2006, 487, S. 490 (rechte Spalte).

[65] *Medcalf*, Vergleichende Studie des Begriffs der Marke in den einzelnen Ländern, GRUR Ausl 1961, 461, S. 463. Vgl. auch *Kohler*, Das Recht des Markenschutzes 1884, S. 436; *Edrich*, Die Klausel „telle-quelle" 1962, S. 54. Vgl. im Kontext der Benutzung Commissioner of Patents (USA), Entscheidung v. 27.5.1955 = GRUR Ausl 1955, 363 = 105 USPQ 392 (1955) – *The Merry Cow (Ex parte Société Fromageries Bel)*, übersetzt bei *Beier*, Warenzeichenschutz für ausländische Verbandsangehörige in den USA und Großbritannien – Zwei gegensätzliche Entscheidungen, GRUR Ausl 1956, 49, S. 50.: „Die Ansicht zu vertreten, daß die Vereinigten Staaten ihren durch die Konvention bestimmten Verpflichtungen entgehen und eine Eintragung unter Anwendung des einfachen Schemas versagen können, daß die Marke nicht benutzt worden sei, würde aus dem Vertragswerk einen Spott machen. Eine derartige Auffassung würde den Erfolg haben, daß die Absichten und die tragenden, in Art. 6 der Konvention ausgesprochenen Grundsätze praktisch zunichte gemacht würden. Die Angehörigen vieler Verbandsländer würden ihrer Vergünstigungen beraubt werden. Man würde diese Angehörigen damit belasten, den Erfordernissen unserer internen Gesetzgebung Rechnung zu tragen,

Schutzerstreckung, die Art. 6quinquies PVÜ bewirken soll.[66] Das spricht dafür, dass möglichst *keine* der Voraussetzungen des Rechts des Ziellandes eine Validierung von Auslandsmarken verhindern können soll.

Dasselbe gilt, wenn der Zweck von Art. 6quinquies PVÜ in den *Folgewirkungen* einer Validierungsregel gesehen wird. So liegt der Zweck nach einer Ansicht in der Bevorzugung ausländischer Anmeldungen durch die Eintragung von Zeichen, die den Regeln des Ziellandes nicht voll entsprechen.[67] Art. 6quinquies PVÜ sei so „als Übergangslösung mit pädagogischer Wirkung" gerechtfertigt.[68] Dies beschreibt den Handlungsdruck auf die nationale Gesetzgebung, den die Besserstellung von Auslandsanmeldungen erzeugt: um für inländische Anmeldungen dieselben Voraussetzungen zu gewährleisten, müssen die Schutzvoraussetzungen abgesenkt werden.[69] Diesen Effekt führte zumindest eine der ursprünglichen Vertragsparteien der PVÜ als Grund dafür an, eine solche Bestimmung einzuführen.[70]

Nach einer weiteren Auffassung war es von Anfang an Ziel der Bestimmung, „der anmaßenden Auffassung gewisser Gesetzgebungen ein Ende" zu machen, „die ganzen Kategorien von Zeichen die Unterscheidungsfähigkeit absprechen",

---

obwohl es die offensichtliche Bemühung der Konvention ist, die widerstreitenden juristischen Prinzipien miteinander in Einklang zu bringen." Das Zitat veranschaulicht die Verknüpfung des teleologischen Ansatzes mit der Gutglaubenskomponente bei einer Auslegung nach der Maxime *ut res magis valeat quam pereat* (hier als Leerlauf-Argument bezeichnet).

[66] Vgl. *Ladas*, Patents, Trademarks, and Related Rights – National and International Protection 1975, S. 1229, der feststellt, dass die Ansicht, dass der Markenbegriff des Ziellandes über die Anwendung von Art. 6quinquies PVÜ entscheidet, das Verpflichtungsniveau auf den Stand des Gleichbehandlungsgrundsatzes zurückwirft („throwback to the national-treatment principle").

[67] *Edrich*, Die Klausel „telle-quelle" 1962, S. 29.

[68] *Edrich*, Die Klausel „telle-quelle" 1962, S. 31.

[69] Es wurde vertreten, dass der Gleichheitsgrundsatz eine solche Ungleichbehandlung verbiete, so dass im Ergebnis auch für Inländer die jeweils niedrigsten Voraussetzungen gelten, vgl. *Marck*, Der internationale Rechtsschutz der Patente, Muster, Warenzeichen und des Wettbewerbes 1924, S. 53, mit Nachweisen zu Entscheidungen betreffend die Eintragungsfähigkeit von Buchstaben, Zahlen und Ortsangaben auch bei inländischen Anmeldungen in der deutschen Entscheidungspraxis; *Aron*, Die Formen der Warenzeichen und ihre Gestaltung 1929, S. 62 f.

[70] Zur Validierungsklausel als Instrument zur Verbesserung des nationalen Markenrechts siehe die ausdrückliche Stellungnahme Italiens auf der Pariser Konferenz 1880, (Conférence internationale pour la protection de la propriété industrielle réunie a Paris du 4 au 20 Novembre 1880 (deuxième édition), S. 72 f.). Zur Angleichung der Inländerrechte in Italien vgl. *Ghiron*, Das internationale Warenzeichenrecht nach der Haager Konferenz, GRUR 1928, 239, S. 242 f., und diesen zitierend *Aron*, Freiheit der Markenformen, GRUR 1930, 1017, S. 1018 (rechte Spalte). Vgl. für die ausdrückliche Angleichung der Inländerrechte im österreichischen Recht *Abel*, Die Novelle zu dem österreichischen Markenschutzgesetze, Markenschutz und Wettbewerb 1913/14, 61, S. 61. Zur weitreichenden Beeinflussung des deutschen Markenrechts durch das Konzept der Unterscheidungskraft in der PVÜ siehe unten *Kapitel 5 D. II.*

und diese auch bei faktischer Unterscheidungskraft nicht für eintragungsfähig halten.[71]

Ausgehend von den vorgenannten Zweckbestimmungen spräche eine *effet utile* Auslegung grundsätzlich dagegen, dass die Eintragungspflicht und damit die Validierung von Auslandsmarken von markenrechtlichen Vorgaben des Ziellandes abhängen.

### II. Leerlauf

Ungeachtet eines (wiederum begründungsbedürftigen) konkreten Zwecks von Art. 6quinquies PVÜ ist auf ein ganz grundsätzliches Leerlaufargument hinzuweisen. Soweit der Anwendungsbereich von Art. 6quinquies PVÜ von den Mitgliedern selbst bestimmt werden kann, kann die Bestimmung effektiv keine Pflicht erzeugen (gleich welchen Inhalts). Aus diesem Grund können die eingangs dargestellten Ansichten, dass *nur* der Markenbegriff/die Markenfähigkeit erfasst wird bzw. dass umgekehrt der Markenbegriff/die Markenfähigkeit *nicht* erfasst wird, zurückgewiesen werden: wenn es vom nationalen Recht abhängt, ob ein Versagungsgrund die Markenfähigkeit betrifft oder nicht,[72] dann bestimmt nicht die PVÜ, sondern das Mitglied selbst, ob Art. 6quinquies PVÜ greift oder nicht.[73] Dasselbe gilt für eine Beschränkung auf die „Form" – hier kann es jedenfalls nicht den Mitgliedern überlassen sein, selbst zu bestimmen, ob ein Eintragungshindernis die „Form" betrifft, weil sonst jedes Mitglied selbst darüber entscheiden könnte, ob Art. 6quinquies PVÜ zur Anwendung gelangt.

## C. Kontext von Art. 6quinquies PVÜ

Was den systematischen Kontext innerhalb der PVÜ angeht, so scheinen 4 Anknüpfungspunkte Rückschlüsse auf den Anwendungsbereich von Art. 6quinquies PVÜ zu erlauben: Art. 6 (1) PVÜ, der die Souveränität der Mitglieder betrifft (I.); der Grundsatz der Gleichbehandlung, der in Art. 2 (1) PVÜ geregelt ist (II.); der Grundsatz der Unabhängigkeit der Marke, geregelt in Art. 6 (2) und (3) PVÜ (III.); sowie schließlich die Regelung zulässiger Zurückweisungsgründe in Art. 6quinquies B PVÜ (IV.).

---

[71] Vgl. *Lallier*, Artikel 6 des Pariser Unionsvertrages (Schutz der Marke „telle quelle"), Jahrbuch der Internationalen Vereinigung für Gewerblichen Rechtsschutz 1906, 46, S. 55.

[72] Vgl. explizit BPatG, Beschluss v. 4.5.2004, 28 W (pat) 149/02 = BeckRS 2004, 17312 – *Rasoirs électriques*, Rn. 17, wonach die nationale Gesetzgebung darüber entscheidet, ob ein Ausschluss die Markenfähigkeit betrifft, oder ein absolutes Eintragungshindernis darstellt.

[73] Vgl. *Ströbele*, Probleme bei der Eintragung dreidimensionaler Marken, in: Bomhard/Pagenberg/Schennen (Hrsg.), Harmonisierung des Markenrechts 2005, 235, S. 238, wonach es für die Vereinbarkeit von Art. 6quinqies PVÜ *nicht* auf die Klassifizierung des Versagungsgrundes nach nationalem Recht ankommt, sondern darauf, ob der Versagungsgrund unter Art. 6quinquies B PVÜ fällt.

## I. Art. 6 (1) PVÜ

Der erste systematische Anknüpfungspunkt ist Art. 6 (1) PVÜ, demzufolge die Bedingungen für die Hinterlegung und Eintragung von Fabrik- oder Handelsmarken in jedem Land durch die innerstaatlichen Rechtsvorschriften bestimmt werden.

### 1. Leerlauf von Art. 6 (1) oder 6quinquies PVÜ

Dies gilt nach einer Ansicht auch im Rahmen von Art. 6quinquies PVÜ. Die Voraussetzungen der Eintragung würden stets vom Recht des Ziellandes bestimmt.[74] Nach dieser Lesart bleibt von Art. 6quinquies PVÜ freilich nichts mehr übrig – darüber, ob eine Pflicht zur Eintragung besteht oder nicht, könnte das Zielland stets frei bestimmen. In die andere Richtung ist ein Leerlaufen von Art. 6 (1) PVÜ hingegen schon deshalb nicht zu befürchten,[75] weil Art. 6quinquies PVÜ nur unter bestimmten – *anderen* – Voraussetzungen greift. Eine Anmeldung, die nicht auf eine Auslandseintragung gestützt wird, fällt nicht unter Art. 6quinquies PVÜ,[76] so dass zumindest hier Art. 6 (1) PVÜ stets von Art. 6quinquies PVÜ unbeeinträchtigt zur Anwendung gelangen kann.[77] Selbst wenn man der Ansicht folgt, dass Art. 6 (1) PVÜ eine Wirkung haben *muss*, also nicht nur deklarato-

---

[74] Vgl. *Bereskin/Sawchuk*, Crocker Revisited: The Protection of Trademarks of Foreign Nationals in the United States, (2003) 93 Trademark Reporter 1199, S. 1210.

[75] Anders wohl WTO Untersuchungsausschuss (Panel), Report v. 6.8.2001, WT/DS176/R – *United States – Section 211 Omnibus Appropriations Act of 1998*, Rn. 8.79, Fn. 122.

[76] Vgl. RPA Abteilung I, Entscheidung v. 4.5.1921, E 11 265/24 Wz = Blatt für Patent-, Muster- und Zeichenwesen 1922, 45 – *4711*; RPA Beschwerdeabteilung, Entscheidung v. 20.3.1922, B 191/21 = Blatt für Patent-, Muster- und Zeichenwesen 1922, 46 – *4711*; Entscheidung v. 20.1.1922, B 207/21 (F 19307/11 Wz) = Blatt für Patent-, Muster- und Zeichenwesen 1922, 28 – *Elberfelder Farbenfabriken*. Vgl. auch WTO Untersuchungsausschuss (Panel), Reports v. 28.6.2018, WT/DS435/R, WT/DS441/R – *Australia – Certain Measures Concerning Trademarks, Geographical Indications and Other Plain Packaging Requirements Applicable to Tobacco Products and Packaging*, Rn. 7.1761, mit Verweis auf WTO Berufungsorgan (Appellate Body), Report v. 2.1.2002, WT/DS176/AB/R – *United States – Section 211 Omnibus Appropriations Act of 1998*, Rn. 130 („one way is by registration under Article 6 of the Paris Convention (1967); the other is by registration under Article 6quinquies of that same Convention."); *Lange*, Marken- und Kennzeichenrecht, 2. Aufl. 2012, Rn. 210 ("Die Tellequelle-Marke erfasst einen ihrem Wesen nach völlig anderen Sachverhalt als die von einem Inländer oder auch von einem Ausländer nach Art. 2, 6 PVÜ angemeldete selbstständige Inlandsmarke."); ähnlich *Kunz-Hallstein*, Art. 6quinquies PVÜ – Grundlage einer einheitlichen Eintragungspraxis von Marken in der Gemeinschaft?, MarkenR 2006, 487, S. 488 f., der von unterschiedlichen Regimen spricht und Art. 6quinquies PVÜ als *lex specialis* bezeichnet; vgl. auch *Fezer/Fezer*, Markenrecht, 4. Aufl. 2009, PVÜ Art. 6quinquies Eintragung, Versagung, Löschung, Rn. 1.

[77] Vgl. *W. Miosga*, Internationaler Marken- und Herkunftsschutz 1967, S. 47; Standpunkt der EU in WTO Berufungsorgan (Appellate Body), Report v. 2.1.2002, WT/DS176/AB/R – *United States – Section 211 Omnibus Appropriations Act of 1998*, Rn. 17.

risch sein darf, und deshalb vorgibt, dass Ausnahmen von der mitgliedstaatlichen Souveränität „eng, begrenzt und klar ausgedrückt" sein müssen,[78] dann wäre diese Voraussetzung von Art. 6quinquies PVÜ erfüllt: durch die „eng, begrenzt und klar ausgedrückte" Voraussetzung einer Eintragung im Ursprungsland.

## 2. Restriktive Auslegung als Ausnahme

Dennoch wird, gestützt auf ein Regel-Ausnahme-Verhältnis, vertreten, dass Art. 6quinquies PVÜ tendenziell restriktiv auszulegen ist.[79] Vier Gründe sprechen dagegen: erstens kann sich diese Ansicht nicht auf eine sogenannte *in dubio mitius*-Regel für die Auslegung völkerrechtlicher Verträge berufen (a)). Außerdem lässt sich das Verhältnis von Art. 6 (1) und 6quinquies PVÜ nicht als Regel-Ausnahme charakterisieren (b)). Drittens, selbst wenn man die beiden vorhergehenden Punkte anders bewertet, kann dieser Ansatz auf die hiesige Auslegungsfrage keine Antwort geben (c)). Viertens besteht möglicherweise gar kein inhaltlicher Konflikt, der eine restriktive Handhabung von Art. 6quinquies PVÜ überhaupt erst notwendig machen würde (d)).

*a) In dubio mitius-Regel nicht anwendbar/einschlägig*

Fraglich ist bereits, was aus der möglichen Einordnung von Art. 6quinquies PVÜ als Ausnahme[80] zu Art. 6 (1) PVÜ für die Auslegung folgen kann. Möglicherweise besteht eine Auslegungsregel „im Zweifel für das Mildere" (*in dubio mitius*),[81] die Art. 6 (1) PVÜ als Nichtverpflichtung anstelle der „belastenden" Validierungspflicht bevorzugt und so zu einer beschränkenden Lesart von Art. 6quinquies PVÜ führt.

---

[78] Vgl. *Howse/Neven*, United States – Section 211 Omnibus AppropriationsAct of 1998 (WT/DS176/AB/R), (2005) 4 World Trade Review 179, S. 193 f., die argumentieren, dass dies die einzige Lesart ist, wonach Art. 6 (1) PVÜ eine Wirkung hat, weil die Bestimmung im Übrigen nur das wiedergibt, was sowieso gilt („stating the obvious"): die Souveränität der Vertragsparteien ist grundsätzlich unbegrenzt, es sei denn, sie wird durch eine Vertragsbestimmung beschränkt.

[79] Vgl. WTO Untersuchungsausschuss (Panel), Report v. 6.8.2001, WT/DS176/R – *United States – Section 211 Omnibus Appropriations Act of 1998*, Rn. 8.79.

[80] So z.B. *Kunz/Ringl/Vilímská*, Mezinárodní smlouvy z oblasti průmyslového vlastnictví 1985, S. 134.

[81] Vgl. zur *mitius*-Regel im WTO-Kontext *Cameron/Gray*, Principles of International Law in the WTO Dispute Settlement Body, (2001) 50 International and Comparative Law Quarterly 248, S. 258 ff.; *Popa*, Patterns of Treaty Interpretation as Anti-Fragmentation Tools – A Comparative Analysis with a Special Focus on the ECtHR, WTO and ICJ 2018, S. 320, Fn. 154; *Lo*, Treaty Interpretation Under the Vienna Convention on the Law of Treaties 2017, S. 247 ff.; für TRIPS *Kur*, TRIPS und der Designschutz, GRUR Int 1995, 185, S. 190; *Malbon/Lawson/Davison*, The WTO Agreement on Trade-Related Aspects of Intellectual Property Rights 2014, Rn. I.33 f.; *Grosse Ruse-Khan*, The Protection of Intellectual Property in International Law 2016, S. 85, Rn. 4.37.

Zwar wird eine solche mitius-Regel (wenn auch nur in „Spuren") in WTO-Streitigkeiten angewendet, dass sie ein Bestandteil der völkergewohnheitsrechtlichen Auslegungsregeln ist, wird aber bestritten.[82] Tatsächlich besteht sogar ein gewisses Spannungsverhältnis eines *mitius*-Ansatzes zu den in der WVK positivierten gewohnheitsrechtlichen Auslegungsregeln.

Zunächst ist die *mitius*-Regel im Hinblick auf den gewohnheitsrechtlichen Grundsatz, dass Verträge nach Treu und Glauben auszulegen sind, problematisch. Hier wird scheinbar Gegensätzliches gefordert, weil nach Treu und Glauben eher das Bestehen einer Pflicht angenommen werden müsste, als das Nichtbestehen.[83] Ebenso steht ein restriktiver *mitius*-Ansatz im Widerspruch mit dem Bestreben, eine Vertragsbestimmung ihrem Zweck gemäß zur Anwendung zu bringen.[84] Zudem wird vertreten, dass die *mitius*-Regel möglicherweise lediglich als ergänzendes Auslegungsmitteln im Sinne von Art. 32 WVK angewendet werden kann.[85] Ein die Auslegung bestimmender Rückgriff käme dann nur dann in

---

[82] Vgl. mit Nachweisen Dörr/Schmalenbach/*Dörr*, Vienna Convention on the Law of Treaties, 2. Aufl. 2018, Article 31, Rn. 33 und *Riffel*, The Protection against Unfair Competition in the WTO TRIPS Agreement – The Scope and Prospects of Article 10bis of the Paris Convention for the Protection of Industrial Property 2016, S. 30 (Nachweise in Fn. 83); für die Zeit vor der Positivierung der gewohnheitsrechtlichen Auslegungsregeln in der WVK vgl. *Lauterpacht*, Restrictive Interpretation and the Principle of Effectiveness in the Interpretation of Treaties, (1949) 26 British Yearbook of International Law 48, S. 59. Anders *Linderfalk*, On The Interpretation of Treaties – The Modern International Law as Expressed in the 1969 Vienna Convention on the Law of Treaties 2007, S. 280, mit Verweis auf einen entsprechenden „allgemein vertretenen Standpunkt in der Literatur", dem allein die Auffassung von *Lauterpacht* entgegengestellt wird. Das ist mit Blick auf die vorstehenden Nachweise nicht (mehr) überzeugend; zu den Nachweisen bei *Linderfalk* (Fn. 3) ist außerdem anzumerken, dass einer der dort angeführten Autoren zum damaligen Zeitpunkt bereits vertreten hatte, dass das *mitius*-Prinzip nicht mehr relevant sei, siehe *Bernhardt*, Evolutive Treaty Interpretation, Especially of the European Convention on Human Rights, (1999) 42 German Yearbook of International Law 11, S. 14. Vgl. zur Kritik an einer *mitius*-Regel auch *Pauwelyn*, Conflict of Norms in Public International Law – How WTO Law Relates to other Rules of International Law 2003, S. 186.

[83] *Gamm*, Die Telle-quelle Marke, WRP 1977, 230, S. 233 (rechte Spalte), spricht davon, dass „der an sich anerkannte Grundsatz einer verbandsfreundlichen Auslegung im Vordergrund stehen" sollte. Vgl. zum Treu-und-Glauben Aspekt der bestimmungs- und damit verpflichtungserhaltenden Auslegungsregel „ut res magis valeat quam pereat" *Gardiner*, Treaty Interpretation 2015, S. 168; *Riffel*, The Protection against Unfair Competition in the WTO TRIPS Agreement 2016, S. 29, mit Nachweisen in Fn. 75, bezeichnet das „principle of effectiveness" als „corollary of the tenet of good faith". Nach *Spuhler*, Das System des internationalen und supranationalen Schutzes von Marken und geographischen Herkunftsangaben 2000, S. 59, Fn. 49, handelt es sich bei beim Grundsatz *in dubio mitius* hingegen um einen Unterfall der Auslegung nach Treu und Glauben.

[84] Vgl. Arbitral Tribunal, Award v. 24.5.2005, Reports of International Arbitral Awards, Vol. XXVII, 35 – *Award in the Arbitration regarding the Iron Rhine ("Ijzeren Rijn") Railway between the Kingdom of Belgium and the Kingdom of the Netherlands*, S. 65, Rn. 53; *Riffel*, The Protection against Unfair Competition in the WTO TRIPS Agreement 2016, S. 29 f., mit weiteren Nachweisen in Fn. 74 und 79.

[85] Vgl. *Linderfalk*, On The Interpretation of Treaties 2007, S. 280; *Mbengue*, Rules of

Betracht, wenn die vorrangig anzuwendende Auslegung gemäß Art. 31 WVK kein eindeutiges oder ein offensichtlich widersinniges Ergebnis liefert.[86]

Mit den gewohnheitsrechtlichen Auslegungsmaximen (insbesondere einer Auslegung nach Treu und Glauben)[87] wäre eine *mitius*-Regel wohl aber dann vereinbar, wenn sie nicht per se auf eine restriktive Auslegung von Pflichten abzielt, sondern auf eine ausgewogene Verteilung von Rechten und Pflichten im jeweiligen Vertragssystem gerichtet ist.[88] So verstanden passt die Regel jedoch nicht so recht auf Art. 6quinquies PVÜ. Diese Bestimmung verpflichtet nämlich alle Vertragsparteien in gleicher Weise. Die stärkere „Belastung" einzelner Mitglieder wäre lediglich die faktische Folge von strengeren Eintragungsvoraussetzungen im Vergleich zum Ursprungsland. Auch wegen der multilateralen Natur der PVÜ und der primären Wirkung von Art. 6quinquies PVÜ zugunsten von Individuen[89] kann eine solche restriktive *mitius*-Auslegungsregel hier gar nicht sinnvoll angewendet werden.[90] Das zeigt sich auch daran, dass zwischen den Bestimmungen der PVÜ Interdependenzen bestehen: die restriktive Auslegung der einen Bestimmung kann zu einer Ausweitung der anderen führen.[91]

---

Interpretation (Article 32 of the Vienna Convention on the Law of Treaties), (2016) 31 ICSID Review – Foreign Investment Law Journal 388, S. 394 f.; für die entsprechende Anwendung im WTO-Kontext vgl. *Popa*, Patterns of Treaty Interpretation as Anti-Fragmentation Tools 2018, S. 353, Fn. 333; *Lo*, Treaty Interpretation Under the Vienna Convention on the Law of Treaties 2017, S. 247 ff.

[86] Vgl. *Yamane*, Interpreting TRIPS – Globalisation of intellectual property rights and access to medicines 2011, S. 251; *Mbengue*, Rules of Interpretation, (2016) 31 ICSID Review – Foreign Investment Law Journal 388, S. 395.

[87] Vgl. *Heintschel Heinegg*, Auslegung völkerrechtlicher Verträge, in: Epping/Heintschel Heinegg (Hrsg.), Völkerrecht, 7 Aufl. 2018, 472, Rn. 20.

[88] Vgl. *Gardiner*, Treaty Interpretation 2015, S. 407; Arbitral Tribunal, Award v. 24.5.2005, Reports of International Arbitral Awards, Vol. XXVII, 35 – *Award in the Arbitration regarding the Iron Rhine ("Ijzeren Rijn") Railway between the Kingdom of Belgium and the Kingdom of the Netherlands*, S. 64, Rn. 53; *Riffel*, The Protection against Unfair Competition in the WTO TRIPS Agreement 2016, S. 31.

[89] Vgl. die Kategorisierung von *Bodenhausen*, Guide to the Application of the Paris Convention 1968, S. 13.

[90] Insoweit besteht eine Parallele zu Menschenrechtsverträgen. Vgl. Arbitral Tribunal, Award v. 24.5.2005, Reports of International Arbitral Awards, Vol. XXVII, 35 – *Award in the Arbitration regarding the Iron Rhine ("Ijzeren Rijn") Railway between the Kingdom of Belgium and the Kingdom of the Netherlands*, S. 65, Rn. 53; *Gardiner*, Treaty Interpretation 2015, S. 406; *Riffel*, The Protection against Unfair Competition in the WTO TRIPS Agreement 2016, S. 30 f. Nach *Linderfalk*, On The Interpretation of Treaties 2007, S. 284, spielt der konkrete Inhalt des Vertrags keine Rolle: „Therefore, if appliers who interpret a treaty are faced with a situation where they are forced to presume that the parties have either retained or relinquished sovereign freedom of action, the alternative of choice must naturally be the former. I can see no reason why this choice should lead to different results depending upon the kind of subject matter covered by the treaty interpreted."

[91] Vgl. zum Beispiel im Verhältnis von Art. 10bis PVÜ zu Art. 6quinquis PVÜ, siehe unten *Kapitel 4 D. I.*

Damit ist eine *mitius*-Regel also für die Auslegung von Art. 6quinquies PVÜ auch dann nicht zielführend, wenn man sie hier für grundsätzlich einschlägig erachtet.

### b) Kein Regel-Ausnahme-Verhältnis

Art. 6quinquies PVÜ macht – anders als beispielsweise Art. 7 PVÜ – keine Vorgaben für die Eintragungsvoraussetzungen einer originären Anmeldung nach nationalem Recht.[92] Stattdessen legt die Bestimmung für bestimmte Fälle (Eintragung im Ursprungsland) fest, dass die Voraussetzungen nach innerstaatlichem Recht nicht (gänzlich) zur Anwendung gelangen. Das ist gerade deshalb sinnvoll, weil die Voraussetzungen im Zielland und im Ursprungsland sich unterscheiden können, eben weil die Voraussetzungen von den Mitgliedern autonom bestimmt werden (vorbehaltlich einzelner Bestimmungen wie Art. 7 PVÜ). Art. 6 (1) PVÜ wurde in diesem Zusammenhang als „denknotwendiger Hintergrund" für Art. 6quinquies PVÜ beschrieben.[93] Damit unterscheidet sich das Verhältnis zwischen Art. 6 (1) PVÜ und Bestimmungen wie Art. 7, 6 (2) oder 6ter PVÜ auf der einen Seite vom Verhältnis zu Art. 6quinquies PVÜ auf der anderen Seite.[94] Wo Art. 6ter oder 7 PVÜ greifen, darf gerade *kein* Unterschied zwischen den Eintragungsvoraussetzungen der PVÜ-Mitglieder bestehen. Hier werden der „Grundsatz" nach Art. 6 (1) PVÜ eingeschränkt und den Mitgliedern inhaltliche Vorgaben gemacht. In diesen Fällen bedarf es deswegen keiner Validierung, weil in Ursprungs- und Zielland dieselben Voraussetzungen gelten. Unter diesem Gesichtspunkt handelt es sich bei der Eintragung über Art. 6quinquies PVÜ und der reinen Inlandsanmeldung nicht um Ausnahme und Regel, sondern jeweils um „einen im Wesen anderen Sachverhalt"[95].

Zudem basiert die grundsätzliche Annahme, dass Ausnahmen eng auszulegen sind, im Völkerrecht auf der Grundkonstellation, dass die Ausnahme nicht der Erreichung des mit dem jeweiligen völkerrechtlichen Instrument bezweckten Ziel dient.[96] Die restriktive Auslegung von Ausnahmen ist damit eine Spielart der

---

[92] Vgl. *Kur*, Alles oder Nichts im Formmarkenschutz?, GRUR Int 2004, 755, S. 758.
[93] *Kur*, What is „AS IS"? Das telle quelle-Prinzip nach „Havana Club", in: Bomhard/Pagenberg/Schennen (Hrsg.), Harmonisierung des Markenrechts 2005, 361, S. 369.
[94] Angedeutet in WTO Berufungsorgan (Appellate Body), Report v. 2.1.2002, WT/DS176/AB/R – *United States – Section 211 Omnibus Appropriations Act of 1998*, Fn. 72 zu Rn. 132.
[95] BGH, Beschluss v. 14.11.1975, I ZB 9/74 = GRUR 1976, 355 – *P-tronics*, S. 356; Beschluss v. 9.11.1995, I ZB 29/93 (BPatG) = GRUR 1996, 202 – *UHQ*, S. 204; vgl. *Gamm*, Die Telle-quelle Marke, WRP 1977, 230, S. 233 (rechte Spalte); *Lange*, Marken- und Kennzeichenrecht, 2. Aufl. 2012, Rn. 210; *Gervais*, A Look at the Trademark Provisions in the TRIPS Agreement, in: Calboli/Ginsburg (Hrsg.), The Cambridge Handbook of International and Comparative Trademark Law 2020, 27, S. 32, Fn. 26.
[96] Vgl. *Lo*, Treaty Interpretation Under the Vienna Convention on the Law of Treaties 2017, S. 249; *C. Conrad*, Processes and production methods (PPMs) in WTO law – Interfacing trade and social goals 2011, S. 265.

zweckbezogenen Auslegung, um im Sinne eines *effet utile* der grundsätzlichen Stoßrichtung eines Vertrags zu folgen. Diese Art der Beziehung besteht zwischen der „Regel" des Art. 6 (1) PVÜ und der „Ausnahme" des Art. 6quinqiues PVÜ gerade nicht. Im Gegenteil: Art. 6 (1) PVÜ drückt lediglich den völkerrechtlichen Zustand aus, der ohne eine Abmachung bestehen würde. Wenn keine völkerrechtliche Verpflichtung besteht, bleiben die Mitglieder frei. Insoweit ist Art. 6 (1) PVÜ deklaratorisch.[97] So gesehen sind es gerade die von Art. 6 (1) PVÜ „abweichenden" Bestimmungen, die der PVÜ überhaupt erst eine Stoßrichtung geben, und die in diesem Sinne einer *effet utile* Auslegung zugänglich sind. Es ist also unter anderem Art. 6quinquies PVÜ, der in die Richtung des durch die PVÜ bezweckten Ziels drückt. Aus diesem Grund ist es auch nicht hilfreich, die Versagungsgründe in Art. 6quinquies B PVÜ als Ausnahme von der Ausnahme zu verstehen.[98] Wenn etwas als Ausnahme eng auszulegen wäre, dann gerade diese Versagungsgründe, denn diese laufen, als Ausnahme im allein relevanten Sinn, der grundsätzlichen Stoßrichtung der PVÜ entgegen und sind damit Ausnahmen im eigentlichen Sinne. Die grundsätzliche Stoßrichtung der PVÜ liegt nicht in dem Grundsatz, dass jedes Mitglied selbst sein Markenrecht bestimmt. Dafür bräuchte es kein Abkommen. In der PVÜ eine Union zum Zwecke der Feststellung und Sicherung der mitgliedstaatlichen Souveränität zu sehen, ist wenig plausibel. Stattdessen geht es um Verpflichtungen der Mitglieder, die auf die Schaffung eines internationalen Verbands zum Schutz des gewerblichen Eigentums abzielen.[99] Ungeachtet weiterer grundsätzlicher Zweifel an der Überzeugungskraft einer Ausnahmen-Auslegungsregel[100] passt sie jedenfalls nicht auf die vorliegende Konstellation.

---

[97] Zur Souveränität als vorvertraglichem Zustand vgl. *Kunz-Hallstein*, Art. 6quinquies PVÜ, MarkenR 2006, 487, S. 487 (rechte Spalte). *Howse/Neven*, United States – Section 211 Omnibus AppropriationsAct of 1998 (WT/DS176/AB/R), (2005) 4 World Trade Review 179, S. 193 f., weisen darauf hin, dass Art. 6 (1) PVÜ nach Möglichkeit so gelesen werden sollte, dass er eine Pflicht auslöst und nicht nur deklaratorisch ist, und entnehmen ihm deshalb die Vorgabe, dass Beschränkungen der mitgliedstaatlichen Souveränität durch die PVÜ klar bestimmt sein müssen. Das ist aber wegen des Kriteriums der Eintragung im Ursprungsland bei Art. 6quinquies PVÜ der Fall, so dass auch nach dieser Auffassung Art. 6 (1) PVÜ lediglich deklaratorisch ist, soweit es sich um den Inhalt von Art. 6quinquies PVÜ geht.
[98] Vgl. *Zhan*, The International Registration of Non-traditional Trademarks, (2017) 16 World Trade Review 111, S. 125.
[99] Vgl. *Amar*, Artikel 6 des Pariser Unionsvertrages (Schutz der Marke „telle quelle"), Jahrbuch der Internationalen Vereinigung für Gewerblichen Rechtsschutz 1906, 59, S. 60.
[100] Dazu, dass eine „Ausnahme" ebenso unter der Überschrift einer *lex specialis* behandelt werden könnte, sowie zur Ablehnung dieser Auslegungsfigur insgesamt durch das WTO Berufungsorgan (Appellate Body) im Report v. 16.1.1998, WT/DS26/AB/R, WT/DS48/AB/R – *European Communities – EC Measures Concerning Meat and Meat Products (Hormones)*, Rn. 104, vgl. *C. Conrad*, Processes and production methods (PPMs) in WTO law 2011, S. 266.

## c) Regel-Ausnahme-Ansatz ohne Lösung

Selbst wenn man eine Regel anwenden möchte, nach welcher Ausnahmen „eng" auszulegen sind, und Art. 6quinquies PVÜ als Ausnahme zu Art. 6 (1) PVÜ ansieht, stellt sich ein klassisches Problem dieser Auslegungsfigur: wie „eng" ist die Ausnahme auszulegen? Wenn man feststellt, dass Art. 6quinquies PVÜ als Ausnahme den Grundsatz von Art. 6 (1) PVÜ beschränkt, dann ist gleichzeitig festgestellt, dass er dies immer tut, wenn er zur Anwendung gelangt.[101] Der vermeintliche Konflikt kann also auch durch die restriktivste Auslegung nicht gänzlich aufgelöst werden, wenn man nicht Art. 6quinquies PVÜ komplett leerlaufen lässt. Wo also soll die Grenze gezogen werden? Die Antwort hierauf kann das Regel-Ausnahme Verhältnis allein nicht geben.[102]

Wann der Anwendungsbereich von Art. 6quinquies PVÜ „zu groß"[103] ist, folgt aus der – z.B. zweckorientierten[104] – Auslegung dieser Bestimmung selbst, nicht aber aus dem Verhältnis zu Art. 6 (1) PVÜ bzw. zur staatlichen Souveränität der Mitglieder als solchem.[105] Insoweit trifft das Abkommen eine Entscheidung. Die Mitglieder haben sich verpflichtet und ihre Souveränität aufgegeben. Die Frage der Auslegung ist nun gerade, herauszufinden, in welchem Umfang dies geschehen ist.[106] Dass mit dem Eingehen einer völkerrechtlichen Bindung immer auch Souveränität aufgegeben wird, ist selbstverständlich. Wer hier grundsätzlich ein Ungleichgewicht sieht bringt ein *politisches* Argument gegen das Abkommen an, aber kein Argument für dessen Auslegung.[107] Art. 6 (1) PVÜ ändert an dieser Grundkonstellation nichts. Deswegen gilt dasselbe, was schon zur ursprünglichen Fassung der PVÜ (1883) vertreten wurde (die noch keine Bestimmung ent-

---

[101] Vgl. *W. Miosga*, Internationaler Marken- und Herkunftsschutz 1967, S. 65.

[102] Zur Kritik an dieser Auslegungsfigur als formallogischem Argument, hinter dem eine Wertung versteckt wird, bzw. als unplausiblem Methodenansatz oder ergebnisorientiertem Kunstgriff vgl. die Nachweise bei *Herberger*, „Ausnahmen sind eng auszulegen" – Die Ansichten beim Gerichtshof der Europäischen Union 2017, S. 42, Fn. 166; vgl. auch *C. Conrad*, Processes and production methods (PPMs) in WTO law 2011, S. 266.

[103] Vgl. *Ricketson*, The Paris Convention for the Protection of Industrial Property 2015, Rn. 12.16 am Ende.

[104] Wie die Auslegungsregel, dass Ausnahmen eng auszulegen sind, am Ende auf eine (systematisch-) teleologische Betrachtung hinausläuft, veranschaulicht *Herberger*, „Ausnahmen sind eng auszulegen" – Die Ansichten beim Gerichtshof der Europäischen Union 2017, S. 62 f.

[105] Vgl. *C. Conrad*, Processes and production methods (PPMs) in WTO law 2011, S. 266.

[106] Vgl. *Howse/Neven*, United States – Section 211 Omnibus AppropriationsAct of 1998 (WT/DS176/AB/R), (2995) 4 World Trade Review 179, S. 193.

[107] Vgl. mit der Diskussion um die *Ausgewogenheit* des PMMA hinsichtlich der verbleibenden Souveränität mit Blick auf den möglichen Beitritt der USA zum PMMA bei *Cotrone*, The United States and the Madrid Protocol: A Time to Decline, A Time to Accede, (2005) 4 Marquette Intellectual Property Law Review 75; *Wilner*, The Madrid Protocol: Balancing Sovereignty and Efficiency, (2002) 84 Journal of the Patent and Trademark Office Society 871.

hielt, die Art. 6 (1) PVÜ entspricht): die Berufung auf die Souveränität der Mitglieder ist ein „Beweisgrund ohne jedes Gewicht"[108]. Wenn es darum gegangen wäre, das Recht des Ziellandes zur Anwendung zu bringen, hätte man sich die Art. 6quinquies PVÜ sparen können;[109] wenn es darum gegangen wäre, die Souveränität der Mitglieder möglichst unangetastet zu lassen, hätte man überhaupt kein Abkommen schließen müssen.

*d) Kein inhaltlicher Konflikt mit Art. 6 (1) PVÜ*

Schließlich wäre eine restriktive Auslegung überhaupt nur dort angezeigt, wo ein inhaltlicher Unterschied zwischen vermeintlicher Regel und Ausnahme besteht. Bereits das ist fraglich.

Nach einer Ansicht bezieht sich Art. 6 (1) PVÜ auf *alle* Eintragungsvoraussetzungen,[110] aber zwingend ist das nicht. Wie der Wortlaut nahelegt, kann man auch vertreten, dass sich Art. 6 (1) PVÜ auf solche Eintragungsregeln bezieht, die *nicht* Eigenschaften der Marke selbst betreffen, beispielsweise die Inhaberschaft oder Verfahrensregeln.[111] Dafür spricht auch der Zusammenhang mit Art. 6 (2) und (3) PVÜ. Auch dort werden Voraussetzungen geregelt, die sich *nicht* auf Eigenschaften der Marke beziehen, sondern auf dessen Eintragung im Ausland.

Nimmt man nun wiederum diejenigen Voraussetzungen vom Anwendungsbereich des Art. 6quinquies PVÜ aus, die sich *nicht* auf das Zeichen selbst beziehen,[112] so besteht gar kein inhaltlicher Konflikt.[113] Das Recht des Ziellandes käme genau in dem Umfang zur Anwendung, wie es nach diesem Verständnis von Art. 6 (1) PVÜ verlangt wird. Eine Anpassung von Art. 6quinqies PVÜ wäre so in keinem Fall nötig.

*3. Ergebnis: Keine Einschränkung wegen Art. 6 (1) PVÜ*

Damit kann eine beschränkte Lesart von Art. 6quinquies PVÜ nicht auf das systematische Zusammenspiel mit Art. 6 (1) PVÜ gestützt werden. Die Zusammenschau mit Art. 6 (1) PVÜ stützt im Ergebnis nicht die These, dass Art. 6quinquies PVÜ auf den Ausschluss technisch-funktioneller Marken nicht anwendbar ist.

---

[108] *Amar*, Artikel 6 des Pariser Unionsvertrages (Schutz der Marke „telle quelle"), Jahrbuch der Internationalen Vereinigung für Gewerblichen Rechtsschutz 1906, 59, S. 60.

[109] Vgl. *Amar*, ebd.

[110] Vgl. *W. Miosga*, Internationaler Marken- und Herkunftsschutz 1967, S. 46 („alle Erfordernisse formeller und materieller Art").

[111] Vgl. *Pires de Carvalho*, The TRIPS Regime of Trademarks and Designs, 4. Aufl. 2019, S. 227, Rn. 15.43.

[112] Vgl. *Kunz/Ringl/Vilímská*, Mezinárodní smlouvy z oblasti průmyslového vlastnictví 1985, S. 135; *Pires de Carvalho*, The TRIPS Regime of Trademarks and Designs, 4. Aufl. 2019, S. 251; *Beier*, Unterscheidungskraft und Freihaltebedürfnis, GRUR Int 1992, 243, S. 244, Fn. 14.

[113] Woraus man ein (zusätzliches) Argument für das entsprechende Verständnis der beiden Bestimmungen machen könnte, dazu unten *Kapitel 1 C. IV. 2.*

## II. Art. 2 (1) PVÜ

Ein zweiter Anknüpfungspunkt für eine restriktive Auslegung von Art. 6quinquies PVÜ ist der in Art. 2(1) PVÜ normierte Gleichbehandlungsgrundsatz, demzufolge PVÜ-Ausländerinnen in Bezug auf den Schutz des gewerblichen Eigentums die Vorteile genießen, die den eigenen Staatsangehörigen gewährt werden. Auch hier wird vertreten, dass ein Spannungsverhältnis besteht, das durch die eher enge Auslegung von Art. 6quinquies PVÜ mitigiert werden müsse.

### 1. Leerlauf von Art. 2 (1) PVÜ

Ein Leerlauf-Argument folgt daraus auch hier nicht,[114] wie schon bei Art. 6 (1) PVÜ. Art. 6quinquies PVÜ setzt eine Eintragung im Ursprungsland voraus. Die originär im „Zielland" erfolgende Anmeldung hängt wegen Art. 6 (2) und (3) PVÜ gerade nicht von einer Eintragung im Ursprungsland ab. Im Rahmen der rein inländischen Anmeldung käme der Gleichbehandlungsgrundsatz aus Art. 2 (1) PVÜ also jedenfalls unbeeinträchtigt von Art. 6quinquies PVÜ zur Anwendung.

### 2. Konflikt mit Art. 2 (1) PVÜ

#### a) Ergänzung statt Konflikt

Darüber hinaus besteht schon gar kein Konflikt zwischen Art. 6quinquies PVÜ und Art. 2 (1) PVÜ, der eine restriktive Auslegung nötig machen würde. Vielmehr ergänzen sich beide Bestimmungen.[115] Auf der einen Seite ermöglicht Art. 6quinquies PVÜ eine faktische Schutzerstreckung von ausländischen Marken, auf der anderen Seite stellt Art. 2 (1) PVÜ sicher, dass Ausländerinnen unter den (fast[116]) gleichen Bedingungen wie Inländerinnen Markenschutz erhalten. Ist das materielle Markenrecht im Ursprungsland strenger als im Zielland, ist eine Eintragung nach den Regeln des Ziellandes gemäß Art. 2 (1) PVÜ möglich, ohne, dass es auf eine Eintragung im Ursprungsland ankommt (Art. 6 (2) und (3) PVÜ). Ist das Markenrecht des Ziellandes strenger, so kann die Eintragung im Ursprungsland über Art. 6quinquies PVÜ auf das Zielland erstreckt werden.

#### b) Kein Verbot der Besserstellung von Ausländerinnen

Einen Konflikt kann man hier nur sehen, wenn man in Art. 2 (1) PVÜ ein Besserstellungsverbot hineinliest.[117] Nur dann wäre es möglich, in der zusätzlichen

---

[114] So aber WTO Untersuchungsausschuss (Panel), Report v. 6.8.2001, WT/DS176/R – *United States – Section 211 Omnibus Appropriations Act of 1998*, Rn. 8.80.
[115] Vgl. Vorbereitende Dokumente des Internationalen Büros zum Schutze des gewerblichen Eigentums zur Lissabonner Konferenz 1958 (= GRUR Ausl Sonderheft 1958), S. 26.
[116] Siehe den Vorbehalt in Art. 2 (3) PVÜ.
[117] Vgl. *Medcalf*, Vergleichende Studie des Begriffs der Marke in den einzelnen Ländern,

Möglichkeit, die Art. 6quinquies PVÜ als Validierungsklausel einräumt, eine „Verdrängung" von Art. 2 (1) PVÜ zu sehen.[118] Nur dann würde Art. 2 (1) PVÜ bereits dadurch verdrängt werden, dass er und Art. 6quinquies PVÜ nebeneinanderstehen.

Hintergrund von Art. 2 (1) PVÜ ist aber nicht, eine Privilegierung von Ausländerinnen zu verhindern. Es geht darum, sicherzustellen, dass Ausländerinnen in den Genuss derselben *Vorteile* kommen, wie Inländerinnen.[119] Einer Besserstellung steht das nicht im Weg.[120] Im Gegenteil, es wird vertreten, dass das „Ausländerprivileg" von Art. 6quinquies PVÜ „bewusst und gewollt als solches geschaffen worden ist".[121] Das ist vor allem dann überzeugend, wenn man den Zweck von Art. 6quinquies PVÜ in dem faktischen Anpassungsdruck sieht, den dieses „Ausländerprivileg" erzeugt.

Offensichtlich wird dies mit Blick auf den Grundsatz der Unabhängigkeit der Marke, wie ihn Art. 6 (3) PVÜ normiert. Auch dieser würde in Konflikt mit einem Verbot der Besserstellung von Ausländerinnen stehen.[122] Gerade wegen des Unabhängigkeitsgrundsatzes besteht die (faktische) Privilegierung durch die Wahlmöglichkeit, die Marke unabhängig von den rechtlichen Voraussetzungen im Ausland oder gerade gestützt auf die rechtlichen Voraussetzungen im Ausland anzumelden.[123] Wegen Art. 6 (2) PVÜ kann man von der unterschiedlichen Ge-

---

GRUR Ausl 1961, 461, S. 463: „Die Hauptschwierigkeit mit Art. 6 A PVÜ liegt darin, daß diese Bestimmung in Widerspruch steht zu der grundlegenden Vorschrift des Art. 2 PVÜ, der die Gleichstellung des verbandsangehörigen Ausländers mit dem Inländer vorschreibt."

[118] Vgl. WTO Untersuchungsausschuss (Panel), Report v. 6.8.2001, WT/DS176/R – *United States – Section 211 Omnibus Appropriations Act of 1998*, Rn. 8.80, wonach Art. 2 (1) PVÜ als Grundsatz nur in begrenzten Fällen verdrängt wird („superseded").

[119] Vgl. *Bodenhausen*, Guide to the Application of the Paris Convention 1968, S. 29; *Aron*, Die Formen der Warenzeichen 1929, S. 62.

[120] Vgl. *Marck*, Der internationale Rechtsschutz der Patente, Muster, Warenzeichen und des Wettbewerbes 1924, S. 20; RPA Beschwerdeabteilung, Entscheidung v. 1.12.1932 und 22.12.1932, B 261/32 (P 29 591/5 Wz) = Blatt für Patent-, Muster- und Zeichenwesen 1933, 16 – *Ausstattungsschutz*, S. 17 (linke Spalte): „Wenn die telle-quelle-Klausel (Art. 6 PÜ) vorliegend dazu führt, dem Ausländer ein Warenzeichen einzutragen, das dem Inländer voraussichtlich abzulehnen gewesen wäre, weil seine Merkmale keinen Zeichen-, sondern Ausstattungscharakter haben, so erscheint das unbedenklich und entspricht durchaus dem Wesen des Unionsvertrags, der den Interessen nicht des Inländers, sondern eben gerade des Ausländers zu dienen bestimmt ist." Vgl. auch *W. Miosga*, Internationaler Marken- und Herkunftsschutz 1967, S. 66: „Durch die allgemeine Regel der Gleichbehandlung in Artikel 2 wird nur die Gleichstellung von Inländern und Ausländern geboten, nicht aber der Inländer mit dem Ausländer."

[121] *Munzinger*, Rückwirkungen des „telle quelle"-Prinzips auf das nationale Markenrecht, GRUR Ausl 1958, 464, S. 467 (linke Spalte).

[122] Vgl. *Maillard*, Die Revision der Pariser Konvention und der Madrider Abkommen, Jahrbuch der Internationalen Vereinigung für Gewerblichen Rechtsschutz 1905, 21, S. 44; *Edrich*, Die Klausel „telle-quelle" und ihre Ausgestaltung in der Rechtsprechung der Vertragsländer der Pariser Union 1962, S. 147.

[123] Was *Howse/Neven*, United States – Section 211 Omnibus AppropriationsAct of 1998

setzgebung des Ziellandes auch dann profitieren, wenn die Marke im Ursprungsland nicht eingetragen werden könnte, ohne dafür Sitz oder Niederlassung verlegen zu müssen. Diese Wahlmöglichkeit ist insbesondere auch für die bereits angesprochene harmonisierende Wirkung von Art. 6quinquies PVÜ notwendig.[124]

*c) Keine rechtliche Besserstellung*

Aber selbst wenn man von einem Besserstellungsverbot ausgeht, wäre zwischen einer rechtlich-formellen und einer lediglich faktischen Besserstellung zu unterscheiden. Eine formelle Besserstellung findet hier nicht statt: die Ausländerin ist nicht *per se* bessergestellt. Ob die Anmeldung gestützt auf Art. 6quinquies PVÜ einen Vorteil gegenüber der „normalen" Anmeldung darstellt, wie sie auch die Inländerin erreichen könnte, hängt von den konkreten Schutzvoraussetzungen in Ursprungs- und Zielland ab.[125] In einem Fall stellt das Recht des Ursprungslandes strengere Vorgaben an die Marke als das Recht des Ziellandes, in einem anderen Fall ist das umgekehrt. Die vermeintliche Besserstellung, die das Ergebnis von unterschiedlichen Vorgaben des Markenrechts in den Mitgliedsstaaten der PVÜ ist, trifft auf rechtlich-formeller Ebene alle Staatsangehörigen aller Verbandsstaaten gleichermaßen, sie realisiert sich nur nicht immer auch faktisch. Nur den konkreten Einzelfall der jeweils (faktisch) privilegierten Ausländerin zu betrachten und auszublenden, dass die (faktisch) benachteiligten Inländerinnen sich zum selben Zeitpunkt ebenfalls in jedem Verbandsland auf Art. 6quinquies PVÜ berufen könnten (und umgekehrt wegen Art. 6 (2) und (3) PVÜ in vollem Umfang in jedem Mitgliedstaat von der Gesetzgebung vor Ort profitieren), hieße, das Wesen der PVÜ zu ignorieren, die als multilaterale Vereinbarung einzelnen Individuen Rechte einräumt. Dass die Voraussetzung für diese Rechte im Einzelfall einmal gegeben sind, einmal nicht, ist keine Frage der rechtlichen Gleichheit bzw. Ungleichheit der betroffenen Individuen, sondern ergibt sich bei gleichförmiger Anwendung aus den faktischen Umständen. Wer als Inländerin eine Marke im Inland anmeldet, kann sich nie auf die *Telle-Quelle*-Klausel berufen. Das gilt für alle stets in gleichem Maße. Im eigenen Ursprungsland ist die Ausländerin Inländerin, im fremden Zielland ist die Inländerin Ausländerin.[126] Eine rechtliche Besserstellung besteht folglich nicht.

---

(WT/DS176/AB/R), (2005) 4 World Trade Review 179, S. 194 f. als „jurisdiction-shopping" kritisieren ist also gerade in diesem Zusammenspiel von Unabhängigkeitsprinzip und Validierungsklausel angelegt.

[124] Vgl. *Maillard*, Die Revision der Pariser Konvention und der Madrider Abkommen, Jahrbuch der Internationalen Vereinigung für Gewerblichen Rechtsschutz 1905, 21, S. 46.

[125] Vgl. *Munzinger*, Rückwirkungen des „telle quelle"-Prinzips auf das nationale Markenrecht, GRUR Ausl 1958, 464, S. 467 (rechte Spalte).

[126] Frei nach *Valentin*, Die Fremden: „Fremd ist der Fremde nur in der Fremde".

*d) Kein Konflikt mit Art. 2 (1) PVÜ*

Damit besteht also kein Konflikt zwischen Art. 2 (1) PVÜ und Art. 6quinquies PVÜ, der durch eine beschränkende Lesart von Art. 6quinquies PVÜ aufgelöst werden müsste.

### 3. Regel-Ausnahme-Ansatz ohne Lösung

Sieht man dies anders und in Art. 6quinquies PVÜ eine Durchbrechung von Art. 2 (1) PVÜ, dann stellt sich hier wieder das bereits oben zu Art. 6 (1) PVÜ erörterte Problem: Art. 6quinquies PVÜ wäre *stets* in Konflikt mit Art. 2 (1) PVÜ. Die eigentliche Frage wäre wieder eine graduelle: wann wird die Ausländerin „zu viel" bessergestellt?[127] Diese kann ein Regel-Ausnahme-Ansatz nicht beantworten.

### 4. Klarer Wortlaut von Art. 2 (1) PVÜ

Schließlich ist festzustellen, dass das Verhältnis von Art. 2 (1) PVÜ zu Art. 6quinquies PVÜ ausdrücklich geregelt ist: Art. 2(1) PVÜ gewährt Ausländerinnen die inländischen Vorteile ausdrücklich *unbeschadet* der in der PVÜ besonders vorgesehenen Rechte. Damit verbietet sich ein systematisches Argument zur Begrenzung von Sonderrechten. Zu diesen besonderen Rechten gehört auch Art. 6quinquies PVÜ.[128] Die Rechte aus Art. 6quinquies PVÜ bestehen *zusätzlich* zum Gleichbehandlungsgrundsatz aus Art. 2 (1) PVÜ und können schon deshalb vom nationalen Recht abweichen bzw. darüber hinausgehen.[129]

---

[127] Vgl. *Ricketson*, The Paris Convention for the Protection of Industrial Property 2015, Rn. 12.16 am Ende (Hervorhebung nicht im Original): „a full-blooded application of the recognition principle implies that all marks should be protected in the event that they are registered in their country of origin and this would make the disparities between the positions of locals and foreigners *even more marked*."

[128] Vgl. *W. Miosga*, Internationaler Marken- und Herkunftsschutz 1967, S. 66; *Ricketson*, The Paris Convention for the Protection of Industrial Property 2015, Rn. 9.39. Eine Besserstellung kann auch aus Prioritätsregeln folgen, vgl. *Pires de Carvalho*, The TRIPS Regime of Trademarks and Designs, 4. Aufl. 2019, S. 84, Rn. 2.9.

[129] Vgl. *Beier*, Die gemeinschaftliche Benutzung von Warenzeichen in konventionsrechtlicher Sicht, in: Beier et al. (Hrsg.), Die Warenzeichenlizenz 1963, 555, S. 579, paraphrasiert bei *W. Miosga*, Internationaler Marken- und Herkunftsschutz 1967, S. 66 („Im Rahmen der besonderen Rechte ist weder eine Besserstellung der Ausländer, noch eine Schlechterstellung der Inländer verboten"); *Kunz-Hallstein*, Art. 6quinquies PVÜ – Grundlage einer einheitlichen Eintragungspraxis von Marken in der Gemeinschaft?, MarkenR 2006, 487, S. 489 (rechte Spalte); *Pires de Carvalho*, The TRIPS Regime of Trademarks and Designs, 4. Aufl. 2019, S. 84, Rn. 2.9, und S. 93, Rn. 2.34; *Ricketson*, The Paris Convention for the Protection of Industrial Property 2015, Rn. 9.03; *Zhan*, The International Registration of Non-traditional Trademarks, (2017) 16 World Trade Review 111, S. 138; WTO Berufungsorgan (Appellate Body), Report v. 2.1.2002, WT/DS176/AB/R – *United States – Section 211 Omnibus Appropriations Act of 1998*, Rn. 136; *Winter*, Home Country Registration – Article 6 Paris Convention, (1950) 40 Trademark Reporter 189, S. 195; *Ladas*, Trade-Marks and Foreign Trade, (1948) 38 Trademark Reporter 278, S. 280.

Damit stellt sich die aus Art. 6quinquies PVÜ resultierende, womöglich gerade beabsichtigte Ausländerinnenprivilegierung nicht als Gleichheitsproblem innerhalb der PVÜ dar, sondern kann nur aus Sicht des nationalen Rechts als unerwünscht angesehen werden. Wenn aber das nationale Recht diese (faktische) Ungleichbehandlung nicht erträgt, weil dies beispielsweise einen verfassungsrechtlichen Gleichheitsgrundsatz verletzt, dann ist die (faktische) Gleichstellung der Inländerinnen (durch Absenkung der innerstaatlichen Schutzvoraussetzungen) eine mit der PVÜ vereinbare Lösung. Die nationale Rechtsordnung, die ein Problem mit der Ausländerinnenprivilegierung hat, kann das Problem also auch auf PVÜ-konforme Weise lösen.[130]

*5. Ergebnis: Keine Einschränkung wegen Art. 2 (1) PVÜ*

Damit kann eine beschränkte Lesart von Art. 6quinquies PVÜ nicht auf das systematische Zusammenspiel mit Art. 2 (1) PVÜ gestützt werden. Die Zusammenschau mit Art. 2 (1) PVÜ stützt im Ergebnis nicht die These, dass Art. 6quinquies PVÜ auf den Ausschluss technisch-funktioneller Marken nicht anwendbar ist.

### III. Art. 6 (2) und (3) PVÜ

Dritter Anknüpfungspunkt für eine einschränkende Lesart von Art. 6quinquies PVÜ ist das Verhältnis zu den Bestimmungen über die Unabhängigkeit der Marke.[131] Art. 6 (2) PVÜ regelt, dass die (sozusagen inländische) Markenanmeldung einer PVÜ-Ausländerin nicht deshalb zurückgewiesen werden darf, weil die Marke im Ursprungsland der Ausländerin nicht eingetragen ist. Art. 6 (3) PVÜ erklärt, dass eine vorschriftsmäßig eingetragene Marke unabhängig ist von einer Eintragung in anderen Ländern, einschließlich dem Ursprungsland.

---

[130] Vgl. *Marck*, Der internationale Rechtsschutz der Patente, Muster, Warenzeichen und des Wettbewerbes 1924, S. 52; *Aron*, Die Formen der Warenzeichen und ihre Gestaltung 1929, S. 62; *Aron*, Freiheit der Markenformen, GRUR 1930, 1017, S. 1018 (rechte Spalte), mit Nachweisen und Beispielen; *Schmidt-Pfitzner*, Das TRIPS-Übereinkommen und seine Auswirkungen auf den deutschen Markenschutz 2005, S. 91, Fn. 403, mit weiteren Nachweisen. Beispielhaft zur möglichen Umsetzung durch § 44 (i) des Lanham Act vgl. United States Court of Appeals for the Ninth Circuit, Entscheidung vom 24.7.2002, Nr. 98–56453 und 98–56577 = 296 F.3d 894 2002 – *Mattel v. MCA Records*, S. 907 f.; dazu auch *Reger*, Der internationale Schutz gegen unlauteren Wettbewerb und das TRIPS-Übereinkommen 1998, S. 23, Fn. 63, mit weiteren Nachweisen. Gegen die Anwendbarkeit eines innerstaatlichen Gleichheitsgrundsatzes zugunsten von Inländerinnen vgl. z.B. BPatG, Beschluss v. 25.11.2003, 33 W (pat) 214/02 = BeckRS 2008, 26080 – *CD*; BGH, Beschluss v. 14.11.1975, I ZB 9/74 = GRUR 1976, 355 – *P-tronics*, S. 356.

[131] Vgl. WTO Untersuchungsausschuss (Panel), Report v. 6.8.2001, WT/DS176/R – *United States – Section 211 Omnibus Appropriations Act of 1998*, Rn. 8.79 f.

## 1. Ausschließlichkeitsverhältnis zu Art. 6quinquies PVÜ

Das Verhältnis von Art. 6 (2) und (3) PVÜ und Art. 6quinquies PVÜ ist erklärtermaßen ein ausschließliches. Art. 6quinquies PVÜ setzt gerade eine Eintragung im Ursprungsland voraus (siehe auch Art. 6quinquies D PVÜ).[132] In jeder Anwendung von Art. 6quinquies PVÜ liegt so gesehen immer auch eine Durchbrechung des Unabhängigkeitsgrundsatzes bzw. eine Ausnahme von diesem Grundsatz.[133] Aus den oben genannten Gründen ist aus diesem Verhältnis selbst nichts für die Auslegung beizusteuern, ein Leerlauf erst recht nicht zu befürchten.

## 2. Ergänzung von Art. 6quinquies PVÜ

Wegen dieser gegenseitigen Ausschließlichkeit konfligieren die Bestimmungen nicht, sie ergänzen sich. Erst wegen des Unabhängigkeitsgrundsatzes kann die PVÜ-Ausländerin tatsächlich von den vorteilhaften Eintragungsvoraussetzungen des Ziellandes profitieren, weil eine den möglicherweise strikteren Voraussetzungen des Ursprungsland entsprechende Eintragung nicht Voraussetzung für eine Anmeldung im Zielland sein darf. Welchen Vorteil (im Sinne einer Ergänzung) böte Art. 6quinquies PVÜ, wenn es auch hier wieder auf die Voraussetzungen im Zielland ankäme?[134] Die Unabhängigkeit der Marke und Art. 6quinquies PVÜ werden zurecht als zwei Seiten einer Münze verstanden.[135]

## 3. Supplementär: Entstehungsgeschichte

Dass der Grundsatz der Unabhängigkeit *neben* Art. 6quinquies PVÜ gilt, und damit die oben beschriebene Wahlmöglichkeit besteht, ist eine bewusste Entscheidung der Vertragsstaaten.[136] Mit Blick auf die unten noch zu erörternde

---

[132] Vgl. BGH, Beschluss v. 14.11.1975, I ZB 9/74 = GRUR 1976, 355 – *P-tronics*, S. 356; *Zhan*, The International Registration of Non-traditional Trademarks, (2017) 16 World Trade Review 111, S. 138.

[133] Vgl. *Ricketson*, The Paris Convention for the Protection of Industrial Property 2015, Rn. 12.27 am Ende; *W. Miosga*, Internationaler Marken- und Herkunftsschutz 1967, S. 65 und 73; *Bodenhausen*, Guide to the Application of the Paris Convention for the Protection of Industrial Property 1968, S. 120; *Lange*, Marken- und Kennzeichenrecht, 2. Aufl. 2012, Rn. 210; *Schmidt-Szalewski*, The International Protection of Trademarks after the TRIPs Agreement, (1998) 9 Duke Journal of Comparative & International Law 189, S. 195; *Pflüger*, Paris Convention, art. 6quinquies, in: Cottier/Véron (Hrsg.), Concise International and European IP Law, 3. Aufl. 2015, 274, Rn. 1 a).

[134] Vgl. *Sack*, Der Telle-quelle-Schutz von Marken nach Art. 6quinquies PVÜ, in: Hacker/Thiering (Hrsg.), Festschrift für Paul Ströbele zum 75. Geburtstag 2019, 371, S. 373.

[135] Vgl. *Ricketson*, The Trademark Provisions in the Paris Convention for the Protection of Industrial Property, in: Calboli/Ginsburg (Hrsg.), The Cambridge Handbook of International and Comparative Trademark Law 2020, S. 3, S. 11; BGH, Beschluss v. 14.11.1975, I ZB 9/74 = GRUR 1976, 355 – *P-tronics*, S. 356; Beschluss v. 9.11.1995, I ZB 29/93 (BPatG) = GRUR 1996, 202 – *UHQ*, S. 204.

[136] Vgl. auch WTO Untersuchungsausschuss (Panel), Reports v. 28.6.2018, WT/DS435/R,

historische Entwicklung von Art. 6quinquies PVÜ ist an dieser Stelle anzumerken, dass der Grundsatz der Akzessorietät bzw. „das Erfordernis des Heimatschutzes"[137] erst mit Einführung des Art. 6 (2) PVÜ auf der Lissabonner Konferenz 1958 eindeutig für unzulässig erklärt wurde und bis dahin von einer Reihe von Mitgliedern für zulässig erachtet worden war.[138] Zuvor war auf der Londoner Konferenz 1934 in Art. 6 D PVÜ festgelegt worden, dass eine den Anforderungen des nationalen Rechts des Ziellandes *genügende* Auslandsmarke unabhängig von der Eintragung im Ursprungsland ist.[139] Im Umkehrschluss war die auf (den Vorgänger von) Art. 6quinquies PVÜ gestützte Eintragung streng abhängig von der Eintragung im Ursprungsland, wenn sie nicht den Voraussetzungen des Ziellandes entsprach.[140] Hier kommt eindeutig zum Ausdruck, dass auch Marken

---

WT/DS441/R – *Australia – Certain Measures Concerning Trademarks, Geographical Indications and Other Plain Packaging Requirements Applicable to Tobacco Products and Packaging*, Rn. 7.1768: „object and purpose of Articles 6 and 6quinquies A(1) of the Paris Convention (1967) [...] is to provide, and thus secure, two ways of obtaining registration of a trademark in a country of the Paris Union". Ein Weg knüpft an die Auslandseintragung an, der andere tut dies gerade nicht. Einer validiert die Marke, der andere tut dies gerade nicht. Vgl. auch *Kunz/Ringl/Vilímská*, Mezinárodní smlouvy z oblasti průmyslového vlastnictví 1985, S. 138.

[137] *Marck*, Der internationale Rechtsschutz der Patente, Muster, Warenzeichen und des Wettbewerbes 1924, S. 21.

[138] Vgl. *Marck*, ebd.; *Bodenhausen*, Guide to the Application of the Paris Convention for the Protection of Industrial Property 1968, S. 88. Vgl. auch die Forderung von *Gill*, Objects of the A.I.P.P.I. and Its Influence on the Drafting and Amendment of the International Convention, (1954) 44 Trademark Reporter 244, S. 252. Auch *Ladas*, Trade-Marks and Foreign Trade, (1948) 38 Trademark Reporter 278, S. 281, stellte 1948 fest, dass die Eintragung im Heimatland *nicht* Voraussetzung nach der PVÜ sei, gleichzeitig aber eine Reihe von insbesondere europäischen Ländern die PVÜ so verstehen und einen Nachweise der Eintragung um Heimatland fordern. Ausführlich zur Lage in den einzelnen Verbandsstaaten *Edrich*, Die Klausel „telle-quelle" und ihre Ausgestaltung in der Rechtsprechung der Vertragsländer der Pariser Union 1962, S. 123 ff.; vgl. auch *Pires de Carvalho*, The TRIPS Regime of Trademarks and Designs, 4. Aufl. 2019, S. 93, Rn. 2.34.

[139] Abgedruckt in RGBl. 1937 II, 583, S. 594; vgl. BGH, Urt. v. 7.6.1955, I ZR 64/53 = GRUR 1955, 575 – *Hückel*, S. 578, und RG, Urt. v. 20.12.1939, II 101/39 = RGZ 162, 282 – *Crescent*, S. 289, wonach dies „nach deutscher Rechtsauffassung" auch schon vor der in diesem Sinne lediglich klarstellenden Einfügung galt. Anders z.B. *Marck*, Der internationale Rechtsschutz der Patente, Muster, Warenzeichen und des Wettbewerbes 1924, S. 50 f.: „Über die akzessorische Natur des Warenzeichenrechts von Ausländern besagt dieser Artikel des Unionsvertrages nichts, sie für die internationale Eintragung der Warenzeichen von großer Wichtigkeit ist. [...] Eine ausdrückliche oder indirekte Anerkennung des akzessorischen Charakters des Schutzes ausländischer Marken ist darin nicht zu erblicken [...]." Ausführlich zur Geschichte *Edrich*, Die Klausel „telle-quelle"1962, S. 134 ff. *Dinwoodie/Kur*, Non-conventional marks and the obstacle of functionality, in: Ricketson (Hrsg.), Research Handbook on the World Intellectual Property Organization 2020, 131, S. 136, stellen fest, dass dies die ursprünglich im Schlussprotokoll 1883 enthaltende Botschaft wiederherstellte.

[140] Vgl. *Bodenhausen*, Guide to the Application of the Paris Convention 1968, S. 120, Rn. b); Hefermehl/*Hefermehl*, Wettbewerbs- und Warenzeichenrecht Band II, 10. Aufl. 1969, Art. 6 ParÜb, Rn. 3; *Kunz-Hallstein*, Art. 6quinquies PVÜ – Grundlage einer einheitlichen Eintragungspraxis von Marken in der Gemeinschaft?, MarkenR 2006, 487, S. 490 (rechte

unter die *Telle Quelle*-Klausel fallen, die *nicht* den Eintragungsvoraussetzungen des Ziellandes entsprechen. Im Übrigen weckt dieser Umstand Zweifel an der inneren Konsistenz einer primär auf historische Umstände gestützten, beschränkenden Auslegung von Art. 6quinquies PVÜ, die die Entwicklung des Unabhängigkeitsgrundsatzes außer acht lässt. Die Entwicklungsgeschichte von Art. 6quinquies PVÜ darf jedenfalls nicht in Isolation und ohne Berücksichtigung der Entwicklung des Unabhängigkeitsgrundsatzes betrachtet werden. Letztere wurde von der Parteien der PVÜ gerade im Hinblick auf sein Zusammenspiel mit der *Telle Quelle*-Klausel erörtert.[141]

### 4. Ergebnis: Keine Enschränkung wegen Art. 6 (2) und (3) PVÜ

Damit kann eine beschränkte Lesart von Art. 6quinquies PVÜ nicht auf das systematische Zusammenspiel mit Art. 6 (2) und (3) PVÜ gestützt werden. Die Zusammenschau mit Art. 6 (2) und (3) PVÜ stützt im Ergebnis nicht die These, dass Art. 6quinquies PVÜ auf den Ausschluss technisch-funktioneller Marken nicht anwendbar ist.

## IV. Art. 6quinquies B PVÜ

Systematische Rückschlüsse werden schließlich auch aus Buchstabe B des Art. 6quinquies PVÜ gezogen. Die dort genannten Ausnahmen haben nur dann eine Wirkung bzw. sind nur dann sinnvoll, wenn die erfassten Fälle grundsätzlich in den Anwendungsbereich von Art. 6quinquies PVÜ fallen.[142] Das ermöglicht ein Leerlauf-Argument. Wenn die in Buchstabe B aufgeführten Gründe bereits die Anwendbarkeit von Art. 6quinquies PVÜ ausschließen würden, wäre Buchstabe B überflüssig. Mit diesem Umstand wurde insbesondere in der Diskussion

---

Spalte): „Die Akzessorietät ist gleichsam der für die Vorteile des telle-quelle-Schutzes zu entrichtende Preis." Vgl. aus Verhandlungsperspektive *Edrich*, Die Klausel „telle-quelle" 1962, S. 137, wonach die Einigung bezüglich Art. 6 (2) PVÜ nur deshalb möglich war, weil man in der *Telle Quelle*-Klausel den Grundsatz der Abhängigkeit normierte; vgl. auch *Pflüger*, Paris Convention, art. 6quinquies, in: Cottier/Véron (Hrsg.), Concise International and European IP Law, 3. Aufl. 2015, 274, Rn. 1 a). Bei internationalen Eintragungen gilt die Kopplung an den Fortbestand nach Art. 6 (2) des Madrid Agreement/Art. 6 (2) des Madrid Protocol für fünf Jahre, vgl. *Pflüger*, Paris Convention, art. 6quinquies, in: Cottier/Véron (Hrsg.), Concise International and European IP Law, 3. Aufl. 2015, 274, Rn. 1 d) und 5.

[141] Siehe insbesondere die deutsche Erklärung auf der Haager Konferenz, Actes de la Conférence Réunie a La Haye du 8 Octobre au 6 Novembre 1925, S. 443. Vgl. auch den Überblick bei *Plaisant*, Traité de droit conventionnel international concernant la propriété industrielle 1949, S. 207; *Pires de Carvalho*, The TRIPS Regime of Trademarks and Designs, 4. Aufl. 2019, S. 85 ff.

[142] Vgl. Kur/Bomhard/Albrecht/*Kur*, BeckOK Markenrecht, 30. Aufl. 2022, MarkenG Einleitung Markenrecht, Rn. 246; *Edrich*, Die Klausel „telle-quelle" und ihre Ausgestaltung in der Rechtsprechung der Vertragsländer der Pariser Union 1962, S. 44.

um „nur Form" oder „auch Inhalt" argumentiert, weil sich Buchstabe B auf den „Inhalt" der Marke beziehe.[143]

## 1. Leerlauf

Dieses Leerlauf-Argument spricht gegen eine Beschränkung des Anwendungsbereichs von Art. 6quinquies PVÜ durch Vorgaben des Ziellandes. Art. 6quinquies B Nr. 3 PVÜ erklärt eine Zurückweisung für zulässig, wenn die Auslandsmarke gegen den *ordre public* verstößt. In Satz 2 wird dazu klargestellt, dass ein Verstoß gegen eine Vorschrift des Markenrechts (lies: des Ziellandes) nicht per se ein Verstoß gegen die öffentliche Ordnung ist, sondern nur, wenn diese Vorschrift selbst die öffentliche Ordnung betrifft. Daraus folgt, dass die markenrechtlichen Bestimmungen des Ziellandes der Eintragung im Übrigen nicht entgegengehalten werden können.[144] Würde schon die Nichteinhaltung markenrechtlicher Bestimmungen des Ziellandes ausreichen, um dem Anwendungsbereich von Art. 6quinquies PVÜ zu entkommen, wäre dieser Satz überflüssig. Das schließt noch nicht aus, dass beispielsweise die „Markenfähigkeit" im Rahmen von Buchstabe B Nummer 3 im Ergebnis doch nach dem Recht des Ziellandes geprüft werden kann, dies dann aber nur unter der *ordre public*-Ausnahme.[145]

## 2. Beschränkung auf Eigenschaften der Marke

Gleichzeitig könnte man Buchstabe B aber auch eine Beschränkung des Anwendungsbereichs von Art. 6quinquies PVÜ entnehmen.[146] Zwar ist seit der Einfügung des Zusatzes „nur" auf der Lissabonner Konferenz 1958 geklärt, dass die Aufzählung in Buchstabe B eine abschließende ist.[147] Das heißt aber noch nicht zwingend, dass Art. 6quinquies PVÜ *alle* Voraussetzungen nach dem Recht des Ziellandes für eine Eintragung außer Kraft setzt. Man könnte sich auf den Standpunkt stellen, dass Art. 6quinquies PVÜ nur die Bereiche abschließend regelt, die Buchstabe B berührt.[148] Im Übrigen bestehe keine Pflicht zur Eintragung und

---

[143] Vgl. z.B. *Edrich*, ebd.; *Medcalf*, Vergleichende Studie des Begriffs der Marke in den einzelnen Ländern, GRUR Ausl 1961, 461, S. 463.
[144] Vgl. Hefermehl/*Hefermehl*, Wettbewerbs- und Warenzeichenrecht Band II, 10. Aufl. 1969, Art. 6quinquies ParÜb, Rn. 4.
[145] Vgl. zur Formmarke BPatG, Beschluss v. 14.5.1997, 26 W (pat) 59/95, GRUR 1998, 146 – *Plastische Marke*. Zum *ordre public*-Begriff der PVÜ vertieft unten *Kapitel 3*.
[146] Siehe dazu oben *Kapitel 1 C. I. 2. d)*.
[147] Vgl. *Edrich*, Die Klausel „telle-quelle" und ihre Ausgestaltung in der Rechtsprechung der Vertragsländer der Pariser Union 1962, S. 61. In der Londoner Fassung wurde Buchstabe B noch eingeleitet mit „Toutefois, pourront être refusées ou invalidées". Siehe auch den Rapport Général zur Änderung in Actes de la Conférence réunie à Lisbonne du 6 au 31 octobre 1958, S. 118.
[148] Ähnlich die als „eigenartige Ansicht" (*Edrich*, Die Klausel „telle-quelle" 1962, S. 45) bezeichnete Formulierung, dass (der Vorgänger von) Art. 6quinquies PVÜ „den Inhalt" der Marke nur „insoweit" betrifft, „als in Art. 6 PVÜ gleichzeitig die Gründe aufgezählt sind, aus

kann das Recht des Ziellandes weiterhin angewendet und einer Eintragung entgegengehalten werden. So könnte Art. 6quinquies B PVÜ indirekt darüber Auskunft geben, von welche Vorgaben des Ziellandes die Pflicht zur Eintragung nach Art. 6quinquies PVÜ abhängt.

Kontrovers diskutiert wurde diese Frage beispielsweise in Bezug auf Verfahrensvorschriften,[149] Inhaberschaft,[150] Nachweis der Benutzung bzw. Benutzungszwang[151] oder die Voraussetzung eines Geschäftsbetriebs,[152] also entlang der oben dargestellten Trennlinie zwischen Umständen, die sich auf die Marke selbst beziehen, und andererseits außerhalb der Marke liegenden Umständen.[153]

Nach Auffassung des BGH waren die in der Londoner Fassung der PVÜ in Buchstabe B aufgeführten Gründe „nur solche zeichenrechtlicher Art. Ihre erschöpfende Aufzählung in Art. 6 PVÜ hat […] nicht zur Folge, daß alle diejenigen Ansprüche auf Löschung einer Marke ausgeschlossen würden, denen bessere sachliche Rechte gegenüber der angegriffenen Marke zugrunde liegen […]". Demgegenüber vertrat die österreichische Rechtsprechung eine strengere Linie, wonach eine *Telle Quelle*-Anmeldung auch bei Nichteinhaltung von innerstaatlichen Verfahrensvorschriften die Pflicht aus Art. 6quinquies PVÜ auslöst.[154]

---

denen der Schutz des übernommenen Warenzeichens nach dem jeweiligen inländischen Recht des übernehmenden Verbandslandes zurückgewiesen werden kann", in BGH, Urt. v. 2.10.1956, I ZR 9/54 (Hans. OLG Hamburg) = GRUR 1957, 215 – *Flava-Erdgold*, S. 219.

[149] Siehe Verwaltungsgerichtshof (Ö), Entscheidung v. 18.4.1988, ZI 87/04/0247 = GRUR Int 1990, 156 – *affaires*, zur Beschaffenheit des Warenverzeichnisses der Anmeldung.

[150] Vgl. WTO Berufungsorgan (Appellate Body), Report v. 2.1.2002, WT/DS176/AB/R – *United States – Section 211 Omnibus Appropriations Act of 1998*, Rn. 147; *Sayeed*, Revisiting the Regime of Trademark Protection in Bangladesh: TRIPS Compatibility and Ramifications, (2017) 7 Asian Journal of International Law 264, S. 273.

[151] Vgl. *Edrich*, Die Klausel „telle-quelle" 1962, S. 67; Commissioner of Patents (USA), Entscheidung v. 27.5.1955 = 105 USPQ 392 (1955) = GRUR Ausl 1955, 363 – *The Merry Cow (Ex parte Société Fromageries Bel)*, Leitsatz 4; United States District Court for the District of Columbia, 29.5.1974, Civ. A. No. 1353–73 = 376 F. Supp. 962 – *John Lecroy & Son v. Langis Foods*, S. 966; *Mühlendahl*, Anmerkung zu Trademark Trial and Appeal Board 24.10.1984 „Crocker National Bank", GRUR Int 1985, 426; *Lehman/Stenshoel*, Between Berne and Madrid: Movement of the United States Toward International Copyright and Trademark Protection, in: Westermann/Rosener (Hrsg.), Festschrift für Karlheinz Quack 1991, 57, S. 68 ff.; *Kur*, Summary and Comment on U.S. Court of Appeals for the Federal Circuit „Dr. Rath", (2005) 36 IIC 727.

[152] Vgl. *Beier*, Unterscheidungskraft und Freihaltebedürfnis, (1992) 41 GRUR Int 243, S. 244, Fn. 14.

[153] Vgl. *Kur*, TRIPs und das Markenrecht, GRUR Int 1994, 987, S. 992; *Munzinger*, Rückwirkungen des „telle quelle«-Prinzips auf das nationale Markenrecht, GRUR Ausl 1958, 464, S. 465 (rechte Spalte); beispielhaft die Abgrenzung zwischen „conditions and formalities" und „inherent nature or form of the mark itself" in United States District Court for the District of Columbia, 29.5.1974, Civ. A. No. 1353–73 = 376 F. Supp. 962 – *John Lecroy & Son v. Langis Foods*, S. 966.

[154] Vgl. Verwaltungsgerichtshof (Ö), Entscheidung v. 18.4.1988, ZI 87/04/0247 = GRUR Int 1990, 156 – *affaires*, S. 157.

Konkret ging es um die Art der Angabe des Warenverzeichnisses, also um einen außerhalb der Marke liegenden Umstand.

*a) Alle Versagungsgründe beziehen sich auf Marke selbst*

Ein Argument für die Beschränkung von Art. 6quinquies PVÜ auf Voraussetzungen, die die Marke selbst betreffen,[155] kann nur dann auf Art. 6quinquies B PÜV gestützt werden, wenn *alle* dort aufgeführten Versagungsründe ausschließlich die Marke selbst betreffen. Das ist hinsichtlich der Nummern 1 bis 3 keine allzu originelle These.[156] Problematisch könnte allerdings der letzte Satz in Buchstabe B sein, der die Anwendung von Art. 10bis PVÜ vorbehält, der zum Schutz gegen unlauteren Wettbewerb verpflichtet. Nach einer Ansicht ist es die *vollumfängliche* Abgeschlossenheit der Versagungsgründe in Buchstabe B, die einen Vorbehalt der Anwendung von Art. 10bis PVÜ notwendig macht.[157] Sieht man in Art. 10bis PVÜ also einen Zurückweisungsgrund, der *nicht* die Marke selbst betrifft, dann wäre der letzte Satz des Buchstaben B überflüssig, wenn Art. 6quinquies PVÜ nur die Versagungsgründe beträfe, die sich auf die Marke selbst beziehen.

Dass sich Art. 10bis PVÜ *auch* auf die Marke selbst beziehen kann, folgt aus Art. 10bis (3) Nr. 3 PVÜ, der an irreführende Angaben oder Behauptungen anknüpft. Dieser Tatbestand *kann* zwar durch Umstände erfüllt werden, die außerhalb der Marke liegen. Der (nicht angenommene) Vorschlag auf der Londoner Konferenz, in Buchstabe B eine Nummer 4 aufzunehmen mit dem Versagungsgrund des unlauteren Wettbewerbs im Sinne von Art. 10bis PVÜ wurde mit dem Beispiel verdeutlicht, dass die Verwendung des Bildnisses einer lebenden Person eine – in Wahrheit nicht bestehende – Verbindung zwischen Ware und Person herstellen würde.[158] Hier hängt die Unlauterkeit also davon ab, *wer* das Zeichen als Marke anmeldet – die Unlauterkeit ist Folge der fehlenden, aber im Zeichen ausgedrückten Verbindung. Handelt es sich bei der Anmelderin um die abgebildete Person selbst, bzw. besteht tatsächlich eine Verbindung zwischen Ware und Person, dann wäre die Anmeldung nach diesem Beispiel nicht unlauter.

---

[155] Vgl. *Kunz/Ringl/Vilímská*, Mezinárodní smlouvy z oblasti průmyslového vlastnictví 1985, S. 135; *Pires de Carvalho*, The TRIPS Regime of Trademarks and Designs, 4. Aufl. 2019, S. 251; *Beier*, Unterscheidungskraft und Freihaltebedürfnis, GRUR Int 1992, 243, S. 244, Fn. 14.

[156] Vgl. WTO Berufungsorgan (Appellate Body), Report v. 2.1.2002, WT/DS176/AB/R – *United States – Section 211 Omnibus Appropriations Act of 1998*, Rn. 144.

[157] Vgl. *Fezer/Fezer*, Markenrecht, 4. Aufl. 2009, PVÜ Art. 6quinquies Eintragung, Versagung, Löschung, Rn. 16; *Haertel et al.*, Die Lissaboner Konferenz – Bericht von Mitgliedern der deutschen Delegation, GRUR Ausl 1959, 58, S. 84, mit Verweis auf den Schweizer Vorschlag auf der Lissaboner Konferenz (siehe Actes de la Conférence réunie à Lisbonne du 6 au 31 octobre 1958, S. 604 f.).

[158] Actes de la Conférence réunie à Londres du 1er mai au 2 juin 1934, S. 185; vgl. *Ricketson*, The Paris Convention for the Protection of Industrial Property 2015, Rn. 12.16.

Art. 10bis (3) Nr. 3 PVÜ setzt aber nicht zwingend außerhalb der Marke liegende Umstände voraus. Es sind Fälle denkbar, in denen eine Marke für sich genommen eine unlautere Aussage im Sinne von Art. 10bis (3) Nr. 3 PVÜ enthält, beispielsweise, weil sie über die Natur der gekennzeichneten Ware täuscht. Die Unlauterkeit der Verwendung des Zeichens „alkoholfrei" für alkoholhaltige Getränke kann sich aus der Marke selbst ergeben. Damit bleibt es möglich, Buchstabe B als *nur* in Bezug auf die Eigenschaften der Marke selbst abschließend anzusehen, weil dies nicht zu einem Leerlauf von Art. 6quinquies B Satz 2 PVÜ führt.

*b) Technische Funktionalität ist Eigenschaft der Marke*

Es ist also mit Blick auf Art. 6quinquies B PVÜ nicht ausgeschlossen, dass Art. 6quinquies PVÜ nur diejenigen Bestimmungen des Ziellandes ausschaltet, die sich auf die Marke selbst beziehen, und die übrigen Voraussetzungen des Ziellandes als unberührt anzusehen.[159] Für den Ausschluss technisch-funktioneller Marken kann die Frage letztlich offenbleiben. Dieser knüpft an die Eigenschaft der Marke selbst an, so dass Art. 6quinquies PVÜ so oder so anwendbar wäre.

*3. Ergebnis: Art. 6quinquies PVÜ erfasst technisch-funktionelle Marken*

Damit spricht der ansonsten drohende Leerlauf von insbesondere Art. 6quinquies B Nr. 3 Satz 2 PVÜ dafür, dass Art. 6quinquies PVÜ zumindest die Voraussetzungen des Ziellandes ausschaltet, die sich auf die Marke selbst beziehen, und damit auch den Ausschluss technisch-funktioneller Marken erfasst. Die Pflicht zur Eintragung aus Art. 6quinquies PVÜ hängt nicht von Vorgaben des Ziellandes ab, die sich auf die Marke selbst beziehen.

*V. Ergebnis: Keine Einschränkung wegen Systematik der PVÜ*

Eine beschränkende Lesart von Art. 6quinquies PVÜ folgt also weder aus Art. 6 (1) PVÜ, noch aus Art. 2 (1) PVÜ oder Art. 6 (2) und (3) PVÜ. Möglicherweise kann eine beschränkte Lesart von Art. 6quinquies PVÜ auf Art. 6 quinquies B PVÜ gestützt werden. Dies gilt aber nur für Vorgaben des Ziellandes, die sich nicht auf die Marke selbst beziehen. Damit stützt die bisherige systematische Zusammenschau im Ergebnis nicht die These, dass Art. 6quinquies PVÜ auf den Ausschluss technisch-funktioneller Marken nicht anwendbar ist.

---

[159] Speziell für die Frage der Benutzung wird außerdem mit (der Entstehungsgeschichte von) Art. 5 (C) (1) PVÜ argumentiert, mit unterschiedlichen Ergebnissen (vgl. *Edrich*, Die Klausel „telle-quelle" 1962, S. 68; *Beier*, Unterscheidungskraft und Freihaltebedürfnis, GRUR Int 1992, 243, S. 244, Fn. 14.) Diese Bestimmung regelt die Folgen der Nichtbenutzung; ihre Beziehung zu Art. 6quinquies PVÜ ist umstritten (insbesondere auch wegen entsprechender Äußerungen während der Den Haager Konferenz, siehe Actes de la Conférence Réunie a La Haye du 8 Octobre au 6 Novembre 1925, S. 442).

## D. Staatenpraxis zu Art. 6quinquies PVÜ

Möglicherweise kann eine beschränkte Lesart von Art. 6quinquies PVÜ mit der nachträglichen Staatenpraxis im Sinne von Art. 31 (3) (b) WVK begründet werden. Nach der völkergewohnheitsrechtlichen Regel, die Art. 31 (3) (b) WVK kodifiziert, ist jede spätere Übung bei der Anwendung des Vertrags, aus der die Übereinstimmung der Vertragsparteien über seine Auslegung hervorgeht, zu berücksichtigen. Tatsächlich scheint eine Reihe von Mitgliedern Art. 6quinquies PVÜ so zu verstehen, dass die Anwendung der Bestimmung (zumindest teilweise) vom Recht des Ziellandes abhängt und so bestimmte Eintragungsvoraussetzungen von Art. 6quinquies PVÜ von vornherein unberührt bleiben.[160]

### I. Gegenbeispiele zu beschränkter Lesart

Die im Folgenden dargestellten Beispiele aus der Staatenpraxis in Form von Verwaltungs- und Gerichtsentscheidungen sowie legislativer Akte zeigen aber, dass nicht alle Verbandsmitglieder Art. 6 quinquies PVÜ derart beschränkt auslegen und anwenden. Damit besteht gerade keine Übereinstimmung der Vertragsparteien über die Auslegung von Art. 6 quinquies PVÜ.

Unter anderem dänische, französische und US-amerikanische Gerichte und Behörden legten Art. 6quinquies PVÜ so aus, dass die Eintragungsfähigkeit der Marke nicht am Recht des Ziellandes geprüft wird.[161] Ein besonders weites Verständnis offenbarten österreichische Behörden und Gerichte,[162] die in der Washingtoner Revision der *Telle Quelle*-Klausel von 1911 eine Änderung dahingehend sahen, dass die Bestimmungen des österreichischen Markenrechts nur noch

---

[160] Vgl. *Ladas*, Trade-Marks and Foreign Trade, (1948) 38 Trademark Reporter 278, S. 283, der eine Masse („abundance") von gerichtlichen Entscheidungen feststellt, die bei der Anwendung (des Vorgängers von) Art. 6quinquies PVÜ die Markenfähigkeit nach dem Recht des Ziellandes prüfen (ohne Nachweise).

[161] Nachweise bei *Edrich*, Die Klausel „telle-quelle" 1962, S. 52 f. Die französische *BOSCH*-Entscheidung (Tribunal Civil de la Seine, Urteil v. 28.7.1928 = GRUR 1929, 927–929 – *Bosch*) wurde auf der Lissaboner Konferenz im vorbereitenden Programm zitiert, siehe Actes de la Conférence réunie à Lisbonne du 6 au 31 octobre 1958, S. 574. Zur US-amerikanischen Entscheidung des Commissioner of Patents v. 27.5.1955 = 105 USPQ 392 (1955) = GRUR Ausl 1955, 363 – *The Merry Cow (Ex parte Société Fromageries Bel)* siehe auch *Beier*, Warenzeichenschutz für ausländische Verbandsangehörige in den USA und Großbritannien, GRUR Ausl 1956, 49, S. 50. Laut *Munzinger*, Rückwirkungen des „telle quelle"-Prinzips auf das nationale Markenrecht, GRUR Ausl 1958, 464, S. 468, Fn. 41, haben aber bis 1958 nur das US-amerikanische und das deutsche Patentamt explizit den nationalen Markenbegriff als von Art. 6quinquies PVÜ ausgeschaltet angesehen.

[162] Was umso bemerkenswerter ist, als Österreich *vor* dem Beitritt zur PVÜ (im Jahr 1908) als entschiedener Gegner (des Vorgängers von) Art. 6quinquies PVÜ auftrat und auf der Pariser Konferenz eine skeptische Haltung gegenüber einer Validierungsklausel äußerte,. Damit ist die österreichische Praxis ein gelebtes Beispiel für die völkerrechtliche Selbstverständlichkeit, dass man sich auch an solche Abmachungen gebunden fühlen kann, denen man zustimmte, aber lieber nicht zugestimmt hätte.

im Rahmen der nun abschließenden geregelten, zulässigen Zurückweisungsgründe der PVÜ zur Anwendung gelangten. Das galt für nach innerstaatlichem Recht eigentlich nicht schutzfähige Zeichenarten (insbesondere Formmarken), deren „Markencharakter" nicht am österreichischen Recht geprüft wurde,[163] ebenso wie für täuschende Angaben[164] und sogar den Mangel eines markenberechtigten Unternehmens,[165] weil diese nicht in den zulässigen Zurückweisungsgründen der PVÜ aufgeführt waren. Dieses sehr weite Verständnis auch zum markenberechtigten Unternehmen wurde in Übereinstimmung mit der Auffassung des deutschen Reichsgerichts[166] auch nach Eingliederung des österreichischen Patentamts als „Zweigstelle Österreich" beibehalten.[167] Auch in der zweiten Republik wurde diese Rechtsprechung fortgeführt[168] und die in Art. 6quinquies Buchstabe B PVÜ aufgeführten Gründe als *umfassend* abschließend verstanden, so dass nicht einmal Verfahrensvorschriften zur Anwendung gelangten.[169] Das alles ist umso bemerkenswerter, als Österreich *vor* dem Beitritt zur PVÜ (im Jahr 1908) als entschiedener Gegner (des Vorgängers von) Art. 6quinquies PVÜ auftrat[170] und auf der Pariser Konferenz eine skeptische Haltung gegenüber einer Validierungsklausel äußerte[171] Damit ist die österreichische Praxis ein gelebtes Beispiel für die Idealvorstellung eines Vertrags, dass man sich auch an solche Abmachungen gebunden fühlen kann, denen man zustimmte, aber lieber nicht zugestimmt hätte.[172]

---

[163] Für Flaschenform trotz fehlender Markenfähigkeit nach österreichischem Recht für „körperliche Gebilde" siehe Verwaltungsgerichtshof (Ö), Entscheidung v. 28.4.1928, A 643–27/6 = Österreichisches Patentblatt 1928, 125 – *Benedictine I*.

[164] Verwaltungsgerichtshof (Ö), Entscheidung v. 19.6.1933, A 476/33 = Österreichisches Patentblatt 1933, 158 – *Olympique*. Mittlerweile sieht die PVÜ dies ausdrücklich als Zurückweisungsgrund in Art. 6quinquies B Nr. 3 vor.

[165] Nichtigkeitsabteilung Patentamt (Ö), Entscheidung v. 6.3.1936, Nm 31–35 = Österreichisches Patentblatt 1936, 117 – *Mickey Mouse*, S. 117 (rechte Spalte).

[166] Nach RG, Entscheidung v. 18.1.1935, II 266/34 (Kammergericht) = RGZ 146, 325 = GRUR 1935, 244 – *Fratelli Branca*, S. 246, fällt die Verbindung mit einem Geschäftsbetrieb unter den *ordre public*. Damit ist gleichzeitig festgestellt, dass es auf den *ordre public*-Vorbehalt der *Telle Quelle*-Klausel ankommt, dass also die Frage des Geschäftsbetriebs grundsätzlich von der *Telle Quelle*-Klausel erfasst ist.

[167] Siehe Patentgerichtshof für Österreich, Entscheidung v. 10.11.1938, Bma 14–37 = Patentblatt für das Land Österreich 1939, 55 – *Daimon*, S. 56 (rechte Spalte).

[168] Siehe Beschwerdeabteilung Patentamt (Ö), Entscheidung v. 29.11.1961, Bm 21/61 (IR 281/60) = Österreichisches Patentblatt 1962, 66 = GRUR Ausl 1963, 107 – *Camping Club*, S. 67 (linke Spalte); Oberster Gerichtshof (Ö), Urt. v. 11.5.1976, 4 Ob 369/75, 4 Ob 370/75 = GRUR Int 1977, 337 – *SMILE*, S. 338.

[169] Siehe Verwaltungsgerichtshof (Ö), Entscheidung v. 18.4.1988, ZI 87/04/0247 = GRUR Int 1990, 156 – *affaires*, Leitsätze.

[170] Vgl. *Lallier*, Artikel 6 des Pariser Unionsvertrages (Schutz der Marke „telle quelle"), Jahrbuch der Internationalen Vereinigung für Gewerblichen Rechtsschutz 1906, 46, S. 47.

[171] Siehe Conférence internationale pour la protection de la propriété industrielle réunie a Paris du 4 au 20 Novembre 1880 (deuxième édition), S. 70

[172] Die gegenteilige Haltung ist insoweit die unrühmliche Ausnahme, vgl. auch *Beier*, Wa-

In Norwegen wurden Nachnamen, die nach einer Änderung des Markengesetzes von 1961 eigentlich nicht mehr eingetragen werden konnten, über die Anwendung von Art. 6quinquies PVÜ eingetragen.[173] Dasselbe passierte in Israel.[174] Dort erklärt zudem § 16 der Trademark Ordinance[175] für die Anmeldung von Marken, die im Ursprungsland eingetragen sind, die allgemeinen materiellen Schutzvoraussetzungen des israelischen Markengesetzes für unanwendbar und beschränkt die Versagungsgründe auf eine Liste, die Art. 6quinquies B PVÜ ähnelt. Auch aus Absatz c) in § 16 der Trademark Ordinance ergibt sich, dass so Marken eingetragen werden können, die es sonst nicht ins Register schaffen würden. Dort heißt es, dass eine Eintragung, die ohne diese Sonderregel nicht hätte vorgenommen werden können, also ansonsten an den Vorgaben des Markenrechts gescheitert wäre, als solche zu kennzeichnen ist. Man kann unterstellen, dass diese gesetzliche Regelung der Umsetzung der Pflicht aus Art. 6quinquies PVÜ dienen sollte, und daher Ausdruck des Auslegungsverständnisses dieser Vertragsbestimmung ist.

In Deutschland wurden innerstaatliche Voraussetzungen in den Fällen ausdrücklich nicht angewendet, in denen nach innerstaatlichem Recht eigentlich nur Ausstattungsschutz in Frage gekommen wäre. Dort wurde die Markenfähigkeit des Zeichens nach dem Recht des Ursprungslandes beurteilt.[176] Das RPA behandelte ausländische Buchstabenmarkenmarken als markenfähig, obwohl diese nach den deutschen Bestimmungen keinen Schutz als Marke erhalten konnten.[177] Dasselbe tat der BGH.[178] Eine Beschränkung auf bestimmte Zeichenarten erfolgte trotzdem, allerdings gerade nicht unter dem Vorzeichen der Anwendbarkeit von Art. 6quinquies PVÜ. Ein eher extensives Verständnis vom Begriff des

---

renzeichenschutz für ausländische Verbandsangehörige in den USA und Großbritannien, GRUR Ausl 1956, 49, S. 51; *Ellwood*, The Industrial Property Convention and the „Telle Quelle" Clause, (1956) 46 Trademark Reporter 36, S. 40.

[173] Vgl. mit Nachweisen *Knudsen*, The Norwegian 1961 Trademark Act, (1975) 65 Trademark Reporter 177, S. 179 f.

[174] Vgl. *E. Seligsohn*, Recent Developments in the Law of Trademarks and Unfair Competition in Israel, (1973) 63 Trademark Reporter 283, S. 287.

[175] Trademarks Ordinance (New Version) 5732–1972, notifiziert nach Art. 63.2 TRIPS, siehe TRIPS Council, Main dedicated intellectual property laws and regulations notified under Art. 63.2 of the Agreement – Israel, 14.3.2000, IP/N/1/ISR/T/1.

[176] RPA Beschwerdeabteilung, Entscheidung v. 1.12.1932 und 22.12.1932, B 261/32 (P 29 591/5 Wz) = Blatt für Patent-, Muster- und Zeichenwesen 1933, 16 – *Ausstattungsschutz*; RPA, 17.10.1938, M 58 507/2 Wz. B. 12 = Mitteilungen der deutschen Patentanwälte 1938, 348 – *Brausepräparat*, Leitsatz 1; BPatG, Beschluss v. 29.4.1965, 4 W (pat) 632/64 = BPatGE 7, 215 = GRUR Ausl 1965, 508 = GRUR 1966, 441 – *Farbbezeichnung und Farbbezeichnung*, Leitsatz 1. Vgl. *Busse/Busse*, Warenzeichengesetz, 3. Aufl.1960, PVÜ Art. 6, Anmerkung 3.

[177] RPA Beschwerdeabteilung, Entscheidung v. 24.2.1933, B 134/32 (JR 75 855/40 Wz) = Markenschutz und Wettbewerb 1933, 424 – *R.G.*

[178] Vgl. BGH, Beschluss v. 5.4.1990, I ZB 7/89 = GRUR 1991, 838 – *IR-Marke FE*, Leitsatz; *Kur*, Summary and Comment on U.S. Court of Appeals for the Federal Circuit „Dr. Rath", (2005) 36 IIC 727, S. 729.

*ordre public* führte zu einer (nur) faktischen Beschränkung des Anwendungsbereichs über den *ordre public*-Vorbehalt.[179] Aus dem Grund wurden ausländische (Produkt-)Formmarken (bis zur Verabschiedung der für dreidimensionale Zeichen Markenschutz vorsehenden EG-Marken-Richtlinie 1988) nicht eingetragen, weil dies dem *ordre public* widersprochen hätte,[180] und damit die grundsätzliche Anwendbarkeit von Art. 6quinquies PVÜ bejaht. Auch außerhalb des Zeichens liegende Umstände wurden als von Art. 6quinquies PVÜ grundsätzlich erfasst angesehen, auch wenn hier regelmäßig die *ordre public* Ausnahme bejaht wurde.[181]

In Italien wurden, wie in Österreich, dreidimensionale Formmarken für PVÜ-Ausländerinnen eingetragen.[182] Die italienische Corte di Cassazione sah das Recht des Ursprungslandes zwar für die Ordnungsmäßigkeit der dortigen Eintragung, das Recht des Ziellandes aber für die Gültigkeit als maßgebend an.[183]

## II. Ergebnis: Keine Einschränkung mangels Konsenses

Damit lässt sich aus der Staatenpraxis also kein Konsens zur Frage ableiten, inwieweit die Pflicht aus Art. 6quinquies PVÜ von Vorgaben des Ziellandes abhängt, der im Rahmen der Auslegung berücksichtigt werden kann. Die Darstellung weiterer Staatenpraxis, insbesondere von Fällen der Nichtanwendung der Bestimmung,[184] kann deswegen unterbleiben. Dasselbe gilt für die Standpunkte,

---

[179] Vgl. Kur/Bomhard/Albrecht/*Kur*, BeckOK Markenrecht, 30. Aufl. 2022, MarkenG Einleitung Markenrecht, Rn. 245. Zum markenberechtigten Unternehmen siehe RG, Entscheidung v. 18.1.1935, II 266/34 (Kammergericht) = RGZ 146, 325 = GRUR 1935, 244 – *Fratelli Branca*, S. 246; BGH, Urt. v. 5.2.1987, I ZR 56/85 = NJW 1987, 2164 – *LITAFLEX*; zur Kritik von dem Standpunkt aus, dass die Gegenseitigkeitsklausel sowieso nur auf Zurückweisungsgründe anwendbar ist, die sich auf das Zeichen selbst beziehen, und die „Hochstilisierung" zum *ordre public* daher unnötig gewesen sei, vgl. *Beier*, Unterscheidungskraft und Freihaltebedürfnis, GRUR Int 1992, 243, S. 244, Fn. 14.

[180] BPatG, Beschluss v. 14.5.1997, 26 W (pat) 59/95 = GRUR 1998, 146 – *Plastische Marke*, S. 147.

[181] Vgl. RG, Entscheidung v. 18.1.1935, II 266/34 (Kammergericht) = RGZ 146, 325 = GRUR 1935, 244 – *Fratelli Branca*, S. 246; BGH, Urt. v. 5.2.1987, I ZR 56/85 = NJW 1987, 2164 – *LITAFLEX*, Leitsatz.

[182] Vgl. *Saint-Gal*, Unlauterer und parasitärer Wettbewerb (Concurrence Déloyale et Concurrence Parasitaire), Teil 3, GRUR Ausl 1957, 410, S. 410.

[183] Corte di Cassazione (I), Urt. v. 18.3.1958 = GRUR Ausl 1957, 580 – *La Voce del Padrone*, S. 581 (linke Spalte).

[184] Vgl. *Ellwood*, The Industrial Property Convention and the „Telle Quelle" Clause, (1956) 46 Trademark Reporter 36, S. 40; *Gamm*, Die Telle-quelle Marke, WRP 1977, 230, S. 230. Laut *Marquis de Maillard de Lafaye*, Artikel 6 des Pariser Unionsvertrages (Schutz der Marke „telle quelle"), Jahrbuch der Internationalen Vereinigung für Gewerblichen Rechtsschutz 1906, 64, S. 66, wird die *Telle Quelle*-Klausel in Britannien „sehr genau befolgt" und findet „ausgedehnte Anwendung"; das Narrativ der Nichtanwendung durch Britannien sei seit 1905 überholt. Gegen den Vorwurf wehrt sich auch *Gill*, Objects of the A.I.P.P.I. and Its Influence on the Drafting and Amendment of the International Convention, (1954) 44 Tra-

die im Rahmen von WTO-Streitigkeiten zu Art. 6quinquies PVÜ vertreten wurden.[185] Aus diesem Grund kann auch offenbleiben, ob auch für die Auslegung von Art. 6quinquies PVÜ, wie er über Art. 2.1 TRIPS in TRIPS einbezogen ist, die nachträgliche Staatenpraxis der PVÜ-Mitglieder berücksichtigt werden kann.[186] Damit stützt die Staatenpraxis im Ergebnis weder die These, dass Art. 6quinquies PVÜ auf den Ausschluss technisch-funktioneller Marken nicht anwendbar ist, noch das Gegenteil.

## E. Geschichte(n) zu Art. 6quinquies PVÜ und ihre Schwachstellen

Eine beschränkende Lesart von Art. 6quinquies PVÜ wurde und wird häufig ganz wesentlich, teilweise sogar ausschließlich, auf historische Gesichtspunkte gestützt.[187] Auch die Gegenansicht beruft sich mitunter auf die Geschichte der PVÜ.[188] Neben den *actes*, den Unterlagen der PVÜ-Konferenzen, wird auf geschichtliche Begleitumstände abgestellt und insbesondere auch auf Vorgängerversionen der PVÜ, die ebenfalls *historische* Umstände darstellen.

---

demark Reporter 244, S. 253. Dazu, dass die Frage Nichtbefolgung/Befolgung primär von dem durch Auslegung zu ermittelnden Umfang der Pflicht abhängt, siehe auch *Troller*, Das internationale Privat- und Zivilprozeßrecht im gewerblichen Rechtsschutz und Urheberrecht 1952, S. 111, Fn. 14. Den Vorwurf der Nichtanwendung, wenn auch nicht gegenüber einem bestimmten Mitglied, machte auch die Bundesrepublik Deutschland in Lissabon (siehe Actes de la Conférence réunie à Lisbonne du 6 au 31 octobre 1958, S. 600), deren Rechtsvorgänger zuvor selbst dafür gerügt worden war, die Bestimmung zu umgehen, vgl. *Lallier*, Artikel 6 des Pariser Unionsvertrages (Schutz der Marke „telle quelle"), Jahrbuch der Internationalen Vereinigung für Gewerblichen Rechtsschutz 1906, 46, S. 47. Nach einer Ansicht entwertet die (zumindest behauptete) Nichtanerkennung der Bestimmung im Vereinigten Königreich die Bedeutung britischer Äußerungen auf den Revisionskonferenzen für die Auslegung der Bestimmung, vgl. *Edrich*, Die Klausel „telle-quelle" 1962, S. 69, Fn. 27.

[185] Z.B. in WTO Berufungsorgan (Appellate Body), Report v. 9.6.2020, WT/DS435/AB/R, WT/DS441/AB/R – *Australia – Certain Measures Concerning Trademarks, Geographical Indications and Other Plain Packaging Requirements Applicable to Tobacco Products and Packaging* oder Report v. 2.1.2002, WT/DS176/AB/R – *United States – Section 211 Omnibus Appropriations Act of 1998*.

[186] Vgl. dazu *Dinwoodie/Dreyfuss*, Designing a Global Intellectual Property System Responsive to Change, (2009) 46 Houston Law Review 1187, S. 1221 f.

[187] Siehe z.B. *Seiler*, Die Entstehung des Rechts an ausländischen Marken in der Schweiz unter besonderer Berücksichtigung der Pariser Verbandsübereinkunft zum Schutze des gewerblichen Eigentums 1943, S. 60.

[188] So wird z.B. die Ansicht, dass die „Markenfähigkeit" nicht am Recht des Ziellandes geprüft werden darf, auf die Geschichte der Bestimmung gestützt, vgl. *Munzinger*, Rückwirkungen des „telle quelle«-Prinzips auf das nationale Markenrecht, GRUR Ausl 1958, 464, S. 466, unter Anknüpfung an den Wortlaut des Schlussprotokolls von 1883.

Insbesondere in der Mitte des letzten Jahrhunderts wurde eine Auslegung der *Telle Quelle*-Klausel nach Wortlaut und Kontext kritisiert, da diese den Inhalt einer Vertragsbestimmung „abstrahiert"[189] von bzw. „ohne Rücksicht auf" die Entstehungsgeschichte ermittelt, und stattdessen einer primär am „historischen Gemeinwillen"[190] orientierten Auslegung der Vorzug gegeben. Auch heute noch wird der Schlüssel zum Verständnis von Art. 6quinquies PVÜ in seiner Entstehungsgeschichte gesucht und – vermeintlich – zugunsten einer beschränkenden Lesart gefunden.[191]

Dieser Ansatz kann aus zwei Gründen nicht überzeugen. Zunächst ist fraglich, ob ein die Auslegung bestimmender (und nicht bloß bestätigender) Rückgriff auf historische Gesichtspunkte überhaupt methodisch zulässig ist (I.). Zum anderen ist fraglich, ob die für eine Beschränkung des Anwendungsbereichs von Art. 6quinquies PVÜ vorgebrachten historischen Argumente, d.h. die einzelnen historischen Umstände, und die daraus gezogenen Schlüsse für den Willen der Vertragsparteien, für sich genommen eine beschränkte Lesart plausibel begründen können (II.).

## I. Methodische Kritik der historischen Argumentation

### 1. Methodische Ansätze

Dass in der Diskussion um die PVÜ unterschiedliche methodische Ansätze vertreten wurden und werden, ist mit Blick auf die ca. 140-jährige Geschichte der Übereinkunft und die stetige Fortentwicklung des Völkerrechts während dieser Zeit nicht verwunderlich.

Insbesondere die Frage, welchen Stellenwert eine historische Betrachtungsweise bei der Auslegung der PVÜ einnehmen soll bzw. darf, wurde und wird unterschiedlich beantwortet.[192] Grob lassen sich drei Ansätze unterscheiden. Erstens, die historische Interpretation wird vorrangig vor anderen Gesichtspunkten herangezogen.[193] Zweitens, die historische Auslegung steht gleichrangig neben

---

[189] *Munzinger*, Rückwirkungen des „telle quelle"-Prinzips auf das nationale Markenrecht, GRUR Ausl 1958, 464, S. 465 (rechte Spalte).

[190] *Seiler*, Die Entstehung des Rechts an ausländischen Marken in der Schweiz 1943, S. 59 f.

[191] Vgl. *Ng-Loy*, Absolute Bans on the Registration of Product Shape Marks, in: Calboli/Senftleben (Hrsg.), The Protection of Non-Traditional Trademarks 2018, 147.

[192] Vgl. allgemein *Ris*, Treaty Interpretation and ICJ Recourse to Travaux Preparatoires, (1991) 14 Boston College International and Comparative Law Review 111, S. 111: „Treaty interpretation is among the most controversial subjects of international law."

[193] So explizit *Seiler*, Die Entstehung des Rechts an ausländischen Marken in der Schweiz 1943, S. 60: „Es kann kein Zweifel darüber bestehen, daß für die Auslegung eines Staatsvertrags, soweit der Umfang der völkerrechtlichen Verpflichtung eines Staates in Frage steht, die historische Interpretation in erster Linie Anwendung findet." Auch *Munzinger*, Rückwirkungen des „telle quelle"-Prinzips auf das nationale Markenrecht, GRUR Ausl 1958, 464, S. 465 (rechte Spalte), räumt der historischen Herangehensweise im Fall eines Widerspruchs

### E. Geschichte(n) zu Art. 6quinquies PVÜ und ihre Schwachstellen

den Auslegungsgesichtspunkten wie Wortlaut, Zweck, oder Kontext.[194] Drittens, die historische Auslegung ist subsidiär.[195] Darüber hinaus wird gesondert diskutiert, ob die historischen Umstände der PVÜ bei der Auslegung der PVÜ-Bestimmungen, wie sie über Art. 2.1 in TRIPS einbezogen sind, überhaupt herangezogen werden dürfen.[196]

Nachdem auch in jüngerer Zeit noch vertreten wird, dass sich der Inhalt von Art. 6quinquies PVÜ ohne eine historische Betrachtung nicht bestimmen lässt,[197] soll im Folgenden die subsidiäre Rolle von historischen Beobachtungen für die Auslegung der PVÜ begründet werden (2.).[198] Die subsidiäre Rolle historischer

---

mit dem Wortlaut den Vorrang ein; ebenso auf S. 466 mit einer zweckorientierten Auslegung. Dass man „der historischen Methode den Vorzug" einräumt, habe „bei mehrseitigen internationalen Verträgen in Anbetracht der Umstände, unter denen die Formulierungen bei solchen zustande zu kommen pflegen, manches für sich".

[194] Vgl. z.B. *Beier*, Unterscheidungskraft und Freihaltebedürfnis, GRUR Int 1992, 243, S. 244, Fn. 14, für historisches und systematisches Argument; *Osterrieth*, Die Washingtoner Konferenz zur Revision der Pariser Uebereinkunft für gewerblichen Rechtsschutz, GRUR 1912, 1, S. 16 ff. und zuvor schon *Osterrieth/Axster*, Die Internationale Übereinkunft zum Schutze des gewerblichen Eigentums vom 20. März 1883 1903, S. 148 ff.; *A. Seligsohn*, Gesetz zum Schutz der Warenbezeichnungen, 2. Aufl. 1905, Artikel 6 Pariser Übereinkunft, Rn. 7, S. 302. Auch, wenn ausschließlich auf historische Umstände abgestellt wird (so insbesondere *Bodenhausen*, Guide to the Application of the Paris Convention 1968, S. 109 ff., der u.a. im Havana Club-Fall zitiert wurde, siehe WTO Berufungsorgan, Report v. 2.1.2001, WT/DS176/AB/R – United States – Section 211 Omnibus Appropriation Act 1998, Rn. 146), dann drückt das nicht zwingend ein Methodenverständnis aus, nach welchem die historische Auslegung *per se* vorrangig ist, weil die übrigen Auslegungsansätze im konkreten Fall nicht hilfreich gewesen sein könnten; zumindest aber wird deutlich, dass es sich nicht nur um eine subsidiäre Heranziehung historischer Umstände handelt, vgl. auch *Medcalf*, Vergleichende Studie des Begriffs der Marke in den einzelnen Ländern, GRUR Ausl 1961, 461, S. 463; *Edrich*, Die Klausel „telle-quelle" 1962, S. 43, Fn. 35.

[195] Vgl. die Feststellung in der *Havana Club*-Entscheidung, dass ein zuvor auf andere Gesichtspunkte gestütztes Auslegungsergebnis nicht mit einer historischen Betrachtung konfligiert, WTO Berufungsorgan (Appellate Body), Report v. 2.1.2002, WT/DS176/AB/R – *United States – Section 211 Omnibus Appropriations Act of 1998*, Rn. 146. Vgl. auch WTO Untersuchungsausschuss (Panel), Report v. 6.8.2001, WT/DS176/R – *United States – Section 211 Omnibus Appropriations Act of 1998*, Rn. 8.81; *Edrich*, Die Klausel „telle-quelle" 1962, S. 71.

[196] Vgl. *Dinwoodie/Dreyfuss*, Designing a Global Intellectual Property System, (2009) 46 Houston Law Review 1187, S. 1199 ff.

[197] Siehe zuletzt *Ng-Loy*, Absolute Bans on the Registration of Product Shape Marks, in: Calboli/Senftleben (Hrsg.), The Protection of Non-Traditional Trademarks 2018, 147; *Zhan*, The International Registration of Non-traditional Trademarks, (2017) 16 World Trade Review 111, S. 132 (wohl in Anknüpfung an *Ellwood*, The Industrial Property Convention and the „Telle Quelle" Clause, (1956) 46 Trademark Reporter 36, S. 36): „To understand Article 6quinquies, one must go back to the very beginning."

[198] Vgl. auch *Frankel*, WIPO and treaty interpretation, in: Ricketson (Hrsg.), Research Handbook on the World Intellectual Property Organization 2020, 342, S. 350 f., die einen „jump to negotiating history" und den Umgang von WIPO-Experten mit historischen, oft als Delegationsteilnehmer persönlich erlebten, Umständen kritisiert.

Argumentation ist in den Auslegungsbestimmungen der WVK verankert (2. a). Die Regeln der WVK sind zwar auf die Auslegung der PVÜ nicht unmittelbar anwendbar (2. b), die Auslegung der (Stockholmer Fassung der) PVÜ richtet sich aber nach inhaltsgleichem Völkergewohnheitsrecht (2. c). Das entschärft den Streit um die Bedeutung von historischen Umständen der PVÜ bei der Auslegung von PVÜ-Bestimmungen, wie sie über Art. 2.1 in TRIPS einbezogen sind (3.).

### 2. Subsidiarität historischer Argumente

Die Rolle, die der Erforschung des historischen Parteiwillens und damit insbesondere den Vertragsmaterialien bei der Auslegung völkerrechtlicher Verträge grundsätzlich zukommt, war lange Zeit umstritten,[199] ebenso wie die allgemeinere Frage, ob die Auslegung völkerrechtlicher Verträge *überhaupt* an verbindliche völkerrechtliche Regeln gebunden ist.[200] Die PVÜ selbst legt nicht fest, welche Auslegungsgesichtspunkte mit welchem Gewicht herangezogen werden dürfen bzw. müssen.[201]

*a) Wiener Vertragsrechtskonvention*

Die Auslegungsregeln der WVK weisen der historischen Argumentation eine klare Rolle bei der Bestimmung des Inhalts völkerrechtlicher Verträge zu. Nach Art. 32 WVK handelt es sich um einen nur *supplementären* Auslegungsgesichtspunkt, der gerade keinen Vorrang vor einer Auslegung nach Wortlaut und Kontext (Art. 31 WVK) erhalten darf. Selbst eine gleichrangige Behandlung ist ausgeschlossen. Der Grund dafür liegt in der begrenzten Aussagekraft: während der Vertragstext sowie die weiteren Umstände nach Art. 31 WVK als authentischer Ausdruck eines Parteienkonsens angesehen werden können, können die außerhalb dieser formalen/formalisierten Vereinbarungen liegenden Umstände nur indirekt einen Konsens der Parteien belegen.[202] Grundsätzlich kann also ein historisches Argument nur bestätigen, was eine Auslegung nach Art. 31 WVK zuvor festgestellt hat. Die „Überwindung" des Ergebnisses der Auslegung nach Art. 31 WVK ist grundsätzlich nicht möglich. Damit entspricht eine von der Entste-

---

[199] Vgl. *Heintschel Heinegg*, Auslegung völkerrechtlicher Verträge, in: Epping/Heintschel Heinegg (Hrsg.), Völkerrecht, 7. Aufl. 2018, 472, Rn. 4, S. 474.

[200] Vgl. *Heintschel Heinegg*, Auslegung völkerrechtlicher Verträge, in: Epping/Heintschel Heinegg (Hrsg.), Völkerrecht, 7. Aufl. 2018, 472, Rn. 11, S. 476; *Vaver*, Die Inländerbehandlung nach der Berner Übereinkunft und dem Welturheberrechtsabkommen, GRUR Int 1988, 191, S. 193.

[201] Vgl. *Dinwoodie/Dreyfuss*, Designing a Global Intellectual Property System, (2009) 46 Houston Law Review 1187, S. 1189 f.

[202] Vgl. *Berner*, Authentic Interpretation in Public International Law, Zeitschrift für ausländisches öffentliches Recht und Völkerrecht 2016, 846, S. 862 f.; *Berner*, Judicial Dialogue and Treaty Interpretation: Revisiting the 'Cocktail Party' of International Law, Archiv des Völkerrechts 2016, 67, S. 75.

hungsgeschichte „abstrahierte" Auslegung grundsätzlich den methodischen Vorgaben.[203] Ein Rückgriff auf historische Umstände, der ein Auslegungsergebnis nicht nur bestätigt, sondern selbst bestimmt, ist abweichend von diesem Grundsatz nur möglich, wenn eine Auslegung entsprechend Art. 31 WVK zu einem nicht eindeutigen Ergebnis oder zu einem offensichtlich widersinnigen Ergebnis führt.[204] Für Art. 6quinquies PVÜ würde das bedeuten, dass ein Rückgriff auf historische Umstände nach dem bisherigem Ergebnis der vorliegenden Untersuchung *nicht* als Argument für einen eingeschränkteren Anwendungsbereich herangezogen werden kann, als er aus einer Auslegung nach Wortlaut und Kontext der Bestimmung ermittelt wurde. Dass die Eintragungspflicht aus Art. 6quinquies PVÜ zumindest nicht von denjenigen Vorgaben des Ziellandes abhängt, die sich auf die Marke selbst beziehen, ist mit den obigen Beobachtungen *eindeutig* und mit Blick auf die Funktion einer Validierungsklausel auch *nicht offensichtlich widersinnig*.

*b) Keine unmittelbare Anwendbarkeit der WVK*

Bei der Auslegung der PVÜ kann aber nicht unmittelbar auf die WVK zurückgegriffen werden.[205] Das folgt schon aus Art. 4 WVK, demzufolge die WVK nur auf Verträge Anwendung findet, die von Staaten geschlossen werden, *nachdem* die WVK (für diese Staaten) in Kraft getreten ist. Nach Art. 27 Abs. 1 PVÜ ersetzt die 1967 beschlossene Stockholmer Fassung der PVÜ zwar die ursprüngliche Übereinkunft vom 20.3.1883 und die folgenden revidierten Fassungen, aber auch hierfür kam die WVK zu spät – diese trat erst am 27.1.1980 mit Hinterlegung der 35. Ratifikations- und Beitrittsurkunde (Togo) nach Art. 84 Abs. 1 WVK in Kraft.[206] Außerdem scheitert die unmittelbare Anwendung der WVK daran, dass einige Mitglieder der PVÜ, (und, soweit es um die PVÜ-Bestimmungen geht, wie sie in TRIPS einbezogen sind, auch einige TRIPS-Mitglieder,) nicht an die WVK gebunden sind.[207]

---

[203] Die Kritik von *Munzinger*, Rückwirkungen des „telle quelle«-Prinzips auf das nationale Markenrecht, GRUR Ausl 1958, 464, S. 465 (rechte Spalte), würde also nicht greifen.
[204] Vgl. *Berner*, Judicial Dialogue and Treaty Interpretation, Archiv des Völkerrechts 2016, 67, S. 71.
[205] Vgl. *Ricketson*, The Paris Convention for the Protection of Industrial Property 2015, Rn. 6.22, S. 139.
[206] Siehe United Nations Treaty Series Volume 1155, abrufbar unter https://treaties.un.org/doc/Publication/UNTS/Volume%201155/v1155.pdf (zuletzt abgerufen am 10.8.2022), S. 332.
[207] Darunter die USA, die die WVK zwar unterzeichnet, aber noch nicht ratifiziert haben, oder Frankreich, das sich am Konzept des *ius cogens* störte und die WVK nicht unterzeichnete. Aus diesem Grund kommt es für eine direkte Anwendung der WVK hier nicht auf die zeitliche Dimension an, so dass die nicht unproblematische präzise Bestimmung der jeweiligen Zeitpunkte dahinstehen kann, vgl. *McDade*, The Effect of Article 4 of the Vienna Convention on the Law of Treaties 1969, (1986) 35 International and Comparative Law Quarterly 499.

## c) Gewohnheitsrecht und zeitliche Anwendbarkeit

Heute besitzen die Auslegungsregeln der WVK als Teil des Völkergewohnheitsrechts aber allgemeine Geltung als verbindliche Regeln der Vertragsauslegung.[208] Damit können auch außerhalb des eigentlichen Anwendungsbereichs der WVK ihre Auslegungsbestimmungen, genauer gesagt inhaltsgleiche Regeln, gelten.[209]

Allerdings stellt sich hier ein zeitliches Problem: es ist fraglich, ob ein Vertrag gemäß der zum Zeitpunkt des Vertragsschlusses bestehenden gewohnheitsrechtlichen Auslegungsregeln zu interpretierten ist oder gemäß den zum Zeitpunkt der Anwendung und damit der konkreten Auslegung geltenden Regeln. Insbesondere der IGH scheint sich der zweiten Ansicht angeschlossen zu haben, wenn er Verträge bis aus dem Jahr 1890 nach den Regeln der WVK auslegt.[210] Auch zur PVÜ wird vertreten, dass die gewohnheitsrechtlichen WVK-Regeln für sich genommen *zurückwirken*, weil sie „adäquate Grundsätze des internationalen Rechts" darstellen.[211]

Auf diese Frage käme es für die Auslegung von Art. 6quinquies PVÜ aber nur an, wenn sich das damalige Völkergewohnheitsrecht vom heutigen unterschied. Das liegt mit Blick insbesondere auf die lange umstrittene Rolle historischer Argumente für die Ur-Fassung der PVÜ von 1883 nahe.[212] Allerdings ist insoweit auf die letzte Revision, also Neufassung und Neubeschluss, der PVÜ abzustellen, denn diese stellt den heute anzuwenden und damit auszulegenden Vertrag dar

---

[208] Vgl. *Gardiner*, Treaty Interpretation 2015, S. 13 ff.; Dörr/Schmalenbach/*Dörr*, Vienna Convention on the Law of Treaties, 2. Aufl. 2018, Article 31, Rn. 6, S. 561.

[209] Vgl. *McDade*, The Effect of Article 4 of the Vienna Convention on the Law of Treaties 1969, (1986) 35 International and Comparative Law Quarterly 499, S. 499. Zur entsprechenden Anwendung der WVK Auslegungsregeln speziell durch US-amerikanische Gerichte siehe *Frankowska*, The Vienna Convention on the Law of Treaties before United States Courts, (1988) 28 Virginia Journal of International Law 281, S. 326 ff. Für die Auslegung von WTO Abkommen gemäß Art. 31 und 32 WVK vgl. z.B. WTO Berufungsorgan (Appellate Body), Report v. 2.1.2002, WT/DS176/AB/R – *United States – Section 211 Omnibus Appropriations Act of 1998*, Rn. 340.

[210] International Court of Justice, Urteil v. 13.12.1999, I.C.J. Reports 1999, 1045 – *Case concerning Kasikili/Sedudu Island (Botswana/Namibia)*, Rn. 18. Vgl. auch Arbitral Tribunal, Award v. 24.5.2005, Reports of International Arbitral Awards, Vol. XXVII, 35 – *Award in the Arbitration regarding the Iron Rhine ("Ijzeren Rijn") Railway between the Kingdom of Belgium and the Kingdom of the Netherlands*, Rn. 45, Seite 62, demzufolge es keinen Fall *nach* Beschluss der WVK im Jahr 1969 gibt, in dem der IGH oder ein anders führendes Tribunal die Anwendbarkeit der Auslegungsregeln gemäß der WVK verneint hat.

[211] Siehe *Spuhler*, Das System des internationalen und supranationalen Schutzes von Marken und geographischen Herkunftsangaben 2000, S. 59, mit Verweis auf die allgemeine Feststellung im Kontext RBÜ von *Vaver*, Die Inländerbehandlung nach der Berner Übereinkunft und dem Welturheberrechtsabkommen, GRUR Int 1988, 191, S. 193.

[212] Das spricht auch dafür, dass im Fall *Kasikili/Sedudu Island* tatsächlich eine rückwirkende Anwendung erfolgte, und nicht festgestellt wurde, dass der Inhalt von Art. 31 WVK schon 1890 gewohnheitsrechtlich galt, vgl. International Court of Justice, Urteil v. 13.12.1999, I.C.J. Reports 1999, 1045 – *Case concerning Kasikili/Sedudu Island (Botswana/ Namibia)*, Rn. 18.

(siehe im Einzelnen Art. 27 PVÜ).²¹³ Zwar trat die WVK, wie oben gezeigt, erst *nach* der Stockholmer Revision der PVÜ in Kraft. Daraus folgt aber nicht zwingend, dass inhaltsgleiche Regeln nicht schon zuvor gewohnheitsrechtliche Geltung beanspruchten. Es scheint insoweit Konsens, dass es sich auch bei der Regel der Subsidiarität gemäß Art. 32 WVK um die Kodifikation von *vorbestehendem* Gewohnheitsrecht handelt,²¹⁴ das also nicht erst mit Zeitablauf nach Beschluss der WVK Geltung erlangte, sondern zuvor schon galt. Zwischen der letzten Revision der PVÜ im Juli 1967 und dem Beschluss der WVK im Mai 1969 liegen weniger als 2 Jahre. Für diesen Zeitraum lässt sich die These des vorbestehenden Gewohnheitsrechts mit den nachfolgenden Beispielen aus Literatur und internationaler Rechtsprechung *vor* dem Zeitpunkt der Stockholmer Revision (1967) stützten.

Zwar wurde die Ansicht, dass der für die Auslegung entscheidende Wille der Parteien nicht (mehr) primär in der Genese des Vertrags zu finden sei, im Jahr 1951 noch als „neue Schule" und Produkt des Aufkommens multilateraler Verträge beschrieben.²¹⁵ Gleichzeitig übte der IGH schon damals Zurückhaltung bei der Bezugnahme auf die *travaux préparatoires*, die nur im Falle von Unklarheiten zur Auslegung herangezogen wurden,²¹⁶ so dass die zweistufige Auslegung mit ihrer subsidiären Rolle der Entstehungsgeschichte sich schon in den Entscheidungen des IGH *vor* 1958 feststellen ließ.²¹⁷ Auch begrifflich (als „supplementary element") wies der IGH der Entstehungsgeschichte beispielsweise 1966 eine subsidiäre Rolle zu.²¹⁸ Den Grundsatz, dass der Rückgriff auf vorbereitende Materialen nur angezeigt ist, wenn eine textorientierte Auslegung zu einem offensichtlich unbrauchbaren Ergebnis führt, entwickelte schon zuvor der StIGH im Jahr 1925.²¹⁹ Es erschein daher plausibel, der Stellungnahme des ILC Berichterstatters *Sir Humphrey Waldock* aus dem Jahr 1966 zu folgen, nach welcher die Subsidi-

---

²¹³ Vgl. *Pflüger*, Der internationale Schutz gegen unlauteren Wettbewerb 2010, S. 19.

²¹⁴ Vgl. Dörr/Schmalenbach/*Dörr*, Vienna Convention on the Law of Treaties, 2. Aufl. 2018, Article 32, Rn. 4, und Article 31, Rn. 6; *Gardiner*, Treaty Interpretation 2015, S. 13 ff.

²¹⁵ *Fitzmaurice*, Law and Procedure of the International Court of Justice: Treaty Interpretation and Certain Other Treaty Points, (1951) 28 British Yearbook of International Law 1, S. 4 f. Vgl. auch die klare Haltung im Jahr 1958 von *Munzinger*, Rückwirkungen des „telle quelle«-Prinzips auf das nationale Markenrecht, GRUR Ausl 1958, 464, S. 465 (rechte Spalte), und im Jahr 1967 die fünfte Auflage von *Schwarzenberger*, A Manual of International Law, 5. Aufl. 1967, S. 165, wo die historische Auslegung, d.h. die Heranziehung der Entstehungsgeschichte oder der vorbereitenden Materialien, (immer noch) gleichrangig neben anderen Gesichtspunkten der Auslegung aufgeführt wird.

²¹⁶ Vgl. *Fitzmaurice*, Law and Procedure of the International Court of Justice, (1951) 28 British Yearbook of International Law 1, S. 7 und 10 f., mit Nachweisen.

²¹⁷ Vgl. *Merrills*, Two Approaches to Treaty Interpretation, in: Connel (Hrsg.), The Australian Year Book of International Law 1971, 55, S. 57, mit Nachweis.

²¹⁸ International Court of Justice, Urteil v. 18.7.1966, I.C.J. Reports 1966, 6 – *South West Africa Cases (Ethiopia/South Africa; Liberia/South Africa) Second Phase*, Rn. 77 ff.

²¹⁹ Vgl. *Merrills*, Two Approaches to Treaty Interpretation, in: Connel (Hrsg.), The Australian Year Book of International Law 1971, 55, S. 57, mit Nachweis.

aritätsregel schon damals geltendes Recht war,[220] so dass zumindest die letzte Revision der PVÜ im Jahr 1967 den gewohnheitsrechtlichen Regeln unterliegt, die dann in der WVK kodifiziert wurden.[221]

*d) Ergebnis: Historische Argumente nur supplementär*

Damit ist die PVÜ im Ergebnis gemäß den Regeln der WVK auszulegen, und die Rolle historischer Argumentation in Einklang mit Art. 32 WVK eine supplementäre. Das wird grundsätzlich auch von denjenigen Stimmen in der Literatur bejaht, die heute noch historische Argumente zur Auslegung von Art. 6quinquies PVÜ bemühen.[222] Ob die dortige Auslegung den grundsätzlich für anwendbar erklärten Regeln entspricht, ist eine andere Frage.[223] Für die historisch begründeten Thesen einer beschränkten Lesart von Art. 6quinquies PVÜ folgt daraus, dass diese nur überzeugen, wenn zuvor festgestellt worden ist, dass eine Auslegung gemäß Art. 31 WV nur ein mehrdeutiges oder offensichtlich sinnwidriges Ergebnis ergibt. Eine gleichrangige Anwendung gegenüber den Auslegungsgesichtspunkten nach Art. 31 WVK ist ausgeschlossen.

*3. Methodischer Gleichlauf bei Auslegung der PVÜ im WTO-Kontext*

Es besteht also zunächst ein grundsätzlicher methodischer Gleichlauf der Auslegung von PVÜ und TRIPS, denn im Zeitpunkt der Beschlussfassung von TRIPS war der Inhalt von Art. 32 WVK erst recht gewohnheitsrechtlich anerkannt. Die Bestimmungen der PVÜ sind sowohl isoliert als auch im Kontext von TRIPS nach den gewohnheitsrechtlichen Regeln der WVK auszulegen.[224] Das heißt, dass eine gespaltene Auslegung zumindest aus methodischen Gründen nicht zu befürchten ist.[225]

---

[220] United Nations Yearbook of the International Law Commission 1966 Volume I Part II, 873. Meeting, Rn. 38, S. 206. Anders aber noch *Schwarzenberger*, A Manual of International Law, 5. Aufl. 1967, S. 165.

[221] Vgl. *Frankel*, WIPO and treaty interpretation, in: Ricketson (Hrsg.), Research Handbook on the World Intellectual Property Organization 2020, 342, S. 344.

[222] Vgl. *Ng-Loy*, Absolute Bans on the Registration of Product Shape Marks, in: Calboli/Senftleben (Hrsg.), The Protection of Non-Traditional Trademarks 2018, 147, S. 150, Fn. 18; *Ricketson*, The Paris Convention for the Protection of Industrial Property 2015, Rn. 6.22 ff.

[223] Vgl. zum Schlagwort des „lip-service" allgemein *Frankel*, WIPO and treaty interpretation, in: Ricketson, Sam (Hrsg.), Research Handbook on the World Intellectual Property Organization 2020, 342, S. 342.

[224] Vgl. *Riffel*, The Protection against Unfair Competition in the WTO TRIPS Agreement 2016, S. 39 und 276; WTO Untersuchungsausschuss (Panel), Report v. 6.8.2001, WT/DS176/R – *United States – Section 211 Omnibus Appropriations Act of 1998*, Rn. 8.16; *Frankel*, WIPO and treaty interpretation, in: Ricketson (Hrsg.), Research Handbook on the World Intellectual Property Organization 2020, 342, S. 345; zur Bedeutung des „sekundären" Völker(gewohnheits)rechts für TRIPS/WTO allgemein vgl. *Pauwelyn*, The Role of Public International Law in the WTO: How Far Can We Go?, (2001) 95 American Journal of International Law 535, S. 578.

[225] Methodische Unterschiede könnten sonst auch an anderen Stellen bestehen, vgl. bei-

Es wird aber diskutiert, ob die Geschichte der PVÜ bei der Bestimmung von Pflichten aus der PVÜ, wie sie über Art. 2.1 TRIPS Bestandteil der WTO-Pflichten geworden sind, überhaupt eine Rolle spielen kann, ob die Geschichte der PVÜ sozusagen über Art. 2.1 TRIPS als Teil des Besitzstands der PVÜ mitübernommen wird.[226] Verneint man dies, so wäre eine gespaltene Auslegung die mögliche Folge. Hier besteht eine Parallele zur Ansicht, dass wegen der Sprachenregelung der WTO im Rahmen von TRIPS gem. Art. XVI am Ende WTOÜ auch auf die englische und spanische Übersetzung der PVÜ abgestellt werden kann, während für die isolierte Auslegung der PVÜ nur der französische Text authentisch ist.[227] Für die Relevanz der spanischen und englischen Übersetzung könnte sprechen, dass Art. 29 PVÜ in Art. 2.1 TRIPS nicht aufgeführt wird.[228] Verkompliziert wird das Bild, wo – bei gleichbleibendem französischem Text – die (offizielle englische) Übersetzung geändert wurde.[229]

Ein Problem muss eine derart gespaltene Auslegung nicht darstellen: es wird explizit vertreten, dass Art. 2.1 TRIPS die Bestimmungen der PVÜ nicht nur inkorporiert, sondern *adaptiert*.[230] Der Rahmen der WTO ändere den Inhalt der einbezogenen Bestimmungen.[231] Dieser Ansicht ist eine gespaltene Auslegung

---

spielsweise zur (Un-)Zulässigkeit der Weiterentwicklung von Vertragsinhalten durch Zeitablauf (*evolutionary interpretation*) nach der WVK *Dawidowicz*, The Effect of the Passage of Time on the Interpretation of Treaties, (2011) 24 Leiden Journal of International Law 201.

[226] Vgl. *Correa*, Trade Related Aspects of Intellectual Property Rights 2007, S. 48 ff.; *Grosse Ruse-Khan*, The Protection of Intellectual Property in International Law 2016, S. 91, Rn. 4.50.

[227] Vgl. *Riffel*, The Protection against Unfair Competition in the WTO TRIPS Agreement 2016, S. 83 und 276; WTO Untersuchungsausschuss (Panel), Report v. 15.6.2000, WT/DS160/R – *United States – Section 110(5) of the US Copyright Act*, Rn. 6.229, Fn. 204; Busche/Stoll/Wiebe/*Brand*, TRIPs, 2. Aufl. 2013, Artikel 2, Rn. 14. Allein auf den Wortlaut der englischen Übersetzung von Art. 10bis PVÜ abstellend auch WTO Untersuchungsausschuss (Panel), Reports v. 28.6.2018, WT/DS435/R, WT/DS441/R – *Australia – Certain Measures Concerning Trademarks, Geographical Indications and Other Plain Packaging Requirements Applicable to Tobacco Products and Packaging*, Rn. 7.2664 ff., mit Verweisen auf englisches Wörterbuch; allerdings in Rn. 7.1759 mit ausdrücklichem Bezug auf die authentische französische Fassung der PVÜ und Verweis auf Art. 29 (1) (c) PVÜ in Fn. 4088.

[228] Vgl. *Riffel*, The Protection against Unfair Competition in the WTO TRIPS Agreement 2016, S. 83.

[229] Vgl. zu unterschiedlichen Übersetzungen des Begriffs „telle quelle" als „in its original form" bzw. „as is" *Ricketson*, The Trademark Provisions in the Paris Convention, in: Calboli/Ginsburg (Hrsg.), The Cambridge Handbook of International and Comparative Trademark Law 2020, 3, S. 11, Fn. 48.

[230] Vgl. *Grosse Ruse-Khan*, The Protection of Intellectual Property in International Law 2016, S. 92 f., Rn. 4.52 f.

[231] Von einer Adaption im Sinne einer „trade-ification" der PVÜ Bestimmungen durch die Einbettung in den WTO-Kontext spricht *Gervais*, The relationship between WIPO and the WTO, in: Ricketson (Hrsg.), Research Handbook on the World Intellectual Property Organization 2020, 227, S. 235; für eine Adaption sprechen sich auch *Howse/Neven*, United States – Section 211 Omnibus AppropriationsAct of 1998 (WT/DS176/AB/R), (2005) 4 World Trade Review 179, S. 195, aus, wenn sie Art. 19 TRIPS zur Bestimmung von Art. 6quinquies PVÜ

immanent, auch wenn daraus nicht notwendigerweise folgt, dass es gerade die Ausblendung der Entstehungsgeschichte der PVÜ ist, aus der sich die Änderung im Rahmen dieser Adaption ergibt.[232] Gegen eine Adaption sprach sich explizit das WTO-Panel aus,[233] und berief sich dabei auch darauf, dass das WTO-Berufungsorgan bei der Auslegung von Art. 6quinquies PVÜ (im Kontext von TRIPS) auf historische Beobachtungen zur PVÜ zurückgriff.[234]

Eine kategorische Entscheidung über die Einbeziehung oder Ausklammerung von historischen Umständen zur PVÜ für die Auslegung im Kontext von TRIPS muss gar nicht getroffen werden. Historische Umstände können die Auslegung nur insoweit beeinflussen, als sie Rückschlüsse auf den Konsens der Parteien ermöglichen. Mit anderen Worten steht und fällt die Überzeugungskraft eines historischen Arguments mit einem überzeugenden Nachweis des jeweiligen Kon-

---

heranziehen. Auch die Anwendbarkeit der WVK-Regeln wäre Folge einer Adaption, wenn man diese für die isolierte Auslegung der PVÜ für nicht anwendbar erachtet. Vgl. auch Busche/Stoll/Wiebe/*Brand*, TRIPs, 2. Aufl. 2013, Artikel 2, Rn. 9: „Angesichts des handelsbezogenen Gewands, in das TRIPS die übernommenen PVÜ-Vorschriften hüllt, ist es daher besser, von einer Adaptation zu sprechen."

[232] Vgl. Busche/Stoll/Wiebe/*Brand*, TRIPs, 2. Aufl. 2013, Artikel 2, Rn. 7f., wonach der „acquis" der PVÜ mitübernommen wird, gleichzeitig aber eine Adaption dadurch erfolgt, dass „Präambel sowie die Bestimmungen der Teile I und V des TRIPs-Übereinkommens [...] umgekehrt bei der Auslegung der in Bezug genommenen PVÜ-Vorschriften zu beachten [sind]. Insbesondere der Allgemeine Teil des TRIPs-Übereinkommens sowie die Präambel können im Einzelfall eine stärker handelsbezogene Färbung bewirken."

[233] WTO Untersuchungsausschuss (Panel), Reports v. 28.6.2018, WT/DS435/R, WT/DS441/R – *Australia – Certain Measures Concerning Trademarks, Geographical Indications and Other Plain Packaging Requirements Applicable to Tobacco Products and Packaging*, Rn. 7.1773: „There is no indication in the text of the TRIPS Agreement that negotiators wished to modify the contents of Article 6quinquies of the Paris Convention (1967) by incorporating it by reference into the TRIPS Agreement. In the absence of any indication to the contrary, we therefore have no basis to assume that the incorporation of this provision was intended to refer to anything other than its content as contained in the Paris Convention (1967). Accordingly, we also see no basis to interpret it to mean anything other than what it means in this Convention." Weil die Berufung in dem Fall nicht auf Art. 2.1 TRIPS gestützt wurde, wurde dies nicht erörtert in WTO Berufungsorgan (Appellate Body), Report v. 9.6.2020, WT/DS435/AB/R, WT/DS441/AB/R – *Australia – Certain Measures Concerning Trademarks, Geographical Indications and Other Plain Packaging Requirements Applicable to Tobacco Products and Packaging*, siehe dort S. 183, Fn. 1444.

[234] Siehe WTO Untersuchungsausschuss (Panel), Reports v. 28.6.2018, WT/DS435/R, WT/DS441/R – *Australia – Certain Measures Concerning Trademarks, Geographical Indications and Other Plain Packaging Requirements Applicable to Tobacco Products and Packaging*, Rn. 7.1773, mit Verweis auf WTO Berufungsorgan (Appellate Body), Report v. 2.1.2002, WT/DS176/AB/R – *United States – Section 211 Omnibus Appropriations Act of 1998*, Rn. 122ff., und besonders Rn. 138 und Rn. 146, wo historische Ausführungen von *Bodenhausen* (Guide to the Application of the Paris Convention 1968) und *Bogsch* (The First Hundred Years of the Paris Convention for the Protection of Industrial Property, in: International Bureau of Intellectual Property (Hrsg.), The Paris Convention 1983, 9) zitiert werden.

senses. Dass ein konkreter Aspekt der Entstehungsgeschichte oder ein bestimmter historischer Umstand der PVÜ etwas über den Konsens der Vertragsparteien von TRIPS aussagt, ist für jeden einzelnen Fall begründungsbedürftig. Ein verallgemeinerndes „Vor-die-Klammer-Ziehen" in Form einer kategorischen Aussage über die Irrelevanz von bestimmten historischen Umständen scheint so gesehen nur Ausdruck eines grundsätzlichen Vorbehalts gegen die Überzeugungskraft der jeweiligen historischen Argumentationskette zu sein.

Entscheidend entschärft wird die Problematik zudem durch den methodischen Gleichlauf bei der Auslegung von PVÜ und TRIPS. In beiden Fällen kommt der historischen Argumentation grundsätzlich nur eine bestätigende Rolle zu, bestimmend kann sie allenfalls subsidiär wirken. Selbst, wenn man die PVÜ-Geschichte im TRIPS Kontext kategorisch unberücksichtigt lässt, führt dies deshalb nur in Ausnahmefällen zu einem inhaltlichen Unterschied. Das beschränkt auch die Wirkkraft von primär historischen Auslegungserzählungen. Solche Auslegungserzählungen finden sich zwar in BIRPI-Publikationen,[235] denen, vor allem auch mangels autoritativer Auslegung der PVÜ selbst, allein kraft ihres Ursprungs eine praktisch gesteigerte Autorität attestiert wird.[236] Verstärkt wird der Stellenwert dieser Kommentare möglicherweise noch dadurch, dass sich die WIPO bei der Beantwortung von Anfragen von WTO-Streitbeilegungsorganen zu materiellen Vorgaben der PVÜ mittlerweile im Wesentlichen darauf beschränkt, Verhandlungsdokumente und WIPO-Publikationen zu übermitteln.[237] Diese „Autorität" wird allerdings dadurch erheblich begrenzt, dass die WIPO sich mit diesem bloß verweisenden Vorgehen nicht die Argumente älterer WIPO-Publikationen zu eigen macht, sondern es den WTO-Organen überlässt, deren Überzeugungskraft zu prüfen.[238] Das tut das WTO-Berufungsorgan auch, wenn es nicht die dort gewählte Auslegungsmethode (die nicht im Einklang mit den Vorgaben der WVK steht), sondern allenfalls die dort dargestellten historischen Umstände übernimmt, um ein selbstständig entlang den Vorgaben von Art. 31 WVK entwickelte Auslegungsergebnis zu bestätigen.[239] Die Auslegungstätigkeit des WTO-Berufungsorgans veranschaulicht, wie bereits eine konsequente Anwendung der WVK-Auslegungsregeln eine Überbewertung der PVÜ-Geschichte(n) bei der Anwendung von TRIPS verhindert.

---

[235] Siehe insbesondere *Bodenhausen*, Guide to the Application of the Paris Convention 1968, S. 110 f., und *Bogsch*, The First Hundred Years of the Paris Convention for the Protection of Industrial Property, in: International Bureau of Intellectual Property (Hrsg.), The Paris Convention, 9, S. 42.

[236] Vgl. *Dinwoodie/Dreyfuss*, Designing a Global Intellectual Property System, (2009) 46 Houston Law Review 1187, S. 1198 und Fn. 58; zu den Stellungnahmen von WIPO expert committees vgl. *Frankel*, WIPO and treaty interpretation, in: Ricketson (Hrsg.), Research Handbook on the World Intellectual Property Organization 2020, 342, S. 350.

[237] Vgl. *Gervais*, The relationship between WIPO and the WTO, in: Ricketson (Hrsg.), Research Handbook on the World Intellectual Property Organization 2020, 227, S. 238.

[238] Vgl. *Gervais*, ebd.

[239] Vgl. WTO Berufungsorgan (Appellate Body), Report v. 2.1.2002, WT/DS176/AB/R – *United States – Section 211 Omnibus Appropriations Act of 1998*, Rn. 146 und 139.

## 4. Keine Einbeziehung gemäß Art. 31 (2) (a) WVK

Gesondert ist noch auf den Ansatz einzugehen, nach dem das Schlussprotokoll zur PVÜ von 1883 über Art. 31 (2) (a) WVK in die Auslegung einzubeziehen sei,[240] also nicht als historischen Umstand, sondern als sich auf den Vertrag beziehende Übereinkunft, die zwischen allen Vertragsparteien anlässlich des Vertragsabschlusses getroffen wurde. Das übersieht, dass es hier nicht um die Auslegung der PVÜ von 1883 geht, sondern um die Stockholmer Fassung, die einen eigenständigen völkerrechtlichen Vertrag darstellt.[241] Weder die PVÜ von 1883 selbst noch ihr Schlussprotokoll sind im Sinne von Art. 31 (2) (a) WVK ein Abkommen, das in Verbindung mit dem hier auszulegenden Vertrag vereinbart wurde. Was die PVÜ von 1883 angeht, so wäre im Übrigen der Rückgriff auf Art. 31 (2) (a) WVK überflüssig, weil Art. 7 des Schlussprotokolls ausdrücklich bestimmt, dass dieses ein integraler Bestandteil der PVÜ ist, und dieselbe Wirkung entfaltet („partie intégrante de cette Convention, et aura mêmes force, valeur et durée").[242]

## II. Inhaltliche Kritik der historischen Argumentation

Selbst wenn man einen Rückgriff auf historische Auslegungsgesichtspunkte für zulässig erachtet, weil man entweder die gewohnheitsrechtliche Anwendbarkeit der WVK-Regeln verneint oder das Vorliegen der Voraussetzungen nach Art. 32 WVK bejaht, ist fraglich, ob diese eine beschränkende Lesart von Art. 6quinquies PVÜ stützten.

Für eine beschränkende Lesart wird im Wesentlichen mit zwei Feststellungen argumentiert: erstens, die ursprüngliche Fassung (der Vorgängerbestimmung) von Art. 6quinquies PVÜ hatte nur einen beschränkten Anwendungsbereich. Zweitens, dies gilt auch nach der Revision auf der Washingtoner Konferenz 1911 weiterhin.[243] Im Folgenden wird begründet, dass schon die Eintragungspflicht nach der ursprünglichen Fassung der *Telle Quelle*-Klausel nicht von Vorgaben des Ziellandes abhing, welche die Marke selbst betreffen (1.). Danach wird – in dem Sinne hilfsweise – begründet, dass dies jedenfalls seit der Revision der PVÜ in Washington gilt (2.). Das bisherige Auslegungsergebnis wird folglich nicht durch historische Umstände erschüttert. Im Gegenteil wird sich zeigen, dass auch

---

[240] Vgl. *Howse/Neven*, United States – Section 211 Omnibus AppropriationsAct of 1998 (WT/DS176/AB/R), (2005) 4 World Trade Review 179, S. 195.

[241] Vgl. *Pflüger*, Der internationale Schutz gegen unlauteren Wettbewerb 2010, S. 19.

[242] Siehe Actes de la Conférence internationale pour la protection de la propriété industrielle, réunie à Paris du 6 au 28 mars 1883 (deuxième édition), S. 61 f. Übersetzt: „Das vorliegende Schlußprotokoll, welches gleichzeitig mit der am heutigen Tage abgeschlossenen Uebereinkunft ratifizirt werden soll, ist als integrirender Theil dieser Uebereinkunft anzusehen und soll dieselbe Kraft, Gültigkeit und Dauer haben", siehe RGBl 1903 Nr. 17, S. 162 f.

[243] Vgl. *Kunz/Ringl/Vilímská*, Mezinárodní smlouvy z oblasti průmyslového vlastnictví 1985, S. 135.

historische Argumente möglich sind, die das bisherige Ergebnis stützen. Schließlich wird kurz auf die Geschichte der Unabhängigkeit von *Telle Quelle*-Marken eingegangen (3.), die das bisherige Ergebnis ebenfalls bestätigt.

## 1. Anwendungsbereich von Art. 6 PVÜ (1883)

### a) Wortlaut der Fassung von 1883

Die ursprüngliche Fassung von Art. 6 der PVÜ 1883 lautete:

Toute marque de fabrique ou de commerce régulièrement déposée dans le pays d'origine sera admise au dépôt et protégée telle quelle dans tous les autres pays de l'Union. [...] Le dépôt pourra être refusé, si l'objet pour lequel il est demandé est considéré comme contraire à la morale ou à l'ordre public.[244]

Zu deutsch:

Jede in dem Ursprungslande vorschriftsmäßig hinterlegte Fabrik- oder Handelsmarke soll so wie sie ist in allen anderen Verbandsstaaten zur Hinterlegung zugelassen und geschützt werden. [...] Die Hinterlegung kann zurückgewiesen werden, wenn der Gegenstand, für welchen sie verlangt wird, als den guten Sitten oder der öffentlichen Ordnung zuwider angesehen wird.[245]

Bestandteil der PVÜ 1883 war nach seinem Art. 7[246] zudem ein Schlussprotokoll, das im vierten Absatz festlegte:

Abs. 1 des Artikel 6 ist dahin zu verstehen, daß keine Fabrik- oder Handelsmarke von dem Schutze in einem der Verbandsstaaten ausgeschlossen werden darf, lediglich der Thatsache wegen, daß dieselbe hinsichtlich der Zeichen, aus denen sie besteht, den Anforderungen der Gesetzgebung dieses Staates nicht genügt, vorausgesetzt, daß sie in dieser Beziehung der Gesetzgebung des Ursprungslandes genügt und daß sie in diesem letzteren Lande Gegenstand einer vorschriftsmäßigen Hinterlegung gewesen ist. Von dieser Ausnahme abgesehen, welche nur die Form der Marke betrifft, und vorbehaltlich der Bestimmungen der übrigen Artikel der Uebereinkunft soll die innere Gesetzgebung jedes Staates Anwendung finden.
   Um jeder falschen Auslegung zu beggnen, ist man einverstanden, daß der Gebrauch der öffentlichen Wappen und Ehrenzeichen als im Sinne des Schlußsatzes des Artikel 6 der öffentlichen Ordnung zuwider angesehen werden kann.[247]

---

[244] Siehe Actes de la Conférence internationale pour la protection de la propriété industrielle, réunie à Paris du 6 au 28 mars 1883 (deuxième édition), S. 54.

[245] Übersetzung in RGBl. 1903, Nr. 17, S. 154.

[246] „Das vorliegende Schlußprotokoll, welches gleichzeitig mit der am heutigen Tage abgeschlossenen Uebereinkunft ratifizirt werden soll, ist als integrirender Theil dieser Uebereinkunft anzusehen und soll dieselbe Kraft, Gültigkeit und Dauer haben.", siehe RGBl. 1903, Nr. 17, S. 162 f.

[247] Siehe RGBl. 1903, Nr. 17, S. 160. In der authentischen französischen Fassung (siehe Actes de la Conférence internationale pour la protection de la propriété industrielle, réunie à Paris du 6 au 28 mars 1883 (deuxième édition), S. 59 f.): „Le paragraphe 1er de l'article 6 doit être entendu en ce sens qu'aucune marque de fabrique ou de commerce ne pourra être exclue de la protection dans l'un des États de l'Union par le fait seul qu'elle ne satisferait pas, au

## b) Zweck und Systematik

Nach einer zeitgenössischen Ansicht wurde mit Art. 6 PVÜ (1883) „in einer sehr einfachen und klaren Fassung" eine Validierungsklausel geschaffen, nach welcher „der Charakter der Marke vom Standpunkte der Gesetze des Ursprungslandes zu beurteilen sei."[248] Lediglich die Formulierung im Schlussprotokoll sei zweideutig und werde daher teilweise missverstanden.[249] Hier kommt es also darauf an, was mit „Form" im Sinne des Schlussprotokolls gemeint war, und was also eine Beschränkung auf „die Form der Marke" für die Reichweite von Art. 6 PVÜ (1883) als Validierungsklausel bedeutet.

Das Schlussprotokoll stellt nicht nur klar, dass Art. 6 PVÜ (1883) „nur die Form der Marke betrifft". Dass eine im Ursprungsland hinterlegte Marke „hinsichtlich der Zeichen, aus denen sie besteht," den Vorgaben des Ziellandes nicht entspricht, darf laut Schlussprotokoll eine Eintragung nicht hindern, vorausgesetzt, dass insoweit die Vorgaben des Ursprungslandes erfüllt sind. Das spricht wiederum für die Trennlinie zwischen Zeichen und außerhalb des Zeichens liegenden Umständen. Selbst wenn man den semantischen Inhalt der Marke nicht unter die Begriffe Form und Zeichen fasst, kann jedenfalls der nach dem Recht des Ziellandes beschränkte Kreis von Zeichen*arten* einer Eintragung nicht entgegengehalten werden.[250] Als (effektive) Validierungsklausel kann Art. 6 PVÜ (1883) ansonsten nicht wirken.

## c) Entstehungs- und Vorgeschichte

Gegen diese Ansicht wurde mit historischen Umständen argumentiert. Dabei ist wohl davon auszugehen, dass 1883 eine Subsidiaritätsregel gemäß Art. 32 WVK noch nicht gewohnheitsrechtlich anerkannt war, so dass eine gleich- oder gar übergeordnete Bedeutung der Geschichte für das *zeitgenössische* Verständnis der PVÜ nicht *per se* ausgeschlossen werden kann.

Insbesondere wird auf die Vorgeschichte des Art. 6 PVÜ (1883) abgestellt. Es wird die Herkunft der Bestimmung erforscht, unter anderem, in dem die Unter-

---

point de vue des signes qui la composent, aux conditions de la législation de cet État, pourvu qu'elle satisfasse, sur ce point, à la législation du pays d'origine et qu'elle ait été, dans ce dernier pays, l'objet d'un dépôt régulier. Sauf cette exception, qui ne concerne que la forme de la marque, et sous réserve des dispositions des autres articles de la Convention, la législation intérieure de chacun des États recevra son application. Pour éviter toute fausse interprétation, il est entendu que l'usage des armoiries publiques et des décorations peut être considéré comme contraire à l'ordre public, dans le sens du paragraphe final de l'article 6."

[248] *Marquis de Maillard de Lafaye*, Artikel 6 des Pariser Unionsvertrages (Schutz der Marke „telle quelle"), Jahrbuch der Internationalen Vereinigung für Gewerblichen Rechtsschutz 1906, 64, S. 64 f.

[249] Vgl. *Marquis de Maillard de Lafaye*, Artikel 6 des Pariser Unionsvertrages (Schutz der Marke „telle quelle"), Jahrbuch der Internationalen Vereinigung für Gewerblichen Rechtsschutz 1906, 64, S. 65.

[250] Vgl. *Marquis de Maillard de Lafaye*, ebd., explizit auch schon zur Warenform.

lagen der Pariser Konferenz ausgewertet werden. Rückschlüsse werden dann im Sinne eines Rechtstransfers gezogen. Wenn eine Vertragsbestimmung aus einem bestimmten System übernommen wird („transplanted treaty rules"[251]), dann kann ihr Ursprung grundsätzlich weiteres historisches Material zum Verständnis der Bestimmung liefern. Insoweit gelten auch keine methodischen Besonderheiten,[252] es handelt sich um eine Spielart der historischen Auslegung. Die Entstehungsgeschichte einer Bestimmung im weiteren Sinne, möglicherweise gar die entsprechende Ur-Bestimmung („source rule"[253]), ist also insoweit beachtlich, als sich daraus Rückschlüsse für den Parteiwillen ergeben.

Ein solches, auf die Vorgeschichte von Art. 6 PVÜ (1883) gestütztes Argument lautet wie folgt: wie sich aus den Unterlagen der Pariser Konferenz 1883 ergebe, sei Art. 6 PVÜ (1883) ursprünglich die Aufgabe zugedacht worden, ein Abkommen zwischen Russland und Frankreich zu multilateralisieren.[254] Hintergrund der Abmachung zwischen diesen beiden Ländern war nach einer Ansicht der Umstand, dass in Russland nur kyrillische Schriftzeichen als Wortzeichen eintragungsfähig waren.[255] Die Abmachung sollte es also französischen Rechteinhaberinnen ermöglichen, für ihre lateinischen Schriftzeichen auch in Russland Markenschutz zu erlangen. Zwar sehe man dem Wortlaut des ursprünglichen Art. 6 PVÜ (1883) diese eigentlich gewollte Beschränkung auf das Schriftzeichenproblem nicht an; die Formulierung sei insoweit unglücklich gewählt, weil zu weit.[256] Wegen der konkreten Phrase „telle quelle" lasse sich die Herkunft von Art. 6 PVÜ (1883) in eben jenem Abkommen zwischen Frankreich und Russland

---

[251] Vgl. den Titel von *Carstens*, Interpreting Transplanted Treaty Rules, in: Bianchi/Peat/Windsor (Hrsg.), Interpretation in International Law 2015, 229.

[252] Vgl. *Carstens*, Interpreting Transplanted Treaty Rules, in: Bianchi/Peat/Windsor (Hrsg.), Interpretation in International Law 2015, 229, S. 235.

[253] *Carstens*, Interpreting Transplanted Treaty Rules, in: Bianchi/Peat/Windsor (Hrsg.), Interpretation in International Law 2015, 229, S. 247.

[254] Vgl. *Ng-Loy*, Absolute Bans on the Registration of Product Shape Marks, in: Calboli/Senftleben (Hrsg.), The Protection of Non-Traditional Trademarks 2018, 147, S. 151, unter Verweis auf das Protokoll der zehnten Sitzung am 18.11.1880 und den ursprünglichen Vorschlag von Frankreich.

[255] Vgl. *Munzinger*, Rückwirkungen des „telle quelle"-Prinzips auf das nationale Markenrecht, GRUR Ausl 1958, 464, S. 465 (linke Spalte); *Ellwood*, The Industrial Property Convention and the „Telle Quelle" Clause, (1956) 46 Trademark Reporter 36, S. 37; *Kur*, What is „AS IS"? Das telle quelle-Prinzip nach „Havana Club", in: Bomhard/Pagenberg/Schennen (Hrsg.), Harmonisierung des Markenrechts 2005, 361, S. 362; Kur/Bomhard/Albrecht/*Kur*, BeckOK Markenrecht, 30. Aufl. 2022, MarkenG Einleitung Markenrecht, Rn. 240a.1.

[256] Vgl. *Ng-Loy*, Absolute Bans on the Registration of Product Shape Marks, in: Calboli/Senftleben (Hrsg.), The Protection of Non-Traditional Trademarks 2018, 147, S. 152 („choice of this phrase is unfortunate"). Vgl. auch *Munzinger*, Rückwirkungen des „telle quelle«-Prinzips auf das nationale Markenrecht, GRUR Ausl 1958, 464, S. 465 (linke Spalte): „[...] die von der Pariser Konferenz beschlossene telle-quelle-Formel [ging] nach allgemeiner Übereinstimmung weit über das veranlassende Bedürfnis und die Absichten der Teilnehmer hinaus."

verorten,[257] so dass die Klausel damit so (eingeschränkt) zu verstehen sei wie diese Ur-Bestimmung.[258]

Eine andere Ausformung dieses Arguments verortet den Ursprung der Formulierung „telle quelle" in einer bestimmten Stellungnahme während der Konferenz, in der wiederum auf das oben angesprochene Buchstabenproblem zwischen Frankreich und Russland eingegangen wurde.[259] Art. 6 PVÜ (1883) und die Formulierung „telle quelle" habe daher ihren Ursprung in diesem „russisch-französischen Kompromiss".[260] Erst ab dem Zeitpunkt dieser Stellungnahme sei Art. 6 PVÜ (1883) auf der Konferenz diskutiert worden, so dass Art. 6 PVÜ (1883) stets unter diesem Blickwinkel zu verstehen sei. Die ursprünglich als Art. 5 vorgeschlagene Bestimmung sei hingegen nur mit der Frage beschäftig gewesen, wie die rechtmäßige Inhaberin einer Marke festzustellen ist, habe sich also erst im Laufe der Konferenz zur Validierungsklausel entwickelt.[261]

Die Beschränkung des Anwendungsbereichs wird demnach mit der Entstehungsgeschichte der Klausel auf der Pariser Konferenz sowie mit ihrer Vorgeschichte (russisch-französisches Abkommen) begründet. Beides überzeugt nicht. Im Gegenteil stützt eine solche Untersuchung ein „weites" Verständnis als Validierungsklausel.

*aa) Pariser Konferenz 1880*

Zunächst ist festzustellen, dass die Phrase „telle quelle" während der Pariser Konferenz nicht erst in der zehnten Sitzung und damit im Zusammenhang mit der dort getätigten Aussage über das (vermeintliche) Buchstabenproblem auftaucht, sondern bereits in der ersten Erläuterung des von Frankreich vorgeschlagenen Art. 5 durch den französischen Delegierten auf der vierten Sitzung am 9.11.1880.[262] Der diskutierte Vorschlag sah vor, dass das Eigentum an gewerblichen Mustern und Modellen sowie an Warenzeichen in allen Verbandsstaaten als von denjenigen rechtmäßig erworben gilt, die nach dem Recht des Ursprungs-

---

[257] Vgl. *Zhan*, The International Registration of Non-traditional Trademarks, (2017) 16 World Trade Review 111, S. 132.

[258] Vgl. *Ng-Loy*, Absolute Bans on the Registration of Product Shape Marks, in: Calboli/Senftleben (Hrsg.), The Protection of Non-Traditional Trademarks 2018, 147, S. 152.

[259] Vgl. *Ellwood*, The Industrial Property Convention and the „Telle Quelle" Clause, (1956) 46 Trademark Reporter 36, S. 37, mit wörtlichem Zitat aus der Stellungnahme des Delegierten Jagerschmidt (Frankreich) bei der zehnten Sitzung am 18.11.1880 (siehe Conférence internationale pour la protection de la propriété industrielle réunie a Paris du 4 au 20 Novembre 1880 (deuxième édition), S. 141) mit der Feststellung: „Here then is the origin of these famous words."

[260] Vgl. *Zhan*, The International Registration of Non-traditional Trademarks, (2017) 16 World Trade Review 111, S. 132.

[261] Vgl. *Ellwood*, The Industrial Property Convention and the „Telle Quelle" Clause, (1956) 46 Trademark Reporter 36, S. 36 f.

[262] Siehe Conférence internationale pour la protection de la propriété industrielle réunie a Paris du 4 au 20 Novembre 1880 (deuxième édition), S. 70.

landes von diesen Mustern, Modellen und Warenzeichen Gebrauch machen.[263] In der Begründung wurde ausgeführt, dass in den Ländern unterschiedliche Schutzvoraussetzungen bestehen, und dass nach diesem Vorschlag die in einem Land geschützten Marken (und Designs) auch in den übrigen Ländern zum Schutz zugelassen werden sollen, so, wie es einige Länder bereits bilateral vereinbart hatten, darunter Belgien, Italien, Russland und Frankreich.[264] Die sich anschließende Debatte war dann auch eine über die Validierung, wie die folgende Darstellung zeigt. Es ging von Anfang an nicht um eine Regel zur Feststellung der „wahren Inhaberin"[265], sondern um eine Validierungs- bzw. Schutzerstreckungsklausel.[266]

Österreich reagierte auf den Vorschlag mit dem Hinweis, dass in Österreich Zahlen, anders als in Frankreich, nicht zulässig seien, und dass man aus diesem Grund dem Vorschlag wohl nicht zustimmen könne.[267] Brasilien trug denselben Unterschied vor, erklärte aber, dass man sich trotzdem an den französischen Vorschlag halten könne.[268] Später regte Österreich an, eine Ausnahme für die guten Sitten und die öffentliche Ordnung aufzunehmen, denn auch hier bestünden Unterschiede zwischen den Ländern.[269]

Russland erklärte, dass es mit Britannien, Deutschland und den USA Erklärungen über den Schutz von Marken ausgetauscht hatte und zitierte die Validierungsklausel aus einer Vereinbarung mit Frankreich von 1874, nach welcher die im einen Land eingetragenen Marken ohne Prüfung oder Einschränkungen im anderen Land akzeptiert werden.[270] Der französische Vorschlag zu Art. 5 PVÜ

---

[263] „La propriété des dessins ou modèles industriels et des marques de fabrique ou de commerce sera considérée, dans tous les États de l'Union, comme légitimement acquise à ceux qui font usage, conformément à la législation du pays d'origine, desdits dessins ou modèles et marques de fabrique ou de commerce.", Conférence internationale pour la protection de la propriété industrielle réunie a Paris du 4 au 20 Novembre 1880 (deuxième édition), S. 27 und 70.
[264] Siehe Conférence internationale pour la protection de la propriété industrielle réunie a Paris du 4 au 20 Novembre 1880 (deuxième édition), S. 70.
[265] Vgl. *Ellwood*, The Industrial Property Convention and the „Telle Quelle" Clause, (1956) 46 Trademark Reporter 36, S. 37.
[266] Vgl. *Pires de Carvalho*, The TRIPS Regime of Trademarks and Designs, 4. Aufl. 2019, Rn. 2.35.
[267] Siehe Conférence internationale pour la protection de la propriété industrielle réunie a Paris du 4 au 20 Novembre 1880 (deuxième édition), S. 70.
[268] Siehe Conférence internationale pour la protection de la propriété industrielle réunie a Paris du 4 au 20 Novembre 1880 (deuxième édition), S. 72.
[269] Siehe Conférence internationale pour la protection de la propriété industrielle réunie a Paris du 4 au 20 Novembre 1880 (deuxième édition), S. 73.
[270] Siehe Conférence internationale pour la protection de la propriété industrielle réunie a Paris du 4 au 20 Novembre 1880 (deuxième édition), S. 71. Zitiert wurde Art. 19 des Handelsvertrags, vollständig abgedruckt in *Clercq*, Recueil des traités de la France, publié sous les auspices du Ministère des affaires étrangères. Tome onzième 1872–1876, S. 167 ff. Vgl. *Osterrieth/Axster*, Die Internationale Übereinkunft zum Schutze des gewerblichen Eigentums 1903, S. 139.

entspräche dieser Abmachung.²⁷¹ Auch der belgische Delegierte war der Ansicht, dass der Vorschlag Frankreichs aus bilateralen Verträgen, u.a. dem mit Belgien, entnommen wurde.²⁷² Dazu ist anzumerken, dass das einschlägige Abkommen zwischen Belgien und Frankreich ausdrücklich besagte, dass der Markencharakter („caractère d'une marque") nach dem Recht des Ursprungslandes bewertet wird.²⁷³

Italien befürwortete den Vorschlag aufgrund der Erfahrungen mit einer entsprechenden Validierungsvereinbarung mit Frankreich, weil diese zu einer Verbesserung der nationalen Gesetze führen werde²⁷⁴ – was einem Lob des Anpassungsdrucks gleichkommt, der dadurch entsteht, dass auch Inländerinnen Schutzmöglichkeiten genießen möchten, die Ausländerinnen durch eine Validierung erhalten.²⁷⁵

Nach Ansicht des Präsidiums war man sich in der Sache einig: das Prüfungsrecht des Ziellandes sollte nicht umfassend beseitigt werden, sondern nur in Bezug auf die rechtlichen Begriffsmerkmale der Marke.²⁷⁶ Dies entspräche den Vereinbarungen, wie sie Frankreich bisher abgeschlossen hatte, und die dazu führten, dass die nach französischem Recht markenfähigen Zahlenzeichen auch im jeweiligen Vertragsland geschützt werden, wo diese Zeichenart an sich unzulässig war.²⁷⁷ Die Anregung Österreichs könne Teil einer Sonderregelung (sprich: Ausnahme) zur Validierungsklausel sein.²⁷⁸

Dass es um die Verankerung eines allgemeinen Validierungsprinzips ging, zeigt auch der Umstand, dass der ursprüngliche Vorschlag sich auf Marken *und* Designs bezog.²⁷⁹ Bei Letzteren besteht das „Buchstabenproblem" nicht, aber

---

²⁷¹ Vgl. insoweit auch die Bemerkung des Präsidiums, Conférence internationale pour la protection de la propriété industrielle réunie a Paris du 4 au 20 Novembre 1880 (deuxième édition), S. 71 f.

²⁷² Siehe Conférence internationale pour la protection de la propriété industrielle réunie a Paris du 4 au 20 Novembre 1880 (deuxième édition), S. 74

²⁷³ Siehe *Clercq*, Recueil des traités de la France, publié sous les auspices du Ministère des affaires étrangères. Tome onzième 1872–1876, S. 143.

²⁷⁴ Siehe Conférence internationale pour la protection de la propriété industrielle réunie a Paris du 4 au 20 Novembre 1880 (deuxième édition), S. 72 f.

²⁷⁵ Zu diesem Effekt schon der ursprünglichen Bestimmung vgl. *Frey-Godet*, Die Marke und deren internationale Eintragung, Jahrbuch der Internationalen Vereinigung für Gewerblichen Rechtsschutz 1897, 198, S. 201.

²⁷⁶ „Mais l'article ne vise que ce qui constitue la marque.", Conférence internationale pour la protection de la propriété industrielle réunie a Paris du 4 au 20 Novembre 1880 (deuxième édition), S. 73.

²⁷⁷ Siehe ebd.

²⁷⁸ Siehe Conférence internationale pour la protection de la propriété industrielle réunie a Paris du 4 au 20 Novembre 1880 (deuxième édition), S. 74.

²⁷⁹ Siehe Conférence internationale pour la protection de la propriété industrielle réunie a Paris du 4 au 20 Novembre 1880 (deuxième édition), S. 27 und 70. Vgl. *Ladas*, Patents, Trademarks, and Related Rights 1975, S. 902, Rn. § 516; *Pires de Carvalho*, The TRIPS Regime of Trademarks and Designs, 4. Aufl. 2019, S. 26, Rn. IN.36. Auch im Designrecht arbeiteten

auch ansonsten ist nicht ersichtlich, dass nach dem Vorschlag betreffend Designs bestimmte „Zeichenarten" außen vor zu lassen seien. Geht es ums Markenrecht, so überzeugt das speziell auf die Beziehung Russland-Frankreich gestützte „Buchstabenargument" mit Blick auf die inhaltsgleichen Abkommen zwischen Ländern wie Belgien, Italien und Frankreich nicht.

*bb) Pariser Konferenz 1883 (Schlussprotokoll)*

Aufschlussreich ist auch die Diskussion, die letztlich in der Einführung des Absatzes 4 im Schlussprotokoll mündete.[280] Bei der „zweiten Runde" der Pariser Konferenz 1883 wurden die Bedenken der neu dazugekommenen Parteien in Bezug auf die bisherigen Verhandlungsergebnisse diskutiert.

Die Klarstellung durch das Schlussprotokoll sollte ausweislich der Konferenzunterlagen sicherstellen, dass Inländerinnen nicht „aus dem Besitz ihrer Marken"[281] verdrängt werden, dass also die *außerhalb der Marke liegende* Frage der Priorität bzw. Inhaberschaft nicht erfasst wird. Allein mit Blick auf diese Frage trug der spanische Delegierte Bedenken vor, dass der Wortlaut von Art. 6 zu weit ausgelegt werden könnte, und forderte eine Klarstellung, dass Art. 6 „lediglich" bedeute, dass „dass der Charakter der Marke nach den Gesetzen des Herkunftslandes und nicht nach denen des Importlandes bestimmt wird".[282] Dass also die „Markenfähigkeit" oder die rechtlichen Begriffsmerkmale der Marke ausschließlich am Recht des Ursprungslands geprüft werden sollten, war auf der Sitzung Konsens.[283] Das Schlussprotokoll sollte die „Markenfähigkeit" also gar nicht vom Anwendungsbereich des Art. 6 PVÜ (1883) ausnehmen. Auch das spricht dafür, dass hinter dem Begriff der „Form" die Trennlinie zwischen Voraussetzungen an die Marke selbst und außerhalb der Marke liegende Umstände steht.

*cc) Vorbild „Leipziger" Validierungsklausel*

Dieses Ergebnis wird gestützt durch eine Untersuchung der Herkunft der Phrase „telle quelle". Der Ursprung dieser Formulierung liegt dabei weder im bereits

---

ältere bilaterale Abkommen schon mit Validierungsklauseln, vgl. *Pires de Carvalho*, The TRIPS Regime of Trademarks and Designs, 4. Aufl. 2019, S. 25 f., Rn. IN.34 f.

[280] Die entsprechenden Stellungnahmen sind sinngemäß und gestrafft wiedergegeben in *Osterrieth/Axster*, Die Internationale Übereinkunft zum Schutze des gewerblichen Eigentums 1903, S. 145 ff.

[281] *Lallier*, Artikel 6 des Pariser Unionsvertrages, Jahrbuch der Internationalen Vereinigung für Gewerblichen Rechtsschutz 1906, 46, S. 49.

[282] Siehe Actes de la Conférence internationale pour la protection de la propriété industrielle, réunie à Paris du 6 au 28 mars 1883 (deuxième édition), S. 24 und 26; vgl. *Osterrieth/Axster*, Die Internationale Übereinkunft zum Schutze des gewerblichen Eigentums 1903, S. 145.

[283] Vgl. *Osterrieth/Axster*, Die Internationale Übereinkunft zum Schutze des gewerblichen Eigentums 1903, S. 145 f.

angesprochenen Art. 19 des Handelsvertrags zwischen Russland und Frankreich von 1874 noch in der Vorgängerbestimmung von 1857,[284] denn in keinem dieser Verträge taucht die Phrase auf.[285] Die Phrase hat ihren Ursprung auch nicht erst in den Verhandlungen zur PVÜ in Paris.[286]

Stattdessen findet sich die Phrase in einem Beschluss des Internationalen Kongresses für gewerblichen Rechtsschutz in Paris 1878.[287] Diese privat initiierte Versammlung diskutierte und beschloss Entwürfe für ein internationales Abkommen zum gewerblichen Rechtsschutz, die teilweise von Frankreich aufgenommen wurden und so in die Vorschläge für die Pariser Konferenz 1880/1883 einflossen.[288]

Diskutiert wurde auf dem Kongress auch die Frage von Auslandsmarken, und wie sie im Inland durch Validierung zugelassen werden sollten.[289] Der Kongressteilnehmer *Maillard de Marafy* erläuterte, dass Frankreich bereits mit Italien, Belgien und Russland Vereinbarungen geschlossen hatte, wonach die in einem

---

[284] Siehe Décret impérial portant promulgation du traité de commerce et de navigation conclu, le 14 juin 1857, entre la France et la Russie v. 1857, S. 438; die Nummer 22 des Handelsvertrags von 1857 ist auszugsweise abgedruckt bei *Kohler*, Das Recht des Markenschutzes 1884, S. 437. Vgl. zur dortigen Validierungsklausel als Auftakt zu ähnlichen Abkommen im folgenden Jahrzehnt mit Britannien, Österreich, Belgien, den Hanseatischen Staaten, Italien, Mecklenburg, den Niederlanden, Schweden und Norwegen, der Schweiz, Portugal und Preußen *Duguid*, French Connections: The International Propagation of Trademarks in the NineteenthCentury, (2009) 10 Enterprise & Society 3, S. 17. Das spricht gegen die Ansicht, dass die Validierungsbestimmung zuerst 1872 in einer französisch-italienischen Zusatzvereinbarung ausgedrückt wurde, so *Osterrieth/Axster*, Die Internationale Übereinkunft zum Schutze des gewerblichen Eigentums 1903, S. 136. Noch frühere Vereinbarungen über die Validierung führt *Pires de Carvalho*, The TRIPS Regime of Trademarks and Designs, 4. Aufl. 2019, S. 16 f., Rn. IN.22, an: Sardinien (1850), Portugal (1851), Sachsen (1856) und Baden (1857). *Hoffmann*, Zur Geschichte des Ausländerschutzes im fremdländischen Zeichenwesen, GRUR 1922, 150, S. 150, spricht von einer geringen Anzahl von Abkommen über „gegenseitigen Zeichenschutz" bis 1860, die dann aber bis 1870 „wie Pilze aus der Erde" geschossen seien, siehe die Auflistung dort auf S. 158 f. Eine Übersicht über bilaterale Validierungsvereinbarungen auch bei *Kohler*, Warenzeichenrecht 1910, S. 220.

[285] So aber *Ng-Loy*, Absolute Bans on the Registration of Product Shape Marks, in: Calboli/Senftleben (Hrsg.), The Protection of Non-Traditional Trademarks 2018, 147, S. 152. Auch die Verträge Frankreichs mit Belgien und Italien enthalten die Phrase nicht, siehe *Clercq*, Recueil des traités de la France. Tome onzième 1872–1876, S. 210 (Italien) und S. 143 (Belgien), auch abgedruckt bei *Kohler*, Das Recht des Markenschutzes 1884, S. 437, englische Übersetzung in *Pires de Carvalho*, The TRIPS Regime of Trademarks and Designs, 4. Aufl. 2019, Fn. 50 zu Rn. IN.22.

[286] So ausdrücklich *Ellwood*, The Industrial Property Convention and the „Telle Quelle" Clause, (1956) 46 Trademark Reporter 36, S. 37.

[287] Siehe *Osterrieth/Axster*, Die Internationale Übereinkunft zum Schutze des gewerblichen Eigentums 1903, S. 137.

[288] Vgl. *Ricketson/Ginsburg*, The Berne Convention: Historical and institutional aspects, in: Gervais (Hrsg.), International Intellectual Property 2015, 3, S. 12.

[289] Siehe Congrès international de la propriété industrielle tenu à Paris du 5 au 17 septembre 1878, S. 677.

Land eingetragenen Marken so, wie sie sind, im anderen Land zugelassen werden („acceptée telle quelle")[290]. Im belgisch-französischen Abkommen heißt es ausdrücklich, dass die belgische Marke nach belgischem Recht beurteilt wird, und umgekehrt.[291] Die Phrase „telle quelle" selbst lässt sich auf ein Urteil des Leipziger Appellationsgerichts zurückführen, aus dem *Maillard de Marafy* zitiert.[292] Das Urteil erörtert das Prinzip, wonach die Auslandsmarke „so, wie sie ist"[293] – in der Übersetzung von *Maillard de Marafy* „telle qu'elle est"[294] – zu schützen ist. Dass dies der Ursprung der Phrase ist, zeigt die Forderung des Konferenzteilnehmers *Demeur*, sich an den vorgenannten Verträgen zu orientieren, woraufhin *Maillard de Marafy* die entsprechende Bestimmung des französisch-italienischen Vertrages vortrug,[295] in der sich die Phrase „telle quelle" nicht findet, aus denen aber eindeutig hervorgeht, dass das Recht des Ziellandes kein Eintragungshindernis darstellen darf. Das wiederum entspricht inhaltlich dem Urteil des Leipziger Gerichts; zudem gleichen sich die Wortwahl des Urteils und der letztlich vom Kongress beschlossene Vorschlag[296] sehr.

Wenn also die Phrase „telle quelle" und ihre Herkunft mit einbezogen werden sollen, dann wäre Art. 6quinquies PVÜ im Lichte des Verständnisses auszulegen, wie es der französisch-belgische Zusatzvertrag ausdrücklich festlegt[297] und wie es im Urteil des Leipziger Gerichts unter Verwendung der Phrase „telle quelle" zum Ausdruck kommt.[298] Das von *Josef Kohler* gelobte Urteil[299] aus Leipzig ent-

---

[290] Siehe Congrès international de la propriété industrielle tenu à Paris du 5 au 17 septembre 1878, S. 678. Vgl. auch *Lallier*, Artikel 6 des Pariser Unionsvertrages, Jahrbuch der Internationalen Vereinigung für Gewerblichen Rechtsschutz 1906, 46, S. 46, nach dem die Validierungsklausel eine Bestimmung aus Sonderverträgen verallgemeinert.

[291] Additionalvertrag vom 7.2.1874 zum Handelsvertrag zwischen Frankreich und Belgien von 1861, abgedruckt bei *Kohler*, Warenzeichenrecht 1910, S. 220, und *Pires de Carvalho*, The TRIPS Regime of Trademarks and Designs, 4. Aufl. 2019, S. 93, Fn. 237.

[292] Vgl. *Osterrieth/Axster*, Die Internationale Übereinkunft zum Schutze des gewerblichen Eigentums 1903, S. 137; Congrès international de la propriété industrielle tenu à Paris du 5 au 17 septembre 1878, S. 678.

[293] Appellationsgericht Leipzig, Urteil v. 16.4.1878 – *Buchstaben*, abgedruckt bei *Kohler*, Das Recht des Markenschutzes 1884, 532, S. 536.

[294] Siehe Congrès international de la propriété industrielle tenu à Paris du 5 au 17 septembre 1878, S. 678.

[295] Siehe ebd.

[296] Siehe Congrès international de la propriété industrielle tenu à Paris du 5 au 17 septembre 1878, S. 679.

[297] So *Pires de Carvalho*, The TRIPS Regime of Trademarks and Designs, 4. Aufl. 2019, S. 92f., Rn. 2.34 („the essence of protection *telle quelle* was anticipated by a number of bilateral agreements signed by France on the protection of trademarks, which established that the registrability and validity of trademarks would be assessed under the national laws of the country of origin").

[298] Vgl. *Kohler*, Das Recht des Markenschutzes 1884, S. 438; *Osterrieth/Axster*, Die Internationale Übereinkunft zum Schutze des gewerblichen Eigentums 1903, S. 136f.; *Kunz-Hallstein*, Art. 6quinquies PVÜ, MarkenR 2006, 487, S. 488 (rechte Spalte); *Pires de Carvalho*, The TRIPS Regime of Trademarks and Designs, 4. Aufl. 2019, S. 93, Rn. 2.34.

[299] *Kohler*, Das Recht des Markenschutzes 1884, S. 438, und *Maillard de Marafy* (auf dem

spricht, zumindest in Bezug auf die Schutzfähigkeit, dem von ihm vertretenen Begriff der Validierung („Reciprozität")[300]. Es heißt dort, dass in Folge der Reziprozität die Auslandsmarke den „auf die Beschaffenheit der schutzberechtigten Marke bezüglichen Vorschriften [lies: des Ziellandes] nicht unterliege" und die Marke dann „so, wie sie ist, und in ihrem Heimatstaate Schutz gefunden hat" zu schützen ist.[301] Die Auslandsmarke wird also auch dann geschützt, wenn sie „kraft ihrer Gestalt und Form" im Zielland keinen (originären) Schutz erhalten könnte.[302] Gerade die Voraussetzungen des Ziellandes, die sich auf das Zeichen selbst, auf die „Beschaffenheit" der Marke beziehen, müssen ausgeschaltet werden, denn wegen der gesetzgeberischen Unterschiede würde das Prinzip der Reziprozität anderenfalls „zu einem leeren Schalle".[303] Das Gericht war ebenfalls der Auffassung, dass die Anwendung einer Vorschrift wie der des § 3 (2) des Gesetzes über Markenschutz[304] auf Auslandsmarken den durch Validierungsklauseln in bilateralen Verträgen zugesicherten Rechtschutz schmälern würde.[305] Ausgeschlossen von einer Eintragung waren nach vorstehender Vorschrift Zeichen, die ausschließlich in Zahlen, Buchstaben oder Worten bestehen, oder die öffentliche Wappen oder Ärgernis erregende Darstellungen enthalten. Laut dem Leipziger Gericht konnten diese Anforderungen nicht an die Auslandsmarke gestellt werden.

Das erklärt auch den Vorschlag Österreichs auf der Pariser Konferenz, eine Ausnahme für die guten Sitten und öffentliche Ordnung einzuführen,[306] denn nach diesem Verständnis enthält eine Validierungspflicht selbst für den Fall eines Sittenverstoßes keine Ausnahme. Ob nach Ansicht des Gerichts auch Voraussetzungen, die sich nicht auf das Zeichen selbst beziehen, außen vor bleiben müssten,[307] ist eine andere Frage.

Jedenfalls spricht die Herkunft der Phrase „telle quelle" gerade nicht für eine beschränkende Lesart, sondern für ein Verständnis von Art. 6 PVÜ (1883) als Validierungsklausel, die – vorbehaltlich einer Ausnahme für die guten Sitten oder

---

Congrès international de la propriété industrielle tenu à Paris du 5 au 17 septembre 1878, S. 678), sprechen hier von ständigem Ruhm der deutschen Jurisprudenz bzw. als der deutschen Justiz höchste Ehre erweisend.

[300] *Kohler*, Das Recht des Markenschutzes, mit Berücksichtigung ausländischer Gesetzgebungen, und mit besonderer Rücksicht auf die englische, anglo-amerikanische, französische, belgische und italienische Jurisprudenz 1884, S. 438.

[301] Appellationsgericht Leipzig, Urteil v. 16.4.1878 – *Buchstaben*, abgedruckt bei *Kohler*, Das Recht des Markenschutzes 1884, 532, S. 536.

[302] *Kohler*, Das Recht des Markenschutzes 1884, S. 436.

[303] *Kohler*, ebd.

[304] Reichsgesetz vom 30.11.1874 (Nr. 1026), RGBl. 1874, Nr. 28, S. 143.

[305] Appellationsgericht Leipzig, Urteil v. 16.4.1878 – *Buchstaben*, abgedruckt bei *Kohler*, Das Recht des Markenschutzes 1884, 532, S. 535.

[306] Siehe Conférence internationale pour la protection de la propriété industrielle réunie a Paris du 4 au 20 Novembre 1880 (deuxième édition), S. 73.

[307] So umfassend *Kohler*, Das Recht des Markenschutzes 1884, S. 434.

öffentliche Ordnung – alle Voraussetzungen des Ziellandes ausschaltet, die sich auf die Marke selbst beziehen.

### dd) Zum „russischen" Buchstabenproblem

Im Übrigen wäre es zumindest eine Verkürzung, das mit Art. 6 PVÜ (1883) zu lösende Problem auf die (Nicht-)Eintragungsfähigkeit von lateinischen Buchstaben in Russland zu reduzieren. Das zeigt schon der Umstand, dass Validierungsklauseln auch zwischen Frankreich und Belgien geschlossen wurden, wo dieses Problem nicht bestand, oder der Einwand der Delegation aus Österreich, dass dort Zahlen, anders als in Frankreich, nicht zulässig sind.[308] Dazu passt es auch, wenn das Fehlen von Schutz im Ausland in zeitgenössischen (französischen) Abhandlungen nicht mit der (fehlenden) Schutzfähigkeit von lateinischen Buchstaben,[309] sondern mit der (fehlenden) Schutzfähigkeit von „Phantasiebezeichnungen" erläutert wird.[310]

Noch viel grundlegender kann man zudem festhalten, dass Wortzeichen gar nicht im Fokus der Bestimmung standen, und auch nicht den Kern des französisch-russischen „Problems" bildeten. Die Erfahrungen aus dem russisch-französischen Verhältnis bezogen sich stattdessen primär auf die damaligen Vorgaben des russischen Rechts, bestimmte Angaben über die Herstellerin der Waren abzubilden. Es ging um einen „russischen Aufdruck", den sogenannten клеймо, der „Vor- und Zunamen des Fabrikanten in russischen Buchstaben" bzw. dessen Firma enthalten musste,[311] eine Voraussetzung, der die französischen Bildmarken (und erst recht Wortmarken) regelmäßig nicht genügten, und die auch durch eine bloße Anpassung nicht erreicht werden konnte. Wegen der bilateralen Validierungsklausel waren französische Marken von dieser (und anderen) nationalen Bestimmungen des russischen Markenrechts ausgenommen.[312] Der verallgemei-

---

[308] Siehe Conférence internationale pour la protection de la propriété industrielle réunie a Paris du 4 au 20 Novembre 1880 (deuxième édition), S. 70.

[309] Auch der russische Delegierte selbst griff zur Erläuterung der *Telle Quelle*-Klausel nicht auf ein vermeintliches Buchstabenproblem zurück, vgl. *Nebolsin*, Законодательство о фабричных и торговых клеймах в России и заграницей 1886, S. 114 f.

[310] *Marquis de Maillard de Lafaye*, Artikel 6 des Pariser Unionsvertrages (Schutz der Marke „telle quelle"), Jahrbuch der Internationalen Vereinigung für Gewerblichen Rechtsschutz 1906, 64, S. 64; *Frey-Godet*, Die Marke und deren internationale Eintragung, Jahrbuch der Internationalen Vereinigung für Gewerblichen Rechtsschutz 1897, 198, S. 200.

[311] Zu den Voraussetzungen des „клеймо" vgl. *Nebolsin*, Законодательство о фабричных и торговых клеймах в России и заграницей 1886, S. 56, Rn. 64; *Osterrieth*, Lehrbuch des gewerblichen Rechtsschutzes 1908, S. 469, Fn. 2; *Kohler*, Warenzeichenrecht 1910, S. 219; *Di Piétro*, De la contrefaçon en Russie des marques de fabrique, Annex Nr. 35 zu Congrès international de la propriété industrielle tenu à Paris du 5 au 17 septembre 1878, 618, S. 619.

[312] Siehe *Di Piétro*, De la contrefaçon en Russie des marques de fabrique, Annex Nr. 35 zu Congrès international de la propriété industrielle tenu à Paris du 5 au 17 septembre 1878, 618, S. 620, mit Wiedergabe der entsprechenden Passage eines russischen Urteils (Kassationshof in Strafsachen, Urteil Nr. 514 von 1870).

nerungsfähige Zweck dieser Bestimmung lag demnach nicht (lediglich) darin, zu verhindern, dass eine international verwendete Marke für jede Eintragung an die Voraussetzungen des Ziellandes angepasst und verändert werden muss,[313] weil die Regelungsunterschiede tiefgreifender Natur waren und eine Anpassung regelmäßig gar nicht möglich gewesen wäre.

Wenn man den Unterlagen entnehmen möchte, dass es darum ging, lateinische *Wortzeichen* in allen Mitgliedsstaaten als *Telle Quelle*-Marken eintragen zu können, so wäre dies gerade ein Argument gegen eine beschränkende Lesart der Validierungsklausel. Aus heutiger Perspektive möglicherweise überraschend konnte man Wortmarken im Jahre 1883 nicht als universell anerkannte Zeichen beschreiben.[314] Dort, wo Wortzeichen nicht eintragungsfähig waren, bedeutet die Pflicht zur Eintragung von (lateinischen oder sonstigen) Wortzeichen die effektive Ausschaltung des innerstaatlichen Markenbegriffs.

Auf der Lissabonner Konferenz 1958 wurde freilich eine andere Geschichte erzählt,[315] die unwidersprochen[316] blieb. Insbesondere wurde auf die Anwesenheit des russischen Delegierten *Nebolsin* auf der Pariser Konferenz verwiesen, und die dortige Feststellung, wonach nur Marken in russischen Schriftzeichen erlaubt gewesen seien („n'admettait que les marques présentées en caractères russes"). Wie diese umständliche Darstellung bereits andeutet, stammt die erheblich verkürzte Aussage selbst gar nicht von *Nebolsin*, sondern vom französischen Delegierten, der über den Handelsvertrag mit Russland sprach.[317] *Nebolsin* selbst er-

---

[313] *Osterrieth*, Die Washingtoner Konferenz zur Revision der Pariser Uebereinkunft für gewerblichen Rechtsschutz, GRUR 1912, 1, S. 17 (linke Spalte).

[314] Vgl. *Munzinger*, Rückwirkungen des „telle quelle"-Prinzips auf das nationale Markenrecht, GRUR Ausl 1958, 464, S. 466, der darauf hinweist, dass der Schutz von Wortzeichen nicht überall und immer so anerkannt war, wie man aus der heutigen Rückschau vermuten könnte; dazu auch *Greeley*, Foreign patent and trademark laws 1899, S. 159, § 157: in Österreich und Norwegen waren Wortzeichen nur über (die Vorgängerbestimmung von) Art. 6quinquies PVÜ eintragungsfähig, in Finnland nicht einmal das. Laut *Kohler*, Warenzeichenrecht 1910, S. 219, war die Möglichkeit der Validierung in Deutschland vor allem wichtig, „als es bei uns noch keine Wortmarken gab" (das heißt bis zur Einführung des WzbG von 1894, vgl. *Kur*, TRIPs und das Markenrecht, GRUR Int 1994, 987, S. 990). Vgl. auch *Osterrieth*, Die Washingtoner Konferenz zur Revision der Pariser Uebereinkunft für gewerblichen Rechtsschutz, GRUR 1912, 1, S. 17 (linke Spalte), demzufolge „man im Jahr 1883 nur an Bildzeichen dachte". Vgl. auch Vorbereitende Dokumente des Internationalen Büros zum Schutze des gewerblichen Eigentums zur Lissaboner Konferenz 1958 (= GRUR Ausl Sonderheft 1958), S. 26, zu Britannien, Deutschland und Dänemark.

[315] Siehe Actes de la Conférence réunie à Lisbonne du 6 au 31 octobre 1958, S. 565 f.

[316] Russland trat zwar erst 1965 der PVÜ bei, siehe *Ricketson*, The Trademark Provisions in the Paris Convention for the Protection of Industrial Property, in: Calboli/Ginsburg (Hrsg.), The Cambridge Handbook of International and Comparative Trademark Law 2020, 3, S. 5. Eine russische Delegation war aber in Lissabon anwesend, siehe Actes de la Conférence réunie à Lisbonne du 6 au 31 octobre 1958, S. 65.

[317] Siehe Conférence internationale pour la protection de la propriété industrielle réunie a Paris du 4 au 20 Novembre 1880 (deuxième édition), S. 140 („La législation russe ne protégeant que les marques écrites en caractères russes, aucune marque française ne pouvait être admise au dépôt dans ce pays.").

läuterte in Paris die Validierungsklausel des bilateralen Handelsvertrags, ohne auf Schriftzeichen Bezug zu nehmen, als Validierungsklausel, unter welcher die Eintragung ohne jegliche Prüfung oder Einschränkung („sans examen ni restriction") zu erfolgen hatte.[318] Auch die *Telle Quelle*-Klausel der PVÜ von 1883 erläuterte *Nebolsin* in einer Monographie später ohne jeden Hinweis auf Schriftzeichen.[319]

*ee) Ergebnis: Keine Einschränkung wegen Vor- und Entstehungsgeschichte*

Aus der Vor- und Entstehungsgeschichte von Art. 6 PVÜ (1883) und dem Schlussprotokoll geht hervor, dass schon die ursprüngliche Fassung der Validierungsklausel zumindest auf alle Voraussetzungen anwendbar war, die sich auf die Marke selbst beziehen.

*d) Ergebnis zum Anwendungsbereich von Art. 6 PVÜ (1883)*

Damit sprechen Wortlaut, Zweck, Systematik und Geschichte der Ur-Fassung der *Telle-Quelle*-Klausel in Art. 6 PVÜ (1883) dafür, dass schon diese ursprüngliche Fassung der Validierungsklausel auf alle Voraussetzungen anwendbar war, die sich auf die Marke selbst beziehen, und damit grundsätzlich auch den Ausschluss technisch-funktioneller Zeichen erfasst hätte.

*2. Hilfsweise: Wirkung der Revision in Washington 1911*

Trotz dieses Ergebnisses sei im Folgenden unterstellt,[320] dass wegen des Begriffs „Form" im Schlussprotokoll der PVÜ (1883) eine einschränkende Lesart von Art. 6 PVÜ (1883) angezeigt war. Dann wäre zu erörtern, ob diese Beschränkung die Streichung der Bestimmung im Schlussprotokoll und sonstige Revisionen überlebt hätte.

Auf der Revisionskonferenz in Washington 1911 wurde Absatz 4 des Schlussprotokolls gestrichen und Art. 6 PVÜ wie folgt geändert:

Jede im Ursprungslande vorschriftsmäßig eingetragene Fabrik- oder Handelsmarke soll so wie sie ist in den anderen Verbandsländern zur Hinterlegung zugelassen und geschützt werden.

---

[318] Conférence internationale pour la protection de la propriété industrielle réunie a Paris du 4 au 20 Novembre 1880 (deuxième édition), S. 71.

[319] *Nebolsin*, Законодательство о фабричных и торговых клеймах в России и заграницей 1886, S. 114 f.

[320] Konsequenterweise wäre die Streichung im Schlussprotokoll nach dem bisherigen Ergebnis als rein deklaratorisch zu behandeln. Wenn also im Folgenden für die nicht deklaratorische, sondern materielle Wirkung der Änderung argumentiert wird, dann geschieht das „hilfsweise".

Es können jedoch zurückgewiesen oder für ungültig erklärt werden:
1. Marken, die geeignet sind, Rechte zu verletzen, die von Dritten in dem Lande, wo der Schutz beansprucht wird, erworben sind.
2. Marken, die jeder Unterscheidungskraft entbehren oder ausschließlich aus Zeichen oder Angaben zusammengesetzt sind, die im Verkehre zur Bezeichnung der Art, der Beschaffenheit, der Menge, der Bestimmung, des Wertes, des Ursprungsortes der Waren oder der Zeit der Erzeugung dienen können, oder die in der üblichen Sprache oder in den redlichen und ständigen Verkehrsgepflogenheiten des Landes, wo der Schutz beansprucht wird, gebräuchlich geworden sind.

Bei der Würdigung der Unterscheidungskraft einer Marke sind alle Tatumstände zu berücksichtigen, insbesondere die Dauer des Gebrauchs der Marke.
3. Marken, die gegen die guten Sitten oder die öffentliche Ordnung verstoßen. [...][321]

Es ist fraglich, ob sich eine auf das alte Schlussprotokoll gestützte enge Lesart der *Telle Quelle*-Klausel (spätestens) mit dieser Änderung überholt hat.[322]

Auf der Washingtoner Konferenz 1911 schlug das Internationale Büro vor, Absatz 4 des Schlussprotokolls zu streichen und einen Zusatz in Art. 6 der PVÜ aufzunehmen, wonach die im Ursprungsland eingetragenen Marken auch dann zu schützen sind, wenn sie – in Bezug auf die Form – nicht den Vorgaben des Ziellandes entsprechen.[323] Eine Mehrheit fand dieser Vorschlag nicht. Wie die oben abgedruckte Änderung zeigt, wurde der gestrichene Text aus dem Schlussprotokoll *nicht* in den Haupttext der PVÜ übernommen. Daraus würde, ausge-

---

[321] Übersetzung in RGBl. 1913, Nr. 23, S. 220f. In der authentischen französischen Fassung (siehe Actes de la Conférence réunie à Washington du 15 mai au 2 juin 1911, S. 332): „Toute marque de fabrique ou de commerce régulièrement enregistrée dans le pays d'origine sera admise au dépôt et protégée telle quelle dans les autres pays de l'Union. Toutefois, pourront être refusées ou invalidées:
1. Les marques qui sont de nature à porter atteinte à des droits acquis par des tiers dans le pays où la protection est réclamée;
2. Les marques dépourvues de tout caractère distinctif, ou bien composées exclusivement de signes ou d'indications pouvant servir, dans le commerce, pour désigner l'espèce, la qualité, la quantité, la destination, la valeur, le lieu d'origine des produits ou l'époque de production, ou devenus usuels dans le langage courant ou les habitudes loyales et constantes du commerce du pays où la protection est réclamée; Dans l'appréciation du caractère distinctif d'une marque, on devra tenir compte de toutes les circonstances de fait, notamment de la durée de l'usage de la marque;
3. Les marques qui sont contraires à la morale ou à l'ordre public."

[322] Vgl. RG, Entscheidung v. 18.1.1935, II 266/34 (Kammergericht) = RGZ 146, 325 = GRUR 1935, 244 – *Fratelli Branca*, S. 246: Wegen der Streichung des Begriffs Form aus dem Schlussprotokoll und der abschließenden Aufzählung der Zurückweisungsgründe „ist die ältere Rechtsprechung des Reichsgerichts, soweit sie noch Fälle aus der Zeit vor der Washingtoner Revision betrifft und auf der übrigens an sich zweifelhaften Unterscheidung von Vorschriften über die Form der Marke und solchen über ihre sachliche Beschaffenheit beruhte, heute ohne Bedeutung."

[323] Der vorgeschlagene Zusatz lautet: „même si, par sa forme, elle ne satisfait pas à la législation de ces pays", siehe Actes de la Conférence réunie à Washington du 15 mai au 2 juin 1911, S. 51. Vgl. *Seiler*, Die Entstehung des Rechts an ausländischen Marken in der Schweiz 1943, S. 55.

hend von einem hier unterstellten konstitutiven Verständnis der Bestimmung des Schlussprotokolls, folgen, dass die ersatzlose Streichung zu einer materiellen Änderung führte. Dass die Bestimmung im Schlussprotokoll nicht nur deklarativ war, kommt schon im Vorschlag des Büros selbst zum Ausdruck, der ja ansonsten überflüssig, weil ebenfalls nur deklarativ wäre.[324] Dieses Verständnis erklärt möglicherweise auch, wieso nun zulässige Versagungsgründe eingeführt wurden.[325] Gegen eine materielle Änderung wurde mit verschiedenen historischen Umständen argumentiert,[326] die im Folgenden erörtert werden. Neben den Unterlagen (*actes*) der Washingtoner Konferenz selbst (a) berufen sich Teile der Literatur auf die *actes* der späteren Lissabonner Konferenz (1958) (b), einen Delegationsbericht von 1911 (c) sowie auf die Einführung von Art. 6 (1) PVÜ durch die Revision 1958 (d). Keines dieser Argumente kann plausibel begründen, dass trotz der Änderung in Washington 1911 eine durch das Schlussprotokoll erzeugte Beschränkung (hier unterstellt) weiterhin besteht.

*a) Actes der Washingtoner Konferenz 1911*

*aa) Kein expliziter Einwand gegen den Vorschlag des Büros*

Zunächst wird gegen eine materielle Änderung angeführt, dass ausweislich des Protokolls keine Einwände gegen den Vorschlag vorgebracht wurden, für die Streichung im Schlussprotokoll einen Ersatz in den Haupttext der PVÜ aufzunehmen[327] Hier wird das Verhältnis von Mehrheitsbeschluss und Verhandlungspositionen vor Beschlusslage auf den Kopf gestellt. Der Vorschlag wurde ja gerade mit der notwendigen Mehrheit durch Beschluss abgelehnt. Zu diesem Beschluss nun zusätzlich noch eine Erklärung der einzelnen Parteien zu verlangen, aus der sich eine beschlussmäßige Motivlage ergibt, entwertet den beschlossenen Text des Abkommens als Ausdruck des Parteiwillens. Der für eine rechtliche

---

[324] Das legt auch die vorbereitende Diskussion z.B. innerhalb der AIPPI nahe, vgl. *Maillard*, Die Revision der Pariser Konvention und der Madrider Abkommen, Jahrbuch der Internationalen Vereinigung für Gewerblichen Rechtsschutz 1905, 21, S. 48.

[325] Vgl. *Lallier*, Artikel 6 des Pariser Unionsvertrages, Jahrbuch der Internationalen Vereinigung für Gewerblichen Rechtsschutz 1906, 46, S. 48.

[326] Vgl. *Bodenhausen*, Guide to the Application of the Paris Convention 1968, S. 110; *Ricketson*, The Paris Convention for the Protection of Industrial Property 2015, S. 538 ff. = Rn. 12.14 ff; *Seiler*, Die Entstehung des Rechts an ausländischen Marken in der Schweiz 1943, S. 54 ff.; zuletzt *Ng-Loy*, Absolute Bans on the Registration of Product Shape Marks, in: Calboli/Senftleben (Hrsg.), The Protection of Non-Traditional Trademarks 2018, 147. Mit Verweis auf eine allgemeine Anschauung, aber ohne Nachweise, *Bogsch*, The First Hundred Years of the Paris Convention for the Protection of Industrial Property, in: International Bureau of Intellectual Property (Hrsg.), The Paris Convention 1983, 9, S. 42 („it is generally believed").

[327] Vgl. *Bodenhausen*, Guide to the Application of the Paris Convention 1968, S. 110.; *Ricketson*, The Paris Convention for the Protection of Industrial Property 2015, S. 538 = Rn. 12.15.

Bindung notwendige Konsens der Parteien würde aus den während der Verhandlung geäußerten Standpunkten, nicht aber aus dem tatsächlichen Beschluss abgeleitet. Das Verhandlungsprotokoll würde faktisch an die Stelle des PVÜ-Textes treten. Das ist, selbst bei einem nicht strikt textualistischen Verständnis völkerrechtlicher Abkommen, eine methodisch kreative, aber unplausible Herangehensweise. In Fällen eines ersichtlichen Auseinanderfallens des ausdrücklichen Willens der Parteien auf der einen und einem dann also fehlerhaften, versehentlich gefassten Beschluss auf der anderen Seite, mag der Ansatz durchaus vertretbar sein. Für diesen vom Beschluss abweichenden Konsens müssten aber konkrete Anhaltspunkte vorliegen. Womöglich wäre der Fall anders zu bewerten, wenn alle Parteien erklärt hätten, den Vorschlag zu befürworten, was den anderslautenden Beschluss dann als Versehen und in Konflikt mit dem eigentlichen Willen der Parteien erscheinen ließe. Das ist aber gerade nicht das Argument, das hier versucht wird. Statt positive Anhaltspunkte für ein solches Auseinanderfallen darzulegen, wird hier negativ das Fehlen von (über den Beschluss hinausgehenden) Anhaltspunkten für ein Übereinstimmen von Parteiwillen und Beschluss ins Feld geführt.

*bb) Keine ausdrückliche Zustimmung zu materieller Änderung*

Gegen eine materielle Änderung wird weiter vorgebracht, dass sich aus den protokollierten Stellungnahmen der Parteien nicht entnehmen ließe, dass über eine materielle Änderung ein Konsens erzielt wurde.[328] Dieser Ansatz muss sich ebenfalls die soeben vorgetragene Kritik entgegenhalten lassen. Zwar trifft es zu, dass die Stellungnahmen, die während der zweiten Plenarsitzung abgegeben wurden, nicht *ausdrücklich* eine Erklärung enthalten, dass sie den Vorschlag ablehnen, einen Ersatz für die Streichung im Abschlussprotokoll in den Haupttext der PVÜ aufzunehmen.[329] Dies kann aber, zusätzlich zur tatsächlich erfolgten Ablehnung durch entsprechende Beschlussfassung, aus den oben genannten Gründen nicht verlangt werden.

---

[328] Vgl. *Bodenhausen*, Guide to the Application of the Paris Convention 1968, S. 110; *Seiler*, Die Entstehung des Rechts an ausländischen Marken in der Schweiz 1943, S. 56. Ebenso *Zhan*, The International Registration of Non-traditional Trademarks, (2017) 16 World Trade Review 111, S. 133, allerdings unter der Prämisse, dass bereits *vor* der Washingtoner Konferenz die Vorgaben des Ziellandes ausgeschaltet waren; vgl. auch WTO Berufungsorgan (Appellate Body), Report v. 2.1.2002, WT/DS176/AB/R – *United States – Section 211 Omnibus Appropriations Act of 1998*, Rn. 146.

[329] Auf diese Erklärungen stützt sich *Bodenhausen*, Guide to the Application of the Paris Convention 1968, S. 110. Sie sind zu finden in Actes de la Conférence réunie à Washington du 15 mai au 2 juin 1911, S. 92 f. (Deutschland), S. 95 f. (Frankreich), S. 107 (Britannien), S. 110 f. (USA), S. 113 (Schweden) und S. 224 (Russland). Die Erklärungen während der dritten Sitzung von Schweden, Österreich, Britannien, USA und Portugal (Actes de la Conférence réunie à Washington du 15 mai au 2 juin 1911, S. 252 f.), auf die *Bodenhausen* (ebd.) ebenfalls verweist, werden weiter unten besprochen.

Darüber hinaus zeigen die *actes*, dass dieser Beschluss kein Versehen war, so dass es keinen Grund gibt, die Grenzen des Vertragstextes zu verlassen. So impliziert bereits der Vorschlag des Internationalen Büros selbst, dass davon ausgegangen wurde, dass eine ersatzlose Streichung von Absatz 4 des Schlussprotokoll zu einer materiellen Änderung führen würde, denn anderenfalls wäre der vorgeschlagene Zusatz im Haupttext der PVÜ nicht notwendig. Das kommt auch im Bericht an den Plenarausschuss zum Ausdruck, wo das Verhältnis des zu streichenden Absatzes 4 des Schlussprotokolls zum neu eingeführten Absatz 2 von Art. 6 besprochen wurde.[330] Während Absatz 4 des Schlussprotokolls sozusagen *positiv* ansetzte, also eine Voraussetzung enthielt, welche die einzutragende Marke erfüllen musste, wurde mit dem neuen Absatz 2 ein anderer Weg beschritten. Dort wurden *negative* Voraussetzungen aufgestellt, also Grenzen, die die einzutragende Marke nicht überschreiten darf. Die materielle Änderung durch die Washingtoner Revision kann, wie in diesem Bericht an den Plenarausschuss dargelegt, nicht (nur) als Folge einer ersatzlosen Streichung von Absatz 4 des Schlussprotokolls gesehen werden, sondern in der Kombination mit der Einführung eines neuen, negativen Kriteriums, das – mit anderem materiellen Gehalt – an die Stelle von Absatz 4 des Schlussprotokolls tritt.

Auch aus den Stellungnahmen der Parteien kann geschlossen werden, dass einzelne Parteien davon ausgingen, dass eine ersatzlose Streichung und die weiteren beschlossenen Änderungen auch *materielle* Änderungen nach sich ziehen würden. Zu den Stellungnahmen der Parteien im Einzelnen:

Schweden erklärte sich „im Interesse einer Versöhnung"[331] mit der Streichung von Absatz 4 des Schlussprotokolls einverstanden. Diese Zustimmung ermögliche aus Sicht des Delegierten eine „Einigung in einem wichtigen Punkt"[332]. Es ist nicht eindeutig, ob die Streichung selbst den, nach der Aussage Schwedens, „wichtigen Punkt" darstellt, oder das Entgegenkommen einen Konsens an anderer Stelle ermöglicht, beispielsweise die Revision von Art. 6 PVÜ an sich.[333] In beiden Fällen scheint die Vorstellung der Parteien darüber nahe zu liegen, dass mit der Revision eine materielle Änderung verbunden ist. Anderenfalls wäre die Streichung selbst kaum als „wichtig" angesehen worden, bzw. würde sich nicht

---

[330] Siehe Actes de la Conférence réunie à Washington du 15 mai au 2 juin 1911, S. 308; Verweis hierauf auch bei *Bodenhausen*, Guide to the Application of the Paris Convention 1968, S. 110.

[331] Im Original: „dans un intérêt de conciliation", siehe Actes de la Conférence réunie à Washington du 15 mai au 2 juin 1911, S. 252.

[332] Im Original: „pourra faciliter l'entente sur un point important", siehe Actes de la Conférence réunie à Washington du 15 mai au 2 juin 1911, S. 252.

[333] Dass hier aus britischer Sicht eine Konzession (an Frankreich) gemacht wurde, um die Revision der Gegenseitigkeitsklausel insgesamt zu erreichen, drückt der *nach* der Verhandlung erstellte Bericht der britischen Delegation an das britische Parlament aus, siehe Papers and correspondence relative to the recent conference at Washington, for the revision of the International Convention for the Protection of Industrial Property and the arrangement for the prevention of false indications of origin on goods, S. 98.

als Verhandlungsmasse für einen anderen wichtigen Punkt eignen. Dass Schweden hier erklärte, eine Konzession zu machen, spricht recht eindeutig für eine inhaltliche Änderung.

Der Delegierte Portugals erklärte, dass die Aufnahme einer Vorschrift in die PVÜ notwendig („indispensable") ist, wonach Schutz verweigert werden kann, wenn die Marke nicht den nationalen Vorschriften entspricht, oder die klarstellt, dass Ausländerinnen nicht gewährt wird, was Inländerinnen verweigert wird.[334] Auch hier scheint es unwahrscheinlich, dass damit nur die symbolische Bestätigung des sowieso schon Geltenden gemeint ist. Die Einführung einer solchen Bestimmung als notwendig zu beschreiben, drückt vielmehr die Vorstellung aus, dass die materielle Rechtslage ohne eine solche Vorschrift sich von der materiellen Rechtslage mit einer solchen Vorschrift unterscheidet. Mit der Streichung im Schlussprotokoll hat das allerdings nicht zwingend etwas zu tun, weil die Formulierung offenlässt, ob diese Forderung auch bei Beibehaltung des bisherigen Art. 6 PVÜ (1883) erhoben worden wäre.

Die britische Delegation, und sich anschließend die US-amerikanische, erklärte, dass zwischen den Mitgliedsstaaten unterschiedliche Definition des Begriffs der Marke gelten können.[335] Wären die britische und US-amerikanische Delegation davon ausgegangen, dass mit der Revision keine materielle Änderung verbunden ist, hätten sie wohl kaum eine solche – dann überflüssige – Erklärung abgegeben.[336] Dabei ist diese Art des „Vorbehalts" nicht neu. Bereits auf der Konferenz in Brüssel wurde über die Streichung diskutiert, und die britische Delegation vertrat die Auffassung, dass man sich bei *Beibehaltung* der Bestimmung nicht gebunden sah, das eigene Markenrecht zu ändern, und es zudem ohne Unterschied zwischen In- und Ausländern anwenden werde.[337] Das ist am Ende nichts anderes als eine Nichtanwendung der Validierungsklausel.[338] In diesem Vorbehalt ein „formelle Stellungnahme" hinsichtlich der britischen Auffassung der Bestimmung zu sehen,[339] ist daher ein Euphemismus. Diesem faktischen

---

[334] Siehe Actes de la Conférence réunie à Washington du 15 mai au 2 juin 1911, S. 253 ("La difference entre la position des marques soumises a l'examen préalable et celles qui ne le sont pas rend indispensable l'insertion, dans la Convention, d'une disposition qui permette de refuser la protection aus marques qui ne seraient pas conformes aus lois du pays ou la protection est demandee, ou du moins d'une disposition statuannt d'une facon claire que l'on n'accordera en aucun cas aux étrangers ce que l'on refuse aus nationaux.") Ob diese „Notwendigkeit" sich aus Sicht Portugals erst aus der Streichung ergibt, oder – entsprechend der obigen Auslegung – auch bei Beibehaltung des Schlussprotokolls gefordert worden wäre, geht hieraus nicht hervor.

[335] Siehe Actes de la Conférence réunie à Washington du 15 mai au 2 juin 1911, S. 252.

[336] Vgl. *Edrich*, Die Klausel „telle-quelle" 1962, S. 43.

[337] Englische Übersetzung abgedruckt bei *Zhan*, The International Registration of Nontraditional Trademarks, (2017) 16 World Trade Review 111, S. 127, Fn. 119.

[338] Vgl. *Lallier*, Artikel 6 des Pariser Unionsvertrages, Jahrbuch der Internationalen Vereinigung für Gewerblichen Rechtsschutz 1906, 46, S. 47.

[339] Vgl. *Ellwood*, The Industrial Property Convention and the „Telle Quelle" Clause, (1956) 46 Trademark Reporter 36, S. 43.

Nichtanwendungsvorbehalt rechtsgestaltende Bedeutung zuzuerkennen, ohne weitere Belege für einen dahingehenden Konsens (im Gegenteil widersprach die italienische Delegation unmittelbar), hieße, es zuzulassen, dass sich eine Partei eines Vertrags durch einseitige Erklärung von jeder (bestehenden) Verpflichtung frei machen kann.[340]

Ein „redaktionelles Versehen" bei der Beschlussfassung scheint mit Hinblick auf diese Stellungnahmen ausgeschlossen.[341] Die Änderung, für die sich die Parteien auf der Konferenz letztendlich verbindlich aussprachen, erfolgte vielmehr im Bewusstsein (möglicher) materieller Änderungen,[342] jedenfalls im Zusammenhang mit solchen. Auf einen fehlenden Konsens („failure to reach a consensus")[343] abzustellen und daraus ein Argument gegen die materielle Bedeutung der Streichung im Schlussprotokoll zu machen, hieße folglich, das tatsächliche Abstimmungsergebnis[344] nicht als Ausdruck von Parteikonsens zu behandeln und zu ignorieren. Die ersatzlose Streichung ist daher nicht nur für sich genommen Ausdruck eines materiellen Änderungskonsenses, sondern dies findet sogar eine zusätzliche Grundlage in dem Umstand, dass der Beschluss gerade im Bewusstsein einer damit einhergehenden Änderung getroffen wurde, so dass eine (methodisch zweifelhaft) verlangte Rückkoppelung des Vertragstext an das Verhandlungsprotokoll sogar gelingen würde.

*cc) Vorbehalte einzelner Parteien*

Auch der folgende Ansatz, der das Beschlussergebnis durch den Verweis auf den entgegenstehenden Willen einzelner Parteien zu „korrigieren" versucht, ist fragwürdig. Insoweit wurde von Vorbehalten („reservations"[345]) in einzelnen Stellungnahmen auf der dritten Plenarsitzung in Washington gesprochen.[346] Die US-

---

[340] Vgl. *Ellwood*, ebd.; *Zhan*, The International Registration of Non-traditional Trademarks, (2017) 16 World Trade Review 111, S. 128.
[341] Vgl. auch die Diskussion *vor* der Konferenz, z.B. *Lallier*, Artikel 6 des Pariser Unionsvertrages, Jahrbuch der Internationalen Vereinigung für Gewerblichen Rechtsschutz 1906, 46, S. 47 f., zur materiellen Bedeutung von Streichung und Einführung zulässiger Versagungsgründe.
[342] Vgl. *Edrich*, Die Klausel „telle-quelle" 1962, S. 43.
[343] *Ng-Loy*, Absolute Bans on the Registration of Product Shape Marks, in: Calboli/Senftleben (Hrsg.), The Protection of Non-Traditional Trademarks 2018, 147, S. 150. Widersprüchlich dazu die Feststellung auf S. 157, dass sich die französische Position durchgesetzt hat.
[344] Bei dem, nach Lesart von *Ng-Loy*, ebd., sich eine der Positionen (die Frankreichs) durchgesetzt hat.
[345] *Bodenhausen*, Guide to the Application of the Paris Convention 1968, S. 110; ebenso *Ng-Loy*, Absolute Bans on the Registration of Product Shape Marks, in: Calboli/Senftleben (Hrsg.), The Protection of Non-Traditional Trademarks 2018, 147, S. 157.
[346] Den Stellungnahmen zur zweiten Plenarsitzung, auf die *Bodenhausen*, Guide to the Application of the Paris Convention 1968, S. 110, Fn. 2, verweist, lässt sich dahingehend nichts entnehmen.

amerikanische Delegation verwendet ebenfalls den Begriff „réserve".[347] Es handelt sich hierbei jeweils nicht um Vorbehalte im Sinne von Art. 2 (1) (d) WVK. Damit wären solche einseitigen Erklärungen gemeint, die bei der Unterzeichnung, Ratifikation, Annahme oder Genehmigung eines Vertrags oder bei dem Beitritt zu einem Vertrag abgegeben werden. Die vorgenannten Stellungnahmen lassen sich wohl besser als einfache Auslegungserklärungen („simple interpretative declarations") beschreiben.[348] Auf die Kategorisierung und Begrifflichkeiten kommt es hier aber nicht weiter an, und auch nicht darauf, dass zwischen Auslegungserklärungen und Vorbehalten in der Zeit vor der WVK konzeptuell häufig nicht unterschieden wurde.[349] Entscheidend ist, dass es sich auch bei der Einbeziehung dieser *vor* Abschluss des Abkommens getätigten Erklärungen methodisch um einen Rückgriff auf die *travaux préparatoires* entsprechend Art. 32 WVK handelt.[350]

Wie bereits erwähnt liest sich die Stellungnahme Schwedens wie ein inhaltliches Entgegenkommen. Damit erscheint die schwedische Position durchaus ablehnend gegenüber einer materiellen Änderung. Gleichzeitig wird klargestellt, dass man den entsprechenden Beschluss (und die damit verbundene Änderung) *bewusst* mitträgt, um an anderer Stelle eigene Positionen durchzusetzen. Den bereits oben erörterten Stellungnahmen Britanniens und der USA lässt sich hingegen entnehmen, dass diese nicht wollten, dass die Gegenseitigkeitsklausel im Anwendungsbereich erweitert wird.[351] Was bedeutet dieser Wille von zwei der Konferenzteilnehmer, der sich im formellen Beschlussverfahren nicht durchsetzen konnte, für die Auslegung der Gegenseitigkeitsklausel? Wenn es das übergeordnete Auslegungsziel ist, den Konsens der Parteien zu erforschen, hängt die Bedeutung dieser Erklärungen für die Auslegung maßgeblich davon ab, wie sich die anderen Parteien dazu äußerten. Dabei gilt vereinfacht: je mehr Zustimmung, desto mehr Auswirkung.[352] Das deckt sich mit dem Grundsatz, dass die einzelne Vertragspartei ihrer einseitigen Interpretation ohne Konsens keine Verbindlichkeit („authentic force") verleihen kann.[353] Ein bloßes Stillschweigen der anderen Parteien kann nicht als Zustimmung („acquiescence") zu einer Auslegungser-

---

[347] Siehe Actes de la Conférence réunie à Washington du 15 mai au 2 juin 1911, S. 252.

[348] *Benatar*, From Probative Value to Authentic Interpretation: The Legal Effects of Interpretative Declarations, (2011) 44 Revue Belge de Droit International 170, S. 173, Fn. 14; vgl. *Gardiner*, Treaty Interpretation 2015, S. 93 ff.

[349] Vgl. *Benatar*, From Probative Value to Authentic Interpretation, (2011) 44 Revue Belge de Droit International 170, S. 177, mit Nachweisen in Fn. 36.

[350] Vgl. *Benatar*, From Probative Value to Authentic Interpretation, (2011) 44 Revue Belge de Droit International 170, S. 196.

[351] Wobei freilich die Annahme, dass erst eine Erweiterung diesen Effekt haben würde, der obigen Auslegung von Art. 6 PVÜ (1883) widerspricht.

[352] Vgl. *Benatar*, From Probative Value to Authentic Interpretation, (2011) 44 Revue Belge de Droit International 170, S. 196.

[353] Vgl. *Benatar*, From Probative Value to Authentic Interpretation, (2011) 44 Revue Belge de Droit International 170, S. 175.

klärung gewertet werden.[354] Es ist zwar grundsätzlich möglich, dass auch eine *vor* Abschluss des Abkommens getätigte Erklärung zu einer Übereinkunft über die Auslegung wird (im Sinne von Art. 31 (3) (a) WVK). Das erfordert nach dem Gesagten aber Konsens.[355] Insbesondere müsste bereits die Grundannahme, dass erst die Streichung im Schlussprotokoll zu einer Erweiterung führen würde, dass Art. 6 PVÜ (1883) also zuvor beschränkt war, von den übrigen Parteien geteilt werden, was nach der obigen Untersuchung aber höchst fraglich erscheint.

Die österreichische Delegation kommentierte die vorangegangen Erklärungen Britanniens und der USA nicht, sondern erklärte lediglich Einverständnis mit der Streichung von Absatz 4 des Schlussprotokolls.[356] Ansonsten wurden keine Stellungnahmen hierzu abgegeben. Darüber hinaus kommt in der Stellungnahme Schwedens zum Ausdruck, dass eine materielle Änderung mit der ersatzlosen Streichung verbunden ist, also gerade die gegenteilige Position. Und auch die Erklärung Portugals drückt möglicherweise aus, dass ohne Ersatz mit der Streichung zwingend eine materielle Änderung eintritt. Damit besteht selbst dann kein Konsens, wenn man das Stillschweigen der übrigen Konferenzteilnehmer dahinstehen lässt, denn es wurden unterschiedliche Vorstellungen von der materiellen Wirkung der Änderung erklärt. Die britische und die US-amerikanische Stellungnahme sind daher nicht geeignet, ein gemeinsames Verständnis („common understanding")[357] der Parteien zu belegen.

Ein Konsens, der den Erklärungen Bedeutung für die Auslegung vermitteln würde, liegt nach alldem also nicht vor. Im Ergebnis bleibt es also dabei, dass sich Britannien und die USA, ebenso wie Portugal, in der Abstimmung nicht durchsetzen konnten.

*dd) Keine Fortgeltung des Schlussprotokolls*

Damit lässt sich aus den Unterlagen zur Washingtoner Konferenz 1911 nicht ableiten, dass eine (unterstellte) beschränkende Wirkung des Schlussprotokolls trotz Streichung der entsprechenden Passage fort gilt. Im Übrigen lässt sich wegen der unterschiedlichen Stellungnahmen keine Übereinkunft über die Auslegung von Art. 6 PVÜ (1883) im Sinne von Art. 31 (3) (a) WVK feststellen, die das oben gefundene Ergebnis in Frage stellen würde, und auch sonst ist kein Rückschluss auf einen Konsens der Parteien in Paris 1883 möglich, der über den beschlossenen Text hinausgeht.

---

[354] Vgl. *McRae*, The Legal Effect of Interpretative Declarations, (1978) 49 British Yearbook of International Law 155, S. 169.
[355] Vgl. *Gardiner*, Treaty Interpretation 2015, S. 107; *Benatar*, From Probative Value to Authentic Interpretation, (2011) 44 Revue Belge de Droit International 170, S. 192.
[356] Siehe Actes de la Conférence réunie à Washington du 15 mai au 2 juin 1911, S. 252.
[357] *Gardiner*, Treaty Interpretation 2015, S. 109.

## b) Actes der Lissabonner Konferenz

Neben den *actes* aus Washington wird auch mit den Unterlagen der Konferenz in Lissabon argumentiert, die 1958 und damit fast 50 Jahre nach der Washingtoner Konferenz stattfand.[358]

Dort erklärte der Präsident der dritten Kommission, dass die Validierungsklausel nur die Form der Marke betrifft, nicht deren Inhalt,[359] und einige Konferenzteilnehmer äußerten die Ansicht, dass die Markenfähigkeit weiterhin am Recht des Ziellandes zu prüfen ist. So sprach sich Britannien gegen den Vorschlag aus, das Wort „Marke" durch „Zeichen" zu ersetzen, weil (lies: erst) dies den Anwendungsbereich der Bestimmung erweitern würde und (lies: erst) dann auch nach dem Recht des Ziellandes nicht markenfähige Zeichen (z.B. Töne) geschützt werden müssten.[360] Ähnlich äußerten sich auch die Niederlande.[361]

Den Stellungnahmen der Tschechoslowakei und Spaniens, die den Vorschlag („Zeichen" statt „Marke") unterstützen,[362] kann man womöglich entnehmen, dass sie dieses Verständnis teilen. Anders als bei der oben besprochenen Stellungnahme Portugals auf der Washingtoner Konferenz lässt sich den Stellungnahmen aber nicht eindeutig entnehmen, ob sie die befürwortete Änderung für notwendig halten, um eine gewünschten materielle Änderung herbeizuführen, oder ob hinter der Befürwortung (nur) das Bedürfnis nach Klarstellung steht. Letzteres ist angesichts des andauernden Streits über die Reichweite der Validierungsklausel nicht ausgeschlossen.

Der Annahme eines Parteienkonsenses, auf den es für die Auslegung letztlich ankommt, steht aber jedenfalls die Erklärung der BRD entgegen, dass darüber nachgedacht werden könne, die Bestimmung (lies: durch eine Änderung in Zukunft) auf bestimmte Zeichenarten zu beschränken.[363] Auch das Internationale

---

[358] Siehe *Bodenhausen*, Guide to the Application of the Paris Convention 1968, S. 110, Fn. 3; *Ng-Loy*, Absolute Bans on the Registration of Product Shape Marks, in: Calboli/Senftleben (Hrsg.), The Protection of Non-Traditional Trademarks 2018, 147, S. 159.

[359] Siehe Actes de la Conférence réunie à Lisbonne du 6 au 31 octobre 1958, S. 600.

[360] Siehe Actes de la Conférence réunie à Lisbonne du 6 au 31 octobre 1958, S. 600.

[361] Siehe Actes de la Conférence réunie à Lisbonne du 6 au 31 octobre 1958, S. 601.

[362] Siehe Actes de la Conférence réunie à Lisbonne du 6 au 31 octobre 1958, S. 601.

[363] Siehe Actes de la Conférence réunie à Lisbonne du 6 au 31 octobre 1958, S. 600. Die zusätzliche Bemerkung, dass die Validierungsklausel von einigen Ländern nicht angewandt wird, könnte sich auf das Vereinigte Königreich beziehen (vgl. *Ellwood*, The Industrial Property Convention and the „Telle Quelle" Clause, (1956) 46 Trademark Reporter 36, S. 40), wobei unklar ist, ob hier auf den aktuellen status quo Bezug genommen wird, oder ein (zunächst berechtigter, laut *Marquis de Maillard de Lafaye*, Artikel 6 des Pariser Unionsvertrages, Jahrbuch der Internationalen Vereinigung für Gewerblichen Rechtsschutz 1906, 64, S. 66, seit 1905 aber) überholter Vorwurf wiederholt wird. Deutschland war in der Vergangenheit selbst dafür gerügt worden, die Validierungsklausel zu umgehen, vgl. *Lallier*, Artikel 6 des Pariser Unionsvertrages, Jahrbuch der Internationalen Vereinigung für Gewerblichen Rechtsschutz 1906, 46, S. 47.

Siehe Actes de la Conférence réunie à Lisbonne du 6 au 31 octobre 1958, S. 600 ("préférable qu'elle soit inscrite dans la Convention et qu'il y avait lieu seulement de se demander s'il ne serait pas bon de la borner à certaines catégories de marques").

Büro drückte im vorbereitenden Programm[364] deutlich aus, dass hier gerade kein Konsens, sondern unterschiedliche Auffassungen vorlagen. Dort wurden die Entscheidungen *BOSCH*[365] und *BENEDICTINE*[366] zitiert, als Beispiele für Zeichen, die zwar nach nationalem Recht nicht markenfähig waren, vom französischen bzw. österreichischen Gericht aber dennoch in Anwendung der Validierungsklausel als eintragungsfähig behandelt wurden. Der österreichische Verwaltungsgerichtshof erklärte in der zitierten Entscheidung, dass „es eben nicht dem einzelnen Verbandsstaat überlassen bleiben soll, auf Grund der innerstaatlichen Gesetzgebung erst zu prüfen, ob überhaupt der Markencharakter anzuerkennen ist, sondern daß das, was in dem einen Verbandsstaat als Marke geschützt ist, deswegen allein schon auch in den übrigen Verbandsstaaten als solche geschützt werden muss."[367] Auch die Aussage Rhodesiens, die Bestimmung sei zu revidieren, um sicherzustellen, dass die Mitglieder nach eigenem Recht über die Eintragungsfähigkeit entscheiden können,[368] beruht auf einem solchen Verständnis der Validierungsklausel. Anderenfalls wäre ja keine Änderung nötig.

Im Ergebnis sind die Unterlagen der Lissabonner Konferenz also nicht Beleg für einen Parteienkonsens,[369] sondern vielmehr für das (erneute) Scheitern des Vereinigten Königreichs, die eigene Position durchzusetzen.[370]

*c) Bericht der britischen Delegation*

Ebenfalls für eine einschränkende Lesart bemüht wird ein Bericht der britischen Delegierten der Washingtoner Konferenz vom 28.7.1911.[371] Dieser datiert freilich nach der Washingtoner Konferenz, die am 2.6.1911 endete, und erfolgte nicht etwa im Namen Britanniens gegenüber den anderen Mitgliedern, sondern im Namen der britischen Abgesandten an das britische Parlament.[372] Ob ein solches

---

[364] Siehe Actes de la Conférence réunie à Lisbonne du 6 au 31 octobre 1958, S. 574.
[365] Tribunal Civil de la Seine (FR), Urteil v. 28.7.1928 = GRUR 1929, 927–929 – *Bosch*.
[366] Verwaltungsgerichtshof (Ö), Entscheidung v. 28.4.1928, A 643–27/6 = Österreichisches Patentblatt 1928, 125 – *Benedictine I*.
[367] Verwaltungsgerichtshof (Ö), Entscheidung v. 28.4.1928, A 643–27/6 = Österreichisches Patentblatt 1928, 125 – *Benedictine I*, S. 126.
[368] Siehe Actes de la Conférence réunie à Lisbonne du 6 au 31 octobre 1958, S. 592.
[369] Dazu stellt *Edrich*, Die Klausel „telle-quelle" 1962, S. 57, fest, dass „die Nichtannahme einer Klarstellung [nicht] bedeutet […], daß das Gegenteil zur Regel erhoben wurde."
[370] Das Vereinigte Königreich forderte, unterstützt von Iran, die Abschaffung der Validierungsklausel insgesamt, siehe Actes de la Conférence réunie à Lisbonne du 6 au 31 octobre 1958, S. 600 f.
[371] Vgl. *Ricketson*, The Paris Convention for the Protection of Industrial Property 2015, S. 539 = Rn. 12.15; *Ng-Loy*, Absolute Bans on the Registration of Product Shape Marks, in: Calboli/Senftleben (Hrsg.), The Protection of Non-Traditional Trademarks 2018, 147, S. 157; dort ist der Bericht auch im Auszug abgedruckt (= Papers and correspondence relative to the recent conference at Washington, for the revision of the International Convention for the Protection of Industrial Property and the arrangement for the prevention of false indications of origin on goods).
[372] Siehe ebenda, Papers and correspondence relative to the recent conference at Washing-

Dokument überhaupt in irgendeiner Art geeignet ist, Rückschlüsse über den Parteienkonsens auf der Washingtoner Konferenz zu ermöglichen,[373] kann schon wegen des Inhalts des Berichts dahinstehen. Dort heißt es nämlich, dass die Gefahr gesehen wurde, dass die ersatzlose Streichung von Absatz 4 des Schlussprotokolls die Pflicht hervorrufen würde, auch nach britischem Recht nicht markenfähige Zeichenarten zu schützen, dass aber an dieser Stelle ein Zugeständnis an Frankreich nötig war.[374] Das liest sich ähnlich wie die oben erörterte schwedische Stellungnahme. Der Bericht behauptet zudem eine Zusicherung (es bleibt offen, durch wen) dahingehend, dass es auch bei einer Streichung weiterhin jedem Land offenstehe, die Markenfähigkeit am eigenen Recht zu prüfen. Diese doppelte Rechtfertigung des Abstimmungsverhaltens ist widersprüchlich: einerseits beruft man sich auf ein auf dieser angeblichen Zusicherung bestehendes Vertrauen in die materielle Bedeutungslosigkeit der Änderung, andererseits soll die Zustimmung als Zugeständnis an Frankreich erfolgt sein.

Jedenfalls ist festzustellen, dass die behauptete Zusicherung sich nicht in den Protokollen der Konferenz findet.[375] Dass eine solche Zusicherung vorlag und dass die Parteien, in welcher Weise auch immer, diese Vorstellung in ihre Konsensbildung miteinbezogen, ist also nicht belegt. Es kann daher nicht davon ausgegangen werden, dass die Parteien (entgegen dem oben Gesagten) wegen einer solchen Zusicherung der ersatzlosen Streichung mit der Vorstellung zustimmten, dass die Voraussetzungen einer Eintragung (weiterhin) am Recht des Ziellandes geprüft werden können.

*d) Einführung von Art. 6 (1) PVÜ*

Schließlich wird auch die Einführung von Art. 6 (1) PVÜ auf der Lissabonner Revisionskonferenz von 1958 im historischen Zusammenhang mit Art. 6quinquies PVÜ erwähnt. Dieser entspräche dem gestrichenen Satz im Schlussprotokoll, nach welchem grundsätzlich die innere Gesetzgebung jedes Staates Anwendung findet.[376] Wenn erst hierdurch (wieder) eine Beschränkung von Art. 6quin-

---

ton, for the revision of the International Convention for the Protection of Industrial Property and the arrangement for the prevention of false indications of origin on goods.

[373] Während *Ricketson*, The Paris Convention for the Protection of Industrial Property 2015, S. 539, Fn. 23, ein mögliches Problem andeutet, stützt sich das Argument bei *Ng-Loy*, Absolute Bans on the Registration of Product Shape Marks, in: Calboli/Senftleben (Hrsg.), The Protection of Non-Traditional Trademarks 2018, 147, S. 157, ohne erkennbare Vorbehalte auf dieses Dokument.

[374] Papers and correspondence relative to the recent conference at Washington, for the revision of the International Convention for the Protection of Industrial Property and the arrangement for the prevention of false indications of origin on goods, S. 98, zitiert nach *Ng-Loy*, Absolute Bans on the Registration of Product Shape Marks, in: Calboli/Senftleben (Hrsg.), The Protection of Non-Traditional Trademarks 2018, 147, S. 157.

[375] Vgl. *Ricketson*, The Paris Convention for the Protection of Industrial Property 2015, S. 539, Fn. 23.

[376] Vgl. *Ng-Loy*, Absolute Bans on the Registration of Product Shape Marks, in: Calboli/Senftleben (Hrsg.), The Protection of Non-Traditional Trademarks 2018, 147, S. 160.

quies PVÜ erfolgt ist, müsste man wohl konsequenterweise für die Zeit *nach* der Washingtoner Revision und *vor* der Lissabonner Revision von einer Validierungsklausel ausgehen, bei der die Möglichkeit nicht bestand, die Marken am Recht des Ziellandes zu prüfen. Was aus der Einführung von Art. 6 (1) PVÜ für das Verständnis von Art. 6quinquies PVÜ folgt, ist unklar, denn im Zusammenhang mit dem neuen Art. 6 (1) PVÜ wurde die Rolle der Validierungsklausel und ihre möglichen Änderungen auf der Lissabonner Konferenz nicht diskutiert. Im Gegenteil scheinen beide Bestimmungen auf der Lissabonner Konferenz nicht vor dem Hintergrund diskutiert worden zu sein, dass eine Änderung der einen sich auf die andere auswirkt, sonst wären die Unstimmigkeiten zwischen den Parteien hinsichtlich Art. 6quinquies PVÜ auch bei Art. 6 (1) PVÜ angesprochen worden. Die oben erwähnten kontroversen Stellungnahmen über eine Streichung oder Änderung der Validierungsklausel wurden aber *unabhängig* von Art. 6 (1) PVÜ ausgetauscht. Aus Sicht der Parteien, die *zukünftige* Änderungen im Sinne einer Beschränkung der Validierungsklausel befürworteten, waren diese also trotz des neuen Art. 6 (1) PVÜ nötig.

*e) Ergebnis: jedenfalls nach Revision in Washington 1911 keine Beschränkung mehr*

Selbst man also der ursprünglichen Fassung der Validierungsklausel einen durch Vorgaben des Ziellandes beschränkten Anwendungsbereich zuschreiben möchte, wäre eine solche Beschränkung mit der Washingtoner Revision 1911 Geschichte geworden.

*3. Geschichte der Unabhängigkeit der Telle Quelle-Marke*

Ein weiteres, man kann sagen „historisch-systematisches" Argument wurde oben bei der Erörterung des Verhältnisses von Art. 6quinquies PVÜ zu Art. 6 (2) PVÜ schon angedeutet.[377] Auf der Londoner Konferenz 1934 wurde die Validierungsklausel um eine Bestimmung zur Unabhängigkeit der Eintragung im Zielland von der Eintragung um Ursprungsland ergänzt.[378] Die Unabhängigkeit von der Eintragung im Ursprungsland wurde an die Bedingung geknüpft, dass die Marke den Bestimmungen des Ziellandes entspricht. Damit drückte die PVÜ in der Fassung von 1934 eindeutig aus, dass es Auslandsmarken gibt, die eingetragen werden müssen, obwohl sie *nicht* den gesetzlichen Vorgaben des Ziellandes entsprechen. Diese Genese der Regelung zur Unabhängigkeit darf nicht übersehen werden, wenn man Art. 6quinquies PVÜ aus historischen Gründen beschränken möchte; sie spricht dagegen, dass das Recht des Ziellandes maßgeblich ist.

---

[377] Siehe *Kapitel 1 C. III. 3.*
[378] Vgl. *Ladas*, Trade-Marks and Foreign Trade – With comments by P.J. Federico and Walter J. Derenberg, (1948) 38 Trademark Reporter 278, S. 303 (Bemerkung von *Federico*).

*4. Ergebnis: Keine Beschränkung wegen historischer Umstände*

Damit stützt ein Blick in die Geschichte sogar das bisherige Auslegungsergebnis, dass Art. 6quinquies PVÜ zumindest die Voraussetzungen des Ziellandes ausschaltet, die sich auf die Marken selbst beziehen. Damit kann auch der Ausschluss technisch-funktioneller Zeichen der Anmeldung einer im Ausland eingetragenen Marke grundsätzlich nicht entgegengehalten werden.

*III. Ergebnis: Historische Argumente für beschränkte Lesart überzeugen nicht*

Damit überzeugt die historische Argumentation für eine beschränkte Lesart aus zwei Gründen nicht. Wegen des insoweit eindeutigen und nicht offensichtlich sinnwidrigen Ergebnisses einer Auslegung nach Zweck und Kontext einschließlich der Staatenpraxis ist der bestimmende Rückgriff auf historische Umstände schon nicht zulässig. Darüber hinaus stützen die historischen Umstände das Auslegungsergebnis, wonach der Anwendungsbereich nicht durch Vorgaben des Ziellandes beschränkt wird, die sich auf die Marke selbst beziehen.

## F. Gesamtergebnis: Validierungsklausel erfasst alle Eigenschaften der Marke

Damit kann als Ergebnis der Auslegung von Art. 6quinquies PVÜ nach Zweck, Systematik und Staatenpraxis, bestätigt durch einen Blick in die Geschichte der PVÜ, festgehalten werden, dass die Eintragungspflicht nach Art. 6quinquies PVÜ jedenfalls nicht von den Vorgaben des Ziellandes abhängt, die sich auf die Marke selbst beziehen. Insbesondere kommt es im Rahmen von Art. 6quinquies PVÜ nicht auf eine Unterscheidung zwischen Marken- und Eintragungsfähigkeit an, wie sie die Dogmatik innerstaatlichen Rechts kennt. Damit unterfallen auch technisch-funktionelle Marken grundsätzlich dem Anwendungsbereich von Art. 6quinquies PVÜ. Der Ausschluss technisch-funktioneller Zeichen kann der Anmeldung einer im Ausland eingetragenen Marke grundsätzlich nicht entgegengehalten werden.

*Kapitel 2*

# Beschränkung des Anwendungsbereichs durch verbandseigenen Markenbegriff

Eine Beschränkung des Anwendungsbereiches von Art. 6quinquies PVÜ könnte aber dadurch erreicht werden, dass die Validierungsklausel nur in den Grenzen eines eigenen Markenbegriffs der PVÜ greift.[1] Es wäre die PVÜ selbst, die bestimmt, was als Marke im Sinne von Art. 6quinquies PVÜ einzutragen ist.[2]

Die Annahme, dass die PVÜ einen eigenen Markenbegriff enthält, steht offensichtlich in einem Spannungsverhältnis zur vorherrschenden Ansicht, dass erst mit Art. 15 TRIPS auf internationaler Ebene eine Begriffsbestimmung der Marke erfolgt ist und zuvor gerade keine universelle Definition (durch die PVÜ) bestand.[3] Es wurde und wird trotzdem vertreten, dass sog. nicht-traditionelle

---

[1] *Beier/Reimer*, Vorbereitende Studie zur Schaffung eines einheitlichen internationalen Markenbegriffs, GRUR 1955, 266, S. 267 f., sprechen in Bezug auf Hörzeichen von einer „gewissen Berechtigung" dieses Standpunktes. Ablehnend *Edrich*, Die Klausel „telle-quelle" 1962, S. 48 f. („Der Übereinkunft ist ein eigener Markenbegriff fremd."), und *Zhan*, The International Registration of Non-traditional Trademarks, (2017) 16 World Trade Review 111, S. 134. Vgl. auch Busche/Stoll/Wiebe/*Schmidt-Pfitzner/Schneider*, TRIPs, 2. Aufl. 2013, Artikel 15, Rn. 22.

[2] Vgl. *Sack*, Der Telle-quelle-Schutz von Marken nach Art. 6quinquies PVÜ, in: Hacker/Thiering (Hrsg.), Festschrift für Paul Ströbele 2019, 371, S. 373. Wohl auf einen internationalen Markenbegriff *neben* der PVÜ abstellend *W. Miosga*, Internationaler Marken- und Herkunftsschutz 1967, S. 68. Gleichzeitig stellt *W. Miosga* auf S. 65, fest, dass Art. 6quinquies PVÜ gerade deswegen notwendig ist, weil „eine allgemeine internationale Regelung der Markenfähigkeit nicht besteht".

[3] Vgl. statt aller *Cottier*, The Prospects for Intellectual Property in GATT, (1991) 28 Common Market Law Review 383, S. 403; *Knaak*, Markenrecht im TRIPS-Übereinkommen, in: Schricker/Beier (Hrsg.), Die Neuordnung des Markenrechts in Europa 1997, 19, S. 22; *Schmidt-Pfitzner*, Das TRIPS-Übereinkommen und seine Auswirkungen auf den deutschen Markenschutz 2005, S. 39, S. 83; *Jaconiah*, The Requirements for Registration and Protection of Non-Traditional Marks in the European Union and in Tanzania, (2009) 40 IIC 756, S. 775; *Naseh*, Trademark Protection in the Legal System of Afghanistan 2018, S. 81; *Dinwoodie/Kur*, Non-conventional marks and the obstacle of functionality, in: Ricketson (Hrsg.), Research Handbook on the World Intellectual Property Organization 2020, 131, S. 139; *Gervais*, A Look at the Trademark Provisions in the TRIPS Agreement, in: Calboli/Ginsburg (Hrsg.), The Cambridge Handbook of International and Comparative Trademark Law 2020, 27, S. 28.

Marken,[4] insbesondere Hörmarken[5] und dreidimensionale Formmarken,[6] nicht als Marke im Sinne der PVÜ gelten, und damit Art. 6quinquies PVÜ auf sie nicht anwendbar ist. Mit diesem Ansatz könnte auch der Ausschluss technisch-funktioneller Zeichen außerhalb des Markenbegriffs der PVÜ und damit außerhalb des Anwendungsbereichs von Art. 6quinquies PVÜ liegen.

## A. Verbandseigener Markenbegriff nicht notwendig

Als Argument für die verbandsautonome Bestimmung eines PVÜ-eigenen Markenbegriffs wird angeführt, dass die PVÜ den Einfluss nationaler Verschiedenheiten auf das Markenrecht verringern sollte.[7] Zwar scheint es nach der bisherigen Untersuchung der Zweck von Art. 6quinquies PVÜ zu sein, das dort zu tun, wo diese Unterschiede die international einheitliche Verwendung einer Marke verhindern.[8] Die Nivellierung unterschiedlicher Vorgaben zwischen den Verbandsländern erfordert aber gerade keinen universellen Markenbegriff (bzw. universelle Regeln der Eintragungsfähigkeit), wenn stattdessen über eine Validierungsklausel das Recht des Ziellandes ausgeschaltet wird. Validierungsklausel und harmonisierender Schutzstandard sind so gesehen regelungstechnische Alternativen. Wo ein einheitlicher Schutzstandard gilt, bedarf es schon keiner Validierung.[9]

---

[4] Dieser Begriff beschreibt in Abgrenzung zu den „traditionellen" Wort- oder Bildzeichen „neuartige" Zeichentypen, insbesondere unter Aufgabe der Trennung von Zeichen und der mit dem Zeichen gekennzeichneter Ware, vgl. *Calboli/Senftleben*, Introduction, in: Calboli/Senftleben (Hrsg.), The Protection of Non-Traditional Trademarks 2018, 1, S. 2.

[5] Vgl. RPA Beschwerdeabteilung, Entscheidung v. 19.12.1931, B 128/31 (D 29 390/28 Wz) = GRUR 1932, 598 – *Hörzeichen*, wonach im Ursprungsland als Marke eingetragene Hörzeichen nicht vom Markenbegriff der PVÜ erfasst sind und die Anmeldung deswegen zurückgewiesen wurde.

[6] Nach *Celli*, Internationales Kennzeichenrecht 2000, S. 104, überlässt die PVÜ den Schutz dreidimensionaler Marken dem nationalen Recht; vgl. auch *Ng-Loy*, Absolute Bans on the Registration of Product Shape Marks, in: Calboli/Senftleben (Hrsg.), The Protection of Non-Traditional Trademarks 2018, 147, S. 164.

[7] Vgl. *Sack*, Der Telle-quelle-Schutz von Marken, in: Hacker/Thiering (Hrsg.), Festschrift für Paul Ströbele 2019, 371, S. 373.

[8] Vgl. *Bodenhausen*, Pariser Verbandsübereinkunft zum Schutz des gewerblichen Eigentums 1971, S. 91, Rn. d), auf den sich *Sack*, Der Telle-quelle-Schutz von Marken, in: Hacker/Thiering (Hrsg.), Festschrift für Paul Ströbele 2019, 371, S. 373, Fn. 13, bezieht.

[9] Die Überlegungen von *Vaver*, Die Inländerbehandlung nach der Berner Übereinkunft und dem Welturheberrechtsabkommen, GRUR Int 1988, 191, S. 194, zur RBÜ lassen sich auf diesen Punkt übertragen: „Zum einen können den Vertragschließenden im Rahmen der Interpretation keine Verpflichtungen auferlegt werden, die sie zur Zeit der Annahme der Konventionen nicht in ihre Überlegungen mit einbezogen hatten. Zum anderen aber war auch bei Vertragsschluß beabsichtigt, die Verpflichtungen der Vertragschließenden für eine unbegrenzte Zukunft zu bestimmen. Sofern die Vertragsstaaten also Dinge behandelten, deren Wandel in Abhängigkeit von Zeit und Geschmack bekannt, und die raschem technologi-

## B. Bestimmung eines verbandseigenen Begriffs

Dennoch soll im Folgenden der Versuch einer verbandsautonomen Begriffsbestimmung unternommen werden. Art. 6quinquies PVÜ selbst enthält keine Beschränkung dessen, was eine Marke sein kann bzw. ist, sondern verwendet lediglich den Begriff „Marke", der auch an keiner anderen Stelle der PVÜ definiert wird.[10] Wegen dieses Mangels einer Definition können sich mögliche Grenzen des Begriffs nur *indirekt* ableiten lassen. Dass bestimmte Zeichenarten nicht in der PVÜ erwähnt werden,[11] kann jedenfalls für sich genommen noch nicht begründen, dass diese außerhalb des Anwendungsbereichs der PVÜ und damit von Art. 6quinquies PVÜ liegen.[12]

### *I. Staatenpraxis*

Dafür, dass über die nachträgliche Staatenpraxis kein Konsens dahingehend belegt werden kann, dass bestimmte Zeichen als nicht unter den Markenbegriff der PVÜ fallend vom Anwendungsbereich des Art. 6quinquies PVÜ ausgenommen werden können, genügt ein Verweis auf die oben erörterten Beispiele.[13]

### *II. Eintragung im Ursprungsland*

Auch das Erfordernis der Eintragung („enregistrée") im Ursprungsland bedeutet keine Begrenzung des Markenbegriffs, auf zum Beispiel zweidimensionale visuelle Zeichen. Es geht darum, dass Markenschutz im Ursprungsland „auf Grund eines deklaratorischen oder konstitutiven Aktes der zuständigen nationalen Behörde erlangt" wurde, wobei der konkrete „technische Weg" nicht auf eine Eintragung im engen Wortsinne beschränkt ist, sondern auch beispielsweise die „Hinterlegung eines plastischen Gebildes" umfasst.[14] Darüber hinaus lassen sich auch andere als zweidimensionale Zeichen auf Papier darstellen, so jedenfalls dreidimensionale Formen und Positionsmarken oder Hörzeichen (durch Wiedergabe des Klanges in Notenschrift).[15]

---

schem Wandel unterworfen waren, so dürften sie sich bewußt einer offenen Terminologie bedient haben, um auch neue Entwicklungen zu erfassen." In Art. 6quinquies PVÜ wurde allerdings keine offene Terminologie verwendet, sondern das Problem durch eine Validierungsklausel gelöst und auf die Eintragung im Ursprungsland (und damit quasi dynamisch auf das dortige Recht) verwiesen.

[10] Vgl. *Zhan*, The International Registration of Non-traditional Trademarks, (2017) 16 World Trade Review 111, S. 134.
[11] Vgl. *Celli*, Internationales Kennzeichenrecht 2000, S. 104, Fn. 482.
[12] Nur der umgekehrte Schluss wäre möglich.
[13] Siehe *Kapitel 1 D. I.*
[14] Vgl. *Edrich*, Die Klausel „telle-quelle" 1962, S. 49. So ist insbesondere auch eine Registrierung durch Hinterlegung denkbar.
[15] Vgl. die Beispiele des EUIPO unter https://euipo.europa.eu/ohimportal/de/trade-marks-examples (zuletzt abgerufen am 10.8.2022).

## III. Art. 6 (1) PVÜ

Gegen einen verbandseigenen Markenbegriff spräche Art. 6 (1) PVÜ, wenn man ihn so versteht, dass er den Grundsatz ausdrückt, dass die Mitgliedsländer selbst entscheiden, was sie als Marke schützen.[16] Wenn man Art. 6 (1) PVÜ hingegen so versteht, dass nur die Voraussetzungen, die sich nicht auf die Marke selbst beziehen, voll souverän geregelt werden, so äußert sich die Bestimmung schon gar nicht zum Markenbegriff. Auch, wenn man Art. 6quinquies PVÜ als unabhängig neben Art. 6 (1) PVÜ stehend ansieht, ermöglicht die Bestimmung keinen Rückschluss für einen möglichen verbandsautonomen Markenbegriff, weil es nur im Fall von Art. 6quinquies PVÜ auf einen solchen ankäme.

## IV. Art. 7 und 9 PVÜ

Ein systematisches Argument für einen beschränkten Markenbegriff der PVÜ wird aus Art. 7 und 9 PVÜ gefolgert. Art. 7 PVÜ spricht von der Anbringung der Marke auf einem Erzeugnis, Art. 9 PVÜ von einem mit einer Marke versehenem Erzeugnis. Wie bei Art. 6quinquies PVÜ geht es dabei jeweils um „Fabrik- oder Handelsmarken".

### 1. Körperliche Verbindung

Daraus wird geschlossen, dass für diese Marken generell eine körperliche Verbindung von Zeichen und Erzeugnis Voraussetzung ist.[17]

Dem wird entgegengehalten, dass Art. 7 und 9 PVÜ keine allgemeine Bestimmung des Begriffs der Fabrik- oder Handelsmarke darstellen. Sie regeln stattdessen nur zwei besonders gelagerte Fälle.[18] Zudem wird dort geregelt, wie mit dem Import von Erzeugnissen umgegangen wird (Art. 9 PVÜ). Dass eine Marke nur vorliegt, wenn ein Zeichen körperlich mit der Ware verbunden ist, folgt aus der Bestimmung nicht. Fehlt es an einer Verbindung, bzw. ist keine Marke auf dem Erzeugnis angebracht, dann berührt der Import *der Ware* eben die PVÜ nicht.[19] Zum anderen legt Art. 7 PVÜ fest, dass die Beschaffenheit des Erzeugnisses, auf dem die Marke angebracht werden soll („doit être apposée"), kein Hindernis für die Eintragung darstellen darf. Auch das heißt nicht zwingend, dass eine Fabrik- oder Handelsmarke nur vorliegt, wenn sie auf der Ware „ange-

---

[16] Vgl. *W. Miosga*, Internationaler Marken- und Herkunftsschutz 1967, S. 46 („alle Erfordernisse formeller und materieller Art"). Dagegen z.B. *Pires de Carvalho*, The TRIPS Regime of Trademarks and Designs, 4. Aufl. 2019, S. 227, Rn. 15.43, der Art. 6 (1) PVÜ auf Voraussetzungen beschränkt sieht, die sich *nicht* auf das Zeichen selbst beziehen.

[17] Vgl. *Beier/Reimer*, Vorbereitende Studie zur Schaffung eines einheitlichen internationalen Markenbegriffs, GRUR 1955, 266, S. 268.

[18] Vgl. *Edrich*, Die Klausel „telle-quelle" 1962, S. 49.

[19] Vgl. *W. Miosga*, Internationaler Marken- und Herkunftsschutz 1967, S. 95, der feststellt, dass die Verwendung der Marke auf den „Begleitpapieren" nicht genügen wird.

## B. Bestimmung eines verbandseigenen Begriffs

bracht" wird. Dem Zweck der Bestimmung lässt sich eine solche Beschränkung nicht entnehmen. Dieser besteht darin, gewerblichen Rechtsschutz unabhängig davon zu gewähren, ob die Waren, auf die sich dieser bezieht, für sich genommen Einschränkungen unterliegen.[20] Das spricht dafür, den Begriff des „Anbringens" diesem Zweck entsprechend weit auszulegen. Andererseits könnte man – eben weil trotz desselben Zwecks eine andere Formulierung als in Art. 4quater PVÜ gewählt wurde[21] – auch schließen, dass Art. 7 PVÜ den Markenbegriff der PVÜ spiegelt. Im ursprünglichen Vorschlag zu Art. 7 PVÜ lautete die Formulierung noch, dass die Eintragung unabhängig von der Beschaffenheit des Erzeugnisses sein soll, die von der Marke abgedeckt („revêtu") wird.[22]

Interessanterweise findet sich in Art. 15.4 TRIPS eine fast wortgleiche Formulierung zu Art. 7 PVÜ. Dort werden aber auch Dienstleistungsmarken erfasst. Eine körperliche Verbindung ist hier mangels Körperlichkeit der Dienstleistung ausgeschlossen. Während die englische Fassung hier, wie in Art. 7 PVÜ den wesentlich offeneren Begriff „apply" verwendet, verwendet die französische Fassung von Art. 15.4 TRIPS „appliquer", Art. 7 PVÜ aber das wohl eher im Sinne eines körperlichen Anbringens zu verstehende „apposer". Wenn man das ernst nehmen möchte, dann ändert das aber immer noch nichts daran, dass Art. 7 PVÜ als *lex specialis* nur die Fälle regelt, in denen eine körperliche Verbindung besteht.

Damit bleibt von Art. 7 und 9 PVÜ am Ende höchstens ein *sprachliches* Indiz für eine Begrenzung des Markenbegriffs. Systematische, materielle Rückschlüsse lassen die Bestimmungen jedoch nicht zu. Für den Ausschluss technisch-funktioneller Marken wäre eine Begrenzung des Markenbegriffs über das Kriterium der körperlichen Verbindung zudem faktisch bedeutungslos, denn technisch-funktionelle Zeichen sind mit der Ware körperlich verbunden.

### 2. Trennbarkeit

Möglicherweise ist es aber gerade diese Art der Verbindung bei technisch-funktionellen Zeichen, die nicht dem Markenbegriff der PVÜ unterfällt, weil dieser eine „Trennbarkeit" von Zeichen und Ware verlangt.[23] Auch diese Ansicht könnte man auf den Wortlaut von Art. 7 bzw. 9 PVÜ stützen, weil „Anbringen" bzw. „Versehen mit" voraussetzt, dass die Ware ohne das Zeichen existieren kann bzw.

---

[20] Vgl. *Bodenhausen*, Guide to the Application of the Paris Convention 1968, S. 128, Rn. b).; *Ricketson*, The Paris Convention for the Protection of Industrial Property 2015, Rn. 12.70 f.; Starck/*Starck*, Warenzeichengesetz, 6. Aufl. 1989, PVÜ Art. 7, Rn. 1.

[21] Nach Art. 4quater PVÜ darf die Erteilung eines Patents nicht deshalb verweigert werden, weil der Vertrieb des patentierten Erzeugnisses Beschränkungen durch das innerstaatliche Recht unterworfen ist. Vgl. zur Parallele von Art. 4quater zu Art. 7 PVÜ *Bodenhausen*, Guide to the Application of the Paris Convention 1968, S. 128, Rn. b).

[22] Siehe Conférence internationale pour la protection de la propriété industrielle réunie a Paris du 4 au 20 Novembre 1880 (deuxième édition), S. 89.

[23] Vgl. zum Konzept der „Selbstständigkeit" beispielsweise Fezer/*Fezer*, Markenrecht, 4. Aufl. 2009, MarkenG § 3, Rn. 335 f.

vorstellbar ist. Das als Zeichen verwendete Merkmal der Ware, dessen Verwendung in der Ware einen technischen Effekt hervorruft, ist aber Teil der Ware selbst.

Auch hier kann die Feststellung jedoch nicht über ein sprachliches Indiz hinausgehen. Eine „Trennbarkeit" ist für die Bestimmungen nach dem oben Gesagten nicht relevant. Eine Begrenzung von Art. 7 oder 9 (1) PVÜ auf „trennbare" Marken wäre deswegen mit einer *effet utile* Auslegung kaum zu vereinbaren. Darüber hinaus betrifft Art. 9 PVÜ auch Handelsnamen im Sinne von Art. 8 PVÜ, wo sich die Vorstellung der „Trennbarkeit" bei der Verwendung auf physischen Waren gar nicht stellt.[24]

*3. Ergebnis: Lediglich sprachliches Indiz*

Damit kann zwar vertreten werden, dass sich in der Sprache von Art. 7 und 9 PVÜ die Vorstellung von „körperlicher Verbindung" und „Trennbarkeit" entnehmen lässt. Dass diese Vorstellungen Bestandteil eines verbandsautonomen Markenbegriffs sind, folgt aus einer systematischen Untersuchung aber nicht, weil diese Kriterien entweder den Anwendungsbereich dieser Bestimmungen nicht berühren oder es sich um die Regelung von Spezialfällen handelt.

## V. TRIPS

Außerhalb der PVÜ könnte Art. 15 TRIPS den Markenbegriff der PVÜ beeinflussen. Vorgreiflich ist hier auf die in Kapitel 3 noch zu begründende These hinzuweisen, dass technisch-funktionelle Zeichen nach Art. 15 TRIPS sowohl marken- als auch eintragungsfähig sein können. An der festzustellenden Anwendbarkeit von Art. 6quinquies PVÜ auf technisch-funktionelle Marken ändert TRIPS also schon aus diesem Grund nichts.

*1. Art. 31 (3) WVK greift nicht*

Zunächst ist denkbar, dass TRIPS gemäß Art. 31 (3) WVK die Auslegung der PVÜ mitbestimmt. Allerdings sind nicht alle Mitglieder der PVÜ auch Mitglied der WTO,[25] so dass es sich bei TRIPS weder um eine „spätere Übereinkunft" zwischen den Parteien im Sinne von Art. 31 (3) (a) WVK handelt, noch für sich genommen einen durch Staatenpraxis ausgedrückten Auslegungskonsens gemäß

---

[24] Vgl. *Saint-Gal*, Der internationale Schutz des Handelsnamens, GRUR Ausl 1964, 289, S. 290 ff.

[25] Die PVÜ zählt mit dem Beitritt Afghanistans am 14.2.2017 177 Mitglieder, die WTO 164, darunter die EU, Fidschi, Kap Verde, die Malediven, Myanmar und die Salomonen, die nicht Mitglieder der PVÜ sind. Andorra, Aserbaidschan, Äquatorialguinea, die Bahamas, Bhutan, Bosnien und Herzegowina, der Heilige Stuhl, Iran, Irak, die Komoren, Libanon, Libyen, Monaco, Nordkorea, San Marino, São Tomé und Príncipe, Serbien, Sudan, Syrien, Turkmenistan, Usbekistan und Weißrussland sind Mitglied der PVÜ, nicht aber der WTO.

Art. 31 (3) (b) WVK belegen kann.[26] Dass TRIPS nur die eigenen Mitglieder bindet, „versteht sich von selbst".[27] Dafür, dass Art. 15 TRIPS gewohnheitsrechtlich verbindlich ist und damit im Sinne von Art. 31 (3) (c) WVK einen „in den Beziehungen zwischen den Vertragsparteien anwendbare[n] einschlägige[n] Völkerrechtssatz" darstellt,[28] liegen keine Anhaltspunkte vor.[29]

## 2. Inter se-Bindung ohne Wirkung

Denkbar wäre aber, dass sich zumindest die Parteien, die Mitglied beider Abkommen sind, mittels Art. 15 TRIPS auf einen Markenbegriff auch der PVÜ geeinigt haben (*inter se*).[30]

Dabei ist zunächst zu beachten, dass dann im Verhältnis zu den PVÜ-Mitgliedern, die *nicht* WTO-Mitglieder sind, die Pflichten aus der PVÜ unverändert (d.h. nicht durch den Markenbegriff von TRIPS beschränkt) weiterbestehen. Hier zeigt sich erneut die besondere Natur der PVÜ als multilaterales Abkommen, von dem primär Staatsangehörige der Verbandsmitglieder profitieren, nicht Staaten selbst. Die Pflicht in Art. 6quinquies PVÜ ist zwar eine völkerrechtliche; die gewährten Rechte stehen aber nicht den Mitgliedsstaaten zu, sondern den Markenanmelderinnen.[31] Auch wenn eine von TRIPS unbeeinflusste Verpflichtung aus der PVÜ nur noch gegenüber einem einzigen Staat besteht, folgt daraus nicht, dass sich nur die Staatsangehörigen dieses Staates auf die Rechte berufen könnten, zu deren Gewährung die PVÜ verpflichtet. Auf völkerrechtlicher Ebene könnte zwar nur dieser Staat auf die Erfüllung der Pflicht bestehen. Erfüllt wird sie aber nicht auf der völkerrechtlichen Ebene, sondern gegenüber Markenanmelderinnen. Ein möglicherweise durch TRIPS *inter se* geänderter Marken-

---

[26] Vgl. *Frankel*, WIPO and treaty interpretation, in: Ricketson (Hrsg.), Research Handbook on the World Intellectual Property Organization 2020, 342, S. 348; *Niemann*, Geistiges Eigentum in konkurrierenden völkerrechtlichen Vertragsordnungen: Das Verhältnis zwischen WIPO und WTO/TRIPS 2008, S. 338.

[27] Busche/Stoll/Wiebe/*Brand*, TRIPs, 2. Aufl. 2013, Artikel 2, Rn. 113.

[28] Vgl. *Niemann*, Geistiges Eigentum in konkurrierenden völkerrechtlichen Vertragsordnungen 2008, S. 335 ff.

[29] So aber wohl *Zhan*, The International Registration of Non-traditional Trademarks, (2017) 16 World Trade Review 111, S. 135: „universally valid legal definition of a trademark at the international level." Vgl. auch *Frankel*, WIPO and treaty interpretation, in: Ricketson (Hrsg.), Research Handbook on the World Intellectual Property Organization 2020, 342, S. 348.

[30] Vgl. *Netanel*, The Next Round: The Impact of the WIPO Copyright Treaty on TRIPS Dispute Settlement, (1997) 37 Virginia Journal of International 441, S. 465; *Dinwoodie/Dreyfuss*, Designing a Global Intellectual Property System, (2009) 46 Houston Law Review 1187, S. 1213. Zur *inter se*-Bindung vgl. allgemein *McRae*, The Legal Effect of Interpretative Declarations, (1978) 49 British Yearbook of International Law 155, S. 168; *Benatar*, From Probative Value to Authentic Interpretation, (2011) 44 Revue Belge de Droit International 170, S. 196.

[31] Vgl. Busche/Stoll/Wiebe/*Brand*, TRIPs, 2. Aufl. 2013, Artikel 2, Rn. 120; *Bodenhausen*, Guide to the Application of the Paris Convention 1968, S. 15.

begriff ändert folglich nichts an dem materiellen Umfang der Pflicht aus Art. 6quinquies PVÜ.

Was die mögliche *inter se* Änderung selbst angeht, so müsste diese zudem die Hürde von Art. 19 PVÜ sowie von Art. 2.2 TRIPS nehmen.[32] Art. 2.2 TRIPS stellt sicher, dass in Einklang mit Art. 19 PVÜ durch TRIPS keine pflichten*mindernde* Änderung der PVÜ Vorgaben erzeugt wird.[33] Genau diesen Effekt hätte aber eine Beschränkung des Anwendungsbereichs von Art. 6quinquies PVÜ auf den Markenbegriff von TRIPS. Wo ohne bzw. vor TRIPS allein die Eintragung als Marke im Ursprungsland die Eintragungspflicht auslöste, müsste nach TRIPS zusätzlich noch die Voraussetzung erfüllt sein, dass das Zeichen unter den Markenbegriff von TRIPS fällt. Wo vorher keine Grenze war, würde so eine eingezogen, ganz gleich, wie eng oder weit der Markenbegriff von TRIPS ist.

Wenn man der PVÜ auch zuvor schon einen verbandseigenen Markenbegriff entnahm,[34] dann kann aus TRIPS ebenfalls keine Beschränkung folgen: der Markenbegriff und damit der Anwendungsbereich von Art. 6quinquies PVÜ darf durch TRIPS nicht *enger* werden.[35]

So gesehen ist die Frage, ob Art. 6quinquies PVÜ wegen Art. 15.1 Satz 4 TRIPS[36] auf nicht visuell wahrnehmbare Zeichen anwendbar bleibt,[37] eindeutig zu beantworten. Zunächst darf auch hier nicht übersehen werden, dass TRIPS höchstens *inter se* wirken kann. Außerdem ist hier in Vorgriff auf Kapitel 3 festzustellen, dass das Fehlen der visuellen Wahrnehmbarkeit nach Art. 15.1 Satz 4 TRIPS nichts an der grundsätzlichen „Markenfähigkeit" des Zeichens ändert. Es geht nicht um die „Markenfähigkeit" im Sinne von Art. 15.1 Satz 1 TRIPS („capable of constituting a trademark"), sondern die „Eintragungsfähigkeit" im

---

[32] Vgl. *Niemann*, Geistiges Eigentum in konkurrierenden völkerrechtlichen Vertragsordnungen 2008, S. 333.

[33] Vgl. Busche/Stoll/Wiebe/*Brand*, TRIPs, 2. Aufl. 2013, Artikel 2, Rn. 120 („Die Verbandsstaaten dürfen keine Regelungen treffen, welche die Rechte der Urheber und Markeninhaber weitergehend beschneiden.")

[34] Was sich aber wie bereits erwähnt mit dem Allgemeinplatz beißt, dass erst TRIPS einen internationalen Markenbegriff schuf.

[35] Vgl. Busche/Stoll/Wiebe/*Brand*, TRIPs, 2. Aufl. 2013, Artikel 2, Rn. 120.

[36] Nach Art. 15.1 Satz 4 TRIPS können die Mitgliedsstaaten die visuelle Wahrnehmbarkeit von Zeichen als Eintragungsvoraussetzung festlegen.

[37] Vgl. den Überblick bei *Zhan*, The International Registration of Non-traditional Trademarks, (2017) 16 World Trade Review 111, S. 135 f. Gegen die Anwendbarkeit auf nicht visuell wahrnehmbare Zeichen *Schmidt-Pfitzner*, Das TRIPS-Übereinkommen und seine Auswirkungen auf den deutschen Markenschutz 2005, S. 41 („Der an sich abschließende Katalog der zulässigen Schutzverweigerungsgründe in Art. 6$^{quinquies}$ B PVÜ wird durch das TRIPS damit um die [...] visuelle Wahrnehmbarkeit als Eintragungsvoraussetzung in Art. 15 Abs. 1 S. 4 TRIPS erweitert.") und *Knaak*, Markenrecht im TRIPS-Übereinkommen, in: Schricker/Beier (Hrsg.), Die Neuordnung des Markenrechts in Europa 1997, 19, S. 22; vgl. *Dinwoodie/Kur*, Non-conventional marks and the obstacle of functionality, in: Ricketson (Hrsg.), Research Handbook on the World Intellectual Property Organization 2020, 131, S. 148.

Sinne von Art. 15.1 Satz 2 und 3 TRIPS („eligible for registration", „registrability").[38] Wenn man die Anwendung von Art. 6quinquies PVÜ also auf den *Marken*begriff von TRIPS beschränken möchte, dann ändert die Art der Wahrnehmbarkeit (visuell oder sonstig) nichts. Es käme allein auf Art. 15.1 Satz 1 TRIPS an, nicht auf Satz 4. Die Diskussion findet dementsprechend auf einer anderen begrifflichen Ebene statt, indem gefragt wird, ob Art. 15.1 Satz 4 TRIPS eine *Erlaubnis* zur Zurückweisung darstellt, die auch einer *Pflicht* aus Art. 6quinquies PVÜ entgegengehalten werden kann.[39] Die Antwort auf diese Frage gibt Art. 2.2 TRIPS: Verpflichtungen aus der PVÜ werden *nicht* von Bestimmungen des TRIPS abgeschafft.[40]

Daher überzeugt auch der folgende, vermeintliche Umkehrschluss aus Art. 15.2 TRIPS nicht. Nach Art. 15.2 TRIPS dürfen die Mitgliedsstaaten ein Zeichen aus anderen Gründen zurückweisen, solange sie dabei nicht von der PVÜ abweichen. Daraus folge im Umkehrschluss, dass die Eintragungsvoraussetzungen in Art. 15.1 TRIPS, einschließlich des Erfordernisses der visuellen Wahrnehmbarkeit nach Satz 4, sehr wohl von der PVÜ abweichen dürften. Das Verbot aus Art. 15.2 TRIPS greife hier nicht, so dass die Erlaubnis aus TRIPS die Pflicht aus Art. 6quinquies PVÜ trumpft.[41] Das übersieht, dass nicht Art. 15.2 TRIPS die Pflichten aus der PVÜ begründet. Sein zweiter Halbsatz ist nur deklaratorisch, um auszuschließen, dass der erste Halbsatz als speziellere Norm zu Art. 2 TRIPS verstanden wird, die in diesem Bereich eine Abweichung von der PVÜ erlaubt.

Von diesen Überlegungen zu trennen ist das faktische Element, das aus der Harmonisierung durch Art. 15 TRIPS für die Validierung folgt. Wenn das im Ursprungsland eingetragene Zeichen nach Art. 15 TRIPS als eintragungsfähig zu behandeln ist, dann verstößt die Zurückweisung der Anmeldung aus Gründen, die sich auf das Zeichen selbst beziehen (Eintragungsfähigkeit), nicht *wegen*

---

[38] Vgl. *Zhan*, The International Registration of Non-traditional Trademarks, (2017) 16 World Trade Review 111, S. 136.

[39] Vgl. *Pires de Carvalho*, The TRIPS Regime of Trademarks and Designs, 4. Aufl. 2019, Rn. 15.40 und 15.67; *Zhan*, The International Registration of Non-traditional Trademarks, (2017) 16 World Trade Review 111, S. 135; *Marsoof*, TRIPS Compatibility of Sri Lankan Trademark Law, (2012) 15 Journal of World Intellectual Property 51, S. 53.

[40] Vgl. *Busche/Stoll/Wiebe/Brand*, TRIPs, 2. Aufl. 2013, Artikel 2, Rn. 120; *Zhan*, The International Registration of Non-traditional Trademarks, (2017) 16 World Trade Review 111, S. 136; *Marsoof*, TRIPS Compatibility of Sri Lankan Trademark Law, (2012) 15 Journal of World Intellectual Property 51, S. 53. Im Fall von PVÜ-Mitgliedern räumt Art. 2.2 TRIPS im Konfliktfall der *Verpflichtung* aus der PVÜ den Vorrang ein, vgl. *Grosse Ruse-Khan*, The Protection of Intellectual Property in International Law 2016, Rn. 4.56. *Pires de Carvalho*, The TRIPS Regime of Trademarks and Designs, 4. Aufl. 2019, S. 242, Rn. 15.67, stellt fest, dass es sich nach seinem Verständnis um eine „Paris minus" Bestimmung handelt.

[41] Vgl. *Pires de Carvalho*, The TRIPS Regime of Trademarks and Designs, 4. Aufl. 2019, S. 226 f., Rn. 15.41; anders *Marsoof*, TRIPS Compatibility of Sri Lankan Trademark Law, (2012) 15 Journal of World Intellectual Property 51, S. 54.

Art. 15 TRIPS gegen Art. 6quinquies PVÜ.[42] Vielmehr würde die Zurückweisung *sowohl* gegen Art. 15 TRIPS *als auch* gegen Art. 6quinquies PVÜ verstoßen.

*3. Adaption über Art. 2.1 TRIPS*

Zu unterscheiden sind die obigen Überlegungen von der Frage, ob Art. 15 TRIPS zu einer Änderung der PVÜ-Bestimmungen führt, wie sie über Art. 2.1 TRIPS inkorporiert bzw. adaptiert werden. Hier spielt das soeben skizzierte regelungstechnische Zusammenspiel von PVÜ und TRIPS keine Rolle, weil nicht Pflichten aus der PVÜ durch TRIPS gemindert würden, sondern der Umfang der durch Art. 2.1 TRIPS originäre geschaffene Pflichten bestimmt wird. Eine Beschränkung auf den Markenbegriff von TRIPS ist insoweit grundsätzlich möglich. Allerdings können technisch-funktionelle Zeichen sowohl marken-, als auch eintragungsfähig sein,[43] so dass auch die in TRIPS einbezogene Pflicht aus Art. 6quinquies PVÜ grundsätzlich greift.

*4. Ergebnis: Keine Beschränkung durch TRIPS*

Damit führt auch TRIPS nicht zu einer Beschränkung des Markenbegriffs, die technisch-funktionelle Marken vom Anwendungsbereich der Validierungsklausel ausnehmen würde.

## VI. Entstehungsgeschichte

Dass die PVÜ auf einen bestimmten Markenbegriff beschränkt ist, wird außerdem damit begründet, dass die Parteien der PVÜ an bestimmte Zeichenarten nicht gedacht hätten.[44] Diese unterfielen folglich nicht der PVÜ. Anders ausgedrückt fehlt eine Definition des Markenbegriffs, weil allen Beteiligten klar war, was eine Marke ist: „Why define the obvious"[45].

Selbst wenn man von den oben erörterten methodischen Problemen der Einbeziehung historischer Umstände in die Auslegung absieht, überzeugt dies nicht. Mit Blick auf die Umstände der Revisionen der PVÜ (schien und) scheint eine

---

[42] Vgl. *Zhan*, The International Registration of Non-traditional Trademarks, (2017) 16 World Trade Review 111, S. 135 ff.; *Dinwoodie/Kur*, Non-conventional marks and the obstacle of functionality, in: Ricketson (Hrsg.), Research Handbook on the World Intellectual Property Organization 2020, 131, S. 142.

[43] Dazu unten *Kapitel 5*.

[44] Vgl. RPA Beschwerdeabteilung, Entscheidung v. 19.12.1931, B 128/31 (D 29 390/28 Wz) = GRUR 1932, 598 – *Hörzeichen*, S. 599, wonach die Bestimmung auf Wort- und Bildzeichen beschränkt sei; nicht erfasst deshalb Hörzeichen sowie Tast-, Schmeck- und Riechzeichen; ebenso *Ng-Loy*, Absolute Bans on the Registration of Product Shape Marks, in: Calboli/Senftleben (Hrsg.), The Protection of Non-Traditional Trademarks 2018, 147, S. 162, für sog. nicht-traditionelle Marken.

[45] *Tritton*, TRIPS and Trade Marks, in: Heath/Kamperman Sanders (Hrsg.), 25 Years of the TRIPS Agreement 2021, S. 88.

solche Begrenzung nicht plausibel,[46] selbst wenn man unterstellt, dass „im Gesichtsfelde" von 1883 nur Bild- und Wortzeichen vorhanden waren.[47] In dieser Annahme liegt bereits eine Ungenauigkeit, weil Wortmarken damals alles andere als universell anerkannt waren.[48] Nach einer Ansicht war die Möglichkeit der Eintragung „Telle Quelle" in Deutschland vor allem wichtig, „als es bei uns noch keine Wortmarken gab".[49] Gerade damit wird die Formulierung „Form" im Schlussprotokoll zur ursprünglichen Fassung der PVÜ von 1883 erklärt, denn nur bei Bildzeichen sei eine Unterscheidung zwischen Form und Inhalt möglich. Schon bei Wortzeichen verschwimme diese Abgrenzungsmöglichkeit.[50] Der Begriff „Zeichen" im Schlussprotokoll bewirkte jedenfalls keine Beschränkung, insbesondere nicht auf „figürliche Zeichen".[51]

Jedenfalls ist es abwegig, dass im Jahr 1967, als die PVÜ zuletzt revidiert wurde, die Parteien die Existenz sog. nicht-traditioneller Marken ausblendeten.[52] In den USA wurde schon 1950 die erste Marke mit dem „Mark Drawing Code: 6" für nicht bildlich darstellbare Hörzeichen eingetragen,[53] nachdem der Lanham

---

[46] So im Ergebnis auch *Edrich*, Die Klausel „telle-quelle" 1962, S. 56.

[47] Vgl. *Munzinger*, Rückwirkungen des „telle quelle«-Prinzips auf das nationale Markenrecht, GRUR Ausl 1958, 464, S. 466, der aber auch darauf hinweist, dass selbst der Schutz von Wortzeichen nicht überall und immer so anerkannt war, wie man aus der heutigen Rückschau vermuten könnte.

[48] Vgl. *Greeley*, Foreign patent and trademark laws 1899, S. 159, § 157: in Österreich und Norwegen seien Wortzeichen nur über (die Vorgängerbestimmung von) Art. 6quinquies eintragungsfähig, in Finnland nicht einmal das. *Dinwoodie/Kur*, Non-conventional marks and the obstacle of functionality, in: Ricketson (Hrsg.), Research Handbook on the World Intellectual Property Organization 2020, 131, S. 132, scheinen hingegen vom Wortzeichen als universellem Grundfall der Marke auszugehen („in 1911, trademarks were generally understood to encompass word marks, or at most signs (also) containing pictorial elements").

[49] So *Kohler*, Warenzeichenrecht 1910, S. 219, Vgl. auch *Osterrieth*, Die Washingtoner Konferenz, GRUR 1912, 1, S. 17 (linke Spalte), demzufolge „man im Jahr 1883 nur an Bildzeichen dachte". Vgl. auch Vorbereitende Dokumente des Internationalen Büros zum Schutze des gewerblichen Eigentums zur Lissabonner Konferenz 1958 (= GRUR Ausl Sonderheft 1958), S. 26, zu Britannien, Deutschland und Dänemark. Zum Bildzeichen als Marke „par excellence" siehe Zitat von *Marafy* bei *Greeley*, Foreign patent and trademark laws 1899, S. 158, § 156.

[50] Vgl. *Osterrieth*, Die Washingtoner Konferenz, GRUR 1912, 1, S. 17 (linke Spalte), und *Edrich*, Die Klausel „telle-quelle" 1962, S. 40.

[51] Vgl. *Marquis de Maillard de Lafaye*, Artikel 6 des Pariser Unionsvertrages, Jahrbuch der Internationalen Vereinigung für Gewerblichen Rechtsschutz 1906, 64, S. 65, auch gegen eine Unterscheidung der Anwendbarkeit bei Wort- und Bildzeichen.

[52] Zur Warenform z.B. schon *Marquis de Maillard de Lafaye*, Artikel 6 des Pariser Unionsvertrages, Jahrbuch der Internationalen Vereinigung für Gewerblichen Rechtsschutz 1906, 64, S. 65. Auf den Fall der *Benedictine*-Flasche in den Unterlagen zur Lissaboner Konferenz (1958) weist *Kunz-Hallstein*, Art. 6quinquies, MarkenR 2006, 487, S. 493 (linke Spalte), hin.

[53] Siehe USPTO Reg. No. 0523616, angemeldet am 20.11.1947, eingetragen am 4.4.1950, betreffend ein Hörzeichen der NBC; vgl. *Geraldson/Griffin*, Evolution of nontraditional marks in the United States, in: Bomhard/Pagenberg/Schennen (Hrsg.), Harmonisierung des Markenrechts 2005, 191, S. 199.

Act mit seinem offenen Markenbegriff in Kraft getreten war. Außerdem wurden schon auf der Washingtoner Konferenz 1911 neben Flaschen[54] sogar lebende Tiere („animal vivant") als Beispiele für unterschiedliche Regeln in den Verbandsländern erörtert.[55] Dass die Markenbegriffe der Mitglieder dermaßen auseinandergehen (könnten) war auch keine theoretische Feststellung. Sie bildete die Grundlage für die Forderung nach einer Begrenzung der Validierungsklausel.[56] Es wurde befürchtet, dass sonst auch solche – auch aus der heutigen Sicht wohl „nicht-traditionellen" – Zeichen wie lebende Tiere eingetragen werden müssten. Diese Befürchtung wäre kaum geäußert worden, wenn man davon ausgegangen wäre, dass die Validierungsklausel von sich aus auf Wort- oder Bildzeichen beschränkt ist.

Auch auf der Lissabonner Konferenz 1958 wurde noch einmal über Hör- und Geruchsmarken gesprochen.[57] Dort wurde vom Büro vorgeschlagen, den Begriff der Marke in der Gegenseitigkeitsklausel durch den Begriff des Zeichens zu ersetzen. Hiergegen regte sich, wie oben erörtert, (britischer) Widerstand, mit der Begründung, dass dann auch Hör- und sonstige Zeichen erfasst wären.[58] Der Vorschlag wurde nicht angenommen.[59] Art. 6quinquies PVÜ spricht weiterhin von Marke, und nicht Zeichen. Das ist für sich genommen aber kein Beleg dafür, dass alle Parteien die (britische) Ansicht teilten, wonach *ohne* eine solche Änderung Hörzeichen nicht unter Art. 6quinquies fallen und fielen.[60] Gegen einen solchen Konsens spricht schon die Stellungnahme der Bundesrepublik, die dem britischen Ruf nach der Abschaffung der Validierungsklausel widersprach und geradezu entgegengesetzt eine *zukünftige* Beschränkung auf bestimmte Zeichenarten ansprach.[61] Darüber hinaus wurde der kanadische Vorschlag, statt Marke den Ausdruck „sichtbare Zeichen" einzufügen, ebenfalls abgelehnt.[62] Wenn man aus der Ablehnung des Vorschlags des Büros entnehmen möchte, dass Hörzeichen nicht erfasst sind, dann müsste man hier mit derselben Logik zum gegen-

---

[54] Vgl. Papers and correspondence relative to the recent conference at Washington, for the revision of the International Convention for the Protection of Industrial Property and the arrangement for the prevention of false indications of origin on goods, S. 98, zitiert nach *Ng-Loy*, Absolute Bans on the Registration of Product Shape Marks, in: Calboli/Senftleben (Hrsg.), The Protection of Non-Traditional Trademarks 2018, 147, S. 157.
[55] Siehe Actes de la Conférence réunie à Washington du 15 mai au 2 juin 1911, S. 308.
[56] Siehe Actes de la Conférence réunie à Washington du 15 mai au 2 juin 1911, S. 308 f.
[57] Siehe Actes de la Conférence réunie à Lisbonne du 6 au 31 octobre 1958, S. 600.
[58] Siehe ebd.
[59] Vgl. *Ricketson*, The Paris Convention for the Protection of Industrial Property 2015, Rn. 12.17.
[60] Dazu *Edrich*, Die Klausel „telle-quelle" 1962, S. 56 f.: „Denn die Nichtannahme einer Klarstellung bedeutet nicht, daß das Gegenteil zur Regel erhoben wurde."
[61] Siehe Actes de la Conférence réunie à Lisbonne du 6 au 31 octobre 1958, S. 600 („qu'il y avait lieu seulement de se demander s'il ne serait pas bon de la borner à certaines catégories de marques").
[62] Siehe Actes de la Conférence réunie à Lisbonne du 6 au 31 octobre 1958, S. 751.

teiligen Ergebnis kommen. Damit ist also aus einer historischen Betrachtung gerade kein Konsens feststellbar, nach welchem sog. nicht-traditionelle bzw. nicht visuell wahrnehmbare Marken nicht unter Art. 6quinquies fallen sollten. Dies kann man bereits der ursprünglichen Fassung der PVÜ entnehmen. Wortzeichen waren 1883 wie gesehen gerade nicht universell als marken- bzw. eintragungsfähige Zeichenarten anerkannt. Diese wurden deshalb sogar als der „Hauptfall" bezeichnet, an den man bei der Schaffung der Validierungsklausel gedacht hatte.[63] Es ging nach dieser Ansicht also von Anfang an darum, die Rechtsvorschriften des Ziellandes auszuschalten, die bestimmte Zeichenarten *per se* ausschlossen. Hauptfall – aber eben nicht der einzige denkbare Anwendungsfall – war der fehlende Markenschutz von Wortzeichen. Auch die Annahme, dass es überhaupt so etwas wie traditionelle bzw. davon abgrenzbar nicht-traditionelle Marken gibt,[64] ist am Ende eine reine Frage der (nationalen/regionalen) Perspektive, wie das Beispiel des russischen Rechts gegen Ende des 19. Jahrhunderts zeigt: mit den Angaben, die das Fabrikzeichen („клеймо") enthalten mussten,[65] das historisch auch eine Funktion als Steuermarke hatte, unterschied sich der Markenbegriff so grundlegend von beispielsweise dem französischen Zeichenrecht, dass mangels eines gemeinsamen „traditionellen" Markenbegriffs von einer bilateralen Validierungsklausel nichts mehr übrig geblieben wäre, hätte man diese auf sog. traditionelle Zeichen beschränkt. Man kann damit bezweifeln, ob 1883 selbst Wort- oder Bildmarken den Status einer *universellen* traditionellen Zeichenart beanspruchen konnten. Universell scheint höchstens die visuelle Wahrnehmbarkeit gewesen zu sein.[66] Das Fehlen einer verbandseigenen Definition der Marke in der PVÜ ist nicht deswegen unproblematisch, weil zwischen den nationalen Markengesetzen weitgehend Deckungsgleichheit bestünde,[67] sondern weil man sich gerade wegen der geschilderten, erheblichen Unterschiede auf eine klassische Validierungsklausel einigte.

Als Ergebnis einer historischen Betrachtung scheint es daher nicht plausibel, die PVÜ auf bestimmte (sog. „traditionelle") Zeichenarten und damit einen eigenen Markenbegriff beschränkt anzusehen. Vielmehr waren sich die Parteien (spätestens bei der letzten Revision von Art. 6quinquies PVÜ) darüber im Klaren, dass sich der Kreis der nach innerstaatlichem Recht markenfähigen Zeichenarten erheblich unterscheidet und auch stetig erweitert.[68] Gerade aus diesem

---

[63] *A. Seligsohn*, Gesetz zum Schutz der Warenbezeichnungen, 2. Aufl. 1905, S. 302, Rn. 7.

[64] Vgl. zu Kritik an diesem Begriff als nicht den alltäglichen Erfahrungen entsprechend *Pires de Carvalho*, The TRIPS Regime of Trademarks and Designs, 4. Aufl. 2019, S. 232.

[65] Vgl. zu den Angaben *Nebolsin*, Законодательство о фабричных и торговых клеймах в России и заграницей 1886, S. 56, Rn. 64.

[66] Vgl. *Ricketson*, The Trademark Provisions in the Paris Convention, in: Calboli/Ginsburg (Hrsg.), The Cambridge Handbook of International and Comparative Trademark Law 2020, 3, S. 7.

[67] Vgl. *Ricketson*, ebd.

[68] Vgl. *Edrich*, Die Klausel „telle-quelle" 1962, S. 56. Anders *Munzinger*, Rückwirkungen des „telle quelle"-Prinzips auf das nationale Markenrecht, GRUR Ausl 1958, 464, S. 466 (rechte Spalte).

Blickwinkel war es sinnvoll, keinen materiell-harmonisierenden Ansatz zu wählen, sondern eine Validierungsregel. Die kontroverse Frage, was denn nun eine Marke sein kann, wurde bewusst offengelassen, und insoweit auf die Eintragung als Marke im Ursprungsland „verwiesen".

## C. Gesamtergebnis: Kein beschränkter Markenbegriff der PVÜ

Die PVÜ enthält keinen verbandseigenen Begriff der Marke. Die Anwendung von Art. 6quinquies PVÜ ist nicht auf einen PVÜ-eigenen Markenbegriff beschränkt. Damit unterfällt auch der Ausschluss technisch-funktioneller Zeichen grundsätzlich dem Anwendungsbereich von Art. 6quinquies PVÜ. Der Ausschluss technisch-funktioneller Zeichen kann der Anmeldung einer im Ursprungsland eingetragenen Marke grundsätzlich nicht entgegengehalten werden. Dies gilt auch im WTO-Kontext.

*Kapitel 3*

# Ordre public-Ausnahme zur Validierungsklausel

Nachdem geklärt ist, dass auch technisch-funktionelle Marken von Art. 6quinquies PVÜ erfasst werden, kommt es nun darauf an, ob der Ausschluss technisch-funktioneller Auslandsmarken unter eine zulässige Ausnahme zur Validierungsklausel fällt. Neben der an anderer Stelle in der gebotenen Kürze zu verneinenden Einschlägigkeit der Ausnahme nach Art. 6quinquies B Nr. 2 PVÜ[1] soll im Folgenden erörtert werden, ob der Ausschluss technisch-funktioneller Marken unter die *ordre public*-Ausnahme des Art. 6quinquies B Nr. 3 PVÜ fällt.[2]

Um diese These zu bestätigen, muss zunächst geklärt werden, was die PVÜ hier mit dem Begriff *ordre public* meint. Weil Art. 6quinquies PVÜ anderenfalls leerlaufen würde, kann man im *ordre public* zwar keinen direkten Verweis auf die *formale* Stellung des Ausschlusses im jeweiligen mitgliedstaatlichen Recht sehen. Auf die Identifizierung einer systematisch und/oder verfassungsrechtlich begründeten, übergeordneten „Meta-Norm", die hinter dem Ausschluss steht, kommt es insoweit nicht an. Diskussionswürdig bleibt dennoch, inwieweit Wertungen des mitgliedstaatlichen Rechts den *ordre public* bilden oder ihn belegen. Zwar spricht nach der hier vertretenen Auffassung eine verbandsautonome Bestimmung des *ordre public*-Begriffs gegen jeglichen Rückverweis auf nationales Recht. Dessen Wertungen können aber auch beim hier vertretenen *interessenbezogenen* Ansatz zumindest indiziell berücksichtigt werden. Auch der *interessenbezogene* Ansatz kann mangels konkreter Vorgaben letztlich nur eine Art Missbrauchskontrolle erzeugen. Aus pragmatischer Sicht ist deswegen fraglich, ob der hier verfolgte, methodisch auf den Erhalt der Wirksamkeit von Art. 6quinquies PVÜ ausgerichtete Ansatz seinem Anspruch letztlich gerecht werden kann. Jedenfalls nimmt der Ausschluss technisch-funktioneller Marken die Hürde der *ordre public*-Ausnahme. Schon mit Blick auf die wohlfahrtsmindernden Auswirkungen von zeitlich unbegrenzten Produktmarktmonopolen, die dieser Ausschluss verhindern soll,[3] ist die Berufung auf gewichtige gesellschaftliche Interes-

---

[1] Siehe unten *Kapitel 5 D. II. 2.*
[2] Vgl. *Kur*, Alles oder Nichts im Formmarkenschutz?, GRUR Int 2004, 755, S. 758; *Ohly*, „Buy me because I'm cool": the „marketing approach" and the overlap between design, trade mark and unfair competition law, in: Kur/Levin/Schovsbo (Hrsg.), The EU Design Approach 2018, S. 120.
[3] Vgl. *Kur*, Acquisition of Rights, in: Kur/Senftleben (Hrsg.), European Trade Mark Law 2017, 89, S. 159, Rn. 4.172; *Hacker*, Technisch funktionale Marken, in: Ahrens et al. (Hrsg.), Festschrift für Wolfgang Büscher 2018, 15, S. 28.

sen nicht missbräuchlich. Damit ist von der Zulässigkeit des Ausschlusses auszugehen.

Nach einem Überblick über die zum *ordre public* der PVÜ vertretenen Ansätze (A.) wird zunächst die Ansicht zurückgewiesen, es handele sich um einen Verweis auf das Internationale Privatrecht (B.). Anschließend wird ein verbandsautonomes Konzept entwickelt (C.), das wegen der Unbestimmtheit der PVÜ letztlich in einer Missbrauchskontrolle mündet (D.). Weil es durchaus plausibel ist, dass der Ausschluss technisch-funktioneller Marken gewichtige Allgemeininteressen betrifft (E.), ist eine Berufung auf die *ordre public*-Ausnahme nicht missbräuchlich und der Ausschluss damit zulässig (F.).

## A. Überblick über die vertretenen Ansätze

Zunächst wurde und wird der Begriff des *ordre public* in Art. 6quinquies PVÜ in Anlehnung an das Internationale Privatrecht und dessen gleichnamiges Konzept des *ordre public* verstanden.[4] Der Inhalt des Begriffs in der PVÜ hängt dann konsequenterweise davon ab, welchen Inhalt das Konzept im jeweiligen Internationalen Privatrecht hat.[5] Demgegenüber steht eine verbandsautonome Begriffsbestimmung, die nicht auf das Internationale Privatrecht zurückgreift.[6]

---

[4] Vgl. aus der Literatur *Osterrieth/Axster*, Die Internationale Übereinkunft zum Schutze des gewerblichen Eigentums 1903, S. 172; *Schmidt-Pfitzner*, Das TRIPS-Übereinkommen und seine Auswirkungen auf den deutschen Markenschutz 2005, S. 82; aus der Rechtsprechung RG, Entscheidung v. 29.6.1942, II 22/42 (Kammergericht) = GRUR 1942, 428 – *Schwarz-Weiß*, S. 430; v. 18.1.1935, II 266/34 (Kammergericht) = RGZ 146, 325 = GRUR 1935, 244 – *Fratelli Branca*, S. 247 (linke Spalte); BGH, Urteil v. 5.2.1987, I ZR 56/85 = NJW 1987, 2164 – *LITAFLEX*, S. 2165; BPatG, Beschluss v. 14.5.1997, 26 W (pat) 59/95 = GRUR 1998, 146 – *Plastische Marke*, S. 147. Das Internationale Privatrecht wird auch herangezogen, um den Inhalt des Begriffs der „öffentlichen Ordnung" im *nationalen* Markenrecht zu bestimmen, vgl. statt vieler Koukal/Charvát/Hejdová/Černý/*Charvát*, Zákon o ochranných známkách, 2017, § 4, Rn. 140. Anders explizit Kur/Bomhard/Albrecht/*Albrecht*, BeckOK Markenrecht, 30. Aufl. 2022, MarkenG § 8 Absolute Schutzhindernisse, Rn. 663, in Abgrenzung zu sowohl Internationalem Privatrecht als auch Polizeirecht („Der Begriff „öffentliche Ordnung" entspricht nicht dem „ordre public" aus dem internationalen Privatrecht (BGH GRUR 1987, 525 – Litaflex) und nicht der öffentlichen Ordnung aus dem Polizeirecht.").

[5] Vgl. zur zeitlichen Wandelbarkeit des *ordre public*-Begriffs im nationalen Internationalen Privatrecht explizit BGH, Urteil v. 5.2.1987, I ZR 56/85 = NJW 1987, 2164 – *LITAFLEX*, S. 2165, wo von der „heute gebräuchlichen Auslegung" gesprochen wird.

[6] Ohne Verweis auf das Internationale Privatrecht z.B. *Hagens*, Warenzeichenrecht 1927, S. 344, Anm. 3; *Bodenhausen*, Guide to the Application of the Paris Convention 1968, S. 116, Rn. h); *Edrich*, Die Klausel „telle-quelle" 1962, S. 106; *Ladas*, Patents, Trademarks, and Related Rights 1975, § 665, S. 1236; Kunz/Ringl/*Vilimská*, Mezinárodní smlouvy z oblasti průmyslového vlastnictví 1985, S. 137; *Kur*, What is „AS IS"? Das telle quelle-Prinzip nach „Havana Club", in: Bomhard/Pagenberg/Schennen (Hrsg.), Harmonisierung des Markenrechts 2005, 361, S. 377; Fezer/*Fezer*, Markenrecht, 4. Aufl. 2009, PVÜ Art. 6quinquies, Rn. 14; *Dinwoodie/Kur*, Non-conventional marks and the obstacle of functionality, in: Ri-

Davon unabhängig lassen sich zwei unterschiedliche inhaltliche Auffüllungen der *ordre public*-Ausnahme feststellen. Auf der einen Seite wird mit einem *formalen* Ansatz darauf abgestellt, wie die Regel, gegen die verstoßen wird, im nationalen Rechtssystem zu verorten ist. Auf der anderen Seite stellt ein *interessenbezogener* Ansatz darauf ab, ob und welche gesellschaftlichen Interessen verletzt werden.

So lässt sich der von BGH und BPatG vertretene Ansatz, der auf einer Gleichsetzung mit Art. 6 EGBGB beruht,[7] dem formalen Ansatz zuordnen. Inhaltlich erfasst wird ein Verstoß gegen „alle Vorschriften, die zu den wesentlichen Grundsätzen des deutschen Markenrechts und damit zum ‚ordre public' (Art. 6 EGBGB) im Sinne des Art. 6quinquies PVÜ gehören". Das entspricht dem, was man verallgemeinernd als kontinentaleuropäisches (civil law) Konzept des *ordre public* im Internationalen Privatrecht bezeichnet: *ordre public* als Gesamtheit derjenigen Rechtsregeln, die (im Sinne eines „jus cogens") unbedingt gelten müssen.[8] Ebenfalls formal ist das Abstellen auf „wesentliche Grundsätze" bzw. den „Kernbestand" des nationalen Rechts, um die „wesentlichen Grundlagen" bzw. die „Grundpfeiler" des nationalen Markenrechts.[9] Der Ausdruck „Wertvorstellungen des eigenen Rechts"[10] betont die selbstreferentielle Tendenz, die mit diesem formalen Ansatz einhergeht: es ist das jeweilige *Rechts*system, das bestimmt, welche seiner Regeln seinen Kernbestand bilden. Man spricht folgerichtig von Wertungen *des Rechts*.[11] Diese finden ihren Ausdruck in der formalen Verortung der jeweiligen Rechtsregel im Rechtssystem.

---

cketson (Hrsg.), Research Handbook on the World Intellectual Property Organization 2020, 131, S. 145 f. Siehe auch den Überblick bei *Sack*, Der Telle-quelle-Schutz von Marken nach Art. 6quinquies PVÜ, in: Hacker/Thiering (Hrsg.), Festschrift für Paul Ströbele 2019, 371, S. 381.

[7] Vgl. BGH, Urteil v. 5.2.1987, I ZR 56/85 = NJW 1987, 2164 – *LITAFLEX*, S. 2165; BPatG, Beschluss v. 14.5.1997, 26 W (pat) 59/95 = GRUR 1998, 146 – *Plastische Marke*, S. 147

[8] Vgl. *Forde*, The „Ordre Public" Exception and Adjudicative Jurisdiction Conventions, (1980) 29 International & Comparative Law Quarterly 259, S. 259.

[9] Vgl. BPatG, Beschluss v. 14.5.1997, 26 W (pat) 59/95 = GRUR 1998, 146 – *Plastische Marke*, S. 147; Ströbele/Hacker/Kirschneck/*Hacker*, Markengesetz, 8. Aufl. 2006, § 3, Rn. 18; *Pflüger*, Paris Convention, art. 6quinquies, in: Cottier/Véron (Hrsg.), Concise International and European IP Law, 3. Aufl. 2015, S. 281, Rz. (c); Hacker/*J. Miosga*, Markengesetz, 12. Aufl. 2018, § 3, Rn. 31; Hacker/*Ströbele*, Markengesetz, 12. Aufl. 2018, § 8, Rn. 828; *Sack*, Der Telle-quelle-Schutz von Marken, in: Hacker/Thiering (Hrsg.), Festschrift für Paul Ströbele 2019, 371, S. 381.

[10] Vgl. zu diesem Begriff (nicht in Bezug auf den *ordre public*-Begriff der PVÜ, sondern des EGBGB) Säcker/Rixecker/Oetker/Limperg/*Hein*, Münchener Kommentar zum Bürgerlichen Gesetzbuch, 7. Aufl. 2018, Art. 6 EGBGB Öffentliche Ordnung (ordre public), Rn. 1.

[11] Vgl. so zum *ordre public*-Begriff im internationalen Immaterialgüterrecht *Gervais*, Introduction, in: Gervais (Hrsg.), Fairness, Morality and Ordre Public in Intellectual Property 2020, 1, S. 1: „Ordre public – not to be confused with notion of 'international public order' – was originally a notion used in domestic law of civil law countries to protect the *basic values* of the forum *law*" (Hervorhebungen nicht im Original).

Eine Anknüpfung an das Internationalen Privatrecht bedeutet aber nicht zwingend einen formalen Ansatz. So wurde der Begriff des *ordre public* wurde zumindest in der Vergangenheit auch im Rahmen des Internationalen Privatrechts primär als Verweis auf grundlegende ethische Wertungen („fundamental moral principles") oder Allgemeininteressen („overriding public interest") beschrieben.[12] So betonte die Rechtsprechung des Reichsgerichts zur Vorgängernorm von Art. 6 EGBGB die hinter der jeweiligen Rechtsregel stehenden Allgemeininteressen und stellte nicht auf die formale Stellung der Rechtsregel und ihre Bedeutung im Gesamtgefüge des nationalen Rechts ab.[13] Es ging vielmehr um die „sozialpolitische Erheblichkeit" der Regel.[14] Auch in den vom BGH zitierten[15] Entscheidungen des Reichsgerichts zur *Telle Quelle*-Klausel der PVÜ wird auf diese Rechtsprechung rekurriert und der Interessensbezug so deutlich ausgedrückt.[16] Es sind Wertvorstellungen der Gesellschaft, nicht diejenigen des Rechtssystems, auf die es ankommt. Dass Rechtsvorschriften von der Gesellschaft abgeleitet werden und regelmäßig tiefgreifende Interessen bzw. Wertvorstellungen der Gesellschaft formal in Rechtsnormen, insbesondere im Verfassungsrecht, abgebildet werden,[17] führt zwar dazu, dass eine trennscharfe Abgrenzung zwischen

---

[12] Vgl. *Forde*, The „Ordre Public" Exception and Adjudicative Jurisdiction Conventions, (1980) 29 International & Comparative Law Quarterly 259, S. 259; *Murphy*, The Traditional View of Public Policy and Ordre Public in Private International Law, (1981) 11 Georgia Journal of International and Comparative Law 591, S. 591, betont „local morality and social order", vgl. auch S. 615 ("criticize a foreign law as unacceptable because of its moral attitude, its threat to social order, or some other fundamental defect rendering it unworthy of enforcement in a civilized country.")

[13] Auf die „Grundlagen des staatlichen oder wirtschaftlichen Lebens" abstellend RG, Urteil v. 21.3.1905, II 387/04 = RGZE 1905, 296 – *Garn*, S. 300.

[14] Vgl. RG, ebd. Ähnlich auch das von *Egger*, La protection de la marque „telle quelle" et l'ordre public, Schweizerische Mitteilungen über Gewerblichen Rechtsschutz und Urheberrecht 1960, 38, S. 40, zitierte schweizerische Bundesgericht, das auf die „sozialpolitischen und ethischen Anschauungen des Gesetzgebers" und das „einheimische Rechtsgefühl" abstellt. Das setzt zwar die Verletzung einer Rechtsregel voraus; ob diese den *ordre public* betrifft, scheint aber auch von *außerrechtlichen* Wertungen abzuhängen. Dass der deutsche „Schwenk" hin zu einem formal-normativen Verständnis möglicherweise einem mitteleuropäischen Trend entspricht, indiziert die von Kucsko/Schumacher/*Förster*, marken.schutz, 2. Aufl. 2013, § 4, Rn. 295, dargestellte parallele Entwicklung in Österreich.

[15] Siehe BGH, Urteil v. 5.2.1987, I ZR 56/85 = NJW 1987, 2164 – *LITAFLEX*, S. 2165.

[16] Vgl. RG, Entscheidung v. 29.6.1942, II 22/42 (Kammergericht) = GRUR 1942, 428 – *Schwarz-Weiß*, S. 430 („Der Rev. ist auch zuzugeben, daß als die öffentliche Ordnung oder den Zweck eines deutschen Gesetzes betreffende Vorschriften nur solche Normen anzusehen sind, die der Gesetzgeber in einer die Grundlagen des staatlichen oder wirtschaftlichen Lebens berührenden Frage auf Grund bestimmter staatspolitischer, sozialer oder wirtschaftlicher Anschauungen, nicht nur aus bloßen Zweckmäßigkeitserwägungen gegeben hat.") Die Beeinträchtigung der Allgemeinheit und des öffentlichen Interesses betont auch Entscheidung des RG v. 18.1.1935, II 266/34 (Kammergericht) = RGZ 146, 325 = GRUR 1935, 244 – *Fratelli Branca*, S. 247 (linke Spalte).

[17] Vgl. Säcker/Rixecker/Oetker/Limperg/*Hein*, Münchener Kommentar zum Bürgerlichen Gesetzbuch, 7. Aufl. 2018, Art. 6 EGBGB Öffentliche Ordnung (ordre public), Rn. 1.

## A. Überblick über die vertretenen Ansätze

einem interessensbezogenen und einem formalen Ansatz entsprechend der hier dargestellten theoretischen Unterscheidung kaum möglich ist. Das hebt die Unterscheidung aber nicht auf. Der Unterschied wird in der Letztbegründungstendenz des jeweiligen Ansatzes deutlich. Während der interessenbezogene Ansatz explizit auf gesellschaftliche Interessen abstellt, kann beim formalen Ansatz die bereits beschriebene Tendenz beobachtet werden, letztlich die Wertungen des (Marken-)Rechts selbst zum Maßstab zu machen und allein auf die formale Einordnung der verletzten Rechtsregel abzustellen.

Die verbandsautonome Begriffsbestimmung ist ebenfalls offen für einen formalen oder interessenbezogen Ansatz. So wird – ohne Rückgriff auf das Internationale Privatrecht – vertreten, dass es auf einen Konflikt mit grundlegenden rechtlichen *oder* sozialen Konzepten ankommt („contrary to the basic legal or social concepts"/„ordre social").[18] Außerdem wird vertreten, dass es (primär) auf die *rechtliche* Ordnung ankommt, auf die staatlichen Institutionen (Verfassungsorgane) und Prinzipien (der Verfassung), sowie internationale Konventionen.[19] Teilweise gar nicht erst auf den Verstoß gegen Rechtsregeln abgestellt,[20] sondern direkt auf die Beeinträchtigung eines materiellen sozialen oder öffentlichen Interesses, ggf. gepaart mit moralischen/Gerechtigkeitserwägungen.[21] Der ent-

---

[18] Vgl. *Bodenhausen*, Guide to the Application of the Paris Convention 1968, S. 116, Rn. h); *Edrich*, Die Klausel „telle-quelle" 1962, S. 106; *Kunz/Ringl/Vilímská*, Mezinárodní smlouvy z oblasti průmyslového vlastnictví 1985, S. 137. Vgl. auch zum deutschen Markenrecht Kur/Bomhard/Albrecht/*Albrecht*, BeckOK Markenrecht, 30. Aufl. 2022, MarkenG § 8 Absolute Schutzhindernisse, Rn. 663, in Abgrenzung zu sowohl Internationalem Privatrecht als auch Polizeirecht („Der Begriff „öffentliche Ordnung" entspricht nicht dem „ordre public" aus dem internationalen Privatrecht (BGH GRUR 1987, 525 – Litaflex) und nicht der öffentlichen Ordnung aus dem Polizeirecht." Ausschlaggebend sei, wie das Publikum „empfindet".
[19] Vgl. Fezer/*Fezer*, Markenrecht, 4. Aufl. 2009, PVÜ Art. 6quinquies, Rn. 14.
[20] Vgl. zum Beweiswert eines gesetzlichen Verbotes HABM, Entscheidung v. 13.1.2012, R 1224/2011-4 – *Mafia II*, Rn. 8 f., und Entscheidung v. 10.6.2014, R 110/2014-4 – *COPYCAT*, Rn. 7, allerdings nicht in Bezug auf den PVÜ-Begriff des *ordre public*, sondern den Begriff der *public order* der UMV („Public order is defined as a minimum standard for a civilised and lawful society. [...] This goes beyond mere compliance to law, but where the law does not prohibit a certain sign, all the less is public order infringed. [...] As long as it is not established that use of the applied-for sign in relation to the claimed goods could be prohibited under any rule of law, a breach of public order is excluded.")
[21] Vgl. *Edrich*, Die Klausel „telle-quelle" 1962, S. 106 („Unter dem ordre social wird die Organisation der politischen und. wirtschaftlichen Grundsätze verstanden, die eine Gesellschaft oder die sie zusammensetzenden Klassen beherrschen und die in der Gerechtigkeit und der Gleichheit begründet sind."); *Ladas*, Patents, Trademarks, and Related Rights 1975, S. 1236. Explizit gegen die Einbeziehung wirtschaftlicher Erwägungen (nicht im Kontext der PVÜ, sondern allgemein zum Begriff des „ordre publique") hingegen Patents Court (UK), Entscheidung v. 27.4.1998 = Reports of Patent Cases 1998, 283 – *Philips Electronics NV v. Remington Consumer Products*, S. 310, Zeile 10 f. Zur Übertragbarkeit der Definition des EFTA-Gerichts zum Begriff *public policy* im europäischen Markenrecht in EFTA Gerichtshof, Urteil v. 6.4.2017, E-5/16 – *Vigeland*, Rn. 94 („the notion of „public policy" refers to

scheidende Umstand, wegen dessen ein markenrechtlicher Versagungsgrund den *ordre public* betrifft, ist dann nicht dessen formale Einordnung, sondern das Interesse, dessen Schutz er bezweckt.[22] Gefordert wird hier ein „spezifisches öffentliches Interesse",[23] das den Versagungsgrund nach einem „general consensus" zu einem „absolutely essential, indispensable part of the national protection regime"[24] macht. Die Notwendigkeit des Versagungsgrundes in diesem Sinne folgt nicht aus dem Recht selbst, sondern aus den außerrechtlich zu belegenden Interessen, denen er dient. Bisher nicht auf Ebene der PVÜ diskutiert wurde der wiederum formale Ansatz, auf die Quelle des *ordre public* bzw. der „public policy" abzustellen.[25]

Abschließend wird, insoweit unabhängig von der bisherigen Diskussion, vertreten, dass nur Einzelfallentscheidungen zulässigerweise den Schutz des *ordre public* nach der PVÜ verwirklichen können.[26]

## B. Kein Verweis auf Internationales Privatrecht

Die Validierungsklausel der PVÜ ist keine kollisionsrechtliche Bestimmung,[27] sie ist regelungstechnisch also nicht im Internationalen Privatrecht zu verorten. Sie ordnet nicht an, welches nationale Recht vor Gericht zur Anwendung gelangt, sondern wann eine im Ausland eingetragenen Marke validiert werden muss, auch wenn im Ergebnis das nationale Markenrecht des Ziellandes ausgeschaltet wird, soweit es der Validierung entgegenstehen würde. Das erklärt das Bedürfnis nach einer souveränitätserhaltenden Ausnahmebestimmung, wie sie auch im Internationalen Privatrecht in Regeln wie dem Art. 6 EGBGB zu finden ist, macht aus

---

principles and standards regarded to be of a fundamental concern to the State and the whole of society.") auf die PVÜ vgl. *Dinwoodie/Kur*, Non-conventional marks and the obstacle of functionality, in: Ricketson (Hrsg.), Research Handbook on the World Intellectual Property Organization 2020, 131, S. 145 f.

[22] Vgl. zur Verhinderung von Täuschungen *Hagens*, Warenzeichenrecht 1927, S. 344, Anm. 3.

[23] *Kur*, What is „AS IS"? Das telle quelle-Prinzip nach „Havana Club", in: Bomhard/Pagenberg/Schennen (Hrsg.), Harmonisierung des Markenrechts 2005, 361, S. 377.

[24] *Dinwoodie/Kur*, Non-conventional marks and the obstacle of functionality, in: Ricketson (Hrsg.), Research Handbook on the World Intellectual Property Organization 2020, 131, S. 146.

[25] So für Art. 7 UMV Schlussanträge des Generalanwalts *Bobek* zu C-240/18 P (*Fack Ju Göhte*) v. 2.7.2019, Rn. 76 („normative vision of values and goals, defined by the relevant public authority [...] Public policy thus expresses the public regulator's wishes as to the norms to be respected in society. Its content should be ascertained from official sources of law and/or policy documents.")

[26] Vgl. *Edrich*, Die Klausel „telle-quelle" 1962, S. 106.

[27] Zur grundsätzlich kollisionsrechtlichen Dimension der PVÜ vgl. auch *Kyselovská/Koukal*, Mezinárodní právo soukromé a právo duševního vlastnictví – kolizní otázky 2019, S. 186, wo Art. 6quinquies PV *nicht* aufgezählt wird

der Materie aber kein Kollisionsrecht. Darauf, dass es sich regelungstechnisch jedenfalls nicht rein um Kollisions*privat*recht handelt, weil die Eintragung einer Marke öffentlich-rechtlich reguliert ist, kommt es gar nicht mehr an.

Dass die regelungstechnisch also nicht vorgegebene Anknüpfung an das Internationale Privatrecht häufig nicht begründet wird, deutet darauf hin, dass hier ein *terminus technicus*[28] vermutet wird, mit dem die PVÜ ausdrücklich auf die Begriffsbedeutung des Internationalen Privatrechts verweist.[29] Dabei darf nicht übersehen werden, dass es sich bei den Regeln des Internationalen Privatrechts zum *ordre public* bzw. konkret bei beispielsweise Art. 6 EGBGB um nationales Recht handelt. In der Annahme eines Verweises auf das Internationale Privatrecht liegt insoweit ein direkter Rückverweis an das jeweilige nationale Recht, dass allein den Begriff inhaltlich bestimmen würde.[30] Dass die PVÜ die Reichweite einer vertraglichen Verpflichtung (hier: Validierung einer Auslandsmarke) durch eine vollständig der Definitionsmacht der PVÜ entzogene Ausnahme (hier: *ordre public*) gänzlich vom innerstaatlichen Recht abhängig macht (hier: Art. 6 EGBGB), ist begründungsbedürftig,[31] weil dies die Bindungswirkung von Art. 6quinquies PVÜ ins Belieben des Vertragsstaates stellt.

Als einheitlicher Maßstab kann ein Verweis auf das Internationale Privatrecht nicht dienen. Wie oben gezeigt ist der Begriff des *ordre public* im Internationalen Privatrecht bereits in einem einzigen Mitgliedsstaat der PVÜ (Deutschland) über die Zeit unterschiedlich bestimmt worden. Es hat sich nicht nur mit den tatsächlichen Verhältnissen der „Inhalt" des *ordre public* im Internationalen Privatrecht geändert,[32] sondern der Maßstab selbst, an dem dieser *ordre public* bestimmt wurde. Der BGH unterscheidet ausdrücklich die „heute gebräuchliche Auslegung des Begriffs des ordre-public", der auf die „Wertvorstellungen des Gesetz-

---

[28] Vgl. Art. 31 (4) WVK („Eine besondere Bedeutung ist einem Ausdruck beizulegen, wenn feststeht, dass die Vertragsparteien dies beabsichtigt haben.")

[29] Auch außerhalb der PVÜ wird der Begriff ohne Begründung wie im Kollisionsrecht bestimmt, vgl. beispielsweise *Ziemer/Tavares/Randazza*, Morality and Trademarks: The South American Approach, (2017) 40 Suffolk Transnational Law Review 221, S. 222, die auf die Begriffsbestimmung des EuGH bei der Anwendung von Art. 27 Nr. 1 des Europäischen Gerichtsstands- und Vollstreckungsübereinkommen von 1968 (EuGH, Urteil v. 28.3.2000, C-7/98 – *Krombach / Bamberski*, Rn. 37) Bezug nehmen und diese universell auf das Markenrecht übertragen.

[30] Dass auch das nationale Internationale Privatrecht vielfach durch internationale Abkommen vorbestimmt ist, ändert daran nichts, denn auch diese Vorgaben sind dem definitorischen Einfluss der PVÜ entzogen.

[31] Vgl. z.B. *Dauskardt*, Die Verkehrsdurchsetzung im deutschen und europäischen Markenrecht 2017, S. 123: „Um einen Gleichlauf vom Verständnis des ordre public zu erreichen, ist der Inhalt von Art. 6 EGBGB auch für den Begriff der öffentlichen Ordnung aus Art. 6$^{quin}$$^{quies}$ B. Nr. 3 Satz 1 PVÜ heranzuziehen". Wieso die PVÜ mit dem EGBGB gleichlaufen soll, bleibt offen; es gibt jedenfalls keine Regel, wonach gleichlautende Begriffe in der PVÜ und im nationalen Recht denselben Inhalt haben müssten, vgl. Schlussanträge des Generalanwalts *Jacobs* zu C-383/99 P (*Procter & Gamble*) v. 5.4.2001, Rn. 78.

[32] Vgl. BGH, Urteil v. 5.2.1987, I ZR 56/85 = NJW 1987, 2164 – *LITAFLEX*, S. 2165.

gebers über die innerstaatliche Sozialordnung" sowie auf „allgemeine deutsche Gerechtigkeitsvorstellungen" abzielt.[33] Das Begriffsverständnis, das der BGH auf die PVÜ überträgt, wird also als ausdrücklich kontemporäres aufgefasst. Wieso sollte gerade dieses singuläre, kontemporäre Verständnis einer nationalen Rechtsvorschrift den Referenzrahmen zum *ordre public*-Begriff der PVÜ bilden?

Im Übrigen entspricht dieses Verständnis erst recht nicht einem globalen, ja nicht einmal regional übereinstimmenden Begriffsverständnis. So stellt z.b. das EPA bei der Anwendung von Art. 53 a) EPÜ – ohne den Umweg über die Rechtsordnung – direkt auf öffentliche Interessen ab: es sei allgemein anerkannt, dass das Konzept des *ordre public* den Schutz der öffentlichen Sicherheit und der körperlichen Unversehrtheit des Einzelnen sowie der Umwelt umfasst.[34] Der Verstoß gegen den *ordre public* manifestiert sich dementsprechend nicht in der Nichteinhaltung einer Rechtsregel von übergeordneter Bedeutung, sondern in der Störung des öffentlichen Friedens und der gesellschaftlichen Ordnung bzw. in Umweltschäden.[35] Das sind tatsächliche Vorgänge mit tatsächlichen Auswirkungen, die eine empirische Untersuchung (hier: Prognose) erfordern. Freilich handelt es sich beim EPÜ um ein selbstständiges Abkommen, aber dies erschüttert doch die Annahme, dass der Begriff des *ordre public* im Bereich des internationalen Immaterialgüterrechts als *technischer Begriff* eine universelle Bedeutung hat, noch dazu diejenige, die das deutsche EGBGB definiert.

Zwar hielt *Hersch Lauterpacht* als Richter des IGH das Grundprinzip des Internationalen Privatrechts, dass ein *ordre public*-Vorbehalt zur Anwendung der *lex fori* führen kann, 1958 für universell anerkannt.[36] Gleichzeitig stellte er zwei mögliche Konzepte des *ordre public* fest: zum Teil seien damit bestimmte Bereiche des nationalen Rechts gemeint, die sich auf Allgemeininteressen wie Sicherheit oder Gesundheit beziehen; zum Teil sei damit grundlegende Normen („fundamental national conceptions of law, decency and morality") gemeint.[37] Damit ist (bzw. war jedenfalls im Jahr 1958) ein universelles Konzept des *ordre public* im Internationalen Privatrecht nicht feststellbar. Wenn man dieser Ansicht folgt, dann bestand zwischen den nationalen Regelungen (zumindest) ein inhaltlicher Unterschied genau bezüglich der Frage, ob mit *ordre public* ein interessenorientiertes oder ein formal-normatives Konzept gemeint ist.

Auch die damit verbundene Gefahr eines Leerlaufs von Art. 6quinquies PVÜ macht einen Verweis auf eine Begriffsbestimmung durch nationales Recht sehr unwahrscheinlich. Es stünde sonst ja im freien Belieben der Mitglieder, jeden

---

[33] BGH, ebd.
[34] Vgl. EPA Beschwerdekammer, Entscheidung v. 21.2.1995, T 0356/93 – *Plant cells*, Rn. 5.
[35] Vgl. EPA Beschwerdekammer, ebd.
[36] Vgl. International Court of Justice, 28.11.1958 = I. C. J. Reports 1958, 55 – *Guardianship of an Infant (Netherlands v. Sweden)*, S. 76 und 92.
[37] Vgl. International Court of Justice, 28.11.1958 = I. C. J. Reports 1958, 55 – *Guardianship of an Infant (Netherlands v. Sweden)*, S. 90.

Versagungsgrund mit einer entsprechenden eigenen Definition des *ordre public* als zulässig unter Art. 6quinquies B Nr. 3 PVÜ zu erklären. Das ist zu unterscheiden von der Annahme, dass ein Verstoß gegen den regionalen bzw. nationalen *ordre public* des Ziellands zu prüfen ist,[38] und widerspricht auch nicht der Aussage, dass sich der *ordre public* von Land zu Land unterscheidet. Wie bei der Frage, ob ein Zeichen als Marke unterscheidungskräftig ist,[39] ergibt sich der Unterschied nicht aus einer Delegation des Begriffs der Unterscheidungskraft an das nationale Recht, sondern aus der Subsumtion der tatsächlichen „Verhältnisse im Schutzstaat" unter die Bestimmung der PVÜ. Mit anderen Worten kann der *ordre public* einen regionalen Maßstab meinen, ohne, dass das nationale Recht unmittelbar die Grenzen des Begriffs bestimmt.

Ein Verweis auf das Internationale Privatrecht ist nach alledem nicht zu bejahen. Mangels eines einheitlichen Maßstabs würde dies einen Rückverweis auf das nationale Recht bedeuten und jegliche Bindungswirkung von Art. 6quinquies PVÜ unterlaufen.

## C. Verbandsautonomes Konzept des ordre public

Wegen des ansonsten drohenden Leerlaufs ist der Begriff des *ordre public* also verbandsautonom zu bestimmen.

### I. Wortlaut

Die Worte *ordre public* sind, wie bereits gezeigt, mehrdeutig. Der Begriff des *ordre public* findet sich in der PVÜ auch an keiner anderen Stelle.[40]

Unklar ist, was aus dem Umstand folgt, dass für die offizielle englische Übersetzung[41] der Begriff „public order" gewählt wurde. Daraus könnte man einerseits schließen, dass der im Internationalen Privatrecht des common law gebräuchliche Begriff der *public policy*[42] als nicht deckungsgleich mit dem zu über-

---

[38] Vgl. *Pflüger*, Paris Convention, art. 6quinquies, in: Cottier/Véron (Hrsg.), Concise International and European IP Law, 3. Aufl. 2015, S. 281, Rn. 4(c). BGH, Beschluss v. 23.1.1974, I ZB 12/72 = GRUR 1974, 777 – *LEMONSODA*, S. 779.

[39] Vgl. BGH, Beschluss v. 23.1.1974, I ZB 12/72 = GRUR 1974, 777 – *LEMONSODA*.

[40] In Lissabon wurde eine Version des heutigen Art. 4quater PVÜ diskutiert, die das gesetzliche Verkaufsverbot als Zurückweisungsgrund unzulässig gemacht hätte, dafür aber eine *ordre public*-Ausnahme vorgesehen hätte; beschlossen wurde sie aber nicht, siehe Actes de la Conférence réunie à Lisbonne du 6 au 31 octobre 1958, S. 508 ff.; vgl. auch *Ricketson*, The Paris Convention for the Protection of Industrial Property 2015, Rn. 10.38.

[41] Zur möglichen Bedeutung der englischen Übersetzung für die Auslegung im TRIPS-Kontext siehe *Kapitel 1 E. I. 3*.

[42] Vgl. *Thoma*, Die Europäisierung und die Vergemeinschaftung des nationalen ordre public 2007, S. 23, Fn. 6; *Kahn-Freund*, Reflections on Public Policy in the English Conflict of Laws, (1953) 39 Transactions of the Grotius Society 39, S. 39.

setzenden Begriff des *ordre public* in Art. 6quinquies PVÜ gesehen wurde. *Public policy* wurde im Internationalen Privatrecht als Mischung aus einem interessenorientierten und moralischen Konzept beschrieben.[43] Wenn man der Wortwahl Bedeutung dahingehend beimessen möchte, dass sich *public policy* von *public order* unterscheidet, bleibt also immer noch die Frage, welcher Aspekt davon betroffen ist – geht es um die Allgemeininteressen, oder um den normativen, sich aber nicht auf Rechtsregeln, sondern auf außer- bzw. vorrechtliche, moralische Regeln („grounded in basic moral conceptions or in ideas of fundamental justice")[44] beziehenden Part?

Andererseits kann der Umstand, dass nicht der ansonsten oft gleichbedeutend zum *ordre public* verwendete Begriff der *public policy*[45] gewählt wurde, auch auf das Bewusstsein hindeuten, dass es hier nicht um das geht, was man aus dem Internationalen Privatrecht schon kennt, sondern um einen verbandseigenen Begriff. Darüber hinaus werden der englische Begriff des *public order* und der französische *ordre public* auch an anderer Stelle synonym verwendet,[46] wohl jeweils im formal-normativen Sinn: nach dem EGMR ist die EMRK ein Instrument *des* europäischen *ordre public* („de l'ordre public européen"/„of European public order (*ordre public*)").[47]

Sucht man nach anderen Verwendungen des Begriffs *public order*, so landet man im Straf- bzw. Polizei- und Ordnungsrecht verschiedener Staaten, beispielsweise der Kategorie von „public order offences".[48] Wenn man diesen Straftatbeständen, die der Aufrechterhaltung der „public order" dienen, eine (historische oder kontemporäre) Definition ihres Schutzgegenstandes zu entnehmen versucht und unterstellt, dass diese die Grundlage für die englische Fassung der PVÜ bildete, so könnte dies in die Richtung eines interessenorientierten bzw. moralisch-normativen Konzepts weisen. Es ging/geht dabei um „opferlose"[49] Tatbestände wie öffentliche Trunkenheit, Verstöße gegen Alkoholverbote, Drogenhandel und -konsum, Prostitutionsgesetze,[50] denen allen gemein ist, dass nicht die

---

[43] Vgl. *Forde*, The „Ordre Public" Exception and Adjudicative Jurisdiction Conventions, (1980) 29 International & Comparative Law Quarterly 259, S. 259.

[44] *Paulsen/Sovern*, „Public Policy" in the Conflict of Laws, (1956) 56 Columbia Law Review 969, S. 1015.

[45] Vgl. *Gebauer*, Ordre public (Public Policy), in: Max Planck Encyclopedia of Public International Law [MPEPIL], Rn. 1.

[46] Kritisch hierzu *Thoma*, Die Europäisierung und die Vergemeinschaftung des nationalen ordre public 2007, S. 24, Fn. 6.

[47] Siehe EGMR, Urteil v. 28.7.1998, 40/1993/435/514 – *Loizidou / Türkei*, Rn. 48.

[48] Vgl. z.B. den kanadischen Criminal Code 1892, dessen Title II die Überschrift „Offences Against Public Order, Internal and External" trägt, oder z.B. im Vereinigten Königreich den Public Order Act 1986, Langtitel: „An Act to abolish the common law offences of riot, rout, unlawful assembly and affray and certain statutory offences relating to public order; to create new offences relating to public order".

[49] *Kinkade/Leone*, Victimizing the System: The Sheriff's Perspective on Public Order Criminality and Criminal Justice, (1993) 9 Journal of Contemporary Criminal Justice 15.

[50] Vgl. *Kinkade/Leone*, ebd.

Verletzung eines rein *persönlichen* Rechtsguts geahndet wird; eine mögliche Alternativbezeichnung wäre der Begriff der „offences against public interest".[51] Damit ist unklar, ob die englische Übersetzung überhaupt in eine bestimmte Richtung weisen kann. Das kommt zudem im Rahmen der Auslegung der PVÜ wenn überhaupt nur subsidiär in Betracht, weil erst noch zu beweisen wäre, dass und wie diese Übersetzung einen Rückschluss auf den Parteienkonsens zulässt. Authentisch ist allein die französische Fassung. Für die in TRIPS adaptierte Bestimmung könnte, wie bereits erörtert, dahingehend etwas anderes gelten.[52] Eine klare Antwort lieferte diese Überlegung jedenfalls nicht.

## II. Kontext

### 1. Ausnahme

Die Zulässigkeit der Zurückweisung aus Gründen des *ordre public* ist eine Ausnahme[53] zur Eintragungspflicht aus Art. 6quinquies PVÜ, woraus gefolgert wird, dass sie eng auszulegen sei.[54] Aus den oben erörterten Gründen[55] ist die Nützlichkeit dieser Feststellung für die Auslegung der Norm beschränkt, soweit es nicht um die Verhinderung eines Leerlaufs geht.[56]

### 2. Art. 6quinquies B Nummer 3 Satz 2 PVÜ

Erster Anlaufpunkt für die Bestimmung des Begriffs *ordre public* ist die Klarstellung in Art. 6quinquies B Nr. 3 Satz 2 PVÜ. Die dortige Feststellung, dass ein Verstoß gegen eine Bestimmung des Markenrechts nicht per se ein Verstoß gegen den *ordre public* ist, sondern nur, wenn dieser den *ordre public* berührt, spricht gegen ein formales Verständnis.

---

[51] Vgl. *Stephen*, General View of the Criminal Law of England, 2. Aufl. 1890, S. 99 ff.

[52] Vgl. zur möglichen Bedeutung der englischen Übersetzung *Riffel*, The Protection against Unfair Competition in the WTO TRIPS Agreement 2016, S. 83, oben *Kapitel 1 E. I. 3.*

[53] *Egger*, La protection de la marque „telle quelle" et l'ordre public, Schweizerische Mitteilungen über Gewerblichen Rechtsschutz und Urheberrecht 1960, 38, S. 38, spricht von der „dérogation" des Validierungsprinzips.

[54] Vgl. BPatG, Beschluss v. 14.5.1997, 26 W (pat) 59/95 = GRUR 1998, 146 – *Plastische Marke*, S. 147; vgl. auch *Egger*, La protection de la marque „telle quelle" et l'ordre public, Schweizerische Mitteilungen über Gewerblichen Rechtsschutz und Urheberrecht 1960, 38, S. 42.

[55] Siehe *Kapitel 1 C. I. 2. c)*.

[56] In einem formal-normativen Konzept könnte eine „enge" Auslegung so aussehen, dass der Stellenwert der verletzten Rechtsregel eine bestimmte Qualität erreichen, oder dass es sich um einen *offensichtlichen* Verstoß handeln muss, vgl. BPatG, Beschluss v. 14.5.1997, 26 W (pat) 59/95 = GRUR 1998, 146 – *Plastische Marke*, S. 147; kritisch zu dieser „engen Auslegung" *Sack*, Der Telle-quelle-Schutz von Marken, in: Hacker/Thiering (Hrsg.), Festschrift für Paul Ströbele 2019, 371, S. 381, mit Nachweisen.

Zunächst stellt dies klar, dass der Verstoß gegen eine Rechtsregel für einen Verstoß gegen den *ordre public* weder ausreicht noch vorausgesetzt wird. Versagung muss sich (nur) auf einen Verstoß gegen den *ordre public* stützen; dass und ob die Versagung auf die Verletzung einer Rechtsregel gestützt wird, ist für sich genommen nicht relevant. Wo die Versagung auf die Verletzung einer Rechtsregel gestützt wird, ist es erforderlich, dass diese sich auf den *ordre public* bezieht.

Auch dieser zweite Teil des Satzes deutet auf ein interessenbezogenes Verständnis hin. Wenn es um die Verletzung einer markenrechtlichen Bestimmung geht, dann muss diese Rechtsregel nicht Teil des *ordre public* sein, sondern sich auf diesen *beziehen* („concerne l'ordre public"). Auch die spanische[57] und englische Übersetzung der PVÜ sprechen von einer Rechtsregel, die sich auf den *ordre public* bezieht („relates to public order"/„se refiera al orden público").

Bei einem formal-normativen Konzept würde man eher die Formulierung „Teil des ordre public sein" erwarten, denn der *ordre public* wird in dieser formalen Vorstellung von Rechtsregeln abgeleitet und gebildet. Wie oben dargestellt geht es darum, dass ein Teil der Gesamtheit der Rechtsregeln unbedingt eingehalten werden muss. Das äußert sich dann sprachlich in einer Aussage wie der, dass in Frankreich das Arbeitsrecht (bzw. eine bestimmte arbeitsrechtliche Regel) Teil des *ordre public* ist („d'ordre public")[58] oder im mexikanischen Recht, dass sein Ley Federal de Protección a la Propiedad Industrial (einschließlich des Markenrechts) als „de orden publico" bezeichnet.[59] Eine entsprechende sprachliche Trennung lässt sich übrigens auch der deutschen Rechtsprechung entnehmen. Während der BGH formulierte, dass der Grundsatz der Bindung der Marke an den Geschäftsbetrieb als wesentlicher Grundsatz des Markenrechts zum *ordre public* „gehört", formulierte das Reichsgericht (unter Bezugnahme auf den Wortlaut der PVÜ), dass die entsprechende Regel den ordre public *betrifft*.[60] Wie oben gezeigt war das Konzept des Reichsgerichts primär interessenorientiert.

---

[57] Wenn für die PVÜ-Bestimmungen, wie sie über Art. 2.1 TRIPS einbezogen werden, die englische Übersetzung der PVÜ authentisch ist, dann gilt dies auch für die spanische Übersetzung, siehe Art. XVI a.E. WTOÜ; vgl. WTO Berufungsorgan (Appellate Body), Report v. 12.3.2001, WT/DS135/AB/R – *European Communities – Measures Affecting Asbestos and Asbestos-containing Products*, Rn. 91.

[58] Vgl. *Forde*, The „Ordre Public" Exception, (1980) 29 International & Comparative Law Quarterly 259, S. 259. Zum bezahlten Urlaub als „droit d'ordre public" *Roy*, Droit du travail 2015 en 22 fiches 2015, S. 54.

[59] Vgl. Art. 1 des mexikanischen Industrial Property Law (as published in the Official Journal of the Federation of 27 June 1991 and amended in August 1994, December 1997 and May 1999), notifiziert nach Art. 63.2 TRIPS, siehe TRIPS Council, Main dedicated intellectual property laws and regulations notified under Art. 63.2 of the Agreement – Mexico, 13.3.2000, IP/N/1/MEX/I/1, S. 2.

[60] Vgl. BGH, Urt. v. 5.2.1987, I ZR 56/85 = NJW 1987, 2164 – *LITAFLEX*, S. 2165; RG, Entscheidung v. 29.6.1942, II 22/42 (Kammergericht) = GRUR 1942, 428 – *Schwarz-Weiß*, S. 430 (linke Spalte); Entscheidung v. 18.1.1935, II 266/34 (Kammergericht) = RGZ 146, 325 = GRUR 1935, 244 – *Fratelli Branca*, S. 246 (rechte Spalte).

## C. Verbandsautonomes Konzept des ordre public

Jedenfalls nicht mit Art. 6quinquies B Nr. 3 Satz 2 PVÜ zu vereinbaren ist die Ansicht, dass die Beschreibung einer Regel als „Grundpfeiler des Markenrechts"[61] ausreicht, damit die *ordre public*-Ausnahme greift. Mit diesem Kunstgriff, neutraler ausgedrückt durch diese bloße Abstraktion von der Regel zum Grundsatz, kann nämlich jede einzelne Bestimmung des Markenrechts zum funktionsnotwendigen Bestandteil desselben erklärt werden, was Art. 6quinquies B Nr. 3 Satz 2 PVÜ ja gerade verhindern soll.[62] Auch die Bezeichnung einer Regel als *ordre public*, Teil des *ordre public* etc. im Gesetz selbst kann nicht genügen.[63] Der *ordre public*, den die Bestimmung betreffen muss, kann nicht in der Bestimmung bzw. ihrer Zugehörigkeit zum Markenrecht selbst gefunden werden. Das würde eine zirkuläre Anwendung (besser: Nichtanwendung) von Art. 6quinquies B Nr. 3 Satz 2 PVÜ bedeuten. Eine selbstreferentielle und damit notwendigerweise *Über*bewertung des Markenrechts kann nur durch *externe* Wertungen verhindert werden. Das gilt nicht nur für den „Markenbegriff"[64], sondern auch für „Wesen und Funktion der Marke"[65] oder die „wesentlichen Grundlagen des harmonisierten Markenrechts"[66]: solange sich die „besondere" Bedeutung einer Bestimmung *allein* aus dem Markenrecht ergibt, betrifft sie nicht den *ordre public* im Sinne von Art. 6quinquies B Nr. 3 Satz 1 PVÜ, sondern bleibt eine einfache Regel des Markenrechts gem. Art. 6quinquies B Nr. 3 Satz 2 PVÜ. Die Unbeständigkeit der Regeln, die beispielsweise von deutschen Gerichten als „Grundsätze des Markenrechts" in diesem Sinne und damit formal als Teil des *ordre public* ver-

---

[61] Vgl. z.B. Hacker/*Ströbele*, Markengesetz, 12. Aufl. 2018, § 8, Rn. 828; *Sack*, Der Tellequelle-Schutz von Marken, in: Hacker/Thiering (Hrsg.), Festschrift für Paul Ströbele 2019, 371, S. 381.

[62] Kur/Bomhard/Albrecht/*Kur*, BeckOK Markenrecht, 30. Aufl. 2022, MarkenG § 3, Rn. 111 („Soweit es um die Anwendung materieller Vorschriften geht, ist stets davon auszugehen, dass diese einen bewussten Ausdruck grundlegender markenrechtlicher Wertungsprinzipien darstellen. Wie aus Art. 6quinquies Abschn. B Nr. 3 S. 2 PVÜ hervorgeht, reicht dies allein jedoch nicht aus; es muss sich vielmehr um ein spezifisches öffentliches Interesse handeln, das zu demjenigen an einer ordnungsgemäßen, funktionsgerechten Ausgestaltung des Markenrechts hinzutritt bzw. dieses in besonderer Weise verstärkt."); vgl. auch *Dinwoodie*/*Kur*, Non-conventional marks and the obstacle of functionality, in: Ricketson (Hrsg.), Research Handbook on the World Intellectual Property Organization 2020, 131, S. 145 f.

[63] Vgl. wiederum Art. 1 des mexikanischen Industrial Property Law (as published in the Official Journal of the Federation of 27 June 1991 and amended in August 1994, December 1997 and May 1999), notifiziert nach Art. 63.2 TRIPS, siehe TRIPS Council, Main dedicated intellectual property laws and regulations notified under Art. 63.2 of the Agreement – Mexico, 13.3.2000, IP/N/1/MEX/I/1, S. 2.

[64] Vgl. *Gamm*, Die Telle-quelle Marke, WRP 1977, 230, S. 232 (linke Spalte): „Zur öffentlichen Ordnung in diesem Sinne gehört der Markenbegriff als solcher nicht; andernfalls wäre die Gesamtregelung des Art. 6 quinquies PVÜ überhaupt in Frage gestellt."

[65] Vgl. Kur/Bomhard/Albrecht/*Kur*, BeckOK Markenrecht, 30. Aufl. 2022, MarkenG § 3, Rn. 111; anders *Gamm*, Die Telle-quelle Marke, WRP 1977, 230, S. 232 (linke Spalte).

[66] Siehe zu diesem Begriff BGH, Beschluss v. 28.2.2013, I ZB 56/11 (BPatG) = GRUR 2013, 929 – *Schokoladenstäbchen II*, Rn. 13.

standen wurden, illustriert die gesetzgeberische Beliebigkeit, der die Anwendbarkeit von Art. 6quinquies PVÜ sonst ausgeliefert wäre. Darüber, ob der „Grundsatz der Bindung der Marke an den Geschäftsbetrieb" zu den „wesentlichen Grundsätzen des deutschen Warenzeichenrechts"[67] zählt oder die „grafische Darstellbarkeit" zu den „wesentlichen Grundlagen des harmonisierten Markenrechts"[68], entscheidet allein die Gesetzgebung des jeweiligen PVÜ-Mitgliedstaats. Das zeigt sich in der Abschaffung genau derjenigen Regelungen, die zuvor noch zu den vorgenannten, übergeordneten Grundsätzen abstrahiert worden waren.[69]

Das wird auch von historischen Momenten gestützt. Nach einer Ansicht wurde vor der Washingtoner Konferenz 1911 vereinzelt die Auffassung vertreten, dass ein Verstoß gegen den *ordre public* auch dann vorliege, wenn die Anmeldung nicht dem Markenbegriff des Ziellandes entsprach.[70] Dabei handelte es sich laut einem Kommentator zwar bereits 1906 um eine nicht mehr ernst zu nehmende Ansicht,[71] was sich schon aus einem Leerlauf-Ansatz ergibt: wenn die Validierungsklausel gerade den Markenbegriff des Ziellandes ausschalten soll, dann ist wenig gewonnen, wenn man den Markenbegriff des Ziellandes als Teil des *ordre public* betrachtet.[72] Im Angesicht dieses bis dato bestehenden Fehlverständnisses kann die Einführung[73] (des wortgleichen Vorgängers von) Art. 6quinquies B Nr. 3

---

[67] BGH, Urteil v. 5.2.1987, I ZR 56/85 = NJW 1987, 2164 – *LITAFLEX*, S. 2165.

[68] BGH, Beschluss v. 28.2.2013, I ZB 56/11 (BPatG) = GRUR 2013, 929 – *Schokoladenstäbchen II*, Rn. 13.

[69] Vgl. zum „Federstrich des Gesetzgebers" in §47 des Gesetz über die Erstreckung von gewerblichen Schutzrechten vom 23. April 1992 (BGBl. I S. 938), mit dem der Erwerb eine Marke auch ohne einen auf Herstellung/Vertrieb der beanspruchten Waren gerichteten Geschäftsbetrieb möglich wurde, *Kunz-Hallstein*, Die absolute Bindung der Marke an den Geschäftsbetrieb und ihre Aufhebung durch das Erstreckungsgesetz, GRUR 1993, 439, S. 449; zur graphischen Darstellbarkeit siehe Art. 2 MarkenRL 2008 vis-à-vis Art. 3 MarkenRL 2015; für den Ausschluss von dreidimensionalen Zeichen vgl. auch BPatG, Beschluss v. 14.5.1997, 26 W (pat) 59/95 = GRUR 1998, 146 – *Plastische Marke*, S. 146.

[70] Vgl. *Lallier*, Artikel 6 des Pariser Unionsvertrages, Jahrbuch der Internationalen Vereinigung für Gewerblichen Rechtsschutz 1906, 46, S. 49. In der dort angegeben Fundstelle (*Frey-Godet*, Die Marke und deren internationale Eintragung, Jahrbuch der Internationalen Vereinigung für Gewerblichen Rechtsschutz 1897, 198, S. 201) ist zwar von irreführenden, beschreibenden oder nicht unterscheidungskräftigen Zeichen die Rede, nicht aber allgemein vom Markenbegriff; dass dieser zum *ordre public* gehören soll, habe *Frey-Godet* aber auf einem Kongress vertreten, vgl. *Lallier*, Zulassung der Marke „telle quelle«, Jahrbuch der Internationalen Vereinigung für Gewerblichen Rechtsschutz 1905, 143, S. 144.

[71] Vgl. *Lallier*, Artikel 6 des Pariser Unionsvertrages, Jahrbuch der Internationalen Vereinigung für Gewerblichen Rechtsschutz 1906, 46, S. 49.

[72] Vgl. *Lallier*, Zulassung der Marke „telle quelle«, Jahrbuch der Internationalen Vereinigung für Gewerblichen Rechtsschutz 1905, 143, S. 144.

[73] Siehe Schlussprotokoll zu Art. 6 in Actes de la Conférence réunie à Washington du 15 mai au 2 juin 1911, S. 340; vgl. *Egger*, La protection de la marque „telle quelle" et l'ordre public, Schweizerische Mitteilungen über Gewerblichen Rechtsschutz und Urheberrecht 1960, 38, S. 42.

Satz 2 PVÜ auf der Washingtoner Konferenz als bewusste Klarstellung gegen diese Auffassung verstanden werden. Zwar hatte Frankreich 1883 vertreten, dass die Gesetze des jeweiligen Mitgliedsstaates den *ordre public* bestimmen sollten.[74] Gegen diese Position wurde in Washington 1911 aber eingewandt, dass dies es ermöglichen würde, die Unvereinbarkeit mit dem Markenrecht des Ziellandes – welches gerade ausgeschaltet werden sollte – als Verstoß gegen den *ordre public* zu betrachten.[75]

## 3. Art. 6quinquies C (1) PVÜ

Auch Art. 6quinquies C (1) PVÜ spricht gegen ein formal-normatives Verständnis des *ordre public*. Diese Bestimmung verpflichtet die PVÜ-Mitglieder dazu, bei der Würdigung der Schutzfähigkeit der Marke nach Art. 6quinquies PVÜ alle *Tatumstände* zu berücksichtigen, insbesondere die Dauer ihres Gebrauches. Daraus könnte man folgern, dass der Begriff des *ordre public* nicht formal-normativer Natur ist, denn ob eine Rechtsregel verletzt ist und welche Stellung sie im nationalen Rechtssystem einnimmt, ist keine Frage der Tatumstände. Ein *ordre public*-Verstoß im Sinne von beeinträchtigten Allgemeininteressen hingegen äußert sich *tatsächlich*.

Allerdings wird die Anwendbarkeit von Art. 6quinquies C (1) PVÜ auf Art. 6quinquies B Nr. 3 PVÜ bezweifelt.[76] Ein mögliches Argument könnte sich darauf stützen, dass erstens bestimmte Versagungsgründe in Art. 6quinquies B PVÜ „ihrer Natur nach unüberwindbar"[77] sind; zweitens, Art. 6quinquies C (1) PVÜ dazu verpflichtet, den jeweiligen Versagungsgrund so auszugestalten, dass er durch eine durch Benutzung erlangte Durchsetzung des Zeichens überwindbar ist.[78] Die tatsächliche (erlangte) Unterscheidungskraft ändert aber nichts an einem Verstoß gegen den *ordre public* oder der Verletzung von Rechten Dritter nach Art. 6quinquies B Nr. 1 PVÜ.[79] Dieser Widerspruch müsste dann durch eine

---

[74] Siehe Actes de la Conférence internationale pour la protection de la propriété industrielle, réunie à Paris du 6 au 28 mars 1883 (deuxième édition), S. 38 f.
[75] Siehe Actes de la Conférence réunie à Washington du 15 mai au 2 juin 1911, S. 297.
[76] Vgl. *Edrich*, Die Klausel „telle-quelle" 1962, S. 110.
[77] *Kur*, Alles oder Nichts im Formmarkenschutz?, GRUR Int 2004, 755, S. 758.
[78] Vgl. *Edrich*, Die Klausel „telle-quelle" 1962, S. 108 f.; BPatG, Beschluss v. 29.4.1965, 4 W (pat) 632/64 = GRUR Ausl 1965, 508 = GRUR 1966, 441 = BPatGE 7, 215 – *Farbbezeichnung und Farbbezeichnung*, Leitsatz 2 („Den besonderen Tatumständen, insbesondere der Dauer des Gebrauchs der Marke(Art. 6quinquies Abschn. C Abs. 1 PVÜ), kann in der Bundesrepublik Deutschland nur im Rahmen des § 4 Abs. 3 WZG Rechnung getragen werden, wonach ein nicht unterscheidungskräftiges Zeichen oder eine beschreibende Angabe zur Eintragung zugelassen sind, wenn sie sich im Verkehr als Kennzeichen der Waren des Anmelders durchgesetzt haben."); dagegen *Dauskardt*, Die Verkehrsdurchsetzung im deutschen und europäischen Markenrecht 2017, S. 115 ff.
[79] Vgl. zu diesem Ergebnis *Ströbele*, Probleme bei der Eintragung dreidimensionaler Marken, in: Bomhard/Pagenberg/Schennen (Hrsg.), Harmonisierung des Markenrechts 2005, 235, S. 238 f.; Fezer/*Fezer*, Markenrecht, 4. Aufl. 2009, PVÜ Art. 6quinquies, Rn. 15; *Dauskardt*, Die Verkehrsdurchsetzung im deutschen und europäischen Markenrecht 2017, S. 121.

Beschränkung der Anwendbarkeit von Art. 6quinquies C (1) PVÜ aufgehoben werden.[80]

Die Annahme, dass Art. 6quinquies C (1) PVÜ überhaupt die Möglichkeit der Überwindung durch erlangte Unterscheidungskraft vorschreibt, ist allerdings fraglich.[81] Der soeben dargestellte, vermeintlich aufzulösende Widerspruch wird ja gerade erst durch diese Annahme hervorgerufen. Dass Art. 6quinquies C (1) PVÜ nach dieser Ansicht teilweise leerläuft, obwohl er seinem Wortlaut und seiner Stellung nach auf alle Versagungsgründe nach Art. 6quinquies B PVÜ anwendbar ist,[82] spricht gegen diese Annahme. Das wird durch eine historische Untersuchung bestätigt: die Vorläuferbestimmung sprach anstatt von der Schutzfähigkeit von der Unterscheidungskraft der Marke. Sie stand auch nicht als eigenständige Bestimmung *hinter* Buchstabe B, sondern *in* Buchstabe B Nummer 2. Daraus folgt, dass nach dieser Änderung nicht (nur) bei der Feststellung der Unterscheidungskraft alle Tatumstände berücksichtig werden sollten.[83]

Darüber hinaus ist die begriffliche Vorstellung der „Überwindbarkeit" aus den oben erörterten Gründen zumindest missverständlich. Geht es um das Fehlen von Unterscheidungskraft, dann wird durch den Nachweis von tatsächlicher (erlangter) Unterscheidungskraft nicht ein Versagungsgrund gemäß Art. 6quinquies B Nr. 2 PVÜ „überwunden", sondern nachgewiesen, dass der Versagungsgrund (also die fehlende Unterscheidungskraft) nicht vorliegt. Bei Vorliegen von tatsächlicher Unterscheidungskraft kann das Fehlen von Unterscheidungskraft nicht aus rein normativen Gründen bejaht werden kann.[84]

Somit betrifft Art. 6quinquies C (1) PVÜ gar nicht die „Überwindung" von Versagungsgründen, sondern schreibt vor, wie diese jeweils festzustellen sind: unter Berücksichtigung der tatsächlichen Umstände. So verstanden ist eine An-

---

[80] Man könnte diesen Widerspruch freilich auch hinnehmen, vgl. Art. 289 des Law No. 1/13 of July 28, 2009, relating to Industrial Property von Burundi, der die Eintragung auch von *ordre public-* und sittenwidrigen Marken zulässt, wenn diese Unterscheidungskraft durch Benutzung erlangt haben. Der Gesetzestext ist abrufbar über WIPO Lex unter https://wipolex.wipo.int/en/text/224337 (zuletzt abgerufen am 10.8.2022).

[81] Vgl. BPatG, Beschluss v. 10.12.2003, 28 W (pat) 147/02 = BeckRS 2009, 3421 – *Unités de rasage* („gewährt diese Vorschrift jedoch keinen materiellen Anspruch auf Schutzerlangung kraft Durchsetzung"). Deswegen ist der kategorische Ausschluss trotz Unterscheidungskraft nicht *per se* mit der PVÜ unvereinbar, vorausgesetzt, es greift ein anderer Grund des Art. 6quinquies B PVÜ; vgl. aber *Dinwoodie/Kur*, Non-conventional marks and the obstacle of functionality, in: Ricketson (Hrsg.), Research Handbook on the World Intellectual Property Organization 2020, 131, S. 143.

[82] Vgl. *Bodenhausen*, Guide to the Application of the Paris Convention 1968, S. 118, Rn. l); *Ricketson*, The Paris Convention for the Protection of Industrial Property 2015, Rn. 12.23.

[83] Vgl. *Beier*, Die Bedeutung ausländischer Tatumstände für die Markenschutzfähigkeit, GRUR 1968, 492, S. 492; *Dauskardt*, Die Verkehrsdurchsetzung im deutschen und europäischen Markenrecht 2017, S. 116 f.; *Dinwoodie/Kur*, Non-conventional marks and the obstacle of functionality, in: Ricketson (Hrsg.), Research Handbook on the World Intellectual Property Organization 2020, 131, S. 147.

[84] Siehe unten *Kapitel 5 D. II.*

wendung von Art. 6quinquies C (1) PVÜ auf alle Versagungsgründe möglich,[85] und es kommt zu keinem teilweisen Leerlauf der Bestimmung. Bei Art. 6quinquies B Nr. 1 PVÜ, der sich auf Rechte Dritter im Zielland bezieht, könnte beispielsweise eine langjährige gleichzeitige Verwendung Auskunft darüber geben, ob zwei sich nicht unähnliche Marken tatsächlich zu einer Verwirrung geführt haben, oder die Registrierung der zweiten Marke gerade nicht als Rechtsverletzung angesehen werden kann.[86] Ebenso können die tatsächlichen Umstände belegen, dass eine Marke nicht irreführend ist und damit nicht gegen den *ordre public* verstößt.[87] Auch kann aus den tatsächlichen Umständen, insbesondere bei einem empirischen Konzept der guten Sitten (*contraires à la morale*) gemäß Art. 6quinquies B Nr. 3 PVÜ, folgen, dass das Zeichen nicht als sittenwidrig empfunden wird.[88] So, wie die Grundlage für die „moralische" Bewertung eine tatsächlich herrschende Anschauung sein kann, kann auch der interessenbezogene Ansatz zum *ordre public* die konkreten Tatumstände in Form von tatsächlich bestehenden gewichtigen Allgemeininteressen in seinen Prüfungsmaßstab einbeziehen.[89]

---

[85] Vgl. *Ströbele*, Probleme bei der Eintragung dreidimensionaler Marken, in: Bomhard/Pagenberg/Schennen (Hrsg.), Harmonisierung des Markenrechts 2005, 235, S. 239.

[86] Vgl. *Bodenhausen*, Guide to the Application of the Paris Convention 1968, S. 118; *Dauskardt*, Die Verkehrsdurchsetzung im deutschen und europäischen Markenrecht 2017, S. 121.

[87] Vgl. *Bodenhausen*, Guide to the Application of the Paris Convention 1968, S. 118; *Dauskardt*, Die Verkehrsdurchsetzung im deutschen und europäischen Markenrecht 2017, S. 127.

[88] Vgl. *Endrich-Laimböck/Schenk*, Then Tell Me What You Think About Morality: A Freedom of Expression Perspective on the CJEU's Decision in FACK JU GÖHTE (C-240/18 P), (2020) 51 IIC 529, S. 531 und S. 538 ff. zum empirischen Verständnis von Art. 7 (1) f) UMV des EuGH; besonders berücksichtigt wurde zudem der Umstand, dass das streitgegenständliche Zeichen als Filmtitel lange und intensiv verwendet wurde, ohne einen gesellschaftlichen Aufschrei hervorzurufen, siehe EuGH, Urteil v. 27.2.2020, C-240/18 P – *Fack Ju Göhte*, Rn. 67; vgl. *Endrich-Laimböck/Schenk*, Anmerkung zu EuGH C-240/18 P (Constantin Film Produktion GmbH/EUIPO), EuZW 2020, 579, S. 580 f. Zur empirischen Komponente der BPatG-Rechtsprechung vgl. *Endrich-Laimböck*, Gegen ein induktiv-empirisches Verständnis der Sittenwidrigkeit im Markenrecht, in: Hetmank/Rechenberg (Hrsg.), Kommunikation, Kreation und Innovation – Recht im Umbruch? 2019, 209, S. 211. Erst recht relevant werden die tatsächlichen Umstände und möglicherweise auch die erlangte Unterscheidungskraft, wenn man den Ausschluss wegen Sittenwidrigkeit als Spielart fehlender Unterscheidungskraft versteht, so vereinzelt *Grynbert*, A Trademark Defense of the Disparagement Bar, (2016–2017) 126 Yale Law Journal Forum 178, S. 189. Diese Einordnung ist freilich nur möglich, wenn unterscheidungskräftige Zeichen nicht als sittenwidrig ausgeschlossen werden. Ein auf eine empirisch feststellbare (Mehrheits-)Meinung gestütztes Verständnis der Sittenwidrigkeit hält der US Supreme Court für verfassungswidrig, vgl. *Endrich-Laimböck*, Are morality bars „Friends U Can't Trust"? Iancu v. Brunetti in global context, GRUR Int 2019, 1028, S. 1033, und auch die Vereinbarkeit mit der EMRK ist fraglich, vgl. *Endrich-Laimböck/Schenk*, Then Tell Me What You Think About Morality, (2020) 51 IIC 529, S. 538.

[89] Vgl. *Dinwoodie/Kur*, Non-conventional marks and the obstacle of functionality, in: Ricketson (Hrsg.), Research Handbook on the World Intellectual Property Organization 2020, 131, S. 147.

Im Ergebnis indiziert Art. 6quinquies C (1) PVÜ einen interessenbezogenen *ordre public*-Begriff, und spricht jedenfalls gegen ein rein innerstaatlich definiertes, formal-normatives Verständnis, in welchem tatsächliche Umstände höchstens für den Tatbestand der verletzten Rechtsregel, nicht aber für die Frage eines dadurch erfolgten Verstoßes gegen den *ordre public* relevant wären.

*4. Fallgruppe Täuschung*

Ein weiteres Indiz für ein interessenbezogenes Konzept ist die Fallgruppe der Täuschung, die in Art. 6quinquies B Nr. 3 Satz 1 PVÜ gesondert als Versagungsgrund aufgeführt ist. Das passt zu einem interessenorientierten Begriffsverständnis, denn die inhaltliche bzw. tatbestandliche Bestimmung einer konkreten Fallkonstellation hat mit einer formalen Einordnung einer Rechtsregel im nationalen Rechtssystem nichts zu tun. Bei der Einführung der Fallgruppe ging es ausdrücklich um die nähere Bestimmung bzw. Präzisierung des Begriffs des *ordre public*.[90] Die kritischen Stimmen stellten nicht den (bereits seit 1883 bestehenden)[91] Ansatz der *inhaltlichen/tatbestandlichen* Bestimmung durch Fallgruppen in Frage, sondern befürchteten, dass die neue Fallgruppe einen Vorwand für den Ausschluss eigentlich unproblematischer Zeichen liefern werde.[92] Diese Furcht ist regelungstechnisch berechtigt, denn die universelle Fallgruppe der Täuschung greift unabhängig vom regionalen *ordre public*. Strenggenommen handelt es sich nicht um eine Konkretisierung, weil auf PVÜ-Ebene nur ein einheitlicher Maßstab inhaltlich konkretisiert werden kann, nicht aber der von den individuellen Umständen im konkreten Land abhängige regionale Maßstab. Insofern kann man in der Fallgruppe eine Erweiterung der Ausnahme sehen. Jedenfalls war die Fallgruppe als inhaltliche Klarstellung gedacht, weil zweifelhaft war, ob alle Vertragsstaaten täuschende Marken als den *ordre public* betreffend ansehen würden.[93] Das passt zur Vorstellung, dass hier unabhängig vom regionalen Maßstab eine inhaltlich Ausnahme geschaffen wurde.

---

[90] Siehe Actes de la Conférence réunie à Londres du 1er mai au 2 juin 1934, S. 185, insbesondere die niederländische Stellungnahme, S. 395.

[91] Dazu sogleich *Kapitel 3 C. IV.*

[92] Siehe Actes de la Conférence réunie à Londres du 1er mai au 2 juin 1934, S. 271 und 396. Der Vorschlag zur Ergänzung wurde auch von AIPPI und der Internationalen Handelskammer gemacht, siehe Actes de la Conférence réunie à Londres du 1er mai au 2 juin 1934, S. 66; *Fernand-Jacq*, Chambre de commerce internationale, Commission permanente pour la protection de la propriété industrielle – (Session du 28 fèvrier 1933, à Paris), (1933) 49 Propriété Industrielle 72, S. 74; *Haeliger*, Chambre de Commerce Internationale – Septième Congrès, (Vienne, 29 mai–3 juin 1933.), (1933) 49 Propriété Industrielle 135, S. 137; Congrès de Londres – (16–21 Mai 1932), Compte rendu = Annuaire de l'asssociation internationale pour la protection de la propriété industrielle 36 (1932), S. 57, 136, 180, 213; zusätzliche Hinweise für oder gegen ein interessensbezogenes Verständnis finden sich in den zitierten Unterlagen allerdings nicht.

[93] Siehe zum Vorschlag des Büros Actes de la Conférence réunie à Londres du 1er mai au 2 juin 1934, S. 185.

*III. Zweckgefährdung*

Wie oben erörtert ist ein interessenorientiertes Konzept des *ordre public* aus der Leerlauf-Perspektive ungefährlicher als ein formales Konzept: nicht die gesetzgeberischen Entscheidungen der Mitgliedstaaten entscheiden über den effektiven Anwendungsbereich von Art. 6quinquies PVÜ, sondern die tatsächliche (bzw. tatsächlich drohende oder prognostizierte) Beeinträchtigung von tatsächlich bestehenden Allgemeininteressen. Das verhindert, dass die Mitglieder den Anwendungsbereich durch beliebige *gesetzliche* Definition „ihres" *ordre public* bestimmen und damit Art. 6quinquies PVÜ effektiv abschaffen können.[94] Der *ordre public* ist damit zwar durch die jeweiligen gesellschaftlichen Verhältnisse vorbestimmt, nicht aber durch die Gesetzgebung an sich.[95] Das spricht insbesondere gegen die Übertragbarkeit des zum innerstaatlichen Recht vertretenen, auf den Ursprung der Regel abstellenden Ansatzes auf den *ordre public* Begriff der PVÜ, weil es gerade nicht genügen soll, dass die *public policy* vom „öffentlichen Normgeber" definiert wird.[96] Hier ist insbesondere zu betonen, dass auch eine von der nationalen Verfassung determinierte Bestimmung aus Perspektive der PVÜ eine gesetzgeberische Entscheidung darstellt, weil auch die geltende Verfassung auf einer Entscheidung des jeweiligen Vertragsstaates beruht. Darüber hinaus ist mit einem rechtspositivistischen Ansatz jede Bestimmung des nationalen (deutschen) Rechts auf eine übergeordnete Rechtsregel zurückzuführen. In jeder einfachgesetzlichen Regel steckt immer auch Verfassungsrecht, sobald sie inhaltlich mit der Verfassung in Einklang stehen muss. In Deutschland ist jeder verfassungskonforme markenrechtliche Schutzausschluss immer auch als verfassungsrechtliche Abwägung zwischen den beeinträchtigten und geförderten Interessen zu sehen. So, wie jede Rechtsnorm einen Zweck hat,[97] hat jede verfassungskonforme Rechtsnorm auch einen von der Verfassung gebilligten Zweck. Unabhängig davon, wie genau die Verfassung oder sonstiges übergeordnetes Recht die Gesetzgebung nach innen bindet, aus der externen Sicht der PVÜ kann es auf diese

---

[94] Vgl. *Frey-Godet*, Die Marke und deren internationale Eintragung, Jahrbuch der Internationalen Vereinigung für Gewerblichen Rechtsschutz 1897, 198, S. 201.
[95] Vgl. *Edrich*, Die Klausel „telle-quelle" 1962, S. 106.
[96] Vgl. Schlussanträge des Generalanwalts *Bobek* zu C-240/18 P (*Fack Ju Göhte*) v. 2.7.2019, Rn. 76. Es gehe um eine „normative vision of values and goals, defined by the relevant public authority [...] Public policy thus expresses the public regulator's wishes as to the norms to be respected in society. Its content should be ascertained from official sources of law and/or policy documents."
[97] Formulierung in Anlehnung an RG, Urteil v. 21.3.1905, II 387/04 = RGZE 1905, 296 – *Garn*, S. 398 („Denn jedes Gesetz hat einen Zweck"). Vgl. *Kur*, What is „AS IS"? Das telle quelle-Prinzip nach „Havana Club", in: Bomhard/Pagenberg/Schennen (Hrsg.), Harmonisierung des Markenrechts, 361, S. 376: „Natürlich wird jeder vernünftige Gesetzgeber nachvollziehbare Gründe für die von ihm eingeführten Regelungen haben." Vgl. auch RG, Entscheidung v. 29.6.1942, II 22/42 (Kammergericht) = GRUR 1942, 428– *Schwarz-Weiß*, S. 430 (linke Spalte) („nicht nur aus bloßen Zweckmäßigkeitserwägungen").

formale Innenbetrachtung nicht ankommen, wenn sie ihre bindende Wirkung behalten soll.

## IV. Aus der Geschichte

Auch aus der Entwicklungsgeschichte der PVÜ und den Stellungnahmen auf den Revisionskonferenzen lassen sich weitere Anhaltspunkte für ein interessensorientiertes Verständnis bzw. gegen ein formal-normatives Konzept des *ordre public* ableiten.

Schon aus dem Schlussprotokoll von 1883 ergibt sich ein interessenorientiertes Konzept. Dort wurde, ähnlich dem heutigen, konkretisierenden Zusatz zur Täuschung, die (unautorisierte) Verwendung von Wappen als Verstoß gegen den *ordre public* behandelt.[98] Auch das ist eine inhaltliche bzw. tatbestandliche Bestimmung der relevanten Allgemeininteressen, keine Delegation an die formal-normative Einordung eines Verbots im Schutzland.[99] Auch wenn diese bewusst nicht abschließende Aufzählung den Mitgliedern die weitere Ausfüllung des Begriffs vorbehielt,[100] so kann man ihr dennoch insoweit ein interessenorientiertes Begriffsverständnis entnehmen. Die spanische Delegation hielt es sogar ausdrücklich für notwendig, diese Fallgruppe zu erwähnen, *obwohl* das spanische Recht die Wiedergabe königlicher Wappen als Marke bereits verbot und *obwohl* dem spanischen Einwand entgegengehalten worden war, dass es alleine das nationale Recht sei, das den *ordre public* bestimme.[101] Zumindest Spanien war von diesem Einwand nicht überzeugt, und auch die anderen Parteien, die der Einführung dieser Fallgruppe zustimmten, sahen hierfür mangels Verweises auf das innerstaatliche Recht durch ein formal-normatives Konzept des *ordre public* offenbar eine Notwendigkeit.

Auf der Washingtoner Konferenz war vorgeschlagen worden, den Begriff des *ordre public* inhaltlich erschöpfend durch Fallgruppen zu definieren.[102] Dem Vor-

---

[98] Siehe Actes de la Conférence internationale pour la protection de la propriété industrielle, réunie à Paris du 6 au 28 mars 1883 (deuxième édition), S. 60, auch abgedruckt in Actes de la Conférence réunie à Lisbonne du 6 au 31 octobre 1958, S. 127. Es war gerade diese Fallgruppe, die hinter dem österreichischen Vorschlag stand, überhaupt einen *ordre public*-Vorbehalt einzuführen, siehe Conférence internationale pour la protection de la propriété industrielle réunie a Paris du 4 au 20 Novembre 1880 (deuxième édition), S. 73 f.; vgl. *Egger*, La protection de la marque „telle quelle" et l'ordre public, Schweizerische Mitteilungen über Gewerblichen Rechtsschutz und Urheberrecht 1960, 38, S. 40.

[99] Vgl. *Lallier*, Artikel 6 des Pariser Unionsvertrages (Schutz der Marke „telle quelle"), Jahrbuch der Internationalen Vereinigung für Gewerblichen Rechtsschutz 1906, 46, S. 49.

[100] Vgl. *J. Seligsohn*, Artikel 6 der Pariser Uebereinkunft, GRUR 1923, 68, S. 69 (linke Spalte).

[101] Siehe Conférence internationale pour la protection de la propriété industrielle réunie a Paris du 4 au 20 Novembre 1880 (deuxième édition), S. 32 f.

[102] Siehe Actes de la Conférence réunie à Washington du 15 mai au 2 juin 1911, S. 51 („Pour les effets de la présente Convention, la notion de l'ordre public est restreinte: à l'usage de

## C. Verbandsautonomes Konzept des ordre public

schlag liegt also wiederum die bereits dargestellte Vorstellung zugrunde, dass der *ordre public* sich über Fallgruppen – d.h. durch Beschreibung konkreter Tatbestände – (umfassend) darstellen lässt. Auch der deutsche Vorschlag[103] konkretisierte den Begriff über Fallgruppen, ebenso der französische[104] und niederländische[105]. Auch die schwedische und britische Einlassung richtete sich nur gegen die *abschließende* Aufzählung von Fallgruppen, nicht gegen die Konkretisierung durch Fallgruppen an sich.[106]

Die Diskussion um die Einführung einer Nummer 4 in Abschnitt B, die eine Versagung wegen unlauteren Wettbewerbs betrifft, gibt möglicherweise in das Verständnis der deutschen Delegation einen Einblick. Diese erklärte 1925 in Den Haag, sich jedenfalls weiterhin das Recht vorzubehalten, nach Buchstabe B Nummer 3 Marken zurückzuweisen (bzw. zu löschen), deren Hinterlegung eine Handlung des unlauteren Wettbewerbs darstellt.[107] Konkret könnten damit die Fallkonstellationen gemeint sein, in denen das RPA die seit 1923 von Instanzgerichten vorgezeichnete und seit 1927 vom Reichsgericht verfolgte Rechtssprechungslinie zur Ausdehnung des Schutzes bekannter Marken mit lauterkeitsrechtlichen Mitteln[108] auf die Anmeldesituation übertrug.[109] Im Zentrum dieser Rechtsprechungsentwicklung stand vor allem die Parfümmarke „4711" der „Eau de Cologne- und Parfümerie-Fabrik Glockengasse No. 4711 gegenüber der Pferdepost von Ferd. Mülhens".[110] 1931 wies das RPA eine Anmeldung der Marke „4711" für Rasiermesser durch ein anderes Unternehmen zurück.[111] Auf eine Gleichartigkeit der angemeldeten Waren mit der notorisch bekannten Marke „4711" für Parfüm und Kosmetika im Sinne der §§ 5 und 12 WZG kam es dabei nicht an. Die Entscheidung wurde stattdessen auf § 4 Nr. 3 WZG gestützt, der

---

figures ou de mentions immorales, inexactes ou diffamatoires, ainsi qu'à l'emploi, non autorisé par l'autorité compétente ou la personne intéressée, d'armoiries, insignes, décorations, noms, signatures et portraits."); vgl. *J. Seligsohn*, Artikel 6 der Pariser Uebereinkunft, GRUR 1923, 68, S. 69 (linke Spalte); *Egger*, La protection de la marque „telle quelle" et l'ordre public, Schweizerische Mitteilungen über Gewerblichen Rechtsschutz und Urheberrecht 1960, 38, S. 41.

[103] Siehe Actes de la Conférence réunie à Washington du 15 mai au 2 juin 1911, S. 93 („Pour les effets de la présente Convention, la notion de l'ordre public s'étend à l'usage de figures ou de mentions immorales, déceptives ou diffamatoires, ainsi qu'à l'emploi, non autorisé par l'autorité compétente, d'armoiries, insignes et décorations.")

[104] Siehe Actes de la Conférence réunie à Washington du 15 mai au 2 juin 1911, S. 96.

[105] Siehe Actes de la Conférence réunie à Washington du 15 mai au 2 juin 1911, S. 111.

[106] Siehe Actes de la Conférence réunie à Washington du 15 mai au 2 juin 1911, S. 113 und 197.

[107] Siehe Actes de la Conférence Réunie a La Haye du 8 Octobre au 6 Novembre 1925, S. 577.

[108] Vgl. *Sattler*, Emanzipation und Expansion des Markenrechts 2015, S. 214 ff. und 254 f.

[109] Vgl. *Heydt*, Zum Begriff der Weltmarke, GRUR 1952, 321, S. 325.

[110] Vgl. *Sattler*, Emanzipation und Expansion des Markenrechts 2015, S. 214 f. und 220 f.

[111] RPA Beschwerdeabteilung, Entscheidung v. 28.1.1931, N 16748/9b Wz. B 520/30 = Markenschutz und Wettbewerb 1931, 229 – *4711*, S. 229.

Ärgernis erregende Darstellungen und täuschende Angaben betraf. Diese Bestimmung wurde als Entsprechung zum *ordre public*-Vorbehalt der PVÜ verstanden.[112] Dabei ist zu beachten, dass der konkretisierende Zusatz zur Täuschung erst auf der Konferenz in London 1934 in Art. 6quinquies B Nr. 3 PVÜ eingefügt wurde.[113] Das Amt bejahte für das Zeichen „4711" eine Täuschungsgefahr für Waren, die denjenigen „nahestehen", die unter der bekannten Marke vertrieben werden. Ähnlich entschied das Amt gegen die Anmeldung des Zeichens „Waschautomat Persilion".[114] Dabei wurde in der Mitteilung der letzteren Entscheidung ausdrücklich betont, dass dies im Einklang mit der (lauterkeitsrechtlichen) Ausdehnung des Schutzes für bekannte Marken durch die Rechtsprechung steht.[115] Die interessenorientierte, lauterkeitsrechtliche Schutzerweiterung für bekannte Marken durch die Gerichte[116] fand so ihren Eingang in die Amtspraxis über die Regelung zur Täuschungsgefahr als Prognose über eine tatsächliche[117] Beeinträchtigung von Allgemeininteressen im Sinne eines *ordre public*-Verstoßes. Vor diesem Hintergrund erscheint die Erklärung der deutschen Delegation zum Verhältnis von unlauterem Wettbewerb und dem *ordre public*-Vorbehalt – im Einklang mit zeitgenössischer Kommentarliteratur[118] – als Ausdruck eines Verständnisses von Art. 6quinquies B Nr. 3 PVÜ, das primär auf das Allgemeininteresse abzielt, das hinter dem Versagungsgrund steht. Auf die formale Einordnung eines Täuschungsverbots in die deutsche Rechtsordnung und mögliche übergeordnete Vorgaben des nationalen Rechts kam es hingegen nicht an. Die Gefahr einer Irreführung begründete aus sich heraus, also aus den prognostizierten negativen Auswirkungen auf die Gesellschaft, eine Zurückweisung der Marke. Allerdings ist weder gesichert, dass die deutsche Delegation wirklich (nur) diese Fälle vor Augen hatte, noch ersichtlich, wie die übrigen Parteien zu der Stellungnahme standen.

Jedenfalls erklärte die spanische Delegation 1934 in London hinsichtlich des Vorschlags, eine Nummer 4 des unlauteren Wettbewerbs einzuführen, dass dies bereits von den Nummern 2 und 3 erfasst sei.[119] Ähnlich äußerte sich Ungarn, unter Verwendung des Begriffs „beeinträchtigter Interessen".[120]

---

[112] Vgl. *Hagens*, Warenzeichenrecht 1927, S. 344, Anm. 3.
[113] Siehe Actes de la Conférence réunie à Londres du 1er mai au 2 juin 1934, S. 186 und 546.
[114] RPA Prüfungsstelle, Entscheidung v. 30.10.1930, B 64 136/23 Wz. = Markenschutz und Wettbewerb 1931, 344 – *Persilion*, S. 344.
[115] Vgl. RPA, ebd. (rechte Spalte).
[116] Vgl. *Heydt*, Zum Begriff der Weltmarke, GRUR 1952, 321, S. 325; *Sattler*, Emanzipation und Expansion des Markenrechts 2015, S. 254 f.
[117] Vgl. RPA Prüfungsstelle, Entscheidung v. 30.10.1930, B 64 136/23 Wz. = Markenschutz und Wettbewerb 1931, 344 – *Persilion*, S. 344, rechte Spalte.
[118] Vgl. *Hagens*, Warenzeichenrecht 1927, S. 344, Anm. 3.
[119] Siehe Actes de la Conférence réunie à Londres du 1er mai au 2 juin 1934, S. 270.
[120] Siehe Actes de la Conférence réunie à Londres du 1er mai au 2 juin 1934, S. 271: „Enfin, les cas où une marque serait *préjudiciable à certains intérêts* (par exemple, parce qu'elle trompe le public, ou qu'elle fait naître une confusion dans son esprit) sont déjà prévus, entre autres, par les 1° et 3" (Hervorhebung nicht im Original).

## V. Art. 27 TRIPS und Art. XIV (a) GATS

Im Zusammenhang mit einer möglichen Adaption von Art. 6quinquies PVÜ mittels Art. 2.1 TRIPS in den WTO-Kontext könnten Art. 27.2 TRIPS sowie Art. XIV (a) GATS zur Bestimmung des Begriffs *ordre public* herangezogen werden. In der Aufzählung von beispielhaften Schutzgütern bzw. Interessen in Art. 27.2 TRIPS spiegelt sich wiederum ein interessenbezogenes Verständnis.[121] Der zu schützende *ordre public* wird durch (die aufgezählten) Interessen gebildet. Das spricht dafür, dass es hier nicht die formal-normative Einordnung einer Rechtsregel ist, die diese vom an sich unbeachtlichen gesetzlichen Verbot nach Art. 27.2 a.E. TRIPS zu einem Verbot macht, das zur Aufrechterhaltung des *ordre public* nötig ist. Auch Art. XIV (a) GATS, insbesondere in Zusammenhang mit seiner Fußnote 5[122] spricht für ein interessensorientiertes Verständnis, weil es hier um den Erhalt fundamentaler gesellschaftlicher Interessen geht.[123]

## VI. Keine Pflicht zur Einzelfallentscheidung

Vereinzelt wird vertreten, dass der *ordre public*-Vorbehalt eine Einzelfallentscheidung auf Umsetzungsebene erfordert und daher eine allgemeine Regelung nie unter Art. 6quinquies B Nr. 3 PVÜ fallen könne.[124] Eine solche Grenze lässt sich dem *ordre public*-Begriff der PVÜ allerdings nicht entnehmen. Der Wortlaut der PVÜ ist hier eindeutig: nach Art. 6quinquies B Nr. 3 Satz 2 PVÜ *kann* auch

---

[121] Vgl. *Pires de Carvalho*, The TRIPS Regime of Patents and Test Data, 5. Aufl. 2018, S. 295, Rn. 27.84.

[122] Art. XIV (a) GATS lautet: necessary to protect public morals or to maintain public order". Dazu gehört die Fußnote 5: „The public order exception may be invoked only where a genuine and sufficiently serious threat is posed to one of the fundamental interests of society."

[123] Art. XIV GATS wurde im Zusammenhang mit Art. 10bis (2) PVÜ und auch mit Blick auf Art. 6quinquies PVÜ erörtert von WTO Untersuchungsausschuss (Panel), Reports v. 28.6.2018, WT/DS435/R, WT/DS441/R – *Australia – Certain Measures Concerning Trademarks, Geographical Indications and Other Plain Packaging Requirements Applicable to Tobacco Products and Packaging*, Rn. 7.2673 f. Vgl. zum Maßstab selbst WTO Berufungsorgan (Appellate Body), Report v. 7.4.2005, WT/DS285/AB/R – *United States – Measures Affecting the Cross-Border Supply of Gambling and Betting Services*, Rn. 296: „In its analysis under Article XIV(a), the Panel found that ,the term ,public morals' denotes standards of right and wrong conduct maintained by or on behalf of a community or nation'. The Panel further found that the definition of the term ,order', read in conjunction with Footnote 5 of the GATS, ,suggests that ,public order' refers to the preservation of the fundamental interests of a society, as reflected in public policy and law'." Vgl. auch *Petrova*, The WTO Internet Gambling Dispute as a Case of First Impression: How to Interpret Exceptions Under GATS Article XIV(a) and How to Set the Trend for Implementation and Compliance in WTO Cases Involving „Public Morals" and „Public Order" Concerns?, (2006) 6 Richmond Journal of Global Law and Business 45, S. 52 und 58.

[124] Vgl. *Edrich*, Die Klausel „telle-quelle" 1962, S. 106, bewusst ohne Begründung zu dieser These.

der Verstoß gegen eine (allgemeine) Rechtsregel unter den *ordre public*-Vorbehalt fallen, vorausgesetzt, diese Regel betrifft den *ordre public*. Auch die (historische) Fallgruppenbildung in der PVÜ zeigt, dass es möglich ist, von der konkreten Beeinträchtigung im Einzelfall auf abstrakte Fallgruppen und darauf aufbauende Regelungen zu abstrahieren. Es macht daher keinen Unterschied, ob eine allgemeine Regel angewendet wird, die auf einer Fallgruppe beruht, oder eine Generalklausel, die abstrakt auf eine Verletzung des dann erst zu ermittelnden *ordre public* abstellt.[125] Für die Einhaltung der PVÜ-Vorgaben kommt es nur darauf an, ob die Versagung der Eintragung im konkreten Fall auf einem Verstoß gegen den *ordre public* beruht. Wie viel Arbeit die nationale Gesetzgebung bei der Feststellung eines Verstoßes gegen den *ordre public* an Markenamt und/oder Gericht delegiert, ist aus völkerrechtlicher Perspektive unbeachtlich, solange in jedem (Einzel-)Fall einer Zurückweisung tatsächlich ein Verstoß gegen den *ordre public* vorliegt. Die regelungstechnische Umsetzung durch den Mitgliedsstaat ist insoweit unbeachtlich. Die Verbandsländer sind nicht auf ein regelungstechnisches Instrument beschränkt, das den Wortlaut von Art. 6quinquies B Nr. 3 PVÜ spiegelt. Umgekehrt kann auch die Anwendung einer nationalen *ordre public*-Klausel, die sich am Wortlaut der PVÜ orientiert, gegen die PVÜ verstoßen, wenn im konkreten Fall der Zurückweisung kein Verstoß gegen den *ordre public* im Sinne der PVÜ vorliegt.

## D. Interessenbezogener Ansatz führt zu bloßer Missbrauchsgrenze

Damit spricht alles dafür, nicht auf die formale Einordnung im nationalen Rechtssystem abzustellen, sondern auf die betroffenen „spezifische[n] öffentliche[n] Interesse[n]"[126]. Dass die formale Stellung des Ausschlussgrundes im nationalen Recht regelmäßig auch Aufschluss über die betroffenen gesellschaftlichen Interessen geben kann, ist insoweit unbeachtlich, als dass dies wiederum einen Nachweis erforderlich macht, wie formale Stellung und gesellschaftliche Interessen im konkreten Fall verknüpft sind. Das bleibt stets der Letztbegründungsschritt, auch wenn er bei bestimmten übergeordneten Regeln (beispielsweise Grund- oder Menschenrechten) so naheliegend scheint, dass er nicht mehr ausbuchstabiert wird.

Im Ergebnis hängt die Zulässigkeit des Ausschlusses technisch-funktioneller Marken also davon ab, ob er dem Schutz von Allgemeininteressen mit ausreichendem Gewicht dient. Somit ist das zusammenfassende Ergebnis des EFTA-Gerichtshofes zum *ordre public* im europäischen Markenrecht auf die PVÜ über-

---

[125] Vgl. EFTA Gerichtshof, Urteil v. 6.4.2017, E-5/16 – *Vigeland*, Rn. 88.
[126] *Kur*, What is „AS IS"? Das telle quelle-Prinzip nach „Havana Club", in: Bomhard/Pagenberg/Schennen (Hrsg.), Harmonisierung des Markenrechts, 361, S. 377.

## D. Interessenbezogener Ansatz führt zu bloßer Missbrauchsgrenze

tragbar: die Marke wird nicht eingetragen, weil sie nach Auffassung der Gesellschaft *unbedingt* nicht eingetragen werden *soll*, weil sonst fundamentale Interessen der Gesellschaft ernsthaft beeinträchtigt werden.[127]

Das entzieht die Frage der Anwendbarkeit der Validierungsklausel zwar theoretisch dem Zugriff der Vertragsstaaten, es stellt sich aber die Fragen, wo denn dann die tatbestandliche Begrenzung erkennbar wird. Dass nicht jedes öffentliche bzw. gesellschaftliche Interesse ausreichen kann, sondern ein gewisses Gewicht vorausgesetzt werden muss, überzeugt schon wegen eines sonst wiederum drohenden Leerlaufs von Art. 6quinquies PVÜ. Denn so, wie jede Rechtsnorm einen Zweck hat, dient sie auch einem gesellschaftlichen Interesse. Eine konkrete Messlatte dafür, wann ein Allgemeininteresse ausreichend schwer wiegt, lässt sich der PVÜ allerdings nicht entnehmen.

Einziger Anhaltspunkt ist hier die Fallgruppe der Täuschung, die die PVÜ ausdrücklich anerkennt. Problematisch ist das bereits erwähnte Zusammenspiel von universeller inhaltlicher Konkretisierung und der Anwendung eines regionalen Maßstabs. Aber auch für sich genommen ist nicht klar, auf welcher Achse der Schweregrad der durch eine solche Täuschung beeinträchtigten Allgemeininteressen zu bemessen ist. Als singuläre Fallgruppe liefert sie auch keine verallgemeinerungsfähigen Wertungsgesichtspunkte, wie man sie einer Mehrzahl von Fallgruppen durch eine Abstrahierung ihrer Gemeinsamkeiten entnehmen könnte.

Es bleibt somit offen, wann ein Allgemeininteresse ausreichend schwer wiegt, um von der Anwendung des Art. 6quinquies PVÜ absehen zu dürfen. Die PVÜ macht hier letztlich keine prozeduralen oder inhaltlichen Vorgaben. Diese Unbestimmtheit schafft einen erheblichen politischen Spielraum bei der Anwendung der Ausnahme.[128] Insoweit hängt die effektive Wirkung von Art. 6quinquies PVÜ davon ab, dass die Mitglieder die Messlatte nach Treu und Glauben nicht allzu tief hängen, das heißt nicht missbräuchlich ein gewichtiges Allgemeininteresses behaupten. Der *ordre public*-Begriff wird mangels hinreichender Bestimmbarkeit aus der PVÜ heraus seiner regelungstechnischen Aufgabe nicht gerecht. Das stellt die Wirksamkeit der Validierungsklausel infrage – für die Bestätigung der Ausgangsthese der Vereinbarkeit mit den Vorgaben der PVÜ bedeutet das aber, dass nur noch zu zeigen ist, dass diese Missbrauchsgrenze beim Ausschluss technisch-funktioneller Marken nicht überschritten wird.

Zu betonen ist aber, dass hier eine zweistufige Prüfung erforderlich ist. Neben dem Bestehen eines bestimmten Interesses auf Stufe eins muss auf Stufe zwei noch gezeigt werden, dass der Ausschluss auch tatsächlich diesem Interesse dient. Das ist nur der Fall, wenn ohne den Ausschluss eine Beeinträchtigung des behaupteten Interesses zu befürchten ist. Eine zur Minderung der Beeinträchtigung ungeeignete Maßnahme ist nicht mit dem *ordre public* zu rechtfertigen.

---

[127] Vgl. EFTA Gerichtshof, Urteil v. 6.4.2017, E-5/16 – *Vigeland*, Rn. 96.
[128] Vgl. *Pehl*, Repräsentative Auslegung völkerrechtlicher Verträge 2018, S. 96.

## E. Ausschluss betrifft grundlegende Allgemeininteressen

Für die Subsumtion des Ausschlusses technisch-funktioneller Marken unter die Ausnahme des *ordre public* kommt es wie gezeigt nicht darauf an, ob eine formale Verortung des Ausschlusses technisch-funktioneller Marken dergestalt gelingt, dass eine übergeordnete „Meta-Norm" der nationalen Rechtsordnung den Ausschluss zwingend vorschreibt. Ob der Ausschluss durch Freiheits-[129] oder Zugangsrechte[130] vorbestimmt ist oder menschenrechtliche Vorgaben umsetzt[131] oder ob es sich um eine aus dem „System"[132] des Immaterialgüterrechts zwingend folgende Abgrenzungsregel zu den sog. technischen Schutzrechten handelt, die Kumulationen verhindern soll,[133] ist für sich allein genommen irrelevant, weil dies

---

[129] Vgl. allgemein zur Begrenzung von Schutzrechten aus Perspektive einer „freedom to conduct business" z.B. *Ghidini/Stazi*, Freedom to conduct business, competition and intellectual property, in: Geiger (Hrsg.), Research Handbook on Human Rights and Intellectual Property 2015, 410, S. 420.

[130] Für Technischfunktionelles wohl insbesondere relevant ein Recht zur Teilhabe am technischen Fortschritt gem. Art. 15 (1) (b) ICESCR, vgl. *Chapman*, Towards an Understanding of the Right to Enjoy the Benefits of Scientific Progress and Its Applications, (2009) 8 Journal of Human Rights 1, S. 3 ff., und *Shaver*, The Right to Science and Culture, 2010 Wisconsin Law Review 121, wobei hier nach wie vor Forschungsbedarf zu bestehen scheint, vgl. *Yu*, Intellectual Property and Human Rights 2.0, (2019) 53 University of Richmond Law Review 1375, S. 1378.

[131] Zum Freihaltebedürfnis aus Menschenrechtsperspektive vgl. auch *Ricolfi*, Trademarks and Human Rights, in: Torremans (Hrsg.), Intellectual Property Law and Human Rights, 3. Aufl. 2015, 453, S. 473 ff.; zur Hinderung der Entstehung von Immaterialgüterrechten durch Menschenrechte am Beispiel des Patents vgl. *van Overwalle*, Human rights' limitations in patent law, in: Grosheide (Hrsg.), Intellectual Property and Human Rights 2010, 236, S. 243 ff.; vgl. auch *Helfer*, Toward a Human Rights Framework for Intellectual Property, (2007) 40 University of California Davis Law Review 971, S. 1017 f.; im WTO-Kontext z.B. *Yu*, Intellectual Property and Human Rights 2.0, (2019) 53 University of Richmond Law Review 1375, S. 1428 f.; *Hilf/Hörmann*, Die WTO – Eine Gefahr für die Verwirklichung von Menschenrechten?, Archiv des Völkerrechts 2005, 397, S. 463; *Wager/Watal*, Human rights and international intellectual property law, in: Geiger (Hrsg.), Research Handbook on Human Rights and Intellectual Property 2015, 149, S. 156 ff.; *Correa*, Mitigating the impact of intellectual property in developing countries through the implementation of human rights, in: Geiger (Hrsg.), Research Handbook on Human Rights and Intellectual Property 2015, 201; *Seuba*, Human rights an intellectual property law at the bilateral and multilateral levels: Substantive and operational aspects, in: Geiger (Hrsg.), Research Handbook on Human Rights and Intellectual Property 2015, 173, S. 192 ff.; aus europäischer Perspektive *Grosse Ruse-Khan*, Overlaps and conflict norms in human right law, in: Geiger (Hrsg.), Research Handbook on Human Rights and Intellectual Property 2015, 70, S. 88.

[132] Vgl. beispielsweise Kur/Bomhard/Albrecht/*Kur*, BeckOK Markenrecht, 30. Aufl. 2022, MarkenG Einleitung Markenrecht, Rn. 10; *Dauskardt*, Die Verkehrsdurchsetzung im deutschen und europäischen Markenrecht 2017, S. 125.

[133] Vgl. RG, Entscheidung v. 20.3.1941, II 108/40 = GRUR 1941, 238 – *Wundpflaster*, S. 239; *Mroß*, Technische Funktionalität im Recht des geistigen Eigentums sowie im Wettbewerbsrecht 2015, Rn. 250 ff. Man könnte hier mit *Ohly*, Designschutz im Spannungsfeld

die innerstaatliche Perspektive einer formal-rechtlichen Ebene nicht verlässt. Die konkrete Erörterung, ob ein Ausschluss technisch-funktioneller Marken den *ordre public* im Sinne der PVÜ betrifft, hat aber am Ende auf außerrechtlicher Ebene stattzufinden, weil der Anwendungsbereich der Validierungsklausel nur dann dem definitorischen Zugriff des nationalen Rechts entzogen ist. Die Frage, welche Allgemeininteressen in einer bestimmten Gesellschaft für fundamental gehalten werden, kann mit positiv-rechtlichen Diskursmitteln allein nicht beantwortet werden.

Allerdings liefert dieser rechtliche Diskurs implizit und explizit sowohl ausreichend Argumente für die Feststellung gewichtiger Allgemeininteressen als auch dafür, dass der Ausschluss technisch-funktioneller Marken die Beeinträchtigung dieser Interessen verhindert, somit also der Missbrauchsprüfung standhält und deshalb den *ordre public* betrifft:

## I. Zweckdiskussion

Vor dem Hintergrund, dass die Ausweitung des Kreises der als Marke schutzfähigen Zeichen die Gefahr von Wettbewerbsverzerrungen erzeugt hat,[134] wird betont, dass der Ausschluss technisch-funktioneller Marken die Verhinderung der Monopolisierung von funktionellen (technischen) Produkteigenschaften bezweckt.[135] Dieser wettbewerbsbezogenen Stoßrichtung kann man eine Abgrenzungsthese gegenüberstellen,[136] die den primären Zweck des Ausschlusses darin

---

von Geschmacksmuster-, Kennzeichen- und Lauterkeitsrecht, GRUR 2007, 731, S. 740, von einer *rechtssystematischen* und einer *rechtspolitischen* Notwendigkeit sprechen. Erstere folgt aus dem System des nationalen Rechts, also formal-normativ; zweite aus der vorherrschenden gesellschaftlichen Auffassung.

[134] Vgl. zur Erosion der Abgrenzung von Zeichen und Ware und den Gefahren für den Wettbewerb vgl. *Körner/Gründig-Schelle*, Markenrecht und Produktschutz durch die dreidimensionale Marke, GRUR 1999, 535, S. 535; *Calboli/Senftleben*, Introduction, in: Calboli/Senftleben (Hrsg.), The Protection of Non-Traditional Trademarks 2018, 1, S. 5 ff.

[135] Zum Zweck von § 3 (2) Nr. 2 MarkenG und Art. 7 (1) (e) (ii) UMV, die Monopolisierung von funktionellen (technischen) Eigenschaften zu verhindern, vgl. statt vieler z.B. *Kur*, Funktionswandel von Schutzrechten: Ursachen und Konsequenzen der inhaltlichen Annäherung und Überlagerung von Schutzrechtstypen, in: Schricker/Dreier/Kur (Hrsg.), Geistiges Eigentum im Dienst der Innovation 2001, 23, S. 38 („Abwägung von Wettbewerber- und Schutzinteressen"); *Bassewitz*, Trade Dress und Functionality – Ein Vergleich des marken- und wettbewerbsrechtlichen Schutzes von Produktformen in den USA und Deutschland, GRUR Int 2004, 390, S. 393; *Dauskardt*, Die Verkehrsdurchsetzung im deutschen und europäischen Markenrecht 2017, S. 382; *Lynch*, Product configuration marks: the shape of things to come, (2017) 12 JIPLP 465; *Starcke*, Der Schutz der Gestaltung von Gebrauchsgegenständen 2019, S. 108.

[136] Eine wettbewerbsbezogene Stoßrichtung in der europäischen Rechtsprechung zu Art. 7 (1) (e) (ii) und (iii) betonen auch *Suthersanen/Mimler*, An Autonomous EU Functionality Doctrine for Shape Exclusions, GRUR Int 2020, 567, S. 572 und 576. Die These, dass diese Bestimmungen (primär) der Abgrenzung des Markenrechts von anderen Schutzrechtsregimen dienen, beschreiben sie hingegen als „überholt". Dazu, dass auch die US-Rechtspre-

sieht, die sog. Kumulation mit („technischen") Schutzrechten zu verhindern, die ebenfalls Folge einer Expansion des Markenrechts ist.[137] Dabei scheinen beide Ansätze im Zweck der Regelung am Ende übereinstimmend die Verhinderung wettbewerbshindernder Wirkungen des Markenrechts erblicken. Die Abgrenzungsthese postuliert zusätzlich eine normative Begründung, wieso das Markenrecht kein Produktmarktmonopol schaffen *darf*. Das wird beispielsweise deutlich, wenn begrifflich auf eine Abgrenzung des Markenrechts von *Produktschutzrechten* abgestellt wird.[138] Diese Art der „Abgrenzung" läuft auf das hinaus, was auch der wettbewerbsbezogene Ansatz voraussetzt: das Markenrecht soll keine Produktmarktmonopole schaffen – hier in Abgrenzung zu durch „Produktschutzrechte" erzeugten, zeitlich begrenzten und durch Innovationsanreize oder sonst gerechtfertigten wirtschaftlichen Monopolen.[139] Das erklärt, warum beide Ansätze oft zum selben Ergebnis gelangen.[140] Dass das Markenrecht kein Produktschutzrecht sein soll/ist, ist erstmal nichts anderes als die Aussage, dass es kein Produktmarktmonopol erzeugen soll/erzeugt. Ob dieser „systematische Schlenker" unter dem Vorzeichen einer Schutzrechtsüberlappung oder „Kumulation" geeignet ist, den Ausschluss technisch-funktioneller Zeichen als durch das „System" des Immaterialgüterrechts zwingend vorgegeben zu begründen, ist

---

chung in Supreme Court (US), Entscheidung v. 20.3.2001, 99–1571, 532 US 23 – *Traffix Devices v. Marketing Displays* und v. 2.6.2003, 02–428, 539 US 23 – *Dastar v. Twentieth Century Fox Film* im Markenrecht kein Kumulationsverbot im Sinne einer Abgrenzungsthese ausgesprochen hat, vgl. *Dinwoodie*, Concurrence and Convergence of Rights: The Concerns of the U.S. Supreme Court, in: Grosheide/Brinkhof (Hrsg.), Intellectual property law: articles on crossing borders between traditional and actual 2004, 5, S. 21.

[137] Zur Abgrenzungsthese vgl. z.B. RG, Entscheidung v. 20.3.1941, II 108/40 = GRUR 1941, 238 – *Wundpflaster*, S. 239; *Mroß*, Technische Funktionalität im Recht des geistigen Eigentums sowie im Wettbewerbsrecht 2015, Rn. 250 ff.; zum treffenden Schlagwort des „regime creep" vgl. *Chave*, In good shape? 2017, S. 324.

[138] Vgl. z.B. *Körner/Gründig-Schelle*, Markenrecht und Produktschutz durch die dreidimensionale Marke, GRUR 1999, 535, S. 537; *Jaeschke*, Die „Produktform als Corporate Identity"? Klemmbausteine und die Frage der „Kumulation von Schutzrechten", GRUR 2008, 749, S. 749 f.; *Fezer*, Entwicklungslinien und Prinzipien des Markenrechts in Europa, GRUR 2003, 457, S. 467; *Raue*, Nachahmungsfreiheit nach Ablauf des Immaterialgüterrechtsschutzes? 2010, S. 81; *Schmidt-Pfitzner*, Das TRIPS-Übereinkommen und seine Auswirkungen auf den deutschen Markenschutz 2005, S. 83; *Dauskardt*, Die Verkehrsdurchsetzung im deutschen und europäischen Markenrecht 2017, S. 84; *Wandtke/Ohst*, Zur Reform des deutschen Geschmacksmustergesetzes, GRUR Int 2005, 91, S. 92.

[139] Vgl. *Starcke*, Der Schutz der Gestaltung von Gebrauchsgegenständen 2019, S. 49 f.; *Chave*, In good shape? 2017, S. 323 f.

[140] Vgl. *Dinwoodie/Kur*, Non-conventional marks and the obstacle of functionality, in: Ricketson (Hrsg.), Research Handbook on the World Intellectual Property Organization 2020, 131, S. 146; sowohl Wettbewerbs- als auch Abgrenzungsbezogen *Geier*, Schutzkumulationen – Angriff auf die Gemeinfreiheit oder legitimer Schutz Geistigen Eigentums? 2015, S. 219.

fraglich.[141] Gerade die Herleitung von formalen Abgrenzungsregeln wird kritisiert.[142] Für die Vereinbarkeit mit der PVÜ kommt es darauf aber nicht an. Für die allein entscheidende Frage des Allgemeininteresses ist ein wettbewerbsbezogener Ansatz der Abgrenzungsthese nicht per se überlegen. Wettbewerbliche Auswirkungen (und damit dasselbe Allgemeininteresse) können auch in der Abgrenzungsthese mitgedacht werden. Wegen der zu befürchtenden negativen volkswirtschaftlichen Auswirkungen eines Produktmarktmonopols ist in beiden Konzeptionen die Annahme eines gewichtigen Allgemeininteresses nicht vorgeschoben oder missbräuchlich.[143] Auch, dass die Abgrenzungstheorie selbst eine fundamentale gesellschaftliche Wertung ausdrückt, ist keinesfalls ausgeschlossen, und das wiederum gänzlich unabhängig davon, ob diese Vorstellung den rechtlichen *status quo* zutreffend beschreibt. Möglicherweise sind die auch systematisch induzierten bzw. abgrenzungsorientierten Vorstellungen von der „dysfunktionalen"[144] Verwendung von Markenrecht, von der Verwerflichkeit ei-

---

[141] Vgl. grundlegend zum Problem, das Immaterialgüterrecht als abgeschlossenes System zu begreifen, *Schröer*, Der unmittelbare Leistungsschutz 2010, S. 137 ff; vgl. auch *Kur*, Funktionswandel von Schutzrechten, in: Schricker/Dreier/Kur (Hrsg.), Geistiges Eigentum im Dienst der Innovation 2001, 23, S. 38, 45, 50, wonach „begrifflich-systematische Überlegungen" zwar den „argumentativen Rahmen" abstecken, aber keine „eindeutige Lösung" vorgeben; Überschneidung von Schutzrechten kann ein „Indiz für das Bestehen schutzrechtsinterner Abstimmungsmängel" sein, die durch „Expansion", z.B. durch eine Senkung der Schutzvoraussetzungen, entstehen können, auf die aber in der Regel schutzrechtsintern zu reagieren ist. Gegen die Beachtlichkeit von „ontologischen" Schutzrechtsgrenzen auf Grundlage von Abgrenzungsüberlegungen auch *Dinwoodie*, The Death of Ontology, (1999) 84 Iowa Law Review 611, S. 684 ff. und 751.

[142] Vgl. widerholt *Kur*, Besprechung von Intellectual Property Overlaps, GRUR Int 2012, 102, S. 103, *Kur*, Cumulation of IP Rights Pertaining to Product Shapes, in: Ghidini/Genovesi (Hrsg.), Intellectual property and market power 2008, 613, S. 616, *Kur*, Cumulation of rights with regard to threedimensional shapes, in: Cruquenaire/Dusollier (Hrsg.), Le cumul des droits intelectuels 2009, 155, S. 714, *Kur*, Konstellationen potenziellen Überschutzes, in: Hilty/Jaeger (Hrsg.), Europäisches Immaterialgüterrecht 2018, 329, S. 381. Vgl. zum rechtssystematischen „Postulat der Widerspruchsfreiheit des Immaterialgüter und Lauterkeitsrechts" *Ohly*, Designschutz im Spannungsfeld von Geschmacksmuster-, Kennzeichen- und Lauterkeitsrecht, GRUR 2007, 731, S. 735, und zu den Möglichkeiten von „Subsidiarität" oder Kumulation" von Schutzrechtsregimen *Kur*, Die Alternativen zum Schutz durch das Urheberrecht in Deutschland, in: Hilty/Geiger(Hrsg.), Impulse für eine europäische Harmonisierung des Urheberrechts 2007, 193, S. 204 ff., und *Ohly*, Von einem Indianerhäuptling, einer Himmelsscheibe, einer Jeans und dem Lächeln der Mona Lisa, in: Pahlow/Eisfeld (Hrsg.), Grundlagen und Grundfragen des Geistigen Eigentums 2008, 203, S. 203 und 220; kritisch auch *Schmid*, Die Eintragungsfähigkeit von Formen im Europäischen Markenrecht 2003, S. 213; *Cook*, How IPrs, like Nature, Abhor a Vacuum, and What Can Happen When They Fill it, (2012) 17 Journal of Intellectual Property Rights 296, S. 302 f. Unter dem Stichwort des „channeling" vgl. *Du Mont/Janis*, Functionality in Design Protection Systems, (2012) 19 Journal of Intellectual Property Law 261, S. 302 f.; *McKenna/Sprigman*, What's In, and What's Out, (2017) 30 Harvard Journal of Law & Technology 491, S. 540 ff.

[143] Vgl. *Hacker*, Technisch funktionale Marken, in: Ahrens et al. (Hrsg.), Festschrift für Wolfgang Büscher 2018, 15, S. 28.

[144] *Kur*, Gemeinfreiheit und Markenschutz – Bemerkungen zur Entscheidung des EFTA-

nes „Second Bite of the Cherry"[145], von der durch Schutzablauf erzeugten positiven und robusten Gemeinfreiheit[146] und des „Unterlaufens" von patentrechtlichen Vorgaben[147] derart in der Gesellschaft verankert, dass der Ausschluss technisch-funktioneller Marken auch aus diesem Grund den *ordre public* betreffen könnte.[148] Eine positive und robuste Gemeinfreiheit[149] wird unter anderem auch mit verfassungsrechtlichen[150] oder menschenrechtlichen[151] Wertungen begründet, insbesondere aber auch unter systematisch Herleitungen erörtert.[152] Wenn (sys-

---

Gerichtshofs im „Vigeland"-Fall, GRUR 2017, 1082, S. 1090. Vgl. *Kur*, Funktionswandel von Schutzrechten, in: Schricker/Dreier/Kur (Hrsg.), Geistiges Eigentum im Dienst der Innovation 2001, 23, S. 24 ff.

[145] Vgl. *Derclaye/Ng-Loy*, Relationship between Trademark Law and Copyright/Design Law – Trademark Protection for Ornamental Shapes?, in: Calboli/Ginsburg (Hrsg.), The Cambridge Handbook of International and Comparative Trademark Law 2020, 421, S. 422 ff.

[146] Siehe EFTA Gerichtshof, Urteil v. 6.4.2017, E-5/16 – *Vigeland*, Rn. 96: „An artwork may be refused registration, for example, under the circumstances that its registration is regarded as a genuine and serious threat to certain fundamental values or *where the need to safeguard the public domain, itself, is considered a fundamental interest of society.*" (Hervorhebung nicht im Original). Vgl. aus der Literatur statt vieler z.B. *Raue*, Nachahmungsfreiheit nach Ablauf des Immaterialgüterrechtsschutzes? 2010, S. 200: „Um ein so grundlegendes Prinzip wie die besondere Gemeinfreiheit (dauerhaft) abzuschaffen, reicht der bloße Hinweis auf einen anderen Schutzzweck nicht aus." Auf Verletzungsebene z.B. *Ginsburg/Calboli*, Overlapping Copyright and Trademark Protection in the United States, in: Calboli/Ginsburg (Hrsg.), The Cambridge Handbook of International and Comparative Trademark Law 2020, 436, S. 439, zu einem „clash" zwischen dem urheberrechtlichen Prinzip der Gemeinfreiheit und Markenschutz, und dem Vorrang der Gemeinfreiheit, mit Verweis auf Supreme Court (US), Entscheidung v. 2.6.2003, 02–428, 539 US 23 – *Dastar v. Twentieth Century Fox Film*, S. 23.

[147] Vgl. *Quaedvlieg*, Overlap/relationships between copyright and other intellectual property rights, in: Derclaye (Hrsg.), Research Handbook on the Future of EU Copyright 2009, 480, S. 487; *Mroß*, Technische Funktionalität im Recht des geistigen Eigentums sowie im Wettbewerbsrecht 2015, S. 376.

[148] Vgl. die Darstellung zu einer urheberrechtlichen Gemeinfreiheit bei *Ohly*, Schutz von Kulturgütern durch das Markenrecht?, in: Hacker/Thiering (Hrsg.), Festschrift für Paul Ströbele 2019, 325, S. 331, mit Nachweisen in Fn. 45. Kritisch auch *Dinwoodie/Kur*, Non-conventional marks and the obstacle of functionality, in: Ricketson (Hrsg.), Research Handbook on the World Intellectual Property Organization 2020, 131, S. 147.

[149] Zur grundlegenden Bedeutung der Vorstellung einer positiv-robusten Gemeinfreiheit auch über das Immaterialgüterrecht hinaus vgl. *Lutzi*, Digitalisate klassischer Gemälde – zwischen Lichtbildschutz, Eigentumseingriff und Gemeinfreiheit – Zugleich Besprechung von OLG Stuttgart „Reiss-Engelhorn-Museen", GRUR 2017, 878, S. 881, zur „Aushöhlung der Gemeinfreiheit" durch *Sacheigentum*.

[150] Mit insbesondere verfassungsrechtlicher Anknüpfung *Koukal*, Autorské právo, public domain a lidská práva 2019, S. 285 ff.

[151] Zur menschenrechtlichen Anknüpfung vgl. z.B. aus der Perspektive eines Zugangsrechts zu Kultur *Sganga*, Right to culture and copyright: Participation and access, in: Geiger (Hrsg.), Research Handbook on Human Rights and Intellectual Property 2015, 560, S. 575, unter Erörterung von Art. 15 (1) (a) ICESCR.

[152] Einen „kulturellen Imperativ" postuliert *Senftleben*, Der kulturelle Imperativ des Ur-

tematische) Meta-Normen mit Nachdruck vertreten werden, eine methodische Begründung *lege artis* aber fehlt,[153] stellen die entsprechenden Teile des rechtswissenschaftlichen Diskurses jedenfalls auch Aussagen über *außerrechtliche* Wertungen dar.[154] Diese könnten damit, ähnlich wie das mediale Interesse an Kumulationskonstellationen,[155] Indiz für das Vorliegen relevanter, gewichtiger Allgemeininteressen sein, gerade unabhängig vom geltenden Recht.[156] Erforderlich bliebe nur noch der Nachweis, dass bzw. wie ohne einen solchen Ausschluss das Markenrecht die entsprechenden Wertungen und Interessen beeinträchtigt.

## II. Herleitung aus positivem Recht

Ein universelles spezifisches Allgemeininteresse am Ausschluss technisch-funktioneller Marken wird sogar unabhängig von einem regional-spezifischen gesellschaftlichen Kontext bejaht.[157] Begründet wurde dies mit einem *de facto* universellen Konsens dahingehend, dass der Zugang zu technisch bedingten und ins-

---

heberrechts, in: Weller et al. (Hrsg.), Kunst im Markt – Kunst im Recht 2010, 75; vgl. auch *Stang*, Das urheberrechtliche Werk nach Ablauf der Schutzfrist – Negative Schutzrechtsüberschneidung, Remonopolisierung und der Grundsatz der Gemeinfreiheit 2011, S. 419 ff.; *Senftleben*, Vigeland and the Status of Cultural Concerns in Trade Mark Law – The EFTA Court Develops More Effective Tools for the Preservation of the Public Domain, (2017) 48 IIC, 683, S. 706 f. Siehe auch *Geier*, Schutzkumulationen 2015, S. 220, der im Zusammenhang mit der Kumulation von Schutzrechten „klare Angriffe auf die Gemeinfreiheit" feststellt.

[153] Kritisch zu einer aus dem „System" gefolgerten Abgrenzungs-Meta-Norm im Sinne eines generellen Kumulationsverbots beispielsweise *Schmid*, Die Eintragungsfähigkeit von Formen im Europäischen Markenrecht 2003, S. 213; *Cook*, How IPrs, like Nature, Abhor a Vacuum, (2012) 17 Journal of Intellectual Property Rights 296, S. 302 f.; vgl. auch *Schramm*, Der europaweite Schutz des Produktdesigns – Das Gemeinschaftsgeschmacksmuster und sein Verhältnis zur Gemeinschaftsmarke 2005, S. 249; *McGuire*, Kumulation und Doppelschutz – Ursachen und Folgen des Schutzes einer Leistung durch mehrere Schutzrechte, GRUR 2011, 767, S. 774; *Ohly*, Schutz von Kulturgütern durch das Markenrecht?, in: Hacker/Thiering (Hrsg.), Festschrift für Paul Ströbele 2019, 325, S. 332, mit weiteren Nachweisen.

[154] Vgl. *Martens*, Rechtliche und außerrechtliche Argumente, Rechtstheorie 2011, 145, S. 164; *Krimphove*, Gleichheit – Ein umstrittenes Rechtsinstitut im Lichte der Rechtsphilosophie und der praktischen Rechtswissenschaft unter Berücksichtigung nationaler und internationaler Aspekte, Rechtstheorie 2014, 193, S. 220.

[155] Vgl. *Ohly*, Von einem Indianerhäuptling, einer Himmelsscheibe, einer Jeans und dem Lächeln der Mona Lisa, in: Pahlow/Eisfeld (Hrsg.), Grundlagen und Grundfragen des Geistigen Eigentums 2008, 203, S. 205.

[156] Das tatsächliche Bestehen einer robusten Gemeinfreiheit ist schon mit Blick auf die fehlende horizontale Wirkung von Schrankenbestimmungen (die ja in diesem Sinne positiv Gemeinfreiheit anordnen) in anderen Rechtsgebieten fraglich, siehe z.B. BGH, Urteil v. 7.3.2019, I ZR 61/18 = GRUR 2019, 953 – *Audi Kühlergrill*, Rn. 46.

[157] Vgl. *Dinwoodie/Kur*, Non-conventional marks and the obstacle of functionality, in: Ricketson (Hrsg.), Research Handbook on the World Intellectual Property Organization 2020, 131, S. 146.

besondere funktionell überlegenen Formen offengehalten werden soll. Dieser Konsens wird wiederum daraus abgeleitet, dass das positive Recht in vielen Staaten einen Ausschluss technisch-funktioneller Marken vorsieht.[158] Ob dieser Umstand aber belegen kann, dass der Ausschluss technisch-funktioneller Marken jeweils den regionalen/nationalen *ordre public* betrifft, ist fraglich. Zunächst ist die Universalität des Ausschlusses technisch-funktioneller Marken erst noch nachzuweisen.[159] Insbesondere begründungsbedürftig ist aber der Schluss vom positiven Recht auf das Allgemeininteresse. Wenn es darum geht, innerhalb des positiven Rechts diejenigen Regelung zu identifizieren, die den *ordre public* betreffen,[160] dann bleibt offen, wie allein der Umstand, dass eine Regel allen oder fast allen nationalen Rechtssystemen gemein ist, ein besonderes regionales Allgemeininteresse indiziert. Könnten sich Staaten auch solche Regelungen teilen, die nicht den *ordre public* betreffen? Neben der Universalität des Ausschlusses wird auch auf dessen „Tradition" im jeweiligen Rechtssystem abgestellt.[161] Die Vorstellung, dass auf fundamentalen Wertungen beruhende Rechtsnormen änderungsfester sind bzw. dass neu eingeführte Normen eher nicht auf fundamentalen gesellschaftlichen Wertungen beruhen, heißt wiederum, aus dem positiven Recht und seiner Geltungsdauer Aussagen über die gesellschaftlichen Anschauungen zu gewinnen. Wie das genau funktioniert, ist begründungsbedürftig, denn auch Regelungen, die *nicht* den *ordre public* betreffen, können lange bestanden haben. Auch eine menschenrechtliche Verankerung ist so gesehen zunächst nur

---

[158] Vgl. *Ohly*, „Buy me because I'm cool": the „marketing approach" and the overlap between design, trade mark and unfair competition law, in: Kur/Levin/Schovsbo (Hrsg.), The EU Design Approach 2018, S. 120, und im Gegensatz die unterschiedlichen (legislativen) Ansätze zum Umgang mit ornamentalen Formen bei *Derclaye/Ng-Loy*, Relationship between Trademark Law and Copyright/Design Law, in: Calboli/Ginsburg (Hrsg.), The Cambridge Handbook of International and Comparative Trademark Law 2020, 421.

[159] Siehe *Kapitel 6 C. II. 1. b)*.

[160] Vgl. *Dinwoodie/Kur*, Non-conventional marks and the obstacle of functionality, in: Ricketson (Hrsg.), Research Handbook on the World Intellectual Property Organization 2020, 131, S. 146; WTO Berufungsorgan (Appellate Body), Report v. 7.4.2005, WT/DS285/AB/R – *United States – Measures Affecting the Cross-Border Supply of Gambling and Betting Services*, Rn. 296, wo bei Art. XVI (a) GATS auf fundamentale gesellschaftliche Interessen abgestellt wird, die im Recht *reflektiert* werden.

[161] Vgl. *Kur*, Alles oder Nichts im Formmarkenschutz?, GRUR Int 2004, 755, S. 758, Fn. 22, und Kur/Bomhard/Albrecht/*Kur*, BeckOK Markenrecht, 30. Aufl. 2022, MarkenG § 3, Rn. 114, mit der Feststellung, dass die meisten EU-Mitglieder schon vor der Umsetzung von Art. 3 MarkenRL „Grundsätze angewandt haben, die dem ersten sowie teilweise auch dem zweiten Ausschlussgrund entsprachen" (d.h. durch Wesen der Ware bzw. technisch bedingt), im Kontrast zum dritten Ausschlussgrund (wesentlichen Wert verleiht), hinter dem deswegen wohl kein Allgemeininteresse im Sinne des *ordre public* zu vermuten sei. Vgl. zum dort angesprochenen Grundsatz des deutschen Kennzeichenrechts, dass Ausstattungsschutz für die technisch-bedingte Ausgestaltung einer Ware nicht gewährt wird, noch aus der NS-Zeit RG, Entscheidung v. 25.2.1943, II 116/42 = GRUR 1943, 213 – *Trockenhandfeuerlöscher*, in Anknüpfung an Entscheidung v. 20.3.1941, II 108/40 = GRUR 1941, 238 – *Wundpflaster*, und Entscheidung v. 4.10.1939, II 50/39 = GRUR 1940, 45 – *Lavendelwasserflasche*.

ein formales Indiz für die fundamentale Bedeutung der jeweiligen Bestimmung. Damit hat diese Art der Ableitung mit dem oben erörterten Problem zu kämpfen, wie verhindert werden kann, dass das nationale Recht letztlich nur an sich selbst gemessen wird.

### III. Volkswirtschaftlich-utilitaristische Thesen

Im Zusammenhang mit dem Ausschluss technisch-funktioneller Marken werden die spezifisch bedrohten Allgemeininteressen im rechtswissenschaftlichen Diskurs konkret ausbuchstabiert, beispielsweise durch die Feststellung, dass der Ausschluss technisch-funktionellen Marken wegen der sonst drohenden „unendlichen" Exklusivität technischer Lösungen den *ordre public* betrifft,[162] oder dass ein „erhebliches Interesse" der Gesellschaft daran besteht, „dass sich der technische Fortschritt optimal verbreitet".[163] Es ist die Gefahr einer Produktmarktabschottung, die mit einer volkswirtschaftlich-utilitaristischen Begründung sowohl das Bestehen eines gewichtigen Allgemeininteresses als auch die potentielle Beeinträchtigung durch Markenschutz belegt. Diese Letztbegründung steckt implizit auch in der oben zitierten Zweckdiskussion bzw. Herleitung aus dem positiven Recht. Der Zugang zu technisch bedingten Formen soll nicht ohne spezifischen Grund offengehalten werden, sondern gerade weil dies für einen funktionierenden Wettbewerb im Allgemeininteresse für erforderlich gehalten wird. Die Abgrenzung von Schutzrechten dient zumindest auch der Verhinderung von dysfunktionalen Produktmarktmonopolen. Und auch die Feststellung eines universellen Konsenses impliziert die Einhaltung der Missbrauchsgrenzen, denn ein solcher kann zumindest im WTO-Kontext normativ auf ein in TRIPS verankertes Wertung „pro Wettbewerb" zurückgeführt werden,[164] was wiederum für ein ausreichendes Gewicht dieses Allgemeininteresses spricht. Damit hält eine Berufung auf den *ordre public* zur Rechtfertigung des Ausschlusses technisch-funktioneller Zeichen die Missbrauchsgrenzen ein.

## F. Ergebnis: Zulässigkeit unter ordre public-Ausnahme

Der Ausschluss technisch-funktioneller Marken fällt im Ergebnis unter die *ordre public*-Ausnahme und ist damit zulässig.

---

[162] Vgl. *Kur*, Acquisition of Rights, in: Kur/Senftleben (Hrsg.), European Trade Mark Law 2017, 89, S. 159, Rn. 4.172.
[163] *Raue*, Wettbewerbseinschränkungen durch Markenrecht, ZGE 2014, 204, S. 217.
[164] Vgl. *Kapitel 4 E. II.*

*Kapitel 4*

# Art. 10bis-Vorbehalt der Validierungsklausel

Wegen der wettbewerbserhaltenden Zielrichtung des Ausschlusses technisch-funktioneller Marken wird vertreten, dass dieser unter den Vorbehalt des Art. 6quinquies B Satz 2 PVÜ fällt, der auf die lauterkeitsrechtliche Bestimmung des Art. 10bis PVÜ verweist, und der Ausschluss deshalb nicht gegen Art. 6quinquies PVÜ verstößt.[1]

Die Überprüfung dieser These erfordert eine grundlegendere Untersuchung von Art. 10bis PVÜ und seiner Beziehung zu Art. 6quinquies PVÜ, denn Art. 10bis PVÜ wird – auch 100 Jahre nach der Einführung seiner ursprünglichen Fassung – immer noch als „terra incognita" bezeichnet.[2]

Im ersten Schritt wird dabei gezeigt, dass Art. 10bis (1) PVÜ einen Schutzstandard gegen unlauteren Wettbewerb erzeugt (A.). Anschließend wird begründet, dass unlauterer Wettbewerb im Sinne von Art. 10bis (2) PVÜ konventionsautonom bestimmt werden muss (B.). Art. 6quinquies B letzter Satz PVÜ ordnet einen Vorrang der Schutzpflicht aus Art. 10bis PVÜ gegenüber der Validierungspflicht aus Art. 6quinquies PVÜ an (C). Bei konventionsautonomer Bestimmung von Art. 10bis (2) PVÜ ist Art. 10bis PVÜ derzeit allerdings nie einschlägig, erfasst folglich auch den Ausschluss technisch-funktioneller Marken nicht (D.). Dagegen erfasst der im WTO-Kontext adaptierte Art. 10bis PVÜ den Ausschluss technisch-funktioneller Marken (E.).

## A. Art. 10bis PVÜ als Schutzstandard

Ausgangspunkt der folgenden Untersuchung ist die Vorstellung, dass die Pflicht aus Art. 10bis PVÜ einen materiellrechtlichen Schutzstandard erzeugt.[3] Diese Annahme ist nicht unumstritten. Nach einer anderen Ansicht verpflichtet Art. 10bis PVÜ lediglich zur Gleichbehandlung von PVÜ-Ausländerinnen, eine

---

[1] Vgl. *Marsoof*, TRIPS Compatibility of Sri Lankan Trademark Law, (2012) 15 Journal of World Intellectual Property 51, S. 56 f.; *Sayeed*, Revisiting the Regime of Trademark Protection in Bangladesh, (2017) 7 Asian Journal of International Law 264, S. 275; *Dinwoodie/Kur*, Non-conventional marks and the obstacle of functionality, in: Ricketson (Hrsg.), Research Handbook on the World Intellectual Property Organization 2020, 131, S. 141.

[2] *Cottier/Jevtic*, The protection against unfair competition in WTO law, in: Drexl et al. (Hrsg.), Technology and Competition 2009, 669, S. 670.

[3] *Norton*, The Effect of Article 10bis of the Paris Convention on American Unfair Com-

eigenständige *materiellrechtliche* Bedeutung für das nationale Lauterkeitsrecht habe die Bestimmung nicht.[4] Damit gehe es im Ergebnis nur darum, die Bestimmungen des nationalen Rechts in einer Weise anzuwenden, die PVÜ-Ausländerinnen nicht benachteiligt, wie es Art. 2 (1) PVÜ fordert. Im Folgenden soll gezeigt werden, dass eine derart beschränkte Lesart von Art. 10bis PVÜ nicht überzeugt,[5] so dass der in der Literatur wohl überwiegenden[6] Ansicht eines Schutzstandards der Vorzug gebührt.

---

petition Law, (1999) 68 Fordham Law Review 225, S. 226, unterscheidet begrifflich zwischen „substantive rights" und (lediglich) „reciprocal rights", erstere im Sinne eines Mindeststandards, letztere beschränkt auf eine nicht-diskriminierende Anwendung der innerstaatlichen Vorschriften. *Denham*, No More than Lanham, No Less than Paris: A Federal Law of Unfair Competition, (2001) 36 Texas International Law Journal 795, S. 796, spricht von „substantive" und „national treatment rights".

[4] Vgl. *Pflüger*, Reichweite internationalrechtlicher Vorgaben, in: Hilty/Henning-Bodewig (Hrsg.), Lauterkeitsrecht und Acquis Communautaire 2009, 65, S. 67 und 94, mit Nachweisen aus der US-amerikanischen Rechtsprechung des Court of Appeals for the Second bzw. Ninth Circuit (United States Court of Appeals for the Second Circuit, Entscheidung v. 24.2.2005, 04–2527-CV(L), 04–3005-CV (XAP) = 399 F.3d 462 2005 – *Empresa Cubana Del Tabaco v. Culbro*, S. 484 f.; United States Court of Appeals for the Ninth Circuit, Entscheidung v. 24.7.2002, 98–56453, 98–56577 = 296 F.3d 894 2002 – *Mattel v. MCA Records*, S. 908; Entscheidung v. 15.12.2004, 00–57118 = 391 F.3d 1088 2004 – *Grupo Gigante SA De CV v. Dallo & Co.*, S. 1099 f. = abgedruckt bei *Dinwoodie/Janis*, Trademarks and Unfair Competition – Law and Policy, 5. Aufl. 2018, S. 467); vgl. dazu auch United States District Court for the Eastern District of Missouri, Entscheidung v. 26.4.2006, 4:99CV323 CDP = 429 F. Supp. 2d 1179 2006 – *BP Chemicals v. Jiangsu Sopo*, S. 1188, mit weiteren Nachweisen auch zu US-amerikanischen Entscheidungen, in denen die Auffassung vertreten wird, dass Art. 10bis PVÜ materielle Rechte erzeugt, darunter auch die von *Norton*, The Effect of Article 10bis of the Paris Convention on American Unfair Competition Law, (1999) 68 Fordham Law Review 225, S. 248 ff. besprochene Entscheidung United States District Court for the Eastern District of Michigan, Entscheidung v. 2.12.1996, 96–71038 = 948 F. Supp. 684 1996 – *General Motors v. Ignacio Lopez De Arriortua* (Ausführungen auf S. 689). Ausführliche Diskussion der Rechtsprechung und beider Ansätze bei *Denham*, No More than Lanham, No Less than Paris, (2001) 36 Texas International Law Journal 795.

[5] Vgl. im Ergebnis auch *Norton*, The Effect of Article 10bis of the Paris Convention on American Unfair Competition Law, (1999) 68 Fordham Law Review 225, S. 254.

[6] Vgl. z.B. *W. Miosga*, Internationaler Marken- und Herkunftsschutz 1967, S. 107; *Bodenhausen*, Guide to the Application of the Paris Convention 1968, S. 142 f.; Jacobs/Lindacher/Teplitzky/*Schricker*, UWG Großkommentar 1994, Einleitung Teil F: Internationalrechtliche Fragen, Rn. F 49; *Schricker*, Bemerkungen zum internationalen Schutz gegen unlauteren Wettbewerb, in: Großfeld et al. (Hrsg.), Festschrift für Wolfgang Fikentscher 1998, 985, S. 989; *Henning-Bodewig*, International Protection Against Unfair Competition, (1999) 30 IIC 166, S. 189; *Cottier/Jevtic*, The protection against unfair competition in WTO law, in: Drexl et al. (Hrsg.), Technology and Competition 2009, 669 S. 673 f.; *Pflüger*, Reichweite internationalrechtlicher Vorgaben, in: Hilty/Henning-Bodewig (Hrsg.), Lauterkeitsrecht und Acquis Communautaire 2009, 65, S. 69; *Arnold*, English Unfair Competition Law, (2013) 44 IIC 63, S. 77; Busche/Stoll/Wiebe/*Brand*, TRIPs, 2. Aufl. 2013, Artikel 2, Rn. 109; Teplitzky/Peifer/Leistner/*Klass*, UWG, 2. Aufl. 2014, Einleitung Teil D, Rn. 55; *Ricketson*, The Paris Convention 2015, Rn. 13.34; Fezer/Büscher/Obergfell/*Hausmann/Obergfell*, Lauterkeitsrecht: UWG, Band 1, 3. Aufl. 2016, Erster Abschnitt. Internationales Lauterkeits-

## I. Wortlaut von Art. 10bis (1) PVÜ

Schon der Wortlaut von Art. 10bis (1) PVÜ ist schwer mit der Annahme einer bloßen Inländerinnenbehandlungsregel zu vereinbaren. Dort ist von einer Gleichbehandlung keine Rede. Es soll nicht „derselbe Schutz" (wie Inländerinnen) gewährt werden, sondern „effektiver Schutz".

## II. Leerlauf von Art. 10bis PVÜ

Aus der bloßen Existenz von Art. 10bis (2) und (3) PVÜ folgt noch kein Leerlaufargument.[7] Diese Bestimmungen verlören nach der Ansicht, dass Art. 10bis PVÜ keinen materiellrechtlichen Mindeststandard erzeugt, nicht jeglichen Sinn, weil sie weiterhin den Bereich bestimmen würden, in dem eine Gleichbehandlung von Ausländerinnen (vorgegeben von Art. 2 (1) PVÜ) Pflicht ist.[8] Wenn eine Ausländerin sich – anders als eine Inländerin – nicht auf eine bestimmte rechtliche Bestimmung berufen kann, dann wäre dies nur dann mit dem Gleichbehandlungsgrundsatz der PVÜ unvereinbar, wenn diese Bestimmung *nicht* dazu dient, Schutz im Sinne von Art. 10bis (1) PVÜ gegen einen Akt des unlauteren Wettbewerbs im Sinne von Art. 10bis (2) PVÜ zu gewähren.[9] Zudem könnten man Art. 10bis PVÜ so lesen, dass nur Art. 10bis (3) PVÜ einen Mindeststandard erzeugt.[10]

---

privatrecht, Rn. 47; Ohly/Sosnitza/*Ohly*, Gesetz gegen den unlauteren Wettbewerb, 7. Aufl. 2016, UWG Einführung B. Internationale Aspekte, Rn. 1; *Sack*, Internationales Lauterkeitsrecht 2019, S. 315, Rn. 1; Köhler/Bornkamm/Feddersen/Alexander/*Köhler*, Gesetz gegen den unlauteren Wettbewerb, 38. Aufl. 2020, Einleitung, Rn. 5.2; im WTO-Kontext *Riffel*, The Protection against Unfair Competition 2016, S. 59f., mit Verweis auf Art. 1.1 TRIPS. Nach *Kamperman Sanders*, Unfair Competition Law 1997, S. 7, verpflichtet der Mindeststandard der PVÜ sogar zum Schutz der eigenen Staatsangehörigen

[7] Vgl. aber *Norton*, The Effect of Article 10bis of the Paris Convention on American Unfair Competition Law, (1999) 68 Fordham Law Review 225, S. 251.

[8] Vgl. aber *Norton*, ebd.

[9] Eine solche Konstellation wurde vom Court of Appeals for the Second bzw. Ninth Circuit, die einen reinen Gleichbehandlungsansatz vertraten, nicht entschieden. Stattdessen ging es um Konstellationen, in denen auch eine Inländerin sich nicht auf eine Schutzbestimmung berufen könnte, weil es eine solche gar nicht erst gibt, vgl. United States Court of Appeals for the Ninth Circuit, Eintscheidung v. 24.7.2002, 98–56453, 98–56577 = 296 F.3d 894 2002 – *Mattel v. MCA Records*, S. 908 („But Mattel has no claim to a non-existent federal cause of action for unfair competition."); United States Court of Appeals for the Second Circuit, Entscheidung v. 24.2.2005, 04–2527-CV(L), 04–3005-CV (XAP) = 399 F.3d 462 2005 – *Empresa Cubana Del Tabaco v. Culbro*, S. 485 („But the Paris Convention, as incorporated by section 44 of the Lanham Act, creates no new cause of action for unfair competition."); United States Court of Appeals for the Ninth Circuit, Entscheidung v. 15.12.2004, 00–57118 = 391 F.3d 1088 2004 – *Grupo Gigante SA De CV v. Dallo & Co.* („Article 10 *bis* itself does not create additional substantive rights.)".

[10] Vgl. *Denham*, No More than Lanham, No Less than Paris, (2001) 36 Texas International Law Journal 795, S. 806.

Allerdings wäre dann Art. 10bis (1) PVÜ überflüssig, denn der Gleichbehandlungsgrundsatz aus Art. 2 (1) PVÜ bezieht sich wegen der Auflistung in Art. 1 (2) PVÜ auch auf die Bekämpfung unlauteren Wettbewerbs.[11] Zusammen mit der Definition und Konkretisierung in Art. 10bis (2) und (3) PVÜ wäre der Gleichbehandlungsgrundsatz im Bereich des unlauteren Wettbewerbs durch Art. 2 (1) PVÜ bereits verwirklicht. Es ist daher überzeugender, dass Art. 10bis (1) PVÜ den Grundsatz der Gleichbehandlung aus Art. 2 (1) PVÜ durch einen eigenen, materiellrechtlichen Schutzstandard ergänzt,[12] und damit die PVÜ-Ausländerinnen für den Fall absichert, dass Art. 2 PVÜ „leer läuft falls der nationale Schutz ein gewisses Niveau nicht erreicht"[13]. Der Gleichbehandlungsgrundsatz allein „bietet keinerlei Anreiz zur Verbesserung und Fortentwicklung der nationalen Schutzstandards"[14].

### III. PVÜ kein reines Gleichbehandlungsabkommen

Art. 2 (1) PVÜ widerlegt zudem die Annahme, die PVÜ sei ausschließlich eine Vereinbarung über die Gleichbehandlung von Ausländerinnen, weswegen auch Art. 10bis PVÜ nur auf das Verbot einer Schlechterstellung abziele.[15] Eine solche Verengung der gesamten PVÜ auf diesen einen Zweck scheint schon wegen Art. 6quinquies PVÜ unplausibel, der mit einem reinen Gleichbehandlungskonzept nicht zu erklären ist.[16] Auch Art. 10 PVÜ wurde als Schutzstandard eingeführt,[17] ebenso Art. 8 PVÜ[18] und Art. 6bis PVÜ.[19] Zudem heißt es in Art. 2 (1) PVÜ selbst, dass die Gleichbehandlung unbeschadet der durch die PVÜ besonders vorgesehenen Rechte zu gewähren ist.[20] Auch Art. 2 (1) PVÜ rechnet also mit

---

[11] Vgl. *Schricker*, Bemerkungen zum internationalen Schutz gegen unlauteren Wettbewerb, in: Großfeld et al. (Hrsg.), Festschrift für Wolfgang Fikentscher 1998, 985, S. 988.

[12] Vgl. *Wadlow*, The Law of Passing Off, 6. Aufl. 2021, Rn. 2–28.

[13] *Pflüger*, Reichweite internationalrechtlicher Vorgaben, in: Hilty/Henning-Bodewig (Hrsg.), Lauterkeitsrecht und Acquis Communautaire 2009, 65, S. 69. Dazu ausdrücklich der Bericht des vierten Unterausschusses auf der Haager Revisionskonferenz in Actes de la Conférence Réunie a La Haye du 8 Octobre au 6 Novembre 1925, S. 472.

[14] *Reger*, Der internationale Schutz gegen unlauteren Wettbewerb und das TRIPS-Übereinkunft 1998, S. 15.

[15] So aber *Denham*, No More than Lanham, No Less than Paris, (2001) 36 Texas International Law Journal 36 795, S. 805. Vgl. auch *Cornish*, The International Relations of Intellectual Property, (1993) 52 Cambridge Law Journal 46, S. 60 f.

[16] Vgl. *Pires de Carvalho*, The TRIPS Regime of Trademarks and Designs, 4. Aufl. 2019, S. 93, Rn. 2.34 ("The obligation [...] *telle quelle* was additional to the principle of national treatment"). Siehe oben *Kapitel 1 C. II. 2.*

[17] Vgl. *Osterrieth*, Die Haager Konferenz 1925 zur Revision der Pariser Übereinkunft von 1883 für gewerblichen Rechtsschutz 1926, S. 80

[18] Vgl. auch zu materiellen Vorgaben aus Art. 8 PVÜ *Bodenhausen*, Guide to the Application of the Paris Convention 1968, S. 134, Rn. e).

[19] Vgl. Busche/Stoll/Wiebe/*Brand*, TRIPs, 2. Aufl. 2013, Artikel 2, Rn. 55.

[20] Vgl. Köhler/Bornkamm/Feddersen/Alexander/*Köhler*, Gesetz gegen den unlauteren Wettbewerb, 38. Aufl. 2020, Einleitung, Rn. 5.2

substantiellen Rechten, wie sie durch Schutzstandards erzeugt werden, die neben dem Grundsatz der Gleichbehandlung stehen.[21]

### IV. Art. 10ter PVÜ

Auch aus Art. 10ter (1) PVÜ folgt, dass die PVÜ sich im Bereich des unlauteren Wettbewerbs nicht auf den Gleichbehandlungsgrundsatz beschränkt. Auch hier werden in Anknüpfung an Art. 10bis PVÜ nicht nur „gleiche", sondern „angemessene" Rechtsmittel gefordert („recours légaux appropriés"). Darüber hinaus verklammert Art. 10ter PVÜ die Bestimmung des Art. 10bis PVÜ mit den Art. 9 und 10 PVÜ, bei denen es sich wiederum um materielle Standards handelt.[22]

### V. Leerlauf von Art. 6quinquies PVÜ

Auch der ansonsten drohende Leerlauf von Art. 6quinquies PVÜ selbst spricht für einen Mindeststandard. Als bloße Gleichbehandlungsregel würde Art. 10bis PVÜ mangels materiellen Gehalts keine Umstände bestimmen, unter denen die Zurückweisung einer Auslandsmarke unter den Vorbehalt von Art. 6quinquies B Satz 2 PVÜ fällt. Dieser Vorbehalt würde dann lediglich bewirken, dass wenn zum Schutz der Inländerinnen vor unlauterem Wettbewerb eine Markenanmeldung zurückgewiesen wird, dies auch zum Schutz von PVÜ-Ausländerinnen erfolgen muss. Wann bzw. ob eine Zurückweisung überhaupt in Frage kommt, ist damit aber nicht geklärt. Die Zulässigkeit wird nach dieser Lesart kategorisch vorausgesetzt, ohne, dass sie an inhaltliche Vorgaben der PVÜ geknüpft wird. Jede Zurückweisung wäre zulässig, solange der lauterkeitsrechtliche Grund, auf den die Zurückweisung gestützt wird, PVÜ-Ausländerinnen nicht benachteiligt. Wenn Art. 10bis PVÜ also lediglich die Schlechterstellung von Ausländerinnen verbieten würde, dann könnte mittels Art. 6quinquies B Satz 2 PVÜ die Validierungsklausel bis zur völligen Wirkungslosigkeit ausgehöhlt werden.

---

[21] Vgl. *W. Miosga*, Internationaler Marken- und Herkunftsschutz 1967, S. 66. Darüber hilft auch nicht der Umstand hinweg, dass die PVÜ an anderen Stellen mit dem Gleichbehandlungsprinzip arbeitet, vgl. aber *Denham*, No More than Lanham, No Less than Paris, (2001) 36 Texas International Law Journal 795, S. 805. Im Übrigen wird diese Argumentation nicht dadurch überzeugender, dass sie die WVK erwähnt (vgl. *Denham*, ebd., Fn. 101) und gleichzeitig betont, dass die entgegenstehende Auslegung im Sinne eines Mindeststandards von *Bodenhausen*, Guide to the Application of the Paris Convention 1968, S. 142, sich nicht auf die WVK bezieht. Der einzige methodische Fehler, der hier angedeutet wird, scheint ein fehlender ausdrücklicher Bezug zu sein. *Bodenhausen*, ebd., stützt das Auslegungsergebnis aber auf den Wortlaut der Bestimmung, was für sich genommen keinen *inhaltlichen* Widerspruch zur WVK erkennen lässt.

[22] Vgl. *W. Miosga*, Internationaler Marken- und Herkunftsschutz 1967, S. 93 und 98.

## VI. Entstehungsgeschichte

Die Schutzstandardthese wird auch durch einen Blick in die Entstehungsgeschichte[23] gestützt. Die erste Vorgängerbestimmung von Art. 10bis PVÜ[24] sah (lediglich) vor, dass PVÜ-Ausländerinnen in allen Verbandsländern denselben Schutz gegen unlauteren Wettbewerb erhalten wie Inländerinnen.[25] Nach der Einreihung der Unterdrückung unlauteren Wettbewerbs in die Aufzählung von „propriéte industrielle" bei der Revision in Washington 1911 war der auf Inländerbehandlung beschränkte Art. 10bis PVÜ eigentlich überflüssig geworden, weswegen das Internationale Büro dessen Streichung vorschlug.[26] Stattdessen folgte eine Umstellung vom *gleichen* Schutz hin zum *effektiven* Schutz,[27] was also explizit über eine bloße Gleichbehandlungsregel hinausging.[28] Auf der Revisionskonferenz in Den Haag 1925 wurde zudem die Verpflichtung der Mitgliedsstaaten „verschärft", indem der Begriff „s'engagent a assurer" (sagen zu, zu gewährleisten) durch „sont tenus a assurer" (sind verpflichtet, zu gewährleisten) ersetzt wurde.[29] Vor diesem Hintergrund überzeugt die Feststellung, dass, wenn

---

[23] Zusammengefasst z.B. bei Jacobs/Lindacher/Teplitzky/*Schricker*, UWG Großkommentar 1994, Einleitung Teil F: Internationalrechtliche Fragen, Rn. F 42 f. und F 49; *Chen*, The status of international protection against unfair competition, (1997) 19 European Intellectual Property Review 421, S. 421; *Reger*, Der internationale Schutz gegen unlauteren Wettbewerb und das TRIPS-Übereinkommen 1998, S. 15 f.; *Henning-Bodewig*, International Unfair Competition Law, in: Hilty/Henning-Bodewig (Hrsg.), Law Against Unfair Competition 2007, 53, S. 56; ausführlich *Wadlow*, The Law of Passing Off, 6. Aufl. 2021, Rn. 2–65 ff., und *Pflüger*, Der internationale Schutz gegen unlauteren Wettbewerb 2010, S. 25 ff.

[24] Beschlossen am 14.12.1900 in Brüssel als Art. VI des Änderungsvertrags zur PVÜ: „Les ressortissants de la Convention (art. 2 et 3), jouiront, dans tous les Etats de l'Union, de la protection accordée aux nationaux contre la concurrence déloyale."

[25] Damit war auch ausweislich der Verhandlungsunterlagen keine materiellrechtliche Verpflichtung im Sinne eines Mindeststandards verbunden, vgl. *Ricketson*, The Paris Convention for the Protection of Industrial Property 2015, Rn. 13.37, mit Verweis auf eine entsprechende Klarstellung durch den Präsidenten, siehe Actes de la Conférence réunie à Bruxelles du 1er au 14 décembre 1897 et du 11 au 14 décembre 1900, S. 188.

[26] Vgl. *Wadlow*, The Law of Passing Off, 6. Aufl. 2021, Rn. 2–74.

[27] „Tous les pays contractants s'engagent a assurer aux ressortissants de l'Union une protection effective contre la concurrence deloyale." *Denham*, No More than Lanham, No Less than Paris, (2001) 36 Texas International Law Journal 795, S. 805, stellt auch zu dieser Version fest, dass sie – wie die ursprüngliche Fassung von 1900 – einen Gleichbehandlungsgrundsatz ausdrückt („This language reveals a strong national treatment interpretation, as does its later revision.") Auf die Änderung von *gleichem* Schutz zu *effektivem* Schutz geht er dabei nicht ein.

[28] Vgl. *Bodenhausen*, Guide to the Application of the Paris Convention 1968, S. 142; *Ricketson*, The Paris Convention for the Protection of Industrial Property 2015, Rn. 13.38.

[29] Vgl. die Sicht des Konferenzteilnehmers *Osterrieth*, Die Haager Konferenz 1925 zur Revision der Pariser Übereinkunft von 1883 für gewerblichen Rechtsschutz 1926, S. 81 („Dadurch soll in nachdrücklicherer Weise als bisher ausgesprochen werden, daß alle Verbandsstaaten die unbedingte Verpflichtung haben, einen wirksamen Schutz gegen Unlauteren Wettbewerb zu sichern."); vgl. auch *Henning-Bodewig*, International Protection Against Un-

die Parteien keinen Mindeststandard hätten einführen wollen, sie sich nur auf eine Gleichbehandlungsregel geeinigt hätten (genauer: diese beibehalten hätten).[30] Dass es sich bei Art. 10bis PVÜ um einen Schutzstandard handeln sollte, folgt auch aus der expliziten Erklärung des Redaktionsausschusses, dass die aufgeführten Fallgruppen diese Standard-Pflicht als „Minimalbeispiele" („exemple minimum") konkretisieren.[31] Ziel der Änderung auf der Haager Revisionskonferenz war ausdrücklich die Schaffung eines Standards, denn „die Abhängigkeit vom Stand der jeweiligen nationalen Gesetzgebung", mit der Art. 2 PVÜ behaftet war, sollte durch eine „uniforme internationale Gesetzgebung" aufgehoben werden.[32]

## VII. Auslegungsgeschichte („proximity"-Ansatz)

Gegen die Annahme eines Standards wird noch ein weiteres, interessantes Auslegungsargument vorgetragen. Nach diesem Ansatz ist die Auslegung der PVÜ durch nationale Gerichte selbst ein historischer Umstand, dem im Rahmen der historischen Auslegung Gewicht beizumessen ist. Wenn Gerichte in zeitlicher Nähe zur Beschlussfassung der PVÜ („courts in greater temporal proximity") in einheitlicher und konsistenter Weise Art. 10bis PVÜ als bloße Gleichbehandlungsregel begriffen haben, dann könne dies Rückschlüsse auf den Konsens der Parteien ermöglichen, weil diese Gerichte den Konsens besser kannten als die Gerichte, die in jüngerer Zeit einen Mindeststandard feststellten.[33]

---

fair Competition (1999) 30 IIC 166, S. 171; *Pflüger*, Der internationale Schutz gegen unlauteren Wettbewerb 2010, S. 111, Fn. 560; *Ricketson*, The Paris Convention for the Protection of Industrial Property 2015, Rn. 13.42 und 13.44.

[30] Vgl. *Norton*, The Effect of Article 10bis of the Paris Convention on American Unfair Competition Law, (1999) 68 Fordham Law Review 225, S. 250.

[31] Siehe Actes de la Conférence Réunie a La Haye du 8 Octobre au 6 Novembre 1925, S. 547; vgl. *Osterrieth*, Die Haager Konferenz 1925 zur Revision der Pariser Übereinkunft von 1883 für gewerblichen Rechtsschutz 1926, S. 89; WTO Untersuchungsausschuss (Panel), Reports v. 28.6.2018, WT/DS435/R, WT/DS441/R – *Australia – Certain Measures Concerning Trademarks, Geographical Indications and Other Plain Packaging Requirements Applicable to Tobacco Products and Packaging*, Rn. 7.2678.

[32] Vgl. Jacobs/Lindacher/Teplitzky/*Schricker*, UWG Großkommentar 1994, Einleitung Teil F: Internationalrechtliche Fragen, Rn. F 49, mit Verweis auf den Bericht des vierten Unterausschusses (= Actes de la Conférence Réunie a La Haye du 8 Octobre au 6 Novembre 1925, S. 472).

[33] Dabei geht es nicht um Staatenpraxis im Sinne der WVK, sondern wohl um die Vorstellung von überlegenem Wissen kraft zeitlicher Nähe, vgl. *Denham*, No More than Lanham, No Less than Paris, (2001) 36 Texas International Law Journal 795, S. 807, der gar nicht erst versucht, dieses Argument in den Auslegungsregeln der WVK zu verorten. In der Entscheidung, aus der die vermeintliche Auslegungsregel gezogen wird (siehe *Denham*, ebd., Fn. 114), ging es darum, wie bei der Auslegung eines nationalen Gesetzes die ältere nationale Verwaltungspraxis zu gewichten ist, siehe United States Court of Claims, Entscheidung v. 14.4.1967, Appeal No. 6–65 = 179 Ct. Cl. 473 (1967) – *Citizen Band of Potawatomi Indians v. United States*, S. 486 f. („Certainly, where administrative practice has been consistent and generally

Während dieses Vorgehen für eine möglicherweise nötige Einordnung von sich widersprechenden Urteilen in Hinblick auf deren Bindungswirkung im nationalen Recht hilft, kann es für die Auslegung eines internationalen Instruments wie der PVÜ nichts beisteuern. Der Zeitpunkt allein, zu dem eine Meinung geäußert wird, macht sie nicht zum Argument; auch das konsequente Festhalten daran nicht. Ein Auslegungsargument, gleich ob von einem Gericht oder sonst wem ausgedrückt, zieht seine Bedeutung nicht aus der zeitlichen Nähe zum auszulegenden Vertrag, sondern aus seiner Überzeugungskraft im jeweiligen methodischen Rahmen. Im Übrigen gäbe es beispielsweise mit *Albert Osterrieth* einen Vertreter der Mindestschutzansicht, der als Teilnehmer der Konferenz und Vorsitzender des Unterausschusses für unlauteren Wettbewerb unmittelbar am Abschluss der Revision beteiligt war und diese Ansicht auch in enger zeitlicher Nähe aufs Papier brachte.[34] Wenn man die Plausibilität eines „proximity"-Ansatzes im Sinne einer „Autorität kraft zeitlicher Nähe" für die Auslegung der PVÜ bejaht, dann dürfte diese Ansicht jegliche (US-amerikanische) Rechtsprechung zur PVÜ mit Hinblick auf diese „Nähe" und damit Autorität übertrumpfen.

## B. Konventionsautonome Bestimmung von Art. 10bis (2) PVÜ erforderlich

### I. Wirksamer Standard erfordert konventionsautonome Bestimmung

Voraussetzung dafür, dass Art. 10bis (1) PVÜ als Schutzstandard wirken kann, ist eine konventionsautonome[35] Bestimmung des Tatbestands von Art. 10bis (2) PVÜ, die dem unmittelbaren Zugriff der Vertragsstaaten entzogen ist.[36] Ob der Vertragsstaat effektiven Schutz gegen diejenigen Handlungen gewährt, die unter Art. 10bis (2) PVÜ fallen, und so seiner Pflicht aus Art. 10bis (1) PVÜ nachkommt, muss aus der PVÜ heraus beantwortet werden. Eine Handlung ist unlauterer Wettbewerb im Sinne der PVÜ – oder sie ist es nicht.[37] Art. 10bis (2) PVÜ

---

unchallenged, such „practice has peculiar weight when it involves a contemporaneous construction of a statute by the men charged with the responsibility of setting its machinery in motion [and] making the parts work efficiently and smoothly ***." *Norwegian Nitrogen Co. v. United States*, 288 U.S. 294, 315 (1933). And, where such practice is disputed in later years, more weight should be given to the interpretation made closer in time to the making of the law to be construed.")

[34] Vgl. *Osterrieth*, Die Haager Konferenz 1925 zur Revision der Pariser Übereinkunft 1926, S. 89.

[35] Vgl. grundsätzlich *Pflüger*, Der internationale Schutz gegen unlauteren Wettbewerb 2010, S. 129, und S. 113.

[36] Vgl. *Riffel*, The Protection against Unfair Competition in the WTO TRIPS Agreement 2016, S. 277.

[37] Vgl. Jacobs/Lindacher/Teplitzky/*Schricker*, UWG Großkommentar 1994, Einleitung

## B. Konventionsautonome Bestimmung von Art. 10bis (2) PVÜ erforderlich

ist gerade *nicht* „nach der Gesetzesdefinition oder nach der Rechtsprechung und Rechtspraxis des einzelnen Verbandslandes auszulegen"[38]. Wenn es den Vertragsstaaten überlassen ist, zu entscheiden, ob Art. 10bis (2) PVÜ greift, dann erzeugt Art. 10bis (1) PVÜ keinen Standard, auch keinen Mindeststandard.[39] Ein Verständnis von unlauterem Wettbewerb im nationalen Recht, das *enger* ist als das der PVÜ, und das daraus folgende „Weniger" an Schutz, kann dann nicht mehr als Abweichung vom Standard der PVÜ angesehen werden.[40] Auch eine unmittelbare Anwendbarkeit von Art. 10bis PVÜ wäre von vornherein ausgeschlossen.[41]

Sollen die an Art. 10bis (2) PVÜ anknüpfenden Pflichten eine Wirkung haben, kann es nicht den Mitgliedsstaaten überlassen sein festzulegen, wie weit (oder

---

Teil F: Internationalrechtliche Fragen, Rn. F 53 („Was mit den „anständigen Gepflogenheiten" gemeint ist, bedarf einer einheitlichen, konventionsautonomen Definition"); *Henning-Bodewig*, International Unfair Competition Law, in: Hilty/Henning-Bodewig (Hrsg.), Law Against Unfair Competition 2007, 53, S. 57 („the PC is to be construed autonomously, i.e. from within itself"); *Henning-Bodewig*, TRIPS and Corporate Social Responsibility: Unethical Equals Unfair Business Practices?, in: Ullrich et al. (Hrsg.), TRIPS plus 20 – From Trade Rules to Market Principles 2016, 701, S. 711. Missverständlich *Bodenhausen*, Guide to the Application of the Paris Convention 1968, S. 144, Rn. c) („In giving effective protection against unfair competition, each country may itself determine which acts come under this category, provided, however, that paragraphs (2) and (3) of the Article under consideration are complied with."), differenzierter *Pflüger*, Der internationale Schutz gegen unlauteren Wettbewerb 2010, S. 117, der klarstellt, dass der bei *Bodenhausen* angedeutete Spielraum nur in den „weiten äußeren Grenzen" von Art. 10bis (2) PVÜ besteht, es sich bei diesem Spielraum also um eine aus der Unbestimmtheit von Art. 10bis (2) PVÜ resultierende Auswahlentscheidung im „Rahmen möglicher oder zulässiger Bedeutungen" (vgl. *Pehl*, Repräsentative Auslegung völkerrechtlicher Verträge 2018, S. 96) handelt.

[38] So aber z.B. *W. Miosga*, Internationaler Marken- und Herkunftsschutz 1967, S. 110. Missverständlich *Henning-Bodewig*, TRIPS and Corporate Social Responsibility, in: Ullrich et al. (Hrsg.), TRIPS plus 20 2016, 701, S. 713, wonach die Bestimmung des Begriffs des Wettbewerbs den Mitgliedsstaaten überlassen bleibt, was in Widerspruch zur verbandsautonomen Definition (vgl. dort S. 711 f.) steht. Vgl. auch *Wadlow*, The Law of Passing Off, 6. Aufl. 2021, Rn. 2–144.

[39] Vgl. *Pflüger*, Der internationale Schutz gegen unlauteren Wettbewerb 2010, S. 117.

[40] Vgl. zum Grundsatz, dass ein engerer Begriff eine Unterschreitung des Mindeststandards bedeutet, *Norton*, The Effect of Article 10bis of the Paris Convention on American Unfair Competition Law, (1999) 68 Fordham Law Review 225, S. 240, 251 und 254; *Wolf*, Effective Protection against Unfair Competition under Section 44 of the Lanham Act, (1992) 82 Trademark Reporter 33, S. 42, mit Verweis auf die im Gesetzgebungsprozess zu Section 44 (h) des Lanham Acts geäußerte Ansicht, dass eine Bestimmung von Akten des unlauteren Wettbewerbs, die enger als die der PVÜ ist, die Pflicht aus der PVÜ nicht vollständig umsetzt. Deswegen sei die Formulierung aus Art. 10bis (2) PVÜ übernommen worden.

[41] Vgl. *Schricker*, Bemerkungen zum internationalen Schutz gegen unlauteren Wettbewerb, in: Großfeld et al. (Hrsg.), Festschrift für Wolfgang Fikentscher 1998, 985, S. 989. Für eine unmittelbare Anwendbarkeit vgl. die Nachweise für eine „international herrschende Meinung" bei Jacobs/Lindacher/Teplitzky/*Schricker*, UWG Großkommentar 1994, Einleitung Teil F: Internationalrechtliche Fragen, Rn. F 51, Fn. 126.

kurz) der Begriff des unlauteren Wettbewerbs im Sinne von Art. 10bis (2) PVÜ reicht.[42] Würde sowohl ein enger Begriff als auch ein weiter Begriff unter Art. 10bis (2) PVÜ fallen[43], dann würde eine Handlung, die unter den „weiten" Begriff fällt, die Pflicht aus Art. 10bis (1) PVÜ bzw. Art. 2 PVÜ sowohl auslösen als auch nicht auslösen, je nach Belieben des Mitgliedsstaates. Der Begriff der PVÜ kann aber nicht gleichzeitig eng und weit sein; eine darauf beruhende Pflicht aus Art. 10bis (1) PVÜ und/oder Art. 2 (1) PVÜ kann nicht zugleich bestehen und nicht bestehen.

Missverständlich, weil in dieser Verkürzung widersprüchlich, ist daher die Ansicht, dass beispielsweise ein subjektives Element der Absatzförderung von Art. 10bis (2) PVÜ nicht vorgegeben wird, und dass gleichzeitig ein mit diesem Erfordernis begrenzter Begriff des unlauteren Wettbewerbs mit Art. 10bis (2) PVÜ vereinbar ist, je nach nationaler Interpretation von Art. 10bis (2) PVÜ „des Landes, in dem der Wettbewerbsstreit zu entscheiden ist"[44]. Art. 10bis (2) PVÜ kann nicht gleichzeitig eine solche Absicht fordern und sie nicht fordern. Dasselbe gilt für die Frage, ob die Handlung in einem konkreten Wettbewerbsverhältnis erfolgen muss.[45]

Unabhängig davon, wie (eng oder weit oder sonst) die PVÜ unlauteren Wettbewerb definiert, die Grenzen dieses Begriffs stehen nicht zur Disposition der Mitgliedstaaten. Deswegen ist auch die Ansicht abzulehnen, dass Art. 10bis PVÜ die Grenzen des (nationalen) Immaterialgüterrechts respektieren muss. Art. 10bis PVÜ kann auch dort greifen, wo der Mitgliedsstaat sich bewusst und gezielt gegen den Immaterialgüterrechtsschutz für ein bestimmtes immaterielles Gut entschieden hat.[46] Der Frage des Zusammenspiels von Immaterialgüterrecht und eigentumsähnlichem Lauterkeitsrecht kann man sich auf *nationaler* Ebene zwar unter systematischen Gesichtspunkten nähern und eine Art Sperrwirkung vertreten.[47] Die „nationale" Einordnung einer Bestimmung als Sonderschut-

---

[42] Vgl. *Henning-Bodewig*, Internationale Standards gegen unlauteren Wettbewerb, GRUR Int 2013, 1, S. 5.

[43] Vgl. *Pflüger*, Der internationale Schutz gegen unlauteren Wettbewerb 2010, S. 119.

[44] Vgl. *Henning-Bodewig*, Internationale Standards gegen unlauteren Wettbewerb, GRUR Int 2013, 1, S. 5. Missverständlich auch die Formulierung von *Bodenhausen*, Guide to the Application of the Paris Convention 1968, S. 144, Rn. c), wonach jedes Mitglied der PVÜ selbst entscheiden kann, was unter den Begriff des unlauteren Wettbewerbs fällt, solange Art. 10bis (2) und (3) PVÜ eingehalten werden. Es besteht gerade dort keine inhaltliche Freiheit, den Tatbestand zu bestimmen, wenn das Gebrauchmachen von dieser „Freiheit" an den Vorgaben von Art. 10bis (2) PVÜ zu messen ist.

[45] Vgl. *Höpperger/Senftleben*, Protection Against Unfair Competition at the International Level, in: Hilty/Henning-Bodewig (Hrsg.), Law Against Unfair Competition 2007, 61, S. 65; *Henning-Bodewig*, International Protection Against Unfair Competition, in: Henning-Bodewig (Hrsg.), International Handbook on Unfair Competition 2013, 9, S. 22, Rn. 40.

[46] Anders *Riffel*, The Protection against Unfair Competition in the WTO TRIPS Agreement 2016, S. 274.

[47] Vgl. *Ohly*, Common Principles of European Intellectual Property Law?, ZGE 2010, 365, S. 382.

zecht, Lauterkeitsrecht oder sonst einer Kategorie ist auf der Ebene der PVÜ unerheblich, die zwangsläufig selbst, aus sich heraus, bestimmt, was unter Art. 10bis (2) PVÜ fällt, denn nur so kann das nationale Recht (bzw. das Verhalten des Vertragsstaates) überhaupt an einem externen Maßstab (dem der PVÜ) gemessen werden. Aus diesem Grund kann Art. 10bis (2) PVÜ auch keine kollisionsrechtliche Bedeutung entnommen werden, weil es gerade nicht darum geht, das bzw. welches nationales Recht zur Anwendung gelangt und den Tatbestand von Art. 10bis (2) PVÜ bestimmt.[48]

## II. Gleichbehandlungsgebot erfordert konventionsautonome Bestimmung

Im Übrigen kann nichts anderes für den Gleichbehandlungsgrundsatz gelten, dessen tatbestandliche Reichweite in Bezug auf Art. 10bis PVÜ ebenfalls von Art. 10bis (2) PVÜ abhängt. Könnten die Mitgliedstaaten frei entscheiden, welche Handlungen unter Art. 10bis (2) PVÜ fallen,[49] dann bedeutet das nicht nur eine Reduzierung auf den Gleichbehandlungsgrundsatz,[50] sondern dessen Abschaffung. Auch die Schlechterstellung von PVÜ-Ausländerinnen wäre ohne effektive Schranken möglich. Als Rückfalloption stünde der Gleichbehandlungsgrundsatz nicht zur Verfügung, weil auch hier der Mitgliedstaat die Anwendbarkeit mit Verweis auf einen Anwendungsspielraum von Art. 10bis (2) PVÜ verneinen könnte.[51] Auch hier kann das Verhalten des Vertragsstaates nicht an sich selbst gemessen werden, wenn das Gleichbehandlungsgebot Wirkung entfalten soll. Das Gebot der Gleichbehandlung nach Art. 2 (1) PVÜ ist tatbestandlich bestimmt. PVÜ-Ausländerinnen dürfen (nur) insoweit nicht benachteiligt

---

[48] Vgl. aber *Schricker*, Bemerkungen zum internationalen Schutz gegen unlauteren Wettbewerb, in: Großfeld et al. (Hrsg.), Festschrift für Wolfgang Fikentscher 1998, 985, S. 991). Vgl. auch *Wirner*, Wettbewerbsrecht und internationales Privatrecht 1960, S. 29, der Art. 10bis (2) PVÜ nicht unter kollisionsrechtlichen Gesichtspunkten erörtert, sondern nur die Frage stellt, ob auf international/universelle Standards oder die „nationalen Gebräuche" verwiesen wird. Zur grundsätzlich kollisionsrechtlichen Dimension der PVÜ vgl. auch *Kyselovská/Koukal*, Mezinárodní právo soukromé a právo duševního vlastnictví – kolizní otázky 2019, S. 186, wo Art. 10bis PVÜ (anders als z.B. Art. 10ter (2) PVÜ) *nicht* aufgezählt wird; vgl. auch *Troller*, Das internationale Privat- und Zivilprozeßrecht im gewerblichen Rechtsschutz und Urheberrecht 1952, S. 20 f.
[49] Vgl. *Ricketson*, The Paris Convention for the Protection of Industrial Property 2015, Rn. 13.54 ff.
[50] Vgl. *Pflüger*, Reichweite internationalrechtlicher Vorgaben, in: Hilty/Henning-Bodewig (Hrsg.), Lauterkeitsrecht und Acquis Communautaire 2009, 65, S. 79, wonach ein außervertraglicher Lauterkeitsmaßstab, der sich an den nationalen Begebenheiten orientiert, die Wirkung von Art. 10bis PVÜ letztlich auf den Grundsatz der Gleichbehandlung reduziere.
[51] Vgl. so konsequent *Pflüger*, Der internationale Schutz gegen unlauteren Wettbewerb 2010, S. 53, wonach sich Ausländerinnen über den Gleichbehandlungsgrundsatz der PVÜ nur insoweit auf nationale Rechte berufen könnten, soweit „die in Frage stehenden Rechtspositionen nach Auffassung des jeweiligen Heimatstaates dem Schutz gegen unlauteren Wettbewerb zugerechnet werden können".

werden, als es um den Schutz von *propriéte industrielle* geht.[52] Was sich hinter diesem Begriff verbirgt, klärt Art. 1 (2) PVÜ durch eine Aufzählung, an deren Ende auch die Unterdrückung unlauteren Wettbewerbs steht. Was unlauterer Wettbewerb ist, definiert wiederum Art. 10bis (2) PVÜ.[53] Gewährt ein Mitgliedsstaat Schutz gegen eine Handlung, die nicht unter Art. 10bis (2) PVÜ fällt, also *keinen* unlauteren Wettbewerb im Sinne der PVÜ darstellt, dann greift auch die Gleichbehandlungsregel nicht. Wenn der Kreis der Handlungen, gegen die Schutz gewährt wird, weiter ist als das, was unter Art. 10bis (2) PVÜ fällt, dann liegt im Sinne der PVÜ kein unlauterer Wettbewerb vor.

### III. Regelungstechnisch kein Verweis auf nationales Recht

Die bloße *Bezeichnung* einer Regelung durch die nationale Gesetzgebung oder die anwendenden Gerichte/Behörden als Lauterkeitsrecht, UWG, etc. bringt die Regelung noch nicht in den Anwendungsbereich von Art. 10 (2) PVÜ. Genauso wenig ist die bloße begriffliche Einordnung durch den Mitgliedsstaat geeignet, eine nationale Bestimmung dem Anwendungsbereich des Gleichbehandlungsgebots zu entziehen.[54] Dessen Reichweite auf dem Gebiet des Lauterkeitsrechts wird hinsichtlich der erfassten Handlungen *allein* von Art. 10bis (2) PVÜ bestimmt.

Ob beispielsweise § 16 UWG unlauteren Wettbewerb im Sinne der PVÜ abwehrt, folgt nicht daraus, dass er im Gesetz gegen unlauteren Wettbewerb steht oder dass er eine strafrechtliche Nebenbestimmung darstellt. Es geht allein darum, ob er der Unterdrückung dessen dient, was nach Art. 10bis (2) PVÜ als unlauterer Wettbewerb zu bekämpfen ist. Letzteres ergibt sich in dem Fall eindeutig aus Art. 10bis (3) Nr. 1 PVÜ. Wäre § 16 UWG regelungstechnisch Teil des „Kernstrafrechts" im StGB geregelt, würde das an dieser Einordnung gemäß der PVÜ nichts ändern. Auch „general legislation", beispielsweise allgemeines Deliktsrecht, kann der Unterdrückung unlauteren Wettbewerbs im Sinne der PVÜ dienen.[55] Dasselbe gilt für *sui generis* Rechte: ob sog. „ergänzender Leistungsschutz" über eine UWG Generalklausel oder über ein eigenes „Nachahmungsgesetz" gewährt wird, ist für die Einordnung der damit verbotenen Handlungen

---

[52] Vgl. *Pflüger*, Reichweite internationalrechtlicher Vorgaben, in: Hilty/Henning-Bodewig (Hrsg.), Lauterkeitsrecht und Acquis Communautaire 2009, 65, S. 76; *Sack*, Internationales Lauterkeitsrecht 2019, S. 311, Rn. 8.

[53] Anders wohl *Pflüger*, Der internationale Schutz gegen unlauteren Wettbewerb 2010, S. 53, und *Sack*, Internationales Lauterkeitsrecht 2019, S. 311, Rn. 7 ff., die Art. 10bis (2) PVÜ nicht direkt zur Definition des Begriffs „unlauterer Wettbewerb" in Art. 1 (2) PVÜ heranziehen.

[54] Vgl. *Westkamp*, TRIPS Principles, Reciprocity and the Creation of Sui-Generis-Type Intellectual Property Rights for New Forms of Technology, (2003) 6 Journal of World Intellectual Property 827, S. 836.

[55] *Bodenhausen*, Guide to the Application of the Paris Convention 1968, S. 143, Rn. b).

als unlauterer Wettbewerb im Sinne der PVÜ irrelevant. Dass das Gleichbehandlungsgebot sich auf das nationale Lauterkeitsrecht *in seiner Gänze* bezieht,[56] trifft nur dann zu, wenn die erfassten, bekämpften Handlungen des nationalen Lauterkeitsrechts identisch sind mit dem, was nach PVÜ als unlautere Wettbewerbshandlungen zu unterdrücken ist.[57]

Das gilt umso mehr, als den Mitgliedsstaaten ein erheblicher Spielraum[58] bei der Frage zusteht, *wie* der geforderte effektive Schutz gewährt wird bzw. mit welchen Mitteln unlauterer Wettbewerb unterdrückt wird.[59] Die Unterdrückung unlauteren Wettbewerbs kann z.b. ebenso durch Strafrecht wie durch Zivilklagen *inter partes* erfolgen.[60] Aus historischer Perspektive ist die strafrechtliche Abwehr unlauteren Wettbewerbs weniger die Ausnahme, als es die sich im 20. Jahrhundert herausgebildete, dominante Vorstellung vom gewerblichen Rechtsschutz als Teil des Zivilrechts vermuten lässt.[61]

---

[56] Vgl. *Wadlow*, The Law of Passing Off, 6. Aufl. 2021, S. 51, Rn. 2–49.

[57] Vgl. *Sack*, Internationales Lauterkeitsrecht 2019, S. 311, Rn. 7.

[58] *Cottier/Jevtic*, The protection against unfair competition in WTO law, in: Drexl et al. (Hrsg.), Technology and Competition 2009, 669, S. 675, sprechen von „ample policy space". Siehe auch *Pflüger*, Der internationale Schutz gegen unlauteren Wettbewerb 2010, S. 116.

[59] Vgl. *Osterrieth*, Die Haager Konferenz 1925 zur Revision der Pariser Übereinkunft 1926, S. 81; *Chen*, The status of international protection against unfair competition, (1997) 19 European Intellectual Property Review 421, S. 421; *Pflüger*, Der internationale Schutz gegen unlauteren Wettbewerb 2010, S. 116 f.; *Höpperger/Senftleben*, Protection Against Unfair Competition at the International Level, in: Hilty/Henning-Bodewig (Hrsg.), Law Against Unfair Competition 2007, 61, S. 61 und 63; *Ricketson*, The Paris Convention for the Protection of Industrial Property 2015, Rn. 13.44, wonach auch die Frage der „Effektivität" Spielraum bietet. Zum Spielraum nach Art. 10ter PVÜ vgl. *Ricketson*, The Paris Convention for the Protection of Industrial Property 2015, Rn. 13.60. Das gilt nach WTO Untersuchungsausschuss (Panel), Reports v. 28.6.2018, WT/DS435/R, WT/DS441/R – *Australia – Certain Measures Concerning Trademarks, Geographical Indications and Other Plain Packaging Requirements Applicable to Tobacco Products and Packaging*, Rn. 7.2663, auch für Art. 10bis PVÜ, wie er über Art. 2.1 TRIPS in TRIPS einbezogen ist.

[60] Vgl. *Pflüger*, Reichweite internationalrechtlicher Vorgaben, in: Hilty/Henning-Bodewig (Hrsg.), Lauterkeitsrecht und Acquis Communautaire 2009, 65, S. 74.

[61] Vgl. *Wadlow*, The Law of Passing Off, 5. Aufl. 2016, S. 41, Rn. 2–6, mit Hinweis auf den britischen Merchandise Marks Act, der – neben umfassender als die zivilrechtlich ausgestalteten Ansprüche des *passing-off* – strafrechtlich gegen unlautere Handlungen vorging, *Wadlow*, The Law of Passing Off, 5. Aufl. 2016, Rn. 2–34. Die britische Delegation äußerte auf der Brüsseler Konferenz, dass man sich nicht verpflichtet sah, mehr Schutz zu gewähren, als der Merchandise Marks Act vorsah. Nachdem dort Art. 10bis PVÜ noch als reine Gleichbehandlungsregel diskutiert (und beschlossen) wurde, ist der Hinweise wohl lediglich klarstellend zu verstehen, siehe, Actes de la Conférence réunie à Bruxelles du 1er au 14 décembre 1897 et du 11 au 14 décembre 1900, S. 382. Vgl. auch den Überblick bei *Saint-Gal*, Unlauterer und parasitärer Wettbewerb (Concurrence Déloyale et Concurrence Parasitaire), Teil 1, GRUR Ausl 1956, 202, S. 204 ff. Dass das Markenrecht zum Zivilrecht gezählt wird, bezeichnete *W. Miosga*, Internationaler Marken- und Herkunftsschutz 1967, S. 94, noch als „neuere[…] allgemeine Auffassung".

Aus den Unterlagen der Konferenzen in Den Haag und London ergibt sich nach einer Ansicht nicht nur, dass die Unterdrückung unlauteren Wettbewerbs durch einen von Mitglied zu Mitglied unterschiedlichen Mix aus Zivil-, Straf- und Verwaltungsrecht erfolgte, sondern auch, dass eine Änderung dieses Zustandes (etwa durch die Einführung eines beschränkten Umsetzungsspielraums) nicht beabsichtigt war.[62]

Die PVÜ verpflichtet gerade nicht zur Einführung eines Lauterkeitsrechts bzw. -gesetzes *eo nomine*.[63] Umgekehrt gibt die Bezeichnung durch den nationalen Gesetzgeber aber auch keine Auskunft darüber, ob es sich um Schutz gegen unlauteren Wettbewerb im Sinne der PVÜ handelt. Auch eine Regel wir § 826 BGB kann in den Anwendungsbereich von Art. 10bis PVÜ fallen.[64] Die Feststellung, dass in „Staaten mit einem entwickelten und weitreichenden Lauterkeitsrechtsschutz wie Deutschland" Art. 10bis PVÜ kaum eigenständige Bedeutung zukommt,[65] hängt also im Wesentlichen davon ab, was man zuvor als Schutz gegen unlauteren Wettbewerb identifiziert hat.[66] Es ist daher auch nicht auszuschließen, dass nationaler Sonderrechtsschutz sich als Bekämpfung von unlauteren Handlungen gemäß Art. 10bis (2) PVÜ darstellt und er deshalb wegen Art. 2 (1) PVÜ Ausländerinnen nicht vorenthalten werden darf. Werden, wie es zum Beispiel Art. 15 (1) DSM-RL und das umsetzende nationale Recht[67] betreffend den Schutz von Presseverlegerinnen tut, Sonderrechte in diskriminierender Weise Ausländerinnen *nicht* gewährt, weil hierfür ein Sitz in der EU Vorausset-

---

[62] Vgl. aus Sicht eines Konferenzteilnehmers *Osterrieth*, Die Haager Konferenz 1925 zur Revision der Pariser Übereinkunft 1926, S. 81; vgl. auch *Wadlow*, The Law of Passing Off, 5. Aufl. 2016, S. 50, Rn. 2–22. Siehe auch den Überblick über die nationale Entwicklung bei *Ladas*, Patents, Trademarks, and Related Rights 1975, S. 1691 ff.
[63] Vgl. *Wadlow*, The Law of Passing Off, 5. Aufl. 2016, S. 50, Rn. 2–23.
[64] Vgl. *Ladas*, Patents, Trademarks, and Related Rights 1975, S. 1686, mit Nachweisen aus Literatur und Rechtsprechung des Reichsgerichts in Fn. 43.
[65] Harte-Bavendamm/Henning-Bodewig/*Glöckner*, UWG, 4. Aufl. 2016, Einleitung E. Lauterkeitsrecht in internationalen Vereinbarungen, Rn. 2.
[66] Vgl. *Hilty*, The Law Against Unfair Competition and Its Interfaces, in: Hilty/Henning-Bodewig (Hrsg.), Law Against Unfair Competition 2007, 1, der ausgehend von einem bestimmten Wettbewerbsbegriff unterschiedliche Regelungsbereiche beleuchtet und auf S. 47 feststellt: „What is absent is solely the realisation that these instruments are elements of the legal protection of the competitor, and thus parts of the law of market behaviour, factually not conceived in a holistic manner. However, if one understands this law of market behaviour as a uniform legal body, i.e. directed at a sole aim, it will turn out in the end that – irrespective of all formal differences between the legal acts involved – also that question, which must constitute the basis of all further reasoning, is a uniform one: namely, whether the scope of the legal protection granted by the law of market behaviour as a whole has been determined „correctly"." So kann auch die Anwendung der Definition von Art. 10bis (2) PVÜ ein „uniform legal body" des unlauteren Wettbewerbs identifizieren, in welchem nicht nur die rechtspolitisch-utilitaristische Fragen der Rechtfertigung die „Korrektheit" bestimmen, sondern auch die Vorgaben der PVÜ.
[67] Vgl. §127b UrhG-E nach dem Regierungsentwurf eines Gesetzes zur Anpassung des Urheberrechts an die Erfordernisse des digitalen Binnenmarkts vom 3.2.2021.

B. *Konventionsautonome Bestimmung von Art. 10bis (2) PVÜ erforderlich* 147

zung ist, dann könnte dies nicht nur gegen einen nationalen Gleichheitsgrundsatz,[68] sondern auch die Vorgaben aus Art. 2, 3 PVÜ verstoßen,[69] wenn die bekämpften Handlungen unter Art. 10bis (2) PVÜ fallen.[70] In dieser Feststellung läge zudem die Erkenntnis, dass gegen die durch das Presseverlegerinnenrecht bekämpften Handlungen unabhängig vom *status quo* des nationalen Rechts nach Art. 10bis (2) PVÜ effektiver Schutz gemäß Art. 10bis (1) PVÜ gewährt werden muss. Die bloße gesetzgeberische Entscheidung auf Umsetzungsebene für ein *sui generis*-Schutzrecht kann die Pflicht aus Art. 10bis PVÜ nicht umgehen.[71]

*IV. Art. 10bis (2) PVÜ führt immer zur Pflicht aus Art. 10bis (1) PVÜ*

In diesem Zusammenhang ist noch einmal gesondert auf die Annahme einzugehen, dass sich bei Art. 10bis PVÜ Schutzstandard und Gleichbehandlungsgebot gegenseitig ergänzen. Auf dem Gebiet des unlauteren Wettbewerbs wird grundsätzlich die Anwendbarkeit der Gleichbehandlungsregel *zusätzlich* zum Mindeststandard festgestellt.[72] Das ist nach dem Gesagten nur auf Umsetzungsebene

---

[68] Vgl. *Peukert*, Economic Nationalism in Intellectual Property Policy and Law, Research Paper of the Faculty of Law of the Goethe University Frankfurt/M 2020, Rn. 13, Rn. 54.

[69] Ein solche Verstoß könnte bei Einbeziehung von Art. 10bis PVÜ in TRIPS möglicherweise sogar im WTO-Kontext gerügt werden.

[70] Das ist mit Blick in die *actes* der PVÜ nicht ausgeschlossen, siehe hierzu bereits den Vorschlag des Königreichs der Serben, Kroaten und Slowenen in Den Haag, einen Schutz von Pressenachrichten in die Aufzählung von Art. 10bis (3) PVÜ einzufügen; dazu auch *Osterrieth*, Die Haager Konferenz 1925 zur Revision der Pariser Übereinkunft 1926, S. 89; siehe Actes de la Conférence Réunie a La Haye du 8 Octobre au 6 Novembre 1925, S. 350 f. Zu weiteren Vorschlägen auf späteren Konferenzen vgl. *Pointet*, Der Schutz der Presseinformationen, GRUR Ausl 1960, 537, S. 538; *Ricketson*, The Paris Convention for the Protection of Industrial Property 2015, Rn. 13.59. Zur Einordnung des Leistungsschutzrechts für Presseverleger in das deutsche Lauterkeitsrecht vgl. *Ernsthaler/Blanz*, Leistungsschutzrecht für Presseverleger – Notwendiger Schutz von Presseverlagen im Internet oder systemwidriger Eingriff in die Informationsfreiheit?, GRUR 2012, 1104, S. 1105 f.; zu einem Spannungsverhältnis in der dogmatischen Einordung zwischen Wettbewerbs- und Urheberrecht vgl. *Koroch*, Das Leistungsschutzrecht des Presseverlegers 2016, S. 398.

[71] Vgl. ausdrücklich *Westkamp*, TRIPS Principles, Reciprocity and the Creation of Sui-Generis-Type Intellectual Property Rights for New Forms of Technology, (2003) 6 Journal of World Intellectual Property 827, S. 836.

[72] Vgl. z.B. Jacobs/Lindacher/Teplitzky/*Schricker*, UWG Großkommentar 1994, Einleitung Teil F: Internationalrechtliche Fragen, Rn. F 52; *Reger*, Der internationale Schutz gegen unlauteren Wettbewerb und das TRIPS-Übereinkommen 1998, S. 20; *Henning-Bodewig*, International Unfair Competition Law, in: Hilty/Henning-Bodewig (Hrsg.), Law Against Unfair Competition 2007, 53, S. 54; *Pflüger*, Reichweite internationalrechtlicher Vorgaben, in: Hilty/Henning-Bodewig (Hrsg.), Lauterkeitsrecht und Acquis Communautaire 2009, 65, S. 79 und 89; *Wadlow*, The Law of Passing Off, 5. Aufl. 2016, S. 45, Rn. 2–13. *Norton*, The Effect of Article 10bis of the Paris Convention on American Unfair Competition Law, (1999) 68 Fordham Law Review 225, S. 226, Fn. 8, und S. 251, sieht dabei das Gleichbehandlungsgebot wohl in Art. 10bis PVÜ selbst geregelt und geht auf Art. 2 PVÜ nicht gesondert ein.

möglich, in dem theoretischen Fall, in dem Ausländerinnen ein zwar effektiver, aber weniger Schutz als Inländerinnen gewährt wird. Hier könnte beispielsweise mit Blick auf die verfügbaren Rechte und *remedies* eine Ungleichbehandlung vorliegen[73] Dass PVÜ-Ausländerinnen auch der inländische Schutz gewährt werden muss, der über den Standard von Art. 10bis (1) PVÜ hinausgeht,[74] hat aber keine Relevanz, wenn es darum geht, gegen welche Handlungen Schutz gewährt wird. Grundsätzlich steht es den Vertragsstaaten frei, auch gegen Handlungen Schutz zu gewähren, die nicht unter Art. 10bis (2) PVÜ fallen. Das löst aber den Gleichbehandlungspflicht aus Art. 2 (1) PVÜ nicht aus, weil insoweit kein unlauterer Wettbewerb im Sinne von Art. 10bis (2) PVÜ folglich kein unter Art. 1 (2) PVÜ fallender Regelungsgegenstand vorliegt.

Ein Nebeneinander von Standard und Gleichbehandlungsgrundsatz ist demnach dort ausgeschlossen, wo das nationale Recht Handlungen bekämpft, die nicht unter Art. 10bis (2) PVÜ fallen. *Jede* unter Art. 10bis (2) PVÜ fallende Handlung löst die Pflicht nach Art. 2 (1) PVÜ aus. Es gilt aber auch: *nur* eine unter Art. 10bis (2) PVÜ fallende Handlung löst die Pflicht aus, Ausländerinnen genauso wie Inländerinnen gegen unlauteren Wettbewerb zu schützen. Ein *Mehr* an Schutz durch einen erweiterten Kreis an zu bekämpfenden Handlungen im Vergleich zu Art. 10bis (2) PVÜ ist irrelevant.

Dasselbe gilt für die Pflicht aus Art. 10bis (1) PVÜ. *Nur* gegen eine unter Art. 10bis (2) PVÜ fallende Handlung ist PVÜ-Ausländerinnen effektiver Schutz zu gewähren. Gleichzeitig ist PVÜ-Ausländerinnen gegen *jede* unter Art. 10bis (2) PVÜ fallende Handlung effektiver Schutz zu gewähren. Damit greift der Schutzstandard – mit Blick auf den Kreis der zu bekämpfenden Handlungen – in *allen* Fällen, in denen die Gleichbehandlungsregel greift. Es ist also insoweit ausgeschlossen, dass ein Mitgliedsstaat, der mehr Handlungen unterdrückt, als er nach dem Mindeststandard aus Art. 10bis PVÜ müsste, hinsichtlich dieses *Mehr* an das Gleichbehandlungsgebot gebunden ist – denn dieses *Mehr* stellt keinen unlauteren Wettbewerb im Sinne der PVÜ dar.

Damit verdrängt der Mindeststandard das Gleichbehandlungsgebot zumindest auf der Tatbestandsebene, auf der die Handlungen des unlauteren Wettbewerbs festgelegt werden, gegen die Schutz zu gewähren ist.[75] Diese Klarstellung

---

[73] Vgl. *Wadlow*, The Law of Passing Off, 5. Aufl. 2016, S. 45, Rn. 2–13.

[74] Vgl. *Wadlow*, ebd.; *Sack*, Internationales Lauterkeitsrecht 2019, S. 316, Rn. 7.

[75] Ob mit Blick auf den Umsetzungsspielraum eine parallele Anwendbarkeit von Mindeststandard und Gleichheitsgebot möglich ist, ist eine andere Frage. Art. 1 (2) PVÜ spricht von der „Unterdrückung" unlauteren Wettbewerbs. Art. 10bis (1) PVÜ statuiert die Pflicht zu „effektivem Schutz gegen" unlauteren Wettbewerb. Damit sind Ausländerinnen hinsichtlich der *Unterdrückung* unlauteren Wettbewerbs Inländern gleich zu stellen. Im Sinne eines Mindeststandards ist ihnen hingegen („nur") effektiver Schutz zu gewähren. Wenn die Unterdrückung („répression") unlauteren Wettbewerbs etwas *anderes* ist als effektiver Schutz gegen denselben *und* gleichzeitig *mindestens* effektiven Schutz gegen unlauteren Wettbewerb darstellt, dann könnte hinsichtlich des Deltas zusätzlich zum Mindeststandard noch Gleichbehandlung verlangt werden. Wenn der Inländerin ein „mehr als effektiver" Schutz gegen un-

ist für die vorliegende Untersuchung deshalb relevant, weil die Gegenauffassung die impliziten Annahme enthält, der Tatbestand von Art. 10bis (2) PVÜ sei zweistufig zu verstehen. Art. 10bis (2) PVÜ enthält aber gerade keinen Kernbereich,[76] der einen (Mindest-)Standard erzeugt, und dazu einen weiteren Tatbestand auf zweiter Stufe, der zwar keine Schutzpflicht auslöst, aber das Gleichbehandlungsgebot. Regelungstechnisch gilt auch hier: ganz oder gar nicht. Wenn Art. 10bis (2) PVÜ erfüllt ist, greift Art. 10bis (1) PVÜ.

Das Ergebnis der faktischen Verdrängung des Gleichbehandlungsgebots auf dem Gebiet des unlauteren Wettbewerbs begegnet keinen systematischen Bedenken. Wie bereits gezeigt ist das Gleichbehandlungsgebot nicht (mehr) ausdrücklich für den Bereich des unlauteren Wettbewerbes vorgesehen, sondern lediglich Folge der Aufzählung in Art. 1 (2) PVÜ und der Anknüpfung von Art. 2 PVÜ an den dort definierten Begriff des „propriété industrielle". Die Gleichbehandlungsregel ist aber nicht die einzige Folge dieser Aufzählung, auch andere Bestimmungen knüpfen an Art. 1 (2) PVÜ an.[77] Der Umstand, dass der unlautere Wettbewerb in Art. 1 (2) PVÜ aufgezählt ist, verliert also trotz der faktischen Verdrängung auf Tatbestandsebene nicht jegliche Wirkung. Außerdem wäre der Gleichbehandlungsgrundsatz nicht die einzige Bestimmung, die an Art. 1 (2) PVÜ anknüpft, zum unlauteren Wettbewerb aber nicht richtig passt. So umfasst Art. 5bis (1) PVÜ ebenfalls *alle* Rechte, die in Art. 1 (2) PVÜ aufgeführt werden.[78] Es ist nicht ausgeschlossen, dass Schutz gegen unlauteren Wettbewerb in Form von Registerrechten gewährt wird. Doch scheint es mit Blick auf üblicherweise diskutierte nationale Regelungen, darunter vor allem Generalklauseln und handlungsbezogene, gewohnheitsrechtliche Klagearten, unwahrscheinlich, dass hier im Zusammenhang mit verspäteten Gebühren *bewusst* auf den unlauteren Wettbewerb verwiesen wurde. Ähnlich stellt sich auch der Verweis in Art. 2 (1) PVÜ eher als bloße Folge der undifferenzierten Verweisung auf den Sammelbegriff in Art. 1 (2) PVÜ dar. Die konzeptionelle Unterscheidung zwischen Gleichbehandlungsgrundsatz und Mindeststandard muss folglich nicht künstlich aufrechterhalten werden.

---

lauteren Wettbewerb gewährt wird, dann steht dieser auch der Ausländerin zu. Anknüpfungspunkt für Ungleichbehandlung ist aber nicht die Frage, unter welchen Umständen Schutz gewährt wird (Tatbestandsebene), sondern wie wirkungsvoll dieser ist, also z.B. welche Rechtsschutzmöglichkeiten zur Verfügung stehen. Nur hinsichtlich dieses Deltas könnte die Gleichbehandlungsregel zusätzlich zum Mindeststandard wirken. Im Übrigen spricht Art. 10ter (1) PVÜ von der effektiven Unterdrückung („réprimer efficacement"), was zusätzliche Zweifel an der Prämisse nährt, dass Unterdrückung von unlauterem Wettbewerb etwas anderes bzw. „mehr" ist als effektiver Schutz gegen unlauteren Wettbewerb.

[76] Von einem „zwingenden Kerngehalt" von Art. 10bis (2) PVÜ spricht aber *Pflüger*, Der internationale Schutz gegen unlauteren Wettbewerb 2012, S. 358, Fn. 1928.
[77] Siehe Art. 15 PVÜ, wo die Aufgaben des Internationalen Büros festgelegt werden.
[78] Vgl. *Bodenhausen*, Guide to the Application of the Paris Convention 1968, S. 81, Rn. d).

## V. Ergebnis: Konventionsautonomer Tatbestand verpflichtet

Zwei Punkte lassen sich für die hiesige Untersuchung festhalten. Erstens, der Tatbestand von Art. 10bis (2) PVÜ kann nie ohne eine Pflicht aus Art. 10bis (1) PVÜ gedacht werden. Liegt unlauterer Wettbewerb vor, dann muss (PVÜ-Ausländerinnen) dagegen effektiver Schutz gewährt werden. Daraus folgt, dass ein regelungstechnischer Verweis auf den Tatbestand des Art. 10bis (2) PVÜ gleichzeitig immer auch ein Verweis auf die Pflicht aus Art. 10bis (1) PVÜ ist. Zweitens, der Tatbestand von Art. 10bis (2) PVÜ ist konventionsautonom zu bestimmen, wenn Art. 10bis (1) PVÜ eine bindende Wirkung haben soll.

# C. Die Rolle von Art. 6quinquies B Satz 2 PVÜ

Laut Art. 6quinquies B Satz 2 PVÜ bleibt die Anwendung von Art. 10bis PVÜ vorbehalten. Daraus folgt, dass Art. 10bis PVÜ den Anwendungsbereich von Art. 6quinquies PVÜ beschränkt.[79] Nach dem im Folgenden zu begründenden Ansatz klärt dieser erst auf der Lissabonner Konferenz 1958 eingeführte Satz das Verhältnis der Pflicht zur Eintragung aus Art. 6quinquies PVÜ und der Pflicht aus Art. 10bis PVÜ zum Schutz gegen unlauteren Wettbewerb dadurch, dass er der Pflicht aus Art. 10bis PVÜ der Vorrang einräumt. Häufig wird der Verweis auf Art. 10bis PVÜ als „Nummer 4" von Art. 6quinquies B PVÜ verstanden, das heißt als weiterer, zulässiger Versagungsgrund, der selbstständig neben den Nummern 1 bis 3 steht.[80] Darüber hinaus wird vertreten, dass es sich nur um einen Unterfall von Art. 6quinquies B Nr. 3 PVÜ handelt. Der letzte Satz bezieht sich nach dieser Ansicht nur auf Nummer 3 und stellt klar, dass eine Anmeldung unter Umständen, die einen Akt des unlauteren Wettbewerbs darstellen, unter Nummer 3 fällt.[81]

Für die Vorrangthese spricht insbesondere die obige Feststellung, dass die an den Tatbestand von Art. 10bis (2) PVÜ anknüpfende „Zulässigkeit" einer Zurückweisung gemäß Art. 10bis PVÜ gar nicht ohne Pflicht und damit eine Pflichtenkollision mit Art. 6quinquies PVÜ gedacht werden kann. Eine Zurückweisung kann nicht nach Art. 6quinquies B Satz 2 PVÜ zulässig sein, ohne dass gleichzeitig eine Pflicht nach Art. 10bis (1) PVÜ besteht. In allen Fällen, in denen unlauterer Wettbewerb im Sinne der PVÜ vorliegt, greift die Pflicht, PVÜ-Ausländerinnen hiergegen effektiven Schutz zu gewähren. Daraus folgt, dass der

---

[79] Vgl. *Marsoof*, TRIPS Compatibility of Sri Lankan Trademark Law, (2012) 15 Journal of World Intellectual Property 51, S. 56; *Sayeed*, Revisiting the Regime of Trademark Protection in Bangladesh, (2017) 7 Asian Journal of International Law 264, S. 275, Fn. 56.

[80] Vgl. *Ricketson*, The Paris Convention for the Protection of Industrial Property 2015, Rn. 12.26; *Pflüger*, Paris Convention, art. 6quinquies, in: Cottier/Véron (Hrsg.), Concise International and European IP Law, 3. Aufl. 2015, S. 281, Rn. 3(d).

[81] Vgl. *Ladas*, Patents, Trademarks, and Related Rights 1975, S. 1237.

letzte Satz in Art. 6quinquies B PVÜ sinnvollerweise keine bloße Zulässigkeitsregel ist. Die Gegenauffassungen lassen sich auch im Übrigen nicht begründen.

## I. Kein Unterfall von Art. 6quinquies B Nummer 3 PVÜ

Die Ansicht, es handele sich bei Art. 6quinquies B Satz 2 PVÜ um einen Unterfall von Art. 6quinquies B Nr. 3 PVÜ, wird zunächst historisch, das heißt mit den *actes* zur Lissabonner Konferenz begründet. Aus diesen gehe hervor, dass man sich darauf einigte, keine weitere Ausnahme im Sinne einer neuen Nummer 4 einzufügen, sondern innerhalb der Nummer 3 (deklaratorisch) auf Art. 10bis PVÜ zu verweisen.[82] Dabei bleibt unklar, aus wessen bzw. welchen Stellungnahmen in den angeführten Stellen der *actes* sich dieser Konsens ergeben soll. Dort findet sich zum einen der Vorschlag der AIPPI, eine Nummer 4 einzuführen, der sich vom beschlossenen Satz aber unterscheidet.[83] Auf der zweiten Seite, auf die verwiesen wird, findet sich der letzte Teil der Bemerkung der Schweizer Delegation, dass eine Nummer 4 des unlauteren Wettbewerbs notwendig sei, weil Buchstabe B nunmehr (eindeutig) abschließend formuliert werde und sonst eine Zurückweisung als Akt des unlauteren Wettbewerbs nicht möglich sei.[84] Das spricht gerade dagegen, den letzten Satz nur als deklarativ anzusehen und den Fall bereits unter Nummer 3 zu fassen. Im Übrigen wird an der Stelle der *actes* die Diskussion wiedergegeben, ob neben Gerichten auch die Markenämter zur Prüfung von Lauterkeitsrecht berufen sein sollen. Die Schweiz sprach sich dagegen aus. Nur die Invalidierungsprüfung durch Gerichte sollte auf Lauterkeitsrecht beruhen. Der entsprechende Vorschlag des Präsidiums[85] wurde (trotz der Zustimmung Deutschlands, der USA und Italiens) letztlich nicht angenommen. Wie sich im Übrigen aus diesem Punkt etwas für den behaupteten Konsens herleiten lässt, bleibt offen. Schließlich bleibt noch die dortige Stellungnahme der deutschen Delegation, Nummer 3 ziele auf täuschende Marken ab, und deswegen sei es notwendig, auch den Fall des unlauteren Wettbewerbs einzufügen.[86] Hier könnte man wohl daran denken, dass dem letzten Satz dieselbe Funktion zukommen sollte, wie dem Zusatz in Nummer 3 zur Täuschung, also zu konkretisieren, welche Umstände unter Nummer 3 fallen. Allerdings erfolgte diese Äußerung in Bezug auf den Vorschlag, eine Nummer 4 einzufügen, also einen zusätzlichen,

---

[82] Vgl. *Ladas*, Patents, Trademarks, and Related Rights 1975, S. 1237, mit Verweis auf Actes de la Conférence réunie à Lisbonne du 6 au 31 octobre 1958, S. 596 und 605.

[83] Siehe Actes de la Conférence réunie à Lisbonne du 6 au 31 octobre 1958, S. 596 („lorsqu'elles ont été déposées dans des circonstances constituant un acte de concurrence déloyale au sens de l'article 10 bis").

[84] Siehe Actes de la Conférence réunie à Lisbonne du 6 au 31 octobre 1958, S. 605.

[85] Siehe ebd. („En ce qui concerne l'invalidation, l'article 10 bis est réservé").

[86] Siehe ebd. („Cette dernière délégation fit remarquer que l'article 6 B (1) 3° visait déjà les marques qui sont de nature à tromper le public, et qu'il serait donc nécessaire de prévoir le cas de la concurrence déloyale.")

*neuen* Versagungsgrund.[87] Mit Blick auf diese Stellungnahmen naheliegender ist es deshalb, die Notwendigkeit der Einführung des letzten Satzes in der Überschneidung von Art. 6quinquies B Nummer 3 mit Art. 10bis PVÜ begründet zu sehen. Gerade weil die Täuschung bzw. Irreführung in beiden Bestimmungen gesondert erwähnt wird, könnte man ohne diese Klarstellung womöglich den Umkehrschluss ziehen, dass Art. 10bis PVÜ von Art. 6quinquies PVÜ verdrängt wird. Deswegen ist der Vorrang von Art. 10bis PVÜ angeordnet. Auf diese supplementäre Begründungslinie kommt es aber gar nicht an.

Betrachtet man das Layout von Art. 6quinquies B PVÜ, dann steht der Satz gerade nicht (nur) am Ende von Nummer 3,[88] sondern am Ende von Buchstabe B insgesamt, eingerückt und abgehoben von den Nummern.[89] Anders war zwar der Vorschlag im Kommissionsbericht gelayoutet.[90] Die vom Präsidenten verlesene Version verortet den letztlich beschlossenen Satz jedoch eindeutig am Ende von Buchstabe B („disposition de la lettre B *in fine*").[91] Damit übereinstimmend zitiert beispielsweise auch der BGH „Art. 6quinquies B S. 1 Nr. 2 PVÜ"[92], unterscheidet also in Buchstabe B einen Satz 1 (mit drei Nummern) von einem Satz 2.[93]

Dagegen, dass der letzte Satz nur einen Unterfall der Nummer 3 konkretisiert, spricht auch der Unterschied, der in Struktur und Wortlaut zu dem Halbsatz in Nummer 3 besteht, der die Täuschung betrifft. Letzterer ist eindeutig als Konkretisierung bzw. Unterfall zu erkennen, eingeleitet mit „insbesondere". Würde man den letzten Satz in Buchstabe B nun ebenfalls als Unterfall betrachten, ergäbe sich eine unstimmige Reihung von „Grundfall" (Nr. 3 Satz 1 Halbsatz 1) – „Unterfall" (Nr. 3 Satz 1 Halbsatz 2) – „Erläuterung Grundfall" (Nr. 3 Satz 2) – und schließlich mit dem letzten Satz wieder ein „Unterfall".

Während die französische Fassung nur davon spricht, dass Art. 10bis PVÜ vorbehalten bleibt, stellt die englische Übersetzung „die Bestimmung" („This provison") unter den Vorbehalt von Art. 10bis PVÜ. Es wäre wenig sinnvoll,

---

[87] Siehe Actes de la Conférence réunie à Lisbonne du 6 au 31 octobre 1958, S. 604 („un nouveau cas, un nouveau motif: le cas où la marque est déposée dans des circonstances constituant un acte de concurrence déloyale"). Auch die deutsche Stellungnahme spricht hier vom „cas".

[88] So aber *Ladas*, Patents, Trademarks, and Related Rights 1975, S. 1237. Der dort wiedergegebene Wortlaut weicht allerdings in dem Zusatz „The above" sowohl von der französischen Originalfassung („Est toutefois réservée l'application de l'article 10bis") als auch der offiziellen englischen Übersetzung („This provision is subject, however, to the application of Article 10bis") ab, weswegen nicht ganz klar ist, welche Fassung und welches Layout dieser Ansicht zugrunde liegt.

[89] Siehe Actes de la Conférence réunie à Lisbonne du 6 au 31 octobre 1958, S. 991.

[90] Siehe Actes de la Conférence réunie à Lisbonne du 6 au 31 octobre 1958, S. 755.

[91] Siehe Actes de la Conférence réunie à Lisbonne du 6 au 31 octobre 1958, S. 615.

[92] BGH, Beschluss v. 4.12.2003, I ZB 38/00 = GRUR 2004, 329 – *Käse in Blütenform*, S. 331.

[93] So auch z.B. *Kunz/Ringl/Vilímská*, Mezinárodní smlouvy z oblasti průmyslového vlastnictví 1985, S. 137.

## C. Die Rolle von Art. 6quinquies B Satz 2 PVÜ

wenn sich das auf die Nummer 3 von Buchstabe B bezieht, denn dann würde die Zulässigkeit der Zurückweisung nach Nummer 3 unter dem Vorbehalt von Art. 10bis PVÜ stehen, also die Möglichkeit der Zurückweisung durch Art. 10bis PVÜ beschränkt, anstatt erweitert.

Darüber hinaus lässt sich einigen Stellungnahmen entnehmen, dass mit der vorgeschlagenen Einführung eines Versagungsgrundes wegen unlauteren Wettbewerbs als Nummer 4 von Buchstabe B eine materielle Änderung verbunden gewesen wäre, es also nicht nur um eine Konkretisierung ging.[94] Die Stellungnahmen, die sich gegen die Notwendigkeit der Einführung aussprachen, stützten sich nicht darauf, dass hier bereits Art. 6quinquies B Nr. 3 PVÜ greife, sondern dass die Gerichte der Mitgliedstaaten sowieso befugt seien, eine Anmelderin dazu zu zwingen, eine Anmeldung zurückzunehmen, die einen Akt des unlauteren Wettbewerbs darstellt.[95] Diese historischen Gesichtspunkte stützen also die Vorrangthese: der letzte Satz stellt eine nach diesen Stellungnahmen sowieso bestehende, vorrangige Anwendbarkeit von Art. 10bis PVÜ klar.

### II. Kein Versagungsgrund „Nummer 4"

Auch die Gleichsetzung des letzten Satzes mit den Nummern 1 bis 3 ist fraglich. Nicht nur, dass der letzte Satz nicht mit „Nummer 4" beziffert ist. Er ist zudem auch anders strukturiert als die Nummern 1 bis 3. Im Unterschied zu den Nummern 1 bis 3 bezieht sich der letzte Satz nicht auf den Fall, „wenn die Marken" unter Art. 10bis PVÜ fallen, sondern spricht einen Anwendungsvorbehalt aus. Zudem verweist er auf Art. 10bis PVÜ *insgesamt*, nicht bloß auf die Definition der unlauteren Wettbewerbshandlung in Art. 10bis (2) PVÜ. Damit wird nicht nur die Zulässigkeit einer Zurückweisung unter den Voraussetzungen von Art. 10bis (2) PVÜ ausgesprochen, sondern auch auf die Pflicht in Art. 10bis (1)

---

[94] So die Einwände Belgiens und der Schweiz, dass die Einführung der vorgeschlagenen Nummer 4 die Markenämter überfordern würde, siehe Actes de la Conférence réunie à Lisbonne du 6 au 31 octobre 1958, S. 604 f.; ebenso Vorbereitende Dokumente des Internationalen Büros zum Schutze des gewerblichen Eigentums zur Lissabonner Konferenz 1958 (= GRUR Ausl Sonderheft 1958), S. 33 (= Actes de la Conférence réunie à Lisbonne du 6 au 31 octobre 1958, S. 577). Im Umkehrschluss hielten sie die Markenämter unter Art. 6quinquies B Nr. 3 PVÜ also nicht für befähigt bzw. befugt, einen Verstoß gegen Lauterkeitsrecht zu prüfen. Auch die Notwendigkeit der Einführung wegen der Abgeschlossenheit von Buchstabe B laut der Stellungnahme der Schweizer Delegation deutet auf eine materielle Änderung hin, ebenso die Verwendung des Begriffs „notwendig" durch die deutsche Delegation, *Bureau de l'Union internationale pour la protection de la propriété industrielle*, Actes de la Conférence réunie à Lisbonne du 6 au 31 octobre 1958, S. 604 f.

[95] Vorbereitende Dokumente des Internationalen Büros zum Schutze des gewerblichen Eigentums zur Lissabonner Konferenz 1958 (= GRUR Ausl Sonderheft 1958), S. 33. Die ablehnende Haltung der britischen Delegation, die keinen Grund zur Einführung sah, wird nicht begründet, siehe Actes de la Conférence réunie à Lisbonne du 6 au 31 octobre 1958, S. 604.

PVÜ verwiesen. Das wäre überflüssig, wenn es nur um die Zulässigkeit in Fällen des Art. 10bis (2) PVÜ ginge.

Verstünde man den letzten Satz in Art. 6quinquies B PVÜ als „Nummer 4", dann wäre eine Zurückweisung zulässig, wenn die Markenanmeldung einen Akt des unlauteren Wettbewerbs nach Art. 10bis (2) PVÜ darstellt. Wenn eine Markenanmeldung unlauteren Wettbewerb im Sinne der PVÜ darstellt, dann muss gleichzeitig PVÜ-Ausländerinnen nach Art. 10bis (1) PVÜ gegen diese Anmeldung effektiver Schutz gewährt werden. Die Feststellung, dass eine Zurückweisung zulässig ist, weil sie unlauteren Wettbewerb im Sinne der PVÜ unterdrückt, heißt gleichzeitig, dass eine Pflicht besteht, gegen die Anmeldung effektiven Schutz zu gewähren. Die Zulässigkeit kann also tatbestandlich gar nicht ohne Pflicht gedacht werden. Auch das spricht also dafür, dass der letzte Satz einen Pflichtenvorrang regelt.

Schließlich spricht auch die Entstehungsgeschichte dagegen, den letzten Satz als „Nummer 4" zu verstehen. Die Einführung einer solchen Nummer 4 wurde nämlich immer wieder vorgeschlagen, aber gerade *nicht* beschlossen. Das Vereinigte Königreich schlug bereits auf der Konferenz in Den Haag[96] vor, als Nummer 4 das Vorliegen einer Handlung unlauteren Wettbewerbs nach Art. 10bis PVÜ einzufügen. Dieser Vorschlag wurde im Programm der Konferenz in London 1934 wieder aufgegriffen.[97] Auch auf der Lissabonner Konferenz 1958 fand eine ähnliche Formulierung als Vorschlag der Niederlande[98] und der Schweiz[99] Eingang in die Debatte. Dort ging es um Akte des unlauteren Wettbewerbs im Sinne von Art. 10bis PVÜ („constituant un acte de concurrence déloyale au sens de l'article 10 bis"), nicht um Art. 10bis PVÜ insgesamt.

Von diesen Vorschlägen unterscheidet sich die letztlich beschlossene Version gerade in den oben angesprochenen Punkten. Sie ist nicht als „Nummer 4" nummeriert; sie verweist nicht nur auf Art. 10bis (2) PVÜ, sondern auf Art. 10bis PVÜ insgesamt. Ausweislich des zusammenfassenden *Rapport général* ging es darum, die Anwendung von Art. 10bis PVÜ *vorzubehalten*, und zwar in einer allgemeinen Form, die den Mitgliedern „völlige Beurteilungs- und Entscheidungsfreiheit" lässt („une entière liberté d'appréciation et de décision").[100]

---

[96] Siehe Actes de la Conférence Réunie a La Haye du 8 Octobre au 6 Novembre 1925, S. 341
[97] Siehe Actes de la Conférence réunie à Londres du 1er mai au 2 juin 1934, S. 185 f.
[98] Siehe Actes de la Conférence réunie à Lisbonne du 6 au 31 octobre 1958, S. 590.
[99] Siehe Actes de la Conférence réunie à Lisbonne du 6 au 31 octobre 1958, S. 594.
[100] Siehe Actes de la Conférence réunie à Lisbonne du 6 au 31 octobre 1958, S. 118.

## III. Pflichtenvorrang

Damit liegt es nahe, in dem Satz eine Regelung für den möglichen Fall eines Konflikts zwischen Art. 6quinquies PVÜ und Art. 10bis PVÜ zu sehen. Eine Marke kann trotz der Eintragungspflicht aus Art. 6quinquies PVÜ zurückgewiesen werden, wenn dies die Pflicht aus Art. 10bis (1) PVÜ umsetzt.[101]

Dass die Pflicht aus Art. 10bis PVÜ nicht von Art. 6quinquies PVÜ überlagert wird, geht aus dem Wortlaut der französischen Fassung, aber auch aus der englischen und spanischen Übersetzung hervor. Die Anwendung von Art. 10bis PVÜ bleibt vorbehalten („Est toutefois réservée l'application de l'article 10bis"/„En todo caso queda reservada la aplicación del Artículo 10bis"). Die englische Übersetzung weicht in diesem Punkt ab: dort heißt es, dass „diese Bestimmung" unter dem Vorbehalt von Art. 10bis PVÜ steht („This provision is subject, however, to the application of Article 10bis"). „Diese Bestimmung" kann nach dem Obigen nur Buchstabe B meinen. Damit wird die Vorgabe, dass eine *Telle Quelle*-Marke nicht zurückgewiesen werden darf, wenn nicht eine der Nummern in Buchstabe B greift, unter den Vorbehalt von Art. 10bis PVÜ gestellt. Sie greift nicht, wenn Art. 10bis PVÜ greift (englische Fassung), bzw. sie greift theoretisch, aber die Pflicht aus Art. 10bis PVÜ bleibt trotzdem anwendbar (französische/spanische Fassung). Sie wird nicht verdrängt durch die Pflicht aus der Validierungsklausel. Sie ist vorrangig. Dass diese Wortwahl unbedacht erfolgte, ist unwahrscheinlich, wenn man bedenkt, dass die Einführung einer „Nummer 4" des unlauteren Wettbewerbs nicht erst in Lissabon 1958, sondern zuvor schon in Den Haag (1925) und London (1934)[102] kontrovers diskutiert wurde.

Diese Vorrangregel gibt dem letzten Satz in Buchstabe B auch dann noch einen Sinn, wenn man die *Zulässigkeit* einer Zurückweisung wegen unlauteren Wettbewerbs bereits von Art. 6quinquies B Nr. 3 PVÜ erfasst sieht. Das gleiche gilt für die Ansicht, dass gemäß Art. 6quinquies B Nr. 1 PVÜ (auch noch *nach* der Einführung des letzten Satzes) „auch unerlaubte Handlungen, namentlich unlauterer Wettbewerb" zulässige Zurückweisungsgründe darstellen.[103] Die Vorrangigkeit einer *Pflicht* ist etwas anderes als die nach diesen Ansichten sowie bestehende und damit nur deklaratorisch wiederholte Feststellung der *Zulässigkeit* einer Zurückweisung.

Auch die Ansicht, dass die Frage unlauteren Wettbewerbs keinen Platz in Art. 6quinquies PVÜ habe, weil sich ein darauf gestützter Zurückweisungsgrund nicht aus der eigentlichen Natur der Marke herleite,[104] wird befriedigt. Der letzte

---

[101] Vgl. *Sayeed*, Revisiting the Regime of Trademark Protection in Bangladesh, (2017) 7 Asian Journal of International Law 264, S. 275, Fn. 56.

[102] Siehe Actes de la Conférence réunie eà Londres du 1er mai au 2 juin 1934, S. 185.

[103] Vgl. *Edrich*, Die Klausel „telle-quelle" 1962, S. 77.

[104] Vgl. Actes de la Conférence réunie à Lisbonne du 6 au 31 octobre 1958, S. 577 = Vorbereitende Dokumente des Internationalen Büros zum Schutze des gewerblichen Eigentums zur Lissabonner Konferenz 1958 (= GRUR Ausl Sonderheft 1958), S. 33.

Satz in Buchstabe B bewirkt dann nicht die von dieser Ansicht abgelehnte Einbettung von Art. 10bis PVÜ in Art. 6quinqies PVÜ, sondern klärt das so gesehen „externe" Verhältnis beider Bestimmungen.

### IV. Ergebnis: Art. 10bis geht 6quinquies PVÜ vor

Im Ergebnis regelt Art. 6quinquies B Satz 2 PVÜ eine Pflichtenkollision von Art. 6quinquies PVÜ mit und zugunsten von Art. 10bis PVÜ.

## D. Konventionsautonome Bestimmung von Art. 10bis (2) PVÜ

Damit hängt die These, dass der Ausschluss technisch-funktioneller Marken wegen des Art. 10bis-Vorbehalts nicht gegen Art. 6quinquies PVÜ verstößt, von der Frage ab, ob der Ausschluss technisch-funktioneller Marken unlautere Wettbewerbshandlungen im Sinne von Art. 10bis (2) PVÜ bekämpft. Wäre dies der Fall, so würde der Ausschluss eine vorrangige Pflicht aus Art. 10bis (1) PVÜ umsetzen.

Nun wird aber vertreten, dass die Definition in Art. 10bis (2) PVÜ keine ausreichend konkreten Vorgaben macht, was eine Überprüfung der Einhaltung des Schutzstandards erschwert.[105] Die tatbestandlichen Grenzen harren – nach wie vor – einer Klarstellung,[106] was eine grundlegende Untersuchung notwendig macht.

### I. Notwendigkeit einer tatbestandlichen Obergrenze in Art. 10bis (2) PVÜ

Art. 10bis (2) PVÜ muss wie gesehen nicht nur nach unten ein Kernbereich im Sinne eines tatbestandlichen Mindeststandards, sondern auch nach oben eine Grenze entnommen werden. Die oben erörterte Vorstellung, dass den Mitgliedsstaaten ein Anwendungsspielraum bei der Feststellung unlauteren Wettbewerbs im Sinne der PVÜ zusteht, ist unter diesem Aspekt noch problematischer. Bei isolierter Betrachtung von Art. 10bis PVÜ ist eine Abweichung nach oben, genauer gesagt eine *zu weite* Auffassung eines Mitgliedstaats davon, was unter Art. 10bis (2) PVÜ fällt, unproblematisch, weil dies lediglich zu einer Erweiterung der Pflicht aus Art. 10bis (1) PVÜ führt (ggf. nur bzw. auch zur Erweiterung der Reichweite des Gleichbehandlungsgrundsatzes). So gesehen kümmert sich Art. 10bis PVÜ als Mindeststandard für sich genommen nicht darum, dass „zu

---

[105] Vgl. statt vieler *Phillips*, In the slipstream, (2007) 2 JIPLP 781, S. 781 (linke Spalte).

[106] Vgl. *Reichmann*, Universal Minimum Standards of Intellectual Property Protection Under the TRIPS Component of the WTO Agreement, (1995) 29 The International Lawyer 345, S. 381; *Henning-Bodewig*, International Unfair Competition Law, in: Hilty/Henning-Bodewig (Hrsg.), Law Against Unfair Competition 2007, 53, S. 57. Eine Konkretisierung im WTO-Kontext stellte zuletzt vor *Riffel*, The Protection against Unfair Competition in the WTO TRIPS Agreement 2016, S. 47 ff., 278.

viel" gegen unlauteren Wettbewerb unternommen wird. Wichtig ist nur, dass nicht zu wenig getan wird.[107] Eine darüber hinaus gehende „Selbstbindung" der Mitglieder ist insoweit also unschädlich. Im Kontext von Art. 6quinquies PVÜ geht jedoch jede Ausweitung des Begriffs des unlauteren Wettbewerbs unmittelbar zu Lasten der Eintragungspflicht.[108] Damit Art. 6quinquies PVÜ nicht komplett leerläuft, muss der auf Art. 10bis PVÜ gestützten (und damit zulässigen) Zurückweisung eine Grenze gezogen werden. Das heißt, Art. 10bis PVÜ muss eine Obergrenze dahingehend entnommen werden, was unlauteren Wettbewerb im Sinne der PVÜ darstellt. Das ergibt sich freilich schon aus obigen Ausführungen zum bestimmten Regelungsinhalt von Art. 10bis (2) PVÜ. Der Tatbestand ist sowohl nach unten als auch oben begrenzt, legt gleichzeitig fest, welche Sachverhalte erfasst werden, und welche nicht.

## II. Anmeldung einer Marke kann unter Art. 10bis (2) PVÜ fallen

Dass die Anmeldung einer Marke grundsätzlich einen Akt des unlauteren Wettbewerbs im Sinne von Art. 10bis (2) PVÜ darstellen *kann*, ergibt sich bereits aus dem letzten Satz von Art. 6quinquies B PVÜ, der ansonsten überflüssig wäre. Geht man davon aus, dass hier ein Pflichtenvorrang geregelt wird, gibt der letzte Satz insoweit nur deklaratorisch Auskunft darüber, dass die Anmeldung einer Marke sowohl in den Anwendungsbereich von Art. 6quinquies PVÜ als auch unter Art. 10bis (2) PVÜ fallen kann. Der letzte Satz von Art. 6quinquies B PVÜ erweitert also den Begriff von Art. 10bis (2) PVÜ nicht, sondern knüpft nur an diesen an. Das deckt sich mit den Ansichten, die eine Einführung einer „Nummer 4" des unlauteren Wettbewerbs für überflüssig hielten, weil auf Grundlage von Lauterkeitsrecht bereits gegen solche Anmeldungen vorgegangen werden könne.[109]

---

[107] *Riffel*, The Protection against Unfair Competition in the WTO TRIPS Agreement 2016, S. 61: „Incidentally, maximal protection is not envisaged by Article 10*bis* of the Paris Convention (1967)."

[108] So bereits der französische Vorbehalt zu einem Vorgängervorschlag eines Art. 10bis-Zusatzes in der Validierungsklausel: einen Versagungsgrund des unlauteren Wettbewerbs zuzulassen würde die Zweckerreichung der Gegenseitigkeitsklausel erschweren, siehe Actes de la Conférence réunie à Londres du 1er mai au 2 juin 1934, S. 271. Kritisch auch *Pires de Carvalho*, The TRIPS Regime of Trademarks and Designs, 4. Aufl. 2019, S. 93 f., Rn. 2.35. Die Angst, dass wegen Art. 6quinquies B letzter Satz PVÜ die Prüfung der Anmeldung von Auslandsmarken „with more rigour" erfolgt als bei originären Anmeldungen im Zielland, kann unter dem hier vertretenen Verständnis einer Pflichtenvorrangsregel nicht geteilt werden. Art. 10bis PVÜ greift bei der reinen Inlandsanmeldung ebenso, weil diese die Wettbewerbschancen von PVÜ-Ausländerinnen genauso beeinträchtigt, wie eine Eintragung *telle quelle*.

[109] Vorbereitende Dokumente des Internationalen Büros zum Schutze des gewerblichen Eigentums zur Lissaboner Konferenz 1958 (= GRUR Ausl Sonderheft 1958), S. 33. Auch anderen vor der Lissaboner Konferenz gemachten Vorschlägen der IHK Quebec und der International Law Association (abgedruckt und übersetzt bei *Heydt*, Zum Begriff der Welt-

Damit scheidet als Obergrenze bzw. als Tatbestandsmerkmal von Art. 10bis (2) PVÜ alles aus, was *per se* verhindert, dass die Anmeldung einer Marke eine Handlung des unlauteren Wettbewerbs im Sinne der PVÜ darstellt.

### III. Konkretes Wettbewerbsverhältnis keine tatbestandliche Grenze

Als erste mögliche Obergrenze zu erörtern ist das Tatbestandsmerkmal eines konkreten Wettbewerbsverhältnisses. Der Ausschluss technisch-funktioneller Marken enthält dieses Tatbestandsmerkmal nicht. Ein Vertragsstaat könnte sich also nicht darauf berufen, mit dem Ausschluss unlauterem Wettbewerb im Sinne der PVÜ vorzubeugen, wenn Art. 10bis (2) PVÜ dieses Tatbestandsmerkmal voraussetzt.

Der Begriff des Wettbewerbs setzt zunächst voraus, dass die Handlung im geschäftlichen Verkehr begangen wird. Das verdeutlicht die Bezugnahme von Art. 10bis (2) PVÜ auf Gewerbe und Handel.[110] Nicht von Art. 10bis (2) PVÜ umfasst anzusehen sind also „hoheitliche oder private Handlungen, die in keiner Verbindung mit der Absatzförderung stehen".[111] Dass Art. 10bis (2) PVÜ nur auf solche Handlungen anwendbar ist, die in einem Wettbewerbsverhältnis stattfinden, wird als „überwiegende Ansicht" bezeichnet.[112]

Fraglich ist dabei, ob nach Art. 10bis (2) PVÜ ein *konkretes* Wettbewerbsverhältnis vorliegen muss,[113] oder ob ein *potentielles* Wettbewerbsverhältnis genügt.

---

marke, GRUR 1952, 321, S. 325 f.), Art. 10bis der PVÜ um einen dritten Absatz zu erweitern, der die Anmeldung eines Kennzeichens einer Dritten als unlautere Wettbewerbshandlung definiert, kann keine andere Vorstellung nicht entnommen werden. Die Wirkung eines solchen dritten Absatzes liegt möglicherweise auch in einer Erweiterung der Definition von Art. 10bis (2) PVÜ, primär geht es aber darum, dass – wie im jetzigen Absatz 3 – eine inhaltlich bestimme Fallgruppe in allen Mitgliedsstaaten einheitlich als unlauterer Wettbewerb gilt (im Sinne einer „common legislation", *Bodenhausen*, Guide to the Application of the Paris Convention 1968, S. 145, Rn. e); vgl. *Reger*, Der internationale Schutz gegen unlauteren Wettbewerb und das TRIPS-Übereinkommen 1998, S. 20).

[110] *Henning-Bodewig*, Internationale Standards gegen unlauteren Wettbewerb, GRUR Int 2013, 1, S. 5; *Henning-Bodewig*, TRIPS and Corporate Social Responsibility, in: Ullrich et al. (Hrsg.), TRIPS plus 20 2016, 701, S. 712.

[111] *Henning-Bodewig*, Internationale Standards gegen unlauteren Wettbewerb, GRUR Int 2013, 1, S. 5; vgl. *Cottier/Jevtic*, The protection against unfair competition in WTO law, in: Drexl et al. (Hrsg.), Technology and Competition 2009, 669, S. 674; WTO Untersuchungsausschuss (Panel), Reports v. 28.6.2018, WT/DS435/R, WT/DS441/R – *Australia – Certain Measures Concerning Trademarks, Geographical Indications and Other Plain Packaging Requirements Applicable to Tobacco Products and Packaging*, Rn. 7.2684, zum Erfordernis, dass es sich um die Handlung einer Marktteilnehmerin handeln muss, und Rn. 7.2698, wonach konsequenterweise Gesetzgebungsakte zur Marktregulierung keine Handlungen des unlauteren Wettbewerbs darstellen. Dass der Staat grundsätzlich Marktteilnehmerin sein kann, ist eine andere Frage, vgl. dort S. 786, Fn. 5393.

[112] *Pflüger*, Der internationale Schutz gegen unlauteren Wettbewerb 2010, S. 127, mit Verweis auf *Henning-Bodewig*, International Protection Against Unfair Competition, (1999) 30 IIC 166, S. 188 („only applies within a competitive relationship") und weiteren Nachweisen.

[113] Kritisch zur Feststellung einer „über den reinen Konkurrentenschutz hinausgehende[n]

Letzteres wird insbesondere im WTO-Kontext vertreten, wenn unlauterer Wettbewerb als jedes Verhalten einer Wirtschaftsbeteiligten definiert wird, das tatsächlich *oder potentiell* die Wettbewerbsmöglichkeiten einer PVÜ-Ausländerin beeinträchtigt.[114] Aber auch außerhalb des WTO-Rahmens wird vertreten, dass ein konkretes Wettbewerbsverhältnis nicht Voraussetzung für die Anwendung von Art. 10bis (2) PVÜ ist, sei es direkt[115] oder implizit, wenn z.B. ein marktfunktionales, auf Aufrechterhaltung eines effizienten Wettbewerbs gerichtetes Verständnis als mit den Vorgaben der PVÜ vereinbar angesehen wird.[116] Fällt auch diese abstrakte, marktfunktionale „Wettbewerbsförderung" im Sinne eines Schutz des Wettbewerbs an sich[117] unter Art. 10bis PVÜ, in Abgrenzung zum Schutz (konkreter) Wettbewerberinnen?[118] Vom Schutzzweck her gedacht ist fraglich, ob Art. 10bis (2) PVÜ auf Unternehmerinteressen beschränkt ist,[119] oder auch Verbraucher- oder Allgemeininteressen erfasst.[120] Geht es hier um *indivi-*

---

Zwecksetzung" Harte-Bavendamm/Henning-Bodewig/*Schünemann*, UWG, 1. Aufl. 2004, UWG § 3 Verbot unlauteren Wettbewerbs, Rn. 84, sowie Harte-Bavendamm/Henning-Bodewig/*Schünemann*, UWG, 2. Aufl. 2009, UWG § 3 Verbot unlauterer geschäftlicher Handlungen, Rn. 144 f.; vgl. auch *Beater*, Europäisches Recht gegen unlauteren Wettbewerb – Ansatzpunkte, Grundlagen, Entwicklung, Erforderlichkeit, ZEuP 2003, 11, S. 26.

[114] Vgl. *Riffel*, The Protection against Unfair Competition in the WTO TRIPS Agreement 2016, S. 86.

[115] Vgl. *Cottier/Jevtic*, The protection against unfair competition in WTO law, in: Drexl et al. (Hrsg.), Technology and Competition 2009, 669, S. 675 („The notion of competitiveness, however, should not be so narrowly construed as to refer only to *direct* competitive behaviour. [...] It includes *indirect* competitive relationships such as the behaviour of a monopolist that might well endanger potential competitors"); *Ricketson*, The Paris Convention for the Protection of Industrial Property 2015, Rn. 13.47 („this is not a provision directed at regulating inter-personal relationships").

[116] Vgl. *Höpperger/Senftleben*, Protection Against Unfair Competition at the International Level, in: Hilty/Henning-Bodewig (Hrsg.), Law Against Unfair Competition 2007, 61, S. 64 f., mit Verweis auf einen entsprechenden Schutzzweck des nationalen Lauterkeitsrecht wie ihn zB.as Koordinatensystem des Rechts des unlauteren Wettbewerbs, GRUR 2003, 817, S. 821, vertritt.

[117] *Pflüger*, Reichweite internationalrechtlicher Vorgaben, in: Hilty/Henning-Bodewig (Hrsg.), Lauterkeitsrecht und Acquis Communautaire 2009, 65, S. 82 ff.

[118] Vgl. *Pflüger*, Der internationale Schutz gegen unlauteren Wettbewerb 2010, S. 562.

[119] Vgl. *Henning-Bodewig*, Internationale Standards gegen unlauteren Wettbewerb, GRUR Int 2013, 1, S. 4.

[120] So WTO Untersuchungsausschuss (Panel), Reports v. 28.6.2018, WT/DS435/R, WT/DS441/R – *Australia – Certain Measures Concerning Trademarks, Geographical Indications and Other Plain Packaging Requirements Applicable to Tobacco Products and Packaging*, Rn. 7.2680 („protection against unfair competition serves to protect competitors as well as consumers, together with the public interest"). Vgl. zu einer Entwicklung weg vom reinen Individualschutz auf nationaler Ebene in der zweiten Hälfte des 20. Jahrhunderts z.B. *Henning-Bodewig*, International Protection Against Unfair Competition, (1999) 30 IIC 166, S. 170, wonach die französische „action en concurrence déloyale" strikt individualrechtlich konzipiert war, während das deutsche Lauterkeitsrecht bereits offener für Allgemeininteressen war.

*duelle*,[121] tatsächlich bestehende Interessen, hinter denen ein konkretes Unternehmen steht?[122] Um *eigentumsähnlichen Individualschutz*?[123] Oder genügt auch hier das *potentielle* Interesse im Sinne einer bloß potentiellen Wettbewerbssituation? Die gleiche Frage kann man auf Ebene der möglichen Schutzsubjekte stellen: geht es nur um Konkurrentenschutz[124] und schließt das *potentielle* Konkurrentinnen mit ein?

Zur Erhellung dieser Fragen wurden in der Literatur bereits Systematik[125], Entstehungsgeschichte und Wortlaut von Art. 10bis (2) PVÜ erörtert.[126] Wie sich zeigen wird, spricht keiner dieser Gesichtspunkte dafür, dass Art. 10bis (2) PVÜ nur Handlungen in einem konkreten Wettbewerbsverhältnis erfasst bzw. nur einen eigentumsähnlichen „Besitzstand" der einzelnen Wettbewerberin schützt. Damit ist nicht von vornherein ausgeschlossen, dass die vom Ausschluss technisch-funktioneller Zeichen erfasste Handlung tatbestandlich unter Art. 10bis (2) PVÜ fällt.

---

[121] Vgl. *Henning-Bodewig*, Internationale Standards gegen unlauteren Wettbewerb, GRUR Int 2013, 1, S. 5.

[122] Vgl. *Pflüger*, Der internationale Schutz gegen unlauteren Wettbewerb 2010, S. 120. Nach *Bodenhausen*, Guide to the Application of the Paris Convention 1968, S. 144, Rn. d), und *Ladas*, Patents, Trademarks, and Related Rights 1975, S. 1688 f., fallen zwar auch indirekte Wettbewerbsbeziehungen unter Art. 10bis (2) PVÜ. Ein Tätigsein im selben Markt/ Branche sei nicht nötig; auf Seite der Verletzten betonen beide aber den Schutz eines konkreten Besitzstandes einer konkreten Unternehmerin („[...] the capacity of a person to compete effectively depends on his power to protect his business and its organization from any attack which might harm it. Accordingly, it should make no difference that the attack comes from a person who is not engaged in the same field of activity.", *Ladas*, ebd.; *Bodenhausen*, Guide to the Application of the Paris Convention 1968, S. 144, Rn. d), spricht von „reputation". *Ladas*, Patents, Trademarks, and Related Rights 1975, S. 1689, verweist allerdings auf die Feststellung von Hefermehl/*Hefermehl*, Wettbewerbs- und Warenzeichenrecht Band I, 10. Aufl. 1971, UWG Einleitung, Rn. 85, wonach das UWG „außer den Individualinteressen und -rechten und den kollektiven Interessen der Mitbewerbergesamtheit auch die Interessen und Rechte der übrigen Marktbeteiligten (Abnehmer, Lieferanten) sowie die Interessen der Allgemeinheit an der Lauterkeit des Wettbewerbs" schützt, und stellt zu Art. 10bis (3) Nr. 3 PVÜ fest, dass dort die Schädigung einer Wettbewerberin nicht vorausgesetzt wird, vgl. *Ladas*, Patents, Trademarks, and Related Rights 1975, S. 1687.

[123] Vgl. *Pflüger*, ebd. Zum Widerspruch zwischen eigentumsähnlichem Schutz und Wettbewerbsfreiheit vgl. Harte-Bavendamm/Henning-Bodewig/*Ahrens*, UWG, 4. Aufl. 2016, Einleitung G. Stellung des Wettbewerbsrechts im Gesamtsystem, Rn. 208 f.; vgl. auch *Sack*, Internationales Lauterkeitsrecht 2019, S. 312, Rn. 12.

[124] Vgl. *Pflüger*, Der internationale Schutz gegen unlauteren Wettbewerb 2010, S. 125.

[125] Auch Bestimmungen außerhalb der PVÜ, vgl. im WTO-Kontext *Riffel*, The Protection against Unfair Competition in the WTO TRIPS Agreement 2016, S. 77 ff.

[126] Vgl. *Pflüger*, Der internationale Schutz gegen unlauteren Wettbewerb 2010, S. 119 und 127.

## 1. Wortlaut

Nach einer Ansicht spricht der Begriff der Wettbewerbshandlung dafür, dass „es eines Wettbewerbsverhältnisses zwischen dem Kläger und dem Handelnden bedarf".[127] Rein begrifflich kann ein Wettbewerb aber auch potentiell bestehen.[128] Der Wortlaut ist insoweit nicht eindeutig. Gegen ein beschränktes, inter-personelles Verständnis wird zudem angeführt, dass die Wettbewerbshandlung *in Gewerbe oder Handel* stattfinden müsse.[129] Die Annahme dieses Ansatzes ist nicht zwingend, weil sich der Ausdruck „Gewerbe und Handel" in Art. 10bis (2) PVÜ auch auf die „Gepflogenheiten" beziehen kann („usages honnêtes en matière industrielle ou commerciale"). Käme es darauf an, dann wäre die Anmeldung einer Marke jedenfalls schon wegen Art. 6quinquies B Satz 2 PVÜ als in Gewerbe oder Handel stattfindende Handlung anzusehen, weil die Bestimmung sonst überflüssig wäre.

## 2. Systematik

### a) Art. 10ter (2) PVÜ unbeachtlich

Auf systematischer Ebene wird zunächst ein Rückschluss aus Art. 10ter (2) PVÜ gezogen. Gerade weil Art. 10bis (2) PVÜ ein konkretes Wettbewerbsverhältnis voraussetzt, werde von der Bestimmung des Art. 10ter (2) PVÜ ein insoweit erweiterndes Klagerecht für Verbände verlangt, die in diesem engen Sinne *Nichtwettbewerberinnen* sind.[130]

Diese Argumentation vermengt unterschiedliche Aspekte. Das eine ist die Frage, was unlauteren Wettbewerb darstellt (Art. 10bis (2) PVÜ); das andere, auf welche Weise das nationale Recht effektiven Schutz zu gewähren hat (Art. 10bis (1), 10ter PVÜ). Primärnorm (Verbotsnorm) und Sekundärnorm (Sanktionsnorm) sind zu unterscheiden.[131] Auch die jeweiligen Vorgaben der PVÜ unterscheiden sich.[132]

---

[127] *Henning-Bodewig*, Internationale Standards gegen unlauteren Wettbewerb, GRUR Int 2013, 1, S. 5.

[128] Vgl. *Pflüger*, Der internationale Schutz gegen unlauteren Wettbewerb 2010, S. 118 f. Nicht weiter hilft deswegen die (englische) Wörterbuchdefinition in WTO Untersuchungsausschuss (Panel), Reports v. 28.6.2018, WT/DS435/R, WT/DS441/R – *Australia – Certain Measures Concerning Trademarks, Geographical Indications and Other Plain Packaging Requirements Applicable to Tobacco Products and Packaging*, Rn. 7.2664.

[129] Vgl. *Ricketson*, The Paris Convention for the Protection of Industrial Property 2015, Rn. 13.47.

[130] Vgl. *Wadlow*, The Law of Passing Off, 6. Aufl. 2021, Rn. 2–47; *Pflüger*, Der internationale Schutz gegen unlauteren Wettbewerb 2010, S. 127, Fn. 639, mit Verweis auf *Wadlow*, The Law of Passing Off, 3. Aufl. 2004, Rn. 2–23 (insoweit inhaltsgleich zur 6. Auflage 2021).

[131] Vgl. Jacobs/Lindacher/Teplitzky/*Schricker*, UWG Großkommentar 1994, Einleitung Teil F: Internationalrechtliche Fragen, Rn. F 50.

[132] Vgl. *Ladas*, Patents, Trademarks, and Related Rights 1975, S. 1738, § 906 („Article 10*bis* contains no provision concerning the parties who may seek the remedies of acts of unfair

Eine Möglichkeit (von mehreren zulässigen), Schutz zu gewähren, ist die Klage vor einem (Zivil-)Gericht.[133] Art. 10ter (2) PVÜ drückt aus, dass ein nationales Schutzsystem, das (Privat-)Klagen von Verbänden vorsieht, auch offen für Verbandsklagen aus dem Ausland sein muss. Die Bestimmung „verpflichtet zur prozessrechtlichen Gleichbehandlung ausländischer Wirtschaftsverbände".[134] Sie verlangt aber weder, dass (ausländische oder innerstaatliche) Verbände *überhaupt* aktivlegitimiert sein müssen,[135] noch, dass Schutz gegen unlauteren Wettbewerb in Form von (auf Unterlassung und/oder Schadenersatz gerichteten) Privatklagen und erst recht nicht in Form von Privatklagen von allein aktivlegitimierten Wettbewerberinnen gewährt werden muss bzw. nur in dieser Form gewährt werden kann.[136] Die Frage der Aktivlegitimation kann völlig losgelöst von der tatbestandlichen Ebene der Primärnorm geregelt werden. Dass das bloße Verbot einer Handlung bereits die Schutzpflicht umsetzen kann, folgt auch aus der Formulierung von Art. 10bis (3) PVÜ („Insbesondere sind zu untersagen", statt „sind Unterlassungsansprüche zu gewähren gegen" o. ä.), vorausgesetzt, es wird in irgendeiner Weise durchgesetzt (sanktioniert)[137]. Im Fall eines markenrechtlichen Schutzausschlusses kommt dafür neben der Prüfung der Anmeldung *ex officio* auch beispielsweise eine (als Popularklage ausgestaltbare) Löschungsklage oder Nichtigkeits(wider)klage (der beklagten Verletzerin) in Betracht.[138] Diese bauen nicht auf einem zivilrechtlichen Unterlassungsanspruch auf; genauso wenig, wie es Bestimmungen des Strafrechts tun, mit denen ebenfalls Schutz gegen unlauteren Wettbewerb im Sinne der PVÜ gewährt werden kann.

Art. 10ter (1) PVÜ spricht zwar von geeigneten Rechtsbehelfen („recours légaux appropriés"), was insbesondere in der englischen Übersetzung („legal remedies") auf zivilrechtliche Ansprüche hinweisen könnte. Unter den allgemeinen

---

competition."); *Pflüger*, Reichweite internationalrechtlicher Vorgaben, in: Hilty/Henning-Bodewig (Hrsg.), Lauterkeitsrecht und Acquis Communautaire 2009, 65, S. 74.

[133] Vgl. *Wadlow*, The Law of Passing Off, 6. Aufl. 2021, Rn. 2–45; *Ricketson*, The Paris Convention for the Protection of Industrial Property 2015, Rn. 13.53, zur Frage, was „verbieten" in Art. 10bis (3) PVÜ meint.

[134] Säcker/Rixecker/Oetker/Limperg/*Drexl*, Münchener Kommentar zum Bürgerlichen Gesetzbuch, 7. Aufl. 2018, Internationales Lauterkeitsrecht, Rn. 29; vgl. Teplitzky/Peifer/Leistner/*Klass*, UWG, 2. Aufl. 2014, Einleitung Teil D, Rn. 58.

[135] Vgl. Busche/Stoll/Wiebe/*Brand*, TRIPs, 2. Aufl. 2013, Artikel 2, Rn. 112.

[136] Vgl. *Pflüger*, Reichweite internationalrechtlicher Vorgaben, in: Hilty/Henning-Bodewig, (Hrsg.), Lauterkeitsrecht und Acquis Communautaire 2009, 65, S. 75, Fn. 46.

[137] Vgl. Jacobs/Lindacher/Teplitzky/*Schricker*, UWG Großkommentar 1994, Einleitung Teil F: Internationalrechtliche Fragen, Rn. F 50.

[138] Vgl. insoweit auch die von der Frage der Inhaberschaft entkoppelte Aktivlegitimation einer Beteiligten („requête de l'intéressé"/„interested party") als ausdrückliche Möglichkeit *neben* einem ex officio Verbot nach Art. 6bis PVÜ, *Ricketson*, The Paris Convention for the Protection of Industrial Property 2015, Rn. 12.35; ebenso der im Wortlaut angelehnte Art. 22.3 TRIPS, vgl. *Pires de Carvalho*, The TRIPS Regime of Trademarks and Designs, 4. Aufl. 2019, S. 409 ff. Zu Art. 10 (2) PVÜ als Bestimmung der Aktivlegitimation nach Art. 9 (3) PVÜ vgl. *W. Miosga*, Internationaler Marken- und Herkunftsschutz 1967, S. 102.

Oberbegriff des „recours legal" können aber auch alle sonstigen Beteiligungsformen im Straf- oder Verwaltungsrecht fallen, beispielsweise eine Untätigkeitsklage bei prozedural als reine *ex officio* Bestimmungen ausgestalteten Verboten.[139]

### b) Kein Zirkelschluss aus Art. 1 (2) PVÜ

Nach Art. 1 (2) PVÜ ist die Unterdrückung unlauteren Wettbewerbs im Sinne der PVÜ Teil des gewerblichen Rechtsschutzes („propriéte industrielle"). Daraus könnte man schließen, dass es bei Art. 10bis (2) PVÜ um „individuelle Rechtspositionen" der Unternehmerin geht,[140] um eigentumsähnliche Ausschließlichkeitsrechte.[141]

Was die Unterdrückung unlauteren Wettbewerbs im Sinne von Art. 10bis (2) PVÜ regelungstechnisch in den Anwendungsbereich der PVÜ bringt, ist allerdings nicht dessen inhaltliche Überschneidung mit den sonstigen gewerblichen Schutzrechten, sondern schlicht die Aufnahme eines Art. 10bis und die Aufzählung in Art. 1 (2) PVÜ.[142] Von einer rein individualschützend-eigentumsähnlichen Ausrichtung der PVÜ auf den Inhalt von Art. 10bis (2) PVÜ zu schließen,[143] ist zirkulär; eine solche Ausrichtung der PVÜ müsste ja zuerst dadurch begründet werden, dass die einzelnen Bestimmungen der PVÜ (einschließlich Art. 10bis PVÜ) jeweils individualschützend-eigentumsähnlich ausgerichtet sind.[144]

Im Übrigen formuliert Art. 1 (2) PVÜ trotz des Oberbegriffs des industriellen Eigentums gerade *nicht* individualschützend, wenn es um den unlauteren Wettbewerb geht: dort heißt es nicht „Schutz gegen" bzw. „Recht gegen" etc., sondern es ist rein objektbezogen von „Unterdrückung" die Rede. Dass Art. 10bis (1) PVÜ wiederum von *Schutz* spricht, ist dem personellen Anwendungsbereich dieser Bestimmung geschuldet.[145] Die vermeintlich individualschützende Begrifflich-

---

[139] Vgl. *Cornu*, Vocabulaire juridique, 10. Aufl. 2014, S. 864 f.; *Guinchard/Debard*, Lexique des termes juridiques, 27. Aufl. 2019, S. 899 ff.; exemplarisch auch *Köbler*, Rechtsfranzösisch, 5. Aufl. 2013, S. 347 f.; vgl. aber eingeschränkter noch *Ferrière*, Dictionnaire de droit et de pratique – Contenant l'explication des termes de droit, d'ordonnances, de coutumes & de pratique; avec les jurisdictions de france, tome second 1748 (2008), S. 559 f.
[140] *Henning-Bodewig*, Internationale Standards gegen unlauteren Wettbewerb, GRUR Int 2013, 1, S. 5.
[141] Vgl. *Ricketson*, The Paris Convention for the Protection of Industrial Property 2015, Rn. 13.35 f.
[142] Vgl. *Henning-Bodewig*, International Unfair Competition Law, in: Hilty/Henning-Bodewig (Hrsg.), Law Against Unfair Competition 2007, 53, S. 55.
[143] Vgl. *Henning-Bodewig*, TRIPS and Corporate Social Responsibility, in: Ullrich et al. (Hrsg.), TRIPS plus 20 2016, 701, S. 712 („The repression of unfair competition is part of the protection of industrial property, consequently the primary intention of Article 10bis PC is the strengthening of individual rights not public policy issues.").
[144] Vgl. *Pflüger*, Der internationale Schutz gegen unlauteren Wettbewerb 2010, S. 122.
[145] Vgl. zur Zulässigkeit von Inländerdiskriminierung z.B. *Henning-Bodewig*, Internationale Standards gegen unlauteren Wettbewerb, GRUR Int 2013, 1, S. 4; *Pflüger*, Reichweite

keit an dieser Stelle kann man damit erklären, dass der allgemeine, objektbezogene Schutz gegen unlauteren Wettbewerb („Unterdrückung" in Art. 1 (2) PVÜ) in Art. 10bis (1) PVÜ sprachlich an diesen personell begrenzten Regelungsumfang angepasst werden musste. Die Pflicht zur Unterdrückung ist hier deshalb subjektbezogen formuliert, weil sie nur insofern greift, als PVÜ-Ausländerinnen davon profitieren. Das könnte auch den Unterschied in der Formulierung zu Art. 9 PVÜ erklären, dessen Anwendungsbereich nicht entsprechend personell beschränkt ist.[146]

*c) Art. 10bis (3) PVÜ nicht auf Schutz von Konkurrentinnen beschränkt*

Auch aus Art. 10bis (3) PVÜ könnten Rückschlüsse auf Art. 10bis (2) PVÜ gezogen werden. Geht man davon aus, dass Absatz 2 eine grundtatbestandliche Generalklausel bildet und Absatz 3 diese durch Fallgruppen konkretisiert,[147] so muss allerdings beachtet werden, dass Art. 10bis (3) PVÜ als solcher den Anwendungsbereich von Art. 10bis (2) PVÜ nicht begrenzen kann.[148] Umgekehrt sind aber Rückschlüsse möglich, wenn man die Fallgruppen jeweils als konkretisierte Handlungen unlauteren Wettbewerbs im Sinne einer allgemeineren General- bzw. Auffangklausel betrachtet.[149]

Art. 10bis (3) Nr. 2 PVÜ schützt *die Wettbewerberin* vor „Anschwärzung", was ein konkretes Wettbewerbsverhältnis voraussetzt[150] bzw. einen konkreten Besitzstand in Form eines Rufes, der herabgesetzt werden kann. Auch Art. 10bis (3) Nr. 1 PVÜ schützt ausdrücklich *die Wettbewerberin* bzw. ihren Besitzstand vor Verwechslung.[151]

---

internationalrechtlicher Vorgaben, in: Hilty/Henning-Bodewig (Hrsg.), Lauterkeitsrecht und Acquis Communautaire 2009, 65, S. 73 f.

[146] Vgl. *W. Miosga*, Internationaler Marken- und Herkunftsschutz 1967, S. 95.

[147] Vgl. *Cottier/Jevtic*, The protection against unfair competition in WTO law, in: Drexl et al. (Hrsg.), Technology and Competition 2009, 669, S. 673; *Pflüger*, Der internationale Schutz gegen unlauteren Wettbewerb 2010, S. 109. f.

[148] Vgl. *Höpperger/Senftleben*, Protection Against Unfair Competition at the International Level, in: Hilty/Henning-Bodewig (Hrsg.), Law Against Unfair Competition 2007, 61, S. 65; *W. Miosga*, Internationaler Marken- und Herkunftsschutz 1967, S. 110. Anders wohl *Denham*, No More than Lanham, No Less than Paris, (2001) 36 Texas International Law Journal 795, S. 823 f., der die Gefahr sieht, dass Art. 10bis (3) PVÜ leerläuft, wenn Art. 10bis (2) PVÜ zu weit verstanden wird. Dagegen: selbst wenn *jedes* Verhalten unter Art. 10bis (2) PVÜ fallen *kann* (und nur dann nach Absatz 1 Schutz gewährt werden *muss*) behält es seinen Sinn, dass ein bestimmtes Verhalten nach Art. 10bis (3) PVÜ *stets* verboten werden muss.

[149] Vgl. WTO Untersuchungsausschuss (Panel), Reports v. 28.6.2018, WT/DS435/R, WT/DS441/R – *Australia – Certain Measures Concerning Trademarks, Geographical Indications and Other Plain Packaging Requirements Applicable to Tobacco Products and Packaging,* Rn. 7.2668 f.

[150] Vgl. Jacobs/Lindacher/Teplitzky/*Schricker*, UWG Großkommentar 1994, Einleitung Teil F: Internationalrechtliche Fragen, Rn. F 71; *Reger*, Der internationale Schutz gegen unlauteren Wettbewerb und das TRIPS-Übereinkommen 1998, S. 21 f.

[151] Vgl. *Ricketson*, The Paris Convention for the Protection of Industrial Property 2015, Rn. 13.50 f.

Keine Erwähnung findet die Wettbewerberin aber in Art. 10bis (3) Nr. 3 PVÜ. Dort geht es auch nicht um einen wettbewerblichen Besitzstand, in den eingegriffen wird.[152] Vielmehr wird die Irreführung als solche verboten. Damit ist auch hier das Wettbewerbsverhältnis ein rein potentielles. Die Bestimmung dient also nicht allein dem Individualschutz einer konkreten Wettbewerberin.[153] Ausweislich dieser Konkretisierung ist Art. 10bis PVÜ also nicht „auf den dem Immaterialgüterrecht benachbarten wettbewerbsrechtlichen Leistungsschutz" begrenzt.[154] Die Annahme, dass der Schutzzweck von Art. 10bis PVÜ ausschließlich auf Individualschutz gerichtet ist, wird mit dieser Konkretisierung widerlegt. Mit der Annahme, dass es ausschließlich um den Schutz unternehmerischer Interessen geht,[155] ist die Konkretisierung hingegen durchaus vereinbar – wenn man sich mit den Interessen (potentieller) Unternehmerinnen zufriedengibt, die lediglich potentiell in einem Wettbewerb mit der Handelnden stehen. Wenn man am Prinzip des Konkurrentenschutzes festhalten möchte und zu Art. 10bis (3) Nr. 3 PVÜ feststellt, dass der Irreführungsschutz nur aus Perspektive der Marktgegenseite bestimmt wird, am Ende aber dem Konkurrentenschutz dient,[156] dann geht es auch hier nicht um den Schutz konkreter, sondern lediglich *potentieller* Konkurrentinnen. Eine Begrenzung auf reinen Konkurrentenschutz im Sinne konkreten Wettbewerbs ist damit spätestens seit der Einführung von Art. 10bis (3) Nr. 3 PVÜ überholt.[157]

*d) Kein Leerlauf von Art. 6quinquies B Nr. 1 PVÜ*

Aus der markenrechtlichen Validierungsklausel selbst folgt höchstens ein systematisches Indiz dafür, dass Art. 10bis (2) PVÜ nicht auf konkrete Wettbewerbsverhältnisse beschränkt ist. Die Zurückweisung einer *Telle Quelle*-Marke wegen der Verletzung eines individuellen Besitzstandes, wegen des Eingriffs in individuelle Rechte, ist zwar nach einer Ansicht bereits über Art. 6quinquies B Nr. 1 PVÜ möglich.[158] Ein regelungstechnisches Leerlaufargument dahingehend, dass

---

[152] Vgl. *Ladas*, Patents, Trademarks, and Related Rights 1975, S. 1733; *Ricketson*, The Paris Convention for the Protection of Industrial Property 2015, Rn. 13.52.
[153] Und, weil die abstrakte Eignung zur Täuschung des Publikums genügt, auch nicht eines konkreten Mitglieds des Publikums, also auch hier nicht „eigentumsähnlich".
[154] *Säcker/Rixecker/Oetker/Limperg/Drexl*, Münchener Kommentar zum Bürgerlichen Gesetzbuch, 7. Aufl. 2018, Internationales Lauterkeitsrecht, Rn. 29.
[155] Vgl. *Pflüger*, Der internationale Schutz gegen unlauteren Wettbewerb 2010, S. 122; *Henning-Bodewig*, UWG und Geschäftsethik, WRP 2010, 1094, S. 1099.
[156] Vgl. *Pflüger*, Der internationale Schutz gegen unlauteren Wettbewerb 2010, S. 125.
[157] Vgl. *Höpperger/Senftleben*, Protection Against Unfair Competition at the International Level, in: Hilty/Henning-Bodewig (Hrsg.), Law Against Unfair Competition 2007, 61, S. 67; *Ladas*, Patents, Trademarks, and Related Rights 1975, S. 1687 („In any case, the addition of subparagraph (3) in paragraph 3 at Lisbon certainly departs from any originally purported limitations to interests of competitors only, since the acts referred to are primarily acts liable to mislead the public and not necessarily to hurt a competitor.").
[158] Vgl. *Edrich*, Die Klausel „telle-quelle" 1962, S. 77, mit weiteren Nachweisen.

Art. 6quinquies B letzter Satz PVÜ überflüssig wäre, wenn Art. 10bis (2) PVÜ nur auf Individualrechte begrenzt wird, folgt daraus aber nicht. Zwar wäre der Tatbestand von Art. 6quinquies B Satz 2 PVÜ dann bereits in Art. 6quinquies B Nr. 1 PVÜ enthalten, die Rechtsfolge wäre aber jeweils eine andere. Art. 6quinquies B Nr. 1 PVÜ ordnet die Zulässigkeit der Zurückweisung an, Art. 6quinquies B letzter Satz PVÜ einen Pflichtenvorrang. Weil Art. 6quinquies B Nr. 1 PVÜ nicht nur lauterkeitsrechtliche Individualpositionen erfasst[159] ist auch in die andere Richtung kein Leerlauf zu befürchten.

*e) Kein Leerlauf von Art. 6bis und Art. 10bis (3) PVÜ*

Ein Leerlauf könnte sich aber im Verhältnis mit Art. 6bis PVÜ[160] bzw. Art. 10bis (3) PVÜ ergeben. Möglicherweise werden diese Bestimmungen überflüssig, wenn Art. 10bis (2) PVÜ auch außerhalb von konkreten Wettbewerbsverhältnissen greifen kann und damit offen für marktfunktionale Ansichten ist.

Nach einer Ansicht decken sich die Pflichten aus Art. 6bis PVÜ und Art. 10bis PVÜ, soweit eine bekannte Marke im Schutzland benutzt wird.[161] Beide Bestimmungen verpflichten zum Verbot der Benutzung. Art. 6bis PVÜ ist auf ähnliche Waren beschränk.[162] Damit besteht in den Fällen, in denen Deckungsgleichheit Art. 6bis PVÜ und Art. 10bis PVÜ angenommen wird, ein konkretes Wettbewerbsverhältnis.[163] Zwei Unternehmen vertreiben auf dem lokalen Markt ähnliche Waren. Geht es hingegen um die Verwendung *vor* Eintritt der Inhaberin der bekannten Marke auf dem lokalen Markt,[164] benutzt die Inhaberin die Marke also (noch) nicht im Schutzland, so geht Art. 6bis PVÜ über Art. 10bis PVÜ hinaus. Hier liegt nur ein potentieller Wettbewerb vor. Das würde sich also mit der Vorstellung decken, dass Art. 10bis PVÜ ein konkretes Wettbewerbsverhält-

---

[159] Vgl. *Edrich*, Die Klausel „telle-quelle" 1962, S. 76f.

[160] Vgl. den bei *Pires de Carvalho*, The TRIPS Regime of Trademarks and Designs, 4. Aufl. 2019, S. 289, Rn. 16.31 abgedruckten (und in Fn. 729 zugestimmten) Abschnitt des WIPO Memorandums WKM/CE/I/2 vom 18.7.1995; INTA Board Resolution „Well-known Marks Protection" vom 18.9.1996, S. 2 (abgedruckt bei *Werra* (Hrsg.), Marques notoires et de haute renommée – Well-Known and Famous Trademarks, Actes de la Journée de Droit de la Propriété Intellectuelle du 15 février 2011, S. 139).

[161] Vgl. *Pires de Carvalho*, The TRIPS Regime of Trademarks and Designs, 4. Aufl. 2019, S. 289, Rn. 16.32; allgemeiner *W. Miosga*, Internationaler Marken- und Herkunftsschutz 1967, S. 49.

[162] Vgl. *Ricketson*, The Paris Convention for the Protection of Industrial Property 2015, Rn. 12.40.

[163] Die deutsche Delegation wies darauf hin, dass in der Anmeldung der bekannten Marke *eines Konkurrenten* ein Akt unlauteren Wettbewerbs liegt, und wollte dies im entsprechenden Kontext lösen, siehe Actes de la Conférence Réunie a La Haye du 8 Octobre au 6 Novembre 1925, S. 455; auch die französische Delegation sah hierin eine Frage des unlauteren Wettbewerbs.

[164] Vgl. *Ricketson*, The Paris Convention for the Protection of Industrial Property 2015, Rn. 12.32.

nis voraussetzt, und Art. 6bis PVÜ gerade deswegen regelungstechnisch erforderlich ist, weil er bereits *vor* Markteintritt greift. Zwingend ist diese Vorstellung aber nicht, damit sich Art. 6bis und Art. 10bis PVÜ nicht gegenseitig überflüssig machen. Auch hier ist die greift die regelungstechnische Annahme von weiter gefasster Generalklausel und konkretisierter Fallgruppe.

Die Annahme einer tatbestandlichen Deckungsgleichheit mit Art. 6bis PVÜ überzeugt zwar mit Blick auf die Konkretisierung zum Verbot des Hervorrufens einer Verwechslung in Art. 10bis (3) Nr. 1 PVÜ. Diese Konkretisierung ist nach ihrem Wortlaut eindeutig auf ein konkretes Wettbewerbsverhältnis beschränkt. Insoweit ist Art. 6bis PVÜ tatbestandlich weiter. Daraus folgt aber nicht, dass die Fallgruppe des Art. 6bis PVÜ kategorisch nicht unter die generalklauselartige Definition von Art. 10bis (2) PVÜ fallen darf, so wie der Fall des Art. 10bis (3) Nr. 1 PVÜ ja auch vom weiteren Tatbestand des Art. 6bis PVÜ und erst recht des Art. 10bis (2) PVÜ umfasst sein kann. So gesehen ist Art. 6bis PVÜ eine konkretisierte Fallgruppe, enthält einen konkreter bestimmten Tatbestand als Art. 10bis (2) PVÜ; gleichzeitig werden auch Fälle umfasst, die nicht unter Art. 10bis (3) Nr. 1 PVÜ fallen.

Damit kann Art. 6bis PVÜ zwar Art. 10bis (3) Nr. 1 PVÜ nur dann etwas hinzufügen, wenn in Art. 6bis PVÜ eine Benutzung im Schutzland nicht vorausgesetzt wird, also anders als in Art. 10bis (3) Nr. 1 PVÜ kein konkreter Wettbewerb verlangt wird. Für das Verhältnis von Art. 6bis PVÜ zur tatbestandlichen Generalklausel in Art. 10bis (2) PVÜ gilt das nicht. Art. 6bis PVÜ hat in jedem Fall eine regelungstechnische Wirkung neben Art. 10bis (2) PVÜ, weil die Tatbestandsvoraussetzungen konkreter bestimmt und auch die Rechtsfolgen andere sind. Dass Art. 10bis (2) PVÜ auch außerhalb eines konkreten Wettbewerbsverhältnisse greift, führt also nicht zu einem Leerlauf von Art. 6bis PVÜ.

Mit der gleichen Überlegung kann auch aus Art. 10bis (3) PVÜ kein Leerlauf-Argument folgen. Auch hier liegt die regelungstechnische Wirkung jedenfalls in der konkreteren Bestimmung der Tatbestände, darüber hinaus ist auch der Umsetzungsspielraum in Absatz 3 enger, wenn es heißt, dass die aufgeführten Handlungen zu untersagen sind, während der an Art. 10bis (2) PVÜ anknüpfende Absatz 1 insoweit nur effektiven Schutz fordert. Als Minimalschutzregeln behalten sowohl Art. 6bis PVÜ als auch Art. 10bis (3) PVÜ ihre regelungstechnische Berechtigung unabhängig vom Tatbestand des Art. 10bis (2) PVÜ.

*f) Keine Begrenzung im WTO-Kontext*

*aa) Keine inter partes-Begrenzung*

Als letzter gemäß den Regeln von Art. 31 WVK zu berücksichtigender Aspekt ist auf den WTO-Kontext einzugehen. Wie bereits zum möglichen Markenbegriff der PVÜ erörtert ist eine *inter partes*-Beschränkung von Pflichten aus der PVÜ selbst durch Sonderabkommen wie die WTO-Verträge wegen Art. 19 PVÜ ausgeschlossen. Das heißt für den Tatbestand von Art. 10bis (2) PVÜ nicht nur, dass dieser nicht verengt werden darf, sondern wegen der besonderen Konstellation als pflichtenmindernder Tatbestand im Rahmen von Art. 6quinquies PVÜ auch, dass der Tatbestand nicht erweitert werden darf. Beides würde dazu führen, dass PVÜ-Ausländerinnen weniger Rechte erhalten, als die PVÜ vorsieht.[165]

*bb) Adaptierung*

Davon getrennt zu betrachten ist wiederum die Frage, wie der WTO-Rahmen die über Art. 2.1 TRIPS einbezogenen Pflichten aus der PVÜ tatbestandlich adaptiert.

Hier wurde zunächst vorgeschlagen, Art. 3.8 DSU zur Begriffsbestimmung von Art. 10bis (2) PVÜ heranzuziehen, wie er über Art. 2.1 TRIPS einbezogen ist.[166] Nach dieser Bestimmung gelten Maßnahmen, die gegen eine Verpflichtung nach einem erfassten Abkommen verstoßen, als Zunichtemachung oder Beeinträchtigung. Es ist nicht erforderlich ist, dass die Maßnahme auch tatsächlich die Rechtsposition (von Staatsangehörigen) von WTO-Staaten beeinträchtigt hat, es genügt die potentielle Auswirkung.[167] Daraus folge, um Inkonsistenzen zu vermeiden, dass auch für Art. 10bis (2) PVÜ eine nur potentielle Wettbewerbsbeziehung genügt.[168] Problematisch an dieser Argumentation ist, dass Art. 3.8 DSU nicht bestimmt, wann ein Verstoß gegen ein erfasstes Abkommen vorliegt, sondern wann ein Verstoß als Beeinträchtigung über das DSU-Verfahren gerügt werden kann. Wäre dem Verstoß die Beeinträchtigung immanent, dann bräuchte es die Vermutungsregel nicht; könnte jeder Verstoß über das DSU-Verfahren gerügt werden, bräuchte es die Vorgaben im DSU nicht. Prozessuale Voraussetzungen (DSU) und den materielle Vorgaben, deren Einhaltung geprüft werden soll (erfasste Abkommen), müssen nicht gleichlaufen.

---

[165] Insoweit undifferenziert *Riffel*, The Protection against Unfair Competition in the WTO TRIPS Agreement 2016, S. 77 f.

[166] Vgl. *Riffel*, The Protection against Unfair Competition in the WTO TRIPS Agreement 2016, S. 76 f.

[167] Vgl. *Riffel*, The Protection against Unfair Competition in the WTO TRIPS Agreement 2016, S. 76 f., mit Verweis auf WTO Untersuchungsausschuss (Panel), Report v. 26.1.2009, WT/DS362/R – *China – Measures Affecting the Protection and Enforcement of Intellectual Property Rights*, Rn. 7.138: „The Panel also recalls that if a measure infringes China's obligations under a covered agreement, in accordance with Article 3.8 of the DSU, this is considered prima facie to constitute a case of nullification or impairment. Even if the measure at issue has had no actual impact on foreign works to date, it has a potential impact on works of WTO Member nationals." und WTO Berufungsorgan (Appellate Body), Reports v. 26.11.2008, WT/DS27/AB/RW2/ECU, WT/DS27/AB/RW/USA – *European Communities – Regime for the Importation, Sale and Distribution of Bananas – Second Recourse to Article 21.5 of the DSU by Ecuador – AB-2008–8 – European Communities – Regime for the Importation, Sale and Distribution of Bananas – Recourse to Article 21.5 of the DSU by the United States – AB-2008–9*, Rn. 464 ff. und 476.

[168] Vgl. *Riffel*, The Protection against Unfair Competition in the WTO TRIPS Agreement 2016, S. 77.

Ein weiterer Anknüpfungspunkt für eine Adaption ist Art. 39.2 TRIPS, laut Art. 39.1 TRIPS eine Ausprägung von Art. 10bis PVÜ. Weder der Tatbestand noch die Mindestbestimmung von dem, was unlautere Geschäftshandlungen („contrary to honest commercial practices") darstellt, knüpft an ein Wettbewerbsverhältnis an. Art. 39.2 TRIPS zielt auf Fälle der selektiven Preisgabe von Informationen ab.[169] Vom Geheimnisschutz geschützte und verpflichtete Personen müssen nicht in einem Wettbewerbsverhältnis zueinanderstehen. Die drei Hauptbegründungsstränge für den Schutz nach Art. 39 TRIPS werden gebildet von einem Ansatz, der von einer expliziten oder impliziten Geheimhaltungspflicht als Teil einer vertraglichen Beziehung ausgeht; von einem Ansatz, der auf eine Fiduziarpflicht *ex lege* abstellt; und schließlich von einem bereicherungsrechtlichen Ansatz.[170] So gesehen ist Art. 39 TRIPS ein weiterer Fall der Konkretisierung neben Art. 10bis (3) Nr. 1 und 2 PVÜ, in dem es um individuelle Rechte geht, allerdings ungeachtet und damit auch *außerhalb* einer konkreten wettbewerblichen Beziehung zwischen Berechtigter und Verpflichteter. Es geht folglich nicht um die Frage, in welcher Stellung die Handelnde zur Beeinträchtigten steht, sondern es genügt, dass die Handlung die (potentiell) Beeinträchtigte in ihren wettbewerblichen Möglichkeiten beschränkt.[171]

Schließlich wurde auch Art. 7 TRIPS eine Interessensabwägung entnommen, die nicht auf die Interessen konkret beteiligter Konkurrentinnen beschränkt ist, sondern auch Allgemeininteressen miteinbezieht.[172] Damit ist auch der möglicherweise in TRIPS einbezogene Art. 10bis (2) PVÜ nicht auf konkrete Wettbewerbsverhältnisse beschränkt.

### 3. Supplementär: Entstehungsgeschichte

Im Zusammenhang mit der hier zu erörternden Frage wird vorgebracht, dass mit der Haager Konferenz der Anwendungsbereich auf Wettbewerbshandlungen beschränkt werden sollte und der Vorschlag einer Ausweitung des Anwendungsbereichs auf der Lissabonner Konferenz scheiterte.[173] Daraus folgt aber noch

---

[169] Vgl. *Gervais*, The TRIPS Agreement: Drafting History and Analysis, 4. Aufl. 2012, S. 541, Rn. 2.486.

[170] Vgl. *Dessemontet*, Protection of Undisclosed Information, in: Correa/Yusuf (Hrsg.), Intellectual Property and International Trade, 3. Aufl. 2016, 337, S. 342 ff.

[171] Vgl. das Ergebnis von *Riffel*, The Protection against Unfair Competition in the WTO TRIPS Agreement 2016, S. 86, unter Anknüpfung an den Kontext von TRIPS (insbesondere DSU) und unter Wortlautauslegung der Übersetzungen der PVÜ.

[172] Vgl. WTO Untersuchungsausschuss (Panel), Reports v. 28.6.2018, WT/DS435/R, WT/DS441/R – *Australia – Certain Measures Concerning Trademarks, Geographical Indications and Other Plain Packaging Requirements Applicable to Tobacco Products and Packaging*, Rn. 7.2680; der Verweis auf Art. 7 TRIPS steht allerdings in einem gewissen Spannungsverhältnis zu der zuvor geäußerten Absage an ein an TRIPS adaptiertes Verständnis von Art. 10bis PVÜ in Rn. 7.1773.

[173] Vgl. *Pflüger*, Der internationale Schutz gegen unlauteren Wettbewerb 2010, S. 127, Fn. 640.

nichts für die Frage, ob Wettbewerbshandlungen ein *konkretes* Wettbewerbsverhältnis voraussetzen.[174]

*a) Nebenthema*

Auch die These, dass der Schutz gegen unlauteren Wettbewerb in der Entstehungsgeschichte der PVÜ lediglich ein Nebenthema im Vergleich zum Patent- und Markenschutz bildete, spricht weder für noch gegen einen reinen Konkurrentenschutz.[175] Die Hypothese, dass deswegen die „Dogmatik" von Art. 10bis PVÜ „hinter der Entwicklung und den Erfordernissen eines Lauterkeitsrechts, das über den Konkurrentenschutz hinausweist, deutlich zurückgeblieben" sein dürfte, ist an sich keine unplausible Annahme, stellt aber kein historisches Auslegungsargument im eigentlichen Sinne dar, weil es nichts über den tatsächlichen Konsens der Parteien aussagt. Außerdem folgt aus der Vermutung einer unterentwickelten „Dogmatik" kein Argument für den Inhalt dieser „Dogmatik". Darüber hinaus war die Revision von Art. 10bis PVÜ zumindest auf der Konferenz in Den Haag kein bloßes Nebenthema, sondern eines der Hauptziele der Konferenz,[176] was aber weder für noch gegen reinen Konkurrentenschutz spricht.

*b) Konkurrentenschutz im Vordergrund?*

Es wird pauschal vertreten, „dass bei der Schaffung der PVÜ ganz der Konkurrentenschutz im Vordergrund stand"[177]. Wie die folgenden Überlegungen zeigen, deuten die historischen Erfahrungen keineswegs darauf hin, dass es von Anfang an um reinen Konkurrentenschutz ging. Außerdem zeigt die Entstehungsgeschichte auch, dass spätestens seit der Lissabonner Konferenz eine solche Begrenzung nicht (mehr) besteht, und verstärken das oben dargestellte systematische Argument aus Art. 10bis (3) Nr. 3 PVÜ.

*c) Transferthese(n)*

Die Annahme einer rein individualschützenden Stoßrichtung von Art. 10bis (2) PVÜ würde dazu passen, dass die Fallgruppen der französischen „action en concurrence déloyale" zu Beginn des 20. Jahrhunderts rein individualschützend

---

[174] Vgl. zur Offenheit des Begriffs *Pflüger*, Der internationale Schutz gegen unlauteren Wettbewerb 2010, S. 118.

[175] Vgl. aber Harte-Bavendamm/Henning-Bodewig/*Schünemann*, UWG, 1. Aufl. 2004, UWG § 3 Verbot unlauteren Wettbewerbs, Rn. 84.

[176] Vgl. Jacobs/Lindacher/Teplitzky/*Schricker*, UWG Großkommentar 1994, Einleitung Teil F: Internationalrechtliche Fragen, Rn. F 44, mit Verweis auf Actes de la Conférence Réunie a La Haye du 8 Octobre au 6 Novembre 1925, S. 546.

[177] Harte-Bavendamm/Henning-Bodewig/*Schünemann*, UWG, 2. Aufl. 2009, UWG § 3 Verbot unlauterer geschäftlicher Handlungen, Rn. 144, ohne konkrete Ansätze zum Beleg dieser These.

gewesen sind.[178] Selbst wenn man Frankreich als die damals „treibende Kraft" bei der Weiterentwicklung des Wettbewerbsrechts ansieht,[179] darauf eine Rechtstransferthese stützt und deswegen auch Art. 10bis (2) PVÜ als rein individualschützend ansehen möchte: der von Frankreich (und der AIPPI) ausgehende Vorschlag, der sich an die französische Generalklausel anlehnte,[180] konnte sich gerade *nicht* durchsetzen.

Im Gegenteil, der bedeutende *britische* Einfluss spricht nicht nur dagegen, das französische Lauterkeitsrecht als historischen Ausgangspunkt der Entwicklung zu Art. 10bis (2) PVÜ anzusehen[181] und im Sinne einer Transferthese für eine rein individualschützende Ausrichtung zu argumentieren. Es spricht auch inhaltlich gegen eine solche rein individualschützende Ausrichtung. Denn schon im 19. Jahrhunderts wurde der Schutz britischer Händler auf internationaler Ebene gefordert, und zwar durch Strafrecht.[182] Zu den Handlungen, denen sich die britischen Händler im Ausland ausgesetzt sahen, gehörten unter anderem die Verwendung von Bezeichnungen wie „*Sheffield* steel" oder „*Manchester* cottons"[183]. Auch systematisch verfälschte Mengenangaben gehörten dazu, oder die Eintragung von Zeichen als Marke, die eigentlich Gütesiegel oder Hoheitszeichen darstellten.[184] Ungeachtet der Frage, mit welchen prozessualen Mitteln gegen solche Handlungen vorgegangen werden können sollte und wer aktivlegitimiert sein sollte, können diese Handlungen nicht als rein individualschützend verstanden bzw. nur in einem konkreten Wettbewerbsverhältnis gedacht werden. Alle – auch nur potentiellen – Wettbewerberinnen werden beeinträchtigt, wenn wegen falscher Mengenangaben ein niedriger Preis vorgetäuscht wird. Geht es um die Verwendung – oder gar die Eintragung als Marke – von britischen Herkunftsangaben, gehen die Nachteile möglicherweise sogar über den einzelnen Produktmarkt hinaus und beeinträchtigen die britische Wirtschaft an sich.[185]

---

[178] Vgl. *Henning-Bodewig*, International Protection Against Unfair Competition, (1999) 30 IIC 166, S. 171.

[179] Vgl. *Henning-Bodewig*, ebd., die nun vom Vereinigten Königreich als zusätzlicher treibender Kraft überzeugt ist, vgl. *Henning-Bodewig*, International Unfair Competition Law, in: Hilty/Henning-Bodewig, (Hrsg.), Law Against Unfair Competition 2007, 53, S. 55; dazu *Wadlow*, The Law of Passing Off, 6. Aufl. 2021, Rn. 2–65 ff.

[180] Vgl. *Henning-Bodewig*, International Protection Against Unfair Competition, (1999) 30 IIC 166, S. 170; *Beier*, The Contribution of AIPPI to the Development of International Protection against Unfair Competition, in: General Secretariat of AIPPI (Hrsg.), AIPPI – 1897–1997 Centennial Edition 1997, 299, S. 301 f.

[181] Vgl. *Wadlow*, The Law of Passing Off, 6. Aufl. 2021, Rn. 2–65.

[182] Vgl. *Wadlow*, The Law of Passing Off, 6. Aufl. 2021, Rn. 2–68 f.

[183] Vgl. *Wadlow*, The Law of Passing Off, 6. Aufl. 2021, Rn. 2–68.

[184] Vgl. *Wadlow*, ebd.

[185] Vgl. *Payn*, The Merchandise Marks Act 1887 1888, S. 9, zum Ziel, dass britische Marken nur auf britischen Waren angebracht werden; *Pires de Carvalho*, The TRIPS Regime of Trademarks and Designs, 4. Aufl. 2019, S. 246, Rn. 15.74, mit der Feststellung, dass hier in den meisten Fällen kein (lies: konkreter) Wettbewerb vorliegt („in most cases there is no competition involved"). Zur wirtschaftlichen Bedeutung geographischer Bezeichnungen all-

Eines der wesentlichen Merkmale des britischen Beitrags zur Entwicklung des Lauterkeitsrechts der PVÜ war wohl der Fokus auf strafrechtliche Verantwortlichkeit, wie sie auch im nationalen Recht der Merchandise Marks Act von 1887 vorsah (neben den Zivilklagen des *passing-off* und *injurious falsehood*).[186] Zwar war der Schutz der Verbraucherinnen nicht der primäre oder gar einzige Zweck dieses Gesetzes,[187] aber zu den verbotenen Handlungen gehörte nicht nur, durch Marken den falschen Anschein britischer (oder sonstiger geografischer)[188] Herkunft zu erzeugen, sondern auch die falsche Angabe über materielle Eigenschaften der Ware an sich.[189] Wie bei Art. 10bis (3) Nr. 3 PVÜ kommt es auf einen konkreten Wettbewerb oder den konkreten Besitzstand einer Wettbewerberin *nicht* an. Eine britische Transferthese spräche also gegen eine kategorische Begrenzung des Tatbestands von Art. 10bis (2) PVÜ auf konkreten Wettbewerb.[190] Selbst wenn man also davon ausgeht, dass Art. 10bis (2) PVÜ (auch nach der Lissabonner Revision) „lediglich die Dogmatik des ausgehenden 19. Jahrhunderts"[191] kodifiziert, dann folgt daraus im Lichte der britischen Erfahrung in dieser Zeit eben nicht, dass die PVÜ „in keiner Weise Raum für ein spezifisch wettbewerbsrechtliches Verständnis jenseits eines traditionell deliktsrechtlich geprägten Konkurrentenschutzes bietet."[192] Denn die Dogmatik des ausgehenden 19. Jahrhunderts, die Art. 10bis (2) PVÜ nach dieser Ansicht verkörpert, war eben nicht beschränkt auf *passing-off* Klagen bzw. klassisches Deliktsrecht.

Dasselbe gilt für andere mögliche Vorläufer der Lissabonner Version von Art. 10bis PVÜ auf internationaler Ebene wie dem Versailler Vertrag (Art. 274) oder die General Inter-American Convention for Trademark and Commercial Protection von 1929 (Art. 21), die zumindest auch gegen die Fallgruppe der Falschbezeichnungen im Sinne des Merchandise Marks Act gerichtet waren.[193]

---

gemein vgl. *Reger*, Der internationale Schutz gegen unlauteren Wettbewerb und das TRIPS-Übereinkommen 1998, S. 95.

[186] Vgl. *Wadlow*, The Law of Passing Off, 6. Aufl. 2021, Rn. 2–66 ff.; *Payn*, The Merchandise Marks Act 1888, S. 2, dazu, dass zur Durchsetzung eine Anklage vorgesehen ist.

[187] Vgl. *Wadlow*, The Law of Passing Off, 6. Aufl. 2021, Rn. 2–69.

[188] Vgl. *Payn*, The Merchandise Marks Act 1887 1888, S. 14, Beispiel auf S. 20 ff.

[189] Vgl. *Payn*, The Merchandise Marks Act 1887 1888, S. 10.

[190] Und könnte auch Anlass dazu geben, die behauptete Sonderstellung des deutschen Lauterkeitsrechts zu hinterfragen, das schon (im Vergleich zum Merchandise Act eher *erst*) seit den 1930er Jahren auch auf Allgemeininteressen abstellte, vgl. hierzu z.B. *Schwartz*, Verfolgung unlauteren Wettbewerbs im Allgemeininteresse – Eine rechtsvergleichende Studie, in: Ferid (Hrsg.), Festschrift für Hans G. Ficker 1967, 410, S. 450 f.

[191] *Beater*, Europäisches Recht gegen unlauteren Wettbewerb, ZEuP 2003, 11, S. 26.

[192] Harte-Bavendamm/Henning-Bodewig/*Schünemann*, UWG, 1. Aufl. 2004, UWG § 3 Verbot unlauteren Wettbewerbs, Rn. 85.

[193] Vgl. *Wadlow*, The Law of Passing Off, 6. Aufl. 2021, Rn. 2–82, und *Ladas*, Patents, Trademarks, and Related Rights 1975, S. 1679, § 887, dort ist jeweils auch Art. 274 des Versailler Vertrags abgedruckt. Zum Versailler Vertrag als Auftakt zu Art. 10bis PVÜ als Mindeststandard auch im Kontext des Völkerbundes vertiefend *Wadlow*, The Law of Passing Off, 6. Aufl. 2021, Rn. 2–82 ff., und *Ladas*, Patents, Trademarks, and Related Rights 1975,

Selbst wenn Verbraucherschutz den Autoren der PVÜ fremd gewesen sein sollte[194] – das Konzept eines unlauteren Wettbewerbs *ohne* Schädigung einer *konkreten* Wettbewerberin war es nicht.

### d) Bedeutung der Fallgruppen in Art. 10bis (3) PVÜ

Der britische Vorschlag in Washington (1911), eine nicht abschließende Aufzählung als Absatz 2 in den nun auf Mindestschutz umgestellten Art. 10bis PVÜ einzuführen, wurde abgelehnt. Als Begründung für die Ablehnung wurde vorgebracht, dass eine Aufzählung von Fällen – auch eine nicht abschließende – bestimmte Fallgruppen des unlauteren Wettbewerbs *implizit* vom Anwendungsbereich des Art. 10bis PVÜ ausnehmen könnte.[195] Diese Bedenken können auch die Auslegung von Art. 10bis (2) PVÜ mitbestimmen: zwar wurde mit Art. 10bis (3) PVÜ eine solche nicht abschließende Liste eingeführt. Dies geschah aber in Verbindung mit einer Generalklausel in Art. 10bis (2) PVÜ, also anders als nach dem britischen Vorschlag, der *nur* eine Aufzählung, aber keine Generalklausel enthielt. Das spricht dafür, Art. 10bis (3) PVÜ nicht zur *Begrenzung* von Art. 10bis (2) PVÜ heranzuziehen,[196] also insbesondere den Konkurrentenbezug[197] in der Nr. 1 und 2 nicht über zu bewerten. Dass die oben erwähnte systematische Beziehung zwischen allgemeiner Bestimmung und Fallgruppenaufzählung dagegen spricht, Art. 10bis (2) PVÜ durch die Konkretisierung in Art. 10bis (3) PVÜ zu limitieren, wird also noch dadurch verstärkt, dass eine solche Begrenzung ausweislich der Entstehungsgeschichte nicht beabsichtigt war.[198]

---

S. 1679 ff. Auch Art. 21 der General Inter-American Convention for Trademark and Commercial Protection von 1929 bestimmte Fallgruppen, um die Pflicht zur Unterdrückung unlauteren Wettbewerbs aus Art. 20 zu konkretisieren, vgl. allgemein *Ladas*, Patents, Trademarks, and Related Rights 1975, S. 1800 f., § 962; *Wolf*, Effective Protection against Unfair Competition under Section 44 of the Lanham Act, (1992) 82 Trademark Reporter 33, S. 35, Fn. 5.

[194] Vgl. Harte-Bavendamm/Henning-Bodewig/*Podszun*, UWG, 4. Aufl. 2016, UWG § 3 Verbot unlauterer geschäftlicher Handlungen, Rn. 125.

[195] Vgl. *Ladas*, Patents, Trademarks, and Related Rights 1975, S. 1678, und *Wadlow*, The Law of Passing Off, 6. Aufl. 2021, Rn. 2–74, jeweils mit Verweis auf Actes de la Conférence réunie à Washington du 15 mai au 2 juin 1911, S. 305 und 310.

[196] Wie es auch dem Aufbau von Art. 10bis PVÜ (Generalklausel – Fallgruppen) entspricht, vgl. *Höpperger/Senftleben*, Protection Against Unfair Competition at the International Level, in: Hilty/Henning-Bodewig (Hrsg.), Law Against Unfair Competition 2007, 61, S. 65.

[197] Vgl. zum italienischen Einfluss auf die Formulierung *Pflüger*, Der Internationale Schutz gegen unlauteren Wettbewerb 2010, S. 39.

[198] Vgl. *Wolf*, Effective Protection against Unfair Competition under Section 44 of the Lanham Act, (1992) 82 Trademark Reporter 33, S. 53.

*e) Vom Konkurrentenschutz zum Allgemeininteresse*

Auf der Revisionskonferenz in Den Haag (1925) wurde um eine Aufzählung im Sinne des heutigen Art. 10bis (3) PVÜ gerungen. Während die auf Konkurrentinnen bezogene („d'un concurrent") Nr. 1 und Nr. 2 beschlossen wurde, konnte hinsichtlich der Fallgruppe der *réclame fausse* (Irreführung) keine Einigung erzielt werden.[199] Vorgeschlagen worden war, irreführende Bezeichnungen als Beispiel für unlauteres Wettbewerbshandeln in die PVÜ aufzunehmen.[200] Hinter diesem stehen (auch) Verbraucherinteressen[201] und damit Allgemeininteressen.[202] Mit genau dieser Begründung wurde der Vorschlag von einigen Parteien abgelehnt: irreführende Werbung schütze ausschließlich Verbraucherinteressen und habe daher im internationalen gewerblichen Rechtsschutz nichts zu suchen.[203] Auch Fallgruppen für relative Hindernisse, die auf der Londoner Konferenz

---

[199] Vgl. *Wadlow*, The Law of Passing Off, 6. Aufl. 2021, Rn. 2–106 ff.

[200] Vgl. *Henning-Bodewig*, International Protection Against Unfair Competition, (1999) 30 IIC 166, S. 172. Dieser stammte unter anderem von der AIPPI, siehe Actes de la Conférence Réunie a La Haye du 8 Octobre au 6 Novembre 1925, S. 94 („contre tout usage de ce signe qui serait susceptible de créer une confusion pour le public."), Auch die IHK schlug die Einführung von drei Kategorien von Handlungen vor, die es zu unterbinden galt. Die erste davon bezog sich auf Tatsachen, die geeignet sind, die Öffentlichkeit irrezuführen, unter anderem durch falsche Angaben über Eigenschaften der Ware oder die Verwendung falscher Zertifikate, siehe Actes de la Conférence Réunie a La Haye du 8 Octobre au 6 Novembre 1925, S. 95. Ebenfalls von der IHK stammt die Empfehlung, eine nicht-abschließende Liste von unlauteren Wettbewerbshandlungen aufzunehmen, darunter die Verwendung falscher Herkunftsangaben oder Warenbezeichnungen, siehe Actes de la Conférence Réunie a La Haye du 8 Octobre au 6 Novembre 1925, S. 96. Ähnlich hatte sich auch die deutsche Gruppe der AIPPI ausgesprochen, siehe Actes de la Conférence Réunie a La Haye du 8 Octobre au 6 Novembre 1925, S. 96 („pour la répression des annonces publiques inexactes qui sont de nature à tromper le public quant à la valeur d'une offre (réclame illicite)"), und ebenso die (gesamt-)AIPPI, siehe Actes de la Conférence Réunie a La Haye du 8 Octobre au 6 Novembre 1925, S. 97, mit der Fallgruppe der „falschen Reklame" und der „Konfusion". Das Economic Committee des Völkerbundes regte Ähnliches an, siehe Actes de la Conférence Réunie a La Haye du 8 Octobre au 6 Novembre 1925, S. 97.

[201] Vgl. *Chen*, The status of international protection against unfair competition, (1997) 19 European Intellectual Property Review 421, S. 422.

[202] Vgl. zum Verbraucherinteresse als Beispiel für Allgemeininteressen *Henning-Bodewig*, International Protection Against Unfair Competition, (1999) 30 IIC 166, S. 170. Zum Problem, dies als individuelles Recht auszugestalten, vgl. *Beater*, Europäisches Recht gegen unlauteren Wettbewerb, ZEuP 2003, 11, S. 19.

[203] Vgl. *Osterrieth*, Die Haager Konferenz 1925 zur Revision der Pariser Übereinkunft 1926, S. 88; *Henning-Bodewig*, International Protection Against Unfair Competition, (1999) 30 IIC 166, S. 172; *Wadlow*, The Law of Passing Off, 6. Aufl. 2021, Rn. 2–108; *Pflüger*, Der internationale Schutz gegen unlauteren Wettbewerb 2010, S. 40 f. Siehe im Einzelnen Actes de la Conférence Réunie a La Haye du 8 Octobre au 6 Novembre 1925, S. 473, zu den Ausführungen von *Zoll*, sowie S. 478; vgl. zum eigentumsähnlichen Konzept von *Zoll* auch *Ladas*, Patents, Trademarks, and Related Rights 1975, S. 1677, und im Kontext des Verbraucherschutzes S. 1886 f.; kritisch zum Konzept von *Zoll* auch *Ricketson*, The Paris Convention for the Protection of Industrial Property 2015, Rn. 13.36.

(1934) im Zusammenhang mit dem Vorschlag diskutiert wurden, in (den Vorgänger von) Art. 6quinquies B PVÜ eine Nummer 4 des unlauteren Wettbewerb einzufügen, wiesen einen Bezug zu individuellen Rechten Dritter auf.[204]

So betrachtet wurde auf der Lissabonner Konferenz mit Art. 10bis (3) Nr. 3 PVÜ bewusst eine Bestimmung aufgenommen, nach der ausdrücklich *auch* Verbraucher- bzw. Allgemeininteressen im Anwendungsbereich von Art. 10bis PVÜ liegen. Dem kann nicht entgegengehalten werden, dass diese Bestimmung insoweit „bewusst eng formuliert"[205] wurde. Der weitergehende Vorschlag, auch irreführende *Herkunftsangaben* aufzunehmen, wurde gerade *nicht* mit dem Einwand abgelehnt, dass hier Allgemeininteressen geschützt würden. Vielmehr befürchteten die USA lediglich Nachteile für ihre Wirtschaft, weil viele geographische Angaben in den USA als generisch wahrgenommen worden seien.[206] Auf der anderen Seite sprach sich Australien sowohl gegen die enge als auch weite Formulierung (also mit bzw. ohne Herkunftsangaben) aus, weil der nationale Gesetzgeber nicht in der Lage sei, eine solche Regel umzusetzen, weil sie nach Auffassung der Gerichte möglicherweise nicht nur internationale, sondern auch rein nationale Sachverhalte umfassen würde.[207] Was damit gemeint war, ist unklar.[208] Möglicherweise nimmt dieser Einwand Bezug auf die Ansicht, dass hier wegen der Verbraucherbezüge ein Regelungsgegenstand vorliegt, der nicht in der PVÜ vorgegeben werden, sondern vollumfänglich dem innerstaatlichen Recht überlassen bleiben soll. Durchgesetzt hätte er sich angesichts des einstimmigen Abstimmungsergebnisses jedenfalls nicht.[209]

Damit stützt die Entstehungsgeschichte die Annahme, dass (spätestens) in der Einführung von Art. 10bis (3) Nr. 3 PVÜ eine Öffnung gegenüber Allgemeininteressen zu sehen ist,[210] weil der strikte Einwand im Jahr 1925, dass Verbraucher-

---

[204] Siehe Actes de la Conférence réunie à Londres du 1er mai au 2 juin 1934, S. 185. Dort ging es darum, dass die Marke „Singer" auch in einem Land nicht für Nähmaschinen eingetragen werden dürfe, in dem der wahre Inhaber seine Rechte an dem Namen noch nicht geltend gemacht hat. Außerdem um die Verwendung des Bildnisses einer lebenden Person als Marke, die den falschen Eindruck erweckt, diese Person kontrolliere die erfassten Produkte. Auch der diskreditierende Vergleich mit den Produkten eines Konkurrenten wurde genannt.

[205] *Henning-Bodewig*, International Protection Against Unfair Competition, (1999) 30 IIC 166, S. 172.

[206] Vgl. *Henning-Bodewig*, ebd.; Wadlow, The Law of Passing Off, 6. Aufl. 2021, Rn. 2–122, mit Verweis auf Actes de la Conférence réunie à Lisbonne du 6 au 31 octobre 1958, S. 789. Siehe auch den Bericht von *Haertel et al.*, Die Lissaboner Konferenz – Bericht von Mitgliedern der deutschen Delegation, GRUR Ausl 1959, 58, S. 90 f., und *Pflüger*, Der internationale Schutz gegen unlauteren Wettbewerb 2010, S. 46.

[207] Siehe Actes de la Conférence réunie à Lisbonne du 6 au 31 octobre 1958, S. 790.

[208] Vgl. *Wadlow*, The Law of Passing Off, 6. Aufl. 2021, Rn. 2–122.

[209] Vgl. Actes de la Conférence réunie à Lisbonne du 6 au 31 octobre 1958, S. 790. Zur Ungenauigkeit des Protokolls vgl. *Wadlow*, The Law of Passing Off, 6. Aufl. 2021, Rn. 2–122.

[210] Vgl. zur Entwicklung des deutschen Lauterkeitsrechts *Loewenheim*, Suggestivwerbung, unlauterer Wettbewerb, Wettbewerbsfreiheit und Verbraucherschutz, GRUR 1975, 99, S. 103 f. („Diese Konzeption führte einmal dazu, daß eine bereits in den dreißiger Jahren von

interessen bzw. Allgemeininteressen nicht in die PVÜ gehören, auf der Konferenz in Lissabon keine Rolle mehr spielte. Es überzeugt daher nicht, die Auslegung von Art. 10bis (2) PVÜ weiterhin auf die in Den Haag vorgetragenen Einwände zu stützen[211] und daraus eine nach wie vor strikt individualschützende Ausrichtung im konkreten Wettbewerbsverhältnis zu folgern.[212] Unter der Prämisse einer bis zur Einführung von Art. 10bis (3) Nr. 3 PVÜ derart beschränkten Auffassung von unlauterem Wettbewerb nach PVÜ ergibt sich gerade aus einem Blick in die *actes* eine faktische Erweiterung des Schutzzwecks bzw. eine „*Veränderung* des Schutzmaßstabs"[213]: wenn auch nicht auf Verbraucherinteressen an sich, so jedenfalls auf bloß potentielle Unternehmerinneninteressen in rein potentiellen Wettbewerbssituationen.[214] Damit ist ein „Kurswechsel" auch *außerhalb* von Art. 10bis (3) Nr. 3 PVÜ feststellbar.[215]

### 4. Ergebnis: Konkretes Wettbewerbsverhältnis nicht erforderlich

Im Ergebnis können auch solche Handlungen unter Art. 10bis (2) PVÜ fallen, die nicht in einem konkreten Wettbewerbsverhältnis stattfinden.

Das darf aber nicht dahingehend missverstanden werden, dass Art. 10bis (2) PVÜ zu beispielsweise Verbraucherschutz verpflichtet,[216] sondern nur, dass auch

---

Ulmer eingeleitete Entwicklung sich weiter durchsetzte: der Wandel von einem rein individualrechtlichen zu einem mehr sozialrechtlichen Verständnis desRechts gegen den unlauteren Wettbewerb."); *Schwartz*, Verfolgung unlauteren Wettbewerbs im Allgemeininteresse, in: Ferid (Hrsg.), Festschrift für Hans G. Ficker 1967, 410, S. 450 f.; *Bohne*, Die Datenschutzverletzung als Wettbewerbsverstoß 2014, S. 149 ff. Zur (späteren) parallelen Entwicklung des „europäischen" Lauterkeitsrecht vgl. *Beater*, Europäisches Recht gegen unlauteren Wettbewerb, ZEuP 2003, 11, S. 20 f.; *Cottier/Jevtic*, The protection against unfair competition in WTO law, in: Drexl et al. (Hrsg.), Technology and Competition 2009, 669, S. 672 f.

[211] Vgl. z.B. *Pflüger*, Der internationale Schutz gegen unlauteren Wettbewerb 2010, S. 125, Fn. 632.

[212] So z.B. Harte-Bavendamm/Henning-Bodewig/*Schünemann*, UWG, 2. Aufl. 2009, UWG § 3 Verbot unlauterer geschäftlicher Handlungen, Rn. 145; vgl. Nachweis bei *Pflüger*, Reichweite internationalrechtlicher Vorgaben, in: Hilty/Henning-Bodewig (Hrsg.), Lauterkeitsrecht und Acquis Communautaire 2009, 65, S. 90, Fn. 109, zum Argument der Rechtssicherheit.

[213] *Pflüger*, Reichweite internationalrechtlicher Vorgaben, in: Hilty/Henning-Bodewig (Hrsg.), Lauterkeitsrecht und Acquis Communautaire 2009, 65, S. 90.

[214] Vgl. *Ladas*, Patents, Trademarks, and Related Rights 1975, S. 1687.

[215] So wohl auch *Schricker*, Bemerkungen zum internationalen Schutz gegen unlauteren Wettbewerb, in: Großfeld et al. (Hrsg.), Festschrift für Wolfgang Fikentscher 1998, 985, S. 993, der zwar eine Schutzzweckerweiterung *außerhalb* von Art. 10bis (3) Nr. 3 PVÜ für unplausibel hält, gleichzeitig aber Art. 10bis (2) PVÜ als „Einfallstor" für den Paradigmenwechsel beschreibt. Wo sonst soll sich (außer in Art. 10bis (3) Nr. 3 PVÜ) eine Schutzzweckerweiterung vollziehen als in der Generalklausel des Art. 10bis (2) PVÜ, wenn Art. 10bis (3) Nr. 1 und 2 PVÜ dem Wortlaut nach auf Konkurrentinnenschutz beschränkt sind?

[216] Vgl. *Pflüger*, Reichweite internationalrechtlicher Vorgaben, in: Hilty/Henning-Bodewig (Hrsg.), Lauterkeitsrecht und Acquis Communautaire 2009, 65, S. 90, wonach eine „völkerrechtlich zwingende Ausfüllung mit diesem Inhalt" (gemeint ist die Verbraucherin als

Regeln des Verbraucherschutzes (und sonstige, außerhalb des reinen Schutz von Konkurrentinnen stehende Regeln) der Unterdrückung unlauteren Wettbewerbs im Sinne der PVÜ dienen *können*, abhängig vom unten noch zu erörternden, externen Bewertungsmaßstab, auf den die Bestimmung verweist. Seit der Einführung von Art. 10bis (3) Nr. 3 PVÜ kann dem nicht mehr entgegengehalten werden, dass Verbraucherschutz (oder allgemeiner formuliert etwas anderes als reiner Konkurrentinnenschutz) nicht unter Art. 10bis PVÜ fallen kann.[217] Die Pflicht zum Schutz von Verbraucherinnen als universeller Minimalstandard ohne Rücksicht auf den externen Maßstab entsprechend Art. 10bis (3) PVÜ würde die Einführung einer entsprechenden Fallgruppe in die PVÜ voraussetzen.[218]

### IV. Subjektives Tatbestandsmerkmal keine tatbestandliche Grenze

Diskutiert wird eine Begrenzung von Art. 10bis (2) PVÜ auf Handlungen, die von einer bestimmten Absicht begleitet werden.[219] Das könnte den Ausschluss technisch-funktioneller Marken, der keinerlei subjektives Element enthält, vom Anwendungsbereich des Art. 10bis PVÜ ausnehmen.[220] Davon zu trennen ist wiederum die Frage, ob der externe Maßstab der Gepflogenheiten im konkreten Fall bestimmte subjektive Elemente verlangt, damit unlauterer Wettbewerb im Sinne von Art. 10bis (2) PVÜ vorliegt.[221]

---

zwingendes Schutzsubjekt) „weder im Wortlaut, in der Entstehungsgeschichte noch im vorgesehenen Sinn und Zweck der Norm Platz hat" und auch „nicht einseitig durch nationale Interpretation zugewiesen werden" kann (vgl. *Pflüger*, Reichweite internationalrechtlicher Vorgaben, in: Hilty/Henning-Bodewig (Hrsg.), Lauterkeitsrecht und Acquis Communautaire 2009, 65, S. 91).

[217] Auf WTO-Ebene wurde dieser sog. „Paradigmenwechsel" vollzogen in WTO Untersuchungsausschuss (Panel), Reports v. 28.6.2018, WT/DS435/R, WT/DS441/R – *Australia – Certain Measures Concerning Trademarks, Geographical Indications and Other Plain Packaging Requirements Applicable to Tobacco Products and Packaging*, Rn. 7.2680 („We further note that, as observed by the Dominican Republic and Indonesia, protection against unfair competition serves to protect competitors as well as consumers, together with the public interest.").

[218] Vgl. die Vorschläge von *Schricker*, Bemerkungen zum internationalen Schutz gegen unlauteren Wettbewerb, in: Großfeld et al. (Hrsg.), Festschrift für Wolfgang Fikentscher 1998, 985, S. 993 f. („Ausbau der PVÜ in Richtung Verbraucherschutz" durch „Einzeltatbestände"), und *Reger*, Der internationale Schutz gegen unlauteren Wettbewerb und das TRIPS-Übereinkommen 1998, S. 24, zur Anpassung an den Paradigmenwechsel im nationalen Lauterkeitsrecht.

[219] Vgl. *Pflüger*, Der internationale Schutz gegen unlauteren Wettbewerb 2010, S. 119 f.; *Pires de Carvalho*, The TRIPS Regime of Trademarks and Designs, 4. Aufl. 2019, S. 453 („There is in Article 10*bis* an implication of fraud or fraudulent dishonesty, or subjective liability"); kritisch *Ricketson*, The Paris Convention for the Protection of Industrial Property 2015, Rn. 13.48.

[220] Anders als z.B. der Tatbestand der bösgläubigen Anmeldung im Nichtigkeitsgrund des Art. 59 (1) b) UMV, vgl. Kur/Bomhard/Albrecht/*Hanne*, BeckOK Markenrecht, 30. Aufl. 2022, UMV 2017 Art. 59 Absolute Nichtigkeitsgründe, Rn. 12.

[221] Dass viele Staaten lauterkeitsrechtlichen Schutz an subjektive Voraussetzungen knüp-

Das Argument, dass die Absicht, das eigene Geschäft zu fördern, eine Handlung nicht unlauter macht, weil sie inhärenter Bestandteil des Wettbewerbs ist, spricht zwar dagegen, diese Absicht im Rahmen des Lauterkeitsmaßstabs zu berücksichtigen.[222] Geht es aber darum, ob überhaupt eine Wettbewerbshandlung vorliegt, spricht dieses Argument für die Relevanz dieser Absicht, weil sie möglicherweise nicht nur dem Wettbewerb inhärent, sondern sogar konstitutiv für den Wettbewerb ist.[223] Auch der Hinweis, dass Art. 10bis PVÜ Wettbewerbsverhalten regulieren soll,[224] hilft nicht weiter, solange nicht begründet wird, dass Wettbewerbsverhalten im Sinne der PVÜ keine bestimmte Absicht voraussetzt.

Das gelingt mit einem Blick auf die Konkretisierungen in Art. 10bis (3) PVÜ, denn keine der aufgeführten Handlungen wird an eine bestimmte Absicht gekoppelt.[225] Die nur in objektiver Hinsicht beschriebenen Handlungen müssen verboten werden, unabhängig von subjektiven Elementen. Damit steht fest, dass der Begriff des unlauteren Wettbewerbs in Art. 10bis PVÜ nicht auf bestimmte subjektive Tatbestände begrenzt ist.[226] Damit unterschied sich die PVÜ – man muss annehmen *bewusst* – von anderen Abkommen. Anders war beispielsweise die englische Fassung von Art. 274 des Versailler Vertrags formuliert, wo in Absatz 2 ein subjektives Element anklingt („calculated to convey")[227] oder Art. 21a) der General Inter-American Convention for Trademark and Commercial Protection von 1929 („calculated [...] to represent"). Letzteres Abkommen enthielt zudem eine *contrary to good faith*-Generalklausel in Art. 21e).[228]

Die Entstehungsgeschichte stützt dieses Ergebnis. Sie deutet nicht nur darauf hin, dass *Gutgläubigkeit* auf Tatbestandsebene keine (beschränkende) Rolle spie-

---

fen, ist deswegen kein Argument dafür, dass die PVÜ selbst subjektive Voraussetzungen aufstellt, vgl. *Pires de Carvalho*, The TRIPS Regime of Patents and Test Data, 5. Aufl. 2018, S. 475, Rn. 39.19.

[222] Vgl. *Riffel*, The Protection against Unfair Competition in the WTO TRIPS Agreement 2016, S. 104.

[223] Vgl. für einen faktischen Gleichlauf *Osterrieth*, Die Haager Konferenz 1925 zur Revision der Pariser Übereinkunft 1926, S. 87.

[224] Vgl. *Riffel*, The Protection against Unfair Competition in the WTO TRIPS Agreement 2016, S. 104.

[225] Vgl. Jacobs/Lindacher/Teplitzky/*Schricker*, UWG Großkommentar 1994, Einleitung Teil F: Internationalrechtliche Fragen, Rn. F 61 (zu Nummer 1), F 76 (zu Nummer 3); *Wadlow*, The Law of Passing Off, 6. Aufl. 2021, Rn. 2–57, zu Nummer 3 im Besonderen Rn. 2–59; *Pflüger*, Paris Convention, art. 6quinquies, in: Cottier/Véron (Hrsg.), Concise International and European IP Law, 3. Aufl. 2015, S. 301, Abschnitt d); *Reger*, Der internationale Schutz gegen unlauteren Wettbewerb und das TRIPS-Übereinkommen 1998, S. 22, Fn. 57 (zu Nummer 1); *Pflüger*, Der internationale Schutz gegen unlauteren Wettbewerb 2010, S. 145 (zu Nummer 1); *Ladas*, Patents, Trademarks, and Related Rights 1975, S. 1733,§ 904.

[226] Vgl. *Riffel*, The Protection against Unfair Competition in the WTO TRIPS Agreement 2016, S. 105.

[227] Abgedruckt bei *Wadlow*, The Law of Passing Off, 6. Aufl. 2021, Rn. 2–82.

[228] Abgedruckt bei *Wolf*, Effective Protection against Unfair Competition under Section 44 of the Lanham Act, (1992) 82 Trademark Reporter 33, S. 35, Fn. 5.

len sollte.[229] Denn die von Italien vorgeschlagene Formulierung, wonach die Handlung bezwecken sollte, Kunden abzuwerben, konnte sich nicht durchsetzen.[230] Das spricht allgemein gegen eine Begrenzung auf Handlungen, die mit einer bestimmten Absicht begangen werden. Auf eine bestimmte Motivlage ist der Begriff der Handlung unlauteren Wettbewerbs der PVÜ folglich nicht begrenzt,[231] sieht man von dem oben schon ausgenommenen Bereich rein privater Betätigung ab, der (auch) über ein subjektives Element bestimmbar ist.[232]

## V. Keine (bestimmbare) Grenze aus Verhältnismäßigkeitserwägungen

Als weiterer Gesichtspunkt im WTO-Kontext wird das wettbewerbsbeschränkende Potenzial von Art. 10bis PVÜ angeführt. Wird Art. 10bis (2) PVÜ weit verstanden, dann sind mehr Handlungen nach Art. 10bis (1) zu unterbinden, was den Handlungsspiel von Unternehmen stärker einschränkt und damit dieses Potenzial verstärkt.[233] Das bedeutet wiederum ein im Kontext der WTO unerwünschtes Handelshindernis. Aus dieser Überlegung wird gefolgert, dass Art. 10bis (2) PVÜ zurückhaltend und in Einklang mit dem Verhältnismäßigkeitsgrundsatz auszulegen ist.[234] Diese Überlegung stützt zwar die bereits mehrfach begründete These, dass der Tatbestand von Art. 10bis (2) PVÜ eine Obergrenze enthält. Wie sich aus diesem Ansatz auch die konkrete Bestimmung einer Obergrenze ergeben kann, bleibt aber offen.

---

[229] Vgl. Jacobs/Lindacher/Teplitzky/*Schricker*, UWG Großkommentar 1994, Einleitung Teil F: Internationalrechtliche Fragen, Rn. F 61, wonach Gutgläubigkeit („bonne foi") ausweislich der Unterlagen der Konferenz in Den Haag für den Tatbestand irrelevant sein und „allein bei den – nach nationalem Recht zu bestimmenden – Sanktionen" eine Rolle spielen sollte, siehe Actes de la Conférence Réunie a La Haye du 8 Octobre au 6 Novembre 1925, S. 477; vgl. auch *Wadlow*, The Law of Passing Off, 6. Aufl. 2021, Rn. 2–59, und *Bodenhausen*, Guide to the Application of the Paris Convention 1968, S. 148, Rn. b), mit Verweis auf Actes de la Conférence Réunie a La Haye du 8 Octobre au 6 Novembre 1925, S. 581. Dort wurde, im Kontext von Art. 10ter PVÜ, von der italienischen Delegation diese Rolle der Gutgläubigkeit noch einmal für Art. 10bis PVÜ *insgesamt* erklärt.

[230] Vgl. *Wadlow*, The Law of Passing Off, 6. Aufl. 2021, Rn. 2–58, mit Verweis auf Actes de la Conférence Réunie a La Haye du 8 Octobre au 6 Novembre 1925, S. 350; siehe dort auch S. 476. Zum Ziel der „Abspenstigmachung" als Begriffsmerkmal des unlauteren Wettbewerbs vgl. z.B. *Saint-Gal*, Unlauterer und parasitärer Wettbewerb, GRUR Ausl 1956, 202, S. 203.

[231] Vgl. *Pires de Carvalho*, The TRIPS Regime of Patents and Test Data, 5. Aufl. 2018, S. 474, Rn. 39.17 f., der zwischen dem Konzept der „unlawful competition" und der „unfair competition" unterscheidet; für erstere kommt es nicht auf die Absicht an, für letztere ist die Absicht das entscheidende Element. Allerdings habe die PVÜ diese konzeptionelle/begriffliche Unterscheidung *nicht* umgesetzt.

[232] Vgl. *Osterrieth*, Die Haager Konferenz 1925 zur Revision der Pariser Übereinkunft von 1883 für gewerblichen Rechtsschutz 1926, S. 87.

[233] Vgl. *Riffel*, The Protection against Unfair Competition in the WTO TRIPS Agreement 2016, S. 73.

[234] Vgl. *Riffel*, The Protection against Unfair Competition in the WTO TRIPS Agreement 2016, S. 74.

## VI. Tatbestandliche Grenze durch Verweis auf externen Maßstab

Es besteht in der Literatur weitgehende Einigkeit darüber, dass das Tatbestandsmerkmal der anständigen Gepflogenheiten in Art. 10bis (2) PVÜ einen Verweis auf einen externen (außervertraglichen) Maßstab darstellt.[235] Mit diesem Verständnis kann der PVÜ zwar keine unmittelbare inhaltliche Begrenzung des Tatbestands von Art. 10bis (2) PVÜ entnommen werden, das heißt aber nicht, dass der Tatbestand von Art. 10bis (2) PVÜ keine bindende Vorgabe macht bzw. keinen bestimmten Regelungsinhalt hat.[236] Dieser läge dann gerade in der Bestimmung, *welcher* externe Maßstab insoweit den Tatbestand bestimmt. Die tatbestandliche Grenze ist so gesehen eine prozedurale. Sie liegt in der Auswahl des relevanten Maßstabs, in der Bestimmung der Umstände, die diesen Maßstab bilden, in der Vorgabe, wie dieser Maßstab zu ermitteln ist.

So wird insbesondere vertreten, dass Gepflogenheiten im Sinne von Art. 10bis (2) PVÜ eine „tatsächlich geübte Praxis" meinen, also „auf eine mehrmalige tatsächliche Übung" zurückgehen, die „eine gewisse Anerkennung und Durchsetzung erlangt hat".[237] Das Kriterium der Anständigkeit wiederum „wird als *sittlich-ethischer* Verweis auf die geltende *Geschäftsmoral* verstanden."[238] Dieses Verständnis wird auch den folgenden Überlegungen zugrunde gelegt.

### 1. Einheitlicher externer Maßstab

#### a) Einheitlicher Maßstab als tatbestandliche Grenze

Unproblematisch als tatbestandliche Grenze erkennbar wäre ein universeller, einheitlicher externer Maßstab, der für jeden Vertragsstaat gleichmäßig zur Anwendung gelangt und den Tatbestand von Art. 10bis (2) PVÜ so verbandsautonom und verbindlich bestimmt. Fraglich ist, wie ein solcher Maßstab zu bestimmen ist.

---

[235] Vgl. Jacobs/Lindacher/Teplitzky/*Schricker*, UWG Großkommentar 1994, Einleitung Teil F: Internationalrechtliche Fragen, Rn. F 53 und *Schricker*, Bemerkungen zum internationalen Schutz gegen unlauteren Wettbewerb, in: Großfeld et al. (Hrsg.), Festschrift für Wolfgang Fikentscher 1998, 985, S. 990 („Verweisung auf außerrechtliche Standards"). Vgl. auch *Sack*, Internationales Lauterkeitsrecht 2019, S. 323 f., Rn. 23, zur in Deutschland herrschenden Ansicht, mit Nachweisen in Fn. 38. So für Art. 10bis (2) PVÜ im WTO-Kontext auch WTO Untersuchungsausschuss (Panel), Reports v. 28.6.2018, WT/DS435/R, WT/DS441/R – *Australia – Certain Measures Concerning Trademarks, Geographical Indications and Other Plain Packaging Requirements Applicable to Tobacco Products and Packaging*, Rn. 7.2667.

[236] Vgl. *Henning-Bodewig*, „Unlautere" Geschäftspraktiken und der Bezug zu Art. 10bis PVÜ, GRUR Int 2014, 997, S. 1005

[237] Vgl. *Pflüger*, Der internationale Schutz gegen unlauteren Wettbewerb 2010, S. 130, mit weiteren Nachweisen.

[238] *Pflüger*, Der internationale Schutz gegen unlauteren Wettbewerb 2010, S. 131.

## b) Bestimmung eines einheitlichen Maßstabs

### aa) Kein Rückschluss aus Fallgruppen in Art. 10bis (3) PVÜ

Anhaltspunkte dafür, auf welchen universellen externen Maßstab Art. 10bis (2) PVÜ verweist, können die Fallgruppen in Art. 10bis (3) PVÜ darstellen. Aus den konkreten Fallbeispielen könnte man auf den allgemeinen Maßstab abstrahieren, zum Beispiel auf das Maß der Verwerflichkeit („degree of wrongdoing").[239] Dieser Rückschluss unterscheidet sich von dem obigen Argument, dass Art. 10bis (2) PVÜ nicht auf konkreten Wettbewerb beschränkt ist, weil nicht alle Fallgruppen in Absatz 3 auf konkreten Wettbewerb beschränkt sind. Diese Ableitung ist in der Annahme angelegt, dass jede Fallgruppe in Absatz 3 unter Absatz 2 fallen können muss, dass Absatz 2 also nicht enger sein kann, als Absatz 3. Umgekehrt ist eine logische Ableitung nicht möglich: wenn Absatz 2 weiter ist als Absatz 3, dann liegt die Grenze von Absatz 2 tatbestandlich gerade außerhalb von Absatz 3. Die Fallgruppen bilden dann zwar einen logisch zwingenden Grund *gegen* eine tatbestandliche Grenze von Art. 10bis (2) PVÜ, die dazu führen würde, dass die Fallgruppen nicht unter den Tatbestand von Art. 10bis (2) PVÜ fallen. Die Fallgruppen stellen aber im Übrigen nur einen inhaltlichen Anhaltspunkt *für* die Bestimmung der Grenze von Art. 10bis (2) PVÜ. Der Maßstab muss jedenfalls die aufgeführten Fallgruppen als unlauteren Wettbewerb bewerten, gleichzeitig aber offen für weitere Fälle sein. Es geht um die Bestimmung einer graduellen inhaltlichen Nähe, die aber letztlich nicht die Frage beantworten kann, wann ein Fall inhaltlich zu weit von den Fallgruppen in Absatz 3 entfernt und damit die Obergrenze von Art. 10bis (2) PVÜ erreicht ist. Weil die Fallgruppen unterschiedlich strukturiert sind und insbesondere keinen einheitlichen, beispielsweise auf den Schutz von konkreten Wettbewerberinnen gerichteten Schutzzweck haben, ist auch unklar, ob die Ähnlichkeit überhaupt entlang einer singulären Achse bestimmbar ist, geschweige denn entlang welcher. Stellt man auf die Achse von „Verwerflichkeit" ab, auf der die Fallgruppen die graduelle Schwelle markieren, dann bleibt immer noch offen, was mit dieser Achse gemeint ist und auf welcher Stufe die Fallgruppen einzuordnen sind. Wenn diese eigentlich entscheidenden Bestimmungskriterien nicht aus Art. 10bis (3) PVÜ abgeleitet werden können, sondern vorausgesetzt werden müssen, dann bleibt der Ansatz, aus Art. 10bis (3) PVÜ den relevanten externen Maßstab zu entwickeln, letztlich ergebnislos.

---

[239] *Riffel*, The Protection against Unfair Competition in the WTO TRIPS Agreement 2016, S. 74, in Anknüpfung an Henning-Bodewig, International Protection Against Unfair Competition, in: Henning-Bodewig (Hrsg.), International Handbook on Unfair Competition 2013, 9, S. 23 f., Rn. 46. Dabei gehen sie allerdings davon aus, dass Art. 10bis (2) PVÜ auf einen regionalen Maßstab verweist.

### bb) Deckungsgleichheit

Versteht man Gepflogenheiten im Sinne von Art. 10bis (2) PVÜ als tatsächlich geübte Praxis und Anständigkeit als Geschäftsmoral, dann ist es mit Blick auf die Einheitlichkeit dieser Maßstäbe am naheliegendsten, auf eine in den und zwischen den PVÜ-Vertragsstaaten einheitliche tatsächlich geübte Praxis und auf die in den und zwischen den PVÜ-Vertragsstaaten einheitliche Geschäftsmoral abzustellen.[240] Damit wird der externe Maßstab der PVÜ also prozedural durch Deckungsgleichheit identifiziert, die automatisch auch Einheitlichkeit garantiert.

### cc) Keine Deckungsgleichheit feststellbar

Hierzu wurde immer wieder festgestellt, dass es eine solche Deckungsgleichheit weder hinsichtlich der (tatsächlichen) Gepflogenheiten noch eines (normativen/inter-subjektiven) Anstandskodexes gibt.[241] Vorbehaltlich zukünftiger Entwicklungen (oder gegenteiliger Beweisführungen) wird diese Feststellung hier übernommen. Der Maßstab, auf den Art. 10bis (2) PVÜ verweist, existiert (noch) nicht.

### dd) Kein Leerlauf bei fehlender Deckungsgleichheit

Das bedeutet, dass Art. 10bis (2) PVÜ *faktisch* nicht zu Anwendung kommt, solange diese Deckungsgleichheit eine bloße „Utopie"[242] ist. Aus regelungstech-

---

[240] Vgl. *Ladas*, Patents, Trademarks, and Related Rights 1975, § 891, S. 1686 („predicated on the assumption and the hope that good morals and honest practices are notions which have a theoretical universality"); *Pflüger*, Der internationale Schutz gegen unlauteren Wettbewerb 2010, S. 130 ff.

[241] Vgl. *Schricker*, Bemerkungen zum internationalen Schutz gegen unlauteren Wettbewerb, in: Großfeld et al. (Hrsg.), Festschrift für Wolfgang Fikentscher 1998, 985, S. 991 f.; *Pflüger*, Der internationale Schutz gegen unlauteren Wettbewerb 2010, S. 131 f.; WTO Untersuchungsausschuss (Panel), Reports v. 28.6.2018, WT/DS435/R, WT/DS441/R – *Australia – Certain Measures Concerning Trademarks, Geographical Indications and Other Plain Packaging Requirements Applicable to Tobacco Products and Packaging*, Rn. 7.2671.

[242] *Schricker*, Bemerkungen zum internationalen Schutz gegen unlauteren Wettbewerb, in: Großfeld et al. (Hrsg.), Festschrift für Wolfgang Fikentscher 1998, 985, S. 991. Missverständlich insoweit die Ausführungen des österreichischen OGH zu Art. 10bis PVÜ, über den die Anwendbarkeit österreichischen Lauterkeitsrechts auf eine im Ausland begangene Handlung eines Österreichers auf Grundlage des kollisionsrechtlichen *ordre public*-Vorbehalts konstruiert wurde. Dass sich die PVÜ-Mitglieder darauf geeinigt haben, Schutz gegen unlauteren Wettbewerb zu gewähren, sei Ausdruck einer allgemeinen Rechtsüberzeugung von der Sittenwidrigkeit einer Handlung, es handele sich also um einen „internationalen Sittenbegriff", vgl. OGH (Ö), Entscheidung v. 7.3.1933, 4 Ob 33/39 = Entscheidungen des österr. Obersten Gerichtshofs in Zivil- und Justizverwaltungssachen 1933, 305 – *Unlauterer Wettbewerb im Ausland*, S. 307. Gemeint ist damit aber nicht der Lauterkeitsmaßstab (Tatbestandsebene), sondern das Verbot von als unlauter angesehenen Handlungen (Sanktion). Dieses Verbot, und damit das nationale Lauterkeitsrecht, das Art. 10bis (2) PVÜ umsetzt, ist nach der Argumentation des Gerichts Teil des kollisionsrechtlichen *ordre public*, wofür wiederum die Pflicht

nischer Sicht spricht das aber nicht dagegen, in Art. 10bis (2) PVÜ einen Verweis auf einen solchen gemeinsamen externen Maßstab zu sehen. Ein Leerlauf der Bestimmung liegt nicht vor, denn sie zeitigt nicht aus der Systematik der Regelung heraus keine faktische Wirkung, sondern nur aus tatsächlichen Gründen. Damit ist möglicherweise aus politischer Perspektive die Sinnhaftigkeit der Bestimmung fraglich. Das liegt aber allein daran, dass die Vertragsparteien bei der Bestimmung des Tatbestands offenbar von anderen Umständen ausgingen, als sie heutige Beobachter feststellen, also glaubten, ein universeller Verhaltensstandard sei feststellbar. Die Grenzen von Art. 10bis (2) PVÜ bleiben aber in jedem Fall klar bestimmt: wenn der externe Maßstab *momentan* keine Handlungen erfasst, weil *momentan* keine Deckungsgleichheit besteht, dann sind die Vertragsstaaten *momentan* nicht aus Art. 10bis (1) PVÜ verpflichtet. Umgekehrt heißt das, dass es den Vertragsstaaten verwehrt ist, sich außer in den Fällen des Art. 10bis (3) PVÜ auf den Vorbehalt in Art. 6quinquies B letzter Satz PVÜ zu berufen, wenn sie von der Validierung einer Auslandsmarke absehen. Nach dieser Lesart hat Art. 10bis (2) PVÜ also eine klare Obergrenze bzw. einen eindeutigen Tatbestand, der es ermöglicht, die Pflichten der PVÜ-Mitglieder konventionsautonom und eindeutig zu bestimmen. Aus der Feststellung des (momentanen) Fehlens eines einheitlichen Maßstabs der Lauterkeit folgt gerade nicht, dass jeder Vertragsstaat selbst bestimmt, was unter Art. 10bis (2) PVÜ fällt,[243] sondern dass (momentan) keine[244] Handlung als unlauterer Wettbewerb im Sinne der PVÜ anzusehen ist – und aus Perspektive einer Obergrenze auch nicht angesehen werden darf. Eine „Beliebigkeit in der Ausfüllung"[245] von Art. 10bis (2) PVÜ ist so gerade nicht festzustellen.

### 2. Unzulässiger Schwenk auf regionalen Maßstab

Es wird nun aber vertreten, dass Art. 10bis (2) PVÜ *rechtlich* auf einen regionalen Maßstab verweist, eben weil ein einheitlicher Maßstab *faktisch* nicht besteht. Denn auf regionaler Ebene kann eine Deckungsgleichheit von Praxis und Moral festgestellt werden.[246] Nur der regionale Maßstab sei folglich geeignet, Art. 10bis

---

aus Art. 10bis PVÜ ein Indiz ist. Deswegen besteht der Gegensatz des Urteils zu einer früheren Entscheidung, in der die Anwendbarkeit österreichischen Lauterkeitsrecht in derselben Konstellation abgelehnt wurde (Entscheidung v. 11.6.1930, 4 Ob 193/30 = Entscheidungen des österr. Obersten Gerichtshofs in Zivil- und Justizverwaltungssachen 1930, 431 – *Äußerungen in Jugoslawien*, S. 439), nicht in der Frage, auf welche Gepflogenheiten es nach Art. 10bis (2) PVÜ ankommt, sondern es geht allein um die *indirekte* kollisionsrechtliche Auswirkung von Art. 10bis PVÜ auf das nationale Lauterkeitsrecht (anders *Wirner*, Wettbewerbsrecht und internationales Privatrecht 1960, S. 29).

[243] Vgl. *Ricketson*, The Paris Convention for the Protection of Industrial Property 2015, Rn. 13.54.
[244] Mit Ausnahme von Art. 10bis (3) PVÜ.
[245] Vgl. *Pflüger*, Der internationale Schutz gegen unlauteren Wettbewerb 2010, S. 362.
[246] Vgl. WTO Untersuchungsausschuss (Panel), Reports v. 28.6.2018, WT/DS435/R, WT/DS441/R – *Australia – Certain Measures Concerning Trademarks, Geographical Indica-*

(2) PVÜ einen „konkreten Gehalt"[247] zu geben. Nur mit einem Verweis auf regionale Maßstäbe werde der Bestimmung „ein wirksamer, eigenständiger Anwendungsbereich zugewiesen"[248].
Dieser Schluss ist unter zwei Gesichtspunkten problematisch. Zum einen stellt sich ein methodisches Auslegungsproblem, weil diese Ansicht weder auf ein Leerlauf-Argument noch eine teleologische bzw. *effet utile*-Betrachtung gestützt werden kann. Zum anderen ist die Tauglichkeit bzw. Vorzugswürdigkeit eines regionalen Maßstabs fraglich.

*a) Methodische Verortung*

Ein Leerlauf-Argument im Sinne einer *ut res magis valeat quam pereat*-Regel ist deswegen nicht möglich, weil auf regelungstechnischer Ebene mit einem einheitlichen Maßstab gerade kein Leerlauf feststellbar ist. Sobald – und soweit – ein internationaler Maßstab feststellbar ist und eine Handlung gegen diesen Maßstab verstößt, greift die Bestimmung. Das entspricht der üblichen Struktur eines rechtlichen Tatbestands, dessen Erfüllung immer hypothetisch ist. Dass der Tatbestand (momentan) nicht erfüllt wird, darf nicht mit der Feststellung gleichgesetzt werden, die Bestimmung habe keinen (konkreten) Anwendungsbereich. Das Gegenteil ist der Fall. Die Feststellung, dass der Tatbestand der Bestimmung mangels einheitlichen Maßstabs nicht erfüllt ist, stellt ein konkretes Anwendungsergebnis dar, ist ja gerade Folge der Anwendung des Tatbestands. Wird der Tatbestand über einen längeren Zeitraum nicht erfüllt, kann man zwar *statistisch* von einem „toten Tatbestand" sprechen.[249] Solange die Erfüllung aber hypothetisch möglich ist, läuft der Tatbestand regelungstechnisch nicht leer. Das Bestehen eines internationalen Standards ist aber nicht schlichtweg ausgeschlossen, sondern – immerhin – eine Utopie, und einige Befürworter eines Schwenks zum regionalen Standards gehen sogar davon aus, dass er in einigen Bereichen Realität ist.[250]

---

tions and Other Plain Packaging Requirements Applicable to Tobacco Products and Packaging, Rn. 7.2672. Das kann sich z.B. einem möglichen europäischen „acquis" äußern, vgl. *Ohly*, Common Principles of European Intellectual Property Law?, ZGE 2010, 365, S. 382; *Beier*, The Contribution of AIPPI to the Development of International Protection against Unfair Competition, in: General Secretariat of AIPPI (Hrsg.), AIPPI 1997, 299, S. 305; *Schricker*, European Harmonization of Unfair Competition Law, (1991) 22 IIC 788, S. 799 f.; *Fezer*, Modernisierung des deutschen Rechts gegen den unlauteren Wettbewerb auf der Grundlage einer Europäisierung des Wettbewerbsrechts, WRP 2001, 989, S. 992, mit den Beispielen eines gemeinsamen Verbraucherleitbilds und Verhältnismäßigkeitsgrundsatzes.

[247] *Schricker*, Bemerkungen zum internationalen Schutz gegen unlauteren Wettbewerb, in: Großfeld et al. (Hrsg.), Festschrift für Wolfgang Fikentscher 1998, 985, S. 991.

[248] *Pflüger*, Der internationale Schutz gegen unlauteren Wettbewerb 2010, S. 131.

[249] Vgl. *Kinzig*, „Tote Tatbestände", Zeitschrift für die gesamte Strafrechtswissenschaft 2017, 415.

[250] Vgl. *Pflüger*, Der internationale Schutz gegen unlauteren Wettbewerb 2010, S. 131 und dort Fn. 664.

Auch im Übrigen ist der Schwenk zum regionalen Maßstab als vermeintlich wirksamkeitserhaltende Auslegung methodisch schwer zu begründen. Mangels regelungstechnischer Leerlaufgefahr kann diese Überlegung nur an eine teleologische Wirksamkeit im Sinne eines *effet utile* ansetzen. Es geht also nicht darum, der Bestimmung überhaupt eine Wirkung zu geben, denn diese hat sie bereits – im (wie immer) hypothetischen Fall, dass der Tatbestand erfüllt ist. Vielmehr beruht das Argument darauf, dass der mit der Bestimmung verfolgte Zweck mit einem regionalen Maßstab besser erreicht wird. Das Problem mit diesem Argument ist, dass es den spezifischen Zweck der Regelung, an den es anknüpft, nicht begründen kann. Es ist jedenfalls nicht der (Selbst-)Zweck von Art. 10bis (2) PVÜ, möglichst viele Handlungen zu erfassen. Stellt man auf die harmonisierende Wirkung von Art. 10bis (1) PVÜ als Schutzstandard ab, dann ist schon fraglich, wie ein regionaler bzw. nationaler Maßstab dazu führen können soll, eine PVÜ-einheitliche Harmonisierung zu erzeugen.

*b) Nur vermeintliche Wirksamkeit eines regionalen Maßstabs*

Von vornherein ausgeschlossen ist es zwar nicht, dass bei einem regionaler Maßstab die *prozedurale* Bestimmung desselben die notwendige tatbestandliche Bindungswirkung erzeugt.[251] Auch in dieser Konstellation ist der Tatbestand von Art. 10bis (2) PVÜ grundsätzlich konventionsautonom bestimmbar und es besteht regelungstechnisch kein Handlungsspielraum der Vertragsstaaten.[252] Was mit Blick auf Regelungsunterschiede zwischen Vertragsstaaten insoweit als Spielraum erscheint, ist eigentlich eine strikte Anwendung der Vorgaben aus der PVÜ. Zwar kann im Ergebnis ein Verhalten in Land A unlauteren Wettbewerb darstellen (und damit Pflichten der PVÜ auslösen) während dasselbe Verhalten in Land B keinen unlauteren Wettbewerb darstellt (und damit keine Pflicht aus der PVÜ auslöst). So gesehen kann ein und dieselbe Handlung in Land A unter Art. 10bis (2) PVÜ fallen und in Land B außerhalb des Tatbestands von Art. 10bis (2) PVÜ liegen. Der Grund dafür liegt aber nicht in einem Spielraum der Mitgliedsstaaten, sondern in Unterschieden hinsichtlich der für den regionalen Maßstab relevanten Umstände zwischen Land A und B.[253] Dasselbe kann auch innerhalb eines Landes in zeitlicher Hinsicht gelten, wenn sich die relevan-

---

[251] Vgl. z.B. *Bodenhausen*, Guide to the Application of the Paris Convention 1968, S. 144, Rn. d); Jacobs/Lindacher/Teplitzky/*Schricker*, UWG Großkommentar 1994, Einleitung Teil F: Internationalrechtliche Fragen, Rn. F 53.

[252] So ausdrücklich WTO Untersuchungsausschuss (Panel), Reports v. 28.6.2018, WT/DS435/R, WT/DS441/R – *Australia – Certain Measures Concerning Trademarks, Geographical Indications and Other Plain Packaging Requirements Applicable to Tobacco Products and Packaging*, Rn. 7.2675.

[253] Vgl. WTO Untersuchungsausschuss (Panel), Reports v. 28.6.2018, WT/DS435/R, WT/DS441/R – *Australia – Certain Measures Concerning Trademarks, Geographical Indications and Other Plain Packaging Requirements Applicable to Tobacco Products and Packaging*, Rn. 7.2671 f.

ten Umstände ändern.[254] Wird Schutz gegen eine bestimmte Handlung gewährt, weil sie nach dem jeweiligen regionalen Maßstab unlauteren Wettbewerb darstellt, dann ist das nicht Ausdruck eines Spielraums, sondern schlicht Folge der strikten Anwendung von Art. 10bis (2) PVÜ und seinem entsprechenden Verweis auf einen außervertraglichen Maßstab. Die so bestimmten Handlungen, die zu unterdrücken sind, stellen damit auch kein *Mehr* im Vergleich zu Art. 10bis (2) PVÜ dar, sondern sind deckungsgleich mit dessen Vorgaben.

Zum Beispiel wird die Frage eines subjektiven Tatbestandselements bei Art. 10bis (2) PVÜ davon abhängig gemacht, ob ein solches nach dem relevanten regionalen Maßstab für eine unlautere Wettbewerbshandlung erforderlich ist.[255] Die daran anknüpfende Feststellung, dass Art. 10bis (2) PVÜ einem *engen* Begriffsverständnis offensteht, das ein bestimmtes subjektives Moment erfordert, gleichzeitig aber dieses Tatbestandsmerkmal nicht zwingend in Art. 10bis (2) PVÜ enthalten ist,[256] steht nicht in Widerspruch zur bisherigen Untersuchung. Eine Offenheit des Tatbestandes bedeutet das im konkreten Fall nicht. Wenn der relevante regionale Maßstab ein subjektives Moment (nicht) enthält, dann ist der Vertragsstaat nicht frei in der Entscheidung, ob dieses (nicht) zur Bestimmung der unter Art. 10bis (2) PVÜ fallenden Handlungen herangezogen wird. Das Gleiche gilt für die Frage, wie weit Allgemeininteressen, insbesondere Verbraucherschutz, unter Art. 10bis (2) PVÜ fällt. Wenn man solche Schutzinteressen deswegen mit einbezieht, weil der regionale Maßstab, auf den Art. 10bis (2) PVÜ verweist, diese Interessen umfasst,[257] dann bezeichnet auch das keinen inhaltlichen Spielraum des Mitgliedsstaates, sondern ist schlicht Folge der Anwendung eines außervertraglichen Kriteriums. In all diesen Fällen liegt also kein *Mehr* an

---

[254] Deswegen muss man den Maßstab, gleich ob regional/national oder einheitlich, auch nicht zwingend als überholt bezeichnen (*Glöckner/Henning-Bodewig*, EG-Richtlinie über unlautere Geschäftspraktiken, WRP 2005, 1311, S. 1318, sprechen von einem „überkommenen, an die Geschäftsmoral geknüpften Begriff, welcher der ehrwürdigen PVÜ zugrunde liegt"; vgl. auch *Henning-Bodewig*, „Unlautere" Geschäftspraktiken und der Bezug zu Art. 10bis PVÜ, GRUR Int 2014, 997, S. 1005), denn der Maßstab kann sich wandeln, vgl. Hefermehl/*Hefermehl*, Wettbewerbs- und Warenzeichenrecht Band I, 10. Aufl. 1971, UWG Einleitung, Rn. 84. Vgl. zur steten Aktualität von Art. 10bis PVÜ auch *Höpperger/Senftleben*, Protection Against Unfair Competition at the International Level, in: Hilty/Henning-Bodewig (Hrsg.), Law Against Unfair Competition 2007, S. 61, S. 65, Fn. 21; *Pflüger*, Reichweite internationalrechtlicher Vorgaben, in: Hilty/Henning-Bodewig (Hrsg.), Lauterkeitsrecht und Acquis Communautaire 2009, 65, S. 81; *Cottier/Jevtic*, The protection against unfair competition in WTO law, in: Drexl et al. (Hrsg.), Technology and Competition 2009, S. 675.

[255] Vgl. *Pflüger*, Der internationale Schutz gegen unlauteren Wettbewerb 2010, S. 120.

[256] Vgl. *Pflüger*, ebd.

[257] Vgl. Jacobs/Lindacher/Teplitzky/*Schricker*, UWG Großkommentar 1994, Einleitung Teil F: Internationalrechtliche Fragen, Rn. F 55; *Reger*, Der internationale Schutz gegen unlauteren Wettbewerb 1998, S. 18 f.; *Henning-Bodewig*, International Protection Against Unfair Competition, (1999) 30 IIC 166, S. 177; *Henning-Bodewig*, International Unfair Competition Law, in: Hilty/Henning-Bodewig (Hrsg.), Law Against Unfair Competition 2007, 53, S. 57.

Schutz im Hinblick auf die zu bekämpfenden Handlungen vor, sondern genau das, was Art. 10bis PVÜ vorgibt. Der Mitgliedsstaat übt hier keinen Spielraum aus, sondern hält sich an die Vorgaben der PVÜ. Derselben Logik folgend ist die Feststellung möglich, dass ein wettbewerbsfunktionales Verständnis zwar in Art. 10bis (2) PVÜ selbst nicht angelegt ist, sich aber aus dem jeweiligen externen Maßstab ergeben kann.[258] Dabei bleibt offen, wo der Vorteil einer solchen regionalen „Harmonisierung" aus Perspektive der PVÜ liegt.

Unklar ist auch, wie der regionale Maßstab sich bestimmt. Dabei steht zunächst nur fest, dass eine Rückverweisung auf den „Willen" des jeweiligen Vertragsstaates nicht stattfindet. Ansonsten hätte Art. 10bis (2) PVÜ keine bindende Wirkung, wäre gerade nicht verbandsautonom bestimmbar. Das heißt, dass eine Verweisung auf einen regionalen Maßstab nicht dazu führen darf, dass eine Rückübertragung der Tatbestandsbestimmung auf die Vertragsstaaten stattfindet.

Jedenfalls nicht hilfreich bei der Bestimmung eines *regionalen* Maßstabs sind die Fallgruppen des Art. 10bis (3) PVÜ.[259] Soweit Art. 10bis (2) PVÜ auf einen regionalen Maßstab verweist, kann Art. 10bis (3) PVÜ nicht als Liste von Fallbeispielen für diesen Maßstab gelesen werden, weil der Absatz 3 unabhängig von regionalen Besonderheiten jeden Vertragsstaat kategorisch zum Verbot der beschriebenen Handlung verpflichtet.[260] Regelungstechnisch wären die Absätze 1 und 2 dann notwendigerweise tatbestandlich entkoppelt von Absatz 3. Das würde dazu passen, dass Absatz 3 neben einem eigenen Tatbestand auch die Rechtsfolge selbst anordnet. So gesehen spricht der Aufbau von Art. 10bis PVÜ möglicherweise dafür, dass in Art. 10bis (3) PVÜ ein einheitlicher *inhaltlicher* Minimalstandard geregelt wird, während Art. 10bis (1) und (2) PVÜ nur einen *prozedural* bestimmten Standard erzeugen, der inhaltlich vom jeweiligen regionalen Maßstab abhängt. Das erzeugt gerade keinen einheitlichen *inhaltlichen* Schutzstandard.

Letztlich bietet die PVÜ aber keinerlei Anhaltspunkte dafür, wie der regionale Maßstab prozedural zu bestimmten ist. Das würde einen erheblichen politischen Spielraum der Parteien erzeugen, der mangels eingrenzender Kriterien nicht von Beliebigkeit zu unterscheiden ist. Die prozedurale Unbestimmtheit in der konkreten Anwendung korrespondiert mit einer faktischen Wahlmöglichkeit der verpflichteten Staaten, welche Sinndeutung sie der vertraglichen Regel zugrunde

---

[258] Vgl. *Pflüger*, Der internationale Schutz gegen unlauteren Wettbewerb 2010, S. 564.

[259] Anders aber Henning-Bodewig, International Protection Against Unfair Competition, in: Henning-Bodewig (Hrsg.), International Handbook on Unfair Competition 2013, 9, S. 23 f., Rn. 46, und *Riffel*, The Protection against Unfair Competition in the WTO TRIPS Agreement 2016, S. 74.

[260] Insoweit inkonsistent z.B. WTO Untersuchungsausschuss (Panel), Reports v. 28.6.2018, WT/DS435/R, WT/DS441/R – *Australia – Certain Measures Concerning Trademarks, Geographical Indications and Other Plain Packaging Requirements Applicable to Tobacco Products and Packaging*, Rn. 7.2679 und 7.2672.

legen.²⁶¹ Dieses politische Ermessen findet zwar nur im „Möglichkeitsrahmen" der Bestimmung statt, also als Auswahlentscheidung im „Rahmen möglicher oder zulässiger Bedeutungen"²⁶². Das Problem ist aber, dass die prozedurale Herleitung der anständigen Gepflogenheiten im Sinne eines regionalen Maßstabs auch nach Ausschöpfung aller zur Verfügung stehenden Auslegungsmittel so unbestimmt ist und so ein breiter Rahmen besteht, dass fraglich ist, wie Art. 10bis (2) PVÜ dann seiner regelungstechnisch vorgesehenen Rolle noch gerecht werden könnte.

Insbesondere ist fraglich, ob vor allem die Frage der Anständigkeit überhaupt von der Rechtsordnung und damit dem selbstbestimmten Bezugsrahmen des jeweiligen Vertragsstaats dergestalt zu trennen ist, dass das jeweilige Lauterkeitsrecht an einer externen Messlatte²⁶³ und nicht nur an sich selbst gemessen werden kann.²⁶⁴ Weil Art. 10bis (2) PVÜ aber insoweit keinerlei Vorgaben entnommen werden können, auf welchen regionalen Maßstab verwiesen wird bzw. wie der relevante regionale Maßstab festzustellen ist, besteht die Gefahr einer Beliebigkeit in der inhaltlichen Ausfüllung durch die einzelnen Vertragsstaaten, was dazu führt, dass letztlich das nationale Recht an sich selbst gemessen wird und die PVÜ insoweit keine bindende Wirkung erzeugt. Das wird vor allem deutlich, wenn man sich die Auswirkung des geltenden Rechts auf das regionale Verständnis von Unlauterkeit vor Augen führt.²⁶⁵ Die vermeintliche Harmonisierung, die

---

²⁶¹ Vgl. aus positivistischer Perspektive *Pehl*, Repräsentative Auslegung völkerrechtlicher Verträge 2018, S. 96.
²⁶² Vgl. aus positivistischer Perspektive *Pehl*, Repräsentative Auslegung völkerrechtlicher Verträge 2018, S. 96.
²⁶³ Theoretisch denkbar wäre die Erforschung eines regionalen, inter-subjektiven (ethischen) Bedürfnisses, vgl. *Beater*, Nachahmen im Wettbewerb – Eine rechtsvergleichende Untersuchung zu §1 UWG 1995, S. 437f. Ähnlich auch *Kamperman Sanders*, Do whiffs of misappropriation and standards for slavish imitation weaken the foundations of IP law?, in: Derclaye (Hrsg.), Research Handbook on the Future of EU Copyright 2009, 567, S. 573.
²⁶⁴ Vgl. nur beispielhaft die Anknüpfung an nationales Recht bei *Henning-Bodewig*, International Protection Against Unfair Competition, in: Henning-Bodewig (Hrsg.), International Handbook on Unfair Competition 2013, 9, S. 18, Rn. 28, und *Henning-Bodewig*, TRIPS and Corporate Social Responsibility, in: Ullrich et al. (Hrsg.), TRIPS plus 20 2016, 701, S. 711, zum nationalen Recht als „appropriate starting point", ähnlich auch *Ricketson*, The Paris Convention for the Protection of Industrial Property 2015, Rn. 13.48 („starting point"). Vgl. auch *Osterrieth*, Die Haager Konferenz 1925 zur Revision der Pariser Übereinkunft 1926, S. 83, und *Troller*, Die mehrseitigen völkerrechtlichen Verträge im internationalen Gewerblichen Rechtsschutz und Urheberrecht 1965, S. 64, nachdem „die nationalen Regeln der einzelnen Verbandsländer heranzuziehen" sind, um Art. 10bis (2) PVÜ zu erläutern, auch wenn er dazu in Fn. 48 auf eine Entscheidung des österreichischen OGH verweist, wonach die „branchenübliche Auffassung", bzw. die Bräuche und Gewohnheiten des Berufszweiges und die berechtigten Erwartungen der Abnehmerinnen den Tatbestand von Art. 10bis PVÜ bestimmen (siehe OGH (Ö), Urteil v. 9.10.1957 = GRUR Ausl, 397 – *Concerto*). Vgl.
²⁶⁵ Vgl. z.B. *Ohly*, The Freedom of Imitation and Its Limits – A European Perspective, (2010) 41 IIC 506, S. 524, wonach extensiver Sonderrechtsschutz gegen die Unlauterkeit von Nachahmungen außerhalb des Sonderschutzrechtsregimes sprechen kann; *Derclaye/Ng-Loy*,

vermeintliche Wirksamkeit der Regelung erschöpft sich faktisch in einem Rückverweis.

Letztlich kann der Schwenk zum regionalen Maßstab nur eine Scheinwirksamkeit der Bestimmung retten: „Bei dieser Relativierung nach den im jeweiligen Schutzland herrschenden Kriterien liegt freilich auf der Hand, daß der harmonisierende Effekt des Art. 10$^{bis}$ begrenzt bleibt, insbesondere kann man von ihm eine Anhebung nationaler Standards nicht ohne weiteres erhoffen."[266]

c) *Keine Parallelität zum ordre public*

Zirkulär ist auch die argumentative Verwertung einer zu beobachtenden Parallele eines regionalen Maßstabs der Gepflogenheiten und ihrer Anständigkeit einerseits zur *ordre public*-Ausnahme in Art. 6quinquies PVÜ bzw. den *public morals* in Art. XIV(a) GATS andererseits.[267] Diese Beobachtung erlaubt zum Beispiel die Rechtsprechung des Reichsgerichts zum *ordre public* nach Art. 6quinquies PVÜ, die man ebenso gut unter lauterkeitsrechtlichem Blickwinkel begründen könnte. So trägt die Begründung des Reichsgerichts, wieso das Prinzip der Bindung der Marke an den Geschäftsbetrieb unter den *ordre public* fällt, eindeutig Züge einer Lauterkeitsprüfung, wenn dort die Beanspruchung einer Marke für Waren, die im eigenen Geschäftsbetrieb weder geführt werden noch geführt werden sollen, als „*Mißbrauch* der Eintragung zur Vereitelung fremder Rechte" beschrieben wird.[268]

---

Relationship between Trademark Law and Copyright/Design Law, in: Calboli/Ginsburg (Hrsg.), The Cambridge Handbook of International and Comparative Trademark Law 2020, 421, S. 422 ff., die ausgehend von einem als abschließend verstandenen Technikschutz dessen Ausdehnung als unlauteren „Second Bite of the Cherry" beschreiben, oder auch die Figur einer „dysfunktionale[n] Blockade des Wettbewerbs" durch eine nicht der vom jeweiligen Recht zugewiesenen Funktion eines Rechts entsprechende Rechtsausübung (vgl. *Kur*, Funktionswandel von Schutzrechten, in: Schricker/Dreier/Kur (Hrsg.), Geistiges Eigentum im Dienst der Innovation 2001, 23, S. 24. ff.

[266] *Schricker*, Bemerkungen zum internationalen Schutz gegen unlauteren Wettbewerb, in: Großfeld et al. (Hrsg.), Festschrift für Wolfgang Fikentscher 1998, 985, S. 992. Vgl. auch das Fazit von *Pflüger*, Der internationale Schutz gegen unlauteren Wettbewerb 2010, S. 405 f.

[267] Vgl. WTO Untersuchungsausschuss (Panel), Reports v. 28.6.2018, WT/DS435/R, WT/DS441/R – *Australia – Certain Measures Concerning Trademarks, Geographical Indications and Other Plain Packaging Requirements Applicable to Tobacco Products and Packaging*, Rn. 7.2674 ff.

[268] RG, Entscheidung v. 29.6.1942, II 22/42 (Kammergericht) = GRUR 1942, 428– *Schwarz-Weiß*, S. 429 (rechte Spalte), Hervorhebung nicht im Original. Vgl. ferner Entscheidung v. 30.11.1939, II 41/39 (Kammergericht) = GRUR 1940, 202– *Apfelkindl*, S. 203, wonach bloße „Vorratsmarken" im „Interesse der Allgemeinheit" zu verhindern sind. Zur Bösgläubigkeit der Anmeldung von Defensiv- bzw. Spekulationsmarken, deren Benutzung (wie bei der Fallgruppe des fehlenden Geschäftsbetriebs) vom Anmelder selbst ebenfalls nicht beabsichtigt ist und es nur um das „Störpotenzial" geht vgl. *Raue*, Wettbewerbseinschränkungen durch Markenrecht, ZGE 2014, 204, S. 208: „Beide Formen der Markenanmeldung widersprechen dem Allgemeininteresse. [...] Das Markenrecht soll Wettbewerb ermöglichen,

Dass eine derartige Parallele bei Annahme eines jeweils regionalen Maßstabs besteht, sagt nichts darüber aus, dass eine solche bestehen soll und deswegen auch bei Art. 10bis (2) PVÜ ein regionaler Maßstab greifen soll. Nicht aussagekräftig ist hier insbesondere, dass eine bestimmte Handlung sowohl gegen den *ordre public* als auch die anständigen Gepflogenheiten verstößt. So wurde beispielsweise die Verwendung von Staatswappen (vgl. Art. 6ter PVÜ) historisch sowohl als Teil des unlauteren Wettbewerbs erörtert,[269] als auch unter den *ordre public*-Vorbehalt gefasst.[270] Daraus folgt aber nicht, dass *beide* Maßstäbe regional sein müssen. Es genügt, dass die Verwendung von fremden Staatswappen gegen einen einheitlichen Lauterkeitsmaßstab und gleichzeitig gegen den regionalen *ordre public* verstößt.

Während die *ordre public*-Ausnahme als Pflichtengrenze einen Souveränitätsbereich der Vertragsstaaten aufrechterhält, soll Art. 10bis PVÜ überhaupt erst souveränitätsbegrenzend einen verpflichtenden Schutzstandard schaffen, dessen tatbestandliche Grenzen Art. 10bis (2) PVÜ bestimmt. Eine regelungstechnische Parallelität besteht folglich nicht. Art. 6quinquies B Nr. 3 PVÜ beschränkt eine Pflicht dadurch, dass der externe regionale Maßstab des *ordre public* als zulässige Ausnahme zur Pflicht gilt. Auch Art. XIV GATS bestimmt eine Ausnahme zu einer zuvor bestimmten Pflicht.[271] Art. 10bis (2) PVÜ nun ebenfalls primär *souveränitätserhaltend* zu verstehen, übersieht, dass sein Tatbestand die zu begrenzende Pflicht überhaupt erst auslöst. So gesehen wirkt die *ordre public*-Ausnahme zur Validierungspflicht erst auf der zweiten Stufe,[272] weshalb die Übertragung dieses Ansatzes die harmonisierende, verpflichtende Stoßrichtung von Art. 10bis (2) PVÜ in ihr Gegenteil verkehren würde – denn hier erfolgt die tatbestandliche Pflichtbestimmung einstufig. Die Regionalität der *ordre public*-Ausnahme ist hingegen aus ihrer Zielsetzung *als Ausnahme* heraus begründbar. Eine Übertragung im Sinne eines Gleichlaufs ist daher nicht angezeigt. Hier ist noch einmal zu

---

nicht behindern." Zum Kontrast z.B. die Argumentation von *Gamm*, Die Teile-quelle Marke, WRP 1977, 230, S. 231 f., der im Zusammenhang mit der Bindung an den Geschäftsbetrieb formal-normativ an „Wesen und Funktion der Marke" (hier: Herkunftsfunktion) anknüpft und nicht auf Allgemeininteressen/Wettbewerb abstellt. Auch das Konzept des Freihaltebedürfnis kann sowohl unter den Vorzeichen unlauteren Wettbewerbs als auch von Allgemeininteressen im Sinne des *ordre public* angegangen werden, vgl. *Winkel*, Formalschutz dreidimensionaler Marken 1979, S. 12 f.; *Sayeed*, Revisiting the Regime of Trademark Protection in Bangladesh, (2017) 7 Asian Journal of International Law 264, S. 274 f.

[269] Vgl. z.B. zum Vorschlag der Schweiz auf der Konferenz in Den Haag *Osterrieth*, Die Haager Konferenz 1925 zur Revision der Pariser Übereinkunft 1926, S. 66; zum Konsens, dass Art. 6ter PVÜ über die eigentlichen Fälle des unlauteren Wettbewerbs hinaus ein absolutes Verbot regeln sollte, vgl. dort S. 67.

[270] Siehe Schlussprotokoll zur PVÜ 1883, abgedruckt oben in *Kapitel 1 E. II. 1. a)*.

[271] Vgl. *Robertson*, Perspektiven für den grenzüberschreitenden Dienstleistungshandel 2012, S. 206.

[272] Vgl. den prospektiven Vorschlag eines „dualen" Ansatzes bei *Pflüger*, Der internationale Schutz gegen unlauteren Wettbewerb 2010, S. 566, wo „kulturspezifische, nationale Besonderheiten" eine Ausnahme zum einheitlichen Lauterkeitsmaßstab bilden.

betonen, dass sich dieser Unterschied auch in Art. 6quinquies B PVÜ selbst ausdrückt. Während der *ordre public* eine zulässige Ausnahme bestimmt, führt der Tatbestand von Art. 10bis PVÜ zu einer vorrangigen Pflicht.

*d) Keine Vorteile, alle Nachteile*

Nicht zuletzt bleibt unbegründet, dass Art. 10bis (1) PVÜ überhaupt bezweckt, das nationale Recht am jeweiligen nationalen Maßstab der Lauterkeit zu messen, was mit einem teleologischen Ansatz der einzige Grund wäre, überhaupt erst auf einen regionalen Maßstab abzustellen.

Selbst wenn man über dieses Begründungsdefizit hinwegsieht, bleibt unklar, wie der regionale Maßstab dem einheitlichen Maßstab in der Anwendung überlegen ist. Die These eines einheitlichen Maßstabs hat immerhin mit den Fallgruppen in Absatz 3 einen inhaltlichen Anhaltspunkt, während für den regionalen nicht einmal prozedurale Vorgaben bestehen. Besondere Bedeutung hat hier der Blickwinkel der tatbestandlichen Obergrenze. Während bei einem einheitlichen Maßstab die Validierungspflicht nur bei Vorliegen und Verstoß gegen PVÜ-einheitliche, anständige Gepflogenheiten nach Art. 6quinquies B letzter Satz PVÜ zurücktritt, ermöglicht ein regionaler Maßstab praktisch immer ein Schlupfloch, um der Verpflichtung der Validierungsklausel zu entgehen. Zugespitzt ausgedrückt erkauft ein regionaler Maßstab eine zweifelhafte Pseudo-Harmonisierung um den Preis einer faktischen Aushöhlung der Validierungsklausel. Der regionale Maßstab ist abzulehnen.

*3. Ergebnis: Einheitlicher Maßstab*

Damit verweisen die anständigen Gepflogenheiten in Art. 10bis (2) PVÜ auf einen einheitlichen Maßstab. Wenn (solange) einer solcher mangels Universalität der anständigen Gepflogenheiten nicht feststellbar ist, kann kein Lebenssachverhalt gegen diesen Maßstab verstoßen und folglich keine Handlung den Tatbestand einer unlauteren Wettbewerbshandlung nach Art. 10bis (2) PVÜ erfüllen, wenn sie nicht von Art. 10bis (3) PVÜ erfasst wird. Vertragsstaaten der PVÜ können sich nicht unter Verweis auf einen bloß regionalen Lauterkeitsmaßstab darauf berufen, hier eine vorrangige Pflicht aus Art. 10bis (1) PVÜ umzusetzen.

*VII. Anwendung auf den Ausschluss technisch-funktioneller Marken*

Der Ausschluss technisch-funktioneller Marken, der nicht unter Art. 10bis (3) PVÜ fällt, dient also nicht der Bekämpfung unlauteren Wettbewerbs im Sinne von Art. 10bis (2) PVÜ, solange kein einheitlicher Lauterkeitsmaßstab feststellbar ist. Es besteht daher keine Pflicht, die der Ausschluss umsetzen könnte.

## E. Externer Maßstab durch Adaptierung im WTO-Rahmen

Anders lautet das Ergebnis für Art. 10bis (2) PVÜ, wie er in TRIPS adaptiert ist.[273] Dessen adaptierter Tatbestand erfasst die vom Ausschluss technisch-funktioneller Marken bekämpften Wettbewerbsbeschränkungen. Zudem hält sich der Ausschluss im Rahmen des Umsetzungsspielraums des Art. 10bis (1) PVÜ. Weil keine alternativen Umsetzungsmöglichkeiten bestehen, wäre der Ausschluss vorbehaltlich der Einbeziehung von Art. 10bis PVÜ in TRIPS nicht nur zulässig, sondern sogar verpflichtend.

### I. Adaption statt unveränderter Inkorporation

Es kommt nun auf die bereits gestellte Frage an, ob die Bestimmungen der PVÜ, die Art. 2.1 TRIPS in TRIPS einbezieht, in diesem WTO-Kontext einen anderen Inhalt haben können als bei isolierter Betrachtung der PVÜ. Es geht an dieser Stelle nicht darum, ob und wie historische Umstände der PVÜ auch im Rahmen von TRIPS relevant sein können, sondern ob die Einbeziehung einer Bestimmung der PVÜ über Art. 2.1 TRIPS dazu führt, dass diese Bestimmung im spezifischen Kontext der WTO-Abkommen auszulegen ist. Während das in der Literatur bejaht wird[274] äußerte sich das WTO-Panel kritisch: es gebe keinen Anhaltspunkt dafür, dass Art. 6quinquies PVÜ im Rahmen von TRIPS anders verstanden werden solle, als bei isolierter Betrachtung.[275] Gleichzeitig zog das WTO-

---

[273] Vgl. *Ricketson*, The Paris Convention for the Protection of Industrial Property 2015, Rn. 13.54, der von „collateral amendment" spricht. Zur Frage der Einbeziehung siehe *Kapitel 7*.

[274] Siehe *Grosse Ruse-Khan*, The Protection of Intellectual Property in International Law 2016, S. 92, Rn. 4.52; *Gervais*, The relationship between WIPO and the WTO, in: Ricketson (Hrsg.), Research Handbook on the World Intellectual Property Organization 2020, 227, S. 235, unter Feststellung einer „trade-ification", ähnlich auch Busche/Stoll/Wiebe/Brand, TRIPs, 2. Aufl. 2013, Artikel 2, Rn. 7f. und Rn. 9: „Angesichts des handelsbezogenen Gewands, in das TRIPs die übernommenen PVÜ-Vorschriften hüllt, ist es daher besser, von einer Adaptation zu sprechen." Vgl. auch *Howse/Neven*, United States – Section 211 Omnibus AppropriationsAct of 1998 (WT/DS176/AB/R), (2005) 4 World Trade Review 179, S. 195, wo Art. 19 TRIPS zur Bestimmung von Art. 6quinquies PVÜ herangezogen wird.

[275] Siehe WTO Untersuchungsausschuss (Panel), Reports v. 28.6.2018, WT/DS435/R, WT/DS441/R – *Australia – Certain Measures Concerning Trademarks, Geographical Indications and Other Plain Packaging Requirements Applicable to Tobacco Products and Packaging*, Rn. 7.1773: „There is no indication in the text of the TRIPS Agreement that negotiators wished to modify the contents of Article 6quinquies of the Paris Convention (1967) by incorporating it by reference into the TRIPS Agreement. In the absence of any indication to the contrary, we therefore have no basis to assume that the incorporation of this provision was intended to refer to anything other than its content as contained in the Paris Convention (1967). Accordingly, we also see no basis to interpret it to mean anything other than what it means in this Convention." Weil die Berufung in dem Fall nicht auf Art. 2.1 TRIPS gestützt wurde, wurde dies nicht erörtert in WTO Berufungsorgan (Appellate Body), Report

Berufungsorgan in der selben Sache wie selbstverständlich Art. XIV GATS heran, um Art. 10bis (2) PVÜ zu erörtern.[276] Die Bedenken des Panels sind also nicht als grundlegende Absage an eine Adaption zu sehen, sondern speziell auf Art. 6quinquies PVÜ und die Bedeutung seiner Geschichte gerichtet. Ob und wie eine Adaption stattfindet ist demnach ebenso im Einzelfall zu begründen wie die Relevanz historischer Umstände. Vermag beispielsweise eine „trade-ification"[277] von Art. 6quinquies PVÜ durch kategorisches Außerachtlassen der Entstehungsgeschichte im konkreten Fall nicht zu überzeugen, so spricht doch grundsätzlich nichts gegen eine „trade-ification" von Art. 10bis (2) PVÜ durch die Einbeziehung der wettbewerbsfunktionalen Zielvorstellungen von TRIPS in die anständigen Gepflogenheiten,[278] die sowieso einen PVÜ-*externen* Maßstab bilden. Sachlich überzeugend ist zudem das Argument, dass eine Adaption schon deshalb als gewollt anzusehen ist, weil sonst statt Art. 2.1 TRIPS die Pflicht vereinbart worden wäre, der PVÜ beizutreten.[279] Ganz ähnlich deutet auch der Wortlaut von Art. 2.1 TRIPS („in Bezug auf") auf eine nicht vollumfängliche, beschränkte und damit ebenfalls adaptierende Einbeziehung der PVÜ-Vorgaben hin – bei isolierter Anwendung der PVÜ gilt hingegen keine derartige Beschränkung.

## II. Wettbewerbsfunktionaler Maßstab

Die Frage, wie der WTO-Kontext den Maßstab von Art. 10bis (2) PVÜ verändert, wurde bereits an anderer Stelle vertieft behandelt, mit dem Ergebnis, dass der externe Maßstab der anständigen Gepflogenheiten durch den Kontext der WTO wettbewerbsfunktional aufgeladen ist.[280] Insbesondere wird Art. 7 TRIPS

---

v. 9.6.2020, WT/DS435/AB/R, WT/DS441/AB/R – *Australia – Certain Measures Concerning Trademarks, Geographical Indications and Other Plain Packaging Requirements Applicable to Tobacco Products and Packaging*, siehe dort S. 183, Fn. 1444.

[276] Siehe WTO Untersuchungsausschuss (Panel), Reports v. 28.6.2018, WT/DS435/R, WT/DS441/R – *Australia – Certain Measures Concerning Trademarks, Geographical Indications and Other Plain Packaging Requirements Applicable to Tobacco Products and Packaging*, Rn. 7.2673.

[277] *Gervais*, The relationship between WIPO and the WTO, in: Ricketson (Hrsg.), Research Handbook on the World Intellectual Property Organization 2020, 227, S. 235.

[278] Vgl. zur Auslegung von PVÜ-Bestimmungen im Lichte von GATS WTO Untersuchungsausschuss (Panel), Reports v. 28.6.2018, WT/DS435/R, WT/DS441/R – *Australia – Certain Measures Concerning Trademarks, Geographical Indications and Other Plain Packaging Requirements Applicable to Tobacco Products and Packaging*, Rn. 7.2673 f.

[279] Vgl. *Malbon/Lawson/Davison*, The WTO Agreement on Trade-Related Aspects of Intellectual Property Rights 2014, S. 100, Rn. 2.10.

[280] Siehe *Riffel*, The Protection against Unfair Competition in the WTO TRIPS Agreement 2016, S. 278. Vgl. auch *Pflüger*, Der internationale Schutz gegen unlauteren Wettbewerb 2010, S. 656 f., dort ist die funktionale Ausrichtung allerdings nur prospektiv formuliert; ähnlich die „rückwärtsgewandte Utopie" von *Fikentscher*, Wettbewerbsrecht im TRIPS-Agreement der Welthandelsorganisation – Historische Anknüpfung und Entwicklungschan-

eine Interessensabwägung entnommen, die nicht auf die Interessen konkret beteiligter Konkurrentinnen beschränkt ist, sondern Allgemeininteressen miteinbezieht[281] und letztlich sogar ein marktfunktionales Verständnis bedingt.[282] Diese Erkenntnisse sollen hier mittels der folgenden Definition übernommen werden: Unlauterer Wettbewerb ist nach dem so erzeugten, einheitlichen Maßstab des adaptierten Art. 10bis (2) PVÜ jedes Verhalten (und Unterlassen) eines Unternehmens, das tatsächlich oder potentiell die wettbewerblichen Möglichkeiten von Staatsangehörigen eines WTO-Mitglieds beeinträchtigt.[283]

*III. Anwendung auf den Ausschluss technisch-funktioneller Marken*

Wie gesehen lässt sich der Ausschluss technisch-funktioneller Marken als Antwort auf die Gefahr von Wettbewerbsverzerrungen begründen, die die Ausweitung des Kreises der als Marke schutzfähigen Zeichen erzeugt hat.[284] Konkret soll er die Monopolisierung von funktionellen Produkteigenschaften und damit eine

---

cen, GRUR 1995, 529, S. 533 f. Auch für die PVÜ selbst wird eine marktfunktionaler Maßstab diskutiert, vgl. *Denham*, No More than Lanham, No Less than Paris, (2001) 36 Texas International Law Journal 795, S. 798, oder auch *Höpperger/Senftleben*, Protection Against Unfair Competition at the International Level, in: Hilty/Henning-Bodewig (Hrsg.), Law Against Unfair Competition 2007, 61, S. 64, mit Nachweisen zu einer (möglicherweise übertragbaren) wettbewerbsfunktionalen Konzeptionalisierung des deutschen Lauterkeitsrechts in Fn. 20. Allgemein zum wettbewerbsfunktionalen Verständnis von unlauterem Wettbewerb vgl. *Baudenbacher*, Machtbedingte Wettbewerbsstörungen als Unlauterkeitstatbestände, GRUR 1981, 19, S. 20 f. („Eine Wettbewerbshandlung ist in funktionaler Sicht dann unlauter, wenn sie geeignet ist, die Realisierung [der Verteilungs-, Steuerungs-, Ordnungs- oder Koordinations- und Antriebs- oder Leistungssteigerungsfunktion] zu verhindern oder den Wettbewerb überhaupt, d.h. in seinem Bestand, aufzuheben.") oder *Ullmann*, Das Koordinatensystem des Rechts des unlauteren Wettbewerbs im Spannungsfeld von Europa und Deutschland, GRUR 2003, 817, S. 821 („Schutz des Mitbewerbers heißt in diesem Zusammenhang, ein funktionierender Wettbewerb muss gewährleistet sein. Wer mit seinem Verhalten Wettbewerb verhindert oder zu unterbinden sucht – Verdrängungswettbewerb – handelt zum Nachteil (potenzieller) Mitbewerber und mangels Konkurrenzangebote auf dem Markt auch zum Nachteil der Verbraucher".) Zur Kritik an einer „Gleichsetzung der Sittenwidrigkeit mit Funktionswidrigkeit" vgl. *Bohne*, Die Datenschutzverletzung als Wettbewerbsverstoß 2014, S. 576.

[281] Vgl. WTO Untersuchungsausschuss (Panel), Reports v. 28.6.2018, WT/DS435/R, WT/DS441/R – *Australia – Certain Measures Concerning Trademarks, Geographical Indications and Other Plain Packaging Requirements Applicable to Tobacco Products and Packaging*, Rn. 7.2680.

[282] Zur Beachtlichkeit von Art. 7 TRIPS vgl. auch *Grosse Ruse-Khan*, The Protection of Intellectual Property in International Law 2016, S. 92, Rn. 4.52.

[283] So das Ergebnis von *Riffel*, The Protection against Unfair Competition in the WTO TRIPS Agreement 2016, S. 278.

[284] Vgl. zur Erosion der Abgrenzung von Zeichen und Ware und den Gefahren für den Wettbewerb vgl. *Körner/Gründig-Schelle*, Markenrecht und Produktschutz durch die dreidimensionale Marke, GRUR 1999, 535, S. 535; *Calboli/Senftleben*, Introduction, in: Calboli/Senftleben (Hrsg.), The Protection of Non-Traditional Trademarks 2018, 1, S. 5 ff.

Produktmarktabschottung durch Markenschutz verhindern.[285] Damit richtet sich der Ausschluss technisch-funktioneller Marken gegen unlautere Handlungen im Sinne eines adaptierten, wettbewerbsfunktional aufgeladenen Art. 10bis (2) PVÜ.

### IV. Umsetzungsspielraum

Auch auf Ebene der Umsetzung im nationalen Recht bestehen keine grundsätzlichen Hindernisse. Dass die Zurückweisung einer Marke[286] die Pflicht zur Unterdrückung unlauteren Wettbewerbs umsetzen kann, folgt bereits aus Art. 6quinquies B Satz 2 PVÜ, der sonst überflüssig wäre. Wie bereits erwähnt besteht ein erheblicher Umsetzungsspielraum der Mitgliedstaaten bei der Bekämpfung unlauteren Wettbewerbs.[287] Auch hier muss aber – damit Art. 6quinquies PVÜ nicht leer läuft – eine Obergrenze eingezogen werden. Es ist zumindest eine kausale Verknüpfung zwischen Zurückweisung auf der einen Seite und zu bekämpfendem unlauteren Wettbewerb auf der anderen Seite zu fordern. Notwendig ist eine irgendwie geartete Plausibilitätsprüfung, um zu verhindern, dass der bloß formale Bezug auf einen Akt des unlauteren Wettbewerbs vorgeschoben werden kann, um die Wirkungen von Art. 6quinquies PVÜ zu umgehen.

Insoweit ist der Schutzausschluss für technisch-funktionelle Marken nicht zu beanstanden, denn es wird tatbestandlich unmittelbar an das beanstandete Verhalten angeknüpft. Eine Bestimmung wie Art. 7 (1) (e) ii) UMV kann damit als effektiver Schutz gegen unlauteren Wettbewerb angesehen werden. Das von Amts wegen zu prüfende Eintragungshindernis kann auch im Rahmen eines als Popularklage ausgestalteten Löschungsverfahrens vor dem EUIPO sowie im Verletzungsverfahren geltend gemacht werden. Aus Sicht der PVÜ-Ausländerin ist eine Kontrolle bereits auf Eintragungsebene das effektivste Schutzmittel, weil es kein Tätigwerden im Zielland erfordert und bereits vor einem Markteintritt Rechtssicherheit schafft.

---

[285] Zum Zweck von § 3 (2) Nr. 2 MarkenG und Art. 7 (1) (e) (ii) UMV, die Monopolisierung von funktionellen (technischen) Eigenschaften zu verhindern, vgl. statt vieler z.B. *Kur*, Funktionswandel von Schutzrechten: Ursachen und Konsequenzen der inhaltlichen Annäherung und Überlagerung von Schutzrechtstypen, in: Schricker/Dreier/Kur (Hrsg.), Geistiges Eigentum im Dienst der Innovation 2001, 23, S. 38 („Abwägung von Wettbewerber- und Schutzinteressen"); *Bassewitz*, Trade Dress and Functionality – Ein Vergleich des marken- und wettbewerbsrechtlichen Schutzes von Produktformen in den USA und Deutschland, GRUR Int 2004, 390, S. 393; *Dauskardt*, Die Verkehrsdurchsetzung im deutschen und europäischen Markenrecht 2017, S. 382; *Lynch*, Product configuration marks: the shape of things to come, (2017) 12 JIPLP 465; *Starcke*, Der Schutz der Gestaltung von Gebrauchsgegenständen 2019, S. 108.
[286] Und ihre Löschung.
[287] Vgl. *Pflüger*, Reichweite internationalrechtlicher Vorgaben, in: Hilty/Henning-Bodewig (Hrsg.), Lauterkeitsrecht und Acquis Communautaire 2009, 65, S. 74; *Cottier/Jevtic*, The protection against unfair competition in WTO law, in: Drexl et al. (Hrsg.), Technology and Competition 2009, S. 674.

Im Übrigen ist fraglich, welche anderen Möglichkeiten das Markenrecht selbst bietet, gegen solche Handlungen des unlauteren Wettbewerbs vorzugehen. Eine Abschwächung der monopolisierenden Wirkungen durch Zwangslizenzen ist nicht möglich[288] und ob eine Verschiebung auf Verletzungsebene bzw. in Form von Schranken oder Ausnahmen[289] „effektiv" ist, ist angesichts des Drohpotentials einer auch bloß formellen Eintragung fraglich.[290] Eine Schutzausnahme für die Verwendung technisch-funktioneller Zeichen müsste genau bei den Waren erlaubt sein, für welche die Marke eingetragen ist, so dass auch hier die Marke im Ergebnis ihre Herkunftsfunktion nicht mehr ausüben könnte.

Aus Perspektive der Pflicht von Art. 6quinquies PVÜ spielt es zudem keine Rolle, ob eine Zurückweisung (durch das Markenamt) erfolgt oder „bloß" die Verpflichtung ausgesprochen wird, die Anmeldung zurückzuziehen.[291] In beiden Fällen wird eine eigentlich nach Art. 6quinquies PVÜ zu validierende Marke nicht eingetragen.

Es bereitet aus Sicht der PVÜ also keine Probleme, Schutz gegen unlauteren Wettbewerb in Form eines markenrechtlichen Schutzhindernisses bzw. Ausschlussgrundes zu gewähren. Das folgt bereits aus dem oben schon angerissenen Umsetzungsspielraum, der gerade nicht auf zivilrechtliche *inter partes*-Verbote (Unterlassungsansprüche) beschränkt ist. In Umsetzung von Art. 10bis PVÜ wird mit dem Schutzausschluss als Primärnorm in Verbindung mit sanktionierenden Sekundärnormen (Prüfvorgaben des Amts und Klagemöglichkeiten vor dem Amt und Markengerichten) eine Handlung des unlauteren Wettbewerbs (die Anmeldung technisch-funktionaler Zeichen als Marke) unterbunden. Ein solcher Schutzausschluss ist damit im Sinne von Art. 10bis (1) PVÜ taugliche Primär- bzw. Verbotsnorm.[292]

---

[288] Siehe im WTO-Kontext Art. 21 TRIPS; im Übrigen verliert die Marke durch eine Zwangslizenz schlicht die Eignung, eine Verbindung von Ware und Markeninhaberin herzustellen, vgl. *Kur*, TRIPs und das Markenrecht, GRUR Int 1994, 987, S. 996.

[289] Vgl. zu einer „functionality defense" *Rothmann*, Valuing the Freedom of Speech and the Freedom to Compete in Defenses to Trademark and Related Claims in the United States, in: Calboli/Ginsburg (Hrsg.), The Cambridge Handbook of International and Comparative Trademark Law 2020, 539, S. 543 ff. Auf die Vereinbarkeit einer solchen Ausnahme mit Art. 17 TRIPS käme es wegen des Vorrangs von Art. 10bis PVÜ nicht an (siehe Art. 2.1 TRIPS).

[290] Vgl. zur Möglichkeit von Disclaimern *Raue*, Wettbewerbseinschränkungen durch Markenrecht, ZGE 2014, 204, S. 214 f.

[291] Vgl. Vorbereitende Dokumente des Internationalen Büros zum Schutze des gewerblichen Eigentums zur Lissabonner Konferenz 1958 (= GRUR Ausl Sonderheft 1958), S. 33, sowie oben die Stellungnahmen in Actes de la Conférence réunie à Lisbonne du 6 au 31 octobre 1958, S. 605. Eine zwingende Arbeitsteilung zwischen Gerichten (Lauterkeitsrecht) und Ämtern (Zurückweisung) ergibt sich aus der PVÜ nicht. Es ist interessant, dass gemäß einigen Stellungnahmen die Markenämter zwar mit der Prüfung unlauteren Wettbewerbs überfordert seien, gleichzeitig aber ohne Einwände dazu berufen sein können, Verstöße gegen die guten Sitten bzw. öffentliche Ordnung festzustellen.

[292] Vgl. Jacobs/Lindacher/Teplitzky/*Schricker*, UWG Großkommentar 1994, Einleitung Teil F: Internationalrechtliche Fragen, Rn. F 50; *Ladas*, Patents, Trademarks, and Related Rights 1975, S. 1737 f, § 906.

Versteht man den Schutz gegen die irreführende Verwendung geographischer Angaben in Art. 22 TRIPS als Ausprägung des Schutzes gegen unlauteren Wettbewerb im Sinne der PVÜ, dann ergibt sich aus Art. 22.3 TRIPS eine interessante Parallele für den Ausschluss technisch-funktioneller Marken. Dort wird, in „logischer Ergänzung"[293] von Art. 22.2 a) TRIPS, konkret die Pflicht statuiert, einen Rechtsbehelf gegen die Eintragung einer geographischen Bezeichnung als Marke vorzusehen, wenn diese irreführend ist. Wenn das nationale Recht darüber hinaus ein *ex officio* Prüfungsverfahren vorsieht, sind Eintragungen solcher Marken auch in diesem Verfahren zurückzuweisen oder zu löschen.[294] Damit hält TRIPS ein Beispiel dafür bereit, wie ein Ausschlussgrund im Markenrecht der Pflicht zur Unterdrückung unlauteren Wettbewerbs dienen kann.

Im Ergebnis ist der Ausschluss technisch-funktioneller Marken eine jedenfalls zulässige Umsetzung der Schutzpflicht aus Art. 10bis PVÜ. Darüber hinaus sind keine regelungstechnischen Alternativen zu kategorische Ausschlussgründen ersichtlich, um wettbewerbsbeschränkende Marken im Sinne von Art. 10bis PVÜ effektiv zu bekämpfen.

## V. Ergebnis: Ausschluss technisch-funktioneller Marken fällt unter Art. 10bis PVÜ

Geht es um die Vorgaben der PVÜ, wie sie in TRIPS einbezogen sind, kann sich der Vertragsstaat beim Ausschluss technisch-funktioneller Marken gegenüber der Pflicht aus Art. 6quinquies PVÜ auf den Art. 10bis-Vorbehalt berufen. Der Ausschluss ist also mit Art. 6quinquies PVÜ, wie er über Art. 2.1 in TRIPS einbezogen ist, vereinbar, weil er wegen Art. 10bis PVÜ geboten ist.

## F. Gesamtergebnis: Art. 10bis PVÜ greift nur im WTO-Kontext

Der Ausschluss technisch-funktioneller Marken kann im Rahmen der PVÜ nicht über den Art. 10bis-Vorbehalt gerechtfertigt werden, weil Art. 10bis (3) PVÜ und – mangels Deckungsgleichheit hinsichtlich der anständigen Gepflogenheiten als einheitlicher, externer Maßstab – Art. 10bis (2) PVÜ nicht einschlägig sind. Es besteht keine Pflicht, die der Validierungspflicht entgegensteht. Anders aber bei Art. 10bis PVÜ, so wie er über Art. 2.1 TRIPS in das TRIPS-Abkommen einbezogen ist. Hier führt die wettbewerbserhaltende Zielrichtung von TRIPS zu einer Adaption der Bestimmung, bei der an die Stelle eines utopischen einheitli-

---

[293] *Gervais*, The TRIPS Agreement: Drafting History and Analysis, 5. Aufl. 2021, S. 388, Rn. 3.331.
[294] Zur Frage der zeitlichen Rückwirkung vgl. *Correa*, Trade Related Aspects of Intellectual Property Rights 2007, S. 231.

chen Maßstabs deckungsgleicher Anständigkeit ein vom WTO-Kontext vorgegebener, wettbewerbsfunktionaler Maßstab tritt. Dieser verpflichtet dazu, durch Markenschutz für technisch-funktionelle Zeichen geschaffene Produktmarktmonopole zu verhindern.

*Teil 2*

# Vereinbarkeit mit Art. 15.1 TRIPS

*Kapitel 5*

# Anwendungsbereich von Art. 15.1 TRIPS

Anders als Art. 6quinquies PVÜ ist Art. 15.1 TRIPS nicht auf Validierung einer bereits im Ursprungsland eingetragenen Marke gerichtet, sondern beschreibt die Marken- und Eintragungsfähigkeit von Zeichen.[1] Die Frage, welches Recht – das des Ursprungs- oder Ziellandes – in welchem Umfang die Marken- bzw. Eintragungsfähigkeit bestimmt, stellt sich hier also nicht. Wie schon bei der PVÜ wird aber auch hier vertreten, dass der Anwendungsbereich von Art. 15.1 TRIPS auf bestimmte Zeichenarten beschränkt ist. Ob sog. nicht-traditionelle Zeichen, allen voran dreidimensionale Formen, dem Anwendungsbereich von TRIPS unterfallen, also überhaupt marken- bzw. eintragungsfähig sind, wird unterschiedlich gesehen.[2] Der Ausschluss technisch-funktionaler Zeichen könnte also, soweit er sich auf nicht von Art. 15.1 TRIPS erfasste Zeichenarten bezieht, außerhalb des Anwendungsbereichs von TRIPS liegen. Nach einer terminologischen Klarstellung (A.) wird zunächst die Rolle der Aufzählung in Art. 15.1 Satz 2 TRIPS erörtert (B.) und ein Umkehrschluss aus Art. 15.1 Satz 4 TRIPS gezogen (C.), um gegen die Beschränkung auf bestimmte Zeichenarten zu argumentieren. Anschließend wird das zentrale Kriterium der Unterscheidungseignung untersucht (D.), wobei im Rahmen eines Rückgriffs auf die PVÜ inzident auch festgestellt wird, dass ein kategorischer Ausschluss technisch-funktioneller Marken nicht unter Art. 6quinquies B Nr. 2 PVÜ fällt. Die Ergebnisse werden dann supplementär mit der Entstehungsgeschichte von Art. 15 TRIPS gestützt (E.). Im Ergebnis fallen auch technisch-funktionelle Marken unter Art. 15.1 TRIPS, soweit sie unterscheidungsgeeignet bzw. unterscheidungskräftig sind.

---

[1] Vgl. WTO Berufungsorgan (Appellate Body), Report v. 2.1.2002, WT/DS176/AB/R – *United States – Section 211 Omnibus Appropriations Act of 1998*, Rn. 154 f.
[2] Vgl. gegen die Anwendbarkeit auf Formen z.B. *Celli*, Internationales Kennzeichenrecht 2000, S. 104, Fn. 482; *Ng-Loy*, Absolute Bans on the Registration of Product Shape Marks, in: Calboli/Senftleben (Hrsg.), The Protection of Non-Traditional Trademarks 2018, 147, S. 164; für die Anwendbarkeit auf Formen und Hörzeichen z.B. *Blakeney*, The impact of the TRIPs agreement in the Asia Pacific region, (1996) 18 European Intellectual Property Review 544, S. 548; für dreidimensionale Marken, insbesondere Flaschen, vgl. *Schmidt-Szalewski*, The International Protection of Trademarks after the TRIPs Agreement, (1998) 9 Duke Journal of Comparative & International Law 189, S. 207; *Schmidt-Pfitzner*, Das TRIPS-Übereinkommen und seine Auswirkungen auf den deutschen Markenschutz 2005, S. 74; *Kur*, Too common, too splendid, or „just right"? – Trade mark protection for product shapes in the light of CJEU case law, Max Planck Institute for Innovation & Competition Research Paper 2014, S. 27.

## A. Zu den Begriffen der Markenfähigkeit und Eintragungsfähigkeit

Die hier verwendete Begrifflichkeit knüpft nicht an eine oben dargestellte dogmatische Aufteilung von innerstaatlichen Schutzvoraussetzungen in Marken- und Eintragungsfähigkeit an. Eintragungsfähigkeit bezieht sich auf den Wortlaut von Art. 15.1 Satz 2 und 3 TRIPS („eligible for registration"/„registrability"). Markenfähigkeit meint im Sinne von Art. 15.1 S. 1 TRIPS die Fähigkeit eines Zeichens, eine Marke darzustellen („capability of constituting a trademark"), auf die Satz 2 und 3 Bezug nehmen.

Wie sich zeigen wird, kann weder die Marken- noch die daran anknüpfende Eintragungsfähigkeit von technisch-funktionellen, sog. nicht-traditionellen oder sonstigen Zeichen kategorisch verneint werden. Auch der Begriff des Zeichens selbst führt zu keiner Beschränkung, weil es allein auf die Unterscheidungseignung ankommt. Lediglich Art. 15.1 Satz 4 TRIPS erlaubt es, die Eintragungsfähigkeit von an sich markenfähigen, nicht visuell wahrnehmbaren Zeichen zu beschränken.

## B. Aufzählung in Art. 15.1 Satz 2 TRIPS

Eine Beschränkung des Kreises marken- bzw. eintragungsfähiger Zeichen auf bestimmte Zeichenarten folgt nicht aus der Aufzählung in Art. 15.1 Satz 2 TRIPS.

Zunächst handelt es sich nach dem eindeutigen Wortlaut bei den in Satz 2 aufgezählten Zeichenarten um nicht abschließende[3] Beispiele („in particular") für unterscheidungsgeeignete Zeichen im Sinne von Satz 1 („such signs"), d.h. für Zeichen, die geeignet sind, die Waren oder Dienstleistungen eines Unternehmens von denen anderer Unternehmen zu unterscheiden, und damit markenfähig sind. Solche Zeichen sind nach Satz 2 eintragungsfähig.

Die Bedeutung dieser Aufzählung ergibt sich aus Satz 3. Grundsätzlich stellt es Satz 3 den Mitgliedern frei, die Eintragungsfähigkeit vom Nachweis einer durch Benutzung erlangten Unterscheidungskraft abhängig zu machen. Das geht aber nur bei Zeichen, die nicht inhärent unterscheidungsgeeignet sind.[4] Satz 2 legt folglich fest, welche Zeichenarten jedenfalls inhärent unterscheidungsgeeignet

---

[3] Vgl. *Kur*, TRIPs and Trademark Law, in: Beier/Schricker (Hrsg.), From GATT to TRIPs 1996, 93, S. 100.

[4] Vgl. *Jaconiah*, The Requirements for Registration and Protection of Non-Traditional Marks in the European Union and in Tanzania, (2009) 40 IIC 40 756, S. 777; WTO Berufungsorgan (Appellate Body), Report v. 9.6.2020, WT/DS435/AB/R, WT/DS441/AB/R – *Australia – Certain Measures Concerning Trademarks, Geographical Indications and Other Plain Packaging Requirements Applicable to Tobacco Products and Packaging*, Rn. 6.579.

sind.⁵ Der Zeichenbegriff wird aber dadurch nicht beschränkt, und auch der Begriff des inhärent unterscheidungsgeeigneten Zeichens bleibt wegen der nicht abschließenden Aufzählung für weitere Zeichenarten geöffnet. Was, wie die Waren- bzw. Produktform, in Satz 2 nicht aufgeführt ist, kann sowohl ein Zeichen als auch unterscheidungskräftig als auch inhärent unterscheidungsgeeignet sein.⁶ Entsprechend wird vertreten, dass – ebenfalls nicht in der Aufzählung enthaltene – isolierte Farbzeichen zwar als nicht inhärent unterscheidungsgeeignet behandelt werden dürfen, nicht aber kategorisch, d.h. auch bei Vorliegen von tatsächlich durch Benutzung erlangter Unterscheidungskraft, als nicht eintragungsfähig behandelt werden dürfen.⁷ In diesem Sinne werden nicht in Satz 2 aufgeführte Zeichenarten als „schwach" bezeichnet, weil sie von den Mitgliedern als nicht inhärent unterscheidungsgeeignet behandelt werden dürfen.⁸ Sie sind aber – bei nachgewiesener tatsächlicher (erlangter) Unterscheidungskraft und damit Unterscheidungseignung – als eintragungsfähig zu behandeln.⁹

Dagegen wird vertreten, dass Art. 15.1 Satz 3 TRIPS es lediglich für zulässig erklärt, auch nicht inhärent unterscheidungskräftige Zeichen als eintragungsfähig zu behandeln.¹⁰ Das geht allerdings von der begründungsbedürftigen An-

---

⁵ Vgl. zur Unterscheidung von inhärenter und durch Benutzung erlangter Unterscheidungskraft WTO Berufungsorgan (Appellate Body), Report v. 2.1.2002, WT/DS176/AB/R – *United States – Section 211 Omnibus Appropriations Act of 1998*, Rn. 154; Zhan, The International Registration of Non-traditional Trademarks, (2017) 16 World Trade Review 111, S. 114.

⁶ Vgl. *Kur*, TRIPs und das Markenrecht, GRUR Int 1994, 987, S. 991. *Schmidt-Pfitzner*, Das TRIPS-Übereinkommen und seine Auswirkungen auf den deutschen Markenschutz 2005, S. 39, Fn. 189, weist zudem darauf hin, dass in der Synopse, die für die TRIPS-Verhandlungsgruppe erstellt wurde, „nahezu alle Rechtsordnungen die dreidimensionale Marke ausdrücklich als Beispiel aufführen", siehe Negotiating Group on TRIPS, Synoptic tables setting out existing international standards, 29.9.1989, MTN.GNG/NG11/W/32/Rev. 1.

⁷ Vgl. WTO Berufungsorgan (Appellate Body), Report v. 2.1.2002, WT/DS176/AB/R – *United States – Section 211 Omnibus Appropriations Act of 1998*, Rn. 154 („Article 15.1 defines which signs or combinations of signs are capable of constituting a trademark. [...] This definition is based on the distinctiveness of signs as such, or on their distinctiveness as acquired through use. If such signs are capable of distinguishing the goods or services of one undertaking from those of other undertakings, then they become eligible for registration as trademarks.").

⁸ Vgl. *Zhan*, The International Registration of Non-traditional Trademarks, (2017) 16 World Trade Review 111, S. 115; WTO Untersuchungsausschuss (Panel), Reports v. 28.6.2018, WT/DS435/R, WT/DS441/R – *Australia – Certain Measures Concerning Trademarks, Geographical Indications and Other Plain Packaging Requirements Applicable to Tobacco Products and Packaging*, Rn. 7.1838.

⁹ Vgl. *Kur*, TRIPs und das Markenrecht, GRUR Int 1994, 987, S. 991; Busche/Stoll/Wiebe/*Schmidt-Pfitzner/Schneider*, TRIPs, 2. Aufl. 2013, Artikel 15, Rn. 5, mit weiteren Nachweisen, auch zur Gegenansicht; *Ramsey*, Protectable Trademark Subject Matter in Common Law Countries and the Problem with Flexibility, in: Calboli/Ginsburg (Hrsg.), The Cambridge Handbook of International and Comparative Trademark Law 2020, 193, S. 196.

¹⁰ Vgl. *Pires de Carvalho*, The TRIPS Regime of Trademarks and Designs, 4. Aufl. 2019, S. 220, Rn. 15.35.

nahme aus, dass Art. 15.1 TRIPS nicht (nur) einen Mindest-, sondern (auch) einen Maximalstandard erzeugt,[11] denn bei einem (bloßen) Minimalstandard hätte Art. 15.1 Satz 3 TRIPS mit diesem Verständnis keine Regelungswirkung. Abzulehnen ist der Ansatz, der in Art. 15.1 Satz 3 TRIPS deswegen eine fakultative Erweiterung der Eintragungsfähigkeit für nicht-inhärent unterscheidungskräftige Zeichen festlegt, weil es dort heißt „Members may require".[12] Das vermischt offenbar den Wortlaut von Satz 3 und 4, denn diese Worte komme so in Satz 3 nicht vor. Stattdessen heißt es, dass die Eintragungsfähigkeit *abhängig* gemacht werden kann von erlangter Unterscheidungskraft. Bei nicht inhärent unterscheidungskräftigen Zeichen *darf* also erlangte Unterscheidungskraft zur Eintragungsvoraussetzung gemacht werden. Daraus geht gerade nicht hervor, dass es den Mitgliedern freisteht, Zeichen mit erlangter Unterscheidungskraft als eintragungsfähig oder nicht zu behandeln.

## C. Umkehrschluss aus Art. 15.1 Satz 4 TRIPS

Dass nicht in Satz 2 aufgeführte Zeichenarten von den Sätzen 1 bis 3 erfasst werden, zeigt auch Satz 4. Die visuelle Wahrnehmbarkeit darf als *zusätzliche* Voraussetzung der Eintragungsfähigkeit neben der Unterscheidungsfähigkeit verwendet werden. Gerüche, Geräusche oder haptische Eindrücke dürfen also nicht bereits deshalb als nicht eintragungsfähig behandelt werden, weil sie keine Zeichen bzw. nicht unterscheidungskräftig sein können. Jedes der in Satz 2 aufgeführten Beispiele ist visuell wahrnehmbar, weshalb Satz 2 keine Beschränkung der markenfähigen oder eintragungsfähigen Zeichen bedeuten kann, weil sonst Satz 4 überflüssig wäre.[13]

## D. Unterscheidungseignung nach Art. 15.1 S. 1, 3 TRIPS

### I. Unterscheidungseignung als Kern der Marken- und Eintragungsfähigkeit

Es erscheint auch fraglich, ob der Zeichenbegriff überhaupt konstitutiv ist,[14] oder ob nicht die Unterscheidungseignung das eigentliche Kriterium ist, das die Mar-

---

[11] Vgl. ausdrücklich zu dieser Annahme *Pires de Carvalho*, The TRIPS Regime of Trademarks and Designs, 4. Aufl. 2019, S. 243, Rn. 15.69.

[12] Vgl. *Correa*, Trade Related Aspects of Intellectual Property Rights 2007, S. 176.

[13] Dazu, dass Satz 4 nicht die Markenfähigkeit beschränkt, sondern nur eine entsprechende Eintragungsvoraussetzung erlaubt, vgl. *Zhan*, The International Registration of Non-traditional Trademarks, (2017) 16 World Trade Review 111, S. 120.

[14] Vgl. *Elzaburu/Montero*, New Types of Marks – Is the ECJ living up to Expectations? – Fantasy or Daydream in the CTM System?, in: Bomhard/Pagenberg/Schennen (Hrsg.), Harmonisierung des Markenrechts 2005, 171, S. 173, Fn. 4, zu Überlegung von *Otero Lastres*

kenfähigkeit nach Art. 15.1 TRIPS bestimmt. Darauf deutet auch die Entstehungsgeschichte hin: der US-amerikanische Vorschlag verwendete in der Aufzählung, aus was eine Marke besteht, den Begriff Zeichen („sign") in einer Reihe mit (den konkreteren) Begriffen wie Wort oder Farbe.[15] Der japanische Vorschlag definierte den Begriff „trademark" mit dem Begriff „mark".[16] Der bestimmende (und übereinstimmende) Kern dieser Definitionen war die Unterscheidungseignung.

Ebenso scheint auch in Art. 15.1 TRIPS dem Begriff „Zeichen" keine definitorische Bedeutung zuzukommen. Der eigentliche Definitionsgehalt beruht auf der funktionellen Bestimmung. Die Geeignetheit, Waren des einen von denen eines anderen Unternehmens zu unterscheiden, ist das entscheidende Kriterium.[17] Zudem ist fraglich, ob die Zeicheneigenschaft nicht bereits in dieser funktionellen Bestimmung enthalten ist. Versteht man den Begriff des Zeichens als Informationsträger, als Signal für etwas, dann ist die Unterscheidungskraft die Beschreibung des konkreten Informationsgehalts. Dieser bestimmte Informationsgehalt setzt einen Informationsträger voraus. Diese heuristisch-intuitive Annahme wird durch einen Blick ins Wörterbuch[18] bestätigt: Zeichen (sign) be-

(zum spanischen Recht), dass der Begriff „Zeichen" nach striktem Verständnis nur erfasse, was mit den Augen oder Ohren wahrnehmbar sei. Zwar würde Art. 15.1 Satz 4 TRIPS bei dieser Beschränkung nicht leerlaufen, weil er auf Hörzeichen anwendbar bliebe. Begründungsbedürftig bliebe aber, woraus dieses eingeschränkte Verständnis des Begriffs „Zeichen" in TRIPS folgt.

[15] Siehe Urugay Round: Draft Agreement on the Trade-Related Aspects of Intellectual Property Rights, S. 7.
[16] Siehe Main Elements of a Legal Text for TRIPS, S. 7.
[17] Vgl. *Kur*, Marks for goods or services (trademarks), in: Correa (Hrsg.), Research handbook on the interpretation and enforcement of intellectual property under WTO rules 2010, 408, S. 413; *Elzaburu/Montero*, New Types of Marks, in: Bomhard/Pagenberg/Schennen (Hrsg.), Harmonisierung des Markenrechts 2005, 171, S. 173f., mit Nachweis in Fn. 6. Das entspräche dem Verständnis des US Supreme Courts, der ebenfalls auf die Herkunftshinweisfunktion abstellt, und gerade nicht auf einen „ontologischen Status" der Zeichenart, vgl. *Ramsey*, Protectable Trademark Subject Matter in Common Law Countries, in: Calboli/Ginsburg (Hrsg.), The Cambridge Handbook of International and Comparative Trademark Law 2020, 193, S. 195, mit Verweis auf Supreme Court (US), Entscheidung v. 28.3.1995, 93–1577, 514 US 159 – *Qualitex v. Jacobson Products*, S. 164 („It is the source-distinguishing ability of a mark – not its ontological status as color, shape, fragrance, word, or sign – that permits it to serve these basic purposes.") Vgl. auch *Calboli/Haight Farley*, The Trademark Provision in the TRIPS Agreement, in: Correa/Yusuf (Hrsg.), Intellectual Property and International Trade – The TRIPS Agreement, 3. Aufl. 2016, S. 157, S. 162; *Haight Farley*, Public Policy Limitations on Trademark Subject Matter – A US Perspective, in: Calboli/Ginsburg (Hrsg.), The Cambridge Handbook of International and Comparative Trademark Law 2020, S. 227, S. 230. Für (historische) Beispiele ontologischer Begrenzungen in nationalen Markenrechtssystemen vgl. *Derclaye/Ng-Loy*, Relationship between Trademark Law and Copyright/ Design Law – Trademark Protection for Ornamental Shapes?, in: Calboli/Ginsburg (Hrsg.), The Cambridge Handbook of International and Comparative Trademark Law 2020, S. 421, S. 422 ff.
[18] Vgl. *Solan/Gales*, Finding ordinary meaning in law: The judge, the dictionary or the corpus?, (2016) 1 International Journal of Legal Discourse 253, S. 256 ff.

schreibt etwas, das Informationen oder Anweisungen vermittelt, oder etwas, das als Anzeichen oder Token für etwas anderes steht.[19] Dass dreidimensionale (Produkt-)Formen für etwas stehen und Information übermitteln können, ist nicht ausgeschlossen, und auch rein technisch bedingte Zeichen können theoretisch Informationsträger und damit unterscheidungsgeeignet sein.

Ein (historisches) Wortlautargument bezieht sich auf die konkrete Formulierung „jedes Zeichen". Diese scheint zumindest im Jahr 1955 als Ausdruck einer „Freiheit der Markenformen" im Sinne eines nicht kategorisch definierten (ontologischen) Markenbegriffs zu verstehen gewesen sein, als ein rein funktionaler Begriff, der offen auch für alle zukünftigen Zeichenarten ist.[20] Folgt man den zeitgenössischen Kommentatoren, so lässt diese Formulierung nur die Frage offen, ob der Begriff „Zeichen" auf visuell Wahrnehmbares beschränkt ist[21] – diese Frage beantwortet Art. 15.1 Satz 4 TRIPS im Umkehrschluss mit Nein. Unterstellt man die fortdauernde Geltung dieser Ansicht, so ist mit der Formulierung „alle Zeichen" in Verbindung mit Art. 15.1 Satz 4 TRIPS die unbeschränkte Freiheit der Markenformen „auf internationaler Ebene zur Anerkennung"[22] gelangt,[23] die rein funktional auf die Geeignetheit zur Unterscheidung abstellt.[24]

Im Ergebnis verletzt es grundsätzlich die Vorgabe aus Art. 15.1 TRIPS, ein tatsächlich unterscheidungskräftiges und damit unterscheidungsgeeignetes Zeichen als nicht marken- bzw. eintragungsfähig zu behandeln.[25]

---

[19] Vgl. Oxford English Dictionary, abrufbar unter https://www.oed.com/, Eintrag zu „sign, n.", unter I. und II (zuletzt abgerufen am 10.8.2022).

[20] Vgl. *Beier/Reimer*, Vorbereitende Studie zur Schaffung eines einheitlichen internationalen Markenbegriffs, GRUR 1955, 266, S. 269. Zum Begriff der Freiheit der Markenformen vgl. *Aron*, Freiheit der Markenformen, GRUR 1930, 1017.

[21] Vgl. *Beier/Reimer*, Vorbereitende Studie zur Schaffung eines einheitlichen internationalen Markenbegriffs, GRUR 1955, 266, S. 269, mit Verweis auf das Begriffsverständnis von *Adler*, System des österreichischen Markenrechtes 1909, S. 68, wonach ein Zeichen „etwas sinnlich, und zwar mit den Augen, Wahrnehmbares, das etwas bedeutet oder anzeigt oder aus dem oder an dem etwas zu erkennen ist" ist.

[22] *Beier/Reimer*, Vorbereitende Studie zur Schaffung eines einheitlichen internationalen Markenbegriffs, GRUR 1955, 266, S. 269.

[23] Vgl. *Zhan*, The International Registration of Non-traditional Trademarks, (2017) 16 World Trade Review 111, S. 114.

[24] Vgl. Busche/Stoll/Wiebe/Schmidt-Pfitzner/Schneider, TRIPs, 2. Aufl. 2013, Artikel 15, Rn. 2; *Schmidt-Pfitzner*, Das TRIPS-Übereinkommen und seine Auswirkungen auf den deutschen Markenschutz 2005, S. 39, Fn. 189, weist zudem darauf hin, dass in der Synopse, die für die TRIPS-Verhandlungsgruppe erstellt wurde, allein die „Fähigkeit zur abstrakten Unterscheidungskraft" die Markenfähigkeit bestimmt, siehe Negotiating Group on TRIPS, Synoptic tables setting out existing international standards, 29.9.1989, MTN.GNG/NG11/W/32/Rev. 1.

[25] Vgl. *Pires de Carvalho*, The TRIPS Regime of Trademarks and Designs, 4. Aufl. 2019, S. 219, Rn. 15.33.

## II. Keine rein normative Bestimmung der Unterscheidungseignung

Nach einer Ansicht folgt aus Art. 15.1 TRIPS auch, dass Mitglieder Zeichen nicht als eintragungsfähig behandeln *dürfen*, wenn diese nicht unterscheidungskräftig sind. Art. 15.1 TRIPS stelle nicht nur einen Mindest-, sondern zugleich einen Maximalstandard auf.[26] Es sei zulässig, noch nicht unterscheidungskräftige Zeichen schon vor ihrer Verkehrsdurchsetzung als eintragungsfähig zu behandeln; es gebe aber Zeichen, die *nie* unterscheidungskräftig werden können, und daher auch nicht eintragungsfähig sein *dürfen*.[27] Sieht man Art. 15.1 TRIPS lediglich als Mindeststandard, dann folgt aus demselben Verständnis von Unterscheidungseignung bzw. -kraft, dass solche Zeichen nicht als eintragungsfähig behandelt werden *müssen*.

Diese Vorstellung, ob nun im Kontext eines bloßen Mindeststandards oder auch Maximalstandards, basiert letztlich auf einem *normativen* Verständnis von Unterscheidungseignung.[28] Nur mit einem solchen normativen Verständnis ist es möglich, eine von tatsächlichen Umständen (und ihren zukünftigen Änderungen) unabhängige, kategorische Aussage über die Unterscheidungseignung eines Zeichens zu treffen, die gerade *nicht* durch tatsächlich erlangte Unterscheidungskraft widerlegt werden kann. In diesem Sinne kategorisch nicht unterscheidungsgeeignet, auch nicht potenziell, seien insbesondere rein funktionale Zeichen.[29] Diese wären damit zwar von Art. 15 TRIPS erfasst, allerdings mit der Folge, dass sie gerade *nicht* als eintragungsfähig behandelt werden dürften[30] bzw. müssten.

---

[26] *Pires de Carvalho*, The TRIPS Regime of Trademarks and Designs, 4. Aufl. 2019, S. 243, Rn. 15.69 spricht von einem „*mandatory* TRIPS standard"; vgl. auch *Zhan*, The International Registration of Non-traditional Trademarks, (2017) 16 World Trade Review 111, S. 135; *Dinwoodie/Kur*, Non-conventional marks and the obstacle of functionality, in: Ricketson (Hrsg.), Research Handbook on the World Intellectual Property Organization 2020, 131, S. 139: „To be registrable, it is necessary, but also (at least as an initial matter) sufficient, that a sign is ‚capable of distinguishing the goods or services of one undertaking from those of another undertaking.'" Ähnlich auch *Gervais*, A Look at the Trademark Provisions in the TRIPS Agreement, in: Calboli/Ginsburg (Hrsg.), The Cambridge Handbook of International and Comparative Trademark Law 2020, 27, S. 32 und 45, der allgemein davon spricht, dass Art. 15 TRIPS die mitgliedstaatliche Flexibilität des Markenbegriffs beschränkt; vgl. auch *Calboli/Haight Farley*, The Trademark Provision in the TRIPS Agreement, in: Correa/Yusuf (Hrsg.), Intellectual Property and International Trade, 3. Aufl. 2016, 157, S. 161 und 164 („comprehensive definition").

[27] Vgl. *Pires de Carvalho*, The TRIPS Regime of Trademarks and Designs, 4. Aufl. 2019, S. 243, Rn. 15.69.

[28] *Pires de Carvalho*, The TRIPS Regime of Trademarks and Designs, 4. Aufl. 2019, S. 238, Rn. 15.61, kennzeichnet den Ansatz selbst als normativ („absolute presumption of functionality"), weil er mit der (theoretischen) Möglichkeit konfligiert, dass auch funktionelle Zeichen Unterscheidungskraft erlangen.

[29] Vgl. *Pires de Carvalho*, The TRIPS Regime of Trademarks and Designs, 4. Aufl. 2019, S. 243, Rn. 15.69.

[30] Vgl. *Pires de Carvalho*, ebd. („The issue is whether [WTO Members] can identify that secondary meaning in signs that cannot perform such function at all – inherently or not – such

Es ist bereits fraglich, ob das Kriterium der Unterscheidungseignung („capable of distinguishing") überhaupt Platz für normative Erwägungen bietet. Darüber hinaus müsste es einem *rein* normativen Verständnis zugänglich sein, in dem die tatsächliche Unterscheidungswirkung komplett und kategorisch unberücksichtigt gelassen werden kann.[31] Nur dann wäre es möglich, technisch-funktionale Zeichen kategorisch und ungeachtet ihrer möglichen *faktischen* Herkunftshinweisfunktion als nicht unterscheidungsgeeignet zu behandeln.[32] Dann könnte das Problem der wettbewerbsbeschränkenden Wirkungen technisch-funktioneller Marken im Fehlen ihrer Unterscheidungseignung verortet werden, und die Lösung läge in der daraus resultierenden zwingenden bzw. zulässigen Schutzversagung mangels Unterscheidungseignung.[33]

*1. Kein Verweis auf normativen Begriff der Unterscheidungskraft des Mitglieds*

Diese Ansicht unterscheidet also zwischen Zeichen, die inhärent unterscheidungsgeeignet sind; Zeichen, die nicht inhärent unterscheidungsgeeignet sind, aber durch Benutzung unterscheidungskräftig werden können bzw. geworden sind;[34] und schließlich Zeichen, die inhärent unterscheidungs*un*geeignet sind, d.h. die in keinem Fall unterscheidungskräftig sein können („inherently devoid of distinctiveness"[35]), selbst wenn sie tatsächlich als Herkunftshinweis wahrgenommen werden.[36] Während sich die ersten zwei Kategorien dem oben erörterten

---

as in the case of purely functional signs [...]. The answer is that registering those features as marks would be a violation of Article 15.1 [...]") Missverständlich aber *Pires de Carvalho*, The TRIPS Regime of Trademarks and Designs, 4. Aufl. 2019, S. 231, Rn. 15.49 („a purely functional sign can still be registrable, provided it has acquired secondary meaning").

[31] Ablehnend *Schmidt-Pfitzner*, Das TRIPS-Übereinkommen und seine Auswirkungen auf den deutschen Markenschutz 2005, S. 76. Davon abzugrenzen ist die Frage, wie technische Funktionalität sich auf der präsumtiven Ebene, also bei der Bestimmung von abstrakter/inhärenter Unterscheidungskraft auswirkt, vgl. z.B. BGH, Beschluss v. 20.11.2003, I ZB 18/98 (BPatG) = GRUR 2004, 506 – *Stabtaschenlampen II*, S. 506.

[32] Vgl. BGH, Beschluss v. 17.11.2005, I ZB 9/04 = GRUR 2006, 588 – *Scherkopf*, Leitsatz. Damit würde Art. 15 TRIPS nicht nur in Bezug auf eine normative Funktionalitäts-Doktrin eine Grenze darstellen, sondern auch für kulturpolitisch motivierte Vorschläge, Unterscheidungsfähigkeit möglicherweise ausschließlich normativ zu bestimmen, vgl. z.B. *Anemaet*, The Fairy Tale of the Average Consumer: Why We Should Not Rely on the Real Consumer When Assessing the Likelihood of Confusion, GRUR Int 2020, 1008.

[33] Vgl. *Pires de Carvalho*, The TRIPS Regime of Trademarks and Designs, 4. Aufl. 2019, S. 181, Rn. 8.34.

[34] Vgl. *Pires de Carvalho*, The TRIPS Regime of Trademarks and Designs, 4. Aufl. 2019, S. 219, Rn. 15.35.

[35] *Pires de Carvalho*, The TRIPS Regime of Trademarks and Designs, 4. Aufl. 2019, S. 219, Rn. 15.34.

[36] Vgl. *Ramsey*, Protectable Trademark Subject Matter in Common Law Countries, in: Calboli/Ginsburg (Hrsg.), The Cambridge Handbook of International and Comparative Trademark Law 2020, 193, S. 208, die eine solche rein normative Bestimmung von fehlender Unterscheidungsfähigkeit für möglich hält („Yet WTO members could argue that certain

Aufbau von Art. 15.1 TRIPS entnehmen lassen,[37] muss die Existenz der letzten Kategorie begründet werden.

Das gelingt jedenfalls nicht mit einem Verweis auf Art. 1.1 TRIPS und der Feststellung, dass es den Mitgliedstaaten freistehe, festzulegen, dass bestimmte Zeichen nicht unterscheidungsgeeignet sind, insbesondere rein technisch bedingte Zeichen.[38] Sonst wäre *das* entscheidende Kriterium, das den (Mindest-) Standard des Art. 15 TRIPS bestimmt, effektiv ausgeschaltet, und damit der Standard selbst wirkungslos. Eine Regelungswirkung könnte Art. 15 TRIPS nicht mehr entfalten, weil jedes Mitglied selbst festlegen könnte, wann die Regel greift. Wenn Unterscheidungseignung im Sinne von Art. 15.1 TRIPS nicht tatsächlich, sondern rein normativ bestimmt werden könnte, ließe sich jedes Zeichen durch eine innerstaatliche gesetzliche Regelung aus dem Anwendungsbereich von Art. 15 TRIPS herausdefinieren.

Auch sonst bietet Art. 15 TRIPS keinen Anhaltspunkt dafür, dass Unterscheidungseignung aus rein normativen Gründen verneint werden kann.[39] Unterscheidungskraft kann ausweislich von Art. 15.1 Satz 3 TRIPS durch Benutzung erlangt werden, ist also eine Eigenschaft des Zeichens, die sich aus dessen *Verwendung als Marke* entwickeln kann – und damit bei tatsächlichem Vorliegen anerkannt werden muss.[40] Es geht um die tatsächliche Fähigkeit, zu unterscheiden. Diese Fähigkeit ist eine Aussage über die „tatsächliche" Wirkung des Zeichens: signalisiert es diejenigen Informationen, die nötig sind, damit die gekennzeichnete Ware von der eines anderen Unternehmens unterschieden werden kann?[41]

---

categories of subject matter are simply *not* capable of distinguishing goods or services".); vgl. auch Fezer/*Fezer*, Markenrecht, 4. Aufl. 2009, PVÜ Art. 6quinquies, Rn. 9, wonach auch ein kategorischer Ausschluss unter Art. 6quinquies B Nr. 2 PVÜ fallen kann.

[37] Vgl. WTO Berufungsorgan (Appellate Body), Report v. 2.1.2002, WT/DS176/AB/R – *United States – Section 211 Omnibus Appropriations Act of 1998*, Rn. 158.

[38] Vgl. *Pires de Carvalho*, The TRIPS Regime of Trademarks and Designs, 4. Aufl. 2019, S. 229, Rn. 14.47.

[39] Vgl. *WIPO Standing Committee on the Law of Trademarks, Industrial Designs and Geographical Indications*, Relation of established trademark principles to new types of marks, abrufbar unter https://www.wipo.int/edocs/mdocs/sct/en/sct_17/sct_17_3.doc (zuletzt abgerufen am 10.8.2022), SCT/17/3, S. 2 f.

[40] Vgl. Busche/Stoll/Wiebe/*Schmidt-Pfitzner/Schneider*, TRIPs, 2. Aufl. 2013, Artikel 15, Rn. 24; *Kur*, Marks for goods or services (trademarks), in: Correa (Hrsg.), Research handbook on the interpretation and enforcement of intellectual property under WTO rules 2010, 408, S. 415.

[41] Vgl. *Henning-Bodewig*, Schutzvoraussetzungen, in: Schricker/Beier (Hrsg.), Die Neuordnung des Markenrechts in Europa 1997, 104, S. 120; siehe zur UMV EuG, Urt. v. 15.3.2006, T-129/04 – *Develey (Form einer Flasche)*, Rn. 56 („Soweit nämlich das Zeichen von den maßgeblichen Verkehrskreisen als Hinweis auf die betriebliche Herkunft der Waren oder Dienstleistungen wahrgenommen wird, ist es für seine Unterscheidungskraft unerheblich, ob es gleichzeitig noch eine andere Funktion als die eines betrieblichen Herkunftshinweises, z. B. eine technische Funktion, erfüllt"), anknüpfend an EuGH, Urt. v. 9.10.2002, T-173/00 – *KWS Saat (Orangeton)*, Rn. 30.

## 2. Kein normativer Begriff der Unterscheidungskraft in der PVÜ

Gestützt wird dieser primär tatsachenbezogene Ansatz durch einen Rückgriff auf die PVÜ. Geht man davon aus, dass das Konzept der Unterscheidungskraft in Art. 15 TRIPS auf dem vorvertraglichen Konzept der PVÜ beruht, kann die PVÜ (supplementär) zur Begriffsbestimmung beitragen.[42] Diese enthält in Art. 6quinquies B Nr. 2 PVÜ ein Konzept der Unterscheidungskraft, die *nicht* aus rein normativen Gründen verneint werden kann.[43] Ein tatsächlich unterscheidungskräftiges Zeichen kann nicht wegen mangelnder „vermuteter" Unterscheidungskraft zurückgewiesen werden.[44] Eine entsprechende kategorische Betrachtung verbietet sich daher.[45] Aus deutscher Sicht entfaltete dieser Grundsatz der PVÜ eine enorme Wirkung, weil er (trotz Unanwendbarkeit der PVÜ auf Inlandssachverhalte) als allgemeiner Rechtsgrundsatz übernommen wurde.[46]

---

[42] Zur Einbeziehung sogar der Entstehungsgeschichte einer PVÜ Bestimmung in die Auslegung einer TRIPS Bestimmung, die auf dieser PVÜ Bestimmung basiert, vgl. WTO Untersuchungsausschuss (Panel), Reports v. 28.6.2018, WT/DS435/R, WT/DS441/R – *Australia – Certain Measures Concerning Trademarks, Geographical Indications and Other Plain Packaging Requirements Applicable to Tobacco Products and Packaging*, Rn. 7.1773 und Fn. 4113.

[43] Vgl. *Dinwoodie/Kur*, Non-conventional marks and the obstacle of functionality, in: Ricketson (Hrsg.), Research Handbook on the World Intellectual Property Organization 2020, 131, S. 143 und 149, wonach die faktisch erlangte Unterscheidungskraft nur im Rahmen der *ordre public*-Ausnahme unbeachtet bleiben darf, nicht aber nach Art. 6quinqies B Nr. 2 PVÜ. Vgl. auch *Ruijsenaars*, Neue Entwicklungen im Muster- und Markenrecht der Benelux-Länder, GRUR Int 1992, 505, S. 505, Fn. 55; *Kunz-Hallstein*, Anmerkung zu BGH 5.4.1990 I ZB 7/89 „IR-Marke FE", GRUR Int 1991, 49, S. 49. Für die Unterscheidungskraft nach PVÜ allein auf die Hinweisfunktion abstellend und eine mögliche Monopolstellung explizit außer Acht lassend BGH, Beschluss v. 6.7.1995, I ZB 27/93 = GRUR Int 1996, 158 – *Füllkörper*, S. 160 (die Frage tatsächlicher Unterscheidungskraft/Durchsetzung stellte sich allerdings nicht).

[44] Vgl. BGH, Beschluss v. 25.3.1999, I ZB 2/96 (BPatG) = GRUR 1999, 728 – *PREMIERE II*, S. 729, wonach sich aus der nachgewiesenen Verkehrsdurchsetzung ergibt, dass der Marke nicht jegliche Unterscheidungskraft fehlen kann. Vgl. schon zur PVÜ 1883 *Osterrieth/Axster*, Die Internationale Übereinkunft zum Schutze des gewerblichen Eigentums 1903, S. 154, wonach ein bloß „präsumiert[er]" Mangel an Unterscheidungskraft der Auslandsmarke nicht entgegengehalten werden darf. Für die Washingtoner Fassung vgl. *Osterrieth*, Die Washingtoner Konferenz, GRUR 1912, 1, S. 20.

[45] Vgl. *Bodenhausen*, Guide to the Application of the Paris Convention 1968, S. 115, Rn. e), der eine kategorische Betrachtung, wie sie aus einer normativen Ausnahme für rein funktionelle Zeichen folgen würde, ablehnt („*individual merits*"); vgl. auch *Beier*, Unterscheidungskraft und Freihaltebedürfnis, GRUR Int 1992, 243, S. 245; *Kur*, Summary and Comment on U.S. Court of Appeals for the Federal Circuit „Dr. Rath", (2005) 36 IIC 727, S. 729; *Ricketson*, The Paris Convention for the Protection of Industrial Property 2015, Rn. 12.23.

[46] Vgl. RPA Beschwerdeabteilung, Entscheidung v. 7.5.1913, B 79/13 (K 23 508/17 Wz) = Blatt für Patent-, Muster- und Zeichenwesen 1913, 195 – *LK*; *Finger*, Beurteilung der Unterscheidungskraft von Warenzeichen, besonders von Buchstabenzeichen, Markenschutz und Wettbewerb 1913/14, 10, S. 10 f., mit Verweis auf *Osterrieth*, Lehrbuch des gewerblichen Rechtsschutzes 1908, S. 294; *J. Seligsohn*, Die Zeichen- und Schutzfähigkeit von Buchstaben und Zahlen, GRUR 1922, 103, S. 105 (rechte Spalte); *Elster*, Die Schutzfähigkeit bloßer

Das führte dazu, dass Buchstabenzeichen, Zahlen und die Angabe des Orts der Herstellung nicht (mehr) aus normativen Gründen als nicht unterscheidungskräftig gelten konnten, wenn sie tatsächlich unterscheidungskräftig waren.[47] Es ist zwar fraglich, ob hinter den bis dato bestehenden Eintragungshindernissen wirklich ein (präsumtiver) Mangel an abstrakter Unterscheidungseignung stand.[48] Letztlich nahm die Amtspraxis des RPA, die sich ausdrücklich am Konzept der Unterscheidungskraft der PVÜ orientierte, die Einführung von § 4 Abs. 3 des Warenzeichengesetzes vorweg, der die vorgenannten Ausschlüsse als durch erlangte Unterscheidungskraft überwindbar ausgestaltete.[49] Konsequenterweise wurde ein Ausschluss des „Technischfunktionellem vom Ausstattungsschutz" als von der Verkehrsauffassung und damit der (tatsächlichen) Unterscheidungskraft unabhängiger Versagungsgrund verstanden.[50] Die Unterscheidungskraft aus der PVÜ wirkte auch später noch modernisierend auf die Schutzfähigkeit von eben jenen Zeichenarten (Buchstaben, Zahlen, geografische Angaben) im deutschen Markenrecht, weil die nationalen Entscheidungen zur *Telle Quelle*-Klausel die im Gesetz ausgedrückte restriktive Annahme der fehlenden Unterscheidungskraft dieser Zeichen aufweichte, und so das in dieser Hinsicht liberalere MarkenG vorwegnahmen.[51] In Einklang mit dem Verständnis der

---

Buchstaben und Zahlen, Markenschutz und Wettbewerb 1922, 35, S. 37; *Wassermann*, Zeichen, die sich im Verkehr durchgesetzt haben, GRUR 1929, 1, S. 2 (rechte Spalte).

[47] RPA Beschwerdeabteilung, Entscheidung v. 20.3.1922, B 191/21 = Blatt für Patent-, Muster- und Zeichenwesen 1922, 46 – *4711*, S. 46 f., und die Angabe des Orts der Herstellung, vgl. Entscheidung v. 20.1.1922, B 207/21 (F 19307/11 Wz) = Blatt für Patent-, Muster- und Zeichenwesen 1922, 28 – *Elberfelder Farbenfabriken*. Weitere Beispiele bei *J. Seligsohn*, Der § 4 Ziffer 1 WZG und die Praxis des Patentamts, Markenschutz und Wettbewerb 1925/26, 222, S. 222, und *Wassermann*, Die Aufgaben des Patentamts im Warenzeichenrecht, Mitteilungen vom Verband deutscher Patentanwälte 1930, 1, S. 3 ff.

[48] Zum Hintergrund des Ausschlusses von Buchstaben, Zahlen und geografischen Angaben in § 4 Nr. 1 Gesetz zum Schutz der Waarenbezeichnungen vom 12. Mai 1894 (RGBl. S. 441) vgl. Wortmeldung von *Landenberger* zum Vortrag von *Wassermann*, Die Aufgaben des Patentamts im Warenzeichenrecht, Mitteilungen vom Verband deutscher Patentanwälte 30 (1930), 1 (S. 10, linke Spalte) sowie den Meinungsaustausch zwischen *Utescher*, Warenzeichen, die sich im Verkehr nicht durchsetzen können, Mitteilungen vom Verband deutscher Patentanwälte 1930, 12, und *Landenberger*, Nochmals Warenzeichen, die sich im Verkehr nicht durchsetzen dürfen, Mitteilungen vom Verband deutscher Patentanwälte 1930, 88; vgl. auch *A. Seligsohn*, Gesetz zum Schutz der Warenbezeichnungen 1925, § 4 Rn. 8, Seite 75.

[49] § 4 Abs. 3 Warenzeichengesetz vom 5.5.1936 (RGBl. II, 134): „Die Eintragung wird jedoch in den Fällen der Nr. 1 zugelassen, wenn sich das Zeichen im Verkehr als Kennzeichen der Waren des Anmelders durchgesetzt hat." Vgl. *Dauskardt*, Die Verkehrsdurchsetzung im deutschen und europäischen Markenrecht 2017, S. 9 f., auch wenn diese Praxis laut BGH, Beschluss v. 9.11.1995, I ZB 29/93 (BPatG) = GRUR 1996, 202 – *UHQ*, S. 204, „nur von kurzer Dauer" war.

[50] Vgl. RG, Entscheidung v. 25.2.1943, II 116/42 = GRUR 1943, 213 – *Trockenhandfeuerlöscher*, S. 214; Entscheidung v. 20.3.1941, II 108/40 = GRUR 1941, 238 – *Wundpflaster*, S. 239; Entscheidung v. 4.10.1939, II 50/39, GRUR 1940, 45 – *Lavendelwasserflasche*, S. 47.

[51] Vgl. *Kur*, TRIPs und das Markenrecht, GRUR Int 1994, 987, S. 990, mit Verweis auf

PVÜ, dass diesen nationalen Entwicklungen zugrunde liegt, lässt sich festhalten, dass einem tatsächlich unterscheidungskräftigen Zeichen nicht (mehr) das Fehlen einer abstrakten (vermuteten) Unterscheidungsfähigkeit entgegengehalten werden kann.

Das schließt nicht aus, ein normatives Element (wie das eines sog. Freihaltebedürfnisses) *mit*zuberücksichtigen, um beispielsweise den Grad der erforderlichen *tatsächlichen* Verkehrsdurchsetzung festzulegen,[52] solange das normative Element nicht den *einzigen* Faktor bei der Bestimmung der Unterscheidungskraft darstellt.[53] Dem BGH ist zwar grundsätzlich zuzustimmen, wenn er den Aus-

---

u.a. BGH, Beschluss v. 5.4.1990 – I ZB 7/89 = GRUR 1991, 838 – *IR-Marke FE*; Beschluss v. 31.5.1990, I ZB 6/89 = GRUR 1991, 535 – *ST*; Beschluss v. 4.7.1991, I ZB 9/90 = GRUR 1991, 839 – *Z-TECH*; vgl. auch *Eisenführ*, „Dos", „quattro", „UHQ" – ein Schwanengesang?, GRUR 1994, 340, S. 341; *Henning-Bodewig*, Harmonisierung und Globalisierung, in: Schricker/Dreier/Kur (Hrsg.), Geistiges Eigentum im Dienst der Innovation 2001, 125, S. 130.

[52] Vgl. *Kur*, Too common, too splendid, or „just right"?, Max Planck Institute for Innovation & Competition Research Paper 2014, S. 29, zur Unterscheidungskraft als „overarching notion that encompasses all interests involved", und S. 30, zur Berücksichtigung von wettbewerblichen Aspekten bei der Beurteilung der Unterscheidungskraft von Formen. Siehe auch z.B. BPatG, Beschluss v. 22.3.1972, 28 W (pat) 24/71 = GRUR 1973, 28 – *Betonfilter*; BGH, Beschluss v. 4.12.2003, I ZB 38/00 = GRUR 2004, 329 – *Käse in Blütenform*, Leitsatz 2; Beschluss v. 14.12.2000, I ZB 26/98 = GRUR 2001, 416 – *Uhrengehäusering*, S. 417; Beschluss v. 14.12.2000, I ZB 25/98 = GRUR 2001, 418 – *Uhr mit fehlendem Gehäuseinhalt*, S. 419; Beschluss v. 14.12.2000, I ZB 27/98 = GRUR 2001, 413 – *Uhrengehäuseträger*, S. 414 f.; Starck/*Starck*, Warenzeichengesetz, 6. Aufl. 1989, PVÜ Art. 6quinquies, Rn. 7; *Albert*, Tagungsbericht, in: Schricker/Beier (Hrsg.), Die Neuordnung des Markenrechts in Europa 1997, 209, S. 219; Fezer/*Fezer*, Markenrecht, 4. Aufl. 2009, PVÜ Art. 6quinquies Eintragung, Versagung, Löschung, Rn. 8; *Kur*, Alles oder Nichts im Formmarkenschutz?, GRUR Int 2004, 755, S. 761; *Ströbele*, Probleme bei der Eintragung dreidimensionaler Marken, in: Bomhard/Pagenberg/Schennen (Hrsg.), Harmonisierung des Markenrechts 2005, 235, S. 247; *Ohly*, Designschutz im Spannungsfeld von Geschmacksmuster-, Kennzeichen- und Lauterkeitsrecht, GRUR 2007, 731, S. 734. Zu technisch-funktionellen Zeichen vgl. auch *Kur*, Acquisition of Rights, in: Kur/Senftleben (Hrsg.), European Trade Mark Law 2017, 89, S. 210, Rn. 4.302, und *Senftleben*, Signs Eligible for Trademark Protection in the European Union, in: Calboli/Ginsburg (Hrsg.), The Cambridge Handbook of International and Comparative Trademark Law 2020, 209, S. 218 f. Zur bewusst normativen Ausgestaltung des Tests für erlangte Unterscheidungskraft in der EU als „additional hurdle" siehe *Senftleben*, Public Domain Preservation in EU Trademark Law–A Model for Other Regions?, (2013) 104 Trademark Reporter 775, S. 826. Vgl. auch *Kur*, Alles oder Nichts im Formmarkenschutz?, GRUR Int 2004, 755, S. 761 („Gleitende Skala").

[53] Vgl. *Ströbele*, Probleme bei der Eintragung dreidimensionaler Marken, in: Bomhard/Pagenberg/Schennen (Hrsg.), Harmonisierung des Markenrechts 2005, 235, S. 247 wonach es angezeigt ist, „*auch* darauf abzustellen, ob und inwieweit eine Monopolisierung der angemeldeten Form mit den schutzwürdigen Interessen der Allgemeinheit in Einklang zu bringen ist (Hervorhebung nicht im Original). Vgl. auch *Kur*, Acquisition of Rights, in: Kur/Senftleben (Hrsg.), European Trade Mark Law 2017, 89, S. 208, Rn. 4.298. Vgl. *Chronopoulos*, Das Markenrecht als Teil der Wettbewerbsordnung 2013, S. 110, zur Verknüpfung von Verbraucherwahrnehmung *und* wettbewerbsrechtlicher Interessenabwägung, mit konkretem Beispiel auf S. 327.

schluss technisch-funktioneller Zeichen „auf ein besonders ausgeprägtes Allgemeininteresse an der freien Verfügbarkeit der betreffenden Warenformen" zurückführt. Dass der Ausschluss „damit einem Schutzversagungsgrund [entspricht], wie er sich auch in Art. 6 Abschn. B 1 Nr. 2 PVÜ findet",[54] ist allerdings missverständlich. Man könnte das als Versuch lesen, auch den nicht durch Verkehrsdurchsetzung überwindbaren, also kategorischen Ausschluss technisch-funktioneller Zeichen unter den Versagungsgrund der fehlenden Unterscheidungskraft zu fassen,[55] was im Ergebnis auf einen *rein* normativ bestimmten PVÜ-Begriff der Unterscheidungskraft hinausläuft.[56] Es scheint aber plausibler, dass der Verweis allgemeiner gehalten ist,[57] und dass der BGH sich nicht darauf festlegt, unter welche Nummer der Ausschluss letztlich zu fassen ist („auch").

Jedenfalls ersetzt das sog. „Freihaltebedürfnis" im Fall von Art. 6quinquies B Nr. 2 PVÜ nicht die Prüfung der Unterscheidungskraft, sondern ist letztlich Folge des Fehlens von Unterscheidungskraft. Deswegen enthält Art. 6quinquies B Nr. 2 PVÜ keinen generellen Vorbehalt für jegliches Freihaltebedürfnis.[58] Dass die Zurückweisung nicht-unterscheidungskräftiger Zeichen damit am Ende einem „besonders ausgeprägten Allgemeininteresse" dient, trifft also zu, bedeutet aber nicht, dass bereits das Vorliegen von Unterscheidungskraft selbst von besonders ausgeprägten Allgemeininteressen bzw. rein normativen Erwägungen abhängig gemacht werden und die tatsächliche Signalwirkung des Zeichens un-

---

[54] Vgl. BGH, Beschluss v. 17.11.2005, I ZB 12/04 = GRUR 2006, 589 – *Rasierer mit drei Scherköpfen*, Rn. 15.

[55] Vgl. Kur/Bomhard/Albrecht/*Kur*, BeckOK Markenrecht, 30. Aufl. 2022, MarkenG § 3, Rn. 113, die den Versuch als „nicht überzeugend" beschreibt; ähnlich *Kunz-Hallstein*, Art. 6quinquies PVÜ, MarkenR 2006, 487, S. 492 (rechte Spalte), der hier die Wortlautgrenze von Art. 6quinquies B Nr. 2 PVÜ überschritten sieht.

[56] Zustimmend Hacker/*Hacker*, Markengesetz, 12. Aufl. 2018, § 3, Rn. 99, mit Verweis auf weitere Entscheidungen des BGH. Aus diesen ergibt sich allerdings kein Hinweis darauf, dass die Unterscheidungskraft aus rein normativen Gründen versagt werden können soll, sondern es geht dort jeweils darum, dass das Freihaltebedürfnis bei der Prüfung der Unterscheidungskraft *mit*berücksichtigt wird. Es geht nicht um § 3 (2) MarkenG, sondern § 8 (2) MarkenG, siehe im Einzelnen BGH, Beschluss v. 4.12.2003, I ZB 38/00 = GRUR 2004, 329 – *Käse in Blütenform*, Leitsatz 2; Beschluss v. 14.12.2000, I ZB 26/98 = GRUR 2001, 416 – *Uhrengehäusering*, S. 417 (dort ausdrücklich: „Wie bei jeder anderen Markenform, sollte auch bei der dreidimensionalen, die Ware selbst darstellenden Formmarke allein maßgebend sein, ob der angesprochene Verkehr – aus welchen Gründen auch immer – in dem angemeldeten Zeichen einen Herkunftshinweis erblickt"); Beschluss v. 14.12.2000, I ZB 25/98 = GRUR 2001, 418 – *Uhr mit fehlendem Gehäuseinhalt*, S. 419; Beschluss v. 14.12.2000, I ZB 27/98 = GRUR 2001, 413 – *Uhrengehäuseträger*, S. 414 f.

[57] Vgl. *Schricker*, Anmerkung zu BGH: Schutzentziehung einer auf Deutschland erstreckten IR-Marke – telle-quelle-Schutz, LMK 2006, 185996: „Es gehe […] um ein besonders ausgeprägtes Allgemeininteresse an der freien Verfügbarkeit der betreffenden Warenform, wie es für Art. 6quinquies Abschn. B Nrn. 1–3 PVÜ charakteristisch ist."

[58] Vgl. ausdrücklich BGH, Beschluss v. 25.3.1999, I ZB 2/96 (BPatG) = GRUR 1999, 728 – *PREMIERE II*, S. 729.

beachtet bleiben darf.⁵⁹ Verstärkt wird das durch Art. 6quinquies C (1) PVÜ,⁶⁰ und vor allem dessen Vorgänger: ursprünglich ging es bei dieser Bestimmung genau darum, das Prinzip der Verkehrsdurchsetzung (klarstellend) in der PVÜ zu verankern, um zu verhindern, dass die Unterscheidungskraft *kategorisch* verneint wird, obwohl das Zeichen *faktisch* eine herkunftshinweisende Funktion erlangt hatte und ausübte.⁶¹ Dass daraus deutlich hervorgeht, „dass die Anerkennung durchgesetzter *Telle Quelle*-Marken für die Überwindung des Schutzhindernisses der fehlenden Unterscheidungskraft beabsichtigt war"⁶², könnte missverstanden werden. Es geht nicht um die „Überwindung" von fehlender Unterscheidungskraft (durch ein *aliud* zur Unterscheidungskraft), sondern schlicht den Gegenbeweis. Besser passt daher das Bild von einer „Vermutung"⁶³ fehlender Unterscheidungskraft, die widerlegt wird.⁶⁴ Geregelt wurde also nicht die „Überwindung", sondern die Frage, wie (das Fehlen von) Unterscheidungskraft festgestellt (und ggf. widerlegt) wird. Nicht zuletzt waren ja nach der in Washington beschlossenen Fassung zur Feststellung der *Unterscheidungskraft* alle tatsächlichen Umstände, insbesondere die Dauer des Gebrauchs zu berücksichtigen.⁶⁵

Nach einer Auffassung war es sogar von Anfang an Ziel der Validierungsklausel, „der anmaßenden Auffassung gewisser Gesetzgebungen ein Ende" zu

---

⁵⁹ Vgl. *Edrich*, Die Klausel „telle-quelle" 1962, S. 97, mit Beispiel zur unzulässigen Vorwegnahme eines faktisch noch nicht eingetretenen Verlustes der tatsächlichen Unterscheidungskraft, und mit dem Hinweis, dass die ungewollten Folgen nur mit dem *ordre public*-Vorbehalt verhindert werden können, S. 103, und zum Unterschied zwischen Nr. 2 und Nr. 3 auf S. 109 („Nach Ziff. 2 können Beschaffenheitsangaben etc. deshalb zurückgewiesen werden, weil eine Vermutung dafür besteht, daß sie nicht unterscheidungskräftig sind d.h. nicht geeignet erscheinen, auf eine bestimmte Herkunftsstätte hinzuweisen. *Nur deshalb besteht ein Interesse an der Freihaltung dieser Zeichen*", Hervorhebung nicht im Original); *Schmidt-Pfitzner*, Das TRIPS-Übereinkommen und seine Auswirkungen auf den deutschen Markenschutz 2005, S. 109; *Kunz-Hallstein*, Art. 6quinquies PVÜ, MarkenR 2006, 487, S. 492 (rechte Spalte).

⁶⁰ Vgl. *Kur*, Marks for goods or services (trademarks), in: Correa (Hrsg.), Research handbook on the interpretation and enforcement of intellectual property under WTO rules 2010, 408, S. 416, Fn. 37.

⁶¹ Vgl. *Osterrieth*, Die Washingtoner Konferenz zur Revision der Pariser Uebereinkunft, GRUR 1912, 1, S. 20 (rechte Spalte); *Edrich*, Die Klausel „telle-quelle" 1962, S. 109; *Sattler*, Emanzipation und Expansion des Markenrechts 2015, S. 121; *Dauskardt*, Die Verkehrsdurchsetzung im deutschen und europäischen Markenrecht 2017, S. 120.

⁶² *Dauskardt*, ebd.

⁶³ *Edrich*, Die Klausel „telle-quelle" 1962, S. 109.

⁶⁴ Vgl. auch *Osterrieth/Axster*, Die Internationale Übereinkunft zum Schutze des gewerblichen Eigentums 1903, S. 154.

⁶⁵ Siehe Actes de la Conférence réunie à Washington du 15 mai au 2 juin 1911, S. 332: „Dans l'appréciation du caractère distinctif d'une marque, on devra tenir compte de toutes les circonstances de fait, notamment de la durée de l'usage de la marque". Vgl. zum Begriff der Unterscheidungskraft nach EU-Markenrecht unter Einbeziehung von Art. 6quinquies (C) (1) PVÜ auch EuGH, Urt. v. 12.2.2004, C-363/99 – *Postkantoor*, Rn. 29 ff.

machen, „die ganzen Kategorien von Zeichen die Unterscheidungsfähigkeit absprechen".[66] Es wäre demnach sogar das erklärte Ziel gewesen, sicherzustellen, dass das Fehlen von Unterscheidungskraft nicht durch bloße gesetzgeberische Entscheidung kategorisch bestimmt werden kann.

### 3. Inzident: Keine Zulässigkeit nach Art. 6quinquies B Nr. 2 PVÜ

Damit ist zugleich die Frage beantwortet, ob die Zurückweisung technisch-funktioneller *Telle Quelle*-Marken unter Berufung auf Art. 6quinquies B Nr. 2 PVÜ zulässig wäre. Ein kategorischer Ausschluss, der also auch trotz tatsächlicher Unterscheidungskraft angewendet wird, kann *nicht* mit dem Mangel fehlender Unterscheidungskraft begründet werden.

### 4. Unterscheidungseignung nach TRIPS

Im Ergebnis fehlt die Unterscheidungseignung im Sinne von Art. 15 TRIPS nicht schon dann, wenn das Zeichen aus normativen Gründen nicht als unterscheidungsfähig gelten *soll*.[67] Technisch-funktionellen Zeichen kann die Unterscheidungskraft also nicht aus rein normativen Erwägungen[68] durch innerstaatliches Recht kategorisch abgesprochen werden. Sie unterliegen somit grundsätzlich dem Anwendungsbereich von Art. 15 TRIPS.[69] Eine kategorische *Nicht*-Eintragungsfähigkeit ist nicht mit TRIPS vereinbar, weil diese die tatsächliche Unterscheidungskraft unberücksichtigt lässt.[70]

---

[66] Vgl. *Lallier*, Artikel 6 des Pariser Unionsvertrages (Schutz der Marke „telle quelle"), Jahrbuch der Internationalen Vereinigung für Gewerblichen Rechtsschutz 1906, 46, S. 55. Das hat zumindest in Deutschland recht gut geklappt.

[67] Vgl. auch *WIPO Standing Committee on the Law of Trademarks, Industrial Designs and Geographical Indications*, Relation of established trademark principles to new types of marks, abrufbar unter https://www.wipo.int/edocs/mdocs/sct/en/sct_17/sct_17_3.doc (zuletzt abgerufen am 10.8.2022), S. 2 ff., zum etablierten Konzept der Unterscheidungskraft im Kontext von TRIPS ("The test of whether a trademark is distinctive generally depends on the understanding of the persons to whom the sign is addressed.").

[68] Zum *Nebeneinander* vom Ausschluss funktionaler Zeichen (EU) bzw. der *functionality*-Doktrin (US) auf der einen und Unterscheidungskraft bzw. *distinctiveness* auf der anderen Seite vgl. statt vieler z.B. *Henning-Bodewig*, Schutzvoraussetzungen, in: Schricker/Beier (Hrsg.), Die Neuordnung des Markenrechts in Europa 1997, 104, S. 120; *Geraldson/Griffin*, Evolution of nontraditional marks in the United States, in: Bomhard/Pagenberg/Schennen (Hrsg.), Harmonisierung des Markenrechts 2005, 191, S. 192 f.; *Senftleben*, Signs Eligible for Trademark Protection in the European Union in: Calboli/Ginsburg (Hrsg.), The Cambridge Handbook of International and Comparative Trademark Law 2020, 209, S. 213 f.

[69] Vgl. *Anemaet*, The Public Domain Is Under Pressure – Why We Should Not Rely on Empirical Data When Assessing Trademark Distinctiveness, (2016) 47 IIC 303, S. 320, Fn. 96 („Total exclusion from trademark protection of the shape of products or packaging is however not possible because Art. 15 TRIPS Agreement requires that all forms of signs capable of distinguishing goods or services must be accepted for registration as marks").

[70] Vgl. *Kur*, Marks for goods or services (trademarks), in: Correa (Hrsg.), Research handbook on the interpretation and enforcement of intellectual property under WTO rules 2010, 408, S. 416, Fn. 37.

## E. Supplementär: Entstehungsgeschichte

Dass sog. nicht-traditionelle Zeichen, insbesondere (Produkt-)Formen, nicht von Art. 15 TRIPS erfasst werden, folgt nach einer Ansicht aus der Entstehungsgeschichte. Wie sich zeigen wird, stützt ein Blick in die Geschichte aber das bisherige Ergebnis der Auslegung:

Zu einem Zeitpunkt der Verhandlungen entsprach es aus Sicht des Vorsitzenden dem damaligen Arbeitsstand der Verhandlungsgruppe, in eine Aufzählung, die dem tatsächlich beschlossenen Satz 2 in Art. 15.1 TRIPS ähnelt, auch die Waren- und Verpackungsform aufzunehmen.[71] Auch die Vorschläge der EG, USA und der Schweiz enthielten den Begriff der Waren- und Verpackungsform bzw. der dreidimensionalen Formen.[72] Daraus, dass die Aufzählung in Art. 15.1 Satz 2 TRIPS diese Zeichenarten nicht enthält, ergebe sich daher der Wille der Parteien, diese nicht als vom Zeichenbegriff erfasst anzusehen,[73] weil die vorgenannten Vorschläge abgelehnt wurden.

Aus Art. 15.1 Satz 2 TRIPS ergibt sich zwar ohne Weiteres der Konsens der Parteien darüber, welche Beispiele angeführt werden sollten;[74] dass dies aber auch einen Konsens über eine Beschränkung des Zeichenbegriffs bedeutet, bleibt begründungsbedürftig, weil diese Beispiele wie oben gesehen nicht den Begriff des Zeichens an sich, sondern nur *inhärent unterscheidungsgeeignete* Zeichen betreffen.

Eine nähere Betrachtung offenbart zudem inhaltliche und strukturelle Unterschiede zwischen den einzelnen Vorschlägen, die sich mit dieser Beobachtung decken. Es wurde nämlich nicht darüber verhandelt, welche Beispiele in die heutige Fassung von Art. 15.1 Satz 2 TRIPS aufzunehmen sind, und ob also Produktformen bzw. dreidimensionale Formen dort stehen sollten oder nicht. So enthält z.B. der Status Report des Vorsitzenden neben der bereits erwähnten A-Variante auch eine B-Variante. Diese kommt ohne eine Definition des Markenbegriffs und damit auch ohne einen Satz 2 mit Beispielen aus.[75] Der erwähnte US-Amerikanische Vorschlag zählte Dinge auf, die jedenfalls als Marke gelten, *sofern* sie unterscheidungskräftig sind.[76] Im Übrigen ist der Begriff „Zeichen"

---

[71] Siehe Urugay Round: Status of Work in the Negotiating Group, S. 18.

[72] Abgedruckt bei *Pires de Carvalho*, The TRIPS Regime of Trademarks and Designs, 4. Aufl. 2019, Rn. 15.37.

[73] Vgl. *Ng-Loy*, Absolute Bans on the Registration of Product Shape Marks, in: Calboli/Senftleben (Hrsg.), The Protection of Non-Traditional Trademarks 2018, 147, S. 164.

[74] Vgl. *Ng-Loy*, ebd., mit Verweis auf *Pires de Carvalho*, The TRIPS Regime of Trademarks and Designs 2014, Rn. 15.37.

[75] Siehe Urugay Round: Status of Work in the Negotiating Group, S. 18.

[76] Siehe Urugay Round: Draft Agreement on the Trade-Related Aspects of Intellectual Property Rights, S. 7: „Trademarks shall consist of at least any sign, words, including personal names, designs, letters, numerals, colors, the shape of goods or of their packaging, provided that they are capable of distinguishing the goods or services of one undertaking from those of other undertakings."

selbst wieder Bestandteil dieser Aufzählung. Ähnlich war der japanische Vorschlag formuliert.[77] Hier wurden also, ausgehend von der beschlossenen Fassung des Art. 15.1 TRIPS, Beispiele für Zeichen aufgezählt, nicht für inhärent unterscheidungsgeeignete Zeichen. Dass die „Listen" in den Vorschlägen von EG, USA und Japan sich unterschieden, hat also weniger etwas damit zu tun, ob der Zeichenbegriff an sich beschränkt werden sollte, sondern bezieht sich auf die Frage, welche Zeichen inhärent unterscheidungsgeeignet bzw. -kräftig sind. Das erklärt auch, wieso die Parteien sich trotz des nicht abschließenden Charakters der Aufzählung in Art. 15.1 Satz 2 TRIPS nicht auf alle denkbaren Zeichenarten einigten, denn die Aufzählung beschränkt die mitgliedstaatliche Souveränität bzw. Flexibilität nach Satz 3, einen Nachweis der tatsächlichen Unterscheidungskraft zu verlangen.

Damit stützt die Entstehungsgeschichte das oben gefunden Auslegungsergebnis. Eine Begrenzung des Markenbegriffs auf bestimmte Zeichenarten kommt auch dann nicht in Betracht, wenn man (entgegen den in der WVK kodifizierten gewohnheitsrechtlichen Auslegungsregeln) die Entstehungsgeschichte von Art. 15 TRIPS gleichrangig zur Auslegung heranziehen möchte.[78]

# F. Ergebnis: Tatsächliche Unterscheidungseignung führt zu Eintragungsfähigkeit

Im Ergebnis ist damit keine Zeichenart *per se* vom Anwendungsbereich des Art. 15.1 TRIPS ausgenommen. Entscheidend ist stets nur das Vorliegen von Unterscheidungseignung (inhärent oder in Form von durch Benutzung erlangter Unterscheidungskraft).[79] Damit ist jedes unterscheidungskräftige Zeichen nach Art. 15.1 TRIPS markenfähig und (vorbehaltlich von Satz 4) als eintragungsfähig zu behandeln – auch das technisch-funktionelle Zeichen. Die Zulässigkeit eines kategorischen Ausschlusses technisch-funktioneller Marken hängt folglich davon ab, ob dieser unter eine zulässige Ausnahme von Art. 15.1 TRIPS fällt.

---

[77] Siehe Urugay Round: Main Elements of a Legal Text for TRIPS, S. 7.
[78] Vgl. *Ng-Loy*, Absolute Bans on the Registration of Product Shape Marks, in: Calboli/Senftleben (Hrsg.), The Protection of Non-Traditional Trademarks 2018, 147, S. 164.
[79] Vgl. *Schmidt-Szalewski*, The International Protection of Trademarks after the TRIPs Agreement, (1998) 9 Duke Journal of Comparative & International Law 189, S. 207; *Gervais*, The TRIPS Agreement: Drafting History and Analysis, 5. Aufl. 2021, Rn. 2.241.

*Kapitel 6*

# Ausnahmen zu Art. 15.1 TRIPS

Es wird vertreten, dass trotz der Pflicht aus Art. 15.1 TRIPS, unterscheidungsgeeignete Zeichen als eintragungsfähig zu behandeln, ein kategorischer Ausschluss von unterscheidungsgeeigneten bzw. unterscheidungskräftigen Zeichen wegen Ausnahmen zur dieser Pflicht zulässig sein kann. Träfe dies zu, dann könnte auch der kategorische Ausschluss von technisch-funktionellen Zeichen zulässig sein. Die Zulässigkeit von Ausnahmen wird zum einen über eine Einbeziehung von Art. 6 und 6quinquies B PVÜ mittels Art. 2.1 TRIPS begründet (A.), zum anderen direkt aus Art. 15.2 TRIPS gefolgert (B.). Beide Ansätze bleiben aber erfolglos, so dass nur eine Ausnahme wegen stillschweigender Modifikation durch Staatenpraxis angenommen werden kann (C.), nach welcher der Ausschluss technisch-funktioneller Marken zulässig ist.

## A. Art. 6 (1) und 6quinquies B PVÜ über Art. 2.1 TRIPS

Nach einer Ansicht inkorporiert Art. 2.1 TRIPS diejenigen Ausnahmen zur Eintragungsfähigkeit, die in der PVÜ enthalten sind oder die die PVÜ zulässt.[1] Somit könnten neben Art. 6quinquies B Nr. 3 PVÜ[2] auch Art. 6 (1) PVÜ dafür sorgen, dass eigentlich nach Art. 15.1 TRIPS eintragungsfähige, technisch-funktionelle Zeichen nicht als eintragungsfähig behandelt werden müssen.

### I. Voraussetzung: Pflicht

Gegen diese Ansicht spricht der Wortlaut von Art. 2.1 TRIPS. Dort heißt es, dass die Mitglieder die genannten Bestimmungen der PVÜ einhalten müssen („comply with/cumplirán/conformeront"). Art. 2.1 TRIPS bezieht sich also seinem Wortlaut nach nur auf Pflichten, mithin auf Vorgaben, die die Souveränität der Mitglieder beschränken.[3] Zwar trifft es zu, dass Art. 2.1 TRIPS auf *Artikel* verweist,

---

[1] Vgl. *Pires de Carvalho*, The TRIPS Regime of Trademarks and Designs, 4. Aufl. 2019, S. 227, Rn. 15.43, und S. 407, Rn. 22.11.

[2] Vgl. *Pires de Carvalho*, The TRIPS Regime of Trademarks and Designs, 4. Aufl. 2019, S. 227, Rn. 15.43

[3] Die Konsequenz einer anderen Ansicht wäre, dass TRIPS für das Markenrecht keinerlei Vorgaben machen könnte: versteht man Art. 6 (1) PVÜ so, dass er den Mitgliedsstaaten Freiheit bei der Gestaltung aller Eintragungsvoraussetzungen gewährt (vgl. *W. Miosga*, In-

anders als Art. 2.2 TRIPS, wo ausdrücklich von „Pflichten" die Rede ist. Insoweit könnte man andenken, dass Art. 2.1 TRIPS sich neben Pflichten auch auf *Rechte* bezieht, die aus den aufgezählten Artikeln der PVÜ folgen.[4] Rechte können aber nicht „eingehalten" werden. Das Wort „comply" enthält bereits die Pflichtkomponente. Es wäre überflüssig gewesen, vor den Verweis auf Art. 1 bis 12 PVÜ zusätzlich die Worte „Pflichten aus" einzufügen.

## II. Nicht-Pflichten sind keine Rechte

Die vermeintlichen „Rechte", die die PVÜ hier gewährt, sind regelungstechnisch gesehen lediglich Grenzen von Pflichten.[5] Art. 6quinquies B PVÜ räumt nicht das Recht ein, Anmeldungen zurückzuweisen. Dieses „Recht" steht den Verbandsländern qua Souveränität von Anfang an zu. Die PVÜ stellt in puncto Auslandsmarke souveränitätsbeschränkende Pflichten auf, deren Reichweite u.a. durch Art. 6quinquies B PVÜ bestimmt wird.[6] Damit wird ein Recht zur Zurückweisung *anerkannt* und unberührt gelassen, nicht aber geschaffen. Es handelt sich bei den Versagungsgründen in Art. 6quinquies B PVÜ regelungstechnisch um eine Ausnahme von einer Pflicht. Dasselbe gilt für Art. 6 (1) PVÜ, der nicht einen Souveränitätsbereich erst schafft, also ein „Recht" einräumt, sondern (höchstens) den Pflichtenkreis der PVÜ-Mitglieder *negativ* beschreibt.[7] Die PVÜ ver-

---

ternationaler Marken- und Herkunftsschutz 1967, S. 46; siehe oben *Kapitel 1 C. I.*), dann würde das dazu führen, dass man Art. 15 TRIPS keinerlei beschränkende Wirkung für das Markenrecht entnehmen könnte. Auch Art. 2.2 TRIPS erfasst nur Pflichten (hier sogar unter Verwendung des Begriffs), nicht aber „exceptions and flexibilities", vgl. *Gervais*, The TRIPS Agreement: Drafting History and Analysis, 5. Aufl. 2021, Rn. 3.48. PVÜ-Mitglieder können sich über Art. 2.2 TRIPS nicht auf „Freiheiten" aus der PVÜ berufen, um den Vorgaben von TRIPS zu entkommen. Das folgt schon aus dem allgemeinen *lex posterior* Gedanken (vgl. *Grosse Ruse-Khan*, The Protection of Intellectual Property in International Law 2016, S. 39 ff, Rn. 3.19 ff.).

[4] Vgl. *Correa*, Trade Related Aspects of Intellectual Property Rights 2007, S. 45; *Grosse Ruse-Khan*, The Protection of Intellectual Property in International Law 2016, S. 96, Rn. 4.58.

[5] Siehe oben *Kapitel 1 C. I. 2. c)*. Vgl. *Grosse Ruse-Khan*, The Protection of Intellectual Property in International Law 2016, S. 99, Rn. 4.64.

[6] Vgl. BPatG, Beschluss v. 14.11.1995, 24 W (pat) 206/94 = GRUR 1996, 408 – *COSA NOSTRA*, S. 409; *Kunz-Hallstein*, Art. 6quinquies PVÜ, MarkenR 2006, 487, S. 491 (linke Spalte).

[7] Anders WTO Berufungsorgan (Appellate Body), Report v. 2.1.2002, WT/DS176/AB/R – *United States – Section 211 Omnibus Appropriations Act of 1998*, Rn. 165, Art. 6 (1) PVÜ als über Art. 2.1 TRIPS einbezogen ansehend. Dem ist nur im Ergebnis zuzustimmen: wie unten noch zu zeigen ist, regelt Art. 15 TRIPS nicht alle Bedingungen für eine Eintragung, so dass es beim ungeregelten Rest bei der Souveränität der Mitglieder bleibt. Das folgt regelungstechnisch aber nicht aus der Einbeziehung von Art. 6 (1) PVÜ, sondern aus dem diesbezüglichen Fehlen von Pflichten, also daraus, dass Art. 15 TRIPS nicht *alle* Voraussetzungen einer Eintragung festlegt. Zur Souveränität als vorvertraglichem Zustand vgl. *Kunz-Hallstein*, Art. 6quinquies PVÜ, MarkenR 2006, 487, S. 487 (rechte Spalte).

pflichtet ihre Mitglieder nicht dazu, ihre „Souveränität" auszuleben. Diese können sich ohne Weiteres zwischenstaatlich binden und sich so ihrer Souveränität auch in dieser Frage entledigen, sei es z.B. als Folge eines regional harmonisierten oder einheitlichen Markenrechts wie in der EU, der OAPI oder eben durch TRIPS.

### III. Art. 6quinquies B PVÜ als (allgemeine) Pflicht

Damit müssen für die „Inkorporierung" der Zurückweisungsgründe in Art. 6quinquies B PVÜ zwei Voraussetzungen vorliegen. Zum einen muss eine Pflicht beschrieben werden, die eingehalten werden kann. Zum anderen muss diese Pflicht auch außerhalb von Art. 6quinquies PVÜ gelten, als eine allgemeine Regelung, die nicht nur für den Sonderfall der zu validierenden Auslandsmarken gilt.

Dementsprechend wird versucht, die Art. 6quinquies B Nr. 1 bis 3 PVÜ als *verpflichtende* Zurückweisungsgründe darzustellen, die zudem allgemein, also auch außerhalb von Art. 6quinqies PVÜ, gelten.[8] Beides ist aber mit dem Wortlaut und mit dem Aufbau von Art. 6quinquies B PVÜ nicht vereinbar.[9] Zwar stimmt es, dass Art. 6quinquies B PVÜ eine Pflicht auferlegt („imposition")[10] – aber nicht eine Pflicht zur *Zurückzuweisung*, sondern zur *Eintragung* (in anderen als in den abschließend erfassten Fällen der zulässigen Zurückweisung).[11] Die Zurückweisung hingegen ist zulässig, nicht verpflichtend.[12] Dass eine Pflicht zur

---

[8] Vgl. *Pires de Carvalho*, The TRIPS Regime of Trademarks and Designs, 4. Aufl. 2019, S. 227, Rn. 15.44, der auch aus Art. 15.1 TRIPS einen Maximalstandard ableitet, d.h. ein Eintragungsverbot für Zeichen, die (aus normativen Gründen) nicht unterscheidungskräftig sein können, vgl. Rn. 15.69. Gleichzeitig spricht *Pires de Carvalho*, The TRIPS Regime of Trademarks and Designs, 4. Aufl. 2019, S. 227, Rn. 15.41, von (lediglich) „Andeutungen" („allusion") in Art. 6quinquies B PVÜ davon, was einem Zeichen trotz Unterscheidungsfähigkeit entgegengehalten können werden soll.

[9] Vgl. Cour de Paris (FR), Urteil v. 26.4.1960 = GRUR Ausl 1961, 185 – *Cote d'Or*, S. 186: „Dieser Text legt den Unterzeichnerstaaten keine Verpflichtung auf, sondern gibt ihnen nur die Möglichkeit, der Bezeichnung des Ursprungsorts der Waren den Markenschutz zu versagen."

[10] *Pires de Carvalho*, The TRIPS Regime of Trademarks and Designs, 4. Aufl. 2019, S. 228, Rn. 15.44.

[11] Vgl. *Marsoof*, TRIPS Compatibility of Sri Lankan Trademark Law, (2012) 15 Journal of World Intellectual Property 51, S. 52 f.; *Sayeed*, Revisiting the Regime of Trademark Protection in Bangladesh, (2017) 7 Asian Journal of International Law 264, S. 270. Vgl. zudem den Vorschlag im „Chairman's Draft" zu Art. 15 TRIPS, auf der einen Seite die Pflicht zur Zurückweisung von irreführenden Zeichen einzuführen, und auf der anderen Seite die Zurückweisung sittenwidriger/*ordre public*-widriger Zeichen für zulässig zu erklären, siehe Uruguay Round: Status of Work in the Negotiating Group, S. 18, abgedruckt bei *Gervais*, The TRIPS Agreement: Drafting History and Analysis, 5. Aufl. 2021, S. 325.

[12] Vgl. *W. Miosga*, Internationaler Marken- und Herkunftsschutz 1967, S. 69; *Beyerle*, Unterscheidungskraft und Freihaltebedürfnis im deutschen Warenzeichenrecht 1988, S. 14 und 67, mit Nachweisen in Fn. 60 und 252; *Kunz-Hallstein*, Art. 6quinquies PVÜ, MarkenR

Zurückweisung zudem außerhalb von Art. 6quiqnuies PVÜ gilt, ist ebenfalls begründungsbedürftig. Die PVÜ kennt mit Art. 6bis (1) und 6ter (1) PVÜ nämlich durchaus *explizite* Bestimmungen von Schutzobergrenzen im Markenrecht bzw. Maximalstandards durch die Bestimmung von Zeichen, die nicht eingetragen werden dürfen. Art. 6ter PVÜ entwickelte sich vom Beispiel für den *ordre public* gemäß der Validierungsklausel im Schlussprotokoll von 1883 zu einer eigenständigen, außerhalb dieser Klausel stehenden Regel. Das wäre nicht notwendig gewesen, wenn Mitgliedsländer schon über den *orde public*-Zurückweisungsgrund der Validierungsklausel zur Zurückweisung verpflichtet gewesen wären.[13] Art. 6quinquies B PVÜ regelt keine Pflicht, und auch nicht die Zulässigkeit von Zurückweisungsgründen an sich, sondern nur im Rahmen der Auslandsanmeldung.[14] Eine Ausnahme bildet hier lediglich der letzte Satz in Art. 6quinquies B PVÜ, der eine Pflicht aus Art. 10bis PVÜ als vorrangig *anerkennt* (nicht schafft), die grundsätzlich auch außerhalb der Validierungsklausel gilt.

### IV. Art. 6 (1) PVÜ

Die allgemeine Geltung von Art. 6 (1) PVÜ bedarf zwar keiner Begründung, am Ergebnis ändert das allerdings nichts, weil auch hier schon keine Pflicht bestimmt wird. Außerdem wird vertreten, dass Art. 6 (1) PVÜ die Eintragungsfähigkeit des Zeichens gar nicht erfasst.[15] Ein Leerlauf der Aufzählung von Art. 6 PVÜ in Art. 2.1 TRIPS ist im Übrigen nicht zu befürchten, weil jedenfalls die Pflichten aus Art. 6 (2) und (3) PVÜ einbezogen werden.

### V. Ergebnis: Keine Ausnahme aus Art. 6 (1) und 6quinquies B PVÜ

Damit kann eine Abweichung von Art. 15.1 TRIPS nicht über Art. 2.1 TRIPS mit dem *ordre public*-Vorbehalt aus Art. 6quinquies B PVÜ gerechtfertigt werden. Dasselbe gilt für Art. 6 (1) PVÜ.

---

2006, 487, S. 491 (rechte Spalte); Fezer/*Fezer*, Markenrecht, 4. Aufl. 2009, PVÜ Art. 6quinquies, Rn. 5, mit Verweis auf Cour de Paris (FR), Urteil v. 26.4.1960 = GRUR Ausl 1961, 185 – *Cote d'Or*; *Haight Farley*, Public Policy Limitations on Trademark Subject Matter, in: Calboli/Ginsburg, (Hrsg.), The Cambridge Handbook of International and Comparative Trademark Law 2020, 227, S. 239.

[13] Vgl. insbesondere den entsprechenden Vorschlag der Schweiz, siehe Actes de la Conférence réunie à Washington du 15 mai au 2 juin 1911, S. 116.

[14] Vgl. auch die Klarstellung bei *W. Miosga*, Internationaler Marken- und Herkunftsschutz 1967, S. 69, wonach sich die Gründe in Art. 6quinquies B PVÜ *nur* auf die eigentlich als *Telle Quelle*-Marke einzutragenden Zeichen beziehen.

[15] Siehe oben *Kapitel 1 C. I. 2. d)*.

## B. Anderer Grund nach Art. 15.2 TRIPS

Als weiteres Einfallstor für die Einbeziehung von Art. 6quinquies B PVÜ im Sinne von allgemein zulässigen Zurückweisungsgründen auch gegenüber Zeichen, die nach Art. 15.1 TRIPS eintragungsfähig sind, wird Art. 15.2 TRIPS angesehen.[16] So liegt dessen primäre Aufgabe nach einer Ansicht darin, das Recht der Mitgliedsstaaten zu erhalten, eine Eintragung wegen der in Art. 6, 6ter und 6quinquies PVÜ geregelten Gründe zu verweigern.[17]

Art. 15.2 TRIPS legt fest, dass Art. 15.1 TRIPS die Mitglieder nicht daran hindert, die Eintragung einer Marke *aus anderen Gründen* zu verweigern, solange diese Gründe nicht von der PVÜ *abweichen*. Die hier zu erörternde Frage lautet folglich: was ist ein anderer Grund, und wann weicht er von der PVÜ ab? Auch wenn der Wortlaut zunächst offen für *jeden* Grund erscheint,[18] sprechen die besseren Argumente dafür, dass der Ausschluss unterscheidungsfähiger technisch-funktioneller Zeichen *nicht* nach Art. 15.2 TRIPS zulässig ist, weil Art. 15.1 TRIPS die Frage der Eintragungsfähigkeit, also alle Voraussetzungen, die sich auf das Zeichen selbst beziehen, abschließend regelt.

### I. Art. 15.1 TRIPS regelt Eintragungsfähigkeit

Art. 15.1 TRIPS bestimmt keine Pflicht zur Eintragung, sondern regelt lediglich die Eintragungsfähigkeit.[19] Das geht neben dem Wortlaut auch aus der Überschrift von Art. 15 TRIPS hervor[20] und wird bestätigt durch ein Leerlauf-Argument aus Art. 15.4 TRIPS, für den kein Raum mehr wäre, wenn Art. 15.1 TRIPS eine Pflicht zur Eintragung aufstellen würde.[21] Dasselbe Leerlauf-Argument

---

[16] Für eine Zulässigkeit gemäß den Gründen in Art. 6quinquies B Nr. 1 bis 3 PVÜ z.B. *Schmidt-Szalewski*, The International Protection of Trademarks after the TRIPs Agreement, (1998) 9 Duke Journal of Comparative & International Law 189, S. 207; *Baechler*, Sinn und Unsinn abstrakter Farbmarken, GRUR Int 2006, 115, S. 123; *Scassa*, Antisocial Trademarks, (2013) 103 Trademark Reporter 1172, S. 1178; *Ziemer/Tavares/Randazza*, Morality and Trademarks, (2017) 40 Suffolk Transnational Law Review 221, S. 230; wohl auch *Knaak*, Markenrecht im TRIPS-Übereinkommen, in: Schricker/Beier (Hrsg.), Die Neuordnung des Markenrechts in Europa 1997, 19, S. 22.

[17] Vgl. *Grosse Ruse-Khan*, The Protection of Intellectual Property in International Law 2016, S. 96, Rn. 4.58; vgl. auch *Schmidt-Pfitzner*, Das TRIPS-Übereinkommen und seine Auswirkungen auf den deutschen Markenschutz 2005, S. 74 ff.

[18] *Marsoof*, TRIPS Compatibility of Sri Lankan Trademark Law, (2012) 15 Journal of World Intellectual Property 51, S. 67, und inklusive Tippfehler sich anschließend *Sayeed*, Revisiting the Regime of Trademark Protection in Bangladesh, (2017) 7 Asian Journal of International Law 7 264, S. 284, sprechen von „fast" jedem Grund.

[19] Auch hier meint Eintragungsfähigkeit in Anknüpfung an den Wortlaut von Art. 15.1 TRIPS die „eligibility for registration", in Abgrenzung zu einer oben in *Kapitel 1 A.* dargestellten, innerstaatlich-dogmatischen Aufteilung von Schutzvoraussetzungen.

[20] Vgl. WTO Berufungsorgan (Appellate Body), Report v. 2.1.2002, WT/DS176/AB/R – *United States – Section 211 Omnibus Appropriations Act of 1998*, Rn. 155.

[21] Vgl. WTO Berufungsorgan (Appellate Body), Report v. 2.1.2002, WT/DS176/AB/R – *United States – Section 211 Omnibus Appropriations Act of 1998*, Rn. 161.

kann man für Art. 15.3 TRIPS machen, denn wenn jedes nach Art. 15.1 TRIPS eintragungsfähige Zeichen eingetragen werden müsste, dann müsste Art. 15.3 TRIPS nicht zusätzlich regeln, ob und in welchem Umfang die Benutzung einer Marke zur Voraussetzung der Eintragung gemacht werden darf. Art. 15.4 und 15.3 TRIPS betreffen *nicht* die Frage der Eintragungsfähigkeit des Zeichens, also nicht das Zeichen selbst. Sie regeln nicht die Eigenschaften des Zeichens. Art. 15.1 TRIPS betrifft hingegen *nur* die Frage der Marken- und Eintragungsfähigkeit des Zeichens, also seine Eigenschaften. So gesehen regeln Art. 15.3 TRIPS[22] und Art. 15.4 TRIPS jeweils „andere Gründe" im Sinne von Art. 15.2 TRIPS, nämlich andere Zurückweisungsgründe als die fehlende Eintragungsfähigkeit.

## II. Art. 15.2 betrifft nicht die Eintragungsfähigkeit

### 1. Art. 15.1 TRIPS regelt Eintragungsfähigkeit abschließend

Dass ein anderer Grund im Sinne von Art. 15.2 TRIPS sich nicht auf die Eintragungsfähigkeit des Zeichens beziehen kann, folgt aus einem Leerlauf Argument. Wenn Art. 15.1 TRIPS irgendeine Wirkung entfalten soll, insbesondere einen Mindeststandard einführen soll,[23] dann müssen die Eintragungsvoraussetzungen zumindest teilweise abschließend geregelt werden. Wäre *jeder* Grund der Zurückweisung weiterhin zulässig, bliebe von Art. 15.1 TRIPS nichts mehr übrig. Die einzige Grenze aus Art. 15.1 und 15.2 TRIPS wäre sonst nur noch die Vereinbarkeit mit der PVÜ, was aber wegen Art. 2.1 TRIPS sowieso schon gilt.

Art. 15.1 TRIPS schafft nur dadurch einen Mindeststandard, dass er die Eintragungsfähigkeit abschließend regelt.[24] Das heißt, dass außer der visuellen Wahrnehmbarkeit und der Unterscheidungseignung des Zeichens keine weiteren Voraussetzungen der Eintragungsfähigkeit an das Zeichen gestellt werden dürfen.[25] Ein anderer Grund ist daher nur ein solcher, der sich *nicht* auf das Zeichen selbst bezieht, also nicht die Eintragungsfähigkeit betrifft.

---

[22] Vgl. WTO Berufungsorgan (Appellate Body), Report v. 2.1.2002, WT/DS176/AB/R – *United States – Section 211 Omnibus Appropriations Act of 1998*, Rn. 164.

[23] Vgl. *Jaconiah*, The Requirements for Registration and Protection of Non-Traditional Marks in the European Union and in Tanzania, (2009) 40 IIC 756, S. 775.

[24] Vgl. *Zhan*, The International Registration of Non-traditional Trademarks: Compliance with the TRIPS Agreement and the ParisConvention, (2017) 16 World Trade Review 111, S. 113 f.

[25] Vgl. *Schmidt-Pfitzner*, Das TRIPS-Übereinkommen und seine Auswirkungen auf den deutschen Markenschutz 2005, S. 228; *Dinwoodie/Kur*, Non-conventional marks and the obstacle of functionality, in: Ricketson (Hrsg.), Research Handbook on the World Intellectual Property Organization 2020, 131, S. 139, die einen Maximal- und Mindeststandard der Eintragungsfähigkeit beschreiben: „To be registrable, ist is necessary, but also (at least as an initial matter) sufficient, that a sign is ‚capable of distinguishing the goods or services of one undertaking from those of another undertaking.'" Ähnlich auch *Gervais*, A Look at the Trademark Provisions in the TRIPS Agreement, in: Calboli/Ginsburg (Hrsg.), The Cambridge Handbook of International and Comparative Trademark Law 2020, 27, S. 32 und 45,

## 2. Bedeutung des zweiten Halbsatzes

Der zweite Halbsatz in Art. 15.2 TRIPS stellt klar: ein sich nicht auf das Zeichen beziehender, *anderer* Grund ist nur zulässig, wenn er mit der PVÜ vereinbar ist. Die Klarstellung im ersten Halbsatz von Art. 15.2 TRIPS, dass Art. 15.1 TRIPS nur die Eintragungsfähigkeit des Zeichens bestimmt, die Mitgliedsstaaten die Eintragungsvoraussetzungen im Übrigen aber frei bestimmen können, macht den zweiten Halbsatz von Art. 15.2 TRIPS erst erforderlich. Ohne diesen Zusatz könnte man aus Art. 15.2 TRIPS schließen, dass hinsichtlich der anderen Gründe (die also nicht das Zeichen selbst betreffen) keinerlei Beschränkungen bestehen, auch nicht diejenigen, die die PVÜ vorgibt.

Bei den Versagungsgründen, die *nicht* mit der PVÜ vereinbar sind, handelt es sich ausschließlich um solche, die sich nicht auf das Zeichen selbst beziehen, die nicht an die Eigenschaften des Zeichens anknüpfen: die Eintragung im Ausland darf nicht verlangt werden (Art. 6 (2) PVÜ) und der Bestand einer Marke nicht vom Bestand einer Auslandseintragung abhängig sein (Art. 6 (3) PVÜ); die Beschaffenheit der Ware darf die Eintragung nicht hindern (Art. 7 PVÜ); und schließlich knüpft die Eintragungspflicht (dem Wesen nach nichts anderes als ein Zurückweisungsverbot) aus Art. 6quinquies PVÜ an die Eintragung im Ursprungsland an. Diese Regelungen gelten schon wegen Art. 2.1 TRIPS. Der zweite Halbsatz stellt klar, dass sie nicht durch Art. 15 TRIPS als *lex specialis* überlagert werden. Art. 15.2 TRIPS sichert keine „Rechte" aus der PVÜ ab,[26] sondern stellt den Umfang der Pflicht aus Art. 15.1 TRIPS sowie die *vorrangige* Anwendbarkeit der PVÜ-Bestimmungen, die eine Zurückweisung aus bestimmten Gründen verbieten bzw. nur unter bestimmten Gründen zulassen, klar.

Art. 15.2 TRIPS verweist folglich nur auf die Bestimmungen der PVÜ, von denen eine Zurückweisung abweichen kann.[27] Damit eine Zurückweisung von einer Bestimmung abweichen kann, muss die Bestimmung entweder die Eintragung vorschreiben oder die Zurückweisung verbieten. Bestimmungen, nach denen eine Zurückweisung zulässig oder gar verpflichtend ist, sind insoweit völlig

---

der allgemein davon spricht, dass Art. 15 TRIPS die mitgliedstaatliche Flexibilität des Markenbegriffs beschränkt; vgl. auch *Calboli/Haight Farley*, The Trademark Provision in the TRIPS Agreement, in: Correa/Yusuf (Hrsg.), Intellectual Property and International Trade, 3. Aufl. 2016, 157, S. 161 und 164 („comprehensive definition").

[26] Vgl. *Grosse Ruse-Khan*, The Protection of Intellectual Property in International Law 2016, S. 96, Rn. 4.58. Dass es sich bei Art. 6quinquies B PVÜ nicht um „Rechte", sondern die Beschränkung einer Pflicht handelt, wurde oben erörtert; vgl. auch *Sayeed*, Revisiting the Regime of Trademark Protection in Bangladesh, (2017) 7 Asian Journal of International Law 264, S. 270. Auch *Pires de Carvalho*, The TRIPS Regime of Trademarks and Designs, 4. Aufl. 2019, S. 227, Rn. 15.41, spricht nur von „Andeutungen" („allusion") in Art. 6quinquies B PVÜ davon, was einem Zeichen trotz Unterscheidungsfähigkeit entgegengehalten können werden soll.

[27] Vgl. *Marsoof*, TRIPS Compatibility of Sri Lankan Trademark Law, (2012) 15 Journal of World Intellectual Property 51, S. 52.

unerheblich. Denn von ihnen kann eine Zurückweisung nicht abweichen.[28] Weder Art. 6 (1) noch Art. 6quinquies B Nr. 1 bis 3 PVÜ verbieten eine Zurückweisung oder schreiben eine Eintragung vor.[29] Auch eine Pflicht zur Nichteintragung, wie sie Art. 6bis und 6ter PVÜ enthalten, ist in diesem Zusammenhang nicht relevant.[30] Dass ein Zurückweisungsgrund nicht in der PVÜ vorgesehen oder gar vorgeschrieben sein muss, damit er nach Art. 15.2 TRIPS zulässig ist,[31] folgt also schon daraus, dass eine Zurückweisung solchen Bestimmungen zwar entsprechen, aber nicht von ihnen *abweichen* kann. Auch aus diesem Grund bildet Art. 6quinquies B Nr. 1 bis 3 PVÜ nicht wegen Art. 15.2 TRIPS einen Zulässigkeitsmaßstab für die Zurückweisung von (unterscheidungsgeeigneten) Zeichen. Stattdessen bekräftigt Art. 15.2 TRIPS die schon aus Art. 2.1 TRIPS folgende Pflicht, die Validierungsbestimmung des Art. 6quinquies PVÜ zu beachten.[32] Mit Blick auf die Eintragungsvoraussetzungen von Marken müssen *sowohl* die TRIPS-Bestimmungen *als auch* die PVÜ-Vorschriften eingehalten werden.

### 3. Erst-Recht-Schluss aus dem Patent- und Designrecht

Ein weiteres Argument gegen die Zulässigkeit von weiteren Voraussetzungen der Eintragungsfähigkeit folgt aus einem Abgleich mit den TRIPS-Bestimmungen zum Design- und Patentrecht.

Art. 27 TRIPS sieht in den Absätzen 2 und 3 die Möglichkeit vor, trotz des Vorliegens der Voraussetzungen nach Absatz 1 patentrechtlichen Schutz zu verweigern. Dabei wird an die Erfindung selbst angeknüpft: in Absatz 2 an deren mögliche Auswirkungen, in Absatz 3 an bestimmte, nach Einsatzgebiet abgegrenzte Erfindungsarten. Art. 25.1 Satz 3 TRIPS bestimmt, dass auch diejenigen Muster, die eines der beiden zuvor definierten Schutzkriterien erfüllen, vom Schutz ausgenommen werden dürfen, wenn sie im Wesentlichen technisch oder funktional bestimmt sind.

---

[28] Vgl. WTO Berufungsorgan (Appellate Body), Report v. 2.1.2002, WT/DS176/AB/R – *United States – Section 211 Omnibus Appropriations Act of 1998*, Rn. 176; vgl. auch die Nennung von Art. 6quinquies und 7 PVÜ bei *Sayeed*, Revisiting the Regime of Trademark Protection in Bangladesh, (2017) 7 Asian Journal of International Law 264, S. 269, Fn. 30. Missverständlich die Formulierung auf S. 270, demzufolge die Zurückweisung nicht auf Gründe beschränkt sei, die explizit in der PVÜ vorgesehen sind, wie in Art. 7 PVÜ. Art. 7 PVÜ erklärt gerade keinen Versagungsgrund für zulässig, sondern verbietet eine Versagung aus dem dort genannten Grund.

[29] Vgl. auch die Klarstellung bei *W. Miosga*, Internationaler Marken- und Herkunftsschutz 1967, S. 69, wonach sich die Gründe in Art. 6quinquies B PVÜ *nur* auf die eigentlich als *Telle Quelle*-Marke einzutragenden Zeichen beziehen.

[30] Vgl WTO Berufungsorgan (Appellate Body), Report v. 2.1.2002, WT/DS176/AB/R – *United States – Section 211 Omnibus Appropriations Act of 1998*, Rn. 175, Fn. 110.

[31] Vgl. WTO Berufungsorgan (Appellate Body), Report v. 2.1.2002, WT/DS176/AB/R – *United States – Section 211 Omnibus Appropriations Act of 1998*, Rn. 177.

[32] Vgl. *Kur*, Marks for goods or services (trademarks), in: Correa, (Hrsg.), Research handbook on the interpretation and enforcement of intellectual property under WTO rules 2010, 408, S. 415.

Die Notwendigkeit dieser Ausnahmebestimmungen liegt aus dem Blickwinkel eines Mindestschutzstandards auf der Hand: auch hier müssen die Schutzvoraussetzungen in Bezug auf Muster bzw. Erfindungen abschließend geregelt sein. Erst die explizite Erklärung der Zulässigkeit einer Schutzversagung, die an die Eigenschaft des Musters bzw. der Erfindung (Schutzgegenstand) anknüpft, kann eine Ausnahme hervorbringen. Es handelt sich um eine begrenzt definierte Ausnahme, die den Mindestschutzstandard im Übrigen intakt lässt.

Art. 15 TRIPS enthält im Gegensatz dazu keine explizite Bestimmung, dass ein sich auf das Schutzobjekt beziehender Versagungsgrund (im Bereich der Eintragungsfähigkeit) zulässig ist. Nun könnte einem Umkehrschluss aus Art. 27 TRIPS (vorbehaltlich der Zulässigkeit eines bestimmenden Rückgriffs auf historische Umstände) womöglich noch entgegengehalten werden, dass Art. 27.2 TRIPS nur klarstellende Bedeutung habe. Dieselbe Klarstellung sei in Art. 15 TRIPS deswegen unterblieben, weil hier die politische Diskussion wesentlich unbedeutender war als diejenige mit Blick auf die möglichen Risiken biotechnologischer oder gentechnischer Erfindungen oder nuklearer Technologien.[33] Das erklärt aber nicht den Unterschied zwischen Art. 15 und Art. 25 TRIPS hinsichtlich technisch oder funktional bestimmter Schutzobjekte. Die Diskussion um technisch oder funktional bedingte Schutzobjekte stellt sich im Markenrecht mit der gleichen politischen Brisanz (bzw. im Vergleich zu den Risiken der oben genannten Technologiebereiche Unbrisanz) wie im Designrecht. Eine Klarstellung wäre in beiden Fällen gleich (un-)nötig gewesen.

*4. Supplementär: (Entstehungs-)Geschichte*

Der abschließende Charakter von Art. 15.1 TRIPS hinsichtlich der Eintragungsfähigkeit des Zeichens könnte auch durch einen Blick in die Entstehungsgeschichte gestützt werden.

Der „Chairman's Draft"[34] zu TRIPS zählte drei Gründe auf, bei deren Vorliegen die Eintragung bzw. der Schutz als Marke *verpflichtend* ausgeschlossen sein sollten. Neben der fehlenden Unterscheidungskraft und dem Konflikt mit früheren Rechten zählte zu diesem Maximalstandard auch die *Irreführung*. Darüber hinaus sah der Vorschlag noch vor, dass der Verstoß einer Marke gegen die guten Sitten bzw. öffentliche Ordnung einen *zulässigen* Zurückweisungsgrund darstellen sollte. Dieser Vorschlag wurde *nicht* angenommen.

Mit Blick auf das Designrecht wurde festgestellt, dass kaum angenommen werden könne, dass mit TRIPS beabsichtigt war, den in den meisten Mustergesetzen der Welt verankerten Schutzausschluss der Sittenwidrigkeit für unzulässig erklären.[35] Dasselbe Argument könnte auch für das Markenrecht gemacht wer-

---

[33] Vgl. *Kur*, TRIPS und der Designschutz, GRUR Int 1995, 185, S. 190, Fn. 62, zum Fehlen der Ausnahme wegen Sittenwidrigkeit in Art. 25 TRIPS.

[34] Siehe Urugay Round: Status of Work in the Negotiating Group, S. 18, abgedruckt bei *Gervais*, The TRIPS Agreement: Drafting History and Analysis, 5. Aufl. 2021, S. 325.

[35] Vgl. *Kur*, TRIPS und der Designschutz, GRUR Int 1995, 185, S. 190.

den. Als historisches Argument bzw. außerhalb des Vertragstextes selbst liegender Umstand ist es aber nur supplementär und in den Grenzen der Auslegungsregeln gem. Art. 32 WVK zulässig. Dafür genügt es nicht, dass sich das textorientierte Auslegungsergebnis *mit Blick auf die historischen Umstände* als sinnwidrig oder unvernünftig darstellt, denn das würde die Grenze zwischen Art. 31 und 32 WVK verwischen und den aus historischen Umständen abgeleiteten Parteiwillen dem im Text verkörperten Parteiwillen auf derselben Stufe gegenüberstellen. Es ist damit im Sinne von Art. 32 WVK weder sinnwidrig noch unvernünftig, dass auch dieser Schutzausschluss durch Art. 15.1 TRIPS grundsätzlich für unzulässig erklärt wird. Art. 1.1 TRIPS geht im Übrigen davon aus, dass die Mitglieder ihr nationale Recht an TRIPS anpassen müssen, weswegen es schwer ist, TRIPS die Zielrichtung zu entnehmen, möglichst keine Veränderungen im nationalen Recht der Mitglieder zu erzeugen. Es ist primär der Vertragstext, aus dem sich der Parteiwille ergibt, eine Verpflichtung einzugehen, nicht der Status quo der nationalen Gesetzgebung bei Abschluss des Vertrages.[36] Im Übrigen sieht das Völkerrecht mit der Auslegungsregel gemäß Art. 31.3 WVK sowie der Möglichkeit der Modifikation durch *nachträgliche* Staatenpraxis ein geeignetes Instrumentarium vor, um im Ergebnis eine aus der Textbezogenheit von Art. 31.1 WVK resultierende, aus politischer Perspektive als unbeabsichtigt erscheinende Auslegungsfolge wieder einzufangen, ohne, dass dafür die völkergewohnheitsrechtlichen Auslegungsregeln der WVK an dieser Stelle übergangen werden müssten.[37]

### III. Ergebnis: Ausschluss nicht unter Art. 15.2 zulässig

Der Ausschluss technisch-funktioneller Zeichen betrifft die Eintragungsfähigkeit. In den Worten des WTO-Berufungsorgans betrifft er die Definition der „protectable subject matter".[38] Er berührt also das, was Art. 15.1 TRIPS *abschließend* regelt, und wo es außer auf die visuelle Wahrnehmbarkeit allein auf die Unterscheidungseignung ankommen darf. Dass der Ausschluss technisch-funktioneller Zeichen unter die *ordre public*-Ausnahme des Art. 6quinquies B Nr. 3 PVÜ fallen kann, ist in diesem Zusammenhang unerheblich, weil Art. 15.2 TRIPS schon gar nicht auf diese Bestimmung verweist. Art. 15.2 TRIPS ermöglicht keine Abweichung von Art. 15.1 TRIPS. Unterscheidungsgeeignete Zeichen sind als eintragungsfähig zu behandeln. Nur die Eintragungsvoraussetzungen,

---

[36] Oben wurde bereits auf den Akzessorietätsgrundsatz und seine Entwicklung in der PVÜ hingewiesen: mit dem Hinweis, dass die meisten Staaten das Erfordernis der Eintragung im Heimatland in ihrem Markenrecht vorsahen (vgl. *Marck*, Der internationale Rechtsschutz der Patente, Muster, Warenzeichen und des Wettbewerbes 1924, S. 21) könnte man den Effekt der Einführung von Art. 6 (2) und (3) PVÜ nicht ausschalten.
[37] Dazu unten *Kapitel 6 C*.
[38] Vgl. WTO Berufungsorgan (Appellate Body), Report v. 2.1.2002, WT/DS176/AB/R – *United States – Section 211 Omnibus Appropriations Act of 1998*, Rn. 156.

die nicht das Zeichen selbst (Eintragungsfähigkeit) betreffen, werden von Art. 15.1 TRIPS nicht berührt, wobei die Vorgaben der PVÜ, gegen die eine Zurückweisung verstoßen kann, ausdrücklich weiterhin gelten.

## C. Ausnahme wegen Modifikation durch Staatenpraxis

Dieses Ergebnis steht in einem Widerspruch zur offenbar weit verbreiteten Annahme, dass der Verstoß gegen den *ordre public* auch nach Art. 15 TRIPS ein zulässiger Zurückweisungsgrund ist.[39] Anscheinend halten alle TRIPS-Mitglieder in ihrem Markenrecht Ausschlussgründe vor, die sich auf das Zeichen selbst beziehen. Die Eintragungsfähigkeit wird nicht nur von der Unterscheidungseignung und ggf. visuellen Wahrnehmbarkeit abhängig gemacht. Insbesondere irreführende und gegen Moral oder öffentliche Ordnung verstoßende Zeichen werden regelmäßig vom Schutz ausgenommen.[40] Das wirft die Frage auf, ob und wie das oben gefunden Auslegungsergebnis mit der nachträglichen Staatenpraxis der TRIPS-Mitglieder vereinbar ist. Mit derselben Stoßrichtung könnte man auch fragen, ob sich die Zulässigkeit von bestimmten Zurückweisungsgründen aus Völkergewohnheitsrecht ergibt.[41] Auch eine Überlagerung von Art. 15 TRIPS durch „externe" völkerrechtliche Vorgaben könnte zur Zulässigkeit eines Ausschlussgrundes führen.[42] Für den Ausschluss technisch-funktioneller Marken könnte man beispielsweise an ein Recht zur Teilhabe am technischen Fortschritt im Sinne von Art. 15 (1) (b) ICESCR denken.[43] Dieser WTO-externe, holistische

---

[39] Vgl. *Endrich-Laimböck*, Are morality bars „Friends U Can't Trust"?, GRUR Int 2019, 1028, S. 1033, Nachweise in Fn. 98.
[40] Vgl. *Celli*, Internationales Kennzeichenrecht 2000, S. 104, wonach „praktisch weltweit" Zeichen ausgeschlossen seien, die „gegen die öffentliche Ordnung verstoßen". Zum Ausschluss wegen Sittenverstoßes vgl. *Ramsey*, A Free Speech Right to Trademark Protection?, (2016) 106 Trademark Reporter 797, S. 812; *Ziemer/Tavares/Randazza*, Morality and Trademarks, (2017) 40 Suffolk Transnational Law Review 221, S. 230.
[41] Vgl. *M. Conrad*, Matal v. Tam – A Victory for the Slants, a Touchdown for the Redskins, but an Ambiguous Journey for the First Amendment and Trademark Law, (2018) 36 Cardozo Arts & Entertainment Law Journal 83, S. 137
[42] Vgl. zum Zusammenspiel „externer" Vorgaben mit WTO-Pflichten *Pauwelyn*, The Role of Public International Law in the WTO: How Far Can We Go?, (2001) 95 American Journal of International Law 535; *Pauwelyn*, How to Win a WTO Dispute Based on Non-Wto Law? Questions of Jurisdiction and Merits, (2003) 37 Journal of World Trade 997, *Pauwelyn*, Interplay between the WTO Treaty and Other International Legal Instruments and Tribunals, in: Côté/Guèvremont/Ouellet (Hrsg.), Proceedings of the Québec City Conference on the WTO 2018; vgl. auch *Davey/Sapir*, The Soft Drinks Case: The WTO and Regional Agreements, (2009) 8 World Trade Review 5, S. 17 f., und allgemeiner *Michaels/Pauwelyn*, Conflict of Norms or Conflict of Laws?: Different Techniques in the Fragmentation of Public International Law, (2012) 22 Duke Journal of Comparative & International Law 349.
[43] Vgl. allgemein *Chapman*, Towards an Understanding of the Right to Enjoy the Benefits of Scientific Progress and Its Applications, (2009) 8 Journal of Human Rights 1, S. 3 ff., und *Shaver*, The Right to Science and Culture, 2010 Wisconsin Law Review 121.

Ansatz verlässt allerdings die Grenzen einer Untersuchung von TRIPS, weswegen es für die hiesige Untersuchung mit der Andeutung dieser Möglichkeit sein Bewenden haben soll. Stattdessen soll es hier allein darum gehen, wie die Staatenpraxis unmittelbar auf Art. 15.1 TRIPS einwirkt.

### I. Methodisches

#### 1. Auslegung oder Modifikation?

Für die Berücksichtigung von Staatenpraxis bei Bestimmung des Inhalts von Art. 15.1 TRIPS kommen grundsätzlich zwei Wege in Betracht. Auf der einen Seite kann nachträgliche Staatenpraxis Auskunft über den Konsens der Parteien darüber geben, wie eine Vertragsbestimmung verstanden wird (siehe Art. 31.3 (b) WVK).[44] Darüber hinaus kann Staatenpraxis Auskunft über den Konsens der Parteien darüber geben, dass und wie eine Vertragsbestimmung geändert (modifiziert) wird. Hier kann es nur um eine Modifikation gehen:

Innerhalb der gemäß Art. 31 WVK heranzuziehenden Auslegungsgesichtspunkte besteht keine Hierarchie. Sie werden „gleichzeitig" angewendet.[45] Eine Trumpffunktion kommt auch der Staatenpraxis im „Schmelztiegel" („crucible")[46] der Auslegungsgesichtspunkte nach Art. 31 WVK nicht zu.[47] Im Rahmen der Auslegung stehen sich also die oben schon erörterten Argumente, die auf der Mindestschutzprämisse beruhen, und die Staatenpraxis widerstreitend gegenüber. Eine integrierende bzw. harmonisierende Auslegung zwischen diesen Gesichtspunkten im Sinne eines Ausgleichs[48] ist nicht möglich, ohne die Mindestschutzprämisse aufzugeben. Jede Ausnahme von Art. 15.1 TRIPS, die nicht im Vertragstext selbst angelegt ist, bedeutet einen teilweisen Verfall („desetude")[49] des Mindeststandards. Damit ist die methodische Trennlinie zwischen Auslegung und Modifikation erreicht: Die Zulässigkeit einer von Art. 15.1 TRIPS abweichenden Regelung der Eintragungsfähigkeit verlässt die Grenzen des Vertragstextes („four corners")[50] und damit die Auslegungsebene.

---

[44] Vgl. *Ohly*, „Buy me because I'm cool": the „marketing approach" and the overlap between design, trade mark and unfair competition law, in: Kur/Levin/Schovsbo (Hrsg.), The EU Design Approach 2018, S. 120.

[45] Vgl. *Gardiner*, Treaty Interpretation 2015, S. 161; *Buga*, Modification of treaties by subsequent practice 2018, S. 17 f.

[46] *Gardiner*, Treaty Interpretation 2015, S. 10.

[47] Für eine sogar *untergeordnete* Rolle der Staatenpraxis sprechen sich wegen des logischen Aufbaus von Art. 31 WVK Corten/Klein/*Sorell/Boré Eveno*, The Vienna Conventions on the Law of Treaties 2011, Article 31 Convention of 1969, S. 826, Rn. 42, aus. Dagegen, mit Verweis auf die Entstehungsgeschichte von Art. 31 WVK, *Berner*, Subsequent Agreements and Subsequent Practice in Domestic Courts 2017, S. 280; vgl. *Buga*, Modification of treaties by subsequent practice 2018, S. 21.

[48] Vgl. *Buga*, Modification of treaties by subsequent practice 2018, S. 133 f.

[49] Vgl. dazu *Buga*, Modification of treaties by subsequent practice 2018, S. 136 f.

[50] Vgl. *Buga*, Modification of treaties by subsequent practice 2018, S. 168.

## C. Ausnahme wegen Modifikation durch Staatenpraxis

Es stellt sich hier also die Frage der Vertragsfortbildung durch modifizierende Staatenpraxis, die am Ende darauf hinausläuft, *ob* und auf *welche* Ausnahmen von Art. 15.1 TRIPS sich die Mitglieder von TRIPS ausweislich der nachträglichen Staatenpraxis geeinigt haben. Dabei stellt sich die Vorfrage, ob eine Modifikation von Art. 15.1 TRIPS durch „bloße" Praxis überhaupt möglich ist. Anschließend ist zu erörtern, ob der dafür notwendige Konsens durch Praxis nachgewiesen werden kann, und welche Modifikation sich daraus konkret ergibt.

### 2. Möglichkeit der Modifikation von TRIPS durch Staatenpraxis

Die Grundlage der Modifikationsmöglichkeit durch Staatenpraxis bildet die Annahme, dass die Parteien eines Vertrags als Herrinnen desselben diesen auf jede beliebige Art ändern können.[51] Auch den Parteien der WTO steht diese Möglichkeit grundsätzlich offen.[52]

Das formelle Änderungsverfahren nach Art. X WTOÜ steht dieser Annahme nicht entgegen. Modifikation durch Staatenpraxis bedeutet Modifikation durch *Konsens aller* Parteien.[53] Dieser ist für Änderungen nach Art. X WTOÜ nur in bestimmten Fällen erforderlich. Art. X WTOÜ stellt so gesehen eine Erleichterung des Änderungsprozesses dar, weil in einigen Fällen keine Einstimmigkeit erforderlich ist. Eine „Umgehung" von materiellen Hürden bzw. Quoren des Art. X WTOÜ liegt in der Annahme einer Modifikation durch Staatenpraxis demnach nicht, weil sie eine Einigung *aller* Vertragsparteien voraussetzt.

Auch das WTO-Berufungsorgan hat sich bisher nicht gegen die Möglichkeit einer Modifikation durch Praxis ausgesprochen. Aus den Berichten, in denen die Frage der Auslegung unter Bezugnahme auf nachträgliche Staatenpraxis gem. Art. 31.3 (b) WVK behandelt wird, lässt sich zwar eine eher reservierte Haltung ablesen,[54] die dem primär textorientierten Auslegungsansatz des WTO-Berufungsorgans entspricht.[55] Dabei wurde aber lediglich der Beweiswert der konkreten Umstände bemängelt, also mangels Nachweises eines entsprechenden Konsenses der Parteien die Voraussetzungen für die Berücksichtigung der vorgetragenen Staatenpraxis im konkreten Fall verneint.

Besondere Beachtung verdienen dabei die Überlegungen zu Art. IX WTOÜ, die sich auf die hiesige Frage der Modifikation durch Praxis und die mögliche Bedeutung von Art. X WTOÜ übertragen lassen. Das WTO-Berufungsorgan verneinte, dass die *Annahme* eines Berichts eines WTO-Untersuchungsausschusses durch die Konfliktparteien zur nachträglichen Staatenpraxis im Sinne von

---

[51] Vgl. *Buga*, Modification of treaties by subsequent practice 2018, S. 107.
[52] Ein praktisches Beispiel dafür sind laut *Buga*, Modification of treaties by subsequent practice 2018, S. 315, die WTO-Beitrittsprotokolle.
[53] Vgl. *Buga*, Modification of treaties by subsequent practice 2018, S. 5.
[54] Vgl. *Buga*, Modification of treaties by subsequent practice 2018, S. 88 ff.
[55] Vgl. *Abi-Saab*, The Appellate Body and Treaty Interpretation, in: Fitzmaurice/Elias/Merkouris (Hrsg.), Treaty Interpretation and the Vienna Convention on the Law of Treaties 2010, 99, S. 104.

Art. 31 WVK zählte.[56] Dies wurde mit dem fehlenden Beweiswert der Annahme für die Ansicht der betreffenden Parteien begründet. Die Annahme eines Berichts lasse nicht den Schluss zu, dass die beteiligten Parteien beabsichtigten, damit eine definitive Auslegung der fraglichen Bestimmungen vorzunehmen.[57] Dies wiederum folge aus Art. IX.2 WTOÜ. Die Befugnis einer autoritativen Auslegung liegt nach dieser Bestimmung ausschließlich bei der WTO-Ministerkonferenz und dem Allgemeinen Rat der WTO und erfordert eine 3/4-Mehrheit der Mitglieder. Wegen dieser spezifischen Bestimmung sei davon auszugehen, dass eine solche Befugnis nicht konkludent oder unabsichtlich an anderer Stelle eingeräumt wird.[58] Überträgt man das auf Art. X WTOÜ, dann folgt aus dem Bestehen der Möglichkeit eines formellen Änderungsverfahrens, dass man in einer Handlung der Parteien nicht ohne Weiteres auf den Willen zur Änderung von TRIPS schließen kann. Damit ist aber weder die Möglichkeit an sich ausgeschlossen, dass in der Praxis der Parteien ein solcher Wille zum Ausdruck kommt (und ggf. ein Konsens über die Modifikation nachweisbar ist), noch ergibt sich daraus zwingend eine Verschärfung der Beweishürden. An den Nachweis eines Konsenses zur Modifikation sind stets strenge Anforderungen zu stellen.[59] So, wie Art. IX WTOÜ für die Annahme eines Auslegungswillens keine strikte formelle Grenze aufstellt, sondern einen Gesichtspunkt bei der „Beweiswürdigung" darstellt, schließt auch Art. X WTOÜ die Möglichkeit zur Modifikation nicht grundsätzlich aus.

### 3. Relevante Staatenpraxis

Ausgehend vom Bild der Parteien als Herrinnen der Verträge ist einleuchtend, dass für eine Modifikation ein Konsens *aller* Parteien notwendig ist, der über entsprechende Staatenpraxis belegt wird.[60] Das heißt, dass die teils umstrittenen Fragen, welche Praxis, wessen Praxis, und wenn ja, wie viel Praxis, eine Frage des *Beweiswertes* hinsichtlich eines solchen Konsenses darstellt.[61] Kategorische Schranken, z.B. durch eine Typologie der Akte, die überhaupt relevante Staatenpraxis darstellen können, bestehen hingegen nicht.[62]

Ein übereinstimmender Wille aller WTO Mitglieder, dass Ausnahmen vom Mindeststandard nach Art. 15.1 TRIPS in Abweichung und damit als Änderung von TRIPS zulässig sein sollen, könnte sich demnach auch aus dem Umstand ergeben, dass auch nach Ablauf der jeweiligen Umsetzungsfrist für die Vorgaben

---

[56] Vgl. WTO Berufungsorgan (Appellate Body), Report v. 4.10.1996, WT/DS8/AB/R, WT/DS10/AB/R, WT/DS11/AB/R – *Japan – Taxes on Alcoholic Beverages*, S. 14.
[57] Vgl. WTO Berufungsorgan (Appellate Body), Report v. 4.10.1996, WT/DS8/AB/R, WT/DS10/AB/R, WT/DS11/AB/R – *Japan – Taxes on Alcoholic Beverages*, S. 13.
[58] WTO Berufungsorgan, ebd.
[59] Vgl. *Buga*, Modification of treaties by subsequent practice 2018, S. 4 f. und 362.
[60] Vgl. *Buga*, Modification of treaties by subsequent practice 2018, S. 148.
[61] Vgl. *Buga*, Modification of treaties by subsequent practice 2018, S. 361 f.
[62] Vgl. *Buga*, Modification of treaties by subsequent practice 2018, S. 146.

aus TRIPS im Markenrecht der Mitglieder weiterhin Versagungsgründe enthalten sind, die an Eigenschaften des Zeichens bzw. der Marke anknüpfen. Auch ein gesetzgeberisches Unterlassen kann Praxis in diesem Sinne darstellen. Stellt dies ursprünglich und für sich betrachtet jeweils einen Verstoß gegen die Vorgaben aus TRIPS dar, so könnte durch das übereinstimmende Abweichen durch alle Parteien eine stillschweigende Ausnahme von der ursprünglichen Regel geschaffen worden sein,[63] die nötige Konsistenz und auch Konkretisierung, zusammengefasst als „Stabilität" der Praxis, vorausgesetzt.[64] Zu dieser Stabilität können auch das Verhalten der Parteien in den Beitrittsverhandlungen zur WTO bzw. im Rahmen des Monitorings durch den TRIPS Council (Art. 68 TRIPS) beitragen, so wie auch bilaterale/regionale Abkommen zwischen einzelnen Mitgliedern. Die Notifizierung von Gesetzen („laws and regulations") nach Art. 63.2 TRIPS ermöglicht auch den anderen Mitgliedern eine Kenntnisnahme dieser Praxis.

*4. Art der Modifikation*

Vorausgesetzt, ein entsprechender Konsens aller Parteien lässt sich aus dem Verhalten der TRIPS-Mitglieder ableiten, kommen im Grundsatz zwei Arten der Modifikation von Art. 15.1 TRIPS in Betracht.

Auf der einen Seite die vollständige Abschaffung von Art. 15.1 TRIPS, auf der anderen Seite eine oder mehrere zulässige Ausnahmen zu Art. 15.1 TRIPS. Ersteres entspricht dem Leerlauf von Art. 15.1 TRIPS auf der Auslegungsebene, gibt also die Mindestschutzprämisse vollständig auf. Wenn die Eintragungsfähigkeit aus *jedem* Grund verneint werden darf, bleibt von der Bestimmung nichts mehr übrig. Es ist grundsätzlich möglich, dass die Mitgliedsstaaten sich ausweislich der Staatenpraxis auf genau eine solche Abschaffung von Art. 15.1 TRIPS insgesamt einigen bzw. geeinigt haben. Dem gegenüber steht das Konzept einer klar umgrenzten Ausnahmebestimmung, die Art. 15.1 TRIPS als Regel grundsätzlich intakt lässt, aber bestimmte zusätzliche Gründe gegen die Eintragungsfähigkeit für zulässig erklärt. Die Vorstellung, dass Art. 15.1 TRIPS einen Mindeststandard formuliert, bleibt damit aufrechterhalten.

Eine komplette Derogation von Art. 15.1 TRIPS durch Staatenpraxis ist schon deshalb fernliegend, weil ein (vermeintlicher) Verstoß gegen Art. 15.1 TRIPS wiederholt im Rahmen des WTO-Streitbeilegungsmechanismus gerügt wurde. So warf die EG den USA die Nichteinhaltung von Art. 15.1 TRIPS vor.[65]

---

[63] Vgl. *Buga*, Modification of treaties by subsequent practice 2018, S. 150 f.
[64] Vgl. *Buga*, Modification of treaties by subsequent practice 2018, S. 152, mit Zitat von *Villiger*, Commentary on the 1969 Vienna Convention on the Law of Treaties 2009, S. 9, in Übertragung der Voraussetzungen der Schaffung von Gewohnheitsrecht durch Praxis nach IGH-Rechtsprechung (International Court of Justice, Urteil v. 20.2.1969, I.C.J. Reports 1969, 3 – *North Sea Continental Shelf (Federal Republic of Germany/Netherlands)*, Rn. 74).
[65] Siehe WTO Untersuchungsausschuss (Panel), Report v. 6.8.2001, WT/DS176/R – *United States – Section 211 Omnibus Appropriations Act of 1998*, Rn. 4.23. Auch die USA stellten sich auf den Standpunkt, dass Art. 15.1 TRIPS die Markenfähigkeit *bestimmt*, siehe dort

Die australischen Regeln zur Einheitsverpackung von Tabakprodukten wurden zwar nicht unmittelbar auf Grundlage von Art. 15.1 TRIPS angegriffen,[66] der verpflichtende Gehalt der Bestimmung war aber inhaltlicher Bestandteil der diesbezüglichen Rüge.[67] Auch im Rahmen von Beitrittsverhandlungen wird die Einhaltung von Art. 15.1 TRIPS separat abgefragt.[68] Daraus folgt nicht nur, dass alle Parteien wollen, dass Art. 15.1 TRIPS nicht mehr gilt, sondern sogar, dass Art. 15.1 TRIPS als integraler Bestandteil des WTO-Rahmens angesehen wird.

Folglich geht es nur noch darum, ob und welche Ausnahmen zu Art. 15.1 TRIPS wegen eines entsprechenden Konsenses aller TRIPS-Mitglieder, nachgewiesen durch Staatenpraxis, zulässig sind. Hier wird vor allem die Frage der *Deckungsgleichheit* nationalen Rechts im Vordergrund stehen.

*5. Probleme bei der inhaltlichen Erfassung nationalen Rechts*

Auf der Ebene des nationalen Rechts, genauer bei der Frage, ob alle Mitglieder deckungsgleiche Ausnahmen von Art. 15.1 TRIPS vorsehen, hat der Versuch einer *positiven* Herleitung des Modifikations-Konsenses mit erheblichen methodischen Schwierigkeiten zu kämpfen.

Die erste Hürde liegt in der inhaltlichen Erfassung des nationalen Markenrechts der WTO-Mitglieder. Art. 63.2 TRIPS sieht zwar vor, dass Gesetze („laws and regulations"), die den Regelungsgegenstand von TRIPS betreffen, dem TRIPS Council übermittelt werden müssen.[69] Das ermöglicht nicht nur die für die Stabilität der Praxis förderliche Annahme, dass alle Mitglieder Kenntnis von diesen Bestimmungen nehmen können, sondern erleichtert auch die Annahme, dass Staatenpraxis *in Bezug auf TRIPS* vorliegt, weil das Mitglied durch die Notifizierung ausdrückt, dass für die notifizierten Bestimmungen die Umsetzungspflichten aus TRIPS relevant sein könnten. Das Schweigen der übrigen Parteien, das Absehen von einem formellen WTO-Streitbeilegungsverfahren

---

Rn. 4.26 („limits the ability of Members to claim that a trademark is not capable of constituting a trademark").

[66] Siehe die Anträge in WTO Untersuchungsausschuss (Panel), Reports v. 28.6.2018, WT/DS435/R, WT/DS441/R – *Australia – Certain Measures Concerning Trademarks, Geographical Indications and Other Plain Packaging Requirements Applicable to Tobacco Products and Packaging*, S. 119 ff.

[67] Vgl. WTO Untersuchungsausschuss (Panel), Reports v. 28.6.2018, WT/DS435/R, WT/DS441/R – *Australia – Certain Measures Concerning Trademarks, Geographical Indications and Other Plain Packaging Requirements Applicable to Tobacco Products and Packaging*, S. 598 ff.; siehe auch den Antrag Australiens in Rn. 3.10: „Australia requests that the Panel reject the complainants' claims under Articles [...] 15.1 [...] of the TRIPS Agreement".

[68] Vgl. das Template zur Abfrage von für den Beitrittsprozess relevanten Angaben vom 1.8.2014, WT/ACC/22/Add.2, S. 13. Siehe z.B. Checklist of TRIPS Requirements and Implementation by the Kingdom of Cambodia, 11.12.2001, WT/ACC/KHM/7, S. 8.

[69] Zur (Entwicklung der) Rolle der WIPO bei der Notifizierung vgl. *Gervais*, The relationship between WIPO and the WTO, in: Ricketson (Hrsg.), Research Handbook on the World Intellectual Property Organization 2020, 227, S. 233 ff.

## C. Ausnahme wegen Modifikation durch Staatenpraxis

oder ähnliche Formen des Widerspruchs, ist allerdings nicht mit Zustimmung oder Billigung des notifizierten Rechts gleichzusetzen.[70] Zudem ist der bloße (übersetzte) Gesetzeswortlaut nur ein erster Anhaltspunkt. Das gilt insbesondere für Rechtssysteme, in denen Richterrecht als Rechtsquelle neben das geschriebene Gesetzt tritt, wie beispielsweise Israel.[71] Dort gibt der (notifizierte) Gesetzestext per se nur lückenhaft Auskunft über die materielle Rechtslage. Beispiele hierfür sind die notorisch bekannte Marke, die in Israel bis Anfang der 2000er Jahre nicht gesetzlich geregelt war, oder die Verwässerungs-Doktrin, die auch heute noch reines Richterrecht ist.[72] Gerichtsentscheidungen werden aber nicht nach Art. 63.2 TRIPS notifiziert, was erheblichen Nachforschungsaufwand bedeutet. Auch andersherum können sich Abweichungen ergeben, z.B. wenn in den USA die gesetzlich vorgesehenen Ausschlüsse für „disparaging", „immoral" und „scandalous" Zeichen durch Gerichtsurteil für verfassungswidrig erklärt werden.[73]

Als zweite Hürde muss dann nachgewiesen werden, dass hinter der jeweiligen Rechtslage auch eine Stellungnahme des Mitgliedsstaates zur Pflicht aus TRIPS steht, und welchen Inhalt diese hat. Beispielsweise betont die MarkenRL in Erwägungsgrund 41,[74] dass es erforderlich ist, dass sich die Richtlinie in Überein-

---

[70] Vgl. zur Begründungsbedürftigkeit der gegenteiligen Annahme *Berner*, Subsequent Agreements and Subsequent Practice in Domestic Courts 2017, S. 284; *Buga*, Modification of treaties by subsequent practice 2018, S. 362. Allgemein zur Schwierigkeit, aus Nichtteilnahme an einer konkreten Praxis Rückschlüsse auf den Parteiwillen zu ziehen, *Buga*, Modification of treaties by subsequent practice 2018, S. 22; *Corten/Klein/Le Bouthillier*, The Vienna Conventions on the Law of Treaties, 2011, Article 32 Convention of 1969, S. 861, Fn. 130; *Mantilla Blanco*, The Interpretation of the WTO Agreement, (2010) 7 Revista Universitas Estudiantes 95, S. 108; *Linderfalk*, Who are „The Parties"? Article 31, Paragraph 3(C) of the 1969 Vienna Convention and the „Principle of Systemic Integration" Revisited, (2008) 55 Netherlands International Law Review 343, S. 355, mit weiteren Nachweisen in Fn. 74.
[71] Vgl. zum israelischen Recht als „gemischtem" System *Kedar*, „I'm in the East but my Law is from the West:" The East-West Dilemma in Israeli Mixed Legal System, in: Palmer/Mattar/Koppel (Hrsg.), Mixed Legal Systems 2015, 141, S. 142, Fn. 5; *Harris*, History and Sources, in: Walter et al. (Hrsg.), The Israeli Legal System 2019, 15, S. 25.
[72] Vgl. *Assaf-Zakharov/Pessach/Tur-Sinai*, Intellectual Property Law, in: Walter et al. (Hrsg.), The Israeli Legal System 2019, 113, S. 122, Rn. 36; *Khoury*, Well-Known and Famous Trademarks in Israel, (2002) 12 Fordham Intellectual Property, Media & Entertainment Law Journal 991, S. 1024; *Ophir*, The Israel TRIPs Law: an appraisal, (2002) 3 Intellectual Property Quarterly 252, S. 260.
[73] Vgl. Supreme Court (US), Entscheidung v. 19.6.2017, 15–1293, 582 US ___ (2017) – *Matal v. Tam*; v. 24.6.2019, 18–302, 588 US ___ (2019) – *Iancu v. Brunetti*.
[74] „Die Mitgliedstaaten sind durch die Pariser Verbandsübereinkunft zum Schutz des gewerblichen Eigentums (im Folgenden „Pariser Verbandsübereinkunft") und durch das TRIPS-Übereinkommen gebunden. Es ist erforderlich, dass sich diese Richtlinie mit der Pariser Verbandsübereinkunft und dem TRIPS-Übereinkommen in vollständiger Übereinstimmung befindet. Die Verpflichtungen der Mitgliedstaaten, die sich aus der Pariser Verbandsübereinkunft und dem jenem Übereinkommen ergeben, sollten durch diese Richtlinie nicht berührt werden. Gegebenenfalls sollte Artikel 351 Absatz 2 des Vertrags über die Ar-

stimmung mit TRIPS befindet. Das bestätigt die Annahme, dass die EU als zur Umsetzung verpflichtetes Mitglied von TRIPS ihr Markenrecht in Einklang mit TRIPS gestalten möchte. Die MarkenRL gibt daher Auskunft darüber, an welche Pflichten sich die EU gebunden sieht. Das ist auf der Auslegungsebene hilfreich; geht es aber um die Frage einer Modifikation, dann lässt dies eine mögliche Abweichung von TRIPS mehr als Versehen erscheinen, denn als bewusstes Abweichen mit Modifikationsabsicht. Verstärkt wird dieser Effekt bei Mitgliedern, die TRIPS für unmittelbar anwendbar halten.[75] Eine Abweichung ist dann gar nicht möglich, wenn statt der abweichenden nationalen Bestimmung die Eintragungsfähigkeit direkt aus Art. 15.1 TRIPS folgt. Und auch sonst folgt aus der (Nicht-)Änderung der materiellen Rechtslage nicht immer auch eine Aussage zu TRIPS. Um auf das US-amerikanische Beispiel zurückzukommen: die Entscheidungen zu herabwürdigenden und sittenwidrigen Zeichen haben zwar die nationale Rechtslage geändert; völkerrechtliche Vorgaben spielten dabei aber keine Rolle,[76] so dass die durch den ursprünglichen Gesetzgebungsakt (bzw. die fehlende Anpassung desselben) ausgedrückte Überzeugung von der Vereinbarkeit der Ausnahmen mit TRIPS bzw. ggf. dem Wunsch einer dahingehenden Modifikation weiter bestehen kann.

Und schließlich ist überhaupt eine Abweichung von Art. 15.1 TRIPS nur mit Schwierigkeiten festzustellen, weil – über die bereits erörterte Bestimmung von Art. 2.1 TRIPS – bestimmte, über Art. 15.1 TRIPS hinausgehende Voraussetzungen der Eintragungsfähigkeit von der PVÜ *vorgegeben* werden. Soweit es um die Umsetzung von Pflichten aus der PVÜ geht, liegt nach dem oben Gesagten schon keine Abweichung vor, weil die jeweilige Pflicht aus der PVÜ vorrangig gilt. Das gilt für Art. 10bis PVÜ ebenso wie für Art. 6bis oder 6ter PVÜ.[77] Man müsste also zudem untersuchen, ob der jeweilige Versagungsgrund nicht gerade eine solche Pflicht umsetzt. Insbesondere der außervertragliche Maßstab von Art. 10bis (2) PVÜ könnte dazu führen, dass eine Reihe von Versagungsgründen gar nicht von TRIPS abweichen, sondern den vorrangig anwendbaren Art. 10bis PVÜ umsetzen, was dann keine modifizierende Wirkung haben kann. Dass könnte gerade jene Bestimmungen betreffen, bei denen aufgrund der faktischen Harmonisierungswirkung von Art. 6quinqies B Nr. 3 PVÜ am ehesten eine Deckungsgleichheit im Sinne einer universellen Ausnahme in allen nationalen Mar-

---

beitsweise der Europäischen Union Anwendung finden." Vgl. zur Zirkularität des Versuchs, dies als Argument für eine tatsächlich bestehende Vereinbarkeit mit TRIPS und PVÜ zu bemühen, Kur/Bomhard/Albrecht/*Kur*, BeckOK Markenrecht, 30. Aufl. 2022, MarkenG § 3 Als Marke schutzfähige Zeichen, Rn. 113.1.

[75] Vgl. zu dieser Frage aus deutscher/EU Perspektive *Schmidt-Pfitzner*, Das TRIPS-Übereinkommen und seine Auswirkungen auf den deutschen Markenschutz 2005, S. 202 ff.

[76] Vgl. *Endrich-Laimböck*, Are morality bars „Friends U Can't Trust"?, GRUR Int 2019, 1028, S. 1034.

[77] Folgt man der oben zurückgewiesenen Ansicht, dass Art. 6quinquies B PVÜ ebenfalls *verpflichtende* Zurückweisungsgründe bestimmt, die auch außerhalb der *Telle Quelle*-Anmeldung greifen, dann gilt dies entsprechend.

kenrechten angenommen werden könnte. Wegen der oben aufgezeigten Parallele zu Art. 10 (2) PVÜ kann also jedenfalls im Ausschluss irreführender bzw. täuschender, aber möglicherweise auch sittenwidriger oder gegen die öffentliche Ordnung verstoßender Zeichen *auch* eine Umsetzung von Art. 10bis PVÜ vorliegen.

Einen Lichtblick stellen schließlich regionale Harmonisierungsrahmen und Einheitsmarkenregime[78] dar, die eine Untersuchung erheblich vereinfachen.

## II. Zulässigkeit des Ausschlusses technisch-funktioneller Marken

Unter Ausklammerung der Rolle von Art. 10bis PVÜ lässt sich eine relevante Modifikation trotz dieser Schwierigkeiten bejahen. Zwar ist der kategorische Ausschluss technisch-funktioneller Marken (noch) nicht als solcher universell (1.). Für die Zulässigkeit des Ausschlusses kommt es darauf aber nicht an, denn eine universelle Staatenpraxis lässt sich mit Blick auf die (begrifflich und inhaltlich teils sehr unterschiedlichen) Ausnahmen feststellen, die Art. 6quinquies B Nr. 3 PVÜ entsprechen (2.). Das lässt auf einen Konsens darüber schließen, dass trotz Art. 15.1 TRIPS die Ausnahmen zulässig sind, die auch der Validierungspflicht der PVÜ entgegengehalten werden könnten. Wegen des oben erörterten, erheblichen politischen Spielraums fällt hierunter auch der Ausschluss technisch-funktioneller Marken. Damit ist der Ausschluss technisch-funktioneller Marken von der durch Modifikation erzeugten *ordre public*-Ausnahme erfasst und zulässig.[79]

### 1. Ausschluss technische-funktioneller Marken nicht universell

Zunächst ist festzuhalten, dass der kategorische, also nicht durch erlangte Unterscheidungsfähigkeit überwindbare Ausschluss wegen technischer Funktionalität kein *universeller* Ausschluss ist, der sich im Markenrecht *aller* WTO-Mitglieder finden ließe.

---

[78] So außerhalb Europas z.B. die OAPI, von deren 17 Mitgliedern 15 auch WTO-Mitglieder sind, mit einer Einheitsmarke in Annex III des Bangui Accord (vgl. die bislang einzige Notifikation Senegals nach Art. 63.2 TRIPS, TRIPS Council: Main dedicated intellectual property laws and regulations notified under Art. 63.2 of the Agreement – Senegal, 6.2.1997, IP/N/1/SEN/1, die sich in einem Hinweis auf das Banguui Agreement erschöpft), oder das Common Intellectual Property Regime der Andean Community (Bolivien, Kolumbien, Ecuador, Peru, Venezuela); vgl. für einen Überblick regionaler Organisationen und deren unterschiedlichen Harmonisierungsgrad *Calboli/Visser*, Regional Trademark Protection – Comparing Regional Organizations in Europe, Africa, South East Asia, and South America, in: Calboli/Ginsburg (Hrsg.), The Cambridge Handbook of International and Comparative Trademark Law 2020, 103.

[79] Vgl. *Ohly*, „Buy me because I'm cool": the „marketing approach" and the overlap between design, trade mark and unfair competition law, in: Kur/Levin/Schovsbo (Hrsg.), The EU Design Approach 2018, S. 120,

## a) Beispiele

Zwar lässt sich ein solcher Ausschluss auch außerhalb der EU finden, z.B. in § 7 (3) (b) des Trade Mark Act (Chapter 332) von Singapur,[80] der Zeichen, die ausschließlich aus der Form der Ware bestehen, die zur Erreichung einer technischen Wirkung erforderlich ist. Nach § 103 (1) (a) des Intellectual Property Act von Sri Lanka[81] wird eine Marke nicht eingetragen, die aus einer Form besteht, die von der gewerblichen Funktion der Ware bestimmt ist. Nach § 103 (2) sind bei der Anwendung der in § 103 (1) aufgeführten Ausschlussgründe alle tatsächlichen Umstände zu berücksichtigen, insbesondere die Dauer des Gebrauchs der Marke in Sri Lanka oder in anderen Ländern. Zu berücksichtigen ist auch der Umstand, dass die Marke in anderen Ländern als unterscheidungskräftig gilt. Diese Maßgabe ist auf § 103 (1) (a) allerdings *nicht* anwendbar, es handelt sich also um einen kategorischen Ausschluss. Nicht zuletzt kennt auch das US-amerikanische Markenrecht mit der *functionality doctrine* eine durch Gerichte entwickelte und seit 1998 auch im Gesetzestext des Lanham Acts verankerte Ausnahme für unterscheidungsfähige, aber funktionelle Marken.[82]

Der Ausschluss technisch-funktioneller Marken ist teilweise auch rein richterrechtlich verankert. In Israel lässt das Markenamt Formmarken nur zu, wenn sie keine technische oder ästhetische Rolle spielen.[83] Diese Regel ist nicht im Markengesetz selbst ausgedrückt, sondern kann sich auf die *Tofifee*-Entscheidung des israelischen Supreme Court berufen, wo festgestellt wurde, dass eine Warenform, die eine (nicht bloß unerhebliche) funktionelle oder ästhetische Rolle erfüllt, auch dann nicht eintragungsfähig ist, wenn sie tatsächlich unterscheidungskräftig geworden ist.[84]

Das Markengesetz von Uruguay sieht in Artikel 4 Abs. 5 einen absoluten Nichtigkeitsgrund für Warenform oder Verpackung vor, wenn sie die gesetzlichen Voraussetzungen eines Erfindungspatents oder Gebrauchsmusters erfüllt.[85]

---

[80] Trade Marks Act 2005 Revised Edition, notifiziert nach Art. 63.2 TRIPS, siehe TRIPS Council: Main dedicated intellectual property laws and regulations notified under Art. 63.2 of the Agreement – Singapore, 15.7.2009, IP/N/1/SGP/T/1/Rev. 1.

[81] Intellectual Property Act (No. 36 of 2003), siehe TRIPS Council: Main dedicated intellectual property laws and regulations notified under Art. 63.2 of the Agreement – Sri Lanka, 31.8.2010, IP/N/1/LKA/C/2, IP/N/1/LKA/I/2.

[82] Vgl. *Dinwoodie/Janis*, Trademarks and Unfair Competition – Law and Policy, 5. Aufl. 2018,
S. 176.

[83] Vgl. *Assaf-Zakharov/Pessach/Tur-Sinai*, Intellectual Property Law, in: Walter et al. (Hrsg.), The Israeli Legal System 2019, 113, S. 122, Rn. 33.

[84] Vgl. Supreme Court (Israel), Urteil v. 23.3.2008, CA 11487/03 – *Tofifee (Storck v. Alpha)*, abrufbar unter https://versa.cardozo.yu.edu/sites/default/files/upload/opinions/Storck%20KG%20v.%20Alpha%20Intuit%20Food%20Products.pdf (zuletzt abgerufen am 10.8.2022), S. 2 und Rn. 31.

[85] Notifiziert nach Art. 63.2 TRIPS, siehe TRIPS Council: Main Dedicated Intellectual Property Laws and Regulations Notified under Article 63.2 of the Agreement – Uruguay,

## C. Ausnahme wegen Modifikation durch Staatenpraxis

Das ist einerseits enger als die vorgenannten Funktionalitätsausnahmen, andererseits lässt sich eine grundsätzliche inhaltliche Nähe nicht abstreiten. Daneben sehen manche Markengesetze einen Ausschluss für die Form der Ware selbst vor.[86] Dieser Ausschluss erfasst die Hauptanwendungsfälle der Funktionalitätsbestimmungen, die häufig auch auf Formzeichen beschränkt sind, wie beispielsweise in Singapur oder Sri Lanke. Auch diesem Ausschluss kann eine wettbewerbserhaltende Zielrichtung entnommen werden.

### b) Gegenbeispiele

Als Gegenbeispiel kann auf das thailändische Markenrecht verwiesen werden, dass mit technisch-funktionellen Marken ausweislich des notifizierten Gesetzestextes anders umzugehen scheint. Der thailändische Trademark Act[87] legt in § 7 2 Nr. 10 fest, dass eine Marke als unterscheidungskräftig gilt, wenn sie aus einer Form besteht, die insbesondere *nicht* zur Erreichung einer technischen Wirkung erforderlich ist. Nach Absatz 3 der Bestimmung gilt *jede* Marke als unterscheidungskräftig, wenn sie im erforderlichen Umfang verwendet wurde. Hier scheint also ein Nachweis tatsächlicher Unterscheidungseignung (Unterscheidungskraft) möglich.[88] Auch die armenische Regelung im neugefassten § 11 des Law on Trademarks, Service Marks and Appellations of Origin kann so verstanden werden.[89] Dort werden in Absatz 1 Marken ausgenommen, die ausschließlich aus der

---

3.10.2001, IP/N/1/URY/I/2, S. 2. „La forma que se dé a los productos o envases, cuando reúnan los requisitos para constituir patente de invención o modelo de utilidad conforme a la ley."

[86] Z.B. Artikel 2 d) des argentinischen Law No. 22.362 on Trademarks, notifiziert nach Art. 63.2 TRIPS, siehe TRIPS Council: Notification of laws and regulations under article 63.2 of the TRIPS Agreement – Argentina, 27.11.2000, IP/N/1/ARG/T/1, S. 2 („No se consideran marcas y no son registrables: [...] e) la forma que se dé a los productos").

[87] Trademark Act B.E. 2534 (1991) (as amended up to Trademark Act (No. 3) (B.E. 2559 (2016)), notifiziert nach Art. 63.2 TRIPS, siehe TRIPS Council: Notification of laws and regulations under article 63.2 of the TRIPS Agreement – Thailand, 27.5.2020, IP/N/1/THA/5, IP/N/1/THA/T/2.

[88] Auch die dazugehörige ministerielle Durchführungsverordnung regelt lediglich, dass die Darstellung der Marke bei der Anmeldung hinreichend klar sein muss, indem alle essentiellen Formen gezeigt, ggf. auch beschrieben werden (Clause 11 der Ministerial Regulation (B.E.2535 (1992)) Issued under the Trademark Act, B.E.2534 (1991). Das thailändische System wird als primär auf geschriebenem Recht als Quelle beruhend beschrieben, ohne die herausragende Bedeutung von Richtersprüchen eines common-law-Systems. Zudem wird das (Immaterialgüter-)Recht Thailands als im asiatischen Raum vergleichsweise klar formuliert beschrieben (vgl. *Sorg*, Thailand, in: Goldstein/Straus (Hrsg.), Intellectual Property in Asia 2009, 303, S. 308), was wohl dafür spricht, dass der Gesetzeswortlaut die materielle Rechtslage wiedergibt.

[89] Law on Trademarks, Service Marks and Appellations of Origin, adopted on 20 March 2000, entry into force 15 April 2000, amended as of 1 January 2008, notifiziert nach Art. 63.2 TRIPS, siehe TRIPS Council: Notification of laws and regulations under article 63.2 of the TRIPS Agreement – Armenia, 10.4.2008, IP/N/1/ARM/I/1/Add.1, sort S. 7.

äußeren Form der Ware bestehen, die notwendig zur Erreichung eines technischen Effekts ist und die Funktion der Ware charakterisiert. Gleichzeitig wird die Anwendbarkeit des Absatzes auf Marken ausgeschlossen, die durch Benutzung unterscheidungskräftige Bestandteile erworben haben. Zudem enthält eine Reihe von Markengesetzen schlicht keine (gesonderte) Aussage zu diesem Punkt. Daraus folgt kein Argument *gegen* einen Konsens, dieser kann aber nicht unmittelbar mit einem Verweis auf die einheitliche Verwendung des Ausschlusses begründet werden. Beispielshalber sei hier erwähnt die Mongolei (WTO-Mitglied seit 1997), deren Trademarks, Trade Names Law (1998)[90] einen solchen Ausschluss nicht enthält. Auch das Law on Intellectual Property (2005)[91] Vietnams enthält keinen Ausschluss für technisch-funktionelle Marken, und auch nachrangige Verordnungen regeln diese Frage nicht,[92] so dass (das Erlangen von Unterscheidungsfähigkeit vorausgesetzt) wohl auch technisch-funktionelle Zeichen eintragungsfähig sind.[93] Auch in Australien und Neuseeland findet sich kein solcher Ausschluss,[94] auch wenn § 25 des australischen Trade Marks Act 1995 (No. 119, 1995)[95] möglicherweise durch eine extensive Interpretation als wettbewerbserhaltende Funktionalitätsausnahme gelesen werden kann.[96]

---

[90] Notifiziert nach Art. 63.2 TRIPS, siehe TRIPS Council: Main Dedicated Intellectual Property Laws and Regulations Notified under Article 63.2 of the Agreement – Mongolia, 16.2.1998, IP/N/1/MNG/T/1, S. 3 f.

[91] Notifiziert nach Art. 63.2 TRIPS, siehe TRIPS Council: Main Dedicated Intellectual Property Laws and Regulations Notified under Article 63.2 of the Agreement – Viet Nam, 8.2.2008, IP/N/1/VNM/I/1, S. 27 ff.

[92] Vgl. auch *A. Nguyen et al.*, Shape Trade Marks – An International Perspective, abrufbar unter https://ipo.org/wp-content/uploads/2015/06/IPOShapeTrademarks.pdf (zuletzt abgerufen am 10.8.2022), S. 200.

[93] Vgl. *L. Nguyen*, 3D Trademarks in Vietnam: Multiple Dimensions of Uncertainty, abrufbar unter https://www.tilleke.com/sites/default/files/2017_Feb_3D_Trademarks_Vietnam.pdf (zuletzt abgerufen am 10.8.2022). Das vietnamesische Rechtssystem wird als ein primär kodifiziertes beschrieben, mit einer gesetzlich definierten Rangfolge von geschriebenen Rechtsquellen ohne common-law-mäßige Rechtsquellenqualität von Richtersprüchen (vgl. für das Immaterialgüterrecht *V. Phan*, Vietnam, in: Goldstein/Straus (Hrsg.), Intellectual Property in Asia 2009, 331, S. 338 f.; allgemein *T. Phan*, The Role of Vietnamese Government in Legislation, S. 12; *T. Phan*, Overview of the Vietnamese Legal System, S. 7; *Bui*, Legal Interpretation and the Vietnamese Version of the Rule of Law, (2011) 6 National Taiwan University Law Review 321, S. 331 f.), so dass dem Fehlen des Ausschlussgrundes im Gesetzestext wohl *prima facie* Bedeutung für die materielle Rechtslage beizumessen ist.

[94] Vgl. *Ramsey*, Protectable Trademark Subject Matter in Common Law Countries and the Problem with Flexibility, in: Calboli/Ginsburg (Hrsg.), The Cambridge Handbook of International and Comparative Trademark Law 2020, 193, S. 200.

[95] Ganz ähnlich § 19 (1) (b) des Trade Marks Act (Chapter 26:04) von Zimbabwe, notifiziert nach Art. 63.2 TRIPS, siehe TRIPS Council: Main Dedicated Intellectual Property Laws and Regulations Notified under Article 63.2 of the Agreement – Zimbabwe, 13.8.2002, IP/N/1/ZWE/T/1, S. 17.

[96] Vgl. *Burell/Handler*, Australian Trade Mark Law 2016, S. 80. Die konkrete Ausnah-

## 2. Art. 6quinquies B Nr. 3 PVÜ

Ausnahmen in Entsprechung des Art. 6quinquies B Nr. 3 PVÜ sehen hingegen alle[97] bereits zur Umsetzung verpflichteten TRIPS-Mitglieder[98] ausweislich des notifizierten Gesetzeswortlauts in der ein oder anderen Form vor, das heißt Täuschungsverbot, Verstoß gegen die guten Sitten oder die öffentliche Ordnung bzw. hierunter zu fassende Fallgruppen.[99]

Die inhaltliche Deckungsgleichheit dieser Bestimmungen ist ungeachtet begrifflicher Unterschiede[100] fraglich. Das betrifft beispielsweise die Frage, ob eine „Sittenwidrigkeit" primär normativ oder empirisch zu ermitteln ist. Dementsprechend ist in der Ablehnung eines empirischen Standards durch den US-Supreme Court ist keine Aussage zur Unvereinbarkeit mit einem (modifizierten) Art. 15.1 TRIPS enthalten, sondern lediglich dessen Unvereinbarkeit mit der nationalen Verfassung.[101] Unterschiede können auch dahingehend bestehen, wel-

---

mebestimmung zielt auf die Beschreibung eines Gegenstandes ab, der zuvor patentiert war. Diskutiert wird, ob das auch die Form des Gegenstands erfassen kann. Vgl. dazu Federal Court of Australia, Entscheidung v. 23.1.2008, [2008] FCA 27 – *Mayne Industries Pty Ltd v Advanced Engineering Group Pty Ltd.*

[97] Im Decree-Law No. 56/951M von Macau (notifiziert nach Art. 63.2 TRIPS, siehe TRIPS Council: Main Dedicated Intellectual Property Laws and Regulations Notified under Article 63.2 of the Agreement – Macau, 16.2.1998, IP/N/1/MAC/T/1) scheint eine entsprechende Ausnahme zu fehlen.

[98] Wo noch keine Umsetzungspflicht besteht kann dem geltenden nationalen Recht keine Aussage über eine Modifikation von TRIPS entnommen werden. Die Frist zur Umsetzung von u.a. Art. 15 TRIPS gem. Art. 66.1 TRIPS für sog. least developed country (LDC) Members wurde zwischenzeitlich bis 2034 verlängert (siehe Decision of the Council for TRIPS of 29 june 2021, IP/C/88, abrufbar unter https://docs.wto.org/dol2fe/Pages/SS/directdoc.aspx?filename=q:/IP/C/88.pdf&Open=True, zuletzt abgerufen am 19.8.2022). Dass Burundi (als LDC Member) ausweislich von Art. 289 des Law No. 1/13 of July 28, 2009, relating to Industrial Property, explizit die Eintragung auch von ordre public- und sittenwidrigen Marken zulässt, wenn diese Unterscheidungskraft durch Benutzung erlangt haben, ist deswegen (noch) nicht eindeutig einzuordnen. Der Gesetzestext ist abrufbar über WIPO Lex unter https://wipolex.wipo.int/en/text/224377, zuletzt abgerufen am 19.8.2022.

[99] Letzteres häufig im Bereich von Religion, vgl. stellvertretend für viele die Ausnahmen in Art. 14 (3) Trade Marks Ordinance 2001 von Pakistan (notifiziert nach Art. 63.2 TRIPS, siehe TRIPS Council: Main Dedicated Intellectual Property Laws and Regulations Notified under Article 63.2 of the Agreement – Pakistan, 12.11.2001, IP/N/l/PAK/I/1, S. 12), gruppiert in a) Täuschung, b) Verletzung religiöser Gefühle und c) allgemeiner Verstoß gegen Recht oder Moral. Ähnlich auch §47 des Intellectual Property Act 2011 von Samoa (notifiziert nach Art. 63.2 TRIPS, siehe TRIPS Council: Main Dedicated Intellectual Property Laws and Regulations Notified under Article 63.2 of the Agreement – Samoa, 13.2.2019, IP/N/1/WSM/1, IP/N/1/WSM/I/1), mit einer Ausnahme in Abs. 1 b) („contrary to law, public order or morality") und speziell für u.a. religiöse Wörte und Symbole in Abs 1 i).

[100] Vgl. *Ramsey*, Protectable Trademark Subject Matter in Common Law Countries, in: Calboli/Ginsburg (Hrsg.), The Cambridge Handbook of International and Comparative Trademark Law 2020, 193, S. 199, für Australien, Neuseeland, Singapur und USA.

[101] Vgl. *Endrich-Laimböck*, Are morality bars „Friends U Can't Trust"?, GRUR Int 2019, 1028, S. 1033; entsprechend für NAFTA *Ramsey*, A Free Speech Right to Trademark Pro-

che Allgemeininteressen wann und warum ausreichen, um einen *ordre public*-Verstoß nach nationalem Recht zu begründen.¹⁰² Diese Vielfalt entspricht aber genau den (laxen) Vorgaben, die Art. 6quinquies B Nr. 3 PVÜ für die Zulässigkeit solcher Ausnahmen in Bezug auf die Validierungspflicht macht. Man kann von einer Einheit in der Vielfalt sprechen, die den Rückschluss zulässt, dass die Vertragsstaaten den von Art. 6quinquies B Nr. 3 PVÜ eingeräumten Spielraum auch gegenüber Art. 15.1 TRIPS behalten wollen.

Relevant könnte neben inhaltsgleichem Markenrecht auch andere Praxis der Mitgliedsstaaten sein. Das zwischen Kanada, Mexiko und den USA geschlossene NAFTA-Abkommen sah in Art. 1708 Nr. 14 die *Verpflichtung* vor, unmoralische, irreführende oder skandalöse Marken zurückzuweisen.¹⁰³ Die Erfüllung dieser Pflicht steht vorbehaltlich einer Modifikation in Konflikt mit Art. 15.1 TRIPS,¹⁰⁴ und ist zudem ein Beispiel dafür, dass Handelsabkommen außerhalb von TRIPS nicht nur ein Mehr an immaterialgüterrechtlichem Schutz erzeugen können,¹⁰⁵ sondern – hier durch verpflichtende Schutzversagungsgründe – auch ein Weniger.¹⁰⁶ Das NAFTA-Abkommen wurde im August 1992 fertig ausver-

---

tection?, (2016) 106 Trademark Reporter 797, S. 812. Dasselbe gilt für den Fall der Unvereinbarkeit eines empirischen Ansatzes mit der EMRK, vgl. zu dieser Möglichkeit *Endrich-Laimböck/Schenk*, Then Tell Me What You Think About Morality, (2020) 51 IIC, 529, S. 541.

¹⁰² Vgl. für die Schwierigkeiten, die hinter einem Ausschluss stehenden Allgemeininteressen zu bestimmen, am Beispiel der Ausnahmen in § 2 des Lanham Acts (15 USC § 1052) *Haight Farley*, Public Policy Limitations on Trademark Subject Matter, in: Calboli/Ginsburg (Hrsg.), The Cambridge Handbook of International and Comparative Trademark Law 2020, 227, S. 232 ff.

¹⁰³ „Each Party shall refuse to register trademarks that consist of or comprise immoral, deceptive or scandalous matter, or matter that may disparage or falsely suggest a connection with persons, living or dead, institutions, beliefs or any Party's national symbols, or bring them into contempt or disrepute."

¹⁰⁴ *Scassa*, Antisocial Trademarks, (2013) 103 Trademark Reporter 1172, S. 1178, sieht die Zurückweisung von TRIPS erlaubt. *Bereskin*, A Comparison of the Trademark Provisions of NAFTA and TRIPs, (1993) 83 Trademark Reporter 1, S. 16, stellte keine signifikanten Konflikte zwischen NAFTA und dem „Dunkel Draft" von TRIPS (= Trade Negotiations Committee: Draft Final Act Embodying the Results of the Uruguay Round of Multilateral Trade Negotiations) fest, allerdings ohne ausdrückliche Erörterung von Art. 1708 Nummer 14. Bis auf die Änderung des Begriffs *Partei* in *Mitglied* entsprechen Art. 15.1 und 15.2 des „Dunkel Draft" dem beschlossenen Text von TRIPS, vgl. *Cottier*, Working together towards TRIPS, in: Watal/Taubman (Hrsg.), The Making of the TRIPS Agreement – Personal Insights from the Uruguay Round Negotiations 2015, 79, S. 89; *Otten*, The TRIPS negotiations, in: Watal/Taubman (Hrsg.), The Making of the TRIPS Agreement 2015, 55, S. 70. Auch *Corbett*, Impact of NAFTA and TRIPS on Intellectual Property Rights Protections in Canada and the United States, (2000) 6 Law and Business Review of the Americas 591, äußert sich nicht zu Art. 1708 Nummer 14.

¹⁰⁵ Vgl. *Calboli/Haight Farley*, The Trademark Provision in the TRIPS Agreement, in: Correa/Yusuf (Hrsg.), Intellectual Property and International Trade, 3. Aufl. 2016, 157, S. 187 ff.; *Frankel*, The Trademark Provisions in Post-TRIPS Mega-Regional Trade Agreements, in: Calboli/Ginsburg (Hrsg.), The Cambridge Handbook of International and Comparative Trademark Law 2020, 65, S. 65.

¹⁰⁶ Ein weiteres Beispiel wäre die Pflicht des zwischen der EU und Kanada bestehenden

handelt, also noch während der TRIPS Verhandlungen, blieb aber in diesem Punkt unverändert über 25 Jahre nach Inkrafttreten von TRIPS bestehen. Das Nachfolge Abkommen USMCA, welches am 1.7.2020 in Kraft trat und NAFTA ersetzt (siehe Art. 34.5), enthält diese Verpflichtung nicht mehr.[107] Das entspricht dem TPP-Abkommen, das dem USMCA im Bereich des Immaterialgüterrechts im Übrigen sehr ähnlich ist.[108] Auch die übrigen Freihandelsabkommen der USA enthalten kein Pendant zur NAFTA-Vorgabe.[109] Damit scheint es sich bei der Verpflichtung im NAFTA-Abkommen (aus US-amerikanischer Perspektive) um einen Einzelfall zu handeln, so dass allein der (immerhin) 25 Jahre lang bestehende Art. 1708 Nr. 14 NAFTA Rückschlüsse über das Verhältnis der USA, Mexikos und Kanadas zu Art. 15.1 TRIPS zulassen könnte.

### III. Ergebnis: Ausschluss wegen Modifikation von Art. 15.1 TRIPS zulässig

Im Ergebnis ist es die faktisch harmonisierende Vorbildfunktion von Art. 6quinquies B Nr. 3 PVÜ[110] und das langjährige Festhalten an den entsprechenden Re-

---

CETA, die lautere (faire) Nutzung beschreibender Angaben, auch im Zusammenhang mit geografischen Angaben, als begrenzte Ausnahme von den Rechten aus einer Marke vorzusehen, siehe Art. 20.15 CETA. Vgl. zu begrenzten Auswirkung *Frankel*, The Trademark Provisions in Post-TRIPS Mega-Regional Trade Agreements, in: Calboli/Ginsburg (Hrsg.), The Cambridge Handbook of International and Comparative Trademark Law 2020, 65, S. 71 f.

[107] Damit hat sich auch die Frage erübrigt, ob der US-amerikanischen Gesetzgeber nach den gerichtlichen Entscheidungen zur Abschaffung der *morality-* und *disparagement-*Schranke des Lanham Acts (siehe Supreme Court (US), Entscheidung v. 24.6.2019, 18–302, 588 US ___ (2019) – *Iancu v. Brunetti*; v. 19.6.2017, 15–1293, 582 US ___ (2017) – *Matal v. Tam*) aus Sicht von NAFTA handeln *muss*, vgl. *M. Conrad*, Matal v. Tam, (2018) 36 Cardozo Arts & Entertainment Law Journal 83, S. 137; *Ramsey*, A Free Speech Right to Trademark Protection?, (2016) 106 Trademark Reporter 797, S. 811 f. und Fn. 47. Vgl. zum USMCA einen Überblick der Änderungen im Markenrecht bei *Horton*, The USMCA Treaty: What Changes Lie Ahead for U.S. Trademark Law?, (2019) 31 Intellectual Property & Technology Law Journal 3.

[108] Für einen quantifizierten Abgleich von USMCA und TPP im Verhältnis zu anderen Handelsabkommen mit hoher Übereinstimmung im immaterialgüterrechtlichen Teil vgl. *Alschner/Panford-Walsh*, How much of the Transpacific Partnership is in the United States-Mexico-Canada Agreement?, Ottawa Faculty of Law Working Paper No. 2019–28, S. 19 f.

[109] Siehe die Abkommen mit Marokko, Korea, Singapur, Australien, Bahrain, Chile, Kolumbien, Jordanien, Oman, Panama, Peru, Israel, und das CAFTA-DR Abkommen mit Costa Rica, El Salvador, Guatemala, Honduras, Nicaragua und der Dominikanischen Republik, jeweils abrufbar unter https://ustr.gov/trade-agreements/free-trade-agreements (zuletzt abgerufen am 10.8.2022).

[110] Vgl. zur EU bzw. Deutschland *Beier*, Von der EWG-Marke zur Gemeinschaftsmarke – Teil I, in: Schricker/Beier (Hrsg.), Die Neuordnung des Markenrechts in Europa 1997, 59, S. 72; HABM, Entscheidung v. 23.10.2009, R 1805/2007–1 – *PAKI*, Rn. 15; Entscheidung v. 4.5.2011, R 1354/2010–1 – *yello*, Rn. 19; Entscheidung v. 1.9.2011, R 168/2011–1 – *fucking-Freezing!*, Rn. 10; Kur/Bomhard/Albrecht/*Kur*, BeckOK Markenrecht, 30. Aufl. 2022, MarkenG § 8 Absolute Schutzhindernisse, Rn. 8.

gelungen durch die Vertragsparteien von TRIPS, die einen einheitlichen Modifikationskonsens begründen können. Diese Modifikation löst das Spannungsverhältnis zwischen Staatenpraxis und zweckorientierter Auslegung von Art. 15.1 TRIPS auf, allerdings um den Preis, dass Art. 15.1 TRIPS auf tatsächlicher Ebene ebenso begrenzt wirksam ist, wie zuvor schon die Validierungspflicht aus der PVÜ. Es bleibt auch hier bei einer bloßen Missbrauchsgrenze, die jedenfalls der Ausschluss technisch-funktioneller Marken nicht überschreitet. Er ist daher zulässig.

*Kapitel 7*

# Art. 10bis PVÜ und TRIPS

Schließlich könnte Art. 10bis PVÜ der Pflicht aus Art. 15 TRIPS entgegenstehen, ein unterscheidungskräftiges technisch-funktionelles Zeichen als eintragungsfähig zu behandeln. Für die WTO-Mitglieder, die auch der PVÜ angehören, folgt dies unmittelbar aus Art. 2.2 TRIPS, der die Maßgabe aus Art. 19 PVÜ umsetzt.[1] Damit ändert Art. 15 TRIPS nichts an einer möglichen Pflicht aus Art. 10bis PVÜ und ihrer Umsetzung durch einen Ausschluss technisch-funktioneller Zeichen, wie sie im ersten Teil dieser Arbeit erörtert wurden. Die PVÜ genießt laut Art. 2.2 TRIPS Vorrang gegenüber den Teilen I bis IV von TRIPS,[2] und damit auch gegenüber Art. 15 TRIPS. Allerdings wurde oben festgestellt, dass diese Pflicht momentan nur theoretisch besteht, weil es am einheitlichen Maßstab fehlt.

Wesentlich relevanter ist daher die Frage, ob auch der womöglich über Art. 2.1 TRIPS einbezogene und dann im WTO-Kontext adaptierte Art. 10bis PVÜ der Pflicht aus Art. 15.1 TRIPS entgegengehalten werden kann, weil in dieser Konstellation der wettbewerbserhaltende Ausschluss technisch-funktioneller Marken von Art. 10bis PVÜ erfasst wäre. Außerdem könnten sich dann auch WTO-Mitglieder, die nicht der PVÜ angehören (wie unter anderem die EU), auf einen gegenüber Art. 15 TRIPS vorrangige Pflicht berufen bzw. müssten diese umsetzen.

Art. 2.1 TRIPS erklärt, dass seine Mitglieder sich in Bezug auf die Teile II bis IV von TRIPS an die Art. 1 bis 12 sowie 19 aus der PVÜ halten müssen. Kontrovers diskutiert wird aber die Frage, ob dabei Art. 10bis PVÜ überhaupt bzw. in welchem Umfang einbezogen wird. Nach einem Überblick über den Meinungsstand (A.) wird der begrenzende Wortlaut von Art. 2.1 TRIPS dargestellt (B.), bevor Kontext (C.) von und Staatenpraxis (D.) zu Art. 2.1 TRIPS daraufhin untersucht werden, ob bzw. wie Art. 10bis PVÜ einbezogen ist. Abschließend wird ein historisches Argument gegen die Einbeziehung von Art. 10bis PVÜ zurückgewiesen (E.). Im Ergebnis wird sich in bisher unbeschrittener Mittelweg

---

[1] Vgl. Busche/Stoll/Wiebe/*Brand*, TRIPs, 2. Aufl. 2013, Artikel 2, Rn. 115; zu weiteren Möglichkeiten der Einhaltung von Art. 19 PVÜ *Ricketson*, The Paris Convention for the Protection of Industrial Property 2015, Rn. 6.14 und 6.37; *Bodenhausen*, Guide to the Application of the Paris Convention 1968, S. 193, Rn. d).

[2] Vgl. *Niemann*, Geistiges Eigentum in konkurrierenden völkerrechtlichen Vertragsordnungen: Das Verhältnis zwischen WIPO und WTO/TRIPS 2008, S. 412.

herauskristallisieren, der einerseits die Wortlautgrenze respektiert, andererseits einen Leerlauf der Aufzählung in Art. 2.1 TRIPS verhindert und eine mit der wettbewerbserhaltenden Zielrichtung von TRIPS und dem Kontext der Bestimmung vereinbare Einbeziehung von Art. 10bis PVÜ feststellt: Art. 10bis PVÜ ist (jedenfalls) insoweit einbezogen, als dessen (marktfunktional adaptierte) Pflicht der Schutzpflicht aus Art. 15 TRIPS entgegensteht.

## A. Überblick über den Meinungsstand

Nach einer Ansicht wird Art. 10bis PVÜ vollumfänglich einbezogen, so dass TRIPS dazu verpflichtet, (Ausländerinnen) effektiven Schutz gegen unlauteren Wettbewerb zu gewähren.[3] Demgegenüber wurde vertreten, dass Art. 10bis PVÜ nicht als solcher einbezogen wird, sondern nur im Rahmen der von TRIPS geregelten Bereiche angewendet werden kann, d.h. dort, wo TRIPS selbst Sonder-

---

[3] Vgl. WTO Untersuchungsausschuss (Panel), Reports v. 28.6.2018, WT/DS435/R, WT/DS441/R – *Australia – Certain Measures Concerning Trademarks, Geographical Indications and Other Plain Packaging Requirements Applicable to Tobacco Products and Packaging*, Rn. 7.2632; mangels Berufung in diesem Punkt nicht erörtert in WTO Berufungsorgan (Appellate Body), Report v. 9.6.2020, WT/DS435/AB/R, WT/DS441/AB/R – *Australia – Certain Measures Concerning Trademarks, Geographical Indications and Other Plain Packaging Requirements Applicable to Tobacco Products and Packaging* (siehe dort S. 183, Fn. 1444), aber möglicherweise *obiter* Zustimmung in Rn. 6.598; vgl. *Kur*, TRIPs und das Markenrecht, GRUR Int 1994, 987, S. 989 („Paris-Plus-Ansatz"); *Otten/Wager*, Compliance with TRIPS: The Emerging World View, (1996) 29 Vanderbilt Journal of Transnational Law 391, S. 396; *Staehelin*, Das TRIPs-Abkommen, 2. Aufl. 1999, S. 54; *Reichmann*, Universal Minimum Standards of Intellectual Property Protection Under the TRIPS Component of the WTO Agreement, (1995) 29 The International Lawyer 345, S. 381; *Westkamp*, TRIPS Principles, Reciprocity and the Creation of Sui-Generis-Type Intellectual Property Rights, (2003) 6 Journal of World Intellectual Property 827, S. 834 ff.; *Correa*, Trade Related Aspects of Intellectual Property Rights 2007, S. 38 und 104; *Cottier/Jevtic*, The protection against unfair competition in WTO law, in: Drexl et al. (Hrsg.), Technology and Competition 2009, 669, S. 677 f.; Busche/Stoll/Wiebe/*Brand*, TRIPs, 2. Aufl. 2013, Artikel 2, Rn. 17; *Cottier/Germann*, TRIPS Agreement, art. 2, in: Cottier/Véron (Hrsg.), Concise International and European IP Law, 3. Aufl. 2015, Rn. 1; *Reichmann*, Universal Minimum Standards of Intellectual Property Protection under the TRIPS Component of the WTO Agreement, in: Correa/Yusuf (Hrsg.), Intellectual Property and International Trade, 3. Aufl. 2016, 27, S. 64; *Pires de Carvalho*, The TRIPS Regime of Trademarks and Designs, 4. Aufl. 2019, S. 31, Rn. P.2; weitere Nachweise bei *Höpperger/Senftleben*, Protection Against Unfair Competition at the International Level, in: Hilty/Henning-Bodewig (Hrsg.), Law Against Unfair Competition 2007, 61, S. 61, Fn. 5, *Pflüger*, Reichweite internationalrechtlicher Vorgaben, in: Hilty/Henning-Bodewig (Hrsg.), Lauterkeitsrecht und Acquis Communautaire 2009, 65, S. 71, Fn. 29 und *Riffel*, The Protection against Unfair Competition in the WTO TRIPS Agreement 2016, S. 40, Fn. 154. Nachweise aus der spanischen Literatur bei *Reger*, Der internationale Schutz gegen unlauteren Wettbewerb und das TRIPS-Übereinkommen 1998, S. 295, Fn. 1099; *Wadlow*, The Law of Passing Off, 6. Aufl. 2021, Rn. 2–143.

schutzrechte vorsieht.⁴ Das könnte man so eng verstehen, dass Art. 10bis PVÜ *nur* im Rahmen von Art. 22 und 39 TRIPS zur Anwendung gelangt, weil nur diese „lauterkeitsrechtliche geprägten" Sonderschutzrechte auf Art. 10bis PVÜ aufbauten.⁵ Eine Anwendung von Art. 10bis PVÜ im Rahmen von Art. 15 TRIPS wäre dann nicht möglich.

Diese gegenläufigen Ansichten werden auch in anderer Weise dargestellt, was Anlass gibt, vorab noch einmal die konzeptionelle Trennung zwischen den Ebenen des nationalen Rechts und der PVÜ hinzuweisen, sowie auf die konzeptionelle Trennung zwischen Lauterkeitsrecht und Immaterialgüterschutz durch Sonderschutzrechte. Eine Vermischung dieser Ebenen verkompliziert die Untersuchung und kann für Missverständnisse sorgen.

Nach einem Ansatz verpflichtet Art. 10bis PVÜ neben den in Teil II von TRIPS ausdrücklich bestimmten Schutzrechten, möglicherweise subsidiär, zur Gewährung von ergänzendem Leistungsschutz.⁶ Das ist gleichbedeutend mit der Annahme, dass Art. 10bis PVÜ vollumfänglich und selbstständig neben den Schutzrechten in Teil II von TRIPS einbezogen ist – die Pflicht müsste ja notwendigerweise über das hinausgehen, was TRIPS in Teil II in Form von Sonderschutzrechten verlangt.⁷ Wie bei Art. 10bis PVÜ besteht auch bei den Schutz-

---

⁴ Vgl. *Schricker*, Twenty-Five Years of Protection Against Unfair Competition, (1995) 26 IIC 782, S. 783, Fn. 7; *Reger*, Der internationale Schutz gegen unlauteren Wettbewerb und das TRIPS-Übereinkommen 1998, S. 296; *Henning-Bodewig*, International Protection Against Unfair Competition, (1999) 30 IIC 166, S. 180 (nach der Entscheidung *Havana Club* nunmehr der Gegenansicht zuneigend, vgl. *Henning-Bodewig*, Internationale Standards gegen unlauteren Wettbewerb, GRUR Int 2013, 1, S. 11); *Pflüger*, Reichweite internationalrechtlicher Vorgaben, in: Hilty/Henning-Bodewig (Hrsg.), Lauterkeitsrecht und Acquis Communautaire 2009, 65, S. 72, mit weiteren Nachweisen auf S. 71, Fn. 28; *Fikentscher/Hacker/Podszun*, FairEconomy – Crises, Culture, Competition and the Role of Law 2013, S. 86; Harte-Bavendamm/Henning-Bodewig/*Glöckner*, UWG, 4. Aufl. 2016, Einleitung E. Lauterkeitsrecht in internationalen Vereinbarungen, Rn. 5. Gegen eine inhärente Begrenzung von Art. 10bis PVÜ auch innerhalb der PVÜ auf den Schutz von *industrial property*, die zirkulär auf Art. 1 (1) PVÜ gestützt wird, *Riffel*, The Protection against Unfair Competition in the WTO TRIPS Agreement 2016, S. 34; vgl. auch *Cottier/Jevtic*, The protection against unfair competition in WTO law, in: Drexl et al. (Hrsg.), Technology and Competition 2009, S. 675, und die Ansicht der Dominkanischen Republik und Indonesiens in WTO Untersuchungsausschuss (Panel), Reports v. 28.6.2018, WT/DS435/R, WT/DS441/R – *Australia – Certain Measures Concerning Trademarks, Geographical Indications and Other Plain Packaging Requirements Applicable to Tobacco Products and Packaging*, Rn. 7.2617, sowie die explizite Feststellung in Rn. 7.2630, dass Art. 10bis PVÜ nicht zwischen Handlungen, die sich auf spezifische Schutzrechte beziehen, und sonstigen Handlungen unterscheidet.

⁵ Vgl. *Pflüger*, Reichweite internationalrechtlicher Vorgaben, in: Hilty/Henning-Bodewig, (Hrsg.), Lauterkeitsrecht und Acquis Communautaire 2009, 65, S. 71, Fn. 28.

⁶ Vgl. *Reger*, Der internationale Schutz gegen unlauteren Wettbewerb und das TRIPS-Übereinkommen 1998, S. 295. So wohl auch *Henning-Bodewig*, International Protection Against Unfair Competition, (1999) 30 IIC 30 166, S. 180; *Riffel*, The Protection against Unfair Competition in the WTO TRIPS Agreement 2016, S. 27.

⁷ Vgl. *Riffel*, The Protection against Unfair Competition in the WTO TRIPS Agreement

pflichten aus TRIPS ein Umsetzungsspielraum.[8] Eine Bestimmung, die auf nationaler Ebene Teil des Lauterkeitsrechts ist, kann sowohl völkerrechtliche Sonderschutzverpflichtungen umsetzen, als auch völkerrechtlich vorgegebenen Schutz gegen unlauteren Wettbewerb.[9]

Dasselbe gilt umgekehrt. Wenn man also feststellt, dass TRIPS „über den Schutz des geistigen Eigentums hinaus" keine lauterkeitsrechtlichen Normen erfasst,[10] dann geht es auf völkerrechtlicher Ebene um Sonderschutzrechte, die auf nationaler Ebene in Form von Lauterkeitsrecht gewährt werden können.[11] Das beschreibt gerade nicht eine Pflicht aus Art. 10bis PVÜ, sondern die Schutzstandards in Teil II von TRIPS,[12] ist also gleichbedeutend mit der Ansicht, dass Art. 10bis PVÜ nicht einbezogen ist.

---

2016, S. 27; *Pires de Carvalho*, The TRIPS Regime of Trademarks and Designs, 4. Aufl. 2019, S. 448, Rn. 25.32.

[8] Vgl. EuGH, Urteil v. 14.12.2000, C-300/98 und C-392/98 – *Dior u.a.*, Rn. 58.

[9] Vgl. EuGH, Urteil v. 14.12.2000, C-300/98 und C-392/98 – *Dior u.a.*, Rn. 62; *Sack*, Internationales Lauterkeitsrecht 2019, S. 313, Rn. 16.

[10] Vgl. *Sack*, Internationales Lauterkeitsrecht 2019, S. 313, Rn. 17.

[11] Dabei ist umstritten, inwiefern TRIPS eine Umsetzung der Pflichten zum Sonderschutz durch nationales Lauterkeitsrecht zulässt. So folgt nach einer Ansicht z.B. aus dem Wortlaut von Art. 25.2 Satz 2 TRIPS, dass die dortige Pflicht *nur* durch Designrecht oder Urheberrecht umgesetzt werden kann, vgl. *Correa*, Trade Related Aspects of Intellectual Property Rights 2007, S. 265. Wenn *Pires de Carvalho*, The TRIPS Regime of Trademarks and Designs, 4. Aufl. 2019, S. 448, Rn. 25.32, dem entgegenhält, dass Art. 10bis PVÜ über Art. 2.1 TRIPS inkorporiert ist, und dass Designschutz auch Art. 10bis (3) Nr. 1 PVÜ umsetzen kann, dann werden auch hier wieder die Ebenen Lauterkeitsrecht – Sonderschutzrecht und national – PVÜ vermischt. Es geht nicht darum, dass kein lauterkeitsrechtlicher Schutz gegen Produktnachahmungen gewährt werden darf, sondern nur darum, ob ein rein lauterkeitsrechtlicher Schutz gegen Produktnachahmungen den Vorgaben aus Art. 25.2 TRIPS entspricht. Dass ein lauterkeitsrechtlicher Schutz gegen Produktnachahmungen die Vorgaben aus Art. 10bis PVÜ umsetzen kann, ändert daran nichts. Für die Umsetzbarkeit von Art. 25.2 Satz 2 TRIPS auch durch nationales Lauterkeitsrecht führt *Pires de Carvalho*, The TRIPS Regime of Trademarks and Designs, 4. Aufl. 2019, S. 453, zudem an, dass der Begriff „design law" nicht nur ein Designrecht *eo nomine* umfasst, sondern alles Recht, das dem Schutz von Designs dient, also auch lauterkeitsrechtlichen Nachahmungsschutz. Vgl. auch EuGH, Urteil v. 14.12.2000, C-300/98 und C-392/98 – *Dior u.a.*, Rn. 62, Rn. 52.

[12] Deswegen beantwortet die *Dior*-Entscheidung des EuGH auch nicht die Frage, ob Schutz gegen unlauteren Wettbewerb im Sinne der PVÜ unter den Begriff *intellectual property* fällt, sondern ob nationales Lauterkeitsrecht die Vorgaben aus TRIPS, die unter den Begriff *intellectual property* fallen, als intellectual property *right* im Sinne von Art. 50 TRIPS umsetzen kann. Ausgangspunkt ist Sonderschutz aus Art. 25 TRIPS, EuGH, Urteil v. 14.12.2000, C-300/98 und C-392/98 – *Dior u.a.*, Rn. 51, der eindeutig dem Begriff „intellectual property" TRIPS unterfällt; erst im zweiten Schritt ging es darum, ob die fragliche lauterkeitsrechtliche Regel (Klagerecht zum Schutz eines Designs) unter den Begriff des „intellectual property *right*" fällt, siehe dort Rn. 55 ff. Vgl. so auch *Grohl Wündisch*, Die Europäische Gemeinschaft und TRIPS: Hermès, Dior und die Folgen, GRUR Int 2011, 497–506, S. 504 f. (Ergebnis: „Auf die tatsächlich relevante Frage […] nach der Anwendung des Art. 50 TRIPS auf den ergänzenden wettbewerblichen Leistungsschutz hat der *EuGH* nicht geantwortet."). Anders z.B. *Riffel*, The Protection against Unfair Competition in the WTO TRIPS Agreement 2016, S. 34; *Henning-Bodewig*, International Unfair Competition Law, in: Hilty/Henning-Bodewig

## A. Überblick über den Meinungsstand

Zwar ist umstritten, inwiefern TRIPS eine Umsetzung der Pflichten zum Sonderschutz durch nationales Lauterkeitsrecht zulässt. So folgt nach einer Ansicht z.B. aus dem Wortlaut von Art. 25.2 Satz 2 TRIPS, dass die dortige Pflicht *nur* durch nationales Designrecht oder Urheberrecht umgesetzt werden kann.[13] Wenn dem entgegengehalten wird, dass Art. 10bis (3) PVÜ durch nationales Designrecht umgesetzt werden kann,[14] dann vermischt dies die Ebenen Lauterkeitsrecht – Sonderschutzrecht sowie national – PVÜ. Es geht nicht darum, dass kein lauterkeitsrechtlicher Schutz gegen Produktnachahmungen gewährt werden darf, sondern nur darum, ob ein rein lauterkeitsrechtlicher Schutz gegen Produktnachahmungen im nationalen Recht den Vorgaben aus Art. 25.2 TRIPS entspricht. Dass ein lauterkeitsrechtlicher Schutz gegen Produktnachahmungen oder auch nationaler Designschutz die Vorgaben aus Art. 10bis PVÜ umsetzen kann, ändert daran nichts. Dass auch eine Vorgabe wie Art. 25.2 Satz 2 TRIPS durch nationales Lauterkeitsrecht umgesetzt werden kann, wird mit der Feststellung begründet, dass der Begriff „design law" in TRIPS auf Ebene des nationalen Rechts nicht nur ein Designrecht *eo nomine* umfasst, sondern aus funktioneller Perspektive heraus alles Recht, das dem Schutz von Designs dient, also auch lauterkeitsrechtlichen Nachahmungsschutz.[15]

Das lässt sich mit der *Dior*-Entscheidung des EuGH veranschaulichen, wo festgestellt wurde, dass ein nach den allgemeinen Vorschriften des nationalen Rechts über unlauteren Wettbewerb, gegebenes Klagerecht, das auf den Schutz eines gewerblichen Modells vor Nachahmung gerichtet ist, als „Recht des geistigen Eigentums" im Sinne von Artikel 50 Absatz 1 des TRIPs-Übereinkommens angesehen werden kann.[16] Das hat aber nichts damit zu tun, ob Schutz gegen unlauteren Wettbewerb im Sinne der PVÜ unter den Begriff des Geistigen Eigentums (*intellectual property*) gemäß TRIPS fällt,[17] sondern nur, ob nationales Lauterkeitsrecht die Vorgaben aus TRIPS, die unter den Begriff *intellectual pro-*

---

(Hrsg.), Law Against Unfair Competition 2007, 53, S. 60; *Henning-Bodewig*, International Protection Against Unfair Competition, in: Henning-Bodewig (Hrsg.), International Handbook on Unfair Competition 2013, 9, S. 36, Rn. 111, und *Henning-Bodewig*, Internationale Standards gegen unlauteren Wettbewerb, GRUR Int 2013, 1, S. 11, wo die *Dior*-Entscheidung des EuGH unter dem Vorzeichen von Art. 10bis PVÜ erörtert wird (ohne allerdings konkret darauf Bezug zu nehmen, welche Pflicht aus TRIPS das Gericht erörtert, und isoliert auf den Begriff „intellectual property" abstellend).

[13] Vgl. *Correa*, Trade Related Aspects of Intellectual Property Rights 2007, S. 265.
[14] Vgl. *Pires de Carvalho*, The TRIPS Regime of Trademarks and Designs, 4. Aufl. 2019, S. 448, Rn. 25.32.
[15] Vgl. *Pires de Carvalho*, The TRIPS Regime of Trademarks and Designs, 4. Aufl. 2019, S. 453.
[16] Vgl. EuGH, Urteil v. 14.12.2000, C-300/98 und C-392/98 – *Dior u.a.*, Rn. 62.
[17] Vgl. *Grohl Wündisch*, Die Europäische Gemeinschaft und TRIPS: Hermès, Dior und die Folgen, GRUR Int 2011, 497–506, S. 504 f. („Auf die tatsächlich relevante Frage […] nach der Anwendung des Art. 50 TRIPS auf den ergänzenden wettbewerblichen Leistungsschutz hat der *EuGH* nicht geantwortet.").

*perty* fallen, als intellectual property *right* im Sinne von Art. 50 TRIPS umsetzen kann. Ausgangspunkt ist der Entscheidung war in diesem Sinne immaterialgüterrechtlicher Sonderschutz aus Art. 25 TRIPS[18] der eindeutig dem Begriff „intellectual property" TRIPS unterfällt; erst im zweiten Schritt ging es darum, ob die fragliche lauterkeitsrechtliche Regel (Klagerecht zum Schutz eines Designs) unter den Begriff des „intellectual property *right*" fällt.[19] Das heißt nicht, dass man diese Entscheidung nicht im Zusammenhang mit der Frage erörtern kann, ob Art. 10bis PVÜ über Art. 2.1 TRIPS einbezogen ist.[20] Das muss aber insoweit transparent geschehen, dass klar wird, welche Pflicht aus TRIPS das Gericht erörtert, und dass es eben nicht isoliert um den Begriff „intellectual property" nach TRIPS geht.

## B. Wortlaut

Nach dem Wortlaut von Art. 2.1 TRIPS müssen sich die Mitgliedsstaaten auch an Art. 10bis PVÜ halten.[21] Die entscheidende Formulierung in der Diskussion ist „in Bezug auf Teile II, III und IV" („In respect of Parts II, III and IV"), die den Umfang der Einbeziehung von Art. 10bis PVÜ möglicherweise beschränkt.[22] Was allerdings damit nicht geklärt ist, ist, in welchem Umfang Art. 10bis PVÜ einbezogen wird.[23] Was heißt es, wenn Art. 2.1 TRIPS die TRIPS-Mitglieder ver-

---

[18] Vgl. EuGH, Urteil v. 14.12.2000, C-300/98 und C-392/98 – *Dior u.a.*, Rn. 51.
[19] Vgl. EuGH, Urteil v. 14.12.2000, C-300/98 und C-392/98 – *Dior u.a.*, Rn. 55 ff.
[20] Vgl. z.B. *Riffel*, The Protection against Unfair Competition in the WTO TRIPS Agreement 2016, S. 34; und wiederholt *Henning-Bodewig*, International Unfair Competition Law, in: Hilty/Henning-Bodewig (Hrsg.), Law Against Unfair Competition 2007, 53, S. 60; *Henning-Bodewig*, International Protection Against Unfair Competition, in: Henning-Bodewig (Hrsg.), International Handbook on Unfair Competition 2013, 9, S. 36, Rn. 111; *Henning-Bodewig*, Internationale Standards gegen unlauteren Wettbewerb, GRUR Int 2013, 1, S. 11.
[21] Vgl. WTO Berufungsorgan (Appellate Body), Report v. 2.1.2002, WT/DS176/AB/R – *United States – Section 211 Omnibus Appropriations Act of 1998*, Rn. 336. Dass Art. 10bis PVÜ grundsätzlich über Art. 2.1 TRIPS einbezogen ist, war auch in WTO Untersuchungsausschuss (Panel), Reports v. 28.6.2018, WT/DS435/R, WT/DS441/R – *Australia – Certain Measures Concerning Trademarks, Geographical Indications and Other Plain Packaging Requirements Applicable to Tobacco Products and Packaging*, Rn. 7.2620, unbestritten.
[22] Vgl. *Schricker*, Bemerkungen zum internationalen Schutz gegen unlauteren Wettbewerb, in: Großfeld et al. (Hrsg.), Festschrift für Wolfgang Fikentscher 1998, 985, S. 986; *Reger*, Der internationale Schutz gegen unlauteren Wettbewerb und das TRIPS-Übereinkommen 1998, S. 294; WTO Untersuchungsausschuss (Panel), Report v. 6.8.2001, WT/DS176/R – *United States – Section 211 Omnibus Appropriations Act of 1998*, Rn. 8.30; WTO Berufungsorgan (Appellate Body), Report v. 2.1.2002, WT/DS176/AB/R – *United States – Section 211 Omnibus Appropriations Act of 1998*, Rn. 337; *Riffel*, The Protection against Unfair Competition in the WTO TRIPS Agreement 2016, S. 18.
[23] Vgl. *Henning-Bodewig*, International Protection Against Unfair Competition, in: Henning-Bodewig (Hrsg.), International Handbook on Unfair Competition 2013, 9, S. 33, Rn. 99; WTO Untersuchungsausschuss (Panel), Reports v. 28.6.2018, WT/DS435/R,

pflichtet, Ausländerinnen Schutz gegen unlauteren Wettbewerb zu gewähren, aber „beschränkt auf die in den Teilen II, III und IV des TRIPS-Übereinkommens geregelten Bereiche"?[24] Dass diese Beschränkung nicht leerlaufen darf,[25] heißt nur, dass eine irgendwie geartete Beschränkung folgen muss; die konkrete Grenze lässt sich damit nicht feststellen, und schon gar nicht die Anwendbarkeit von Art. 10bis PVÜ an sich ausschließen. Der Wortlaut setzt nur eine irgendwie geartete *Verbindung* voraus.[26]

Eine Möglichkeit der „Verbindung" ist eine Pflichtenkollision. Es wird vertreten, dass Art. 2.1 TRIPS eine Vorrangregel im Sinne von Art. 30 (2) WVK darstellt.[27] Hinsichtlich der Teile II bis IV müssen sich die Mitgliedsstaaten im Konfliktfall zwischen TRIPS und PVÜ an Art. 1 bis 12, 19 der PVÜ halten. Bestätigt werde dieser Ansatz durch den Verweis auf Art. 19 PVÜ sowie die umfassende Anti-Derogationsklausel von Art. 2.2 TRIPS.[28] Ein Vorrang kann nur angeordnet werden, wo eine Pflicht besteht, und er kann er nur dort sinnvollerweise angeordnet werden, wo ein Konflikt zwischen Pflichten besteht. So gesehen inkorporiert Art. 2.1 TRIPS Art. 10bis PVÜ nicht insgesamt, sondern nur in den Fällen, in denen sich aus Art. 10bis PVÜ eine Pflicht ergibt, die mit einer Vorgabe in Teil II bis IV von TRIPS kollidiert. Hier geht die PVÜ vor.

Im Ergebnis kann Art. 2.1 TRIPS (in Verbindung mit Art. 10bis PVÜ) auch unter einer beschränkenden Lesart, also ohne selbstständige und umfassende Einbeziehung von Art. 10bis PVÜ, dieselbe begrenzende Funktion gegenüber Art. 15 TRIPS haben, wie der letzte Satz in Art. 6quinuies B PVÜ (in Verbindung mit Art. 10bis PVÜ) gegenüber Art. 6quinquies PVÜ. Unter diesem Aspekt, um

---

WT/DS441/R – *Australia – Certain Measures Concerning Trademarks, Geographical Indications and Other Plain Packaging Requirements Applicable to Tobacco Products and Packaging*, Rn. 7.2626.

[24] *Reger*, Der internationale Schutz gegen unlauteren Wettbewerb und das TRIPS-Übereinkommen 1998, S. 295; vgl. WTO Untersuchungsausschuss (Panel), Reports v. 28.6.2018, WT/DS435/R, WT/DS441/R – *Australia – Certain Measures Concerning Trademarks, Geographical Indications and Other Plain Packaging Requirements Applicable to Tobacco Products and Packaging*, Rn. 7.2627.

[25] Vgl. *Wadlow*, The Law of Passing Off, 5. Aufl. 2016, S. 85, Rn. 2–70.

[26] Vgl. WTO Untersuchungsausschuss (Panel), Report v. 6.8.2001, WT/DS176/R – *United States – Section 211 Omnibus Appropriations Act of 1998*, Rn. 8.30; Reports v. 28.6.2018, WT/DS435/R, WT/DS441/R – *Australia – Certain Measures Concerning Trademarks, Geographical Indications and Other Plain Packaging Requirements Applicable to Tobacco Products and Packaging*, Rn. 7.2627, mit Nachweisen zur gewöhnlichen Bedeutung. *Riffel*, The Protection against Unfair Competition in the WTO TRIPS Agreement 2016, S. 36, spricht von „linkage".

[27] Vgl. *Correa*, Trade Related Aspects of Intellectual Property Rights 2007, S. 46; *Malbon/Lawson/Davison*, The WTO Agreement on Trade-Related Aspects of Intellectual Property Rights 2014, S. 113 f., Rn. 2.45 f.; *Riffel*, The Protection against Unfair Competition in the WTO TRIPS Agreement 2016, S. 35 f.

[28] Vgl. *Correa*, Trade Related Aspects of Intellectual Property Rights 2007, S. 46; *Riffel*, The Protection against Unfair Competition in the WTO TRIPS Agreement 2016, S. 36.

den es hier allein geht, besteht zwischen den beiden dargestellte Hauptströmen kein Widerspruch. Mit der „weiten" Auffassung einer umfassenden Einbeziehung wäre auch die schutzrechtsbegrenzende Dimension des Art. 10bis PVÜ inkorporiert. Nach der „strengeren" Auffassung wäre Art. 10bis PVÜ als Schutzobergrenze „in Bezug auf" den von Art. 15 TRIPS geregelten Bereich des Markenrechts anwendbar. Auch eine etwaige Begrenzung der Anwendbarkeit auf Art. 22 und 39 TRIPS beruht offensichtlich auf einer rein schutzbegründenden bzw. -erweiternden Vorstellung von Art. 10bis PVÜ. Für seiner schutzrechtsbegrenzende Dimension des Art. 10bis PVÜ spielt diese Begrenzung auf einen lauterkeitsrechtlich geprägten Bereich von TRIPS hingegen keine Rolle, weil Art. 10bis PVÜ in dieser Funktion stets „in Bezug auf" das jeweils beschränkte Sonderschutzrecht wirkt.

Schwer mit dem Wortlaut zu vereinbaren ist hingegen, dass Art. 10bis PVÜ umfassend und selbstständig einbezogen ist.

## C. Kontext

### I. Präambel

Wenn man sich der grundlegenden Zielrichtung von TRIPS über die Präambel[29] nähert, so scheint diese auf Wettbewerbsförderung abzuzielen. Dass mit Art. 10bis PVÜ gerade die Bestimmungen aus der PVÜ nicht einbezogen werden sollen, die sich mit dem Wettbewerb befassen, scheint vor diesem Hintergrund fraglich.[30] Das gilt umso mehr für die wettbewerbsfunktionale, schutzrechtsbegrenzende Dimension, um die es hier geht.

Das Verhältnis von Immaterialgüterrecht und Handelspolitik wird ambivalent diskutiert,[31] insbesondere unter der Vorstellung, dass Immaterialgüterrechte und damit Markenrechte Handels*hemmnisse* darstellen (können).[32] Versteht man

---

[29] „[...] in dem Wunsche, Verzerrungen und Behinderungen des internationalen Handels zu beseitigen und unter Berücksichtigung der Notwendigkeit, einen wirksamen und angemessenen Schutz der Rechte des geistigen Eigentums zu fördern und sicherzustellen, daß die Maßnahmen und Verfahren zur Durchsetzung der Rechte des geistigen Eigentums nicht selbst zu Schranken für den legitimen Handel werden [...]".

[30] Vgl. *Henning-Bodewig*, International Protection Against Unfair Competition, in: Henning-Bodewig (Hrsg.), International Handbook on Unfair Competition 2013, 9, S. 36, Rn. 110.

[31] Vgl. *Niemann*, Geistiges Eigentum in konkurrierenden völkerrechtlichen Vertragsordnungen 2008, S. 411.

[32] Vgl. *Correa*, Trade Related Aspects of Intellectual Property Rights 2007, S. 2, mit Verweis auf Art. XX d) GATT 1947; *Pires de Carvalho*, The TRIPS Regime of Trademarks and Designs, 4. Aufl. 2019, S. 38 f., Rn. P.15; *Gervais*, The relationship between WIPO and the WTO, in: Ricketson (Hrsg.), Research Handbook on the World Intellectual Property Organization 2020, 227, S. 228; *Frankel*, The Trademark Provisions in Post-TRIPS Mega-Regi-

## C. Kontext

Ausschlussrechte im Allgemeinen und damit auch Immaterialgüterrechte als „Voraussetzung für den Wettbewerb"[33], dann erklärt das einerseits, wieso TRIPS mit der Regelung von Ausschließlichkeitsrechten Wettbewerbsförderung im Sinne der Präambel anstrebt. Gleichzeitig kann diese Zielsetzung nicht durch Ausschließlichkeitsrechte selbst erreicht werden, sondern verlangt nach zusätzlichen *beschränkungsrechtlichen* Regeln.[34] Genau diese Funktion kann ein wettbewerbsfunktional aufgeladener Art. 10bis PVÜ einnehmen, wenn er vorrangig zur Anwendung kommt und dort Sonderschutz aus TRIPS verhindert, wo die Erlangung eines Sonderschutzrechts wegen seiner *wettbewerbsbeschränkenden* Auswirkung unlauteren Wettbewerb darstellt. Damit füllt Art. 10bis PVÜ auch eine mögliche Lücke, die dadurch entsteht, dass Art. 8.2 TRIPS[35] nach einer Ansicht nicht auf das Verhindern des Entstehens eines Schutzrechts anwendbar ist, sondern nur eine „externe" Überprüfung der wettbewerbsbeschränkenden *Ausübung* des Schutzrechts zulässt.[36]

---

onal Trade Agreements, in: Calboli/Ginsburg (Hrsg.), The Cambridge Handbook of International and Comparative Trademark Law 2020, 65, S. 82.

[33] *Fikentscher*, Wettbewerbsrecht im TRIPS-Agreement der Welthandelsorganisation, GRUR 1995, 529, S. 534; vgl. *Cottier*, The Prospects for Intellectual Property in GATT, (1991) 28 Common Market Law Review 383, S. 392 („adequate IPR protection is functional within GATT. There is no paradox or inherent conflict of free trade and adequate protection"); *Correa*, Trade Related Aspects of Intellectual Property Rights 2007, S. 3; *Drexl*, Intellectual Property Rights as Constituent Elements of a Competition-based Market Economy, in: Ghidini/Genovesi (Hrsg.), Intellectual property and market power 2008, 167. Vgl. für den EU Binnenmarkt *Ohly*, Common Principles of European Intellectual Property Law?, ZGE 2010, 365, S. 381.

[34] Vgl. *Cottier*, The Prospects for Intellectual Property in GATT, (1991) 28 Common Market Law Review 383, S. 392; *Fikentscher*, Wettbewerbsrecht im TRIPS-Agreement der Welthandelsorganisation, GRUR 1995, 529, S. 534; *Heinemann*, Das Kartellrecht des geistigen Eigentums im TRIPS-Übereinkommen der Welthandelsorganisation, GRUR Int 1995, 535, S. 535; *Heinemann*, Immaterialgüterschutz in der Wettbewerbsordnung 2002, S. 627; *Schmidt-Pfitzner*, Das TRIPS-Übereinkommen und seine Auswirkungen auf den deutschen Markenschutz 2005, S. 50.

[35] „Appropriate measures, provided that they are consistent with the provisions of this Agreement, may be needed to prevent the abuse of intellectual property rights by right holders or the resort to practices which unreasonably restrain trade or adversely affect the international transfer of technology."

[36] Vgl. *Heinemann*, Das Kartellrecht des geistigen Eigentums im TRIPS-Übereinkommen der Welthandelsorganisation, GRUR Int 1995, 535, S. 536 f.; *Schmidt-Pfitzner*, Das TRIPS-Übereinkommen und seine Auswirkungen auf den deutschen Markenschutz 2005, S. 38 („Das System des Immaterialgüterrechtsschutzes darf dabei nicht angetastet werden"); *Pires de Carvalho*, The TRIPS Regime of Trademarks and Designs, 4. Aufl. 2019, S. 169, Rn. 8.1 („Article 8 is about external exceptions and limitations, that is exceptions and limitations that concern the use of the rights, not the rights themselves") und S. 176 Rn. 8.21. Vgl. aber zum Ziel, die Einräumung von per se wettbewerbsbeschränkenden Rechten zu verhindern, *Drexl*, Intellectual Property Rights as Constituent Elements of a Competition-based Market Economy, in: Ghidini/Genovesi (Hrsg.), Intellectual property and market power 2008, 167, S. 176. Für diese Möglichkeit auch *Niemann*, Geistiges Eigentum in konkurrierenden völker-

Es wird betont, dass nicht nur das Bestehen oder Nicht-Bestehen von Immaterialgüterrechtsschutz an sich ein Hindernis für den internationalen Handel darstellen kann, sondern vor allem die Unterschiede, die auf diesem Gebiet zwischen den Staaten bestehen.[37] Ein universeller immaterialgüterrechtlicher Mindeststandard allein ist nicht ausreichend, um in diesem Sinne Handelshindernisse abzubauen, weil durch ein Überschreiten des Mindeststandards nach wie vor Unterschiede bestehen können (vgl. insbesondere Art. 1.1 Satz 2 TRIPS). Mit diesem Fokus spräche auch die Präambel dafür, dass TRIPS nicht nur Mindest-, sondern auch Maximalstandards bestimmen soll.[38] Auch diese Überlegung spricht für die Einbeziehung der schutzrechtsbegrenzenden Dimension von Art. 10bis PVÜ, der *Einfallstor* für einen Maximalschutzansatz nach TRIPS sein kann.[39] Art. 10bis PVÜ wäre so gesehen ein Begrenzung („ceiling"[40]) des Markenschut-

---

rechtlichen Vertragsordnungen 2008, S. 305: „Zwar bezieht sich die Vorschrift auf konkrete Geschäftspraktiken von Schutzrechtsinhabern, soweit die nationale Rechtsordnung diese aber sanktionslos hinnimmt, wäre auch daran zu denken, aus der Bestimmung ein an den nationalen Gesetzgeber gerichtetes Verbot, ein gewisses Höchstniveau geistigen Eigentumsschutzes zu übersteigen, abzuleiten." Das Folgeproblem, dass Art. 8.2 TRIPS wegen Art. 2.2 TRIPS die Mindeststandards aus der PVÜ unangetastet lassen müsste, stellt sich bei der Anwendung von Art. 10bis PVÜ (im Markenrecht) nicht.

[37] Vgl. *Schmidt-Pfitzner*, Das TRIPS-Übereinkommen und seine Auswirkungen auf den deutschen Markenschutz 2005, S. 23; *Pires de Carvalho*, The TRIPS Regime of Trademarks and Designs, 4. Aufl. 2019, S. 39.

[38] Vgl. *Schmidt-Pfitzner*, Das TRIPS-Übereinkommen und seine Auswirkungen auf den deutschen Markenschutz 2005, S. 31; *Grosse Ruse-Khan*, The Protection of Intellectual Property in International Law 2016, S. 181; *Gervais*, The TRIPS Agreement: Drafting History and Analysis, 5. Aufl. 2021, Rn. 3.32.

[39] *Grosse Ruse-Khan*, Time for a Paradigm Shift? Exploring Maximum Standards in International Intellectual Property Protection, (2009) 1 Trade, Law and Development 56, S. 63, spricht von „door-openers". Zur Übernahme von Maximumstandards in TRIPS aus der PVÜ vgl. *Niemann*, Geistiges Eigentum in konkurrierenden völkerrechtlichen Vertragsordnungen 2008, S. 305 ff. und 408; allgemein *Kur*, International norm-making in the field of intellectual property: a shift towards maximum rules?, (2009) 1 WIPO Journal 27; *Kur/Grosse Ruse-Khan*, Enough is Enough – The Notion of Binding Ceilings in International Intellectual Property Protection, in: Kur/Levin (Hrsg.), Intellectual Property Rights in a Fair World Trade System – Proposals for Reform of TRIPS 2011, 359; *Kur*, From Minimum Standards to Maximum Rules, in: Ullrich et al. (Hrsg.), TRIPS plus 20 2016, 133; *Grosse Ruse-Khan*, IP and Trade in a Post-TRIPS Environment, in: Ullrich et al. (Hrsg.), TRIPS plus 20 2016, 163. Im Kontext der EU vgl. *Batista/Grosse Ruse-Khan/Hilty*, Maximalschutz, in: Hilty/Jaeger (Hrsg.), Europäisches Immaterialgüterrecht – Funktionen und Perspektiven 2018, 16. Art. 10bis PVÜ scheint in diesem Zusammenhang noch nicht erörtert worden zu sein, ebenso wenig wie im Zusammenhang mit „flexibilities", die einen aus dem Mindeststandardansatz von TRIPS resultierenden Überschutz verhindern können, vgl. *Grosse Ruse-Khan*, Assessing the need for a general public interest exception in the TRIPS Agreement, in: Kur/Levin (Hrsg.), Intellectual Property Rights in a Fair World Trade System 2011, 167, S. 169 ff.; *Hilty*, Ways Out of the Trap of Article 1(1) TRIPS, in: Ullrich et al. (Hrsg.), TRIPS plus 20 2016, 185, S. 203 ff.

[40] Vgl. *Kur/Grosse Ruse-Khan*, Enough is Enough, in: Kur/Levin (Hrsg.), Intellectual Property Rights in a Fair World Trade System 2011, 359.

zes. Die Einbeziehung von zumindest der schutzrechtsbegrenzenden Funktion von Art. 10bis PVÜ über Art. 2.1 TRIPS führt so zu einer Angleichung zwischen den WTO-Mitgliedern, weil eine verbindliche Schutzobergrenze einbezogen wird.

## II. Standort

Bedeutung wird auch dem Standort von Art. 2.1 TRIPS beigemessen. Stünde Art. 2.1 TRIPS in Teil II von TRIPS – wo es um materielle Schutzstandards geht – so würde dies eher dafür sprechen, dass Art. 10bis PVÜ umfassend inkorporiert wird.[41] Allerdings werden mit Art. 1 bis 3 und 19 PVÜ über Art. 2.1 TRIPS auch solche Bestimmungen von TRIPS einbezogen, die gerade in Teil I von TRIPS ihren Platz hätten, bzw. jedenfalls nicht in Teil II zu verorten wären. Das erklärt die Stellung von Art. 2.1 TRIPS als vor die Klammer gezogene Bestimmung, die in mehreren Teilen relevant werden kann[42] – was sich im Übrigen ja schon aus der Formulierung von Art. 2.1 TRIPS selbst ergibt, wonach sich die Verweisung auf die PVÜ auf die Teile II bis IV von TRIPS bezieht, und eben nicht nur auf Teil II. Man kann aus der Stellung in Teil I sogar den Schluss ziehen, dass diese gerade die These von der umfassenden, selbstständigen Einbeziehung von Art. 10bis PVÜ stützt. Denn dass die PVÜ-Bestimmungen nicht (wie bei den Verweisnormen Art. 9 und 35 TRIPS) in die entsprechenden Abschnitte in Teil II eingefügt wurden, könnte man statt mit vertragstechnischer „Faulheit" wohl eher damit begründen, dass eine solche Einordnung mangels Deckungsgleichheit gar nicht möglich ist, eben weil es in TRIPS keinen Abschnitt zum unlauteren Wettbewerb (oder, im Fall von Art. 8 PVÜ, Namensschutz) gibt.[43] Schon der Umstand, dass regelungstechnisch eine Verweisungsnorm gewählt wurde, lässt den Rückschluss zu, dass die Parteien Art. 10bis PVÜ als solchen integrieren wollten („the whole doctrine of unfair competition"), sonst hätte man wohl den Inhalt umschrieben und ggf. nur einzelne Teile dieser Bestimmung übernommen.[44]

## III. Art. 22.2 TRIPS

Aufschlussreich ist auch das regelungstechnische Zusammenspiel von Art. 22.2 TRIPS mit einer über Art. 2.1 TRIPS einbezogenen Pflicht aus Art. 10bis PVÜ. Art. 22 TRIPS regelt den Schutz geographischer Angaben.

---

[41] Vgl. *Reger*, Der internationale Schutz gegen unlauteren Wettbewerb und das TRIPS-Übereinkommen 1998, S. 292 f.
[42] Vgl. *Grosse Ruse-Khan*, The Protection of Intellectual Property in International Law 2016, S. 91, Rn. 4.51, der den Standort als „misleading" bezeichnet.
[43] Vgl. Busche/Stoll/Wiebe/*Brand*, TRIPs, 2. Aufl. 2013, Artikel 2, Rn. 6; *Riffel*, The Protection against Unfair Competition in the WTO TRIPS Agreement 2016, S. 36.
[44] Vgl. *Riffel*, The Protection against Unfair Competition in the WTO TRIPS Agreement 2016, S. 40, mit Nachweisen in Fn. 150 f.

Art. 22.2 TRIPS verweist in Buchstabe b) auf unlauteren Wettbewerb im Sinne der PVÜ. An eine Pflicht aus Art. 10bis PVÜ knüpft die Bestimmung des Art. 22.2 TRIPS *regelungstechnisch* aber nicht an.
Zunächst wird lediglich an die Definitionsnorm[45] des Art. 10bis (2) PVÜ und die Fallgruppen in Art. 10bis (3) PVÜ angeknüpft. Die Pflicht aus Art. 10bis (1) bzw. (3) PVÜ (effektiver Schutz bzw. Verbot) wird weder übernommen noch vorausgesetzt. Stattdessen bestimmt Art. 22.2 TRIPS selbstständig eine Pflicht. Diese geht zudem über das hinaus, was Art. 10bis PVÜ verlangt, und sieht ähnlich wie Art. 10ter (1) PVÜ Rechtsschutzmöglichkeiten vor. Die Pflicht betrifft also auch die Sanktionsebene, die Art. 10bis PVÜ offen lässt. Aber auch Art. 10ter PVÜ wird nicht inkorporiert, sondern die Vorgaben werden selbstständig ausgesprochen.

Der *zusätzliche* Bestimmungsgehalt von Art. 22.2 b) TRIPS[46] liegt auf genau dieser Ebene, denn tatbestandlich unterscheidet er sich (wegen der tatbestandlichen Verweisung auf Art. 10bis PVÜ) nicht von Art. 10bis PVÜ: Ob Schutz zu gewähren ist, hängt davon ab, ob unlauterer Wettbewerb im Sinne von Art. 10bis (2), (3) PVÜ vorliegt.[47] Art. 22.2 b) TRIPS löst nicht den Streit, ob und welche Handlungen in Zusammenhang mit geographischen Angaben unter Art. 10bis (2) PVÜ fallen.[48] Das hängt auch weiterhin vom Maßstab der anständigen Gepflogenheiten ab.[49] Dass Art. 22.2 b) TRIPS *tatbestandlich* auf Art. 10bis PVÜ

---

[45] Vgl. Busche/Stoll/Wiebe/*Brand*, TRIPs, 2. Aufl. 2013, Artikel 2, Rn. 109.

[46] Kritisch, ob hier überhaupt etwas zusätzliches verlangt wird, *Malbon/Lawson/Davison*, The WTO Agreement on Trade-Related Aspects of Intellectual Property Rights 2014, S. 341, Rn. 22.34.

[47] Dabei ist fraglich, inwieweit Art. 10bis (3) Nr. 1 und 2 PVÜ überhaupt anwendbar sein können; die geographische Angabe ist selbst nicht (als Besitzstand) *einer* Wettbewerberin zugeordnet, sondern kollektiver Natur. Die Verwendung einer Herkunftsangabe erzeugt keine Verwirrung in Bezug auf *eine* Wettbewerberin, und diskreditiert auch nicht in Bezug auf *eine* Wettbewerberin. Wenn die Unterscheidungs- und Herkunftsfunktion sowie die Qualitätsbzw. Werbefunktion beeinträchtigt oder ausgenutzt werden (vgl. *Reger*, Der internationale Schutz gegen unlauteren Wettbewerb und das TRIPS-Übereinkommen 1998, S. 97 f.), dann geht es um eine *kollektive* Beeinträchtigung der berechtigten Benutzerinnen. Unkritisch insoweit *Knaak*, Der Schutz geographischer Angaben nach dem TRIPS-Abkommen, GRUR Int 1995, 642, S. 648; *Staehelin*, Das TRIPs-Abkommen – Immaterialgüterrechte im Licht der globalisierten Handelspotitik, 2. Aufl. 1999, S. 112; *Reger*, Der internationale Schutz gegen unlauteren Wettbewerb und das TRIPS-Übereinkommen 1998, S. 176 f.

[48] Vgl. z.B. *Reger*, Der internationale Schutz gegen unlauteren Wettbewerb und das TRIPS-Übereinkommen 1998, S. 124, mit Nachweisen in Fn. 313. Art. 10bis (2) PVÜ *kann* jedenfalls auch Handlungen in Bezug auf Herkunftsangaben erfassen, vgl. WTO Untersuchungsausschuss (Panel), Reports v. 28.6.2018, WT/DS435/R, WT/DS441/R – *Australia – Certain Measures Concerning Trademarks, Geographical Indications and Other Plain Packaging Requirements Applicable to Tobacco Products and Packaging*, Rn. 7.2847.

[49] Vgl. WTO Untersuchungsausschuss (Panel), Reports v. 28.6.2018, WT/DS435/R, WT/DS441/R – *Australia – Certain Measures Concerning Trademarks, Geographical Indications and Other Plain Packaging Requirements Applicable to Tobacco Products and Packaging*, Rn. 7.2848 (Art. 22 TRIPS war nicht Teil der Berufung, siehe WTO Berufungsorgan (Appel-

verweist,⁵⁰ heißt aber nicht, dass Art. 22.2 b) TRIPS überflüssig wäre, wenn man Art. 10bis PVÜ als über Art. 2.1 TRIPS vollständig inkorporiert ansieht. Der Unterschied liegt auf der sekundären Ebene der Sanktion. Art. 10ter (1) PVÜ spricht immer noch relativ unverbindlich von Bemühungen der Mitgliedstaaten („s'engagent à assurer"), während Art. 22.2 TRIPS klar eine Pflicht ausdrückt („shall"), rechtliche Mittel für „interested parties"⁵¹ vorzuhalten. Was geographische Angaben angeht erweitert Art. 22.2 b) TRIPS also nicht Art. 10bis PVÜ, sondern Art. 10ter PVÜ.⁵²

Art. 22.2 a) TRIPS hingegen ist eine faktische Ergänzung von Art. 10bis (3) PVÜ auf *tatbestandlicher* Ebene.⁵³ Hier wird Täuschungsschutz hinsichtlich geographischer Angaben eingeführt, so wie ihn Art. 10bis (3) Nr. 3 PVÜ schon für andere Wareneigenschaften vorsieht.⁵⁴ Damit erfolgt (anders als bei Art. 39 TRIPS) in Art. 22.2 TRIPS gerade keine „systematische Einbettung"⁵⁵ des Schutzes geographischer Herkunftsangaben ins Lauterkeitsrecht. Lediglich Schutz gegen Handlungen, die unlauteren Wettbewerb darstellen, wird in Art. 22.2 b) TRIPS geregelt, womit Art. 10bis (2) PVÜ *neben* das Schutzobjekt der Herkunftsangabe gestellt wird. Ungenau ist die Feststellung, dass Art. 22.2 TRIPS die Schutzobjekte des Art. 10bis PVÜ mit dem Schutzobjekt Herkunftsangabe „austauscht".⁵⁶ Art. 22.2 a) TRIPS bestimmt gerade selbstständigen Irreführungsschutz, fügt also nicht nur den Aspekt der Warenherkunft in Art. 10bis (3) Nr. 3 PVÜ ein. Art. 22.2 b) TRIPS läuft zudem wegen der Generalklausel von

---

late Body), Report v. 9.6.2020, WT/DS435/AB/R, WT/DS441/AB/R – *Australia – Certain Measures Concerning Trademarks, Geographical Indications and Other Plain Packaging Requirements Applicable to Tobacco Products and Packaging*, S. 183, Fn. 1444).

⁵⁰ Vgl. die konkrete Anwendung von Art. 22.2 b) TRIPS von WTO Untersuchungsausschuss (Panel), Reports v. 28.6.2018, WT/DS435/R, WT/DS441/R – *Australia – Certain Measures Concerning Trademarks, Geographical Indications and Other Plain Packaging Requirements Applicable to Tobacco Products and Packaging*, S. 820 ff., wo tatbestandlich Art. 10bis (2) bzw. (3) PVÜ geprüft wurden.

⁵¹ Auch hierin könnte, je nach Verständnis des von Art. 10ter (2) PVÜ erfassten Personenkreises, ein Unterschied liegen, vgl. *Pires de Carvalho*, The TRIPS Regime of Trademarks and Designs, 4. Aufl. 2019, S. 409 ff.; *Correa*, Trade Related Aspects of Intellectual Property Rights 2007, S. 223.

⁵² Vgl. WTO Untersuchungsausschuss (Panel), Reports v. 28.6.2018, WT/DS435/R, WT/DS441/R – *Australia – Certain Measures Concerning Trademarks, Geographical Indications and Other Plain Packaging Requirements Applicable to Tobacco Products and Packaging*, Rn. 7.2849.

⁵³ Vgl. *Riffel*, The Protection against Unfair Competition in the WTO TRIPS Agreement 2016, S. 20; Busche/Stoll/Wiebe/*Brand*, TRIPs, 2. Aufl. 2013, Artikel 2, Rn. 110.

⁵⁴ Vgl. *Reger*, Der internationale Schutz gegen unlauteren Wettbewerb und das TRIPS-Übereinkommen 1998, S. 123.

⁵⁵ Vgl. *Reger*, Der internationale Schutz gegen unlauteren Wettbewerb und das TRIPS-Übereinkommen 1998, S. 254.

⁵⁶ Vgl. *Riffel*, The Protection against Unfair Competition in the WTO TRIPS Agreement 2016, S. 19.

Art. 10bis (2) PVÜ auch dann nicht leer, wenn man wie oben erörtert Art. 10bis (3) PVÜ für unanwendbar auf die Verwendung geographischer Angaben hält.[57] Art. 22.2 a) TRIPS kommt im Ergebnis also ganz ohne Verweis auf die PVÜ aus. Im Ergebnis ist Art. 22.2 TRIPS kein Fall einer tatbestandlichen oder pflichtenbezogenen Inkorporierung von Art. 10bis PVÜ durch Verweisung.[58] Das spricht aber nicht gegen die Ansicht, dass Art. 2.1 TRIPS den Art. 10bis PVÜ umfassend einbezieht. Gerade die faktische Ergänzung von Art. 10bis (3) PVÜ durch Art. 22.2 a) TRIPS[59] ist ein starkes Indiz für diese Ansicht. Betrachtet man nämlich die Entstehungsgeschichte von Art. 10bis PVÜ, dann liegt es nahe, in Art. 22.2 TRIPS eine Vervollständigung von Art. 10bis (3) PVÜ zu sehen.[60] Wie bereits geschildert scheiterte die Aufzählung von geografischen Herkunftsangaben in Art. 10bis (3) Nr. 3 PVÜ an Vorbehalten der USA.[61] Mit Art. 22.2 a) TRIPS wurden dies nun scheinbar überwunden.[62] Es ist wohl kein Zufall, dass gerade der Bereich in TRIPS geregelt wurde, auf den man sich bei der Einführung der Fallgruppen in Art. 10bis (3) PVÜ nicht einigen konnte. Dass man sich regelungstechnisch sich nicht an Art. 10bis PVÜ herangewagt hat, spricht nicht gegen, sondern für die Annahme der umfassenden Einbeziehung. Ein Herumdoktern an Art. 10bis PVÜ hätte den Konsens zur Einbeziehung gefährdet, deswegen war eine „unverstrickte" Regelungslösung der sicherste Weg: Einbeziehung des Minimalkonsenses von Art. 10bis PVÜ, faktisch erweitert durch regelungstechnisch selbstständige Bestimmungen in Art. 22.2 TRIPS.

---

[57] Vgl. auch die Feststellung von WTO Untersuchungsausschuss (Panel), Reports v. 28.6.2018, WT/DS435/R, WT/DS441/R – *Australia – Certain Measures Concerning Trademarks, Geographical Indications and Other Plain Packaging Requirements Applicable to Tobacco Products and Packaging*, Rn. 7.2630, dass Art. 10bis PVÜ nicht zwischen Handlungen, die sich auf spezifische Schutzrechte beziehen, und sonstigen Handlungen unterscheidet.

[58] Anders *Reger*, Der internationale Schutz gegen unlauteren Wettbewerb und das TRIPS-Übereinkommen 1998, S. 176.

[59] Vgl. Busche/Stoll/Wiebe/*Brand*, TRIPs, 2. Aufl. 2013, Artikel 2, Rn. 110.

[60] Vgl. Busche/Stoll/Wiebe/*Brand*, ebd.; *Cottier/Jevtic*, The protection against unfair competition in WTO law, in: Drexl et al. (Hrsg.), Technology and Competition 2009, S. 676, bezeichnen Art. 22.2 und 39 TRIPS als „additional provision built on [the] general reference to Article 10*bis*".

[61] Vgl. *Henning-Bodewig*, International Protection Against Unfair Competition, (1999) 30 IIC 166, S. 172; *Wadlow*, The Law of Passing Off, 6. Aufl. 2021, Rn. 2–122, mit Verweis auf Actes de la Conférence réunie à Lisbonne du 6 au 31 octobre 1958, S. 789. Siehe auch den Bericht von *Haertel et al.*, Die Lissaboner Konferenz – Bericht von Mitgliedern der deutschen Delegation, GRUR Ausl 1959, 58, S. 90 f.

[62] Vgl. *Pires de Carvalho*, The TRIPS Regime of Trademarks and Designs, 4. Aufl. 2019, S. 403, Rn. 22.2.

## IV. Art. 39.1 TRIPS

Auch ein Blick in Art. 39 TRIPS kann die These stützen, dass Art. 10bis PVÜ umfassend einbezogen ist.

Die Bestimmung, die den Geheimnisschutz betrifft, wird als *(faktische)* Änderung und Erweiterung der PVÜ beschrieben.[63] Dem kann nicht entgegengehalten werden, dass eine solche Erweiterung nur dann angenommen werden könne, wenn man davon ausgeht, dass der Geheimnisschutz nicht unter Art. 10bis PVÜ fällt.[64] Das übersieht, dass eine Erweiterung auch darin liegen kann, dass eine weitere von Art. 10bis (2) PVÜ unabhängige Fallgruppe definiert wird, wie in Art. 10bis (3) PVÜ.[65]

In der Regelungstechnik dieser faktischen Erweiterung spielt Art. 10bis PVÜ selbst aber keine Rolle: wie bei Art. 22.2 TRIPS ist die Pflicht in Art. 39.1 TRIPS selbst geregelt. Außerdem verweist der pflichtauslösende Tatbestand in Art. 39.2, 39.3 TRIPS *nicht* auf Art. 10bis PVÜ.[66] Insoweit entspricht Art. 39 TRIPS in seiner Regelungstechnik Art. 10bis (3) PVÜ, wo ebenfalls Pflicht (Verbot) und Tatbestand (Nr. 1 bis 3) selbstständig geregelt sind, insbesondere unabhängig von Art. 10bis (2) PVÜ.[67] Gerade wegen des außervertraglichen Lauterkeitsmaßstabs dieser Generalklausel ist ein „echter" Minimalstandard nach Art. 10bis (3) PVÜ oder eben Art. 39 TRIPS notwendig. Deswegen sind weder Art. 10bis (3) PVÜ noch Art. 39.1 TRIPS *deklaratorisch* in dem Sinne, dass sie Fälle regeln, die stets auch unter Art. 10bis (2) PVÜ fallen.[68]

Der Verweis auf Art. 10bis PVÜ hat also keine regelungstechnische Wirkung auf Tatbestandsebene.[69] Regelungstechnische Wirkung kann die Einbettung von Art. 39 TRIPS in Art. 10bis PVÜ allerdings auf Umsetzungsebene entfalten, weil trotz der selbstständigen Pflicht auf Primärebene (Verbotsnorm) die Möglichkeit

---

[63] Vgl. *Ricketson*, The Paris Convention for the Protection of Industrial Property 2015, Rn. 13.61; *Pires de Carvalho*, The TRIPS Regime of Patents and Test Data, 5. Aufl. 2018, S. 468, Rn. 39.1; *Malbon/Lawson/Davison*, The WTO Agreement on Trade-Related Aspects of Intellectual Property Rights 2014, S. 566, Rn. O.01.

[64] Vgl. *Reger*, Der internationale Schutz gegen unlauteren Wettbewerb und das TRIPS-Übereinkommen 1998, S. 255.

[65] Vgl. zum Streit, ob und wie viel vom Geheimnisschutz nach Art. 39 TRIPS unter Art. 10bis (2) PVÜ fällt, *Pires de Carvalho*, The TRIPS Regime of Patents and Test Data, 5. Aufl. 2018, S. 478 ff., Rn. 39.25 ff.

[66] Vgl. *Ricketson*, The Paris Convention for the Protection of Industrial Property – A Commentary 2015, Rn. 13.61.

[67] Vgl. *Riffel*, The Protection against Unfair Competition in the WTO TRIPS Agreement 2016, S. 18.

[68] Vgl. *Pires de Carvalho*, The TRIPS Regime of Patents and Test Data, 5. Aufl. 2018, S. 483, Rn. 39.33.(a). Mit überzeugenden Argumenten dagegen *Ricketson*, The Paris Convention for the Protection of Industrial Property 2015, Rn. 13.63 ff. Siehe *Kapitel 4 D. III. 2. e)*.

[69] Anders *Malbon/Lawson/Davison*, The WTO Agreement on Trade-Related Aspects of Intellectual Property Rights 2014, S. 573, Rn. 39.03.

eine Anknüpfung an die Sekundärebene verbleibt. Hier können Art. 10bis (1) PVÜ,[70] vor allem aber Art. 10ter PVÜ Vorgaben machen, was insbesondere dann entscheidend ist, wenn man die Handlungen unter Art. 39 TRIPS nicht als „infringement of an intellectual property right" im Sinne von TRIPS ansieht und damit die Sanktionsvorgaben in Teil III von TRIPS für nicht auf Art. 39 TRIPS anwendbar hält.[71] Nur insoweit handelt es sich bei Art. 39 TRIPS um eine „Inkorporierung per Verweisung".[72] Als Australien die Regelungstechnik einer Inkorporierung durch Verweisung vorschlug, bezog sich das allerdings auf den Schutzstandard als solchen.[73] Damit handelt es sich weder bei Art. 22 noch bei Art. 39 TRIPS um eine Anwendung dieser Vertragstechnik auf Tatbestandsebene, gerade anders als bei Art. 2.1 TRIPS.[74] Insoweit ist es auch problematisch, Art. 2.1 TRIPS im Gegensatz zu Art. 22 und 39 TRIPS als „Hintertür" für eine Inkorporierung zu bezeichnen[75] – denn nur in Art. 2.1 TRIPS wird direkt ausgesprochen, dass die Mitglieder sich an eine Pflicht aus der PVÜ halten müssen, während Art. 39 TRIPS an eine solche lediglich anknüpft und Art. 22 TRIPS nur auf die Definition des Tatbestands (nicht den Standard selbst) verweist. Das Bild der Hintertür beschreibt wohl eher die Situation, die entstehen würde, wenn man bei Fehlen einer Bestimmung wie Art. 2.1 TRIPS einzig aus Art. 22 oder 39 TRIPS folgern würde, dass Art. 10bis PVÜ inkorporiert wurde.

Als Grund für die Einführung des Verweises in Art. 39 TRIPS wird angeführt, dass dies den Geheimnisschutz im Bereich der PVÜ bzw. dem Themenfeld der *industrial/intellectual property* verortet und damit die Einführung von Art. 39 TRIPS politisch rechtfertigt.[76] Eine solche Verortung ist politisch aber nur dann

---

[70] Vgl. *Malbon/Lawson/Davison*, The WTO Agreement on Trade-Related Aspects of Intellectual Property Rights 2014, S. 576, Rn. 39.09.

[71] Vgl. *Ricketson*, The Paris Convention for the Protection of Industrial Property 2015, Rn. 13.79.

[72] Vgl. *Reger*, Der internationale Schutz gegen unlauteren Wettbewerb und das TRIPS-Übereinkommen 1998, der Art. 22.2 b) TRIPS (S. 176), Art. 39.1 TRIPS (S. 253) und Art. 2.1 TRIPS (S. 291) gleichermaßen unter diesem Begriff diskutiert.

[73] „If it is agreed by participants that *standards* contained in the principal existing international Conventions or Agreements are appropriate they could be *inscribed in the Agreement by reference*", Negotiating Group on TRIPS, Communication from Australia, 10.7.1989, MTN.GNG/NG11/W/35, S. 1, Hervorhebungen nicht im Original; vgl. dazu auch *Cottier*, The Prospects for Intellectual Property in GATT, (1991) 28 Common Market Law Review, 383, S. 396 („incorporation by reference"), und *Gervais*, The TRIPS Agreement: Drafting History and Analysis, 5. Aufl. 2021, S. 21, Rn. 1.18 („incorporated by reference").

[74] Vgl. *Schmidt-Pfitzner*, Das TRIPS-Übereinkommen und seine Auswirkungen auf den deutschen Markenschutz 2005, S. 33.

[75] *Reger*, Der internationale Schutz gegen unlauteren Wettbewerb und das TRIPS-Übereinkommen 1998, S. 291.

[76] Vgl. *Gervais*, The TRIPS Agreement: Drafting History and Analysis, 4. Aufl. 2012, S. 541, Rn. 2.486; *Ricketson*, The Paris Convention for the Protection of Industrial Property 2015, Rn. 13.61; *Gervais*, The TRIPS Agreement: Drafting History and Analysis, 5. Aufl. 2021, Rn. 3.525.

rechtfertigend, wenn Art. 10bis PVÜ zu diesem Themenfeld gehört, weil nur dann die Verortung in Art. 10bis PVÜ auch Art. 39 TRIPS in dieses Themenfeld bringt, was wiederum auf eine umfassende Einbeziehung von Art. 10bis PVÜ hindeutet. Gewichtiger ist der Umstand, dass der gewählte Hinweis auf Art. 10bis PVÜ nur deshalb überhaupt möglich ist, weil Art. 10bis PVÜ *alle* Mitglieder von TRIPS über Art. 2.1 TRIPS bindet. Anderenfalls würde aus dem Wortlaut folgen, dass Art. 39 TRIPS nur für diejenigen gilt, die Mitglied der PVÜ sind.[77] Damit ist Art. 39.1 TRIPS mehr als nur ein Indiz für die umfassende Geltung von Art. 10bis PVÜ.[78] Die „systematischen Einbettung des Schutzes der nicht offenbarten Informationen in das Recht des unlauteren Wettbewerbs" setzt diese Geltung gerade voraus.[79] Die einleitenden Worte von Art. 39.1 TRIPS „wiederholen" also die Einbeziehung von Art. 10bis PVÜ.[80] Darüber hinaus indiziert auch die faktische Erweiterung von Art. 10bis (3) PVÜ, dass Art. 10bis PVÜ als solcher bereits Bestandteil der TRIPS-Pflichten ist.

## V. Nichtanwendbarkeit auf Art. 9 bis 14 und Teil IV TRIPS

Ein Argument gegen die Einbeziehung von Art. 10bis PVÜ wird auf die Beobachtung gestützt, dass nicht jede Bestimmung in Teil II bis IV von TRIPS zu jeder Bestimmung der in Art. 2.1 TRIPS aufgeführten Bestimmungen der PVÜ in Bezug gesetzt werden kann. Es ist zunächst richtig, dass der insoweit „ungenaue" Verweis auf PVÜ-Artikel auf der einen Seite und Teil II bis IV von TRIPS auf der anderen Seite es notwendig macht, zu ermitteln, ob eine bestimmte PVÜ-Pflicht überhaupt relevant für eine bestimmte TRIPS-Bestimmung ist.[81] Darüber hinaus

---

[77] Vgl. *Gervais*, The TRIPS Agreement: Drafting History and Analysis, 4. Aufl. 2012, S. 541, Rn. 2.486. Eine gespaltene Geltung ist nicht ausgeschlossen, dürfte aber schwerlich mit dem Ziel von TRIPS zu vereinen sein, Handelshindernisse zu beseitigen, weil es zu einer Partitionierung der WTO führen würde.

[78] Vgl. WTO Untersuchungsausschuss (Panel), Reports v. 28.6.2018, WT/DS435/R, WT/DS441/R – *Australia – Certain Measures Concerning Trademarks, Geographical Indications and Other Plain Packaging Requirements Applicable to Tobacco Products and Packaging*, Rn. 7.2629.

[79] Anders *Reger*, Der internationale Schutz gegen unlauteren Wettbewerb und das TRIPS-Übereinkommen 1998, S. 254, der die Möglichkeit der gespaltenen Anwendbarkeit von Art. 39 TRIPS wohl für ein bloße Missverständnis hält. Zuzustimmen ist der Feststellung, dass Art. 39.1 TRIPS keine „ausdrückliche Verpflichtung" enthält; diese befindet sich allerdings in Art. 2.1 TRIPS. Das vermeintliche Fehlen einer entsprechenden Regelungsintention bei Art. 39.1 TRIPS ist ebenfalls unerheblich, wenn die Regel aus Art. 2.1 TRIPS folgt und von Art. 39 TRIPS lediglich vorausgesetzt wird. Dazu noch unten Kapitel 7 E. Zur Einbettung des Geheimnisschutzes in den rechtlichen Rahmen von Art. 10bis PVÜ vgl. auch *Surblytė*, Enhancing TRIPS: Trade Secrets and Reverse Engineering, in: Ullrich et al. (Hrsg.), TRIPS plus 20 2016, 725, S. 729, und weitere Nachweise in Fn. 24 und 27.

[80] Vgl. *Malbon/Lawson/Davison*, The WTO Agreement on Trade-Related Aspects of Intellectual Property Rights 2014, S. 572, Rn. 39.02.

[81] Vgl. *Wadlow*, The Law of Passing Off, 5. Aufl. 2016, S. 86, Rn. 2–72.

sei die PVÜ aber auf das Urheberrecht nicht anwendbar („no application at all"), und damit gäbe es mit den Art. 9 bis 14 TRIPS ganze 6 Artikel, auf die Art. 2.1 TRIPS vermeintlich nicht anwendbar ist.[82] Dasselbe gelte in Bezug auf Art. 10bis PVÜ für Teil IV von TRIPS, der nur Registerrechte erfasst, und daher auf den Schutz gegen unlauteren Wettbewerb nicht anwendbar sei.[83]

Selbst wenn man unterstellt, dass Art. 10bis PVÜ auf Art. 9 bis 14 und Teil IV von TRIPS nicht anwendbar ist (dazu sogleich), führt das die vollständige Einbeziehung von Art. 10bis PVÜ als selbstständige Pflicht nicht *ad absurdum*. Dass *jeder* der angeführten Artikel der PVÜ über Art. 2.1 TRIPS einbezogen ist, bliebe auch dann sinnvoll, wenn er nicht an *jeder* Stelle von TRIPS tatsächlich relevant ist. Es genügt, dass jede Bestimmung an mindestens *einer* Stelle von TRIPS relevant sein kann – und es genügt insbesondere auch, dass die Regel *neben* den sonstigen Bestimmungen von TRIPS selbstständig Wirkung entfaltet, so wie es bei einer umfassenden Einbeziehung von Art. 10bis PVÜ als *selbstständiger* Pflicht gerade der Fall wäre.

Zirkulär ist das Argument, soweit es eine beschränkte Einbeziehung damit begründet, dass bei einer beschränkten Einbeziehung nicht alle Bestimmungen der PVÜ eine Wirkung haben. Genau das Gegenteil[84] könnte man folgern: dass eine nur beschränkte Einbeziehung einen Teil von Art. 2.1 TRIPS unwirksam machen würde, spricht gegen eine solche beschränkte Einbeziehung.[85] Wenn man Art. 2.1 TRIPS auf bestimmte "intellectual property rights" beschränkt, sich aber einige der PVÜ-Bestimmungen, auf die verwiesen wird, nicht zu solchen Rechten in Beziehung setzen lassen, dann folgt daraus gerade das entscheidende Leerlaufargument, das *für* eine selbstständige Einbeziehung der PVÜ-Bestimmungen spricht.[86]

Zudem ist, was Art. 10bis PVÜ angeht, eine Anwendbarkeit im Rahmen der Art. 9 bis 14 bzw. Teil IV von TRIPS gar nicht ausgeschlossen, weil der Schutz gegen unlauteren Wettbewerb sich gerade nicht in immaterialgüterrechtlichen Schutzrechtskategorien erschöpft.[87] Auch ist es wegen des bereits erörterten Umsetzungsspielraums nach Art. 10bis PVÜ durchaus möglich, dass Schutz gegen unlauteren Wettbewerb nach PVÜ auch in Form von Registerrechten (Teil IV) gewährt wird. Dass die PVÜ insgesamt keinerlei Anwendung auf die Bereiche des Urheberrechts und insbesondere verwandte Schutzrechte haben kann, ist zumindest ungenau.[88] Während eine Bestimmung wie Art. 7 PVÜ tatsächlich schwer in

---

[82] Vgl. *Wadlow*, The Law of Passing Off, 5. Aufl. 2016, S. 85, Rn. 2–72.
[83] Vgl. *Wadlow*, The Law of Passing Off, 5. Aufl. 2016, S. 80, Rn. 2–62.
[84] Vgl. *Riffel*, The Protection against Unfair Competition in the WTO TRIPS Agreement 2016, S. 35, Fn. 116.
[85] Vgl. *Riffel*, The Protection against Unfair Competition in the WTO TRIPS Agreement 2016, S. 35.
[86] Vgl. *Riffel*, ebd.
[87] Vgl. *Cottier/Jevtic*, The protection against unfair competition in WTO law, in: Drexl et al. (Hrsg.), Technology and Competition 2009, 669, S. 677.
[88] Vgl. *Wadlow*, The Law of Passing Off, 5. Aufl. 2016, S. 85, Rn. 2–72.

Bezug zu den Art. 9 bis 14 TRIPS zu bringen ist, gilt das für Art. 10bis PVÜ gerade nicht. So kann es sich bei den verwandten Rechten nach Art. 14.2, 14.3 TRIPS auch um Schutz gegen unlauteren Wettbewerb im Sinne der PVÜ handeln, so wie es auch bei Sonderrechten für Presseverlage denkbar ist.[89] Sieht man in Art. 17 TRIPS einen Bezug auf das Lauterkeitsrecht,[90] dann könnte dies ebenso gut auch bei Art. 13 TRIPS der Fall sein. Die Pflicht, Computerprogramme nach Art. 10.1 TRIPS zu schützen, könnte *gleichzeitig* als Schutzmaßnahme gegen unlauteren Wettbewerb im Sinne der PVÜ aus Art. 10bis (1) PVÜ folgen.[91]

Insbesondere die hier zu erörternde schutzrechtsbegrenzende Wirkung von Art. 10bis PVÜ muss nicht vor typologischen Kategorien von Schutzrechten Halt machen. Grundsätzlich könnte auch die Pflicht zur Gewährung von Urheberrechtsschutz ihre Grenze dort finden, wo unlauterer Wettbewerb im Sinne der PVÜ vorliegt.[92]

## VI. Intellectual Property (Art. 1.2 TRIPS)

Gegen eine Einbeziehung von Art. 10bis PVÜ wird zudem angeführt, dass der Schutz gegen unlauteren Wettbewerb als solcher nicht Teil des Begriffs „intellectual property" nach Art. 1.2 TRIPS ist.[93] Anders als der Begriff der „propriéte industrielle" in Art. 1 (3) PVÜ umfasse Art. 1.2 TRIPS nur das, was in den Unterabschnitten 1 bis 7 des Teil I von TRIPS geregelt ist.

---

[89] Siehe oben Fn. 776.

[90] Vgl. *Reger*, Der internationale Schutz gegen unlauteren Wettbewerb und das TRIPS-Übereinkommen 1998, S. 289 ff.; *Cottier/Jevtic*, The protection against unfair competition in WTO law, in: Drexl et al. (Hrsg.), Technology and Competition 2009, 669, S. 676, Fn. 24.

[91] Vgl. aus deutscher Perspektive z.B. *Lehmann*, Der wettbewerbsrechtliche Schutz von Computerprogrammen gem. § 1 UWG, in: Lehmann/Brandi-Dorn (Hrsg.), Rechtsschutz und Verwertung von Computerprogrammen, 2. Aufl. 1992, 383; Heermann/Schlingloff/*Hauck*, Münchener Kommentar zum Lauterkeitsrecht, 3. Aufl. 2020, Teil I Grundlagen des Lauterkeitsrechts – H. Verhältnis des Lauterkeitsrechts zum Urheberrecht, Rn. 323 ff., mit weiteren Nachweisen.

[92] Hier wäre freilich noch der Vorrang von Art. 10bis PVÜ zu begründen, soweit es um Mindeststandards aus der RBÜ geht und ein „RBÜ-Minus-Ansatz" mit Art. 2.2 TRIPS (und 9 TRIPS) konfligiert.

[93] Zirkulär wäre die bloße Feststellung, dass TRIPS nur *intellectual property* regelt, Schutz gegen unlauteren Wettbewerb nicht unter *intellectual property* fällt, und deshalb Schutz gegen unlauteren Wettbewerb nicht von TRIPS geregelt wird, vgl. *Henning-Bodewig*, International Unfair Competition Law, in: Hilty/Henning-Bodewig (Hrsg.), Law Against Unfair Competition 2007, 53, S. 59.

## 1. Art. 1.2 TRIPS irrelevant

Allerdings knüpft die Pflicht des Art. 2.1 TRIPS nicht an den Begriff „intellectual property" an, sondern an die Bestimmungen der PVÜ einerseits und an die Teile II (dessen Unterabschnitt 8 ebenfalls nicht von Art. 1.2 TRIPS erfasst wird), III und IV von TRIPS andererseits. Die Anwendbarkeit von Art. 2.1 TRIPS durch Art. 1.2 TRIPS zu beschränken, stünde in Konflikt mit dem Wortlaut von Art. 2.1 TRIPS.[94]

Die Einbeziehung von Art. 10bis PVÜ folgt nicht über den „Umweg" des Art. 1.2 TRIPS, sondern aus Art. 2.1 TRIPS selbst. Dass die Pflichten, die sich auf Art. 1.2 TRIPS beziehen, nicht den Schutz gegen unlauteren Wettbewerb im Sinne der PVÜ umfassen, schließt die Bindung an Art. 10bis PVÜ deshalb nicht aus. An Art. 2.1 und 1.2 TRIPS knüpfen jeweils unterschiedliche Rechtsfolgen. Während Art. 10bis PVÜ (zusammen mit Art. 10ter PVÜ) nur effektiven Schutz verlangt, mit einem großen Umsetzungsspielraum für die Mitgliedsstaaten, werden für den Schutz von *intellectual property* im Sinne von Art. 1.2 TRIPS striktere Vorgaben gemacht. Hier gilt Art. 45 TRIPS, der den Schadenersatz betrifft. Art. 10ter PVÜ spart diesen Bereich bewusst aus. Die Pflicht, sich an Art. 10bis PVÜ zu halten (Art. 2.1 TRIPS), heißt nicht, dass Art. 45 TRIPS auf Art. 10bis PVÜ anwendbar ist (Art. 1.2 TRIPS). Die Einbeziehung von Pflichten aus der PVÜ bedeutet nicht, dass diese Teil von Art. 1.2 TRIPS sind und die daran anknüpfenden Pflichten ausgelöst werden.[95]

## 2. Art. 10bis PVÜ und Art. 1.2 TRIPS

Selbst wenn man entgegen dem Wortlaut der Ansicht ist, dass Art. 2.1 TRIPS nur dasjenige aus der PVÜ übernimmt, was unter Art. 1.2 TRIPS fällt,[96] könnte Art. 10bis PVÜ einbezogen werden.[97] Das folgt aus der weiten Formulierung von Art. 1.2 TRIPS („subject of"). Wie in der *Havana Club* Entscheidung erörtert wurde, ist diese nicht auf die „Überschriften" in Teil II beschränkt.[98] Allerdings

---

[94] Vgl. WTO Berufungsorgan (Appellate Body), Report v. 2.1.2002, WT/DS176/AB/R – *United States – Section 211 Omnibus Appropriations Act of 1998*, Rn. 336.

[95] Vgl. auch genau zu dieser Unterscheidung im Zusammenhang mit Art. 42.1 TRIPS *Pires de Carvalho*, The TRIPS Regime of Trademarks and Designs, 4. Aufl. 2019, S. 78, Rn. 1.24.

[96] Vgl. Ohly/Sosnitza/*Ohly*, Gesetz gegen den unlauteren Wettbewerb, 7. Aufl. 2016, UWG Einführung B. Internationale Aspekte, Rn. 2.

[97] Vgl. *Pires de Carvalho*, The TRIPS Regime of Trademarks and Designs, 4. Aufl. 2019, S. 78, Rn. 1.23; *Pires de Carvalho*, The TRIPS Regime of Patents and Test Data, 5. Aufl. 2018, S. 88, Rn. 1.24, wonach Art. 2.1 TRIPS den Art. 1.2 TRIPS erweitert. Das zeigt erneut, dass es zirkulär wird, sobald Art. 1.2 TRIPS zum Proxy für den Anwendungsbereich von TRIPS erklärt wird: eine Bestimmung, die Teil von TRIPS ist, „muss" auch unter Art. 1.2 TRIPS fallen; eine Bestimmung, die nicht unter Art. 1.2 TRIPS fällt, „darf" kein Teil von TRIPS sein; vgl. auch *Gervais*, The TRIPS Agreement: Drafting History and Analysis, 4. Aufl. 2012, S. 177, Rn. 2.27.

[98] Vgl. WTO Berufungsorgan (Appellate Body), Report v. 2.1.2002, WT/DS176/AB/R – *United States – Section 211 Omnibus Appropriations Act of 1998*, Rn. 335.

verfängt das dortige Leerlauf-Argument zu Art. 27 TRIPS nicht, da mit Art. 2.1 TRIPS ja eine Pflicht *unabhängig* von Art. 1.2 TRIPS besteht.[99] Das *sui generis*-Recht gem. Art. 27 (3) b) TRIPS von Art. 1.2 TRIPS auszunehmen führt gerade deshalb dazu, dass dieses Recht aus TRIPS verschwinden würde („would be read out of the *TRIPS Agreement*"), weil die Einführung dieses Rechts optional ist und daher Verpflichtungen aus TRIPS nur aus den Bestimmungen folgen können, die an Art. 1.2 TRIPS anknüpfen. Für Art. 2.1 TRIPS gilt das nicht – hier folgt die Pflicht aus Art. 2.1 TRIPS und dem Verweis auf die PVÜ-Bestimmung. Eine *zusätzliche* Einbeziehung über Art. 1.2 TRIPS ist also gerade nicht erforderlich, um das Leerlaufen der Aufzählung von Art. 8 oder Art. 10bis PVÜ in Art. 2.1 TRIPS zu verhindern. Auch Art. 3.1 TRIPS muss sich nicht auf Art. 10bis PVÜ erstrecken, weil über Art. 2.1 TRIPS ja bereits ein (den Gleichheitsgrundsatz teilweise verdrängender) Mindeststandard des Schutzes gegen unlauteren Wettbewerb einbezogen wird.[100]

Nicht gegen die Einbeziehung von Art. 10bis PVÜ in Art. 1.2 TRIPS spricht die Begrifflichkeit des intellectual *property*.[101] Zwar ist Art. 10bis PVÜ nicht auf eigentumsähnliche Konstellationen beschränkt. Das stand aber schon einer Einordnung unter den Begriff des industrial *property* nach Art. 1 (3) PVÜ nicht entgegen. Der Begriff *property* selbst hat insoweit keine einschränkende, definierende Bedeutung, sondern wird durch die ihm nachfolgende Aufzählung bestimmt. Diese Annahme fällt bei Art. 1.2 TRIPS etwas schwerer, weil der Begriff *intellectual property* nach dem Aufbau der Bestimmung auch definierend verstanden werden kann. Nicht alles, was in den Abschnitten 1 bis 7 in Teil II von TRIPS geregelt ist, sondern nur die dort geregelten Kategorien von Schutzrechten, werden als *intellectual property* definiert. Art. 1.2 TRIPS knüpft aber an einen nicht definierten, also vor-vertraglichen Begriff von *intellectual property* an, anders als Art. 1 (2) PVÜ. Gerade hier kann Art. 1 (2) PVÜ relevant werden,[102] weil er Rückschlüsse für den vorvertraglichen Begriff auf internationaler Ebene ermöglicht.[103] Wenn man deswegen davon ausgeht, dass Art. 10bis PVÜ vom vorvertraglichen Begriff des *intellectual property* umfasst ist, dann müsste

---

[99] Vgl. WTO Berufungsorgan (Appellate Body), ebd.

[100] Vgl. aber *Pires de Carvalho*, The TRIPS Regime of Trademarks and Designs, 4. Aufl. 2019, S. 78, Rn. 1.25, und S. 114, Rn. 3.22.

[101] Kritisch *Ricketson*, The Paris Convention for the Protection of Industrial Property 2015, Rn. 13.79.

[102] Vgl. unspezifisch *Riffel*, The Protection against Unfair Competition in the WTO TRIPS Agreement 2016, S. 33, was den berechtigten Einwand von *Wadlow*, The Law of Passing Off, 5. Aufl. 2016, S. 81, Rn. 2–64, hervorrufen könnte, dass TRIPS den Begriff der PVÜ nicht als solchen inkorporiert. Das schließt aber nicht aus, dass TRIPS sich auf einen vorvertraglichen Begriff stützt, der – auch bzw. sogar maßgeblich – von der PVÜ geprägt ist.

[103] Siehe hierzu auch Art. IP.3 e) des Handels- und Kooperationsabkommen zwischen der Europäischen Union und der Europäischen Atomgemeinschaft einerseits und dem Vereinigten Königreich Großbritannien und Nordirland andererseits, wonach der Schutz des geistigen Eigentums auch den Schutz vor unlauterem Wettbewerb gemäß Art. 10bis PVÜ umfasst.

der Schutz gegen unlauteren Wettbewerb allerdings noch in den Abschnitten 1 bis 7 in Teil II geregelt sein („subject of"), damit er unter Art. 1.2 TRIPS fällt. Das wiederum lässt sich mit den Art. 22 und 39 TRIPS begründen.[104] Unlauterer Wettbewerb im Sinne von Art. 10bis (2) oder (3) PVÜ erzeugt eine Pflicht aus Art. 22.2 TRIPS. Art. 39.1 TRIPS entspricht regelungstechnisch Art. 10bis (3) PVÜ und setzt die Pflicht aus Art. 10bis (1) PVÜ voraus. Die Pflicht, unlauteren Wettbewerb zu unterdrücken, ist damit auch Regelungsgegenstand von Teil II von TRIPS.

### 3. Kein Leerlauf von Art. 1.2 TRIPS

Art. 1.2 TRIPS behält seine Bedeutung in jedem Fall.[105] Art. 10bis PVÜ wird unmittelbar über Art. 2.1 TRIPS einbezogen, und damit *neben* den Pflichten, die an Art. 1.2 TRIPS anknüpfen. Auch, wenn man Art. 10bis PVÜ wegen der vorvertraglichen Prägung durch die PVÜ zum Begriff des *intellectual property* in Art. 1.2 TRIPS zählt, behält dieser Begriff seine begrenzende, definierende Funktion.

### VII. Leerlauf der Aufzählung in Art. 2.1 TRIPS („Havana Club")

Kombiniert wurden die bisherigen Gesichtspunkte in Bezug auf die *Havana Club* Entscheidung des WTO Berufungsorgans diskutiert. Dort ging es um die Einbeziehung von Art. 8 PVÜ in TRIPS. Art. 8 PVÜ sieht den Schutz von Handelsnamen vor. Im Wesentlichen machte das WTO Berufungsorgan ein Leerlauf-Argument: Würde man die Einbeziehung der PVÜ-Pflichten durch Art. 2.1 TRIPS auf die Schutzrechte beschränken, die TRIPS in Teil II als solche benennt, so hätte die Auflistung von Art. 8 PVÜ keinen Sinn.[106] Nicht ausdrücklich geklärt wurde die Rolle von Art. 10bis PVÜ.[107] Es ist fraglich, ob die Argumentation zu Art. 8 PVÜ auf Art. 10bis (und Art. 10ter) PVÜ übertragen werden kann.[108]

---

[104] Vgl. *Riffel*, The Protection against Unfair Competition in the WTO TRIPS Agreement 2016, S. 17. Insoweit wäre der oben (Fn. 1098) als zirkulär beschriebene Bogen durchbrochen: wenn dasjenige unter den Begriff *intellectual property* fällt, was von TRIPS geregelt wird, und TRIPS den Schutz gegen unlauteren Wettbewerb regelt, dann fällt dies unter den Begriff *intellectual property*. Dass TRIPS dann auf *intellectual property* beschränkt ist, ist bedeutungslos.

[105] Vgl. kritisch *Wadlow*, The Law of Passing Off, 5. Aufl. 2016, S. 85, Rn. 2–70.

[106] Vgl. WTO Berufungsorgan (Appellate Body), Report v. 2.1.2002, WT/DS176/AB/R – *United States – Section 211 Omnibus Appropriations Act of 1998*, Rn. 338, mit ausdrücklicher Berufung auf die WVK und auf die „Leerlauf-" Auslegungsmaxime *ut res valis mageat quam pereat*.

[107] Vgl. WTO Untersuchungsausschuss (Panel), Reports v. 28.6.2018, WT/DS435/R, WT/DS441/R – *Australia – Certain Measures Concerning Trademarks, Geographical Indications and Other Plain Packaging Requirements Applicable to Tobacco Products and Packaging*, Rn. 7.2624.

[108] Vgl. kritisch *Pflüger*, Der internationale Schutz gegen unlauteren Wettbewerb 2010,

Anders als bei Art. 8 PVÜ gebe es nämlich in TRIPS Bestimmungen, die ausdrücklich dem Schutz gegen unlauteren Wettbewerb im Sinne der PVÜ dienen: Art. 22.2 b) sowie Art. 39.1 TRIPS.[109] Damit könnte man vertreten, dass eine Beschränkung der Einbeziehung von Art. 10bis PVÜ auf diejenigen Bereiche, die TRIPS ausdrücklich regelt, anders als bei Art. 8 PVÜ, gerade nicht zu einem Leerlauf führt.[110]
Dabei ist aber fraglich, welche Rolle dann die Pflicht aus Art. 10bis PVÜ in Bezug auf Art. 22.2 bzw. Art. 39.1 TRIPS noch spielen kann.[111] Wenn nämlich nur bestimmte Fälle des unlauteren Wettbewerbs in TRIPS aufgenommen wurden, und zwar durch die expliziten Einzelbestimmungen des Art. 22.2 b) und Art. 39.1 TRIPS, dann kommt es im Ergebnis *nur* auf Art. 22.2 b) bzw. Art. 39.1 TRIPS an.[112] Aus der Aufzählung von Art. 10bis PVÜ in Art. 2.1 TRIPS folgt dann hingegen keine selbstständige, darüber hinausgehende Pflicht – und damit keine Wirkung.[113] Außerdem funktionieren sowohl Art. 22 als auch 39 TRIPS

---

S. 85; Säcker/Rixecker/Oetker/Limperg/*Drexl*, Münchener Kommentar zum Bürgerlichen Gesetzbuch, 7. Aufl. 2018, Internationales Lauterkeitsrecht, Rn. 34; Teplitzky/Peifer/Leistner/*Klass*, UWG, 2., neu bearb. Aufl.2014, Einleitung Teil D, Rn. 72; für eine Übertragbarkeit *Cottier/Jevtic*, The protection against unfair competition in WTO law, in: Drexl e al. (Hrsg.), Technology and Competition 2009, 669, S. 677; Harte-Bavendamm/Henning-Bodewig/*Glöckner*, UWG, 4. Aufl. 2016, Einleitung E. Lauterkeitsrecht in internationalen Vereinbarungen, Rn. 5; offen *Henning-Bodewig*, Internationale Standards gegen unlauteren Wettbewerb, GRUR Int 2013, 1, S. 2. Neben der Übertragbarkeit wird auch die Entscheidung hinsichtlich Art. 8 PVÜ selbst kritisiert. Zum unplausiblen Leerlaufargument mit Verweis auf Art. 27 (3) b) TRIPS siehe *Kapitel 7 C. VI. 2. Wadlow*, The Law of Passing Off, 5. Aufl. 2016, S. 85 f., Rn. 2–72, stützt seine Kritik an der Entscheidung darauf, dass nicht jede Bestimmung in Teil II bis IV von TRIPS, im Einzelnen die Bestimmungen zum Urheberrecht, von Art. 2.1 TRIPS betroffen sein könnten. Daraus folgt jedoch kein Argument gegen die Richtigkeit der Entscheidung, siehe oben *Kapitel 7 C. V. 5.*

[109] Auch Art. 17 TRIPS wird von einigen dazugezählt, vgl. *Reger*, Der internationale Schutz gegen unlauteren Wettbewerb und das TRIPS-Übereinkommen 1998, S. 290 und 297; *Cottier/Jevtic*, The protection against unfair competition in WTO law, in: Drexl et al. (Hrsg.), Technology and Competition 2009, 669, S. 676.

[110] Vgl. *Wadlow*, The Law of Passing Off, 5. Aufl. 2016, S. 84 f., Rn. 2–69 f.; *Pflüger*, Der internationale Schutz gegen unlauteren Wettbewerb 2010, S. 85 f.; Harte-Bavendamm/Henning-Bodewig/*Glöckner*, UWG, 4. Aufl. 2016, Einleitung E. Lauterkeitsrecht in internationalen Vereinbarungen, Rn. 5; *Riffel*, The Protection against Unfair Competition in the WTO TRIPS Agreement 2016, S. 35.

[111] Vgl. *Schricker*, Bemerkungen zum internationalen Schutz gegen unlauteren Wettbewerb, in: Großfeld et al. (Hrsg.), Festschrift für Wolfgang Fikentscher 1998, 985, S. 986.

[112] Das ergibt sich aus der selbstständigen Regelung sowohl auf Tatbestands- als auch Sanktionsebene, wegen derer Art. 22.2 und 39 TRIPS unabhängig von einer Geltung von Art. 10bis PVÜ funktionieren.

[113] Vgl. *Riffel*, The Protection against Unfair Competition in the WTO TRIPS Agreement 2016, S. 35. Vgl. zudem *Reger*, Der internationale Schutz gegen unlauteren Wettbewerb und das TRIPS-Übereinkommen 1998, S. 295, wonach die allgemeine Verpflichtung aus Art. 2.1 TRIPS den „Sonderschutzrechten" in Art. 17, 22 und 39 TRIPS „nichts bzw. wenig hinzufügt"; vgl. *Schricker*, Twenty-Five Years of Protection Against Unfair Competition, (1995) 26 IIC 782, S. 783, Fn. 7.

regelungstechnisch gänzlich unabhängig von Art. 10bis PVÜ. Art. 22.2 b) TRIPS verweist lediglich tatbestandlich auf Art. 10bis PVÜ.[114]

Der Hinweis auf Art. 22 und 39 TRIPS widerlegt also nicht das Leerlauf-Argument, sondern nimmt den Leerlauf hin: Gegen die Pflicht aus Art. 10bis PVÜ werde nur verstoßen, wenn gleichzeitig eines der von TRIPS vorgegebenen Schutzrechte nicht gewährt wird.[115] Damit ist die Beobachtung des WTO-Berufungsorgans zum Leerlauf der Aufzählung von Art. 8 PVÜ in Art. 2.1 TRIPS auch für Art. 10bis PVÜ relevant.

## D. Staatenpraxis

Ein Indiz für eine Einbeziehung von Art. 10bis PVÜ folgt aus der Staatenpraxis. Im Rahmen des Beitrittsverfahrens zur WTO wird auch die Umsetzung von Art. 10bis PVÜ geprüft, was Ausdruck der Auffassung sein kann, dass dies Teil der Pflichten nach TRIPS ist.[116]

## E. Entstehungsgeschichte

Gegen eine umfassende Einbeziehung von Art. 10bis PVÜ wird schließlich noch die Entstehungsgeschichte von Art. 2.1 TRIPS angeführt. Zum einen sei eine Ausweitung der PVÜ-Pflichten auf Inländerinnen nicht beabsichtigt gewesen, zum anderen sei die Einbeziehung von den Parteien nicht erörtert worden.[117] Ungeachtet der methodischen Einordnung können beide Ansätze inhaltlich nicht überzeugen.

---

[114] Vgl. *Riffel*, The Protection against Unfair Competition in the WTO TRIPS Agreement 2016, S. 35, der feststellt, dass die entscheidende Frage nicht ist, ob mit Art. 22 oder 39 TRIPS Bestimmungen vorliegen, die konzeptionell zum Schutz gegen unlauteren Wettbewerb gezählt werden können, sondern, ob Art. 2.1 TRIPS i.V.m. Art. 10bis PVÜ regelungstechnisch wirkt oder leerläuft. Siehe *Kapitel 7 C. III. und IV.*

[115] Vgl. *Wadlow*, The Law of Passing Off, 5. Aufl. 2016, S. 84, Rn. 2–70; S. 80, Rn. 2–62.

[116] Vgl. das Template zur Abfrage von für den Beitrittsprozess relevanten Angaben vom 1.8.2014, WT/ACC/22/Add.2, S. 10. Siehe beispielsweise das Memorandum Albaniens, bestimmt für die Working Party on the Accession of Albania, vom 30.3.1999, WT/ACC/ALB/36, S. 5, sowie die explizite Frage, ob das albanische Recht Schutz gegen unlauteren Wettbewerb (Art. 10bis PVÜ) vorsieht, Working Party on the Accession of Albania, Additional Questions and Replies, vom 30.3.1999, WT/ACC/ALB/29, S. 35, Frage 69, oder die Feststellungen zu Art. 10bis PVÜ im Abschlussbericht der Working Party on the Accession of Ukraine vom 25.1.2008, WT/ACC/UKR/152, S. 105, Rn. 411.

[117] Vgl. *Reger*, Der internationale Schutz gegen unlauteren Wettbewerb und das TRIPS-Übereinkommen 1998, S. 293 ff.

## I. Inländerinnenschutz

Zunächst wird ein Argument daraus gefolgert, dass eine Ausweitung der PVÜ-Pflichten auf Inländerinnen historisch nicht beabsichtigt war.[118] Das Argument fußt also auf der Annahme, dass TRIPS seine Mindeststandards jeweils auch zugunsten von Inländerinnen einführt, die PVÜ aber lediglich den Schutz von Ausländerinnen vorsieht. Das TRIPS auch zugunsten von Inländerinnen wirkt, ist umstritten.[119] Zwar sprechen wohl die besseren Argumente, insbesondere der klare Wortlaut von Art. 1.3 TRIPS, dagegen, dass TRIPS auch Inlandssachverhalte regelt,[120] und die Pflicht, den geforderten Schutz *von Ausländerinnen* in nationales Recht umzusetzen (Art. 1.1 TRIPS), bedeutet nicht, dass auch Inländerinnen erfasst werden müssten. Darüber hinaus ergibt sich die Pflicht aus Art. 2.1 TRIPS direkt, d.h. nach dem bereits Gesagten unabhängig von bzw. neben den an Art. 1 TRIPS anknüpfenden Verpflichtungen in den Teilen II bis IV TRIPS. Wenn die Pflicht aus der PVÜ auf den Ausländerinnenschutz beschränkt ist, kann sie es auch nach Inkorporierung durch Art. 2.1 TRIPS bleiben. Wo hier der Unterschied zur unmittelbaren Anwendung von PVÜ-Bestimmungen zugunsten von PVÜ-Ausländerinnen liegen soll, ist unklar.

Zudem kommt es für den Ausschluss technisch-funktioneller Marken auf die Frage aus rechtlichen und praktischen Gründen nicht an. Eine technisch-funktionelle Marke beschränkt den Zugang zum Produktmarkt für In- wie Ausländerinnen gleichermaßen; die potentielle Wettbewerberin, deren Wettbewerbschancen beschränkt werden, hat sozusagen *jede* Staatsangehörigkeit und überall Sitz und Niederlassung. Darüber hinaus ist die praktische Bedeutung des Streits im Markenrecht angesichts von geläufigen Lizenzierungsmodellen fraglich. Eine im Ausland ansässige Gesellschaft zur Rechteverwaltung tritt als – ausländische – Anmelderin auf und lizenziert das Recht dann an die inländische Gesellschaft. Dem Mehraufwand solcher Modelle steht der Wettbewerbsvorteil der Lizenznehmerin des so erlangten Schutzrechts gegenüber. Außerdem können sich steuerliche Vorteile ergeben, wenn z.B. die Lizenzgebühren den zu versteuernden

---

[118] Vgl. die Nachweise bei *Reger*, Der internationale Schutz gegen unlauteren Wettbewerb und das TRIPS-Übereinkommen 1998, S. 293.

[119] Vgl. *Grohl/Wündisch*, Die Europäische Gemeinschaft und TRIPS: Hermès, Dior und die Folgen, GRUR Int 2011, 497, S. 501. Dafür z.B. *Ullrich*, Technologieschutz nach TRIPS, GRUR Int 1995, 623, S. 638 und weitere Nachweise bei *Reger*, Der internationale Schutz gegen unlauteren Wettbewerb und das TRIPS-Übereinkommen 1998, S. 291, Fn. 1083 f.; dagegen z.B. *Katzenberger*, TRIPS und das Urheberrecht, GRUR Int 1995, 447, S. 459; *Schäfers*, Normsetzung zum geistigen Eigentum in internationalen Organisationen: WIPO und WTO – ein Vergleich, GRUR Int 1996, 763, S. 770; Busche/Stoll/Wiebe/*Lüers*, TRIPs, 2. Aufl. 2013, Artikel 1, Rn. 35; *Schmidt-Pfitzner*, Das TRIPS-Übereinkommen und seine Auswirkungen auf den deutschen Markenschutz 2005, S. 32 und 36; *Staehelin*, Das TRIPs-Abkommen, 2. Aufl. 1999, S. 53; Busche/Stoll/Wiebe/*Brand*, TRIPs, 2. Aufl. 2013, Artikel 2, Rn. 10.

[120] Vgl. Busche/Stoll/Wiebe/*Brand*, ebd.

Gewinn im Anmeldestaat mindern, während gleichzeitig am Sitz der ausländischen Rechteinhaberin ein niedrigerer Steuersatz anfällt.[121] Erfüllt die Benutzung durch den Lizenznehmer im Inland auch ein etwaiges Benutzungserfordernis,[122] so kann auch langfristig die womöglich vorzugswürdige Position einer Ausländerin faktisch von einem inländischen Unternehmen genutzt werden.

Würde man in der Bezugnahme des Art. 2.1 TRIPS eine umfassende Einbeziehung der materiellen Vorgaben der PVÜ sehen, dann würde dies nach der eingangs genannten Ansicht die TRIPS-Mitglieder dazu verpflichten, auch Inländerinnen den entsprechenden Schutz zu gewähren. Konsequenterweise stört sich diese Ansicht nicht daran, Art. 10bis PVÜ in einem auf Ausländerinnenschutz beschränkten Umfang[123] als einbezogen zu betrachten. Das genügt aber bereits für den Ausschluss technisch-funktioneller Zeichen, denn wie gesehen beschränkt eine technisch-funktionelle Marke den Zugang zum Produktmarkt für In- wie Ausländerinnen gleichermaßen. Es kann daher dahinstehen, ob die Prämissen dieses Ansatzes überzeugen, denn auf eine – im Sinne dieser Ansicht umfassende Einbeziehung als „integraler Bestandteil" – kommt es nicht an, wenn deren Folge lediglich die (für sich schon begründungsbedürftige und streitige) Erweiterung des personellen Anwendungsbereichs der Vorgaben bedeutet. Wenn also die Entstehungsgeschichte darauf hindeutet, dass eine Ausweitung der PVÜ-Pflichten auf Inländerinnen nicht beabsichtigt war,[124] dann spricht das jedenfalls nicht gegen eine Einbeziehung von PVÜ-Pflichten in Bezug auf Ausländerinnen,[125] und einen auf Ausländerinnenschutz beschränkten Art. 10bis PVÜ – was für die Einbeziehung der schutzrechtsbegrenzenden, wettbewerbserhaltenden Dimension von Art. 10bis PVÜ genügt.

## II. Keine Diskussion

Das zweite historische Argument stützt sich darauf, dass die Vertragsparteien von TRIPS zu keinem Zeitpunkt forderten oder diskutierten, die Pflicht aus Art. 10bis PVÜ in TRIPS zu inkorporieren.[126] Dieses Argumentationsmuster ist

---

[121] Vgl. allgemein zu sog. IP-shifting strategies *Blair-Stanek*, Intellectual Property Law Solutions to Tax Avoidance, (2015) 62 UCLA Law Review, 1, S. 5.

[122] Vgl. *Büscher/Kochendörfer/Müller*, BeckOK UMV, 25. Aufl. 2022, UMV Art. 18 Benutzung der Unionsmarke, Rn. 157.

[123] Vgl. *Reger*, Der internationale Schutz gegen unlauteren Wettbewerb und das TRIPS-Übereinkommen 1998, S. 295; *Riffel*, The Protection against Unfair Competition in the WTO TRIPS Agreement 2016, S. 42.

[124] Vgl. die Nachweise bei *Reger*, Der internationale Schutz gegen unlauteren Wettbewerb und das TRIPS-Übereinkommen 1998, S. 293.

[125] Vgl. auch *Reger*, Der internationale Schutz gegen unlauteren Wettbewerb und das TRIPS-Übereinkommen 1998, S. 295; *Henning-Bodewig*, International Protection Against Unfair Competition (1999) 30 IIC 166, S. 180, Fn. 36.

[126] Vgl. *Reger*, Der internationale Schutz gegen unlauteren Wettbewerb und das TRIPS-Übereinkommen 1998, S. 293.

bereits in den obigen methodischen Ausführungen zur PVÜ abgelehnt worden. Der Vertragstext selbst ist Ausdruck des Parteiwillens. Diesen nur dann anzuerkennen, wenn er in Verhandlungsprotokollen oder an anderer Stelle noch einmal zusätzlich ausgedrückt wird, stellt den Grundsatz in Frage, dass sich aus dem Abschluss eines Vertrags selbst die auf den Bindungswillen seiner Parteien gestützte Bindungswirkung ergibt.[127] In anderen Worten: „The principle of effective treaty interpretation requires that meaning and effect be given to this commitment, regardless of the motivation behind that commitment (even if the commitment may have been undertaken inadvertently)."[128]

Eine Grenze findet dieser Grundsatz in Einklang mit den WVK-Regeln erst dort, wo der Vertragstext sich mit den textorientierten Methoden nicht eindeutig bestimmen lässt oder diese Auslegung zu einem offensichtlich sinnwidrigem oder unvernünftigem Ergebnis führt. Sinnwidrig oder unvernünftig wäre die Einbeziehung von Art. 10bis PVÜ jedenfalls nicht. Sieht man die Bestimmung trotz der obigen Argumentation als nicht eindeutig bestimmt an, so kann man einer historischen Betrachtung gerade auch ein Argument *für* die Einbeziehung von Art. 10bis PVÜ abgewinnen:

Die festgestellten Gründe[129] für die eher stiefmütterliche Behandlung des unlauteren Wettbewerbs in der Genese von TRIPS trafen auf die Entwicklung von Art. 10bis PVÜ ebenfalls oder gar erst recht zu, insbesondere die bestehende Heterogenität und Komplexität nationaler Schutzregime gegen unlauteren Wettbewerb. Die Einbeziehung von Art. 10bis (und 10ter) PVÜ in TRIPS bedeutet, mit der Übernahme eines an anderer Stelle bereits ausgehandelten Minimalkonsenses die insoweit vorhersehbaren, erheblichen Verhandlungsschwierigkeiten[130] zu vermeiden, und gleichzeitig einen Mindestschutz gegen unlauteren Wettbewerb in TRIPS zu verankern. Auf diesem Minimalkonsens konnte dann aufgebaut werden, ohne dass das ganz große Fass erneut aufgemacht werden musste. Nur in Einzelfragen wurde das Thema erweitert und angepasst (vgl. Art. 22.2 und 39.1 TRIPS). Die Angst davor, die grundsätzliche Frage des unlauteren Wettbewerbs als solche zu stellen, könnte somit erklären, warum die Parteien Abstand davon nahmen, diesen Problemkreis zum expliziten Verhandlungsgegenstand zu

---

[127] Vgl. *Riffel*, The Protection against Unfair Competition in the WTO TRIPS Agreement 2016, S. 37, mit Verweis auf *Pauwelyn*, The Role of Public International Law in the WTO, (2001) 95 American Journal of International Law 535, S. 538.

[128] WTO Untersuchungsausschuss (Panel), Report v. 10.11.2004, WT/DS285/R – *United States – Measures Affecting the Cross-Border Supply of Gambling and Betting Services*, Rn. 6.527.

[129] Vgl. *Reger*, Der internationale Schutz gegen unlauteren Wettbewerb und das TRIPS-Übereinkommen 1998, S. 299 ff.; dazu, dass es das Lauterkeitsrecht in den einflussreichen common law Staaten keine eigenständige „Rechtsdisziplin" ist, auch *Correa*, Trade Related Aspects of Intellectual Property Rights 2007, S. 38. Kritisch *Riffel*, The Protection against Unfair Competition in the WTO TRIPS Agreement 2016, S. 37.

[130] Vgl. *Reger*, Der internationale Schutz gegen unlauteren Wettbewerb und das TRIPS-Übereinkommen 1998, S. 300; *Wadlow*, The Law of Passing Off, 6. Aufl. 2021, Rn. 2–132.

machen[131] und sich trotzdem auf eine Einbeziehung über Art. 2.1 TRIPS einigten. Man kann das Argument fehlender Diskussion also möglicherweise umdrehen: Der Konsens der TRIPS-Parteien, den Minimalkonsens des Art. 10bis PVÜ zu integrieren, wurde bewusst dadurch herbeigeführt, dass der „bekannt und bewährte" Art. 10bis PVÜ nicht zum Verhandlungsgegenstand gemacht wurde. Einzige Ausnahme hierzu bilden Art. 22.2 und 39 TRIPS, die aber wiederum abgeschlossen und selbstständig geregelt sind, so dass eine Verwebung mit Art. 10bis PVÜ nicht notwendig gewesen war, was die Sprengkraft des Themas erheblich entschärfte. So betrachtet spräche die Entstehungsgeschichte gegen die These, der Verweis in Art. 2.1 TRIPS sei eine Art Versehen gewesen,[132] und stützt vielmehr die gegenteilige Ansicht.

Im Übrigen ist der „Beweiswert" einer nicht stattgefundenen Diskussion schwierig zu bestimmen, weil sich gerade keine Delegation für oder gegen eine Bestimmung ausspricht.[133] Dass die „treibende Kraft" USA nicht an einer Aufnahme des Lauterkeitsrechts in TRIPS interessiert gewesen sei,[134] spricht jedenfalls für sich genommen nicht gegen oder für die Einbeziehung von Art. 10bis PVÜ.[135]

## F. Ergebnis: Adaptierter Art. 10bis PVÜ verdrängt Pflicht aus Art. 15.1 TRIPS

Als Ergebnis der Untersuchung lassen sich drei Punkte festhalten. Erstens ist der über Art. 2.1 TRIPS einbezogene Art. 10bis PVÜ nicht nur auf Art. 22 und 39 TRIPS anwendbar, weil dies zu einem Leerlauf der Aufzählung in Art. 2.1 TRIPS führen würde. Zweitens ist die schutzrechtsbegrenzende Dimension von Art. 10bis PVÜ auch mit der (strengen) Lesart vereinbar, die Art. 10bis PVÜ wegen des Verweises auf Teile II bis IV in Art. 2.1 TRIPS nur ihm Rahmen der

---

[131] Vgl. *Reger*, Der internationale Schutz gegen unlauteren Wettbewerb und das TRIPS-Übereinkommen 1998, S. 293 und Fn. 1092.

[132] Vgl. *Henning-Bodewig*, International Protection Against Unfair Competition, in: Henning-Bodewig (Hrsg.), International Handbook on Unfair Competition 2013, 9, S. 35, Rn. 109.

[133] Vgl. WTO Berufungsorgan (Appellate Body), Report v. 2.1.2002, WT/DS176/AB/R – *United States – Section 211 Omnibus Appropriations Act of 1998*, Rn. 339 („The passages quoted by the Panel from the negotiating history of Article 1.2 do not even refer to trade names. There is nothing at all in those passages to suggest that Members were either for or against their inclusion."); *Riffel*, The Protection against Unfair Competition in the WTO TRIPS Agreement 2016, S. 37.

[134] Vgl. *Henning-Bodewig*, International Protection Against Unfair Competition, (1999) 30 IIC 166, S. 181.

[135] Möglicherweise könnte man insoweit aus Unterschieden zum NAFTA-Abkommen Rückschlüsse ziehen, vgl. *Henning-Bodewig*, Internationale Standards gegen unlauteren Wettbewerb, GRUR Int 2013, 1, S. 10.

von TRIPS bestimmten Schutzrechte als einbezogen erachtet. Als Schutzbegrenzung entfaltet Art. 10bis PVÜ gerade keine selbstständige Bedeutung *neben* den Sonderschutzrechten aus TRIPS, sondern wirkt gerade nur in Bezug auf diesen von TRIPS geregelten Bereich. Drittens ist der Nachweis einer umfassenden und selbstständigen Einbeziehung von Art. 10bis PVÜ trotz Entkräftung einer Reihe von Gegenargumenten hier nicht gelungen. Dies liegt zuvorderst am Wortlaut des Art. 2.1 TRIPS, der auf eine Pflichtenkollision abzielt und damit eine beschränkte Anwendbarkeit in den Fällen vor Augen hat, wo PVÜ und TRIPS sich widersprechen. Eine Kollision kann nur vorliegen, wo TRIPS eine Regelung trifft. Das spricht gegen eine selbstständige Einbeziehung von Art. 10bis PVÜ.

Für die Ausgangsfrage bedeutet dies, dass der Ausschluss technisch-funktioneller Marken tatbestandlich unter den marktfunktional adaptierten Art. 10bis PVÜ fällt, dessen schutzrechtsbegrenzende Dimension über Art. 2.1 TRIPS einbezogen ist, und sich die Vertragsstaaten folglich auf die Erfüllung einer vorrangigen Pflicht gegenüber Art. 15.1 TRIPS berufen können. Der Ausschluss technisch-funktioneller Marken verstößt nicht gegen Art. 15 TRIPS. Damit ist gleichzeitig festgestellt, dass die Vertragsstaaten über Art. 2.1 TRIPS dazu verpflichtet sind, durch Markenschutz für technisch-funktionelle Zeichen geschaffene Produktmarktmonopole zu verhindern.

# Schluss

*Kapitel 8*

# Ergebnis und Zusammenfassung

## A. Vereinbarkeit mit PVÜ

- Technisch-funktionelle Marken fallen unter Art. 6quinquies PVÜ und lösen die Pflicht zur Validierung aus.
- Der kategorische Ausschluss technisch-funktioneller Marken fällt nicht unter die Ausnahme des Art. 6quinquies B Nr. 2 PVÜ.
- Der kategorische Ausschluss technisch-funktioneller Marken fällt unter die *ordre public*-Ausnahme des Art. 6quinuqies B Nr. 3 PVÜ.
- Der kategorische Ausschluss technisch-funktioneller Marken dient nicht der Umsetzung einer vorrangigen Pflicht aus Art. 10bis PVÜ.

Der Ausschluss technisch-funktioneller Marken ist folglich mit Art. 6quinquies PVÜ und mit Art. 2.1 TRIPS i.V.m. Art. 6quinquies PVÜ vereinbar.

## B. Vereinbarkeit mit TRIPS

- Unterscheidungskräftige technisch-funktionelle Marken sind nach Art. 15.1 TRIPS als eintragungsfähig zu behandeln.
- Weder Art. 15.2 TRIPS noch Art. 2.1 TRIPS i.V.m. Art. 6, 6quinquies B Nr. 3 PVÜ erzeugen eine Ausnahme zu Art. 15.1 TRIPS.
- Der kategorische Ausschluss technisch-funktioneller Marken fällt unter eine durch modifizierende Staatenpraxis erzeugte Ausnahme zu Art. 15.1 TRIPS, die inhaltlich Art. 6quinquies B Nr. 3 PVÜ entspricht.
- Die Wettbewerbsbeschränkung durch technisch-funktionelle Marken fällt unter Art. 10bis PVÜ, der über Art. 2.1 TRIPS adaptiert wurde und eine gegenüber Art. 15.1 TRIPS vorrangige Pflicht zu ihrer Bekämpfung auslöst, die der Ausschluss technisch-funktioneller Marken umsetzt.

Der Ausschluss technisch-funktioneller Marken ist folglich mit Art. 15.1 TRIPS vereinbar und von Art. 2.1 TRIPS sogar vorgegeben.

## C. Zusammenfassung der wesentlichen Argumentationsschritte

### I. Teil 1 – Vereinbarkeit mit Art. 6quinquies PVÜ

Die Anwendbarkeit der Validierungsregel des Art. 6quinquies PVÜ wird nicht durch markenrechtliche Vorgaben des Ziellandes beschränkt (Kapitel 1). Sie ist auch nicht durch einen PVÜ-eigenen Begriff der Marke beschränkt (Kapitel 2). Damit lösen auch technisch-funktionelle Marken grundsätzlich die Validierungspflicht aus. Der Ausschluss technisch-funktioneller Marken kann aber als den *ordre public* im Sinne von Art. 6quinquies B Nr. 3 PVÜ betreffend auch einer im Ausland eingetragenen Marke entgegengehalten werden (Kapitel 3). Der Vorbehalt der Anwendung von Art. 10bis PVÜ greift hingegen nur im WTO-Kontext (Kapitel 4).

#### 1. Kapitel 1 – Beschränkung durch Vorgaben des Ziellandes

Die Diskussion um den Anwendungsbereich von Art. 6quinquies PVÜ ist durch eine begriffliche Vielfalt gekennzeichnet, wobei die vermeintlichen Schlüsselbegriffe, die sich vor allem um die „Form der Marke" gruppieren, mangels eines einheitlichen Begriffsinhalts lediglich Platzhalter für die eigentlich zu klärende Frage darstellen. Art. 6quinquies PVÜ bezweckt die Validierung von Auslandsmarken, um eine einheitliche Verwendung von Marken im Verbandsgebiet zu ermöglichen. Die Notwendigkeit dieser Vertragsbestimmung folgt aus den Unterschieden in den markenrechtlichen Regeln der Vertragsstaaten. Art. 6quinquies PVÜ würde leerlaufen, wenn seine grundsätzliche Anwendbarkeit von Vorgaben des nationalen Rechts abhinge und damit der Vertragsstaat selbst entscheiden kann, ob eine Bindung an die PVÜ besteht.

Keine Beschränkung erfährt der Anwendungsbereich durch die systematische Einbeziehung von Art. 6 (1) PVÜ bzw. Art. 2 (1) PVÜ oder Art. 6 (2), (3) PVÜ. Insbesondere eine restriktive Auslegung von Art. 6quinquies PVÜ als vermeintliche Ausnahme zu Art. 6 (1) PVÜ ist nicht begründbar. Neben grundsätzlichen methodischen Zweifeln an der Anwendung einer Auslegungsfigur *in dubio mitius* im Völkervertragsrecht ist es der multilaterale Charakter der PVÜ, der einer sinnvollen Anwendung dieser auf die ausgewogenen Verteilung von Rechten und Pflichten zielenden Auslegungsregel entgegensteht. Art. 6quinquies PVÜ belastet nicht nur die eine von zwei oder mehreren Vertragsparteien zugunsten der anderen, sondern gilt für alle Vertragsparteien gleichermaßen, letztlich zugunsten von Individuen (Anmelderinnen einer Auslandsmarke). Bereits die Beschreibung von Art. 6quinquies PVÜ als Ausnahme zu Art. 6 (1) PVÜ ist problematisch. Die grundsätzliche Ungebundenheit der Vertragsparteien mit den daraus folgenden Regelungsunterschieden der jeweiligen Markenrechte macht überhaupt erst eine Validierungsklausel notwendig. Deshalb kann Art. 6quinquies PVÜ nicht als Ausnahme in dem Sinne angesehen werden, dass sie der grundsätzlichen Stoßrichtung der PVÜ entgegenläuft. Im Gegenteil ist es gerade die Einschränkung

## C. Zusammenfassung der wesentlichen Argumentationsschritte

mitgliedstaatlicher Souveränität durch Regeln wie die Validierungsklausel, mit denen das Abkommen die von den Vertragsparteien bezweckten Ziele erreichen soll. Im Übrigen bleibt methodisch offen, wie mit dem Ansatz einer „engen" Auslegung von Ausnahmen ein konkretes Auslegungsergebnis erzielt werden kann. Schließlich ist auch fraglich, ob überhaupt ein inhaltlicher Konflikt zwischen Art. 6quinquies PVÜ und Art. 6 (1) PVÜ besteht, der aufgelöst werden muss.

Mangels eines inhaltlichen Konfliktes mit Art. 2 (1) PVÜ kann auch diese Bestimmung kein systematisches Argument für die Beschränkung des Anwendungsbereiches von Art. 6quinquies PVÜ begründen. Schon der Wortlaut von Art. 2 (1) PVÜ drückt das Ergänzungsverhältnis von Gleichbehandlungsgrundsatz und sonstigen durch die PVÜ gewährten Rechten aus. Ein Besserstellungsverbot von Ausländerinnen, das mit dem Recht aus Art. 6quinquies PVÜ kollidieren könnte, ist in der PVÜ nicht angelegt. Im Übrigen besteht gar keine rechtliche bzw. formelle Besserstellung, weil die vermeintlich benachteiligten Inländerinnen sich im Ausland wiederum auf dieselbe Regelung berufen können. Aus Art. 6 (2), (3) PVÜ folgt ebenfalls keine Beschränkung, weil hier ein bewusstes Ergänzungs- und Ausschließlichkeitsverhältnis besteht. Auf der einen Seite ist die Marke unabhängig von einer Eintragung im Ursprungsland. Auf der anderen Seite wird die Validierung gerade auf eine solche Eintragung gestützt.

Den Abschluss der systematischen Untersuchung bildet Art. 6quinquies B PVÜ. Als Ausnahme zur Validierungspflicht ermöglicht er grundsätzlich Rückschlüsse auf den Anwendungsbereich von Art. 6quinquies PVÜ, der mindestens so weit reichen muss, wie die Ausnahmen, weil diese sonst überflüssig wären. Dass das Markenrecht des Ziellandes selbst nicht den Anwendungsbereich von Art. 6quinquies PVÜ bestimmt, folgt aus Art. 6quinquies B Nr. 3 PVÜ, denn die Nichteinhaltung der Vorgaben des Ziellandes kann einer Validierung nur entgegengehalten werden, wenn der *ordre public* betroffen ist. Aus Art. 6quinquies B PVÜ könnte eine Beschränkung des Anwendungsbereichs folgen, weil auch die Ausnahmen nur so weit reichen müssen, wie die Verpflichtung greift. Hier lässt sich vertreten, dass sich alle Ausnahmen auf die Marke selbst beziehen, woraus man folgern könnte, dass auch die Validierungspflicht nur diejenigen Vorgaben des Ziellandes „ausschaltet", die sich auf die Marke selbst beziehen. Für den Ausschluss technisch-funktioneller Marken spielt das keine Rolle, denn dieser knüpft an Eigenschaften der Marke selbst an und wäre jedenfalls umfasst.

Die Staatenpraxis zu Art. 6quinquies PVÜ ist uneinheitlich und lässt deshalb keinen Konsens der Vertragsparteien erkennen, der in die Auslegung einfließen kann.

Ein Rückgriff auf historische Umstände zur Bestimmung des Anwendungsbereichs von Art. 6quinquies PVÜ ist schon methodisch nicht zulässig. Bei der letzten Revision der PVÜ 1967 galten bereits die kurze Zeit später in Art. 31 und 32 WVK kodifizierten gewohnheitsrechtlichen Regeln der Vertragsauslegung. Historische Auslegungsargumente sind demnach nur zur Bestimmung einer vertraglichen Regel heranzuziehen, wenn die Auslegung gem. Art. 31 WVK (nach

Wortlaut, Zweck und Kontext) zu keinem eindeutigen oder aber einem offensichtlich widersinnigen Ergebnis führt. Das ist nicht der Fall. Ein Rückgriff auf historische Umstände wäre darüber hinaus auch inhaltlich gar nicht geeignet, eine beschränkende Lesart von Art. 6quinquies PVÜ zu begründen. Die insoweit vorgebrachten historischen Umstände erweisen sich als zumindest selektiv ausgewählt und der daraus gezogene Schlusses auf den Parteikonsens ist in vielen Fällen nicht plausibel. Beispielhaft erwähnt sei an dieser Stelle die hier widerlegte These, dass die *Telle Quelle*-Klausel primär ein bilaterales Abkommen zwischen Frankreich und Russland multilateralisieren sollte, das im unterschiedlichen Alphabet begründet war.

*2. Kapitel 2 – Beschränkung durch Markenbegriff der PVÜ*

Ein verbandseigener Markenbegriff kann der PVÜ nicht entnommen werden, was angesichts der Entscheidung der Vertragsparteien für eine Validierungsklausel nicht verwundert. Statt mit Hilfe eines harmonisierenden Standards sollen Regelungsunterschiede zwischen den Verbandsländern durch eine Validierungsvorschrift überwunden werden.

Als indirekte Begriffsbestimmungen kommen Art. 7 und 9 PVÜ in Betracht. Diesen kann man zwar ein sprachliches Indiz für die Voraussetzung einer körperlichen Verbindung von Zeichen und Ware bzw. einer Trennbarkeit von Zeichen und Ware entnehmen. Das wird aber weder durch Zweck noch Kontext bestätigt. Eine nachträgliche Bestimmung eines PVÜ-Markenbegriffs durch TRIPS hat nicht stattgefunden. Das liegt zunächst an der fehlenden Identität der Mitgliedschaften. Insbesondere ist eine mögliche *inter se*-Bindung derjenigen PVÜ-Staaten, die zugleich TRIPS angehören, unbeachtlich, soweit sie die Validierungspflicht aus der PVÜ reduzieren würde (Art. 2.2 TRIPS). Nachdem technisch-funktionelle Marken unter Art. 15.1 TRIPS fallen, kann auch offenbleiben, ob Art. 6quinquies PVÜ, wie er über Art. 2.1 TRIPS einbezogen ist, auf Marken im Sinne von Art. 15.1 TRIPS beschränkt ist.

Eine Bestimmung eines PVÜ-eigenen Markenbegriffs gelingt nicht über historische Argumente. Neben dem wiederholten grundsätzlichen methodischen Einwand zeigt sich, dass die Vertragsparteien von Anfang an mit unterschiedlichen und selbst aus heutiger Sicht extremen Markenbegriffen rechneten. Außerdem bestanden erhebliche Unterschiede zwischen den nationalen Markenbegriffen, insbesondere sollten Wortzeichen den Hauptanwendungsfall der historischen Validierungsklausel bilden – in heutiger Terminologie handelte es sich um sog. nicht-traditionelle Marken. Hierauf reagierte die PVÜ schon damals nicht mit einer universellen Definition, sondern mit einer offenen Validierungsklausel, die letztlich an den Markenbegriff des Ursprungslandes anknüpft.

*3. Kapitel 3 – Ordre public-Ausnahme*

Die These, dass der Begriff des *ordre public* in Art. 6quinquies PVÜ mit dem gleichlautenden Konzept des Internationalen Privatrechts gleichzusetzen ist, steht in Widerspruch zum Grundsatz der verbandsautonomen Auslegung und findet in der PVÜ keine Stütze. Außerdem hat der Begriff *ordre public* keinen universellen Inhalt im Sinne eines *terminus technicus*. Eine innerstaatliche, formal-normative Auffüllung des Begriffs, die auf die Stellung bzw. Einordnung des Zurückweisungsgrunds in der jeweiligen Rechtsordnung abstellt, würde die effektive Wirkung von Art. 6quinquies PVÜ unmittelbar vom jeweiligen nationalen Recht abhängig machen. Das innerstaatliche Recht wäre dann selbst der Maßstab, an dem es zu messen ist.

Überzeugender ist die Ansicht, dass es beim *ordre public* um spezifische gesellschaftliche Interessen geht. Ein solches interessensbezogen-normatives Konzept verhindert nicht nur einen regelungstechnischen Leerlauf sondern passt auch zum Kontext der *ordre public*-Ausnahme. Art. 6quinquies B Nr. 3 Satz 2 PVÜ stellt klar, dass der Verstoß gegen eine Rechtsregel weder vorausgesetzt wird noch ausreichend dafür ist, dass der *ordre public* betroffen ist. Die Bestimmung zielt gerade darauf ab, eine unmittelbare Verweisung auf das innerstaatliche Recht als selbstreferentiellen Prüfungsmaßstab zu verhindern. Daneben verweist Art. 6quinquies C (1) PVÜ auf Tatumstände, insbesondere die Dauer des Gebrauchs, und deutet damit ebenfalls auf ein interessenbezogen-normatives Verständnis hin. Widerlegt werden konnte die Annahme, dass Art. 6quinquies C (1) PVÜ auf die *ordre public*-Ausnahme nicht anwendbar ist, da diese auf der Fehlvorstellung beruht, dass Art. 6quinquies C (1) PVÜ die Überwindung von Versagungsgründen regelt. Art. 6quinquies C (1) PVÜ konkretisiert aber die Art der Feststellung, ob eine Ausnahme nach Art. 6quinquies B PVÜ vorliegt. Auch die konkretisierte Fallgruppe der Täuschung (und supplementär ihre Entstehungsgeschichte) stützt ein interessenbezogen-normatives Verständnis, weil sie nicht auf eine formale Verortung des Täuschungsverbots abstellt. Im WTO-Kontext runden Art. 27.2 TRIPS und Art. XIV (a) GATS den Befund ab, dass es nicht um die formale Einordnung des Ausschlussgrundes in die nationale Rechtsordnung geht, sondern um gewichtige Allgemeininteressen, die hinter dem Ausschluss stehen.

Damit ist der Ausschluss technisch-funktioneller Marken dann als den ordre public betreffend zulässig, wenn es um grundlegende gesellschaftliche Interessen geht. Hier kommt die Regelungstechnik der PVÜ an die Grenzen ihrer Leistungsfähigkeit, weil konkrete prozedurale Vorgaben dafür fehlen, wie entsprechende Interessen festzustellen sind. Während nach dem oben Gesagten der pauschale Verweis auf die formale Stellung des Ausschlusses in der jeweiligen Rechtsordnung zwar nicht ausreicht, bleibt auch unter einem interessenbezogenen Ansatz letztlich offen, wann ein Vertragsstaat sich zurecht auf *ordre public* beruft. Immerhin bleibt eine aus allgemeinen Vertragsgrundsätzen folgende Missbrauchsgrenze. Diese wird überschritten, wo ein Vertragsstaat sich auf den *ordre public* beruft, obwohl es keinerlei Anhaltspunkte dafür gibt, dass bzw. welche grundlegenden gesellschaftlichen Interessen betroffen sind. Diese minimale Hürde nimmt der Ausschluss technisch-funktioneller Marken nicht zuletzt wegen seiner volkswirtschaftlichen Bedeutung, die der rechtlichen und rechtspolitischen Diskussion des Ausschlusses entnommen wurde.

Die hier gewählte, auf den Erhalt einer effektiven Geltung von Art. 6quinquies PVÜ gerichtete Auslegung kann im Ergebnis zwar einen regelungstechnischen Leerlauf verhindern, auf praktischer Ebene bleibt die effektive Regelungswirkung von Art. 6quinquies PVÜ jedoch auf eine Missbrauchsprüfung beschränkt.

*4. Kapitel 4 – Art. 10bis-Vorbehalt der Validierungsklausel*

Art. 10bis PVÜ enthält über die Fallgruppen in Absatz 3 hinaus einen materiellen, inhaltlichen Standard. Die gegenteilige Annahme, dass die Pflicht sich in der Gleichbehandlung von PVÜ-Ausländerinnen erschöpft, ist mit dem Wortlaut von Art. 10bis (1) PVÜ nicht zu vereinbaren und würde diesen ersten Absatz zudem überflüssig machen. Auch wären der Zurückweisung einer Auslandsmarke nach Art. 6quinquies B letzter Satz PVÜ keine materiellen Grenzen gesetzt, so dass ein Leerlauf der *Telle Quelle*-Klausel drohen würde. Die PVÜ kann nicht als ein reines Gleichbehandlungsabkommen gedeutet werden. Die Schutzstandardthese wird supplementär durch historische Umstände bestätigt. In diesem Zusammenhang wurde insbesondere die Annahme einer „Auslegungsautorität kraft zeitlicher Nähe" als methodisch nicht haltbares Argument für die Auslegung der PVÜ zurückgewiesen.

In einem zweiten Schritt wurde festgestellt, dass sowohl der Schutzstandard aus Art. 10bis (1) PVÜ als auch ein tatbestandlich ebenfalls an Art. 10bis (2) PVÜ anknüpfendes Gleichstellungsgebot eine konventionsautonome Bestimmung des Tatbestands von Art. 10bis (2) PVÜ erforderlich macht. Hier kann deshalb kein Verweis auf innerstaatliches Recht erfolgen und besteht kein Wahlrecht der Vertragsstaaten. Außerdem verdrängt der Schutzstandard das Gleichstellungsgebot auf Tatbestandsebene. Immer, wenn Art. 10bis (2) PVÜ greift, ist PVÜ-Ausländerinnen effektiver Schutz zu gewähren. Eine Aufspaltung von Art. 10bis (2) PVÜ in einen Kernbereich, der einen Mindestschutzstandard auslöst, und einen fakultativen Bereich, in dem „nur" das Gleichbehandlungsgebot greift, ist in der PVÜ nicht angelegt.

Diese Erkenntnis trägt zur Klärung der Rolle von Art. 6quinquies B letzter Satz PVÜ bei. Weil der Tatbestand von Art. 10bis PVÜ nicht ohne Schutzpflicht gedacht werden kann, verweist der letzte Satz in Art. 6quinquies B PVÜ immer auch auf diese Pflicht. Deshalb ordnet der letzte Satz nicht nur eine zulässige Ausnahme zur Validierungspflicht an, sondern den Vorrang der Pflicht aus Art. 10bis PVÜ. Die Argumente, die für die Gegenansichten ins Feld geführt werden, überzeugen nicht.

Deswegen wurde anschließend untersucht, ob der Ausschluss technisch-funktioneller Marken eine Pflicht aus Art. 10bis PVÜ umsetzt, das heißt zunächst, ob

## C. Zusammenfassung der wesentlichen Argumentationsschritte

er sich in den auch nach oben abgeschlossenen, tatbestandlichen Grenzen von Art. 10bis (2) PVÜ bewegt. Das wäre ausgeschlossen, wenn Art. 10bis (2) PVÜ ein Tatbestandsmerkmal enthielte, das der Ausschluss technisch-funktioneller Marken nicht vorsieht. Hier war insbesondere die umstrittene Frage zu klären, ob Art. 10bis (2) PVÜ nur in einem konkreten Wettbewerbsverhältnis anwendbar ist, weil der Ausschluss technisch-funktioneller Marken ein solches gerade nicht voraussetzt. Dass der Tatbestand von Art. 10bis (2) PVÜ nicht auf ein konkretes Wettbewerbsverhältnis begrenzt ist, ergibt sich vor allem aus einer systematischen Untersuchung. Zum einen folgt eine Beschränkung weder aus Art. 10ter PVÜ noch aus Art. 1 (2) PVÜ. Zum anderen zeigt die Konkretisierung in Art. 10bis (3) PVÜ, dass es nicht nur um Konkurrentinnenschutz geht. Auch hier konnten die historischen Argumente für eine Begrenzung auf inhaltlicher Ebene zurückgewiesen werden.

Der zweite Schwerpunkt lag in der Feststellung, welchen externen Maßstab Art. 10bis (2) PVÜ mit einem Verweis auf die anständigen Gepflogenheiten meint. Hier entspricht ein Verweis auf einen einheitlichen Maßstab den zuvor entwickelten Ansprüchen an ein verbandsautonomes Konzept. Nicht entscheidend ist dabei, dass ein PVÜ-einheitlicher Maßstab momentan (noch) nicht existiert. Insbesondere führt das nicht zu einem regelungstechnischen Leerlauf. Deswegen kann ein Umschwenken auf einen regionalen bzw. nationalen Maßstab nicht mit einem Leerlauf-Argument begründet werden. Auch im Übrigen tragen die Argumente für einen regionalen Maßstab nicht. Abgesehen davon, dass es begründungsbedürftig bleibt, dass Art. 10bis PVÜ bezwecken soll, das nationale Recht an einem nationalen Lauterkeitsmaßstab zu messen, führt ein regionaler Maßstab nur zu einer vermeintlichen Wirksamkeit von Art. 10bis PVÜ. Auch mit einer Parallele zum regionalen *ordre public* kann nicht argumentiert werden, weil die Regelungswirkung von Art. 10bis PVÜ pflichtbegründend und damit souveränitätsbeschränkend ist, während die *ordre public*-Ausnahme auf den Erhalt von mitgliedstaatlicher Souveränität durch Pflichtbeschränkung abzielt. Weil Art. 10bis (2) PVÜ im Ergebnis auf einen einheitlichen Maßstab verweist, ein solcher aber (derzeit) nicht besteht, greift Art. 10bis PVÜ nur in den Grenzen der Fallgruppen von Art. 10bis (3) PVÜ. Der Ausschluss technisch-funktioneller Marken kann daher nicht als Umsetzung einer Pflicht aus Art. 10bis PVÜ angesehen werden.

Etwas anderes gilt aber für Art. 10bis PVÜ, wie er in TRIPS adaptiert ist. Hier wird der einheitliche Maßstab der anständigen Gepflogenheiten über den WTO-Kontext wettbewerbserhaltend, marktfunktional aufgeladen. Der Ausschluss technisch-funktioneller Marken kann daher als Umsetzung einer Pflicht aus Art. 10bis PVÜ angesehen werden. Weil er sich zudem im Rahmed es Umsetzungsspielraums bewegt, ist im WTO-Kontext letztlich sowohl dessen Zulässigkeit als auch Gebotenheit festzustellen.

## II. Teil 2 – Vereinbarkeit mit Art. 15.1 TRIPS

Art. 15.1 TRIPS erfasst auch technisch-funktionelle Marken (Kapitel 5). Eine Ausnahme zur Eintragungsfähigkeit folgt weder aus Art. 15.2 TRIPS noch aus Art. 2.1 TRIPS i.V.m. Art. 6, 6quinquies B Nr. 3 PVÜ. Es kann aber eine durch modifizierende Staatenpraxis erzeugte Ausnahme festgestellt werden, die inhaltlich Art. 6quinquies B Nr. 3 PVÜ entspricht und damit auch den Ausschluss technisch-funktioneller Marken erfasst (Kapitel 6). Außerdem ist die oben herausgearbeitete, schutzrechtsbegrenzende Dimension von Art. 10bis PVÜ Teil des Pflichtenkatalogs von TRIPS und geht der Pflicht aus Art. 15.1 TRIPS vor (Kapitel 7).

### 1. Kapitel 5 – Eintragungsfähigkeit nach Art. 15.1 TRIPS

Der Kreis eintragungsfähiger Zeichen nach Art. 15.1 TRIPS wird nicht durch die ausdrücklich nicht abschließende Aufzählung in Satz 2 der Bestimmung begrenzt. Diese bezieht sich nicht auf eintragungsfähige Zeichen, sondern zählt Beispiele für inhärent unterscheidungsgeeignete Zeichen auf. Im Übrigen zeigt Satz 4, dass auch Zeichen eintragungsfähig sein können, die nicht in Satz 2 aufgezählt werden, denn jedes der dortigen Beispiele ist visuell wahrnehmbar. Satz 4 wäre also überflüssig, wenn Satz 2 den Markenbegriff beschränken würde.

Ein Blick in die Entstehungsgeschichte stützt dieses Ergebnis, weil die in verschiedenen Vorschlägen auftretenden Unterschiede sich auf die Frage bezogen, welche Zeichen inhärent unterscheidungsgeeignet sind. Nur diese Frage wurde durch die Aufzählung in Art. 15.1 Satz 2 TRIPS geklärt. Dass bestimmte Zeichen in diese Liste nicht aufgenommen wurden, heißt also nicht, dass diese nicht von Art. 15 TRIPS erfasst werden sollten.

Weil auch dem Begriff des Zeichens keine begrenzende Funktion zukommt, die über das Konzept der Unterscheidungseignung hinausgeht, hängt die Anwendbarkeit von Art. 15.1 TRIPS allein von der Unterscheidungseignung ab. Unterscheidungseignung bzw. tatsächliche Unterscheidungskraft können aber nicht aus rein normativen Gründen verneint werden. Es geht um eine tatsächliche Eigenschaft, die sich nach Art. 15.1 Satz 3 TRIPS auch erst aus einer tatsächlichen Benutzung entwickeln kann. Hier einen normativen Spielraum der Vertragsstaaten zu sehen, würde das entscheidende (einzige) Kriterium des Mindeststandards aus Art. 15.1 TRIPS unterlaufen. Rückenwind erhält diese These durch einen Bick in die PVÜ, wo der Begriff der Unterscheidungskraft als auf tatsächlichen Umständen beruhend definiert und verstanden wird. Damit ist auch die Frage beantwortet, ob der kategorische Ausschluss technisch-funktioneller Marken nach Art. 6quinquies B Nr. 2 PVÜ zulässig ist. Das ist zu verneinen: wenn tatsächliche Unterscheidungskraft unberücksichtigt bleibt, kann aus rein normativen Gründen kein Mangel an Unterscheidungseignung vorliegen.

## 2. Kapitel 6 – Ausnahmen zu Art. 15.1 TRIPS

Nicht bestätigt werden konnte die These, dass Art. 2.1 TRIPS durch Einbeziehung von Art. 6 (1) bzw. Art. 6quinquies B PVÜ eine Ausnahme zu Art. 15.1 TRIPS zulässt. Art. 2.1 TRIPS bezieht sich nur auf Pflichten aus der PVÜ, weder Art. 6 (1) noch Art. 6quinquies B PVÜ bestimmen eine Zurückweisungspflicht. Im Übrigen gewährt Art. 6quinquies B PVÜ kein selbstständiges Recht zur Zurückweisung, das in TRIPS einbezogen werden könnte, sondern begrenzt lediglich eine Pflicht zur Eintragung aus Art. 6quinquies A PVÜ.

Ebenfalls abzulehnen ist die Ansicht, dass Art. 15.2 TRIPS kategorische Ausschlussgründe zulässt. Die Frage der Eintragungsfähigkeit ist von Art. 15.1 TRIPS abschließend geregelt, anderenfalls könnte die Bestimmung keinen Mindeststandard erzeugen. Ein anderer Grund im Sinne von Art. 15.2 TRIPS kann daher nur ein solcher sein, der sich nicht auf die Eintragungsfähigkeit bezieht. Dass ein anderer Grund zudem mit der PVÜ vereinbar sein muss, wird nur deshalb in Art. 15.2 TRIPS wiederholt, um klarzustellen, dass hier keine Spezialregelung zu Art. 2.1 TRIPS vorliegt, und dass folglich die Vorgaben von TRIPS und PVÜ kumulativ erfüllt werden müssen. Die Grundstruktur von Mindeststandards durch eine abschließende Definition von Schutzvoraussetzungen bestätigt ein Blick in Art. 27 und 25 TRIPS. Dort sind jeweils explizite Ausnahmen zu den abschließend definierten, schutzgegenstandsbezogenen Voraussetzungen vorgesehen.

Allerdings besteht ein erhebliches Spannungsverhältnis zwischen diesem Auslegungsergebnis und der Staatenpraxis der WTO-Staaten. Vermutlich indirekt harmonisiert durch Art. 6quinquies B Nr. 3 PVÜ sehen zumindest dem Wortlaut nach alle nationalen Markengesetze im Bereich der öffentlichen Ordnung bzw. der guten Sitten kategorische Ausschlüsse vor. Auch, wenn sich diese inhaltlich womöglich stark unterscheiden, so scheint es doch plausibel, von einem Konsens dahingehend auszugehen, dass Ausschlussgründe, die einer Validierung gemäß Art. 6quinquies B Nr. 3 PVÜ entgegengehalten werden dürften, auch von der Pflicht aus Art. 15.1 TRIPS ausgenommen sind. Auf Ebene der Auslegung lässt sich dieser Befund nicht verwerten, weil die Zulässigkeit solcher Ausschlüsse den von TRIPS gesteckten Rahmen verlässt. Methodisch handelt es sich um eine Modifikation, die den grundsätzlich abgeschlossenen Charakter von Art. 15.1 TRIPS regelungstechnisch unberührt lässt. Auf praktischer Ebene kommt die Modifikation aber wegen des nur durch eine Missbrauchsgrenze eingehegten Begriffs des *ordre public* einer weitgehenden Aufweichung des Mindeststandards aus Art. 15.1 TRIPS gleich. Es ist deswegen auch unerheblich, dass speziell für den Ausschluss technisch-funktioneller Marken ein Konsens nicht nachweisbar ist, weil nicht alle WTO-Mitglieder einen solchen Ausschluss vorsehen. Der Ausschlussgrund kann aber, wie gesehen, unter die *ordre public*-Ausnahme gefasst werden.

## 3. Kapitel 7 – Art. 10bis PVÜ vs. Art. 15.1 TRIPS

Nachdem der Ausschluss technisch-funktioneller Marken wie gezeigt wegen der Adaption in den WTO-Kontext tatbestandlich unter Art. 10bis (2) PVÜ fällt, stellte sich abschließend die Frage, ob die Pflicht aus Art. 10bis (1) PVÜ über Art. 2.1 TRIPS einbezogen und damit auch gegenüber Art. 15.1 TRIPS vorrangig ist.

Jedenfalls einbezogen ist die schutzrechtsbegrenzende Dimension von Art. 10bis PVÜ, denn hier wirkt die Pflicht „in Bezug auf" den Mindeststandard von Art. 15.1 TRIPS und fällt damit unter den Wortlaut von Art. 2.1 TRIPS. Das findet eine Stütze in der wettbewerbserhaltenden Ausrichtung von TRIPS, wie sie in der Präambel zum Ausdruck kommt. Die vorgebrachten systematischen und historischen Argumente gegen eine selbstständige Einbeziehung von Art. 10bis PVÜ überzeugten nicht. Insbesondere spricht die sich aus der Zusammenschau mit Art. 22, 39 und 1.2 TRIPS ergebende Regelungstechnik für einen Einbezug von Art. 10bis TRIPS. Auch aus Art. 1.2 TRIPS („intellectual property") folgt nichts anderes, schon allein, weil Art. 2.1 TRIPS nicht an Art. 1.2 TRIPS anknüpft. Darüber hinaus erfasst ein vor-vertragliches Verständnis des Begriffs, das TRIPS voraussetzt, wegen der Prägung durch die PVÜ wohl auch die Unterdrückung unlauteren Wettbewerbs. Zudem erweitern Art. 22.2 a) und 39 TRIPS den Art. 10bis (3) PVÜ auf tatbestandlicher Ebene. Art. 39.1 TRIPS setzt nach seinem Wortlaut die Geltung einer Pflicht aus Art. 10bis PVÜ voraus, was ohne Einbeziehung über Art. 2.1 TRIPS dazu führen könnte, dass nur PVÜ-Mitglieder an Art. 39 TRIPS gebunden sind. Wie es im Fall von Handelsnamen das WTO-Appellate Body getan hat, kann die Einbeziehung auch unter dem Vorzeichen eines Leerlaufs der Aufzählung von PVÜ-Bestimmungen in Art. 2.1 TRIPS betrachtet werden. Das verstärkt wiederum die Annahme, dass zumindest die schutzrechtsbegrenzende Wirkung von Art. 10bis PVÜ einbezogen ist, auch wenn wegen des Wortlauts von Art. 2.1 TRIPS nicht alle Zweifel an einer darüberhinausgehenden, umfassenden Einbeziehung von Art. 10bis PVÜ ausgeräumt werden konnten.

Im Ergebnis erzeugt Art. 2.1 TRIPS die Pflicht, durch Markenschutz (für technisch-funktionelle Zeichen) geschaffene Produktmarktmonopole zu verhindern.

*Kapitel 9*

# Zu den konventionsrechtlichen Vorgaben

Um die entwickelten konventionsrechtlichen Vorgaben für kategorische Ausschlüsse im Markenrecht noch einmal zu veranschaulichen, sollen sie zunächst in Bezug auf Art. 7 (1) (e) UMV dargestellt werden (A.). Anschließend wird, vor dem Hintergrund einer horizontalen, schutzrechtsübergreifenden Diskussion des Schutzes von Produktgestaltungen, die Bedeutung der herausgearbeiteten Vorgaben für des Design- und Urheberrecht angerissen (B.). Dabei wird zunächst die Übertragbarkeit der Argumentation auf die designrechtlichen Vorgaben aus TRIPS erörtert, bevor die Frage eines Gleichlaufs zwischen einem Ausschluss technischer Funktionalität im Markenrecht und im Designrecht im Lichte der hiesigen Erkenntnisse skizziert wird. Der Ausblick betont anschließend die Bedeutung einer schutzrechtsinternen, wettbewerbsfunktionalen Perspektive im Sinne eines *more economic approach* für das Recht des geistigen Eigentums[1] im Bereich von Produktgestaltungen, bevor dargestellt wird, wieso die herausgearbeiteten Vorgaben für einen genuin lauterkeitsrechtlichen Imitationsschutz im nationalen Recht nicht gelten (C.) Abschließend wird die oben aufgeworfene Frage[2] beantwortet, ob die Einräumung von Sonderschutzrechten wie z.B. einem Presseverlegerrecht gegen konventionsrechtliche Gleichbehandlungspflichten verstoßen kann (D.).

## A. Markenschutz zwischen Wettbewerb und ordre public

Art. 7 (1) (e) UMV sieht drei kategorische Ausnahmen vom Markenschutz vor, (i) für durch die Art der Ware selbst bedingte, (ii) für zur Erreichung einer technischen Wirkung erforderliche und (iii) für Merkmale, die der Ware einen wesentlichen Wert verleihen.

Unter der *ordre public*-Ausnahme können grundsätzlich alle drei Ausnahmen zulässig sein. Die wettbewerbsbeschränkenden Folgen einer technisch-funktionellen Marke wurden oben erörtert. Auch ein durch die Art der Ware bedingtes Merkmal, das als Kennzeichen geschützt wird, kann sich in einer Produktmarktabschottung auswirken. Das Vorliegen eines gewichtigen Allgemeininteresses, das ohne den Ausschluss beeinträchtigt wäre, kann bejaht werden. Spannender

---

[1] Vgl. *Heinemann*, Die Relevanz des „more economic approach" für das Recht des geistigen Eigentums, GRUR 2008, 949.
[2] Siehe *Kapitel 4 B. 3.*

ist die Frage beim letzten Grund, dem wertverleihenden Merkmal. Versteht man diese Bestimmung als formale Abgrenzungsregel zum Design- oder Urheberrecht, dann lässt es sich schwerlich noch vertreten, dass alle nach diesem Verständnis erfassten Fälle eine Bedrohung grundlegender gesellschaftlicher Werte darstellen und damit den *ordre public* betreffen sollen.[3] Zulässig wäre die Ausnahme aber, würde man sie nur auf solche Fälle anwenden, in denen ansonsten durch den Markenschutz eine erhebliche Beschränkung der Wettbewerbsmöglichkeit von Dritten im relevanten Markt erzeugt würde.[4] Dann wäre ein gewichtiges Allgemeininteresse wie bei den anderen beiden Ausnahmen zu bejahen. Zwar fallen neben wettbewerbsfunktionalen Interessen grundsätzlich auch solche gesellschaftlichen Wertungen unter den *ordre public*, die nicht im wettbewerbsfunktionalen Zusammenhang gedacht werden. Auch ein beispielsweise auf Erhalt und Mehrung von „kultureller Gemeinfreiheit" abzielender Ausschluss kann grundsätzlich den *ordre public* betreffen.[5] Das erfordert aber nicht nur die plausible Behauptung, dass eine solche kulturelle Gemeinfreiheit und ihre Mehrung bzw. ihr Erhalt im grundlegenden gesellschaftlichen Interesse liegt, was sicherlich möglich ist. Es muss darüber hinaus dargelegt werden, dass *ohne* einen solchen Ausschluss die jeweils behaupteten Interessen durch den dann möglichen Markenschutz beeinträchtigt würden. Geht es beispielsweise um Markenschutz für „kulturelle Güter", dann liegt die Beeinträchtigung einer urheberrechtlichen bzw. kulturellen Gemeinfreiheit wegen der spezifischen Schutzwirkung der Marke jedenfalls nicht auf der Hand: „Eine echte Remonopolisierung gemeinfreier Werke droht durch das Markenrecht […] nicht. Der Markenschutz bezieht sich immer nur auf das Bezeichnungsrecht für Waren und Dienstleistungen und betrifft nicht die Nutzung des gemeinfreien Werkes als solche. Die Eintragung gemeinfreier Werke als Marken führt daher nicht zu Konflikten mit der urheberrechtlichen Gemeinfreiheit."[6] Die Zulässigkeit eines Ausschlusses, der eine kulturelle Sphäre vor einer Beeinträchtigung durch das Markenrecht schützen soll, ist damit höchst fraglich. Das zeigt, dass selbst die als eher vage scheinende Missbrauchsgrenze bei der Feststellung des *ordre public* durchaus relevante tatbestandliche Vorgaben an das nationale Recht machen kann und die Wirksamkeit der Validierungsklausel keinesfalls aufhebt. Für die Auslegung von Art. 7 (1)

---

[3] Vgl. *Dinwoodie/Kur*, Non-conventional marks and the obstacle of functionality, in: Ricketson (Hrsg.), Research Handbook on the World Intellectual Property Organization 2020, 131, S. 147.

[4] *Dinwoodie/Kur*, ebd.: „Fundamental values are only at stake where registration of a shape or other characteristics would result in a serious impediment for others to compete in the relevant market."

[5] Vgl. *Senftleben*, Vigeland and the Status of Cultural Concerns in Trade Mark Law, (2017) 48 IIC, 683, S. 691.

[6] *Stieper*, Geistiges Eigentum an Kulturgütern, GRUR 2012, 1083, S. 1091. Vgl. auch *Ohly*, Schutz von Kulturgütern durch das Markenrecht?, in: Hacker/Thiering (Hrsg.), Festschrift für Paul Ströbele 2019, 325, S. 338 („Das Markenrecht erweist sich als weitgehend ungeeignet zum Schutz von Kulturgütern.")

(e) (iii) UMV folgt, dass auch hier ein wettbewerbsorientiertes Verständnis vorzugswürdig ist.

Mit dieser wettbewerbsbezogenen Perspektive kann man neben Art. 7 (1) (e) (ii) auch (i) und (iii) UMV als Umsetzung einer Pflicht aus Art. 10bis PVÜ begreifen. Geht es hier um die Verhinderung von Produktmarktabschottungen durch echte, markenrechtlich erzeugte Monopole, dann sind diese Ausschlüsse nicht nur zulässig, sondern als Pflichtumsetzung sogar geboten. So gesehen kann Art. 10bis PVÜ in seiner schutzrechtsbegrenzenden Dimension eine normative Wirkung dort entfalten, wo das nationale Recht durch die Gewährung von Markenschutz anderenfalls wettbewerbsbeschränkenden, unlauteren Wettbewerb zulassen würde. Art. 10bis PVÜ begrenzt also nicht nur markenrechtliche Schutzpflichten aus TRIPS, sondern verpflichtet allgemein zur Begrenzung von Markenschutz. Das kann am Beispiel eines nationalen Markengesetzes veranschaulicht werden, das mangels expliziten Ausschlusses technisch-funktioneller Marken womöglich in Widerspruch zu Art. 10bis PVÜ marktzutrittsbeschränkenden Markenschutz erzeugt. Art. 10bis PVÜ ist dann ein normatives Argument für eine extensive Auslegung von § 25 des australischen Trade Mark Acts[7] oder von § 19 (1) (b) des Trade Marks Act von Zimbabwe, weil diese Bestimmungen das geeignete Einfallstor für die Umsetzung der Vorgabe sein können, Wettbewerbsbeschränkungen durch Markenschutz in Form von technisch bestimmten Produktmarktmonopolen zu verhindern, und mit dieser extensiven Auslegung dann der gebotene Ausschluss technisch-funktioneller Marken erzeugt wird. Ist man von der wettbewerbsfunktionalen Notwendigkeit von weiteren Ausnahmen, z.B. einer Ausnahme für ästhetische Funktionalität, überzeugt, greift ein bloßer Ausschluss technisch-funktioneller Marken zu kurz. In diesem Sinne kommt dem bisher wenig thematisierten Art. 7 (1) (e) (i) UMV und vergleichbaren Regelungen im nationalen Markenrecht eine entscheidende Auffangfunktion zu: als unmittelbar und allgemein auf die Verhinderung einer Beschränkung von Wettbewerbschancen durch Produktmarktabschottung ausgerichtete Begrenzung von Markenschutz.

Im Ergebnis kann unter dem Blickwinkel von lauterkeitsrechtlichen Einflüssen auf das Markenrecht[8] nicht nur eine wiederholt beobachtbare[9] Ausdehnung des Markenrechts festgestellt werden, sondern wegen der wettbewerbsfunktionalen Ausrichtung von Art. 10bis (2) PVÜ im WTO Kontext auch eine Begrenzung. Die als „Komplementaritätsthese" bezeichnete Vorstellung von „Immaterialgüterrecht und Kartellrecht als komplementäre Rechtsgebiete, die gemeinsam dynamischen Wettbewerb ermöglichen und schützen sollen",[10] ist bei der hier angenommenen wettbewerbsfunktionalen Aufladung von Art. 10bis (2) PVÜ ein

---

[7] Vgl. *Burell/Handler*, Australian Trade Mark Law 2016, S. 80; Federal Court of Australia, Entscheidung v. 23.1.2008, [2008] FCA 27 – *Mayne Industries Pty Ltd v Advanced Engineering Group Pty Ltd.* Siehe oben *Kapitel 6 C. II. 1. b)*.
[8] Vgl. *Kur/Ohly*, Lauterkeitsrechtliche Einflüsse auf das Markenrecht, GRUR 2020, 457.
[9] Vgl. *Sattler*, Emanzipation und Expansion des Markenrechts 2015, S. 214 ff. und 254 f.
[10] Vgl. *Drexl*, Die Reparaturklausel im Designrecht, GRUR 2020, 234, S. 234.

normatives Leitbild von TRIPS, das letztlich auch schutzrechtsintern zu berücksichtigen ist.

## B. Bedeutung für das Design- und Urheberrecht

Zunächst lässt sich die Argumentation für eine zulässige *ordre public*-Ausnahme kraft stillschweigender Modifikation durch einheitliche Staatenpraxis wohl auch auf Art. 25 TRIPS übertragen, wo der Ausschluss ebenfalls universeller Bestandteil der nationalen Bestimmungen zu sein scheint.[11] Für die Zulässigkeit des Ausschlusses technisch-funktioneller Designs kommt es auf diese Ausnahme nicht an, denn Art. 25.1 Satz 3 TRIPS erlaubt ausdrücklich einen Schutzausschluss für Designs, die im wesentlichen auf Grund technischer oder funktioneller Überlegungen vorgegeben sind.

Relevant ist hier aber Art. 10bis PVÜ. Wegen der oben angenommenen wettbewerbsfunktionalen Auflagerung von Art. 10bis (2) PVÜ im WTO-Kontext[12] und weil Art. 10bis PVÜ zumindest insoweit einbezogen ist, als er der Pflicht zur Schutzrechtsgewährung nach Teil II von TRIPS entgegensteht, bildet die Bestimmung letztlich eine allgemeine Grenze der Pflichten aus Teil II von TRIPS. Art. 10bis PVÜ ist damit nicht nur ein möglicher Lückenfüller oder eine Vorstufe des Immaterialgüterrechts,[13] sondern stellt vielmehr einen extern vorgegebenen, *negativen* „common denominator"[14] des Immaterialgüterrechts dar, der die Sonderschutzrechte nach oben hin begrenzt und so einen Maximal-Schutzstandard erzeugt. Während der Vorbehalt von Art. 10bis PVÜ gegenüber der markenrechtlichen Validierungspflicht der PVÜ gesondert angeordnet werden muss, ergibt sich der generelle Vorrang des adaptierten Art. 10bis PVÜ gegenüber Teil II von TRIPS aus Art. 2.1 TRIPS selbst. Damit kann die wettbewerbsfunktional aufgeladene Pflicht zum Schutz gegen unlauteren Wettbewerb nicht nur die markenrechtlichen Vorgaben aus TRIPS einschränken, sondern grundsätzlich auch anderen Schutzpflichten aus TRIPS entgegengehalten werden, insbesondere im Designrecht.

Ähnlich wie die Erweiterung des Kreises schutzfähiger Zeichen im Markenrecht führt ein „neutraler" oder „objektiver" Designbegriff, der nicht auf eine bestimmte ästhetische Wirkung, Intention oder konzeptionelle Trennbarkeit von Design und Produkt abstellt,[15] zu berechtigten Bedenken, dass Designschutz in

---

[11] Vgl. *Kur*, TRIPS und der Designschutz, GRUR Int 1995, 185, S. 190.

[12] Vgl. *Riffel*, The Protection against Unfair Competition in the WTO TRIPS Agreement 2016, S. 278.

[13] Vgl. *Riffel*, The Protection against Unfair Competition in the WTO TRIPS Agreement 2016, S. 22, 73.

[14] Vgl. *Ohly*, Common Principles of European Intellectual Property Law?, ZGE 2010, 365, S. 372 f.

[15] Vgl. *Schovsbo/Dinwoodie*, Design protection for products that are „dictated by function", in: Kur/Levin/Schovsbo (Hrsg.), The EU Design Approach 2018, S. 144 f.

## B. Bedeutung für das Design- und Urheberrecht

bestimmten Fällen eine wettbewerbsbeschränkende Wirkung entfaltet.[16] Ein konkretes Beispiel liefert die Diskussion um sogenannte *Must-Match*-Teile bzw. eine Beschränkung von Designschutz durch eine Reparaturklausel, wie sie erst kürzlich mit § 40a in das deutsche DesignG eingeführt wurde. Auf dem Ersatzteilmarkt bewirkt Designschutz einen „Lock-in Effekt" und verhindert „Interbrand-Wettbewerb",[17] bewirkt also „eine Monopolisierungssituation, welche von den Grundsätzen, die für das Verhältnis zwischen Immaterialgüterrechten und Wettbewerbsfreiheit im Allgemeinen konstitutiv sind, abweicht"[18]. Eine aus wettbewerbsfunktionalen Gesichtspunkten gebotene Beschränkung von Designschutz ist hier wegen des ungeschriebenen *ordre public*-Vorbehalts, jedenfalls aber mit dem hier entwickelten Verständnis von Art. 10bis PVÜ im WTO-Kontext sogar unabhängig von der Schrankenregel des Art. 26.2 TRIPS[19] zulässig. Denn Art. 10bis PVÜ stellt die Pflicht auf, gegen derartige Wettbewerbsbeschränkungen effektiven Schutz zu gewähren. Allerdings ist die nationale Rechtsordnung bei Umsetzung dieser Pflicht nicht auf eine Beschränkung der Schutzfähigkeit durch die Einführung einer Reparaturklausel beschränkt. Grundsätzlich geeignet wäre beispielsweise auch eine Lösung über klassisches Kartellrecht.[20] Eine schutzrechtsinterne Lösung dürfte zwar regelungstechnisch besser geeignet sein, diese als strukturelles Problem des Designschutzes auftretenden Beschränkungen von Wettbewerbschancen Dritter zu vermeiden, als ein der „Problemlösung besonders gelagerter Einzelfälle" vorbehaltene Wettbewerbsrecht.[21] Aus Sicht von TRIPS besteht hier aber ein Umsetzungsspielraum. Dennoch können sich Befürworterinnen einer Modernisierung des europäischen Designrechts zur Begründung von dessen Reformbedürftigkeit[22] auch auf die soeben dargestellten konventionsrechtlichen Vorgaben stützen. Die Einführung von maßgeschneiderten Regelungen gegen ein vorhersehbares, durch Designschutz erzeugtes Marktversagen im Bereich von Reparaturteilen ist nicht nur eine logische Erweiterung

---

[16] Vgl. *Schovsbo/Dinwoodie*, Design protection for products that are „dictated by function", in: Kur/Levin/Schovsbo (Hrsg.), The EU Design Approach 2018, S. 170 („design law should ensure that the beneficiary does not become a ‚monopolist'"); *Schovsbo*, Fire and water make steam – redefining the role of competition law in TRIPS, Kur/Levin (Hrsg.), Intellectual Property Rights in a Fair World Trade System 2011, 308, S. 340 f.

[17] *Drexl*, Die Reparaturklausel im Designrecht, GRUR 2020, 234, S. 240 f.; *Beldiman/Blanke-Roeser/Tischner*, Spare Parts and Design Protection, GRUR Int 2020, 673, S. 674.

[18] *Drexl/Hilty/Kur*, Designschutz für Ersatzteile, GRUR Int 2005, 449, S. 451.

[19] Vgl. *Cornels*, Die Schranken des Designrechts 2015, S. 20 ff.; *Drexl/Hilty/Kur*, Designschutz für Ersatzteile, GRUR Int 2005, 449, S. 454; *Figge/Kalberg*, Die Ersatzteilklausel im Designrecht – zur aktuellen politischen Lage, GRUR 2020, 248, S. 250.

[20] Kritisch zur Geeignetheit von Art. 102 AEUV *Schovsbo/Dinwoodie*, Design protection for products that are „dictated by function", in: Kur/Levin/Schovsbo (Hrsg.), The EU Design Approach 2018, S. 163 ff.

[21] Vgl. *Drexl/Hilty/Kur*, Designschutz für Ersatzteile, GRUR Int 2005, 449, S. 454.

[22] Vgl. z.B. *Drexl*, Die Reparaturklausel im Designrecht, GRUR 2020, 234; *Figge/Kalberg*, Die Ersatzteilklausel im Designrecht, GRUR 2020, 248, S. 254.

der marktorientieren Philosophie eines „Design Approach" der EU,[23] sondern dient zugleich der Erfüllung völkerrechtlicher Verpflichtungen.

Fraglich ist, was diese konventionsrechtlichen Vorgaben für den Streit darüber bedeuten, ob die Ausschlüsse technischer Funktionalität im Marken- und Designrecht gleichförmig auszulegen sind.[24] Der konventionsrechtliche Unterschied hinsichtlich der Vorgaben zur Zulässigkeit dieser Ausschlüsse ist zunächst rein theoretischer Natur. Die Zulässigkeit im Markenrecht ergibt sich jedenfalls über die (ungeschriebene) *ordre public*-Ausnahme. Nach Art. 25.1 Satz 3 TRIPS ist ein solcher Ausschluss im Designrecht ausdrücklich zulässig, so dass hier ein Rückgriff auf eine *ordre public*-Ausnahme nicht nötig ist.

Sieht man nun auch im Designrecht die Gefahr, dass ein Schutz für technisch bedingte Designmerkmale eine Wettbewerbsbeschränkung erzeugt,[25] die wegen Art. 10bis PVÜ unterbunden werden muss, dann könnte daraus dahingehend ein normativer Gleichlauf folgen, als dass beiden Ausschlüssen wegen Art. 10bis PVÜ eine wettbewerbserhaltende, monopolverhindernde Stoßrichtung zugrunde gelegt werden muss. Wohlgemerkt geht es dann nicht darum, dass hier übereinstimmend eine formale Abgrenzung zu technischen Schutzrechten gewährleistet wird, sondern allein um die konkreten wettbewerbsbeschränkenden Auswirkungen.

Diese hängen aber wieder von den Besonderheiten des jeweiligen Schutzrechtsregimes ab. So, wie Markenschutz und Urheberrecht die kulturelle Gemeinfreiheit in jeweils unterschiedlicher Weise berühren, können sich auch Markenrecht und Designschutz unterschiedlich auf die Wettbewerbschancen Dritter auswirken. Das wird schon daran ersichtlich, dass der Designschutz einer zeitlichen Höchstgrenze unterliegt. Letztlich bleibt es bei der überzeugenden Feststellung, dass trotz einer gemeinsamen (wettbewerbsfunktionalen) *ratio*, die mit der hiesigen Argumentation auf die Vorgabe des Art. 10bis PVÜ zurückgeführt werden kann, ein tatbestandlicher Gleichlauf der Schutzausschlussgründe wegen dieser Unterschiede nicht pauschal anzunehmen ist.[26] Insbesondere können die zum Markenrecht entwickelten Auslegungsgesichtspunkte nicht auf das Designrecht übertragen werden, ohne die jeweiligen Besonderheiten zu berücksichtigen.[27] Insbesondere hebt die erlaubte Verwendung eines Designs durch Dritte

---

[23] Vgl. *Schovsbo/Dinwoodie*, Design protection for products that are „dictated by function", in: Kur/Levin/Schovsbo (Hrsg.), The EU Design Approach 2018, S. 171.

[24] Für einen Gleichlauf z.B. *Mroß*, Technische Funktionalität im Recht des geistigen Eigentums sowie im Wettbewerbsrecht 2015, S. 276, Rn. 643; für eine „autonome" Auslegung des Designrechts *Schramm*, Der europaweite Schutz des Produktdesigns 2005, S. 249; *Brancusi*, Designs determined by the product's technical function: arguments for an autonomous test, (2016) 38 European Intellectual Property Review 23, S. 23; *Endrich*, Pinning down functionality in European design law, GRUR 2018, 766, S. 775.

[25] Vgl. *Meiser*, Das technisch bedingte Design im Lichte von „Doceram", in: Hacker/Thiering (Hrsg.), Festschrift für Paul Ströbele 2019, 265, S. 271.

[26] Vgl. *Meiser*, ebd.

[27] Vgl. *Endrich*, Pinning down functionality in European design law, GRUR 2018, 766, S. 775.

nicht wie bei der Marke deren zentrale Herkunftsfunktion auf, so dass Zwangslizenzen, Schranken und sonstige der Schutzfähigkeit nachgelagerte Mechanismen[28] möglich sind, um die wettbewerbsbeschränkende Wirkung von Designschutz zu begrenzen.

Ein weiteres Beispiel für die möglichen unterschiedlichen Auswirkungen auf die Wettbewerbschancen Dritter ist die Frage, inwieweit der jeweilige Schutzumfang nach Eintragung von Marke oder Design durch das Marktverhalten Dritter verändert werden kann. Auf der einen Seite kann Markenschutz zwar theoretisch zeitlich unbegrenzt bestehen, der tatsächliche Schutzumfang ist aber über die Zeitdauer nicht statisch und kann sich insbesondere durch das Verhalten von Wettbewerberinnen reduzieren – z.b. in Form einer „Schwächung der Kennzeichnungskraft durch die Benutzung von Drittzeichen"[29]. Auf der anderen Seite wird in Deutschland und der EU darüber gestritten, ob der Schutzumfang eines eingetragenen Designs über die gesamte Schutzdauer hinweg stabil ist oder ob eine Verringerung des Schutzumfangs über den Zeitablauf möglich ist.[30] Denkbar wäre es, die sukzessive Annäherung von Wettbewerben an das eingetragene Design („Trend") und die nachträgliche Verdichtung des Formenschatzes bei der Verletzungsprüfung zu berücksichtigen.[31] Gleichfalls könnte die nachträgliche Einführung eines Industriestandards zu einer Beschränkung des Schutzumfangs führen, weil der Standard als Einschränkung der Gestaltungsfreiheit zum Zeitpunkt der Eintragung noch nicht berücksichtigt werden konnte.[32] Wenn der Ausschluss technisch-funktioneller Designs wettbewerbsfunktional zu verstehen ist, dann sind diese Fragen der „Reziprozität" des Designrechts[33] notwendige Vorfrage für die Auslegung des Ausschlusses. Sie entscheidet (mit) über die wettbewerbsbeschränkenden Wirkungen, die es zu verhindern gilt. Ein stabilerer Schutzumfang bedeutet eine stärkere Beschränkung.[34] Die Vorgabe von Art. 10bis PVÜ kann so gesehen nicht nur die Auslegung des Ausschlusses technisch-funktioneller Designs beeinflussen: statt eine strikte Reziprozität durch einen strengeren Ausschluss technisch-funktioneller Designs auszugleichen,

---

[28] Vgl. *Schovsbo/Dinwoodie*, Design protection for products that are „dictated by function", in: Kur/Levin/Schovsbo (Hrsg.), The EU Design Approach 2018, S. 143 („ex post control mechanism").
[29] OLG München, Urteil v. 26.7.2001, 29 U 6000/00 = GRUR Int 2001, 1061 – *Mozart II*, S. 1063.
[30] Siehe *Kur*, The Design Approach and procedural practice, in: Kur/Levin/Schovsbo (Hrsg.), The EU Design Approach 2018, S. 186 ff.; *Hartwig*, Contemplating the state of European design law..., (2019) 14 JIPLP 977, S. 978.
[31] Vgl. *Kur*, The Design Approach and procedural practice, in: Kur/Levin/Schovsbo (Hrsg.), The EU Design Approach 2018, S. 187.
[32] Vgl. *Kur*, The Design Approach and procedural practice, in: Kur/Levin/Schovsbo (Hrsg.), The EU Design Approach 2018, S. 188, Fn. 51.
[33] Vgl. *Hartwig*, Reciprocity in design law: another brick in the wall, (2015) 10 JIPLP 465.
[34] Vgl. *Kur*, The Design Approach and procedural practice, in: Kur/Levin/Schovsbo (Hrsg.), The EU Design Approach 2018, S. 187.

könnte man auch die Stabilität des Rechts selbst reduzieren. Das hätte den Vorteil, dass die wettbewerbsbeschränkende Wirkung von Designschutz insgesamt abgemildert wird, über den Bereich von technischer Funktionalität hinaus. Das rechtspolitische, auf Erhalt von Marktzugang Dritter gerichtete Argument gegen die strikte Reziprozitätstheorie[35] findet so in Art. 10bis PVÜ eine Stütze.

Die vorstehenden Überlegungen können grundsätzlich auch auf das Urheberrecht übertragen werden, das insbesondere durch Schutz für technisch-funktionelle Merkmale ebenfalls Produktmarktmonopole erzeugen kann.[36] Die vorhersehbaren wettbewerbsfunktionalen Auswirkungen des Schutzes können so für die Schutzfähigkeit selbst eine Rolle spielen, also den Werkbegriff bzw. das Kriterium der Originalität mitbestimmen.[37] Die Frage eines horizontalen Gleichlaufs zum Design- und/oder Markenrecht beim Schutzausschluss technisch-funktioneller Merkmale[38] hängt wiederum von den schutzrechtsspezifischen Auswirkungen auf Wettbewerbschancen Dritter ab.

Letztlich folgt aus der Annahme einer marktfunktionalen Aufladung von Art. 10bis PVÜ der konventionsrechtliche Auftrag zu einem *more economic approach*[39] des Marken-, Design- und nicht zuletzt auch des Urheberrechts. Die Beobachtung, dass die Rechtsprechung des EuGH zum Schutzausschluss funktioneller Formen in Marken-, Design- und Urheberrecht von der ökonomischen Begründung getragen wird, die Entstehung von Marktmonopolen zu verhindern,[40] fügt sich nahtlos in diesen konventionsrechtlichen Rahmen ein.

---

[35] Vgl. *Kur*, ebd.

[36] Vgl. Opinion of the European Copyright Society in relation to the pending reference before the CJEU in Cofemel v G-Star, C-683/17, abrufbar unter https://europeancopyrightsocietydotorg.files.wordpress.com/2018/11/ecs-opinion-cofemel_final_signed.pdf (zuletzt abgerufen am 10.8.2022), Rn. 14.

[37] Vgl. *Suthersanen/Mimler*, An Autonomous EU Functionality Doctrine for Shape Exclusions, GRUR Int 2020, 567, S. 573 ff.

[38] Vgl. *Mroß*, Technische Funktionalität im Recht des geistigen Eigentums sowie im Wettbewerbsrecht 2015, S. 206 ff.; Opinion of the European Copyright Society in relation to the pending reference before the CJEU in Cofemel v G-Star, C-683/17, abrufbar unter https://europeancopyrightsocietydotorg.files.wordpress.com/2018/11/ecs-opinion-cofemel_final_signed.pdf (zuletzt abgerufen am 10.8.2022), Rn. 15; *Tischner*, Comment on CJEU decision of 11 June 2020 in C-833/18 Brompton Bicycle, GRUR Int 2020, 971, S. 973 f.

[39] Vgl. *Heinemann*, Die Relevanz des „more economic approach" für das Recht des geistigen Eigentums, GRUR 2008, 949.

[40] Vgl. *Suthersanen/Mimler*, An Autonomous EU Functionality Doctrine for Shape Exclusions, GRUR Int 2020, 567, S. 576 f.

## C. Keine Bedeutung für lauterkeitsrechtlichen Nachahmungsschutz

Eine umfassende Antwort auf die Gefahr einer Marktabschottung durch Ausschließlichkeitsschutz für Produktgestaltungen kann dieser konventionsrechtliche Rahmen dennoch nicht liefern. Das liegt daran, dass genuin lauterkeitsrechtliche Imitationsverbote des nationalen Rechts, die sich nicht als Umsetzung eines Sonderschutzrechts aus Teil II von TRIPS begreifen lassen, nicht der Maßgabe des adaptierten Art. 10bis PVÜ unterliegen. Die schutzrechtsbegrenzende Wirkung des marktfunktional adaptierten Art. 10bis PVÜ erstreckt sich nur auf die Schutzpflichten, die TRIPS bestimmt. Geht man davon aus, dass Art. 10bis PVÜ nicht umfassend, das heißt nicht in seiner schutzbegründenden Dimension, einbezogen ist, dann verpflichtet TRIPS seine Mitglieder gerade nicht zu genuin lauterkeitsrechtlichem (Nachahmungs-)Schutz.[41] Folglich ist auch die schutzrechtsbegrenzende, wettbewerbserhaltende Vorgabe von Art. 2.1 TRIPS i.V.m. Art. 10bis PVÜ nicht einschlägig. Nach dem Wortlaut von Art. 2.1 TRIPS verpflichtet der marktfunktional adaptierte Art. 10bis PVÜ nicht grundsätzlich in allen Bereichen des nationalen Rechts zur Verhinderung von Wettbewerbsbeschränkungen, sondern nur in Bezug auf die Teile II, III und IV von TRIPS. Der genuin lauterkeitsrechtliche Schutz für Produktgestaltungen liegt so gesehen außerhalb des Anwendungsbereichs von TRIPS.

Es ist darauf hingewiesen worden, dass Schutzausnahmen und -beschränkungen in Marken-, Design- und Urheberrecht den Druck auf andere Rechtsgebiete steigern, alternative Schutzmechanismen wie beispielsweise lauterkeitsrechtlichen Nachahmungsschutz bereit zu stellen: „Should that happen, and unfair market law come to absorb some of the designs expelled from design law, those designs would end up being protected according to the rules of a system that lacks the provisions in design law that address monopolization concerns. The effect, ironically, might be an undesirable increase in the overall level of protection."[42] Ob das nationale Recht es zulässt, dass genuin lauterkeitsrechtlicher Schutz vor Nachahmungen wettbewerbsbeschränkende Auswirkungen erzeugt, oder ob es Mechanismen bereit hält, um solche Monopolwirkungen zu verhindern, bleibt nach diesen Überlegungen den Vertragsstaaten selbst überlassen. TRIPS kann dahingehend keine Vorgabe entnommen werden.

---

[41] Siehe *Kapitel 7*.
[42] Vgl. *Schovsbo/Dinwoodie*, Design protection for products that are „dictated by function", in: Kur/Levin/Schovsbo (Hrsg.), The EU Design Approach 2018, S. 170 f. Vgl. für Deutschland *Schacht*, Wettbewerbsrechtlicher Leistungsschutz für technische Merkmale, GRUR 2017, 1203, S. 1208 („Jedenfalls für technische Merkmale stellt sich der wettbewerbliche Leistungsschutz durch die neuere Rechtsprechung des BGH als hochseetaugliches Rettungsboot auf dem Meer der Nachahmungsfreiheit dar. Das gilt besonders für Schutzsuchende, denen aufgrund der restriktiven Handhabung des § 3 III Nr. 2 MarkenG der Markenschutz versagt bleibt.")

Aus Sicht von TRIPS könnten technisch-funktionelle oder sonst marktbestimmende Produkteigenschaften also auch dann über genuines Lauterkeitsrecht geschützt werden, wenn dadurch Wettbewerbsbeschränkungen zu erwarten sind, wegen derer Marken- oder Designschutz gemäß Art. 10bis PVÜ zu begrenzen wäre. Der aus wettbewerbsfunktionaler Sicht nachvollziehbare Ruf nach einem „grundsätzliche[n] *Ausschluss* technisch bedingter Elemente von der Begründung wettbewerblicher Eigenart"[43] findet folglich, anders als im Marken- und Designrecht, keine (zusätzliche)[44] Stütze in einem adaptierten Art. 10bis PVÜ.

## D. Diskriminierungsverbot und Sonderschutzrechte nach Art. 10bis PVÜ

Es besteht grundsätzlich die Möglichkeit, dass nationaler Sonderrechtsschutz Handlungen bekämpft, die unlauteren Wettbewerb im Sinne von Art. 10bis (2) PVÜ darstellen. Ungeachtet der Bezeichnung und Kategorisierung im nationalen Recht wäre dann das konventionsrechtliche Gleichbehandlungsgebot aus Art. 2 (1) PVÜ bzw. Art. 3 TRIPS zu beachten. Eine Benachteiligung von Ausländerinnen im Rahmen dieser Sonderschutzrechte wäre dementsprechend verboten. Diese Möglichkeit bleibt nach der hiesigen Untersuchung eine theoretische. Der Gleichbehandlungsgrundsatz der PVÜ verpflichtet mit Blick auf Art. 10bis PVÜ faktisch nur zur einer Gleichstellung im Rahmen von Art. 10bis (3) PVÜ, weil mangels einheitlichen Maßstabs der anständigen Gepflogenheiten (momentan) keine Handlung außerhalb der Fallgruppen in Art. 10bis (3) PVÜ unlauteren Wettbewerb im Sinne der PVÜ darstellt. Auch aus TRIPS folgt trotz einer wettbewerbsfunktionalen Aufladung von Art. 10bis (2) PVÜ nichts anderes, weil wegen des Wortlauts von Art. 2.1 TRIPS eine umfassende Einbeziehung von Art. 10bis PVÜ nicht nachgewiesen werden konnte. Das diskriminierende europäische Recht zum Schutz von Presseverlegerinnen[45] ist unter diesem Gesichtspunkt also nicht zu beanstanden.

---

[43] *Leistner*, Exzenterzähne 2.0, GRUR 2018, 697, S. 704.
[44] Vgl. z.B. aus deutscher Perspektive zu einem „genuin lauterkeitsrechtlichen Grundgedanken, Aspekte des Marktzutritts wesentlich in der Interessenabwägung zu berücksichtigen", und zu einer möglichen wettbewerbserhaltenden Maßgabe der Warenverkehrsfreiheit aus Art. 36 AEUV *Leistner*, Exzenterzähne 2.0, GRUR 2018, 697, S. 703 f., mit weiteren Nachweisen.
[45] Vgl. *Peukert*, Economic Nationalism in Intellectual Property Policy and Law, Research Paper of the Faculty of Law of the Goethe University Frankfurt/M 2020, Rn. 13, Rn. 54.

*Kapitel 10*

# Zur Auslegung von PVÜ und TRIPS

Nun sollen die methodischen Auslegungsfragen in Erinnerung gerufen werden, die sich während der Untersuchung stellten. Nach einem Überblick über ausgewählte methodische Beobachtungen (A.) werden noch einmal Folgen dargestellt, die sich aus der Anwendbarkeit der WVK-Regeln auf die isolierte Auslegung der PVÜ für die Auslegung von PVÜ-Pflichten im WTO-Kontext ergeben (B.). Schließlich wird die Kritik an der methodischen und inhaltlichen Überzeugungskraft historischer Argumente aufgegriffen, was zudem Anlass gibt, kritisch auf die Expertenrolle der WIPO zu blicken (C.).

## A. Allgemeine Bemerkungen

Als grundsätzliche Beobachtung lässt sich vor allem in der PVÜ ein Spannungsverhältnis feststellen. Den aus ihrer inneren Logik und Regelungstechnik heraus strikten konventionsrechtlichen Vorgaben steht die tatbestandliche Unbestimmtheit zentraler Klauseln gegenüber. Das führt aber nicht zwangsläufig zu einem Leerlauf der Bestimmungen oder dazu, dass die Vertragsstaaten selbst entscheiden, wie und ob sie sich gebunden fühlen.

In diesem Zusammenhang wurde insbesondere die zweistufige Vorstellung des Tatbestands von Art. 10bis (2) PVÜ zurückgewiesen, die von einem zum Schutz verpflichtenden Kernbereich auf der ersten Stufe und einem fakultativen Bereich der Anwendung, der lediglich ein Diskriminierungsverbot auslöst, auf der zweiten Stufe ausgeht. Entweder liegt tatbestandlich unlauterer Wettbewerb vor, dann greift die Schutzpflicht, oder es liegt tatbestandlich kein unlauterer Wettbewerb vor, dann greift aber auch kein Gleichbehandlungsgebot. Außerdem konnte an Art. 10bis (2) PVÜ gezeigt werden, dass der Umstand, dass der Tatbestand einer Vertragsbestimmung momentan nicht erfüllt sein kann, kein Argument dafür ist, den Tatbestand zu erweitern. Die Anwendung einer vertraglichen Bestimmung um ihrer bloßen Anwendung Willen ist keine zweckorientierte, sondern eine selbstzweckorientierte Auslegungsidee. Dass Art. 10bis (2) PVÜ (zumindest momentan und außerhalb des WTO-Kontextes) nie einschlägig ist, führt gerade nicht zu einer Beliebigkeit in der Ausfüllung der konventionsrechtlichen Pflichten, sondern mündet in konkrete Anwendungsergebnisse. Das konnte damit veranschaulicht werden, dass der Ausschluss technisch-funktioneller Marken gerade nicht über den Art. 10bis-Vorbehalt der Validierungsklausel gerechtfertigt werden kann. Es konnte auch gezeigt werden, dass selbst ein offener Begriff wie der des *ordre public* und die daraus resultierende, eher vage Missbrauchsgrenze geeignet sind, dem nationalen Recht Grenzen aufzuzeigen. Konkret ausgewirkt hat sich das bei der Überlegung, ob ein auf Erhalt einer kulturellen Gemeinfreiheit gerichteter Ausschluss vom Markenschutz den *ordre public* betrifft. Diese Beobachtungen lassen die Bemerkung zu, dass ein Entscheidungsspielraum der Vertragsstaaten bei der Frage der Reichweite von vertraglichen Pflichten nicht vorschnell angenommen werden sollte.

Im Zusammenhang mit der *Dior*-Entscheidung des EuGH[1] konnte verdeutlicht werden, wie wichtig es ist, die unterschiedlichen Ebenen des nationalen Rechts und des Konventionsrechts auseinanderzuhalten, und diese Unterscheidung jeweils auch begrifflich beizubehalten, wenn Lauterkeitsrecht bzw. Sonderrechtsschutz und deren Interdependenzen erörtert werden. Lauterkeitsrecht im Sinne der PVÜ ist nicht deckungsgleich mit dem, was das nationale Recht Lauterkeitsrecht nennt. Gleichzeitig kann auch auf nationaler Ebene als Lauterkeitsrecht bezeichnetes Recht dem konventionsrechtlich vergebenen Immaterialgüterschutz dienen. Eine vorschnelle begriffliche und damit inhaltliche Gleichsetzung nationaler Regelungsbereiche mit konventionsrechtlichen Regelungsbereichen gleichen Namens führt zu einer Vermischung dieser Ebenen und damit zur einer Aufhebung der Trennung von übergeordneten Vorgaben (Konventionsrecht) und daran zu prüfenden Regelungen der Vertragsstaaten (nationales Recht).

Ein Plädoyer für eine sorgfältige, kleinteilige Analyse folgt auch aus der besonderen Bedeutung der konkreten Regelungstechnik im Zusammenhang mit einer systematischen Auslegung. Es macht einen erheblichen Unterschied, ob eine vertragliche Regelung (nur) auf den Tatbestand einer anderen Regelung verweist oder (auch) auf eine Pflicht. Ganz konkret ist hier an die Art. 22 und 39 TRIPS zu erinnern, wo eine ganze Reihe von daran anknüpfenden Thesen zur Einbeziehung von Art. 10bis PVÜ die konkrete Regelungstechnik und damit die spezielle Art des „Verweises" nicht hinreichend berücksichtigen, sondern beispielsweise pauschal eine Einbeziehung kraft Verweisung annehmen. Ebenso muss zwischen Primär- und Sekundärnormen unterschieden werden. Diese Unterscheidung half dabei, Art. 10ter PVÜ als Argument für die Bestimmung des Tatbestands von Art. 10bis (2) PVÜ zu entkräften. Als inkonsistent offenbarte sich die Annahme, Art. 10bis (2) PVÜ verweise als Generalklausel auf einen regionalen Maßstab, gleichzeitig seien die in Art. 10bis (3) PVÜ einheitlich und damit unabhängig vom regionalen Maßstab definierten Tatbestände konkretisierende Fallgruppen dieser Generalklausel.

Die Auslegungsfiguren *in dubio mitius* und „Ausnahmen sind eng auszulegen" verdienen gesonderte Kritik. Beide Figuren sind jedenfalls bei der Auslegung multilateraler Abkommen zum geistigen Eigentum wenig hilfreich. Wenn sich

---

[1] EuGH, Urteil v. 14.12.2000, C-300/98 und C-392/98 – *Dior u.a.*

## A. Allgemeine Bemerkungen

Staaten gegenseitig dazu verpflichten, Dritten (Immaterialgüter-)Rechte einzuräumen, dann passt der auf zweiseitige Verträge gemünzte *mitius*-Ansatz nicht, der nach einer Ausgewogenheit der gegenseitigen Rechte und Pflichten fragt. Die Bindungswirkung eines Vertrags wie der PVÜ betrifft alle Vertragsparteien in gleichem Maße, es geht gerade nicht um eine auszutarierende Verteilungsbeziehung. Das konnte am Beispiel der vermeintlichen Inländerinnendiskriminierung durch die Validierungsklausel gezeigt werden. Außerdem ist aus der Logik des Vertrags heraus nicht die Bindung die „Ausnahme", sondern die Nichtbindung. Um souverän zu bleiben, müssen Staaten gar keine Verträge schließen. Ungeachtet der Maßgabe von Art. 31 WVK, Verträge in *good faith* auszulegen, überzeugt es auch deshalb nicht, jede Pflicht als restriktiv zu verstehende Ausnahme anzusehen. Im Gegenteil erzeugt gerade erst die Pflicht eine mit dem Vertrag letztlich bezweckte Wirkung. Im Übrigen lässt sich die grundsätzliche Kritik an einer „Ausnahmen sind eng auszulegen"-Regel übertragen, weil dies nicht aus sich heraus beantworten kann, wie eng oder weit die Bestimmung auszulegen ist.[2]

Als sehr hilfreich erwiesen hat sich schließlich der an anderer Stelle entwickelte[3] theoretische Rahmen zur methodischen Verortung von Staatenpraxis, wenn diese in unvereinbarem Widerspruch zum sonstigen Auslegungsergebnis nach Art. 31 WVK steht. Hier konnte in einer sauberen Trennung zwischen Auslegung und Modifikation eine inhaltliche Bestimmung vorgenommen werden, die auf regelungstechnischer Ebene den strikten, abgeschlossenen Standard des Art. 15.1 TRIPS intakt lässt und gleichzeitig offenlegt, wie, warum und welche Ausnahmen auf Basis der festgestellten Staatenpraxis zulässig sind. Das zwingt zur Transparenz und zur Bereitschaft, den Nachweis von einheitlicher Praxis im Zweifel auch anzutreten. Das ist kein theoretischer Selbstzweck, sondern erhöht die Nachvollziehbarkeit der Argumentation und im Streitfall auch die Legitimität einer entsprechenden Entscheidung. Womöglich begrenzt es auch die Gefahr einer egozentrischen Perspektive, weil ein Schluss vom eigenen Rechtskreis auf den Inhalt des Vertrags sich nicht im Nebel der Auslegung verstecken kann, sondern als externer Faktor erkennbar wird. Die WTO stellt über die Maßgabe der Notifizierung auch einen ersten Anhaltspunkt zur Verfügung, mit dem es möglich ist, zumindest die anfängliche Plausibilität einer Modifikation mit Verweis auf das nationale Recht der Vertragsstaaten grob einzuschätzen. Die Figur der Modifikation hat sich damit als geeignet erwiesen, das Spannungsverhältnis zwischen nationalem Recht und den strikten Vorgaben des Vertrags, wie sie eine primär textorientierte Auslegung ergeben hat, aufzulösen, ohne die Regelungstechnik des Vertrags bereits auf Auslegungsebene zu negieren. Dabei muss aber daran erinnert werden, dass im konkreten Fall des *ordre public* als Ausnahme *qua* Modifikation die inhaltliche Bedeutung von Art. 15.1 TRIPS erheblich geschmälert wurde. Das Ergebnis ist dennoch uneingeschränkt geeignet, dem nach

---

[2] Vgl. z.B. *Herberger*, „Ausnahmen sind eng auszulegen" 2017.
[3] Siehe *Buga*, Modification of treaties by subsequent practice 2018.

Vertragsschluss konsequent und konsensual ausgedrückten Willen der Vertragsparteien Geltung zu verschaffen. Dass dieser mit dem eigentlichen Regelungsziel von Art. 15.1 TRIPS konfligiert, liegt allein in der Verantwortung der Vertragsparteien, die letztlich die Herrinnen der Konvention sind.

## B. Methodischer Auslegungsgleichlauf von PVÜ und TRIPS

Bestätigt und argumentativ ergänzt werden konnte die These, dass die Auslegungsregeln der WVK auch die Auslegung der Stockholmer PVÜ leiten. Das Hauptargument liegt in der These, dass die in der WVK kodifizierten Regeln schon zum Zeitpunkt der Revision Geltung als Völkergewohnheitsrecht besaßen. Das führt zu einem methodischen Gleichlauf mit der Auslegung von WTO-Instrumenten einschließlich TRIPS. Diese Feststellung kann den Streit darüber entschärfen, ob und wie die Geschichte der PVÜ die Auslegung der in TRIPS einbezogenen PVÜ-Regelungen im WTO-Kontext beeinflussen darf. Auch hier gilt der gewohnheitsrechtliche Inhalt der WVK und daher ist die Rolle historischer Umstände rein supplementär. Damit ist eine generalisierende Einschätzung der Relevanz historischer Umstände der PVÜ für die Auslegung von TRIPS nicht nötig. Es ist, wie es den allgemeinen Regeln entspricht, stets der Nachweis zu führen, dass und welche Schlüsse der jeweils supplementäre Umstand für den Konsens der Parteien zulässt. So, wie im Rahmen der PVÜ der Nachweis geführt werden muss, dass ein bestimmter historischer Umstand, der nicht im Rahmen von Art. 31 WVK gewürdigt werden kann, gemäß Art. 32 WVK etwas über den Konsens der PVÜ-Parteien aussagt, muss im Rahmen von TRIPS derselbe Nachweis hinsichtlich des Konsenses der TRIPS-Parteien geführt werden. Das kann sich im Einzelfall (noch) schwieriger gestalten, auf methodischer Ebene besteht aber kein Unterschied. Es ist in jedem Fall einzeln zu untersuchen, ob ein bestimmender Rückgriff auf supplementäre Gesichtspunkte überhaupt zulässig ist und welche Aussage über den Konsens der Vertragsparteien der angeführte historische Umstand ermöglicht.

Damit verknüpft ist die Frage, ob die über Art. 2.1 TRIPS einbezogenen Pflichten im WTO-Kontext adaptiert werden. Das ist schon allein mit Blick auf den beschränkenden Wortlaut von Art. 2.1 TRIPS („in Bezug auf") plausibel, weil das indiziert, dass die Pflichten nur in einem bestimmten Umfang beachtet werden müssen. Eine solche Einschränkung besteht bei isolierter Betrachtung der PVÜ nicht. Die „trade-ification" von PVÜ-Pflichten im WTO-Kontext ist letztlich aber wieder eine Frage der konkreten PVÜ-Bestimmung. In einem Fall gelingt der Nachweis, dass und wie der Gesamtkontext von TRIPS sich inhaltlich auf die PVÜ-Bestimmung auswirkt, im anderen Fall gelingt das schlechter bzw. nicht. Grundsätzlich ist es wegen der supplementären Rolle von externen Umständen gem. Art. 32 WVK leichter zu begründen, dass ein historischer Umstand der PVÜ außer Acht gelassen wird, als dass der über Art. 31 WVK berücksichtigungsfähige WTO-Kontext außer Acht gelassen wird.

## C. Kritik an historischer Argumentation und der Expertenrolle der WIPO

Die Weiterentwicklung des Völkerrechts hat Teile des immaterialgüterrechtlichen Diskurses überholt. Es ist deshalb stets angezeigt, eine historische Argumentation zur PVÜ auf methodische Zulässigkeit zu untersuchen, bevor sie überhaupt inhaltlich diskutiert wird.[4] Das gilt nicht nur für Schriften, die aus der Zeit stammen, als die in der WVK kodifizierten Maßgaben noch nicht ausentwickelt waren, sondern teilweise auch für zeitgenössische Literatur. Skepsis ist auch bei Weiterentwicklungen historischer Auslegungsansätze angezeigt, oben gezeigt am Beispiel der hier als „proximity"-Ansatz bezeichneten argumentativen Verwertung der zeitlichen Nähe einer Auslegung eines Vertrags zum Zeitpunkt des Vertragsschlusses. Auf die Auslegung völkerrechtlicher Verträge kann dieser Ansatz nicht übertragen werden.

Unabhängig von und zusätzlich zur methodischen Zulässigkeit eines Rückgriffs auf historischer Umstände wurde an mehreren Stellen exemplarisch gezeigt, wie anfällig die historische Argumentation für Selbstermächtigungstendenzen[5] ist. Die selektive Auswahl und ergebnisorientierte Deutung historischer Umstände insbesondere bei der Erörterung des Anwendungsbereichs von Art. 6quinquies PVÜ lässt die Argumentation bisweilen sogar als verdecktes Umkehren des eigentlichen Verhandlungsergebnisses in sein Gegenteil erscheinen. Diese Beobachtung trifft besonders auf die argumentative Verarbeitung von sogenannten Vorbehalten von Vertragsparteien zu, die sich mit ihrem Wunsch nach einer Abschaffung bzw. Beschränkung der Validierungsklausel auf dem Verhandlungswege gerade nicht durchsetzen konnten.

Insgesamt halten sich einzelne Narrative wohl auch deshalb hartnäckig, weil historische Thesen allein mit theoretischen Mitteln des juristischen Diskurses nicht widerlegt werden können, sondern nur mit einem Blick in die *actes* oder sogar darüber hinaus. Es ist daher besonders wichtig, die Subsidiarität des Arguments ernst zu nehmen, so, wie es das WTO Appellate Body ausdrücklich tut.[6] Gleichzeitig ist es angezeigt, sich für die Selektivität historischer Argumentation zu sensibilisieren und eine solche (wenn schon nicht durch einen eigenen Blick in historisches Material zu prüfen, so doch zumindest) grundsätzlich skeptisch aufzunehmen. Auch die hier vertretenen historischen (Gegen-)Argumente dürfen nicht unkritisch übernommen werden, stehen sie doch ebenfalls unter dem Vorbehalt der Selektivität, um das vom Autor gewünschte Auslegungsergebnis zu

---

[4] Vgl. *Frankel*, WIPO and treaty interpretation, in: Ricketson (Hrsg.), Research Handbook on the World Intellectual Property Organization 2020, 342, S. 350 f.

[5] Vgl. *Lindner*, Kritische Rechtswissenschaft, in: Lorenzmeier/Folz (Hrsg.), Recht und Realität 2017, 690, S. 694.

[6] Vgl. WTO Berufungsorgan (Appellate Body), Report v. 2.1.2002, WT/DS176/AB/R – *United States – Section 211 Omnibus Appropriations Act of 1998*, Rn. 146.

stützen. Dieses Plädoyer ist ebenfalls nicht auf „alte" Schriften und deren Fortwirken beschränkt sondern richtet sich auch auf den Umgang mit jüngeren Diskussionsbeiträgen.

Kritisch zu beleuchten ist in dem Zusammenhang die Ausfüllung ihrer Expertenrolle durch die WIPO in Bezug auf WTO-Streitigkeiten. Das exemplarisch aufgezeigte Bedürfnis nach einem methodischen und inhaltlichen Update hergebrachter historischer Auslegungserzählungen wirft einen Schatten auf die beratende Praxis der WIPO. In WTO-Streitigkeiten beschränkt sich die WIPO auf eine Übersendung ihrer Publikationen,[7] deren historische Argumente im obigen Sinne teilweise methodisch überholt und vor allem auch inhaltlich angreifbar sind, was am Beispiel von *Bodenhausens* Kommentar zu Art. 6quinquies PVÜ deutlich geworden ist. Damit überlässt sie dem WTO-Panel im Extremfall nicht nur die Überprüfung der Plausibilität der dortigen Argumente,[8] was durch konsequente Anwendung der WVK-Regeln nicht weiter problematisch ist. Womöglich trägt die WIPO durch dieses Verhalten auch zur Perpetuierung von zumindest in Teilen fehl- oder umgedeuteter Geschichten über die PVÜ bei. Eine Rückkehr zur Erstellung fallbezogener Memoranden wäre somit nicht nur trotz, sondern gerade wegen der Gefahr des Anscheins von Befangenheit[9] wünschenswert, weil sie anderenfalls Gefahr läuft, sich die oben angedeuteten Partikularinteressen zu eigen zu machen. Grundsätzlich bleibt die WIPO hinter den eigentlichen Möglichkeiten ihrer Expertenrolle zurück, wenn sie sich auf den bloßen Verweis auf (jedenfalls methodisch) überholte Kommentare zurückzieht.

---

[7] Vgl. *Gervais*, The relationship between WIPO and the WTO, in: Ricketson (Hrsg.), Research Handbook on the World Intellectual Property Organization 2020, 227, S. 238.
[8] Vgl. *Gervais*, ebd.
[9] Vgl. *Gervais*, ebd.

# Literaturverzeichnis

*Abel, Paul*, Die Novelle zu dem österreichischen Markenschutzgesetze, Markenschutz und Wettbewerb 1913/14, 61.

*Abi-Saab, Georges*, The Appellate Body and Treaty Interpretation, in: Fitzmaurice, Malgosia/Elias, Olufemi/Merkouris, Panos (Hrsg.), Treaty Interpretation and the Vienna Convention on the Law of Treaties: 30 Years on, Leiden 2010, 99.

*Adler, Emanuel*, System des österreichischen Markenrechtes, Wien 1909.

*Ahrens, Hans-Jürgen*, Einleitung, in: Gesetz gegen den unlauteren Wettbewerb (UWG) – Mit Preisangabenverordnung, Kommentar, 4. Aufl., München 2016.

*Albert, Florian*, Tagungsbericht, in: Schricker, Gerhard/Beier, Friedrich-Karl (Hrsg.), Die Neuordnung des Markenrechts in Europa – 10. Ringberg Symposium des Max-Planck-Instituts für ausländisches und internationales Patent-, Urheber- und Wettbewerbsrecht, Baden-Baden 1997, 209.

*Alschner, Wolfgang/Panford-Walsh, Rama*, How much of the Transpacific Partnership is in the United States-Mexico-Canada Agreement?, Ottawa Faculty of Law Working Paper No. 2019-28, 2019.

*Amar, Moise*, Artikel 6 des Pariser Unionsvertrages (Schutz der Marke „telle quelle") – Bemerkungen, Jahrbuch der Internationalen Vereinigung für Gewerblichen Rechtsschutz 1906, 59.

*Anemaet, Lotte*, The Public Domain Is Under Pressure – Why We Should Not Rely on Empirical Data When Assessing Trademark Distinctiveness, (2016) 47 IIC 303.

*Anemaet, Lotte*, The Fairy Tale of the Average Consumer: Why We Should Not Rely on the Real Consumer When Assessing the Likelihood of Confusion, GRUR Int 2020, 1008.

*Arnold, Richard*, English Unfair Competition Law, (2013) 44 IIC 63.

*Aron, Kurt*, Die Formen der Warenzeichen und ihre Gestaltung – (in teilweise rechtsvergleichender Darstellung), Inaugural-Dissertation, Heidelberg 1929.

*Aron, Kurt*, Freiheit der Markenformen, GRUR 1930, 1017.

*Assaf-Zakharov, Katya/Pessach, Guy/Tur-Sinai, Ofer*, Intellectual Property Law, in: Walter, Christian/Medina, Barak/Scholz, Lothar/Wabnitz, Heinz-Bernd (Hrsg.), The Israeli Legal System – An Introduction, Baden-Baden 2019, 113.

*Baechler, Roman*, Sinn und Unsinn abstrakter Farbmarken, GRUR Int 2006, 115.

*Bassewitz, Katharina*, Trade Dress und Functionality – Ein Vergleich des marken- und wettbewerbsrechtlichen Schutzes von Produktformen in den USA und Deutschland, Zugleich eine Anmerkung zum Urt. Antioch Co. v. Western Trimming Corp., GRUR Int 2004, 390.

*Batista, Pedro Henrique D./Grosse Ruse-Khan, Henning/Hilty, Reto M.*, Maximalschutz, in: Hilty, Reto M./Jaeger, Thomas (Hrsg.), Europäisches Immaterialgüterrecht – Funktionen und Perspektiven, Berlin 2018, 16.

*Baudenbacher, Carl*, Machtbedingte Wettbewerbsstörungen als Unlauterkeitstatbestände, Zugleich Beitrag zum Verhältnis von UWG und GWB, GRUR 1981, 19.

*Beater, Axel*, Nachahmen im Wettbewerb – Eine rechtsvergleichende Untersuchung zu § 1 UWG, Tübingen 1995.
*ders.*, Europäisches Recht gegen unlauteren Wettbewerb – Ansatzpunkte, Grundlagen, Entwicklung, Erforderlichkeit, ZEuP 2003, 11.
*Beier, Friedrich-Karl*, Warenzeichenschutz für ausländische Verbandsangehörige in den USA und Großbritannien – Zwei gegensätzliche Entscheidungen, GRUR Ausl 1956, 49.
*ders.*, Die gemeinschaftliche Benutzung von Warenzeichen in konventionsrechtlicher Sicht, in: Beier, Friedrich-Karl/Ulmer, Eugen/Deutsch, Erwin/Fikentscher, Wolfgang (Hrsg.), Die Warenzeichenlizenz – Rechtsvergleichende Untersuchungen über die gemeinschaftliche Benutzung von Warenzeichen, Professor Dr. Eugen Ulmer zum 60. Geburtstag gewidmet von Schülern und Assistenten, München 1963, 555.
*ders.*, Die Bedeutung ausländischer Tatumstände für die Markenschutzfähigkeit, GRUR 1968, 492.
*ders.*, Unterscheidungskraft und Freihaltebedürfnis, Zur Markenschutzfähigkeit individueller Herkunftsangaben nach § 4 WZG und Art. 6quinquies PVÜ, GRUR Int 1992, 243.
*ders.*, The Contribution of AIPPI to the Development of International Protection against Unfair Competition, in: General Secretariat of AIPPI (Hrsg.), AIPPI – 1897–1997 Centennial Edition – AIPPI and the Development of Industrial Property Protection 1897–1997, Zürich 1997, 299.
*ders.*, Von der EWG-Marke zur Gemeinschaftsmarke – Teil I, in: Schricker, Gerhard/Beier, Friedrich-Karl (Hrsg.), Die Neuordnung des Markenrechts in Europa – 10. Ringberg Symposium des Max-Planck-Instituts für ausländisches und internationales Patent-, Urheber- und Wettbewerbsrecht, Baden-Baden 1997, 59.
*Beier, Friedrich-Karl/Reimer, Arnold*, Vorbereitende Studie zur Schaffung eines einheitlichen internationalen Markenbegriffs, GRUR 1955, 266.
*Beldimann, Dana/Blanke-Roeser, Constantin/Tischner, Anna*, Spare Parts and Design Protection – Different Approaches to a Common Problem. Recent Developments from the EU and US Perspective, GRUR Int 2020, 673.
*Benatar, Marco*, From Probative Value to Authentic Interpretation: The Legal Effects of Interpretative Declarations, (2011) 44 Revue Belge de Droit International 170.
*Bereskin, Daniel R.*, A Comparison of the Trademark Provisions of NAFTA and TRIPs, (1993) 83 Trademark Reporter 1.
*Bereskin, Daniel R./Sawchuk, Aaron*, Crocker Revisited: The Protection of Trademarks of Foreign Nationals in the United States, (2003) 93 Trademark Reporter 1199.
*Berner, Katharina*, Authentic Interpretation in Public International Law, Zeitschrift für ausländisches öffentliches Recht und Völkerrecht (ZaöRV) 2016, 846.
*dies.*, Judicial Dialogue and Treaty Interpretation: Revisiting the 'Cocktail Party' of International Law, Archiv des Völkerrechts (AVR) 2016, 67.
*dies.*, Subsequent Agreements and Subsequent Practice in Domestic Courts, Berlin 2017.
*Bernhardt, Rudolf*, Evolutive Treaty Interpretation, Especially of the European Convention on Human Rights, (1999) 42 German Yearbook of International Law 11.
*Beyerle, Peter*, Unterscheidungskraft und Freihaltebedürfnis im deutschen Warenzeichenrecht, Köln 1988.
*Blair-Stanek, Andrew*, Intellectual Property Law Solutions to Tax Avoidance, (2015) 62 UCLA Law Review 1.
*Blakeney, Michael*, The impact of the TRIPs agreement in the Asia Pacific region, (1996) 18 European Intellectual Property Review 544.

*Bodenhausen, G. H. C.*, Guide to the Application of the Paris Convention for the Protection of Industrial Property as revised at Stockholm 1967, Geneva 1968.
*ders.*, Pariser Verbandsübereinkunft zum Schutz des gewerblichen Eigentums – Kommentar, Köln 1971.
*Bogsch, Arpad*, The First Hundred Years of the Paris Convention for the Protection of Industrial Property, in: International Bureau of Intellectual Property (Hrsg.), The Paris Convention for the protection of industrial property from 1883 to 1983, WIPO, Geneva 1983, 9.
*Bohne, Daniel*, Die Datenschutzverletzung als Wettbewerbsverstoß, Baden-Baden 2014.
*Brancusi, Lavinia*, Designs determined by the product's technical function: arguments for an autonomous test, (2016) 38 European Intellectual Property Review 23.
*Buga, Irina*, Modification of treaties by subsequent practice, Oxford 2018.
*Bui, Thi Bich Lien*, Legal Interpretation and the Vietnamese Version of the Rule of Law, (2011) 6 National Taiwan University Law Review 321.
*Burell, Robert/Handler, Michael*, Australian Trade Mark Law, 2. Aufl., Oxford 2016.
*Busche, Jan/Stoll, Peter-Tobias/Wiebe, Andreas* (Hrsg.), TRIPs – Internationales und europäisches Recht des geistigen Eigentums; Kommentar, 2. Aufl., Köln 2013 (zit.: Busche/Stoll/Wiebe/*Bearbeiterin*, TRIPs).
*Büscher, Wolfgang/Kochendörfer, Mathias* (Hrsg.), Beck'scher Online-Kommentar UMV, 25. Aufl., München 2022 (zit.: Büscher/Kochendörfer/*Bearbeiterin*, BeckOK UMV).
*Busse, Rudolf* (Hrsg.), Warenzeichengesetz in der Fassung vom 18.7.1953 nebst Pariser Unionsvertrag und Madrider Abkommen, 3. Aufl., Berlin 1960 (zit.: Busse/*Bearbeiterin*, Warenzeichengesetz).
*Calboli, Irene/Haight Farley, Christine*, The Trademark Provision in the TRIPS Agreement, in: Correa, Carlos M./Yusuf, Abdulqawi A. (Hrsg.), Intellectual Property and International Trade – The TRIPS Agreement, 3. Aufl., Alphen aan den Rijn 2016, 157.
*Calboli, Irene/Senftleben, Martin*, Introduction, in: Calboli, Irene/Senftleben, Martin (Hrsg.), The Protection of Non-Traditional Trademarks – Critical Perspectives, Oxford 2018, 1.
*Calboli, Irene/Visser, Coenraad*, Regional Trademark Protection – Comparing Regional Organizations in Europe, Africa, South East Asia, and South America, in: Calboli, Irene/Ginsburg, Jane C. (Hrsg.), The Cambridge Handbook of International and Comparative Trademark Law, Cambridge 2020, 103.
*Cameron, James/Gray, Kevin R.*, Principles of International Law in the WTO Dispute Settlement Body, (2001) 50 International and Comparative Law Quarterly 248.
*Carstens, Anne-Marie*, Interpreting Transplanted Treaty Rules, in: Bianchi, Andrea/Peat, Daniel/Windsor, Matthew (Hrsg.), Interpretation in International Law, Oxford 2015, 229.
*Celli, Alessandro L.*, Internationales Kennzeichenrecht, Basel 2000.
*Chapman, Audrey R.*, Towards an Understanding of the Right to Enjoy the Benefits of Scientific Progress and Its Applications, (2009) 8 Journal of Human Rights 1.
*Chave, Lynne*, In good shape? – A comparative evaluation of the registration of 3D product forms as trade marks and designs under EU law, PhD thesis, Nottingham 2017.
*Chen, Xiao Yi*, The status of international protection against unfair competition, (1997) 19 European Intellectual Property Review 421.
*Chronopoulos, Apostolos*, Das Markenrecht als Teil der Wettbewerbsordnung, Köln 2013.
*Conrad, Christiane R.*, Processes and production methods (PPMs) in WTO law – Interfacing trade and social goals, Cambridge 2011.

*Conrad, Mark*, Matal v. Tam – A Victory for the Slants, a Touchdown for the Redskins, but an Ambiguous Journey for the First Amendment and Trademark Law, (2018) 36 Cardozo Arts & Entertainment Law Journal 83.

*Cook, Trevor*, How IPrs, like Nature, Abhor a Vacuum, and What Can Happen When They Fill it – Lacunae and Overlaps in Intellectual Property, (2012) 17 Journal of Intellectual Property Rights 296.

*Corbett, Ron J. T.*, Impact of NAFTA and TRIPS on Intellectual Property Rights Protections in Canada and the United States, (2000) 6 Law and Business Review of the Americas 591.

*Cornels, Jann Hendrik*, Die Schranken des Designrechts, Göttingen 2015.

*Cornish, W. R.*, The International Relations of Intellectual Property, (1993) 52 Cambridge Law Journal 46.

*Cornu, Gérard*, Vocabulaire juridique, 10. Aufl., Paris 2014.

*Correa, Carlos M.*, Trade Related Aspects of Intellectual Property Rights – A Commentary on the TRIPS Agreement, Oxford 2007.

*ders.*, Mitigating the impact of intellectual property in developing countries through the implementation of human rights, in: Geiger, Christophe (Hrsg.), Research Handbook on Human Rights and Intellectual Property, Cheltenham 2015, 201.

*Corten, Olivier/Klein, Pierre* (Hrsg.), The Vienna Conventions on the Law of Treaties – A Commentary, Volume I, Oxford 2011 (zit.: Corten/Klein/*Bearbeiterin*, The Vienna Conventions on the Law of Treaties).

*Cotrone, Carlo*, The United States and the Madrid Protocol: A Time to Decline, A Time to Accede, (2000) 4 Marquette Intellectual Property Law Review 75.

*Cottier, Thomas*, The Prospects for Intellectual Property in GATT, (1991) 28 Common Market Law Review 383.

*ders.*, Working together towards TRIPS, in: Watal, Jayashree/Taubman, Antony (Hrsg.), The Making of the TRIPS Agreement – Personal Insights from the Uruguay Round Negotiations, Geneva 2015, 79.

*Cottier, Thomas/Germann, Christophe*, TRIPS Agreement, art. 2, in: Cottier, Thomas/Véron, Pierre (Hrsg.), Concise International and European IP Law – TRIPS, Paris Convention, European Enforcement and Transfer of Technology, 3. Aufl., Alphen aan den Rijn 2015.

*Cottier, Thomas/Jevtic, Ana*, The protection against unfair competition in WTO law: Status, potential and prospects, in: Drexl, Josef/Hilty, Reto M./Boy, Laurence/Godt, Christine/Remiche, Bernard (Hrsg.), Technology and Competition / Technologie et Concurrence – Contributions in honour of / Mélanges en l'honneur de Hanns Ullrich, Bruxelles 2009.

*Daniel, Denis A.*, Can the shape of products be trade marks? A Brazilian and international perspective, (1995) 17 European Intellectual Property Review 589.

*Dauskardt, Norman*, Die Verkehrsdurchsetzung im deutschen und europäischen Markenrecht, Tübingen 2017.

*Davey, William J./Sapir, André*, The Soft Drinks Case: The WTO and Regional Agreements, (2009) 8 World Trade Review 5.

*Dawidowicz, Martin*, The Effect of the Passage of Time on the Interpretation of Treaties: Some Reflections on Costa Rica v. Nicaragua, (2011) 24 Leiden Journal of International Law 201.

*Denham, William E.*, No More than Lanham, No Less than Paris: A Federal Law of Unfair Competition, (2001) 36 Texas International Law Journal 795.

*Derclaye, Estelle/Ng-Loy, Wee Loon*, Relationship between Trademark Law and Copyright/Design Law – Trademark Protection for Ornamental Shapes?, in: Calboli, Irene/ Ginsburg, Jane C. (Hrsg.), The Cambridge Handbook of International and Comparative Trademark Law, Cambridge 2020, 421.
*Dessemontet, François*, Protection of Undisclosed Information, in: Correa, Carlos M./Yusuf, Abdulqawi A. (Hrsg.), Intellectual Property and International Trade – The TRIPS Agreement, 3. Aufl., Alphen aan den Rijn 2016, 337.
*Di Piétro, Émile*, De la contrefaçon en Russie des marques de fabrique, Annex Nr. 35, in: Ministère de l'agriculture et du commerce (Hrsg.), Congrès international de la propriété industrielle tenu à Paris du 5 au 17 septembre 1878, 1879, 618.
*Dinwoodie, Graeme B.*, The Death of Ontology: A Teleological Approach to Trademark Law, (1999) 84 Iowa Law Review 611.
*ders.*, Concurrence and Convergence of Rights: The Concerns of the U.S. Supreme Court, in: Grosheide, F. Willem/Brinkohf, Jan J. (Hrsg.), Intellectual property law: articles on crossing borders between traditional and actual, Antwerpen 2004, 5.
*Dinwoodie, Graeme B./Dreyfuss, Rochelle C.*, Designing a Global Intellectual Property System Responsive to Change: The WTO, WIPO, and Beyond, (2009) 46 Houston Law Review 1187.
*Dinwoodie, Graeme B./Janis, Mark D.*, Trademarks and Unfair Competition – Law and Policy, 5. Aufl., New York 2018.
*Dinwoodie, Graeme B./Kur, Annette*, Non-conventional marks and the obstacle of functionality – WIPO's role in fleshing out the telle quelle rule, in: Ricketson, Sam (Hrsg.), Research Handbook on the World Intellectual Property Organization – The First 50 Years and Beyond, Cheltenham 2020, 131.
*Dörr, Oliver/Schmalenbach, Kirsten* (Hrsg.), Vienna Convention on the Law of Treaties – A Commentary, 2. Aufl., Berlin 2018 (zit.: Dörr/Schmalenbach/*Bearbeiterin*, Vienna Convention on the Law of Treaties).
*Drexl, Josef*, Intellectual Property Rights as Constituent Elements of a Competition-based Market Economy, in: Ghidini, Gustavo/Genovesi, Luis Mariano (Hrsg.), Intellectual property and market power – atrip papers 2006–2007, Buenos Aires 2008, 167.
*ders.*, Die Reparaturklausel im Designrecht: Eine wettbewerbs- und immaterialgüterrechtlich gebotene Reform, GRUR 2020, 234.
*Drexl, Josef/Hilty, Reto M./Kur, Annette*, Designschutz für Ersatzteile – Der Kommissionsvorschlag zur Einführung einer Reparaturklausel, GRUR Int 2005, 449.
*Du Mont, Jason J./Janis, Mark D.*, Functionality in Design Protection Systems, (2012) 19 Journal of Intellectual Property Law 261.
*Duguid, Paul*, French Connections: The International Propagation of Trademarks in the Nineteenth Century, (2009) 10 Enterprise & Society 3.
*Edrich, Wilhelm*, Die Klausel „telle-quelle" und ihre Ausgestaltung in der Rechtsprechung der Vertragsländer der Pariser Union, Inaugural-Dissertation, München 1962.
*Egger, Léon*, La protection de la marque „telle quelle" et l'ordre public, Schweizerische Mitteilungen über Gewerblichen Rechtsschutz und Urheberrecht 1960, 38.
*Eisenführ, Günther*, „Dos", „quattro", „UHQ" – ein Schwanengesang?, GRUR 1994, 340.
*Ellwood, L. A.*, The Industrial Property Convention and the „Telle Quelle" Clause, (1956) 46 Trademark Reporter 36.
*Elster, Alexander*, Die Schutzfähigkeit bloßer Buchstaben und Zahlen, Markenschutz und Wettbewerb 1922, 35.
*Elzaburu, Alberto de/Montero, Jesús Gómez*, New Types of Marks – Is the ECJ living up to Expectations? – Fantasy or Daydream in the CTM System?, in: Bomhard, Verena/Pa-

genberg, Jochen/Schennen, Detlef (Hrsg.), Harmonisierung des Markenrechts – Festschrift für Alexander von Mühlendahl zum 65. Geburtstag am 20. Oktober 2005, Köln 2005, 171.

*Endrich, Tobias*, Pinning down functionality in EU design law – A comment on the CJEU's DOCERAM judgment (C-395/16), GRUR Int 2018, 766 = (2019) 14 JIPLP 156.

*Endrich-Laimböck, Tobias*, Are morality bars „Friends U Can't Trust"?, Iancu v. Brunetti in global context, GRUR Int 2019, 1028.

*ders.*, Gegen ein induktiv-empirisches Verständnis der Sittenwidrigkeit im Markenrecht, in: Hetmank, Sven/Rechenberg, Constantin (Hrsg.), Kommunikation, Kreation und Innovation – Recht im Umbruch?, Baden-Baden 2019, 209.

*Endrich-Laimböck, Tobias/Schenk, Svenja*, Then Tell Me What You Think About Morality: A Freedom of Expression Perspective on the CJEU's Decision in FACK JU GÖHTE (C-240/18 P), (2020) 51 IIC 529.

*dies.*, Anmerkung zu EuGH C-240/18 P (Constantin Film Produktion GmbH/EUIPO), EuZW 2020, 579.

*Ernsthaler, Jürgen/Blanz, Harald*, Leistungsschutzrecht für Presseverleger – Notwendiger Schutz von Presseverlagen im Internet oder systemwidriger Eingriff in die Informationsfreiheit?, GRUR 2012, 1104.

*Fernand-Jacq*, Chambre de commerce internationale, Commission permanente pour la protection de la propriété industrielle – (Session du 28 fèvrier 1933, à Paris), (1933) 49 Propriété Industrielle 72.

*Ferrière, Claude Joseph* de, Dictionnaire de droit et de pratique – Contenant l'explication des termes de droit, d'ordonnances, de coutumes & de pratique; avec les jurisdictions de france, tome second, Toulouse 1748, Nachdruck, Clark (NJ) 2008.

*Fezer, Karl-Heinz*, Modernisierung des deutschen Rechts gegen den unlauteren Wettbewerb auf der Grundlage einer Europäisierung des Wettbewerbsrechts, WRP 2001, 989.

*ders.*, Entwicklungslinien und Prinzipien des Markenrechts in Europa, Auf dem Weg zur Marke als einem immaterialgüterrechtlichen Kommunikationszeichen, GRUR 2003, 457.

*ders.* (Hrsg.), Markenrecht – Kommentar zum Markengesetz, zur Pariser Verbandsübereinkunft und zum Madrider Markenabkommen, 4. Aufl., München 2009 (zit.: Fezer/*Bearbeiterin*, Markenrecht).

*Fezer, Karl-Heinz/Büscher, Wolfgang/Obergfell, Eva I.* (Hrsg.), Lauterkeitsrecht – Kommentar zum Gesetz gegen den unlauteren Wettbewerb (UWG), Band 1, 3. Aufl., München 2016 (zit.: Fezer/Bürscher/Obergfell/*Bearbeiterin*, Lauterkeitsrecht: UWG, Band 1).

*Figge, Jutta/Kalberg, Nadine*, Die Ersatzteilklausel im Designrecht – zur aktuellen politischen Lage, GRUR 2020, 248.

*Fikentscher, Wolfgang*, Wettbewerbsrecht im TRIPS-Agreement der Welthandelsorganisation – Historische Anknüpfung und Entwicklungschancen, GRUR 1995, 529.

*Fikentscher, Wolfgang/Hacker, Philipp/Podszun, Rupprecht*, FairEconomy – Crises, Culture, Competition and the Role of Law 2013.

*Finger, Christian*, Beurteilung der Unterscheidungskraft von Warenzeichen, besonders von Buchstabenzeichen; Bedeutung langjährigen Gebrauchs, Markenschutz und Wettbewerb 1913/14, 10.

*Fitzmaurice, G. G.*, Law and Procedure of the International Court of Justice: Treaty Interpretation and Certain Other Treaty Points, (1951) 28 British Yearbook of International Law 1.

*Forde, M.*, The „Ordre Public" Exception and Adjudicative Jurisdiction Conventions, (1980) 29 International & Comparative Law Quarterly 259.

*Frankel, Susy*, The Trademark Provisions in Post-TRIPS Mega-Regional Trade Agreements, in: Calboli, Irene/Ginsburg, Jane C. (Hrsg.), The Cambridge Handbook of International and Comparative Trademark Law, Cambridge 2020, 65.

*dies.*, WIPO and treaty interpretation, in: Ricketson, Sam (Hrsg.), Research Handbook on the World Intellectual Property Organization – The First 50 Years and Beyond, Cheltenham 2020, 342.

*Frankowska, Maria*, The Vienna Convention on the Law of Treaties before United States Courts, (1988) 28 Virginia Journal of International Law 281.

*Frey-Godet, B.*, Die Marke und deren internationale Eintragung, Jahrbuch der Internationalen Vereinigung für Gewerblichen Rechtsschutz 1897, 198.

*Gamm, Otto-Friedrich*, Die Telle-quelle Marke, WRP 1977, 230.

*Gardiner, Richard K.*, Treaty Interpretation, Oxford 2015.

*Gebauer, Martin*, Ordre public (Public Policy) / Max Planck Encyclopedia of Public International Law [MPEPIL] 2007.

*Geier, Artur*, Schutzkumulationen – Angriff auf die Gemeinfreiheit oder legitimer Schutz Geistigen Eigentums?, Tübingen 2015.

*Geraldson, Raymond I., JR./Griffin, Matthew A.*, Evolution of nontraditional marks in the United States, in: Bomhard, Verena/Pagenberg, Jochen/Schennen, Detlef (Hrsg.), Harmonisierung des Markenrechts – Festschrift für Alexander von Mühlendahl zum 65. Geburtstag am 20. Oktober 2005, Köln 2005, 191.

*Gervais, Daniel J.*, The TRIPS Agreement: Drafting History and Analysis, 4. Aufl., London 2012.

*ders.*, The relationship between WIPO and the WTO, in: Ricketson, Sam (Hrsg.), Research Handbook on the World Intellectual Property Organization – The First 50 Years and Beyond, Cheltenham 2020, 227.

*ders.*, A Look at the Trademark Provisions in the TRIPS Agreement, in: Calboli, Irene/Ginsburg, Jane C. (Hrsg.), The Cambridge Handbook of International and Comparative Trademark Law, Cambridge 2020, 27.

*ders.*, Introduction, in: Gervais, Daniel J. (Hrsg.), Fairness, Morality and Ordre Public in Intellectual Property, Cheltenham 2020.

*ders.*, The TRIPS Agreement: Drafting History and Analysis, 5. Aufl., London 2021.

*Ghidini, Gustavo/Stazi, Andrea*, Freedom to conduct business, competition and intellectual property, in: Geiger, Christophe (Hrsg.), Research Handbook on Human Rights and Intellectual Property, Cheltenham 2015, 410.

*Ghiron, Mario*, Das internationale Warenzeichenrecht nach der Haager Konferenz, GRUR 1928, 239.

*Gill, H. A.*, Objects of the A.I.P.P.I. and Its Influence on the Drafting and Amendment of the International Convention, (1954) 44 Trademark Reporter 244.

*Ginsburg, Jane C./Calboli, Irene*, Overlapping Copyright and Trademark Protection in the United States – More Protection and More Fair Use?, in: Calboli, Irene/Ginsburg, Jane C. (Hrsg.), The Cambridge Handbook of International and Comparative Trademark Law, Cambridge 2020, 436.

*Harte-Bavendamm, Henning/Henning-Bodewig, Frauke* (Hrsg.), Gesetz gegen den unlauteren Wettbewerb (UWG) – Mit Preisangabenverordnung, Kommentar, 1. Aufl., München 2004 (zit.: Harte-Bavendamm/Henning-Bodewig/*Bearbeiterin*, UWG, 1. Aufl. 2004).

*dies.* (Hrsg.), Gesetz gegen den unlauteren Wettbewerb (UWG) – Mit Preisangabenverordnung, Kommentar, 2. Aufl., München 2009 (zit.: Harte-Bavendamm/Henning-Bodewig/*Bearbeiterin*, UWG, 2. Aufl. 2009).
*dies.* (Hrsg.), Gesetz gegen den unlauteren Wettbewerb (UWG) – Mit Preisangabenverordnung, Kommentar, 4. Aufl., München 2016 (zit.: Harte-Bavendamm/Henning-Bodewig/*Bearbeiterin*, UWG, 4. Aufl. 2016).
*Glöckner, Jochen/Henning-Bodewig, Frauke*, EG-Richtlinie über unlautere Geschäftspraktiken: Was wird aus dem „neuen" UWG?, WRP 2005, 1311.
*Greeley, Arthur P.*, Foreign patent and trademark laws – a comparative study with tabular statements of essential features of such laws; together with the text of the International Convention for the Protection of Industrial Property concluded at Paris, March 20, 1883, as amended, with notes thereon, and other conventions and treaties of the United States relating to patents and trademarks, Washington D.C. 1899.
*Groh, Thomas/Wündisch, Sebastian*, Die Europäische Gemeinschaft und TRIPS: Hermès, Dior und die Folgen, GRUR Int 2011, 497.
*Grosse Ruse-Khan, Henning*, Time for a Paradigm Shift? Exploring Maximum Standards in International Intellectual Property Protection, (2009) 1 Trade, Law and Development 56.
*Grosse Ruse-Khan, Henning*, Assessing the need for a general public interest exception in the TRIPS Agreement, in: Kur, Annette/Levin, Marianne (Hrsg.), Intellectual Property Rights in a Fair World Trade System – Proposals for Reform of TRIPS, Cheltenham 2011, 167.
*ders.*, Overlaps and conflict norms in human right law: Approaches of European courts to address intersections with intellectual property rights, in: Geiger, Christophe (Hrsg.), Research Handbook on Human Rights and Intellectual Property, Cheltenham 2015, 70.
*ders.*, IP and Trade in a Post-TRIPS Environment, in: Ullrich, Hans/Hilty, Reto M./Lamping, Matthias/Drexl, Josef (Hrsg.), TRIPS plus 20 – From Trade Rules to Market Principles, Berlin 2016, 163.
*ders.*, The Protection of Intellectual Property in International Law, Oxford 2016.
*Grynbert, Michael*, A Trademark Defense of the Disparagement Bar, (2016–2017) 126 Yale Law Journal Forum 126 178.
*Guinchard, Serge/Debard, Thierry*, Lexique des termes juridiques, 27. Aufl., Paris 2019.
*Hacker, Franz* (Hrsg.), Markengesetz – Kommentar, 12. Aufl., Köln 2018 (zit.: Hacker/*Bearbeiterin*, Markengesetz).
*ders.*, Technisch funktionale Marken, in: Ahrens, Hans-Jürgen/Bornkamm, Joachim/Fezer, Karl-Heinz/Koch, Thomas/McGuire, Mary-Rose/Würtenberger, Gert (Hrsg.), Festschrift für Wolfgang Büscher, Köln 2018, 15.
*Haeliger*, Chambre de Commerce Internationale – Septième Congrès, (Vienne, 29 mai–3 juin 1933.), (1933) 49 La Propriété Industrielle 135.
*Haertel/Pfanner/Moser v. Filseck et al.*, Die Lissaboner Konferenz – Bericht von Mitgliedern der deutschen Delegation, GRUR Ausl 1959, 58.
*Hagens, Alfred*, Warenzeichenrecht – Kommentar, Berlin 1927.
*Haight Farley, Christine*, Public Policy Limitations on Trademark Subject Matter – A US Perspective, in: Calboli, Irene/Ginsburg, Jane C. (Hrsg.), The Cambridge Handbook of International and Comparative Trademark Law, Cambridge 2020, 227.
*Harris, Ron*, History and Sources, in: Walter, Christian/Medina, Barak/Scholz, Lothar/Wabnitz, Heinz-Bernd (Hrsg.), The Israeli Legal System – An Introduction, Baden-Baden 2019, 15.

*Hartwig, Henning*, Reciprocity in design law: another brick in the wall, (2015) 10 JIPLP 465.
*ders.*, Contemplating the state of European design law..., (2019) 14 JIPLP 977.
*Heermann, Peter W./Schlingloff, Jochen* (Hrsg.), Münchener Kommentar zum Lauterkeitsrecht – Band 1, 3. Aufl., München 2020 (zit.: Heermann/Schlingloff/*Bearbeiterin*, Münchener Kommentar zum Lauterkeitsrecht).
*Hefermehl, Wolfgang* (Hrsg.), Wettbewerbs- und Warenzeichenrecht Band II – Warenzeichenrecht und Internationales Wettbewerbs- und Zeichenrecht, 10. Aufl., München 1969 (zit.: Hefermehl/*Bearbeiterin*, Wettbewerbs- und Warenzeichenrecht Band II).
*ders.* (Hrsg.), Wettbewerbs- und Warenzeichenrecht Band I – Wettbewerbsrecht, Gesetz gegen den unlauteren Wettbewerb, Zugabeverordnung, Rabattgesetz und Nebengesetze, 10. Aufl., München 1971 (zit.: Hefermehl/*Bearbeiterin*, Wettbewerbs- und Warenzeichenrecht Band I).
*Heinemann, Andreas*, Das Kartellrecht des geistigen Eigentums im TRIPS-Übereinkommen der Welthandelsorganisation, GRUR Int 1995, 535.
*ders.*, Immaterialgüterschutz in der Wettbewerbsordnung – Eine grundlagenorientierte Untersuchung zum Kartellrecht des geistigen Eigentums, Tübingen 2002.
*ders.*, Die Relevanz des „more economic approach" für das Recht des geistigen Eigentums, GRUR 2008, 949.
*Heintschel Heinegg, Wolff*, Auslegung völkerrechtlicher Verträge, in: Epping, Volker/ Heintschel Heinegg, Wolff (Hrsg.), Völkerrecht – Ein Studienbuch, 7. Aufl., München 2018, 472.
*Helfer, Laurence R.*, Toward a Human Rights Framework for Intellectual Property, (2007) 40 University of California Davis Law Review 971.
*Henning-Bodewig, Frauke*, Schutzvoraussetzungen, in: Schricker, Gerhard/Beier, Friedrich-Karl (Hrsg.), Die Neuordnung des Markenrechts in Europa – 10. Ringberg Symposium des Max-Planck-Instituts für ausländisches und internationales Patent-, Urheber- und Wettbewerbsrecht, Baden-Baden 1997, 104.
*dies.*, International Protection Against Unfair Competition – Art. 10bis Paris Convention, TRIPS and WIPO Model Provisions, (1999) 30 IIC 166.
*dies.*, Harmonisierung und Globalisierung, in: Schricker, Gerhard/Dreier, Thomas/Kur, Annette (Hrsg.), Geistiges Eigentum im Dienst der Innovation, Baden-Baden 2001, 125.
*dies.*, International Unfair Competition Law, in: Hilty, Reto M./Henning-Bodewig, Frauke (Hrsg.), Law Against Unfair Competition – Towards a New Paradigm in Europe?, Berlin 2007, 53.
*dies.*, UWG und Geschäftsethik, WRP 2010, 1094.
*dies.*, International Protection Against Unfair Competition, in: Henning-Bodewig, Frauke (Hrsg.), International Handbook on Unfair Competition, München 2013, 9.
*dies.*, Internationale Standards gegen unlauteren Wettbewerb, GRUR Int 2013, 1.
*dies.*, „Unlautere" Geschäftspraktiken und der Bezug zu Art. 10bis PVÜ – Warum „unseriöse" Geschäftspraktiken keinen Sinn ergibt, GRUR Int 2014, 997.
*dies.*, TRIPS and Corporate Social Responsibility: Unethical Equals Unfair Business Practices?, in: Ullrich, Hans/Hilty, Reto M./Lamping, Matthias/Drexl, Josef (Hrsg.), TRIPS plus 20 – From Trade Rules to Market Principles, Berlin 2016, 701.
*Herberger, Marie*, „Ausnahmen sind eng auszulegen" – Die Ansichten beim Gerichtshof der Europäischen Union, Berlin 2017.
*Heydt, Ludwig*, Zum Begriff der Weltmarke, GRUR 1952, 321.
*Hilf, Meinhard/Hörmann, Saskia*, Die WTO – Eine Gefahr für die Verwirklichung von Menschenrechten?, Archiv des Völkerrechts (AVR) 2005, 397.

*Hilty, Reto M.*, The Law Against Unfair Competition and Its Interfaces, in: Hilty, Reto M./Henning-Bodewig, Frauke (Hrsg.), Law Against Unfair Competition – Towards a New Paradigm in Europe?, Berlin 2007, 1.

*ders.*, Ways Out of the Trap of Article 1(1) TRIPS, in: Ullrich, Hans/Hilty, Reto M./Lamping, Matthias/Drexl, Josef (Hrsg.), TRIPS plus 20 – From Trade Rules to Market Principles, Berlin 2016, 185.

*Hoffmann, Fritz*, Zur Geschichte des Ausländerschutzes im fremdländischen Zeichenwesen, GRUR 1922, 150.

*Höpperger, Marcus/Senftleben, Martin*, Protection Against Unfair Competition at the International Level – The Paris Convention, the 1996 Model Provisions and the Current Work of the World Intellectual Property Organisation, in: Hilty, Reto M./Henning-Bodewig, Frauke (Hrsg.), Law Against Unfair Competition – Towards a New Paradigm in Europe?, Berlin 2007, 61.

*Horton, Roberta L.*, The USMCA Treaty: What Changes Lie Ahead for U.S. Trademark Law?, (2019) 31 Intellectual Property & Technology Law Journal 3.

*Howse, Robert/Neven, Damien J.*, United States – Section 211 Omnibus Appropriations Act of 1998 (WT/DS176/AB/R)A Comment, (2005) 4 World Trade Review 179.

*Jaconiah, Jacob*, The Requirements for Registration and Protection of Non-Traditional Marks in the European Union and in Tanzania, (2009) 40 IIC 756.

*Jaeschke, Lars*, Die „Produktform als Corporate Identity"? Klemmbausteine und die Frage der „Kumulation von Schutzrechten", GRUR 2008, 749.

*Kahn-Freund, O.*, Reflections on Public Policy in the English Conflict of Laws, (1953) 39 Transactions of the Grotius Society 39.

*Kamperman Sanders, Anselm*, Unfair Competition Law – The Protection of Intellectual and Industrial Creativity, Oxford 1997.

*ders.*, Do whiffs of misappropriation and standards for slavish imitation weaken the foundations of IP law?, in: Derclaye, Estelle (Hrsg.), Research Handbook on the Future of EU Copyright, Cheltenham 2009, 567.

*Katzenberger, Paul*, TRIPS und das Urheberrecht, GRUR Int 1995, 447.

*Kedar, Nir*, „I'm in the East but my Law is from the West:" The East-West Dilemma in Israeli Mixed Legal System, in: Palmer, Vernon Valentine/Mattar, Mohamed Y./Koppel, Anna (Hrsg.), Mixed Legal Systems, East and West, Farnham 2015, 141.

*Khoury, Amir H.*, Well-Known and Famous Trademarks in Israel: TRIPS from Manhattan to the Dawn of a New Millennium!, (2002) 12 Fordham Intellectual Property, Media & Entertainment Law Journal 991.

*Kinkade, Patrick T./Leone, Matthew C.*, Victimizing the System: The Sheriff's Perspective on Public Order Criminality and Criminal Justice, (1993) 9 Journal of Contemporary Criminal Justice 15.

*Knaak, Roland*, Der Schutz geographischer Angaben nach dem TRIPS-Abkommen, GRUR Int 1995, 642.

*ders.*, Markenrecht im TRIPS-Übereinkommen, in: Schricker, Gerhard/Beier, Friedrich-Karl (Hrsg.), Die Neuordnung des Markenrechts in Europa – 10. Ringberg Symposium des Max-Planck-Instituts für ausländisches und internationales Patent-, Urheber- und Wettbewerbsrecht, Baden-Baden 1997, 19.

*Knudsen, Fridtjof*, The Norwegian 1961 Trademark Act, (1975) 65 Trademark Reporter 177.

*Köbler, Gerhard*, Rechtsfranzösisch – Deutsch-französisches und französisch-deutsches Rechtswörterbuch für jedermann, 5. Aufl., München 2013.

*Kohler, Josef,* Das Recht des Markenschutzes, mit Berücksichtigung ausländischer Gesetzgebungen, und mit besonderer Rücksicht auf die englische, anglo-amerikanische, französische, belgische und italienische Jurisprudenz, Würzburg 1884.
*ders.,* Warenzeichenrecht – Zugleich zweite Auflage des Rechts des Markenschutzes mit Berücksichtigung ausländischer Gesetzgebungen (1884), Mannheim 1910.
*Köhler, Helmut/Bornkamm, Joachim/Feddersen, Jörn/Alexander, Christian* (Hrsg.), Gesetz gegen den unlauteren Wettbewerb – GeschGehG PAngV UKlaG DL-InfoV, 38. Aufl., München 2020 (zit.: Köhler/Bornkamm/Feddersen/Alexander/*Bearbeiterin,* Gesetz gegen den unlauteren Wettbewerb).
*Körner, Eberhard/Gründig-Schelle, Kerstin,* Markenrecht und Produktschutz durch die dreidimensionale Marke, GRUR 1999, 535.
*Koroch, Stefan,* Das Leistungsschutzrecht des Presseverlegers – Legitimation, Konzeption und Reflektion der §§ 87 f bis 87 h UrhG, Tübingen 2016.
*Koschtial, Ulrike,* Die Freihaltebedürftigkeit wegen besonderer Form im europäischen und deutschen Markenrecht, GRUR Int 2004, 106.
*Koukal, Pavel,* Autorské právo, public domain a lidská práva, Brno 2019.
*Koukal, Pavel/Charvát, Radim/Hejdová, Simona/Černý, Miroslav* (Hrsg.), Zákon o ochranných známkách – Komentář, Praha 2017 (zit.: Koukal/Charvát/Hejdová/Černý/*Bearbeiterin,* Zákon o ochranných známkách).
*Krimphove, Dieter,* Gleichheit – Ein umstrittenes Rechtsinstitut im Lichte der Rechtsphilosophie und der praktischen Rechtswissenschaft unter Berücksichtigung nationaler und internationaler Aspekte, Rechtstheorie 2014, 193.
*Kucsko, Guido/Schumacher, Christian* (Hrsg.), marken.schutz – Systematischer Kommentar zum Markenschutzgesetz, 2. Aufl., Wien 2013 (zit.: Kucsko/Schumacher/*Bearbeiterin,* marken.schutz).
*Kunz, Otto/Ringl, Antonín/Vilímská, Miluše,* Mezinárodní smlouvy z oblasti průmyslového vlastnictví, Praha 1985.
*Kunz-Hallstein, Hans P.,* Anmerkung zu BGH 5.4.1990 I ZB 7/89 „IR-Marke FE", GRUR Int 1991, 48.
*ders.,* Die absolute Bindung der Marke an den Geschäftsbetrieb und ihre Aufhebung durch das Erstreckungsgesetz, GRUR 1993, 439.
*ders.,* Art. 6quinquies PVÜ – Grundlage einer einheitlichen Eintragungspraxis von Marken in der Gemeinschaft?, MarkenR 2006, 487.
*Kur, Annette,* TRIPs und das Markenrecht, GRUR Int 1994, 987.
*dies.,* TRIPS und der Designschutz, GRUR Int 1995, 185.
*dies.,* TRIPs and Trademark Law, in: Beier, Friedrich-Karl/Schricker, Gerhard (Hrsg.), From GATT to TRIPs – The Agreement on Trade-Related Aspects of Intellectual Property Rights 1996, 93.
*dies.,* Funktionswandel von Schutzrechten: Ursachen und Konsequenzen der inhaltlichen Annäherung und Überlagerung von Schutzrechtstypen, in: Schricker, Gerhard/Dreier, Thomas/Kur, Annette (Hrsg.), Geistiges Eigentum im Dienst der Innovation, Baden-Baden 2001, 23.
*dies.,* Alles oder Nichts im Formmarkenschutz?, GRUR Int 2004, 755.
*dies.,* Summary and Comment on Decision U.S. Court of Appeals for the Federal Circuit March 24, 2005 – Case Nos. 75/753,445; 75/753,597 In re Dr. Matthias Rath, „Dr. Rath", (2005) 36 IIC 727.
*dies.,* What is „AS IS"? Das telle quelle-Prinzip nach „Havana Club", in: Bomhard, Verena/Pagenberg, Jochen/Schennen, Detlef (Hrsg.), Harmonisierung des Markenrechts – Festschrift für Alexander von Mühlendahl zum 65. Geburtstag am 20. Oktober 2005, Köln 2005, 361.

*dies.*, Die Alternativen zum Schutz durch das Urheberrecht in Deutschland, in: Hilty, Reto M./Geiger, Christophe (Hrsg.), Impulse für eine europäische Harmonisierung des Urheberrechts – Urheberrecht im deutsch-französischen Dialog, Berlin 2007, 193.

*dies.*, Cumulation of IP Rights Pertaining to Product Shapes – An „Illegitimate Offspring" of IP Law?, in: Ghidini, Gustavo/Genovesi, Luis Mariano (Hrsg.), Intellectual property and market power – atrip papers 2006–2007, Buenos Aires 2008, 613.

*dies.*, Cumulation of rights with regard to threedimensional shapes – two exemplary case studies, in: Cruquenaire, Alexandre/Dusollier, Séverine (Hrsg.), Le cumul des droits intellectuels, Bruxelles 2009, 155.

*dies.*, International norm-making in the field of intellectual property: a shift towards maximum rules?, (2009) 1 WIPO Journal 27.

*dies.*, Marks for goods or services (trademarks), in: Correa, Carlos M. (Hrsg.), Research handbook on the interpretation and enforcement of intellectual property under WTO rules – Intellectual property in the WTO Volume I, Cheltenham 2010, 408.

*dies.*, Besprechung von Intellectual Property Overlaps – A European Perspective, GRUR Int 2012, 102.

*dies.*, Too common, too splendid, or „just right"? – Trade mark protection for product shapes in the light of CJEU case law, Max Planck Institute for Innovation & Competition Research Paper 2014.

*dies.*, From Minimum Standards to Maximum Rules, in: Ullrich, Hans/Hilty, Reto M./Lamping, Matthias/Drexl, Josef (Hrsg.), TRIPS plus 20 – From Trade Rules to Market Principles, Berlin 2016, 133.

*dies.*, Acquisition of Rights, in: Kur, Annette/Senftleben, Martin (Hrsg.), European Trade Mark Law – A Commentary, Oxford 2017, 89.

*dies.*, Gemeinfreiheit und Markenschutz – Bemerkungen zur Entscheidung des EFTA-Gerichtshofs im „Vigeland"-Fall, GRUR 2017, 1082.

*dies.*, Konstellationen potenziellen Überschutzes, in: Hilty, Reto M./Jaeger, Thomas (Hrsg.), Europäisches Immaterialgüterrecht – Funktionen und Perspektiven, Berlin 2018, 329.

*dies.*, The Design Approach and procedural practice, in: Kur/Levin/Schovsbo (Hrsg.), The EU Design Approach – A Global Appraisal, Cheltenham 2018, 172.

*Kur, Annette/Bomhard, Verena/Albrecht, Friedrich* (Hrsg.), Beck'scher Online-Kommentar Markenrecht, 30. Aufl., München 2022 (zit.: Kur/Bomhard/Albrecht/*Bearbeiterin*, BeckOK Markenrecht).

*Kur, Annette/Grosse Ruse-Khan, Henning*, Enough is Enough – The Notion of Binding Ceilings in International Intellectual Property Protection, in: Kur, Annette/Levin, Marianne (Hrsg.), Intellectual Property Rights in a Fair World Trade System – Proposals for Reform of TRIPS, Cheltenham 2011.

*Kur, Annette/Ohly, Ansgar*, Lauterkeitsrechtliche Einflüsse auf das Markenrecht, GRUR 2020, 457.

*Kur, Annette/Senftleben, Martin*, International Protection, in: Kur, Annette/Senftleben, Martin (Hrsg.), European Trade Mark Law – A Commentary, Oxford 2017, 27.

*Kyselovská, Tereza/Koukal, Pavel*, Mezinárodní právo soukromé a právo duševního vlastnictví – kolizní otázky, Brno 2019.

*Ladas, Stephen P.*, Trade-Marks and Foreign Trade – With comments by P.J. Federico and Walter J. Derenberg, (1948) 38 Trademark Reporter 278.

*ders.*, Patents, Trademarks, and Related Rights – National and International Protection, Cambridge, Massachusetts 1975.

*Lallier, J.*, Zulassung der Marke „telle quelle" – Generalbericht, Jahrbuch der Internationalen Vereinigung für Gewerblichen Rechtsschutz 1905, 143.

ders., Artikel 6 des Pariser Unionsvertrages (Schutz der Marke „telle quelle") – Bemerkungen, Jahrbuch der Internationalen Vereinigung für Gewerblichen Rechtsschutz 1906, 46.

*Landenberger, Dagobert*, Nochmals Warenzeichen, die sich im Verkehr nicht durchsetzen dürfen, Mitteilungen vom Verband deutscher Patentanwälte 1930, 88.

*Lange, Paul*, Marken- und Kennzeichenrecht, 2. Aufl., München 2012.

*Lauterpacht, H.*, Restrictive Interpretation and the Principle of Effectiveness in the Interpretation of Treaties, (1949) 26 British Yearbook of International Law 48.

*Leaffer, Marshall A.*, The New World of International Trademark Law, (1998) 2 Marquette Intellectual Property Law Review 1.

*Lehman, John A./Stenshoel, Eric*, Between Berne and Madrid: Movement of the United States Toward International Copyright and Trademark Protection, in: Westermann, Harm P./Rosener, Wolfgang (Hrsg.), Festschrift für Karlheinz Quack zum 65. Geburtstag am 3. Januar 1991, Berlin 1991, 57.

*Lehmann, Michael*, Der wettbewerbsrechtliche Schutz von Computerprogrammen gem. § 1 UWG – sklavische Nachahmung und unmittelbare Leistungsübernahme, in: Lehmann, Michael/Brandi-Dorn, Matthias (Hrsg.), Rechtsschutz und Verwertung von Computerprogrammen – Urheberrecht, gewerblicher Rechtsschutz, Wettbewerbsrecht, Kartellrecht, Vertrags- und Lizenzrecht, Strafrecht, Insolvenzrecht, Verfahrensrecht, 2. Aufl., Köln 1992, 383.

*Leistner, Matthias*, Exzenterzähne 2.0 – Zum weiteren Schicksal einer problematischen BGH-Rechtsprechung in ihrer praktischen Umsetzung durch die Tatsacheninstanz, GRUR 2018, 697.

*Linderfalk, Ulf*, On The Interpretation of Treaties – The Modern International Law as Expressed in the 1969 Vienna Convention on the Law of Treaties, Dordrecht 2007.

ders., Who are „The Parties"? Article 31, Paragraph 3(c) of the 1969 Vienna Convention and the „Principle of Systemic Integration" Revisited, (2008) 55 Netherlands International Law Review 343.

*Lindner, Josef Franz*, Kritische Rechtswissenschaft, in: Lorenzmeier, Stefan/Folz, Hans-Peter (Hrsg.), Recht und Realität – Festschrift für Christoph Vedder, Baden-Baden 2017, 690.

*Lo, Chang-fa*, Treaty Interpretation Under the Vienna Convention on the Law of Treaties – A New Round of Codification, Singapore 2017.

*Loewenheim, Ulrich*, Suggestivwerbung, unlauterer Wettbewerb, Wettbewerbsfreiheit und Verbraucherschutz, GRUR 1975, 99.

*Lutzi, Tobias*, Digitalisate klassischer Gemälde – zwischen Lichtbildschutz, Eigentumseingriff und Gemeinfreiheit – Zugleich Besprechung von OLG Stuttgart „Reiss-Engelhorn-Museen", GRUR 2017, 878.

*Lynch, Maeve*, Product configuration marks: the shape of things to come, (2017) 12 JIPLP 12 465.

*Maillard, Georges*, Die Revision der Pariser Konvention und der Madrider Abkommen – Generalbericht, Jahrbuch der Internationalen Vereinigung für Gewerblichen Rechtsschutz 1905, 21.

*Malbon, Justin/Lawson, Charles/Davison, Mark*, The WTO Agreement on Trade-Related Aspects of Intellectual Property Rights – A Commentary, Cheltenham 2014.

*Mantilla Blanco, Sebastián*, The Interpretation of the WTO Agreement, (2010) 7 Revista Universitas Estudiantes 95.

*Marck, Albert*, Der internationale Rechtsschutz der Patente, Muster, Warenzeichen und des Wettbewerbes, Berlin 1924.

*Marquis de Maillard de Lafaye*, Artikel 6 des Pariser Unionsvertrages (Schutz der Marke „telle quelle") – Bemerkungen, Jahrbuch der Internationalen Vereinigung für Gewerblichen Rechtsschutz 1906, 64.

*Marsoof, Althaf*, TRIPS Compatibility of Sri Lankan Trademark Law, (2012) 15 Journal of World Intellectual Property 51.

*Martens, Sebastian A.E.*, Rechtliche und außerrechtliche Argumente, Rechtstheorie 2011, 145.

*Mbengue, Makane M.*, Rules of Interpretation (Article 32 of the Vienna Convention on the Law of Treaties), (2016) 31 ICSID Review – Foreign Investment Law Journal 388.

*McDade, Paul V.*, The Effect of Article 4 of the Vienna Convention on the Law of Treaties 1969, (1986) 35 International and Comparative Law Quarterly 499.

*McGuire, Mary-Rose*, Kumulation und Doppelschutz – Ursachen und Folgen des Schutzes einer Leistung durch mehrere Schutzrechte, GRUR 2011, 767.

*McKenna, Mark P./Sprigman, Christopher Jon*, What's In, and What's Out: How IP's Boundary Rules Shape Innovation, (2017) 30 Harvard Journal of Law & Technology 491.

*McRae, D. M.*, The Legal Effect of Interpretative Declarations, (1978) 49 British Yearbook of International Law 155.

*Medcalf, Eric L.*, Vergleichende Studie des Begriffs der Marke in den einzelnen Ländern. Bericht des Sonderausschusses der Internationalen Vereinigung für gewerblichen Rechtsschutz, GRUR Ausl 1961, 461.

*Meiser, Christian*, Das technisch bedingte Design im Lichte von „Doceram", in: Hacker, Franz/Thiering, Frederik (Hrsg.), Festschrift für Paul Ströbele zum 75. Geburtstag, Köln 2019, 265.

*Merrills, J. G.*, Two Approaches to Treaty Interpretation, in: Connel, H. B. (Hrsg.), The Australian Year Book of International Law 1968–1969, Sydney 1971, 55.

*Michaels, Ralf/Pauwelyn, Joost*, Conflict of Norms or Conflict of Laws?: Different Techniques in the Fragmentation of Public International Law, (2012) 22 Duke Journal of Comparative & International Law 349.

*Miosga, Willy*, Internationaler Marken- und Herkunftsschutz – Pariser Verbandsübereinkunft Madrider Markenabkommen Nizzaer Klassifikationsabkommen Madrider Herkunftsabkommen Lissabonner Ursprungsabkommen, Kommentar, München 1967.

*Moncayo von Hase, Andres*, The Application and Interpretation of the Agreement on Trade-Related Aspects of Intellectual Property Rights, in: Correa, Carlos M./Yusuf, Abdulqawi A. (Hrsg.), Intellectual Property and International Trade – The TRIPS Agreement, 3. Aufl., Alphen aan den Rijn 2016, 83.

*Mroß, Sonja*, Technische Funktionalität im Recht des geistigen Eigentums sowie im Wettbewerbsrecht – Entwicklung eines einheitlichen Schutzausschlusses für technisch funktionelle Merkmale, Köln 2015.

*Mühlendahl, Alexander von*, Anmerkung zu Trademark Trial and Appeal Board 24.10.1984 „Crocker National Bank", GRUR Int 1985, 426.

*Munzinger, Helmut*, Rückwirkungen des „telle quelle"-Prinzips auf das nationale Markenrecht, GRUR Ausl 1958, 464.

*Murphy, Kent*, The Traditional View of Public Policy and Ordre Public in Private International Law, (1981) 11 Georgia Journal of International and Comparative Law 591.

*Naseh, Wali Mohammad*, Trademark Protection in the Legal System of Afghanistan, Inauguraldissertation, Frankfurt am Main 2018.

*Nebolsin, Alexander Grigorjewitsch*, Законодательство о фабричных и торговых клеймах в России и заграницей, Sankt Petersburg 1886.

*Netanel, Neil W.*, The Next Round: The Impact of the WIPO Copyright Treaty on TRIPS Dispute Settlement, (1997) 37 Virginia Journal of International 441.

*Ng-Loy, Wee Loon*, Absolute Bans on the Registration of Product Shape Marks – A Breach of International Law?, in: Calboli, Irene/Senftleben, Martin (Hrsg.), The Protection of Non-Traditional Trademarks – Critical Perspectives, Oxford 2018, 147.

*Nguyen, Anh Ngoc et al.*, Shape Trade Marks – An International Perspective, Paper der Intellectual Property Owners Association 2015, abrufbar unter https://ipo.org/wp-content/uploads/2015/06/IPOShapeTrademarks.pdf (zuletzt abgerufen am 10.8.2022).

*Nguyen, Linh Thi Mai*, 3D Trademarks in Vietnam: Multiple Dimensions of Uncertainty, 2017, abrufbar unter https://www.tilleke.com/sites/default/files/2017_Feb_3D_Trademarks_Vietnam.pdf (zuletzt abgerufen am 10.8.2022).

*Niemann, Ingo*, Geistiges Eigentum in konkurrierenden völkerrechtlichen Vertragsordnungen: Das Verhältnis zwischen WIPO und WTO/TRIPS, Berlin 2008.

*Norton, Patricia V.*, The Effect of Article 10bis of the Paris Convention on American Unfair Competition Law, (1999) 68 Fordham Law Review 225.

*Ohly, Ansgar*, Designschutz im Spannungsfeld von Geschmacksmuster-, Kennzeichen- und Lauterkeitsrecht, GRUR 2007, 731.

*ders.*, Von einem Indianerhäuptling, einer Himmelsscheibe, einer Jeans und dem Lächeln der Mona Lisa – Überlegungen zum Verhältnis zwischen Urheber- und Kennzeichenrecht, in: Pahlow, Louis/Eisfeld, Jens (Hrsg.), Grundlagen und Grundfragen des Geistigen Eigentums, Tübingen 2008, 203.

*ders.*, Common Principles of European Intellectual Property Law?, ZGE 2010, 365.

*ders.*, The Freedom of Imitation and Its Limits – A European Perspective, (2010) 41 IIC 506.

*ders.*, „Buy me because I'm cool": the „marketing approach" and the overlap between design, trade mark and unfair competition law, in: Kur/Levin/Schovsbo (Hrsg.), The EU Design Approach – A Global Appraisal, Cheltenham 2018, 108.

*ders.*, Schutz von Kulturgütern durch das Markenrecht?, in: Hacker, Franz/Thiering, Frederik (Hrsg.), Festschrift für Paul Ströbele zum 75. Geburtstag, Köln 2019, 325.

*Ohly, Ansgar/Sosnitza, Olaf* (Hrsg.), Gesetz gegen den unlauteren Wettbewerb mit Preisangabenverordnung – Kommentar, 7. Aufl., München 2016 (zit.: Ohly/Sosnitza/*Bearbeiterin*, UWG).

*Ophir, Michael*, The Israel TRIPs Law: an appraisal, (2000) 3 Intellectual Property Quarterly 252.

*Osterrieth, Albert*, Lehrbuch des gewerblichen Rechtsschutzes, Leipzig 1908.

*ders.*, Die Washingtoner Konferenz zur Revision der Pariser Uebereinkunft für gewerblichen Rechtsschutz, GRUR 1912, 1.

*ders.*, Die Haager Konferenz 1925 zur Revision der Pariser Übereinkunft von 1883 für gewerblichen Rechtsschutz, Leipzig 1926.

*Osterrieth, Albert/Axster, August*, Die Internationale Übereinkunft zum Schutze des gewerblichen Eigentums vom 20. März 1883 (Pariser Konvention) nebst den übrigen Verträgen des Deutschen Reichs über den gewerblichen Rechtsschutz, Berlin 1903.

*Otten, Adrien*, The TRIPS negotiations: An overview, in: Watal, Jayashree/Taubman, Antony (Hrsg.), The Making of the TRIPS Agreement – Personal Insights from the Uruguay Round Negotiations, Geneva 2015, 55.

*Otten, Adrien/Wager, Hannu*, Compliance with TRIPS: The Emerging World View, (1996) 29 Vanderbilt Journal of Transnational Law 391.

*Paulsen, Monrad G./Sovern, Michael I.*, „Public Policy" in the Conflict of Laws, (1956) 56 Columbia Law Review 969.

*Pauwelyn, Joost*, The Role of Public International Law in the WTO: How Far Can We Go?, (2001) 95 American Journal of International Law 535.

ders., Conflict of Norms in Public International Law – How WTO Law Relates to other Rules of International Law, Cambridge 2003.

ders., How to Win a WTO Dispute Based on Non-WTO Law? Questions of Jurisdiction and Merits, (2003) 37 Journal of World Trade 997.

ders., Interplay between the WTO Treaty and Other International Legal Instruments and Tribunals: Evolution after 20 Years of WTO Jurisprudence, in: Côté, C.-E./Guèvremont, V./Ouellet, R. (Hrsg.), Proceedings of the Québec City Conference on the WTO at 20, held in September 2015, 2018, abrufbar unter https://papers.ssrn.com/sol3/papers.cfm?abstract_id=2731144 (zuletzt abgerufen am 10.8.2022).

*Payn, Howard*, The Merchandise Marks Act 1887 – with special reference to the importation sections and the custom regulations & order made thereunder, together with the conventions with foreign states for protection of trade marks and orders in council under the patents, designs and trade marks act, 1883, etc., London 1888.

*Petrova, Albena P.*, The WTO Internet Gambling Dispute as a Case of First Impression: How to Interpret Exceptions Under GATS Article XIV(a) and How to Set the Trend for Implementation and Compliance in WTO Cases Involving „Public Morals" and „Public Order" Concerns?, (2006) 6 Richmond Journal of Global Law and Business 45.

*Peukert, Alexander*, Economic Nationalism in Intellectual Property Policy and Law, Research Paper of the Faculty of Law of the Goethe University Frankfurt/M 2020.

*Pflüger, Martin J.*, Reichweite internationalrechtlicher Vorgaben, in: Hilty, Reto M./Henning-Bodewig, Frauke (Hrsg.), Lauterkeitsrecht und Acquis Communautaire, Heidelberg 2009, 65.

ders., Der internationale Schutz gegen unlauteren Wettbewerb, Köln 2010.

ders., Paris Convention, art. 6quinquies, in: Cottier, Thomas/Véron, Pierre (Hrsg.), Concise International and European IP Law – TRIPS, Paris Convention, European Enforcement and Transfer of Technology, 3. Aufl., Alphen aan den Rijn 2015.

*Phan, Thi Lan Huong*, The Role of Vietnamese Government in Legislation – in Comparison with Japan, Nagoya University Center for Asian Legal Exchange, Center for Asian Legal Exchange (CALE) Discussion Paper 11 2014.

dies., Overview of the Vietnamese Legal System, abrufbar unter https://www.academia.edu/7325321/OVERVIEW_OF_THE_VIETNAMESE_LEGAL_SYSTEM (zuletzt abgerufen am 10.8.2022).

*Phan, Viet D.*, Vietnam, in: Goldstein, Paul/Straus, Joseph (Hrsg.), Intellectual Property in Asia – Law, Economics, History and Politics, Heidelberg 2009, 331.

*Phillips, Jeremy*, In the slipstream, (2007) 2 JIPLP 781.

*Pires de Carvalho, Nuno*, The TRIPS Regime of Patents and Test Data, 5. Aufl., Alphen aan den Rijn 2018.

ders., The TRIPS Regime of Trademarks and Designs, 4. Aufl., Alphen aan den Rijn 2019.

*Plaisant, Marcel*, Traité de droit conventionnel international concernant la propriété industrielle, Paris 1949.

*Pointet, Pierre Jean*, Der Schutz der Presseinformationen, GRUR Ausl 1960, 537.

*Popa, Liliana E.*, Patterns of Treaty Interpretation as Anti-Fragmentation Tools – A Comparative Analysis with a Special Focus on the ECtHR, WTO and ICJ, Cham 2018.

*Quaedvlieg, Antoon*, Overlap/relationships between copyright and other intellectual property rights, in: Derclaye, Estelle (Hrsg.), Research Handbook on the Future of EU Copyright, Cheltenham 2009, 480.

*Ramsey, Lisa P.*, A Free Speech Right to Trademark Protection?, (2016) 106 Trademark Reporter 797.
*dies.*, Protectable Trademark Subject Matter in Common Law Countries and the Problem with Flexibility, in: Calboli, Irene/Ginsburg, Jane C. (Hrsg.), The Cambridge Handbook of International and Comparative Trademark Law, Cambridge 2020, 193.
*Raue, Benjamin*, Nachahmungsfreiheit nach Ablauf des Immaterialgüterrechtsschutzes?, Göttingen 2010.
*ders.*, Wettbewerbseinschränkungen durch Markenrecht – Zugleich ein Beitrag zur Auslegung der absoluten Schutzausschließungsgründe (§§ 3 Abs. 2, 8 Abs. 2 Nr. 1, 2 MarkenG/ Art. 7 Abs. 1 lit. b, c, e GMV) bei neuen Markenformen, ZGE 2014, 204.
*Reger, Gerald*, Der internationale Schutz gegen unlauteren Wettbewerb und das TRIPS-Übereinkommen, Köln 1998.
*Reichmann, Jerome. H.*, Universal Minimum Standards of Intellectual Property Protection Under the TRIPS Component of the WTO Agreement, (1995) 29 The International Lawyer 345.
*ders.*, Universal Minimum Standards of Intellectual Property Protection under the TRIPS Component of the WTO Agreement, in: Correa, Carlos M./Yusuf, Abdulqawi A. (Hrsg.), Intellectual Property and International Trade – The TRIPS Agreement, 3. Aufl., Alphen aan den Rijn 2016, 27.
*Ricketson, Sam*, The Paris Convention for the Protection of Industrial Property – A Commentary, Oxford 2015.
*ders.*, The Trademark Provisions in the Paris Convention for the Protection of Industrial Property, in: Calboli, Irene/Ginsburg, Jane C. (Hrsg.), The Cambridge Handbook of International and Comparative Trademark Law, Cambridge 2020, S. 3.
*Ricketson, Sam/Ginsburg, Jane*, The Berne Convention: Historical and institutional aspects, in: Gervais, Daniel J. (Hrsg.), International Intellectual Property – A Handbook of Contemporary Research, Cheltenham 2015, 3.
*Ricolfi, Marco*, Trademarks and Human Rights, in: Torremans, Paul L. C. (Hrsg.), Intellectual Property Law and Human Rights, 3. Aufl., Alphen aan den Rijn 2015, 453.
*Riffel, Christian*, The Protection against Unfair Competition in the WTO TRIPS Agreement – The Scope and Prospects of Article 10bis of the Paris Convention for the Protection of Industrial Property, Leiden 2016.
*Ris, Martin*, Treaty Interpretation and ICJ Recourse to Travaux Preparatoires: Towards a Proposed Amendment of Articles 31 and 32 of the Vienna Convention on the Law of Treaties, (1991) 14 Boston College International and Comparative Law Review 111.
*Rothmann, Jennifer E.*, Valuing the Freedom of Speech and the Freedom to Compete in Defenses to Trademark and Related Claims in the United States, in: Calboli, Irene/ Ginsburg, Jane C. (Hrsg.), The Cambridge Handbook of International and Comparative Trademark Law, Cambridge 2020, 539.
*Roy, Veronique*, Droit du travail 2015 en 22 fiches, Paris 2015.
*Ruijsenaars, Heijo E.*, Neue Entwicklungen im Muster- und Markenrecht der Benelux-Länder Hat das Benelux-Geschmacksmustergesetz Überlebenschancen?, GRUR Int 1992, 505.
*Sack, Rolf*, Der Telle-quelle-Schutz von Marken nach Art. 6quinquies PVÜ, in: Hacker, Franz/Thiering, Frederik (Hrsg.), Festschrift für Paul Ströbele zum 75. Geburtstag, Köln 2019, 371.
*ders.*, Internationales Lauterkeitsrecht, Köln 2019.
*Säcker, Franz J./Rixecker, Roland/Oetker, Hartmut/Limperg, Bettina* (Hrsg.), Münchener Kommentar zum Bürgerlichen Gesetzbuch – Band 12 – IPR II, Internationales Wirt-

schaftsrecht, Art. 50–253 EGBGB, 7. Aufl., München 2018 (zit.: Säcker/Rixecker/Oetker/Limperg/*Bearbeiterin*, Münchener Kommentar zum Bürgerlichen Gesetzbuch).

*Saint-Gal, Yves*, Unlauterer und parasitärer Wettbewerb (Concurrence Déloyale et Concurrence Parasitaire), Teil 1, GRUR Ausl 5 1956, 202.

*ders.*, Unlauterer und parasitärer Wettbewerb (Concurrence Déloyale et Concurrence Parasitaire), Teil 3, GRUR Ausl 1957, 410.

*ders.*, Der internationale Schutz des Handelsnamens, GRUR Ausl 1964, 289.

*Sattler, Andreas*, Emanzipation und Expansion des Markenrechts – Die Entstehungsgeschichte des Markengesetzes von 1995, Tübingen 2015.

*Sayeed, Muhammad A.*, Revisiting the Regime of Trademark Protection in Bangladesh: TRIPS Compatibility and Ramifications, (2017) 7 Asian Journal of International Law 264.

*Scassa, Teresa*, Antisocial Trademarks, (2013) 103 Trademark Reporter 1172.

*Schacht, Hubertus*, Wettbewerbsrechtlicher Leistungsschutz für technische Merkmale – Rettungsboot oder Havarist?, GRUR 2017, 1203.

*Schäfers, Alfons*, Normsetzung zum geistigen Eigentum in internationalen Organisationen: WIPO und WTO – ein Vergleich, GRUR Int 1996, 763.

*Schmid, Andrea*, Die Eintragungsfähigkeit von Formen im Europäischen Markenrecht – Eine Untersuchung vor dem Hintergrund der Rechtsanwendung in Deutschland, dem Vereinigten Königreich und auf europäischer Ebene, Frankfurt am Main 2003.

*Schmidt-Pfitzner, Jan Hendrik*, Das TRIPS-Übereinkommen und seine Auswirkungen auf den deutschen Markenschutz, Hamburg 2005.

*Schmidt-Szalewski, Joanna*, The International Protection of Trademarks after the TRIPs Agreement, (1998) 9 Duke Journal of Comparative & International Law 189.

*Schovsbo, Jens*, Fire and water make steam – redefining the role of competition law in TRIPS, Kur/Levin (Hrsg.), Intellectual Property Rights in a Fair World Trade System – Proposals for Reforms of TRIPS, Cheltenham 2011, 308.

*Schovsbo, Jens/Dinwoodie, Graeme B.*, Design protection for products that are „dictated by function", in: Kur/Levin/Schovsbo (Hrsg.), The EU Design Approach – A Global Appraisal, Cheltenham 2018, 142.

*Schramm, Peter*, Der europaweite Schutz des Produktdesigns – Das Gemeinschaftsgeschmacksmuster und sein Verhältnis zur Gemeinschaftsmarke, Baden-Baden 2005.

*Schricker, Gerhard*, European Harmonization of Unfair Competition Law – A Futile Venture?, (1991) 22 IIC 788.

*ders.*, Einleitung Teil F: Internationalrechtliche Fragen, in: Jacobs, Rainer/Lindacher, Walter F./Teplitzky, Otto (Hrsg.), UWG Großkommentar, Berlin 1994.

*ders.*, Twenty-Five Years of Protection Against Unfair Competition, (1995) 26 IIC782.

*ders.*, Bemerkungen zum internationalen Schutz gegen unlauteren Wettbewerb, in: Großfeld, Bernhard/Sack, Rolf/Möllers, Thomas M. J./Drexl, Josef/Heinemann, Andreas (Hrsg.), Festschrift für Wolfgang Fikentscher zum 70. Geburtstag, Tübingen 1998, 985.

*ders.*, Anmerkung zu BGH: Schutzentziehung einer auf Deutschland erstreckten IR-Marke – telle-quelle-Schutz – Schutzausschluss der zur technischen Wirkung erforderlichen Form – Rasierer mit drei Scherköpfen, LMK 2006, 185996.

*Schröer, Benjamin*, Der unmittelbare Leistungsschutz, Tübingen 2010.

*Schwartz, Gustav*, Verfolgung unlauteren Wettbewerbs im Allgemeininteresse – Eine rechtsvergleichende Studie, in: Ferid, Murad (Hrsg.), Festschrift für Hans G. Ficker – Zum 70. Geburtstag am 20. Juli 1967, Frankfurt 1967, 410.

*Schwarzenberger, Georg*, A Manual of International Law, 5. Aufl., London 1967.

*Seiler, Peter,* Die Entstehung des Rechts an ausländischen Marken in der Schweiz unter besonderer Berücksichtigung der Pariser Verbandsübereinkunft zum Schutze des gewerblichen Eigentums, Chur 1943.
*Seligsohn, Arnold,* Gesetz zum Schutz der Warenbezeichnungen, 2. Aufl., Berlin 1905.
ders., Gesetz zum Schutz der Warenbezeichnungen, 3. Aufl., Berlin 1925.
*Seligsohn, Ernst,* Recent Developments in the Law of Trademarks and Unfair Competition in Israel, (1973) 63 Trademark Reporter 283.
*Seligsohn, Julius,* Die Zeichen- und Schutzfähigkeit von Buchstaben und Zahlen, GRUR 1922, 103.
ders., Artikel 6 der Pariser Uebereinkunft, GRUR 1923, 68.
ders., Der § 4 Ziffer 1 WZG und die Praxis des Patentamts, Markenschutz und Wettbewerb 1925/26, 222.
*Senftleben, Martin,* Der kulturelle Imperativ des Urheberrechts, in: Weller, Matthias/Kemle, Nicolai/Dreier, Thomas/Lynen, Peter M. (Hrsg.), Kunst im Markt – Kunst im Recht – Tagungsband des Dritten Heidelberger Kunstrechtstags am 09. und 10. Oktober 2009, Baden-Baden 2010, 75.
ders., Public Domain Preservation in EU Trademark Law –A Model for Other Regions?, (2013) 104 Trademark Reporter 775.
ders., Vigeland and the Status of Cultural Concerns in Trade Mark Law – The EFTA Court Develops More Effective Tools for the Preservation of the Public Domain, (2017) 48 IIC 683.
ders., Signs Eligible for Trademark Protection in the European Union – Dysfunctional Incentives and a Functionality Dilemma, in: Calboli, Irene/Ginsburg, Jane C. (Hrsg.), The Cambridge Handbook of International and Comparative Trademark Law, Cambridge 2020, 209.
*Seuba, Xavier,* Human rights an intellectual property law at the bilateral and multilateral levels: Substantive and operational aspects, in: Geiger, Christophe (Hrsg.), Research Handbook on Human Rights and Intellectual Property, Cheltenham 2015, 173.
*Sganga, Caterina,* Right to culture and copyright: Participation and access, in: Geiger, Christophe (Hrsg.), Research Handbook on Human Rights and Intellectual Property, Cheltenham 2015, 560.
*Shaver, Lea,* The Right to Science and Culture, 2010 Wisconsin Law Review 121.
*Solan, Lawrence M./Gales, Tammy,* Finding ordinary meaning in law: The judge, the dictionary or the corpus?, (2016) 1 International Journal of Legal Discourse 253.
*Solórzano, Ramón,* Registrations of Foreign Trade-Marks in Mexico, (1952) 42 Trademark Reporter 615.
*Sorg, Julia,* Thailand, in: Goldstein, Paul/Straus, Joseph (Hrsg.), Intellectual Property in Asia – Law, Economics, History and Politics, Heidelberg 2009, 303.
*Spuhler, Oliver,* Das System des internationalen und supranationalen Schutzes von Marken und geographischen Herkunftsangaben, Berlin 2000.
*Staehelin, Alesch,* Das TRIPs-Abkommen – Immaterialgüterrechte im Licht der globalisierten Handelspolitik, 2. Aufl., Bern 1999.
*Stang, Felix Laurin,* Das urheberrechtliche Werk nach Ablauf der Schutzfrist – Negative Schutzrechtsüberschneidung, Remonopolisierung und der Grundsatz der Gemeinfreiheit, Tübingen 2011.
*Starck, Joachim* (Hrsg.), Warenzeichengesetz nebst Pariser Verbandsübereinkunft und Madrider Abkommen – Kommentar, 6. Aufl., Berlin 1989 (zit.: Starck/*Bearbeiterin,* Warenzeichengesetz).

*Starcke, Andreas*, Der Schutz der Gestaltung von Gebrauchsgegenständen, Tübingen 2019.

*Stephen, James Fitzjames*, General View of the Criminal Law of England, 2. Aufl., London 1890.

*Ströbele, Paul*, Probleme bei der Eintragung dreidimensionaler Marken, in: Bomhard, Verena/Pagenberg, Jochen/Schennen, Detlef (Hrsg.), Harmonisierung des Markenrechts – Festschrift für Alexander von Mühlendahl zum 65. Geburtstag am 20. Oktober 2005, Köln 2005, 235.

*Ströbele, Paul/Hacker, Franz/Kirschneck, Irmgard* (Hrsg.), Markengesetz – Kommentar, 8. Aufl., Köln 2006 (zit.: Ströbele/Hacker/Kirschneck/*Bearbeiterin*, Markengesetz).

*Surblytė, Gintarė*, Enhancing TRIPS: Trade Secrets and Reverse Engineering, in: Ullrich, Hans/Hilty, Reto M./Lamping, Matthias/Drexl, Josef (Hrsg.), TRIPS plus 20 – From Trade Rules to Market Principles, Berlin 2016, 725.

*Suthersanen, Uma/Mimler, Marc D.*, An Autonomous EU Functionality Doctrine for Shape Exclusions, GRUR Int 2020, 567.

*Teplitzky, Otto/Peifer, Karl-Nikolaus/Leistner, Matthias* (Hrsg.), UWG Gesetz gegen den unlauteren Wettbewerb – Großkommentar Erster Band, 2. Aufl., Berlin 2014 (zit.: Teplitzky/Peifer/Leistner/*Bearbeiterin*, UWG).

*Thoma, Ioanna*, Die Europäisierung und die Vergemeinschaftung des nationalen ordre public, Tübingen 2007.

*Tischner, Anna*, Comment on CJEU decision of 11 June 2020 in C-833/18 Brompton Bicycle, GRUR Int 2020, 971.

*Tritton, Guy*, TRIPS and Trade Marks, in: Heath, Christopher/Kamperman Sanders, Anselm (Hrsg.), 25 Years of the TRIPS Agreement, Alphen aan den Rijn 2021, 83.

*Troller, Alois*, Das internationale Privat- und Zivilprozeßrecht im gewerblichen Rechtsschutz und Urheberrecht, Basel 1952.

ders., Die mehrseitigen völkerrechtlichen Verträge im internationalen Gewerblichen Rechtsschutz und Urheberrecht, Basel 1965.

*Ullmann, Eike*, Das Koordinatensystem des Rechts des unlauteren Wettbewerbs im Spannungsfeld von Europa und Deutschland, GRUR 2003, 817.

*Ullrich, Hans*, Technologieschutz nach TRIPS: Prinzipien und Probleme, GRUR Int 1995, 623.

*Utescher, Ernst A.*, Warenzeichen, die sich im Verkehr nicht durchsetzen können, Mitteilungen vom Verband deutscher Patentanwälte 1930, 12.

*van Overwalle, Geertrui*, Human rights' limitations in patent law, in: Grosheide, Willem (Hrsg.), Intellectual Property and Human Rights – A Paradox, Cheltenham 2010, 236.

*Valentin, Karl*, Die Fremden, abgedruckt in taz, die tageszeitung v. 9.4.2015, S. 5, abrufbar unter https://taz.de/Die-Fremden/!200365/ (zuletzt abgerufen am 10.8.2022).

*Vaver, David*, Die Inländerbehandlung nach der Berner Übereinkunft und dem Welturheberrechtsabkommen, GRUR Int 1988, 191.

*Villiger, Mark E.*, Commentary on the 1969 Vienna Convention on the Law of Treaties, Leiden 2009.

*Wadlow, Christopher*, The Law of Passing Off – Unfair competition by misrepresentation, 5. Aufl., London 2016.

ders., The Law of Passing Off – Unfair competition by misrepresentation, 6. Aufl., London 2021.

*Wager, Hannu/Watal, Jayashree*, Human rights and international intellectual property law, in: Geiger, Christophe (Hrsg.), Research Handbook on Human Rights and Intellectual Property, Cheltenham 2015, 149.

*Wandtke, Artur/Ohst, Claudia*, Zur Reform des deutschen Geschmacksmustergesetzes, GRUR Int 2005, 91.
*Wassermann, Martin*, Zeichen, die sich im Verkehr durchgesetzt haben, GRUR 1929, 1.
*ders.*, Die Aufgaben des Patentamts im Warenzeichenrecht, Mitteilungen vom Verband deutscher Patentanwälte 1930), 1.
*Westkamp, Guido*, TRIPS Principles, Reciprocity and the Creation of Sui-Generis-Type Intellectual Property Rights for New Forms of Technology, (2003) 6 Journal of World Intellectual Property 827.
*Wilner, Peter*, The Madrid Protocol: Balancing Sovereignty and Efficiency, (2002) 84 Journal of the Patent and Trademark Office Society 871.
*Winkel, Frank N.*, Formalschutz dreidimensionaler Marken – Rechtsvergleichende Untersuchung der Rechtslage in den Vereinigten Staaten von Amerika, Frankreich, Italien und den Benelux-Staaten, Zugleich ein Beitrag zum zukünftigen europäischen Markenrecht, Köln 1979.
*Winter, Walter*, Home Country Registration – Article 6 Paris Convention, (1950) 40 Trademark Reporter189.
*WIPO*, WIPO Intellectual Property Handbook, 2. Aufl. 2004.
*Wirner, Helmut*, Wettbewerbsrecht und internationales Privatrecht, München 1960.
*Wolf, David B.*, Effective Protection against Unfair Competition under Section 44 of the Lanham Act, (1992) 82 Trademark Reporter 33.
*Yamane, Hiroko*, Interpreting TRIPS – Globalisation of intellectual property rights and access to medicines, Oxford 2011.
*Yu, Peter K.*, Intellectual Property and Human Rights 2.0, (2019) 53 University of Richmond Law Review 1375.
*Zhan, Quian*, The International Registration of Non-traditional Trademarks: Compliance with the TRIPS Agreement and the Paris Convention, (2017) 16 World Trade Review 111.
*Ziemer, Alysa A./Tavares, Pedro S./Randazza, Marc J.*, Morality and Trademarks: The South American Approach, (2017) 40 Suffolk Transnational Law Review 221.

# Sachregister

*4711* (RPA) 119 f., 211
Abgrenzung, *siehe* Kumulation
Abkommen, bilaterales 66 f.
actes, *siehe* Entstehungsgeschichte
Adaption 55 f., 94, 121, 168 f., 192–198, 295 f., 300
– *siehe auch* Inkorporation
Adaption, wettbewerbsfunktionale 193 f.
*affaires* (VGH, Ö) 40, 44
*Apfelkindl* (RG) 189
Appellationsgericht Leipzig 65–69
*Audi Kühlergrill* (BGH) 129
Ausländerprivileg 31–35
Auslandsmarke, *siehe* Validierung
Auslegung 300
– Ausnahmen sind eng auszulegen 24–30, 34, 109, 298 f.
– effet utile 19–22
– gespaltene Auslegung 55 f., 261
– historische Auslegung 47–58, 139 f., 192 f., 228, 300–302
– in dubio mitius 24–27, 298 f.
– Leerlauf-Argument 20 f., 266
– methodischer Gleichlauf bei PVÜ und TRIPS 54–57, 300
– Proximity 139 f.
– Regeln, *siehe* WVK
– Sprache 55, 89, 107–110, 152, 155
– Staatenpraxis 43–47, 87, *siehe auch* Modifikation
– Supplementäre Auslegungsmittel, *siehe* Auslegung, historische
– Transferthese 61, 170–173
– ut res magis valeat quam pereat, *siehe* Leerlauf-Argument
Auslegung, gespaltene 55 f., 261
Auslegung, historische 47–58, 139 f., 192 f., 228, 300–302

Auslegungsmittel, supplementäre, *siehe* Auslegung, historische
Auslegungsregeln, *siehe* WVK
Ausnahmen sind eng auszulegen 24–30, 34, 109, 298 f.
Äußerungen in Jugoslawien (OGH, Ö) 183
Ausstattungsschutz (RPA) 32
*Australia – Plain Packaging* (WTO Panel und Appellate Body) 23, 37, 47, 55 f., 121, 139, 158 f., 161, 164, 177, 180–194, 202 f., 210, 234, 246 f., 250 f., 256–258, 261

*Benedictiné* (VGH, Ö) 44, 81, 95
Besserstellungsverbot 31–34, 279
*Betonfilter* (BGH) 212
*Bosch* (Tribunal Civil de la Seine) 43, 81
*BP Chemicals v. Jiangsu SOPO* (E.D. Mo., USA) 134
*Brausepräparat* (RPA) 45
Buchstaben 45, 61–65, 69–71, 95–97, 211
– *siehe auch* Marke, nicht-traditionelle
Bundesgerichtshof
– *Audi Kühlergrill* 129
– *Betonfilter* 212
– *Flava-Erdgold* 40
– *Füllkörper* 210
– *Hückel* 37
– *IR-Marke FE* 45, 212
– *Käse in Blütenform* 14, 152, 212 f.
– *LEMONSODA* 107
– *LITAFLEX* 46, 101 f., 105, 110, 112
– *NEW MAN* 14
– *PREMIERE II* 210, 213
– *P-tronics* 27, 35 f.
– *Rasierer mit drei Scherköpfen* 12, 213
– *Scherkopf* 208
– *Schokoladenstäbchen II* 111 f.
– *Uhr mit fehlendem Gehäuseinhalt* 212 f.

– *Uhrengehäusering* 212 f.
– *Uhrengehäuseträger* 212 f.
Bundespatentgericht
– *CD* 19, 35
– *COSA NOSTRA* 220
– *Farbbezeichnung* 11, 45, 113
– *Plastische Marke* 39, 46, 100 f., 109, 112
– *Rasoirs électriques* 13–15, 22
– *UHQ* 27, 36, 211
– *Unités de rasage* 114

*Camping Club* (Patentamt, Ö) 44
*CD* (BPatG) 19, 35
ceiling, *siehe* Schutzobergrenze
*China – Measures Affecting the Protection of IPRs* (WTO Panel) 168
*Citizen Band of Potawatomi Indians v. United States* (Court of Claims, USA) 139
*COPYCAT* (HABM) 103
*COSA NOSTRA* (BPatG) 220
*Cote d'Or* (Cour de Paris) 221 f.
*Crescent* (RG) 37

*Daimon* (PatGH, Ö) 44
*Dastar v. Twentieth Century Fox Film* (SCOTUS) 126, 128
Designrecht 226 f., 249, 290–294
*Develey – Form einer Flasche* (EuG) 209
*Dior* (EuGH) 248–250, 298

*EC – Measures Affecting Asbestos* (WTO Appellate Body) 110
*EC – Measures Concerning Meat* (WTO Appellate Body) 28
effet utile 19–22
Einbeziehung, *siehe* Inkorporation
*Elberfelder Farbenfabriken* (RPA) 211
*Empresa Cubana v. Culbro* (2d Cir., USA) 134 f.
Entstehungsgeschichte
– PVÜ, Art. 10bis 138 f., 169–176, 178 f.
– PVÜ, Markenrecht 36–38, 58–84, 94–98, 112, 114, 118–120, 151–154
– TRIPS, Art. 15 268–272
– TRIPS, Art. 2 205 f., 216 f., 227 f.
EuGH
– *Dior* 248–250, 298

– *Fack Ju Göhte* 115, 117
– *Krombach/Bamberski* 105
– *KWS Saat – Orangeton* 209
– *Philips/Remington* 12
– *Postkantoor* 214

*Fack Ju Göhte* (EuGH) 115, 117
*Farbbezeichnung* (BPatG) 11, 45, 113
*Flacon* (Wirtschaftsministerium Kgr. Ungarn) 10
Flasche 96
– *siehe auch* Marke, nicht-traditionelle
*Flava-Erdgold* (BGH) 40
Form der Marke 14–18
*Fratelli Branca* (RG) 17, 44, 72, 102, 110
*Füllkörper* (BGH) 210
Functionality 237–240

*Garn* (RG) 102, 117
Gegenseitigkeitsklausel, *siehe* Validierung
Gemeinfreiheit, *siehe* Kumulation
General Inter-American Convention for Trademark and Commercial Protection 172, 178
*General Motors v. Ignacio Lopez de Arriortua* (E.D. Mich., USA) 134
Gepflogenheiten, anständige 180–191
– Regionaler Maßstab 183–191
Geschäftsbetrieb 44, 46, 110, 112, 189 f.
Geschichte
– *siehe* Auslegung, historische
– *siehe* Entstehungsgeschichte
Gleichbehandlung 31–35, 133–149, 279, 296, 297
Gleichlauf, methodischer, bei PVÜ und TRIPS 54–57, 300
Gleichstellung, *siehe* Gleichbehandlung
Grundsatz der Unabhängigkeit der Marke, *siehe* Unabhängigkeit
*Grupo Gigante v. Dallo* (9th Cir., USA) 134 f.
*Guardianship of an Infant* (ICJ) 106
Gute Sitten 63, 68, 114 f., 182, 227, 236 f., 241–243
Havana Club, *siehe* US – Section 211 Omnibus Appropriations Act (WTO Appellate Body)
Herkunftsangabe, *siehe* Ortsangaben

## Sachregister

Herstellungsort, *siehe* Ortsangaben
Hörzeichen (RPA) 86, 94
Hörzeichen 87, 95 f.
– *siehe auch* Marke, nicht-traditionelle
*Hückel* (BGH) 37

*Iancu v. Brunetti* (SCOTUS) 235, 243
in dubio mitius 24–27, 298 f.
industrial property, *siehe* intellectual property
Inkorporation 55, 94, 192 f., 219–222, 245–273
– *siehe auch* Adaption
intellectual property 263–266
Inter se-Bindung 91 f.
International Court of Justice
– *Guardianship of an Infant* 106
– *Kasikili/Sedudu Island* 52
– *North Sea Continental Shelf* 233
– *South West Africa* 53
Internationales Privatrecht 104–107
*IR-Marke FE* (BGH) 45, 212
*Iron Rhine Arbitration* 25 f. 52
Irreführung, *siehe* Täuschung

*Japan – Taxes on Alcoholic Beverages* (WTO Appellate Body) 232
*John Lecroy & Sons v. Langis Foods* (D.D.C., USA) 40

*Käse in Blütenform* (BGH) 14, 152, 212 f.
*Kasikili/Sedudu Island* (ICJ) 52
Клеймо 69–71, 97
Konkurrentenschutz, *siehe* Wettbewerbsverhältnis, konkretes
*Krombach/Bamberski* (EuGH) 105
Kumulation 124–131
*KWS Saat – Orangeton* (EuGH) 209
Kyrillisch, *siehe* Buchstaben

*La Voce del Padrone* (Corte die Cassazione) 16, 46
Lauterkeitsrecht, *siehe* Unlauterer Wettbewerb
*Lavendelwasserflasche* (RG) 130, 211
Leerlauf-Argument 20 f., 266
*LEMONSODA* (BGH) 107
*LITAFLEX* (BGH) 46, 101 f., 105, 110, 112

*LK* (RPA) 210
*Loizidou/Türkei* (EGMR) 108

*Mafia II* (HABM) 103
Marke, nicht-traditionelle 85–98, 201–217
*Matal v. Tam* (SCOTUS) 235, 243
*Mattel v. MCA Records* (9th Cir., USA) 35, 134 f.
Maximalschutz, *siehe* Schutzobergrenze
*Mayne Industries v. Advanced Engineering Group* (Federal Court, AUS) 241, 289
*Merry Cow* (Commissioner of Patents) 20, 40, 43
Methodik, *siehe* Auslegung
*Mickey Mouse* (Patentamt, Ö) 44
Mitbewerberschutz, *siehe* Wettbewerbsverhältnis, konkretes
Modifikation 229–244, 299
Morality, *siehe* Gute Sitten
more economic approach, 287–294
*Mozart II* (OLG München) 293

Nachahmungsschutz 295 f.
NAFTA 242 f.
*NEW MAN* (BGH) 14
*Nitraban* (Bundesgericht, CH) 14
Non traditional marks, *siehe* Marke, nicht-traditionelle
*North Sea Continental Shelf* (ICJ) 233
NTMs, *siehe* Marke, nicht-traditionelle

Oberster Gerichtshof (Ö)
– Äußerungen in Jugoslawien 183
– *SMILE* 44
– *Unlauterer Wettbewerb im Ausland* 182
Öffentliche Ordnung, *siehe* Ordre public
*Olympique* (VGH, Ö) 44
Ordre public 39, 45 f., 63, 114 f., 99–131, 182, 189–191, 221 f., 229, 237, 241–243, 287–292, 298
Ortsangaben 172, 175, 197, 211, 255–258
– *siehe auch* Marke, nicht-traditionelle
Overlaps, *siehe* Kumulation

Patentrecht 226 f.
*Persilion* (RPA) 120
*Philips v. Remington* (Patents Court, UK) 103 f.

*Philips/Remington* (EuGH) 12
*Plant cells* (EPA) 106
*Plastische Marke* (BPatG) 39, 46, 100 f.,
  109, 112
Positionsmarke 87
  – siehe auch Marke, nicht-traditionelle
*Postkantoor* (EuGH) 214
*PREMIERE II* (BGH) 210, 213
Presseverleger 146 f., 296
propriété industrielle, *siehe* intellectual
  property
Proximity 139 f.
*P-tronics* (BGH) 27, 35 f.

*Qualitex v. Jacobson Producs* (SCOTUS)
  205

*Rasierer mit drei Scherköpfen* (BGH) 12,
  213
*Rasoirs électriques* (BPatG) 13–15, 22
Reciprozität, *siehe* Validierung
Maßstab, regionaler, der anständigen
  Gepflogenheiten 183–191
Reichsgericht
  – *Apfelkindl* 189
  – *Crescent* 37
  – *Fratelli Branca* 17, 44, 72, 102, 110
  – *Garn* 102, 117
  – *Lavendelwasserflasche* 130, 211
  – *Schwarz-Weiß* 102, 110, 117, 189
  – *Trockenhandfeuerlöscher* 130, 211
  – *Wundpflaster* 126, 130, 211
Reichspatentamt
  – *4711* 119 f., 211
  – *Ausstattungsschutz* 32
  – *Brausepräparat* 45
  – *Elberfelder Farbenfabriken* 211
  – *Hörzeichen* 86, 94
  – *LK* 210
  – *Persilion* 120
Reservation, *siehe* Stellungnahme,
  interpretative
Russisch, *siehe* Buchstaben

*Scherkopf* (BGH) 208
*Schokoladenstäbchen II* (BGH) 111 f.
Schutzobergrenze 156 f., 192–198, 207,
  222, 227, 252, 254 f., 289–294

Schutzstandard 86, 133–149
*Schwarz-Weiß* (RG) 102, 110, 117, 189
Sittenwidrigkeit, *siehe* Gute Sitten
*SMILE* (OGH, Ö) 44
*South West Africa* (ICJ) 53
Sprache 55, 89, 107 – 110, 152, 155
Staatenpraxis 43–47, 87
  – *siehe auch* Modifikation
Stellungnahme, interpretative 73–79, 301
Subsequent practice, *siehe* Staatenpraxis
Supreme Court of the United States
  – *Dastar v. Twentieth Century Fox
    Film* 126, 128
  – *Iancu v. Brunetti* 235, 243
  – *Matal v. Tam* 235, 243
  – *Qualitex v. Jacobson Producs* 205
  – *TrafFix Devices v. Marketing
    Displays* 126

Täuschung 41, 44, 116–120, 123, 152, 165,
  174 f., 197, 227, 229–243, 257 f.
Tiere 96
  – siehe auch Marke, nicht-traditionelle
*Tofifee* (Supreme Court of Israel) 238
Trade-ification, *siehe* Adaption, wett-
  bewerbsfunktionale
*TrafFix Devices v. Marketing Displays*
  (SCOTUS) 126
Transferthese 61, 170–173
  – *siehe auch* Entstehungsgeschichte
  – *siehe auch* Auslegung, historische
Transplanted treaty rules, *siehe* Transfer-
  these
travaux préparatoires, *siehe* Entstehungs-
  geschichte
Trennbarkeit 89 f.
*Trockenhandfeuerlöscher* (RG) 130, 211

*UHQ* (BPatG) 27, 36, 211
*Uhr mit fehlendem Gehäuseinhalt*
  (BGH) 212 f.
*Uhrengehäusering* (BGH) 212 f.
*Uhrengehäuseträger* (BGH) 212 f.
Unabhängigkeit 32, 35–38, 83
*Unités de rasage* (BPatG) 114
Unlauterer Wettbewerb im Ausland
  (OGH, Ö) 182

Unlauterer Wettbewerb 119f., 133–198, 246–273, 295f.
Unternehmen, markenberechtigtes *siehe* Geschäftsbetrieb
Unterscheidungseignung, *siehe* Unterscheidungskraft
Unterscheidungskraft 114f., 202–217, 238–240
Urheberrecht 249, 261–263, 288, 290–294
*US – Measures Affecting Cross-Border Supply of Gambling Services* (WTO Panel und Appellate Body) 121, 130, 271
*US – Section 211 Omnibus Appropriations Act* (WTO Appellate Body) 11, 17f., 23f., 31f., 35, 40f., 49, 57, 201, 203, 220, 223, 226, 228, 250f., 264–268, 272, 301
ut res magis valeat quam pereat, *siehe* Leerlauf-Argument

Validierung 9, 19–22, 27, 37, 60–71, 80–84, 86, 97f., 191
– bilaterales Abkommen 66f.
Validierungsklausel, *siehe* Validierung
Verbraucherschutz 172–177
Versailler Vertrag 172, 178
Verwaltungsgerichtshof (Ö)
– *affaires* 40, 44
– *Benedictiné* 44, 81, 95
– *Olympique* 44
*Vigeland* (EFTA Gerichtshof) 103, 122f., 127f.
Vorbehalt, *siehe* Stellungnahme, interpretative
Vorratsmarke 189

Wettbewerbsschutz, funktionaler *siehe* Adaption, wettbewerbsfunktionale

Wettbewerbsverhältnis, konkretes 158–177
Wiener Vertragsrechtskonvention, *siehe* WVK
WIPO, Expertenrolle 302
Wortmarke, *siehe* Buchstaben
– *siehe auch* Marke, nicht-traditionelle
Wortzeichen, *siehe* Buchstaben
– *siehe auch* Marke, nicht-traditionelle
WTO Panel und Appellate Body
– *Australia – Plain Packaging* (Panel und Appellate Body) 23, 37, 47, 55f., 121, 139, 158f., 161, 164, 177, 180–194, 202f., 210, 234, 246f., 250f., 256–258, 261
– *China – Measures Affecting the Protection of IPRs* (Panel) 168
– *EC – Measures Affecting Asbestos* (Appellate Body) 110
– *EC – Measures Concerning Meat* (Appellate Body) 28
– *US – Section 211 Omnibus Appropriations Act* (Appellate Body) 11, 17f., 23f., 31f., 35, 40f., 49, 57, 201, 203, 220, 223, 226, 228, 250f., 264–268, 272, 301
– *Japan – Taxes on Alcoholic Beverages* (Appellate Body) 232
– *US – Measures Affecting Cross-Border Supply of Gambling Services* (Panel und Appellate Body) 121, 130, 271
*Wundpflaster* (RG) 126, 130, 211
WVK 51–54

Zahlen 63f., 68f., 211
– *siehe auch* Marke, nicht-traditionelle
Zustimmung, ausdrückliche, *siehe* Stellungnahme, interpretative

# Geistiges Eigentum und Wettbewerbsrecht

herausgegeben von
Peter Heermann, Diethelm Klippel†,
Ansgar Ohly und Olaf Sosnitza

Im Informationszeitalter hat das geistige Eigentum, insbesondere die Patent-, Urheber- und Kennzeichenrechte, erheblich an Bedeutung gewonnen. Zugleich wird die Rechtspraxis mit zahlreichen neuen Fragen konfrontiert. Die Rechtswissenschaft konnte mit dieser stürmischen Entwicklung kaum Schritt halten. Nach wie vor wird die Literatur von vorwiegend praxisorientierten Darstellungen dominiert, in denen wissenschaftliche Grundfragen häufig zu kurz kommen. Nachdem die allgemeine Zivilrechtswissenschaft zunächst nur das Sachenrecht als natürliches Betätigungsfeld ansah, nimmt sie zunehmend auch die Bedeutung des Immaterialgüterrechts in den Blick. Die Reihe legt deshalb besonderes Augenmerk auf Schriften, die sich Grundlagenfragen des Rechts des geistigen Eigentums einschließlich der historischen, philosophischen und ökonomischen Bezüge widmen und so zur Entwicklung eines „Allgemeinen Teils des Geistigen Eigentums" beitragen, den es bisher nicht als gesetzliche Regelung gibt. Da die europäische Rechtsangleichung im Immaterialgüter- und Wettbewerbsrecht besonders weit fortgeschritten ist und zudem zahlreiche internationale Übereinkommen diese Rechtsgebiete prägen, werden auch die internationalen Bezüge in der Reihe berücksichtigt.

ISSN: 1860-7306
Zitiervorschlag: GEuWR

Alle lieferbaren Bände finden Sie unter *www.mohrsiebeck.com/geuwr*

Mohr Siebeck
www.mohrsiebeck.com